고객이 존경하는 기업만들기

윤 리 경 영

고객이 존경하는 기업만들기

윤 리 경 영

로버트 F. 하틀리 지음 | e매니지먼트(주) 옮김

21세기북스

윤리 경영,
21세기 기업 활동에 꼭 필요한 바이블

우선 이 책을 선택해 주신 것에 대하여 진심으로 감사드립니다. 이 책은 기업들이 윤리적으로 실수를 저지른 부분을 조사하고 바람직한 해결 방법을 알아보기 위한 내용으로 구성되어 있습니다. 예전에는 기업을 경영하면서 사회가 요구하는 윤리적 행동을 무시해도 큰 문제가 되지 않았습니다. 그러나 이제는 더 이상 그와 같은 행동을 할 수 없는 시대입니다. 기업의 비리를 파헤치는 기자나 선정적인 보도를 일삼는 언론이 눈에 불을 켜고 있습니다. 그리고 정부의 여러 단속기관에 의한 실태 조사가 빈번하게 일어나며, 고소득을 원하는 변호사들의 소송이 줄을 잇는 형편입니다. 따라서 윤리적인 경영 활동을 무시하는 기업들은 언젠가 일어날지도 모르는 큰 사고를 각오해야 할 것입니다.

'윤리 경영'이라고 제목을 붙인 이 책에서는 점점 다변화되어 가는 시대를 살아가는 우리에게 교훈을 주는, 즉 기업들이 경영을 하면서 실수한 여러 사례를 살펴보면서 반드시 알아야 할 중요한 주제들을 다루고 있습니다. 그런데 이 사례들은 실제로 기업이 직면했던 어려운 상황과 문제점들입니다. 이를 통해서 우리는 기업의 분별없는 행동뿐만 아니라 그러한 일을 하게 된 주요한 원인들과 유감스러

4

운 결과까지 알게 될 것입니다. 또한 대중의 신뢰를 배반했던 최근 사례 가운데 가장 주목받은 몇 가지를 철저히 분석하여 사건의 원인과 결과를 자세하게 알아볼 것입니다. 우리는 기업과 사회의 입장에 서서 사례들을 검토하며 새로운 많은 지식을 얻게 될 것입니다. 한편, 이전의 잘못된 사례를 분석하는 과정을 통해 현재 실무 환경에서 윤리적인 문제가 발생했을 때 좀더 현명하게 대처할 수 있는 방법을 배울 수 있습니다. 그리고 미래에 이와 비슷한 잘못을 다시는 되풀이하지 않도록 도움을 받게 될 것입니다.

이 책에 제시된 사례들은 사회적으로 크게 비난받은 사건부터 경험 부족이나 부주의 때문에 곤란에 처하게 된 사건, 결과적으로 인간에게 엄청난 고통을 불러일으킨 사건부터 상대적으로 문제가 덜 심각한 사건까지 아주 다양합니다. 한편, 사례 가운데 몇 가지는 아직까지 논란의 여지가 남아 있는 사건입니다. 따라서 이와 같은 기업 활동에 대한 비판이 과연 정당한 일인지도 검토할 것입니다.

이 책은 지금까지 계속해서 읽히고 있는 『피 말리는 마케팅 전쟁 이야기 Marketing Mistakes』와 『숨 막히는 기업 경영 이야기 Management Mistakes』의 시리즈라고 할 수 있습니다. 책의 전체적인 구성은 시리즈의 첫 번째로 현재 9판까지 출간되었으며 25년 이상 베스트셀러 자리를 지키고 있는 『피 말리는 마케팅 전쟁 이야기』를 따랐습니다. 『숨 막히는 기업 경영 이야기』는 8판까지 출간되었고 역시 지금도 베스트셀러를 기록하고 있습니다.

기업 활동의 실수(또는 약간의 성공)사례 시리즈를 처음 접하는 독자들은 이 책들이 다른 사례집과는 무척 다른 점을 느끼게 될 것입니다. 예를 들어 이 책은 아주 읽기 쉽게 구성되어 있을 뿐만 아니라 각 장이 끝날 때마다 토론 주제, 역할극 연습, 토의 기회, 반대 의견 유도 등 여러 과정을 간접 경험함으로써 실무에 도움이 되도록 구성해 놓았습니다. 몇몇 사례에 등장하는 주요 등장 인물들은 너무나 생생하게 묘사되어 실제 인물처럼 느껴지기도 합니다.

또한 이 책은 어렵게 느껴지는 전문 용어와 개념들을 차근차근 설명해 놓아 일반 독자들도 쉽게 이해할 수 있습니다. 그러므로 제시된 사례에 드러난 문제점을 살펴보고 해결해 나가는 과정 속에서 창의적인 안목과 비판적인 사고를 모두 경험할 수 있는 소중한 기회를 얻게 될 것입니다.

이 책의 각 장은 독자적으로 완결된 하나의 사례로 구성되는데 특히 본문 내용과 관련된 'Issue Box'나 'Information Box'가 포함되어 있습니다. 그리고 각 장의 끝부분에서 독자 여러분 스스로 다양한 주제와 행동에 대해 자신의 주장을 방어하고 공격할 수 있는 기회를 갖게 됩니다. 또한 사건에 대한 실제 처리 방법보다 더 나은 방법은 없는지 적극적으로 찾아보게 됩니다.

만약 독자 여러분이 이 책에 제시되어 있는 사례와 같은 상황에 처했다면 과연 어떤 식으로 대응했을까를 한번쯤 깊이 생각해 볼 것을 권하고 싶습니다. 예를 들어 나라면 내부고발자가 되었을 것인가? 사회생활에 꼭 필요한 경력이나 출세에 영향을 끼칠 것이 분명한데도 회사의 잘못을 고발할 수 있을 것인가? 한편, 각 장의 끝에 나와 있는 '무엇을 배울 것인가' 부분은 회사의 미래 중역들로 커 나가는 데 귀중한 안내 자료가 될 것입니다.

이 책은 모두 4부로 나뉘어져 있습니다. 1부에서는 오늘날 세계적인 기업들이 저지른 윤리적 위법행위의 다양한 사례들을 살펴볼 것입니다. 2부에서는 1960년대에 큰 관심을 끌었던 네이더와 제너럴 모터스 코르베어 사이의 대립부터 1989년 엑슨 밸디즈호의 알래스카 원유 유출 사건을 비롯해 지금까지도 법적 분쟁이 완전하게 해결되지 않은 몇 가지 유명한 사건 등을 살펴볼 것입니다. 3부에서는 오늘날 비윤리적 행위에 대한 조사가 진행중인 세 기업을 살펴볼 것입니다. 4부에서는 윤리적 행동의 모범 사례인 두 기업에 대하여 살펴볼 것입니다.

》 이렇게 활용하세요

이 책은 기업 경영에 필요한 마케팅 활동 뿐만 아니라 윤리라는 주제를 놓고 토의하는 여러 과정에도 이용할 수 있습니다. 특히 21세기를 맞아 윤리 경영이 강조되고 있으므로 각 기업이 윤리 경영 세미나 과정에 활용하면 틀림없이 큰 도움이 될 것입니다. 특히 세미나의 효과를 높여 주는 토의 문제와 역할극에 도움이 되는 아이디어 자료 그리고 각 장의 끝에 나와 있는 질문들은 제시된 사례들의 문제점을 다시 한 번 분석하고 해결 방법을 찾는 데 유용하게 쓰일 것입니다.

》 감사드립니다

월드컴 사례에 대한 자료 조사에 여러 가지로 도움을 준 위치타주립대학교 부교수인 신디 클레이콤에게 특별히 감사드리고 싶습니다.

그 밖에도 많은 분들이 여러 해에 걸쳐 필자를 격려하고 훌륭한 정보를 많이 제공해 주었으며 따끔한 조언과 건설적 비평을 아끼지 않았습니다. 언제나 도움과 지원을 아끼지 않은 클리블랜드주립대학교의 동료들, 특히 람 라오·존 가드너·마거릿 바니우크·샌포드 제이콥스·베노이 조셉에게 뜨거운 감사의 말을 전하고 싶습니다. 또한 필자의 원고를 검토하면서 글의 객관성을 유지하는 데 꼭 필요한 통찰력과 이런저런 제안을 해 준 캔자스주립대학의 존 번치, 로욜라대학의 알 지니, 뉴멕시코대학의 하워드 스미스에게도 이 자리를 빌어 감사의 말을 전합니다.

이 책에 대한 아이디어를 내주었고 이전에 펴낸 시리즈에도 많은 도움을 주었던 존 와일리 앤 선스의 주디 조셉과 제시카 바틀릿에게도 깊이 감사드립니다.

오하이오주 클리블랜드주립대학교
명예 교수 로버트 F. 하틀리
RFHartley@aol.com

이 책의 저자 밥 하틀리는 누구인가

이 책을 지은 밥 하틀리는 현재 클리블랜드주립대학교 경영대학 명예교수로 재직하고 있습니다. 그는 경영·마케팅·윤리학 분야 등에서 학부생과 대학원생을 지도했습니다. 밥 하틀리는 클리블랜드대학에 재직하기 전에는 미네소타대학과 조지워싱턴대학에 재직했습니다. 그리고 드레이크대학에서 경영학사 과정을 마치고 미네소타대학에서 MBA와 박사 과정을 수료했습니다.

밥 하틀리는 학계로 오기 전에 13년간 K마트S. S.Kresge, J. C. 페니Penney, 데이튼–허드슨Dayton-Hudson, 타겟Target 등 소매업체에서 종사했습니다. 이 분야에서 하틀리 교수는 매장 관리와 중앙 구매 그리고 상품 관리 부서에서 주로 활동했습니다.

그의 첫 번째 교재인 『마케팅, 경영과 사회 변화 Marketing, Management and Social Change』는 1972년에 출간되었습니다. 마케팅 연구에 사회와 환경 관련 주제를 도입한 것은 시대를 앞서가는 시도였습니다. 그 후 밥 하틀리는 소매업과 판매 관리, 마케팅 조사 등에 대한 책들을 출간하였습니다.

밥 하틀리는 1976년에 처음으로 기업의 경영 활동에서 발생한 마케팅 실수에 대한 사례를 보충한 책을 출간하였습니다. 이 책은 기존의 책들보다 기업을 발전시키는 데 더욱 밀접하고 큰 도움이 되는 사례 연구를 통해 독자들에게 새로운 경영 방법을 제시하기도 했습니다. 또한 그는 1983년에 『숨 막히는 기업 경영 이야기 Management Mistakes』를 출간하였습니다.

이 책들은 현재 각각 9판과 8판까지 출판되었으며 여러 나라 언어로 번역되어 독자들의 꾸준한 관심을 받고 있습니다. 1992년 하틀리 교수는 『윤리경영, Business Ethics Mistakes and Successes』을 펴내기에 앞서 『윤리경영, 공중의 신뢰 위반 Business Ethics, Violations of the Public Trust』을 저술하기도 했습니다.

밥 하틀리는 현재 미국 인명사전과 세계 인명사전에 이름이 올라 있는 세계적인 학자입니다.

≫ 차례

머리말

지은이 소개 _ 이 책의 저자 밥 하틀리는 누구인가

Business

ETHICS

01

도입과 관점

••• 분명히 말하지만 윤리 경영을 펼쳐 나가기란 생각처럼 쉽지 않다. 윤리 경영에 관한 이런저런 책을 읽었다고 하더라도 올바른 행동만 하게 될 것이라는 보장이 없다. 비윤리적 행위를 막는 최선의 방법은 독자들에게 비윤리적 행동에 대한 구체적인 사례를 제시하는 일이다.

이 책의 개괄적 관점에 대하여

미국 철학자 조지 산타야나는 "과거를 기억하지 못하는 사람은 반드시 그것을 다시 반복하게 된다"라고 말했다. 우리는 지금 마녀 사냥을 하려는 것이 아니다. 또한 기업의 과실을 선정적으로 다루거나 기업의 이미지를 실추시키려고 노력하는 것도 아니다. 오히려 과거의 일에서 교훈을 찾아내어 오늘날은 물론이고 다가오는 미래에 이와 비슷한 실수를 반복하지 않도록 도우려는 것이다. 즉 위법행위를 유도하는 요인과 기업과 사회에 무시무시한 결과를 초래하는 사건을 피할 수 있는 방법 그리고 최소한 이전보다 일을 더 효과적으로 처리할 수 있는 방법을 알아내기 위해 노력하고 있는 것이다.

몇 가지 사례에서 나타나는 기업의 위법행위 사례는 논란의 여지가 있으므로 말 그대로 객관적인 평가를 내려야 한다. 따라서 일반 시민과 기업 임원이라는 두 가지 입장에서 사례들을 살펴볼 것이다. 이 책에서 주장하고 있는 논지는 다음과 같다.

> 공익에 세심한 주의를 기울이고, 기업과 관계를 맺고 있는 다양한 대중들과 신뢰할 수 있는 관계를 구축해 나갈 때 기업은 최고의 이익을 거둘 수 있다. 그 과정에서 사회 또한 발전하게 된다.

여기에서 말하는 다양한 대중들 또는 이해관계자들에는 기업의 고객·협력업체·직원·주주·금융기관 그리고 기업이 위치하고 있는 지역사회·여러 지역·주·연방정부 등이 포함된다. 여기에 언론도 추가해야 한다. 언론이 기업에 대해 항상 객관적이고 편견 없이 보도해 줄 것이라고 믿을 수는 없는 노릇이지만, 언론도 기업의 명성 그리고 기업과 다른 대중들과의 관계에 영향을 받는다.

오늘날의 기업 환경에서는 공익을 고려하지 않는 행동은 살아남기 힘들다. 이전 10년과 비교했을 때, 오늘날 기업들은 정부의 지속적인 규제조치와 소송의 위협을 받고 있다. 게다가 옛날보다 훨씬 더 비판적인 소비자와 행정적 감시가 기업을 늘 주시하고 있다.

그 결과 기업들이 공익을 얼마나 고려하는지에 따라 기업 환경이 얼마나 진보되었는지 판단할 수 있다. 오늘날 대중과의 신뢰를 깨는 기업이 소비자들과 신뢰관계를 구축하기 위해 열심히 노력하는 경쟁 기업에 비해 상대적으로 뒤처지는 것은 당연한 일이라 할 수 있다.

많은 기업들이 올바른 경영을 하고 있다. 만약 기업이 비윤리적인 행위를 하게 되면 당연히 세간의 이목을 끌게 된다. 더욱이 기업의 잘못이 알려질 때마다 비난의 화살이 쏟아지곤 한다. 즉 윤리 경영을 펼치기 위한 객관적이고 분석적인 방법만을 강조하는 데 열중하느라 윤리적 주제에 대해 시간을 충분히 할애하지 않았다는 주장이 반복적으로 제기되고 있다.

분명히 말하지만 윤리 경영을 펼쳐 나가기란 생각처럼 쉽지 않다. 윤리 경영에 관한 이런저런 책을 읽었다고 하더라도 올바른 행동만 하게 될 것이라는 보장이 없다. 비윤리적 행위를 막는 최선의 방법은 독자들에게 비윤리적 행동에 대한 구체적인 사례를 제시하는 일이다.

따라서 이 책에서는 기업들이 윤리적으로 가장 확실한 길을 택할 수 있도록 방향을 알려 줄 것이다. 또한 경영을 하면서 맞닥뜨릴 수 있는 다양한 윤리적 문제와 유혹에 대해 경고하고, 올바르지 않은 선택이 낳은 그릇된 결과도 보여 줄 것이다.

이 책은 주로 유명한 기업들이 범한 실수에서 교훈을 찾은 내용으로 구성되어 있다. 이와 같은 사례를 살펴봄으로써 실수를 회피하거나 이미 일어난 실수에 대응하는 방법을 결정하는 것도 배울 수 있다.

기업은 자신들의 실수와 다른 기업들의 실수를 통해 좀더 신중해지는 법-기업의 신뢰관계를 깨뜨릴 수 있는 상황과 행동을 피하기 위해 세심한 주의를 기울이는-을 배워야 한다.

예를 들어 A. H. 로빈스(14장에서 논의)는 달콘 실드와 함께 시장 확보를 위해 저돌적인 프로모션 전략을 펼쳤지만, 그 제품은 안전성 테스트도 제대로 시행하지 않은 제품이었다. 수천 명의 여성이 이 제품을 사용한 결과 피해를 입었다. 로빈스는 처음에 이 사실을 극구 부인하다가 다음엔 진상을 숨기려고 헛된 노력을 하는 등 위기 상황에 대처하는 과정에서 큰 실수를 저지르고 말았다.

때때로 기업들은 불시에 큰 위험에 처하기도 한다. 이러한 상황은 1984년 유니온 카바이드(12장에서 논의)에서도 발생했다. 인도 보팔에 있는 유니온 카바이드 화학 공장에서 유독성 화학 물질이 유출되는 사고가 일어났다.

유니온 카바이드는 거의 30만 명에 달하는 희생자들에 대해 회사가 취할 수 있는 재빠른 조치를 취했다. 그러나 그와 같은 사고를 발생시킨 회사의 부주의하고 허술한 관리에 대해 호된 비판이 쏟아졌다. 심지어 유니온 카바이드의 CEO가 현장을 방문하는 중에 인도 관리들에게 체포되는 사태가 발생하기도 했다.

이 책에 실린 모든 사례가 신체적인 부상이나 사망 사고에 관련된 것은 아니다. 예를 들어 첫 번째로는 기만적인 판매 행위에 대해 살펴보게 될 텐데, 이 사건에서 사망자는 발생하지 않았다. 거대 보험회사인 메트라이프는 영업사원들이 개인과 회사 수익률을 높이기 위해 대규모로 고객들에게 사기를 치는 행위를 용인했다. 몇몇 주의 법무장관들이 이러한 행위를 비난했으며, 벌금과 소송 비용은 거의 20억 달러에 육박했다.

이러한 과거의 교훈들로부터 많은 것을 배울 수 있다. 다시 한 번 말하지만 이 책에 나오는 과거의 사례를 통해서 최악의 상황을 피하는 방법과, 만약 그러한 사건이 발생했을 때 최선을 다해 대응할 수 있는 방법을 배울 수 있다.

기업에게 윤리란 무엇인가

윤리란 올바른 행동에 대한 기준을 말하는 것이다. 안타깝게도 윤리적 행동을 구성하는 것이 무엇인가에 대해서는 여러 가지 의견이 분분하다. 물론 극단적인 경우에 대해서는 별다른 이견이 거의 없다. 그러나 무엇이 윤리적이고 무엇이 비윤리적인 것인가에 대해서는 여러 의견이 대립하고 있으며, 명확하게 구별할 수 없는 행동도 몇 가지 있다. 이 불명확한 행위는 다음과 같다.

- 구매를 유도하기 위해 순진한 고객들에게 고압적인 판매 전술을 사용하는 행위
- 고객들이 할인된 가격으로 물건을 구입하는 것으로 오해하게 만드는 행위
- 지출된 경비를 속이는 행위
- 과장 광고
- 고객이나 잠재적인 고객에게 값비싼 '선물' 을 제공하는 행위

과연 이와 같은 행위를 할 때 윤리적인 것과 비윤리적인 것의 경계를 어디쯤에 둘 것인가? 또 다른 예를 들어 보자. 만약 지역사회에 더 많은 일자리가 창출된다면 오염이 심해지는 일이라도 찬성하겠는가? 이러한 주제들은 매우 복잡하며 논란의 소지가 많다.

한편, 범사회적 행동 규범을 명백하게 위반하는 행동들도 있다. 그러한 예로는 경쟁적인 스파이 활동, 뇌물 수수, 군수업체의 비용 위조, 기만적이고 명백한 거짓 제품 선전문구, 고객과 직원 그리고 일반 대중의 건강과 복지에 대한 무관심, 대규모 환경오염, 최고 경영자 개인의 이익을 위해 기업 재산을 횡령하는 행위 등이 있다.

>>> 윤리와 법

윤리적인 행동과 법 사이의 관계가 가끔씩 혼란스러워지는 경우도 있다. 어떤 사람들은 합법적인 행동이 결국 윤리적인 것이며 완벽하게 정당화 될 수 있다고 설명할 것이다. 그러나 '합법적이면 윤리적이다'라는 태도는 '법은 단지 사회에서 물리적인 힘을 동원하면서까지 지켜야 한다고 확고히 믿는 행동 중에서 일부만을 성문화한 것'[1]이라는 사실을 간과하는 결과를 낳게 된다.

연금수당을 받을 수 있는 자격이 되기 직전에 직원을 해고하거나, 순진한 고객에게 적정 가격보다 비싸게 받는 등의 많은 행위들은 법에 저촉되지 않는다. 그러나 많은 사람들은 이를 비윤리적인 행위라고 생각할 것이다. 또는 5장에서 설명하고 있는 선빔과 스콧페이퍼에서 알 던랩에 의해 자행된 잔인한 공격처럼 기업을 회복시키기 위해 무자비하게 노동비를 삭감하여 수익을 올리는 일은 어떻게 설명할 수 있을까?

윤리적이지만 불법적인 행동이 있을 수 있는가? 한때 무역법에서는 소매업자들이 지정된 가격 이하로 판매하는 것을 금지했었는데 이를 위반하는 행위가 바로 적절한 예라고 할 수 있겠다. 만약 불법적인 가격 할인을 하고 있는 기업이 있다면 이 기업을 비윤리적이라고 할 수 있는가? 또는 어떤 지역사회에 일요일 영업을 금지하는 청교도 법이 있는데 이를 위반하는 사람을 비윤리적이라고 비판할 수 있는가? 대부분의 사람들은 자신들이 비록 그 법을 어겼다고 할지라도 그러한 행동은 윤리적이라고 생각할 것이다. 이처럼 법이 절대적으로 옳은 것은 아니다.

>>> 유사 합법행위

어떤 행위들이 극단적으로 치닫는 경우에는 비난받게 되지만 적당한 수준이라면 용인될 수도 있다. 특히 과하면 업무상 뇌물이 되는 선물 제공 문제에 대해서는 법적인 관점뿐만 아니라 윤리적인 관점에서도 고려해야 한다. 선물을 이용해 거래에 영향을 주려는 시도는 '연방거래위원회법 FTCA'에 의하면 불공정한 경쟁 방식으로 간주된다. 여러 주와 연방법에서는 정부 직원에게 뇌물을 주는 행위를 불법이라고 특별히 정해 놓고 있다. 그리고 1977년 제정된 '해외부패방지법 FCPA'에서는 계약을 따내기 위해 외국 공무원에게 뇌물을 주는 행위를 형사 범죄로 간주하고 있다(이 법에서는 업무 처리 과정을 '매끄럽게 하기 위해' 하급 공무원들에게 소액의 대가를 지불하는 행위까지 금지하고 있지는 않다).

그러나 다른 어떤 선진국도 자국의 기업 활동에 이와 같은 제한을 두지는 않는다. 오히려 엄격한 법률 때문에 뇌물이 일종의 관행인 국가에서는 미국 기업들이 경쟁관계에서 불이익을 당하고 있다는 비난마저 일고 있다.

어떤 일이 업무상 뇌물에 속하는 것인가? 공짜 점심 식사, 공짜 축구 티켓, 크리스마스에 보내는 스카치위스키 한 병이나 과일 한 상자 등이 뇌물은 아닐 것이다. 이런 것들은 전통적인 선물이며 일반적으로 업계의 관행처럼 받아들여진다. 그러나 그 경계를 어디에 둘 것인가? 크리스마스 선물에서 그저 한걸음만 더 나아가면 현금 거래처에서 지불한 값비싼 리조트 이용권, 백화점 상품권, 모피 코트 또는 자동차로 발전하게 된다.

다시 말해 소박한 환대나 선물일지라도 뇌물로 비칠 수 있고, 객관적인 판단이 필요한 사업에 영향을 줄 수도 있다. 따라서 국방부를 포함한 몇몇 기업에서는 그것이 비록 성의 표시를 위한 작은 선물이나 공짜 식사일지라도 직원과 임원들에게 뇌물을 제공하는 행위는 용납되지 않는다는 내용을 정책으로 정해 놓고 있다.

>>> 윤리와 이익

많은 사업가들이 윤리적 행동에 대해 더 엄격한 잣대를 들이댈수록 수익성은 점차 나빠질 것이라는 생각을 하고 있다. 물론 생산성을 높여 달라는 적절한 요구나 너무 솔직한 제품 소개 심지어 고객이 뇌물이나 리베이트를 원할 때 (특히 몇몇 국가에서) 이를 거절하는 행위 등은 판매 성과를 제약해 기업 이익에 손해를 끼칠 수 있다. 그러나 양심적으로 정직하고 윤리적인 행동이 사업과 회사 이익에 더 도움이 된다는 주장도 가능하다. 어떤 기업이 정직하게 거래를 한다는 평판을 얻게 되면 강력한 경쟁력을 가지게 되기 때문이다.

더욱이 업계 전반에 걸쳐 좀더 건강한 사업 환경이 조성될 수도 있다 (이는 고객과의 신뢰관계뿐만 아니라 직원·협력업체 그리고 그 밖의 다른 이해 관계자와의 신뢰관계가 바람직하게 구축되는 경우에 형성된다).

단기간만 놓고 생각한다면 윤리 원칙을 무시하는 것이 일시적으로는 더 많은 이익을 내게 될 것이다. 그러나 장기적으로는 윤리적 행동이 이익 극대화에 도움이 된다.

>>> 의심스러운 행위를 하게 되는 까닭

수상한 행동을 하게 되는 특별한 상황이 생길 수 있다. 특히 그러한 행위를 통해 더 많은 매출과 이익을 올릴 수 있다고 믿게 되는 경우에 더욱 의심스러운 행위를 하게 된다. 이러한 상황에는 다음과 같은 내용이 포함된다.

- 성과에 대한 지나친 강조
- 경쟁의 심화
- 편의주의·무관심·부주의
- 관행
- 집단적 사고 혹은 집단에서 합의된 의견에 따르기
- 때때로 막대한 손실을 숨기기 위해 부정 회계를 동반하는 아주 이기적인 동기의 사적 이익 취득 또는 횡령

성과에 대한 지나친 강조

대부분 기업에서 매출과 이익을 많이 낼수록 급여가 높아지고 승진이 빨라진다. 이 사실은 개인뿐만 아니라 부서·부문·전체 기업에 해당되는 점이다. 투자자·채권자·협력업체들이 기업을 평가하는 가치는 상당 부분 매출과 이익 성장에 달려 있다. 기업의 성장률이 높을수록 투자자와 채권자들로부터 자금을 더 많이 유치할 수 있다. 그렇게 되면 협력업체와 고객들은 더욱 적극적으로 이 기업과 거래하고 싶어 한다. 고위직 임원들도 성과가 높은 직원들에게 좀더 관심을 가지게 된다. 그러나 성과에 대해 이처럼 양적인 측면만 강조하다 보면 몇 가지 부정적인 결과를 불러일으킬 수도 있다.

> 사람들은 기업을 윤리적 기준으로 평가하지는 않는다. 따라서 기업들은 비윤리적이며 범사회적 윤리 기준에 미치지 못하는 시스템에 사로잡히게 된다. 일반적인 '원칙'[2]을 위반하면서까지 더욱 비윤리적인 행위에 열을 올리게 만드는 유혹은 항상 존재한다.

대체로 당장 수입을 증가시키고 싶어 하는 야심 찬 관리자나 직원들은 첫 번째 사례에서 살펴본 것처럼 비양심적 행동에 대한 유혹을 받게 될 수도 있다. 그러한 일탈 행동에 대해서 최고 경영진이 비난을 받아야 하는가? 어떤 사람들은 경영진이 윤리적 기준을 설정해야 한다고 주장하기도 한다. 만약 경영진이 성과 목표치를 지나치게 높게 설정했다면 경영진도 하급자의 과실에 대한 책임에서 자유로울 수 없을 것이다.

경쟁의 심화

지나치게 경쟁적인 환경, 특히 자사 제품을 경쟁 기업 제품과 차별화시킬 능력이 없는 상황까지 겹쳐지는 경우에는 비윤리적 행위가 발생할 가능성이 있다. 게다가 치열하게 경쟁하는 산업분야에서는 하나 또는 소수 기업이 비윤리적 행위로 이익을 얻게 되면 경쟁자들도 비윤리적 상황을 선택할 수밖에 없게 되는 선도업체 추종 상황이 발생할 수도 있다.

편의주의·무관심·부주의

　기업이 고객의 이익을 무시하는 태도를 가지는 경우 비윤리적 행위가 발생하기도 한다. 기업 전체에 퍼져 있든 단지 소수에게만 영향을 끼치든 이러한 태도는 반복 거래와 고객 충성도—밀접한 신뢰관계—에는 거의 도움이 되지 않는다. 이러한 태도는 고객의 규모가 작은 기업과 중고차·집수리·오락공간처럼 반복되는 거래가 별로 중요하지 않은 기업들에 더 널리 퍼져 있다. 이 같은 기업들은 고객들을 기만하는 행위뿐만 아니라 심지어 사기행위조차 저지른다. 마찬가지로 환경에 대한 무관심한 태도는 직원과 고객의 이익을 무시하는 행위일 뿐만 아니라 환경오염을 발생시키기도 한다.

　인간은 누구나 부주의한 면을 갖고 있으므로 습관적이지만 않다면 징계 처분까지 할 필요는 없다. 보통 사람들이 하게 되는 실수들은 대개 심각하지 않은 것들이다. 그러나 외과의사나 약사가 실수로 처방전을 잘못 처방했고 간호사가 그대로 투약하는 상황이라면 어떻겠는가?

　종종 단순한 부주의 때문에 심각한 일이 발생하기도 한다. 아직도 인도 보팔의 유니온 카바이드 공장에서 일어난 사고가 잊혀지지 않는다. 그리고 사고 이후에도 환경에 어마어마한 피해를 입힌 엑슨 밸디즈 원유 유출 사건도 잊을 수 없다.

관행

　구매자의 위험 부담에 대한 격언인 '구매자는 스스로 주의해서 물건을 구입해야 한다'는 말은 지난 수십 년간 많은 상거래에 적용되어 왔다.

이제는 고객들의 지식수준도 높아졌고 요구사항도 많아졌다. 경쟁사는 소비자와 좋은 관계를 구축하기 위해 더욱 애를 쓰고 있으며, 정부와 법률 시스템은 아주 강력해지고 있다. 그러나 시장이 갖는 전통적인 의미를 살펴보면 시장은 여전히 구매자와 판매자 사이의 심리학적 대립의 무대로 인식되고 있다.

집단적 사고 심리

3장과 10장에서 검토하겠지만 집단적 사고의 현상으로 개인이 결정을 내려야 하는 상황이라면 전혀 승인하지 않았을 활동(심지어 안전이니 환경 위험을 무시하는 내용이 포함된)을 집행위원회가 승인하는 경우가 발생한다.

이러한 심리적 경향은 과거 폭력 조직의 심리와도 밀접한 관계가 있다. 이는 혼자서 책임질 수 있는 사람이 아무도 없는 상황에서는 최저 수준의 공통분모를 가진 의견이 합의될 수 있다는 위원회 결정 신드롬을 반영하는 것이다.

횡령과 사적인 이익

최고 경영진은 회계부정을 통해서 자신들의 회사에서 돈을 횡령하고 이를 숨겨 왔다. 몇몇은 자신들의 편인 이사회와 함께 엄청난 급료, 과다한 판공비, 연금 혜택뿐만 아니라 심지어 비행기와 요트까지 챙겼다. 이처럼 기업이 막대한 인력 해고를 통해 긴축해야 하는 상황에서 최고 경영자가 자신의 이익을 끝까지 챙기고 있다는 것은 아이러니가 아닐 수 없다.

이 책의 구성은 어떻게 되어 있나

이 책에서 소개하는 사례들은 일반적으로 잘 알려져 있는 내용들이며 기업 과실의 예로 널리 인용되고 있다. 따라서 기업이 잘못된 판단을 하도록 이끄는 요인을 분석하고, 그 사례들이 실제로 어떻게 처리되었는지 자세히 알아보려면 좀더 객관적이고 냉정한 시각으로 사건을 다룰 필요가 있다.

몇 가지 사례는 상당히 심각한 책임이나 비난과 관련되어 있다. 또 다른 기업들은 예상치 못하게 자신들에게 던져진 문제들을 감당해야 했다. 그들은 부주의했거나 또는 잘못된 판단을 내렸는지 모르겠지만 고의적으로 유죄를 저지르려고 하지는 않았다.

보팔의 재난과 엑슨 밸디즈호 사건 같은 몇몇 사례처럼 사회적으로 대단히 심각한 영향을 끼쳤으며 사망자가 발생한 사건도 있었다. 또 다른 사례에서는 결과가 훨씬 덜 심각했고, 어떤 결함은 논란의 여지가 있지만 활동가들에 의해 부풀려지기도 했다. 나이키는 그저 다른 많은 미국 기업들처럼 더 저렴한 노동력을 구하기 위해 해외로 제조 시설을 이동했을 뿐이지만 개발도상국 노동력 착취 문제의 표적이 되었다.

마찬가지로 월마트는 골목대장으로 묘사되어 왔다. 언제나 고압적인 태도로 협력업체들을 파멸시킬 뿐만 아니라 최저 가격으로 소도시의 상인·장난감상·슈퍼마켓 경쟁자들도 파멸시킨다고 비난받아 왔다. 더욱이 불법 이민을 조장하고 저임금 직원들에게 비합리적인 요구를 한다는 비난도 있었다.

반면, 이 책에서는 윤리적으로 앞서고 사회적으로 책임 있는 행동을 하는 두 가지 모범 사례에 대해서도 검토할 것이다. 그림 1.1은 결과의 심각성과 책임의 정도에 근거하여 작성한 매트릭스를 제시한다. 대표적인 사례들은 이 매트릭스에 점으로 표시되어 있다.

그림 1.1 결과의 심각성과 책임의 정도에 따라 배치한 사례

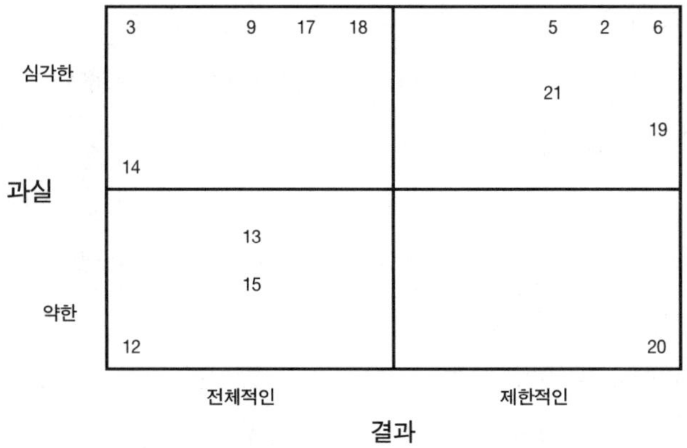

```
              3      9   17   18          5   2      6

심각한                                        21

                                                    19
          14
과실       ─────────────────────────┼─────────────────────────

                  13

                  15
약한
          12                                         20

              전체적인                      제한적인
                            결과
```

※ 대표 사례 :　2. 메트라이프
　　　　　　　　5. 알 던랩의 무자비한 행동
　　　　　　　　9. 월드컴·MCI
　　　　　　　13. 네슬레 유아식
　　　　　　　15. 엑슨의 알래스카 원유 유출
　　　　　　　18. 제너럴 다이내믹스의 부정행위
　　　　　　　20. 나이키

　　　　　　　　3. 파이어스톤·포드
　　　　　　　　6. 유나이티드 웨이
　　　　　　　12. 유니온 카바이드 보팔 공장
　　　　　　　14. 달콘 실드
　　　　　　　17. 록히드 해외 뇌물 사건
　　　　　　　19. 월마트
　　　　　　　21. 다임러크라이슬러

이러한 배치에 동의하는가?

>>> 최근의 윤리적 과실(1부)

　1부에서는 기업의 과실 중에서 좀더 최근의 사례를 검토한다. 대중의 신뢰를 저버린 행위는 앞서 잠시 설명한, 사내에서 최고 실적으로 칭송받았던 메트라이프 세일즈맨의 기만적인 판매행위 사례부터 살펴본다.

　제품의 안전 문제로 부상을 입거나 심지어 사망 사고까지 발생하는 경우는 최악의 윤리적 과실 중의 하나이다. 훨씬 더 나쁜 점은 그러한 위험이 수년 동안 지속되도록 방치되기도 했다는 사실이다. 파이어스톤 타이어를 장착한 포드 익스플로러는 타이어 결함이 유발시킨 차량 전복으로 사망한 200명 이상의 사고 피해자와 관련이 있다. 언론 보도로 전세계적인 이목이 집중되었을 때 포드와 파이어스톤은 각자 상대편을 비난하기에 급급했다. 그러나 결과적으로 많은 법률 소송이 이어지고 대규모 리콜 사태가 발생했다. 피해금액만 수십억 달러에 이르렀다.

ADM 사례는 역설적이다. ADM은 매우 성공한 기업이었지만 비윤리적인 행동에 불법적인 가격 조작까지 한 사실이 드러나면서 그동안 쌓은 성공은 빛을 잃었다. 독재적인 CEO 또한 경영진의 연고주의 인사를 조장했다. 내부고발자 때문에 몇 명의 기업 중역과 CEO도 구속되었다.

알버트 던랩은 상당수 인력을 해고하는 방식으로 기업에게 다시 일어설 수 있는 기회를 마련해 주는 기업 회생의 귀재로서 명성을 날렸고 '전기톱 알'이라는 별명까지 얻게 되었다. 그리고 던랩은 점차 고사 직전의 회사에 투입되어 많은 인력을 해고함으로써 일시적으로 수익성 높은 조직으로 변모시키는 최고의 해결사로 이름을 날리게 되었다. 그러나 어찌 된 일인지 선빔에서는 이러한 조직 축소 작업이 제대로 효과를 발휘하지 못했다. 이 때문에 던랩 자신이 이사회로부터 해고를 당하게 되었다. 이후 이루어진 조사를 통해 회계부정에 개입한 사실도 포착되었다.

미국 유나이티드 웨이는 비영리 조직이다. 유나이티드 웨이를 국가 최대 자선단체로 자리잡게 한 장본인은 자기 자신을 사실상 권력 이상의 존재로 인식하게 되었다. 과다한 지출, 편파적인 인사, 이권 대립 등의 부적절한 행위는 〈워싱턴 포스트〉의 취재 전문기자들에 의해 비리가 폭로되기 전까지 아무런 통제와 비판을 받지 않았다. 이에 대한 항의가 빗발치자 조직은 필사적으로 상황을 바로잡고 이미지 손상에 대처하기 위해 노력했지만 기부금액은 대폭 줄어들고 말았다.

담배업계는 수십 년간 미국과 해외에서 흡연자를 비롯한 일반인들의 건강에 무관심했다는 혐의로 유죄 판결을 받았다. 흡연의 위험을 경고한 많은 조사 증거 자료에도 불구하고 무시무시한 정치적 영향력을 무기로 담배업계는 이윤을 극대화하는 전략을 추구해 왔다. 결국 소송이 빗발치자 1998년 11월 담배업계에서는 몇 가지 소송을 취하한다는 조건 하에 향후 25년간 약 2천억 달러를 지불하겠다는 약속을 하며 주 법무장관들과 거래를 하게 된다.

1980년대 후반, 저축대부업계의 붕괴 사건이 발생하면서 저축대부업계 전반에 걸쳐 면밀한 조사가 이루어졌다. 이때 주주와 예금자에 대해 책임을 져야 하는 경영진이 최종적으로 지불을 거절하겠다고 선언했다. 분명히 경영진에게만 책임이 있는 것은 아니었다. 주를 비롯해 연방 단속기관과 의회까지도 비난을 받아야 했다. 마침내 사건을 해결하기 위한 금융 지원책이 동원되었으며 수천억 달러의 비용이 소요되었다.

월드컴은 주요 대기업의 최고 경영진이 회계부정으로 수년간 자신의 비리를 감추어 가며 횡령했던 최근의 기업 스캔들 사례로 잘 알려져 있다.

>>> 전형적인 윤리 위반(2부)

이러한 사례 중에서 몇 가지는 1960년대로 거슬러 올라간다. 10장에서는 일명 '살인' 차량 코르베어를 둘러싸고 랄프 네이더와 제너럴 모터스 사이에서 발생했던 대결에 대해 설명한다. 그 대결은 소비자 중심주의로 알려진 시민의 안전과 환경을 무시한 사업 행태에 대한 광범위한 소비자 거부 운동을 이끌었다.

화학약품 제조업체의 오염 사실에 대항하여 지속적으로 그 세력과 영향력을 키워 나갔던 소비자 운동에 대해 보여 준다. 유니온 카바이드는 1960~1970년대 초반에 국민들의 불신과 언론의 집중 포화 그리고 정부 압력에 마침내 굴복하고 말았다. 이 일을 통해 알 수 있듯이 사업과 환경을 놓고 볼 때 결국은 환경에 유리한 쪽으로 결정이 내려진다. 이로부터 10년도 지나지 않아서 유니온 카바이드는 인도 보팔 공장에서 발생한 역사상 최악의 산업 재해에 대해 유죄를 선고받았다(그러나 만 2년이 채 되지 않아 러시아 체르노빌 원자력 발전소에서 방사능 물질이 수천 평방마일 주변까지 유출되는 엄청난 사고가 발생했다).

네슬레 사례에서는 선과 악이 공존할 수 있다는 사실을 알게 된다. 네슬레는 개발도상국과 제3세계 국가들을 대상으로 공격적인 이유식 마케팅을 펼쳤다. 그러나 제품을 안전하게 유지하기 위해 반드시 필요한 공중위생 상태를 유지할 수 없는 국가들에게는 그것이 축복이자 저주가 되었다. 1970~1980년대까지 네슬레에 대해 쏟아진 전세계적인 비난은 결과적으로 불매운동을 불러일으켰으며, 소비자들은 제품 개선을 빗발치게 요구했다. A. H. 로빈스는 적절하고 공정한 테스트도 거치지 않고 자궁 내 피임기구인 달콘 실드를 도입했다.

1989년 3월 24일, 자정이 막 지난 시각 엑슨 밸디즈의 거대한 유조선이 좌초하면서 미국 역사상 최악의 해양환경 재해가 시작되었다. 알래스카 원유 유출 사건은 전세계적으로 기업이 환경보호에 대해 어느 정도 책임을 져야 할 것인가 하는 화두를 남기게 되었다. 엑슨은 사고 처리를 위해 청소 비용으로 25억 달러에 달하는 비용을 지출했지만, 들끓는 비난 여론까지 잠재우지는 못했다.

ITT는 1970년대 초반 칠레에서 칠레 정부-특히 칠레 대통령 살바도르 아옌데-를 무너뜨렸다고까지 할 정도로 자사 재산 보호를 위해 세력을 휘둘렀던 다국적 기업이다. ITT의 CEO인 해럴드 제닌은 목적(작은 제3세계 국가에서 ITT 자산을 보존하는 일)이 수단(기업의 보유 재산을 보호할 수 있는 방법이라면 무엇이든지)을 정당화한다는 사실을 아주 굳게 믿고 있었다. ITT가 권력을 남용하고 외국 정부에 개입함으로써 모든 다국적 기업에 대해 중대한 조사가 시행되었고 기업 활동에 제약을 받아야 했다.

1970년대 중반, 주요 군수업체인 록히드가 외국 공무원들뿐만 아니라 심지어 왕자와 총리에게까지 수백만 달러의 뇌물을 주었다는 사실이 폭로되었다. 17장에서는 해외에서 로비 목적으로 뿌려지는 뇌물에 대한 논쟁의 여러 가지 측면에 대해 토의한다.

군수업체들은 정부 돈을 사취하려고 애썼던 추악한 역사를 가지고 있다. 국방부의 신뢰를 깼던 추악한 사건 중의 하나는 제너럴 다이내믹스였다. 막대한 초과 지출·사기·청구액 부풀리기·뇌물 등은 1970~1980년대

동안 제너럴 다이내믹스에 대해 제기된 혐의들 중 몇 가지이다. 슬픈 일이지만 다른 군수업체들 역시 유죄였다. 그렇다면 돈을 지불한 사람은 누구인가? 바로 선량한 국민들이다.

>>> 논란의 여지가 있는 윤리적 행동(3부)

때때로 어떤 기업이 하고 있는 행동에 대해 비평가들은 참을 수 없을 만큼 비윤리적이라고 비난한다. 반면, 다른 사람들은 단순히 효율을 높이고 가격을 낮추기 위한 방법이라고 수긍하고 넘어가는 정도에 그치는 경우를 접하게 된다. 우리는 3부에서 일반적으로 소수의 사람들로부터 심각하게 비난을 받았지만 전세계적으로 널리 알려지고 성공한 세 기업에 대해 검토하게 될 것이다.

월마트는 세계 최대의 소매업체이며 최저 가격 업체이다. 그런데 규모가 크면 특히 상대적으로 소규모인 협력업체에게 강제적인 힘을 발휘하게 된다. 또한 규모에 밀려 소규모 업체를 운영하는 경쟁자들이 영업을 그만두는 사태가 발생할 수도 있으며, 심지어 소도시에서는 이 때문에 사회적 구조가 변화하기도 한다. 월마트도 회사 직원과 힘없는 협력업체와의 독재적인 관계 그리고 불법 이주 노동자 고용으로 비난을 받아 왔다.

코카콜라와 함께 세계에서 가장 유명한 브랜드를 보유하고 있는 나이키는 앞에서 언급했듯이 저임금 해외 생산직 노동자들에 대한 '노동착취공장'으로 비난의 표적이 되어 왔다.

크라이슬러와 메르세데스를 생산하는 거대 독일 기업 다임러는 동등한 자격으로 합병할 것이라고 예상되었다. 그래서 독일인들은 크라이슬러를 안심시켰다.

그러나 크라이슬러 경영진은 곧 자신들이 속았다는 사실을 깨달았다. 크라이슬러 최고 중역들이 독일 슈투트가르트에 있는 경영진들로 교체되었기 때문이다. 이것은 비윤리적인 행동인가? 아니면 그저 실리적인 경영일 뿐인가? 어떠한 경우든 동화와 조화의 문제는 합병에 있어 오랫동안 골칫거리임이 분명하다.

>>> 윤리적 행동의 모범 사례(4부)

이 책에서는 진보적인 윤리 경영을 펼치는 행동의 두 가지 사례에 대한 내용도 다루고 있다.

존슨&존슨(J&J)은 주력 상품인 타이레놀과 직접적으로 관련된 인명 손실이 발생한 최악의 상황에서 책임감 있는 행동이란 어떻게 해야 하는 것인가를 잘 알려 주고 있다. 존슨&존슨은 이제 기업 이익보다 고객 이익을 최우선으로 민감하게 대처하고 배려하는 기업으로서 대외적인 이미지를 강화하는 과정을 통해 고객에 대해 어떻게 '신뢰를 지켜 나갈 것인가'에 대한 하나의 역할 모델이 되었다.

최고급 사무용 가구를 제작하는 허먼 밀러는 경영 서적과 경영학 강의에서 훌륭한 경영 능력은 물론이고 직원과 환경 사이의 관계에서 이타적인 태도를 성공적으로 조화시킨 사례로 오랫동안 칭송받아 왔다. 그런데 최근 몇 년간 고가 제품에 대한 수요가 하락하면서 이러한 정책들은 심각한 시험에 처하게 되었으며, 냉혹한 현실 때문에 이타주의와 생존 가능성은 서로 경쟁하게 되었다.

결론

마지막 장에서는 앞에 제시한 사례들에서 이끌어낸 많은 통찰력을 요약하고 분류해 본다. 다시 한 번 밝히지만 이러한 사례들의 위대한 가치는 더 나은 것을 배울 수 있는 반면교사로 삼을 수 있다는 것이다. 즉 열거한 사례들로부터 배움을 얻어서 이를 다른 기업, 다른 산업, 다른 시대에 전달할 수 있다. 또한 이와 같은 배움을 통해 기업의 중역들은 윤리와 관련된 실수를 피할 수 있고, 예상치 못한 위기 상황에 처하게 되면 좀더 바람직한 방법으로 훨씬 책임감 있게 대처할 수 있게 된다.

한편, 이러한 사례들과 관계된 주요 인물들의 상황을 그려 보려고 노력했다. 스스로 그들의 위치에 서 있는 모습을 상상해 보고 그들이 부딪쳤던 여러 유혹과 문제들 그리고 그것들을 헤쳐 나가며 내린 의사 결정들에 대해 진지하게 생각해 보기 바란다. 과연 독자 여러분이라면 어떻게 했겠는가? 그리고 그 이유는 무엇 때문인가?

각 장의 중간 부분이나 끝 부분에 나와 있는 토론 문제와 역할극 에피소드에 참여해 보기 바란다. 무엇보다 독자 여러분이 대안적인 행동의 찬반양론에 대해 깊이 생각해 보고, 독자 여러분의 분석과 제안을 객관적으로 살펴볼 것을 강력히 권하고 싶다.

그리고 이러한 과정을 거쳐 윤리적 행동에 이르는 확실한 방법을 찾는 동기가 될 수 있기를 진심으로 바란다.

＊질문

1. 왜 위원회의 집단적 사고가 때때로 조직의 윤리적 태도를 약화시키는가?
2. "만약 시점이 거래가 끝난 이후라면 고객에게 좋은 선물을 주었다고 해도 이것은 뇌물이 아니다. 따라서 그것은 단지 성의 표시이므로 윤리적이고 합법적이다." 이 진술에 대해 토의해 보라.
3. 비윤리적 행동과 수익성 사이에는 어떤 관계가 있는가?

Business Ethics 1

대중의 신뢰를 위반한 최근 사례

02

메트라이프 : 고객을 기만하는 판매 전술

메트라이프 최고 경영진의 행동에 대해 생각해 보자. 법무과 직원들은 사기 판매행위를 단속하기 위해 조사를 하고 해당 판매행위를 중지시켜야 한다고 요청했을 것이다. 그러나 사기 판매로 높은 매출을 올리게 되자 최고 경영진은 오히려 이 방법을 조직 전체로 확대시키고 싶은 유혹을 떨쳐낼 수 없었다.

1993년 8월, 플로리다주는 메트라이프의 영업행위에 대하여 엄중한 제재를 가했다. 메트라이프는 1868년 설립되었으며 미국 내에서 두 번째로 큰 보험회사이다. 메트라이프 플로리다주 탐파 영업소 직원들은 고객들에게 1천1백만 달러에 이르는 사기를 쳤다는 혐의를 받고 있었다. 이들의 고객은 수천 명의 간호사들이었는데 "전혀 새로운 상품이며, 오늘날 투자 상품 중에서 가장 인기가 좋은 퇴직연금계획"[1]이라는 영업사원의 말에 속아 넘어갔다. 그러나 실제로 이 상품은 생명보험을 연금 상품으로 위장한 것이었으며, 고객들이 저축 예금으로 알고 납입했던 돈은 보험료였다.

스캔들이 일파만파 커져 가자 메트라이프도 가만히 지켜볼 수만은 없었다. 결국 벌금과 손해 배상 명목으로 수십억 달러를 지불하기로 결정했다. 이 사태를 회사가 전적으로 책임져야 하는 것인가 하는 점에 있어서는 의견이 분분했다. 직원의 비윤리적이고 불법적인 행동을 사전에 알아차리지 못한 회사의 감시 능력 부족을 유죄라고 봐야 하는가? 아니면 직원들의 불법적인 행동을 적극적으로 부추긴 것으로 보아야 하는가? 어느 쪽이든 메트라이프는 사태가 발생했을 때 법적으로 그리고 PR면에서 제대로 대응하지 못했다.

릭 어소, 그는 과연 악당인가

릭 어소에게 앞날의 불행을 예고하는 첫 번째 경고가 닥친 것은 1993년 크리스마스 이브였다. 어소가 자신의 가족과 함께 집에서 시간을 보내고 있을 때 지역 영업부 책임자인 상관으로부터 예상치 못한 전화를 한 통 받았다. 믿을 수 없는 사실이지만 그가 곧 해고 될 것이라는 소문이 중역들 사이에서 떠돌고 있다는 것이었다. 또한 플로리다주에서 조사를 개시했으며, 사내 감사실에서도 어소의 영업 자료를 조사하고 있다는 사실을 알려 주었다. 9월 17일 본사의 사업본부장 두 명이 영업소를 직접 방문하여 그 해의 네 번째 감사를 수행한 적이 있었다. 그러나 그들은 어소가 회사의 가이드라인에 맞게 행동했으므로 아무런 문제가 없을 것이라는 암시를 하고 떠났다.

어소는 종종 자신이 운이 좋은 사람이고 그 행운은 자신이 일과 회사에 온몸을 바쳐 헌신했기 때문에 찾아온 것이라고 생각했다. 전기 기술자의 아들로 태어난 그는 전형적인 노동자 계층 사회에서 성장했다. 그는 대학에 입학했지만 중퇴하고 말았다.

그는 1978년 존 행콕 탐파 영업소이 판매지으로 첫발을 내디뎠으며 4년 후에는 관리자로 승진했다. 어소 덕분에 그가 속한 영업소는 사내 판매 실적 2위로 올라섰다.

어소는 1983년 존 행콕을 떠나 메트라이프 탐파 영업소로 자리를 옮겼다. 그가 처음에 담당한 업무는 사내 교육이었다. 3개월 만에 그는 영업소장으로 승진했다. 그때부터 그는 오랜 기간 열심히 노력했던 대가를 보상받기 시작했다. 평소 헌신적인 업무 태도와 다른 사람들의 동기를 유발하는 재능 덕분에 그는 성공을 거둘 수 있었다. 판매원이 한 명뿐이었던 영업소가 메트라이프에서 무척 규모가 크고 수익성 높은 영업소 중의 하나로 자리 잡게 되었다. 1993년 그는 영업사원 120명, 영업관리자 7명, 사무직원 30명을 거느린 대형 영업소의 소장이 되었다. 1990년과 1991년 어소가 관리하는 영업소가 사내 '올해의 판매실적 우수영업소' 상을 수상하기도 했다. 그가 쌓아 온 전설적인 성공 스토리들 덕분에 그는 사내 스타가 되었고, 어느덧 교육생들과 다른 직원들이 우러러보고 닮고 싶어 하는 존재가 되었다.

어소는 TV에도 출연하여 열정적으로 자신의 사상을 전파했다. "대부분의 사람들은 '우리는 큰일을 해낼 수 없다'라는 말을 들으면서 살아간다. 그러나 성공할 것이라는 믿음을 가진다면 이미 절반은 성공을 이룬 것이나 다름없다. 그것이 바로 내가 꿈꾸는 방식이며 우리 직원들에게 바라는 점이다."[2] 그는 곧 '동기부여의 대가'로 이름을 날리게 되었고 메트라이프 중역 회의에도 초청 연사로 자주 초대되었다.

첫 번째 경고가 있었던 크리스마스가 지나고 월요일이 되자 드디어 걱정하던 일이 발생하고 말았다. 메트라이프 남동부지역 책임자인 윌리엄 그로간의 호출을 받고 그의 사무실로 가자 그로간이 심각한 얼굴로 어소에게 편지 한 통을 건넸다. 어소는 떨리는 손으로 편지 봉투를 뜯고 그가 해고되었다는 내용의 서신을 읽었는데, 그 사유는 그가 부적절한 행동을 했다는 것이었다.

>>> 스타덤에 이르는 길

불행하게도 탐파 영업소의 놀라운 매출 성장은 단순히 그가 영업사원들에게 적절한 동기유발을 시켰기 때문이라고 믿을 수만은 없었다. 어소는 종신보험증권이 자신에게 큰 성공을 가져다 줄 것이라는 사실을 알고 있었다. 이 상품은 부분적으로는 생명보험이고 다른 한편으로는 저축의 형태를 띠고 있었다. 납입하는 보험료는 높았지만 단지 일부 금액에 대해서만 이자가 지급되었고 납세유예가 적용되었다. 적립금은 생명보험증서로 지불되었다. 이 상품이 영업사원들에게 매력적이었던 이유는 높은 수당 때문이었다. 연금에서 영업사원에게 지급되는 초년도 수당은 단지 2%에 불과한 반면 메트 종신보험은 55%를 초년도 수당으로 지급했다.

어소는 간호사 시장이 특히 매력적이라는 사실을 발견했다. 간호사는 직업 특성상 끊임없이 죽음의 현장을 목격하느라 스트레스가 많고, 안락한 노후를 위해 경제적으로 안전한 수단을 마련하고 싶어 한다는 점을 공략하면 쉽게 설득할 수 있다고 판단했다. 어소는 자신의 영업사원들에게 스스로를 '간호사 전담 직원'으로 부르게 했다. 어소의 탐파 영업사원들은 플로리다주뿐만 아니라 전국적으로 37개 주에 이 가짜 퇴직연금보험을 판매했다. 예를 들어 뉴욕의 한 고객은 자신이 퇴직연금저축을 구입했다고

생각했다. 그러나 그녀가 구입한 상품은 독신 여성에게는 전혀 필요치 않은 보험 상품이었다.[3]

탐파 영업소가 놀랄 만한 성장을 거듭할수록 브로슈어 발송에 필요한 예산 또한 증가하여 1992년에는 거의 백만 달러에 육박했다. 이는 다른 메트라이프 영업소의 10배에 달하는 액수였다. 브로슈어 발송을 통해서 그는 전국적으로 영업망을 넓힐 수 있었다.

어소는 영업사원들이 판매하는 상품 각각에 대해 수당을 받고 있었기 때문에 어소의 수입 또한 성장에 비례하여 점점 증가했다. 1989년 그는 27만 달러를 벌어들였지만 1993년에는 백만 달러를 초과했으며, 탐파에서 가장 부촌인 베이 쇼어 블루바드로 이사를 갔다.

》》》 초기 경고

탐파 영업소가 성장함에 따라 몇 가지 문제점이 제기되기 시작했다. 1990년, 텍사스주 보험 감독관이 메트라이프에 간호사에 대한 사기 행각을 중지하라고 경고했다. 그러나 회사 측에서는 그저 형식적인 조치로써 담당자에게 두 차례 시정을 요구하는 편지를 보내는 것으로 마무리지었다. 따라서 겉으로 변화된 것은 아무것도 없었다. '형식적인 시정 조치의 문제점'에 대한 내용은 다음의 Information Box를 살펴보기로 하자.

1991년 메트라이프 내부 감사에서 어소가 발송한 판촉물에 대해 몇 가지 문제점이 있음을 지적했다. 간호사 전담 직원이라는 용어가 '부적절한' 호칭이라는 것이었다.

또한 감사원들은 상품 내용에 맞지 않는 퇴직연금증권이라는 용어를 사용한 것에 대해서도 문제를 제기했다. 그러나 보고서는 탐파 영업소가 회사에 기여한 바를 치하하는 것으로 끝맺고 있었다. 여러 가지 이상을 감지할 수 있는 징후가 있었음에도 불구하고 회사에서는 그 당시에 잘못된 행위를 바로잡지 않았던 것이다.

_ 형식적인 시정 조치의 문제점

회사에 규제 조치가 내려지거나 벌금이 부과되는 경우, 그저 형식적으로 사태를 넘기려고만 한다면 크게 두 가지 결과가 나타날 수 있다. 그런데 두 가지 모두 장기적으로는 해당 기업에 부정적인 영향을 끼치게 된다.

● 명목상의 시책을 시행하다 보면 조직 내부적으로 '외부에서 무엇이라고 하든지 이 행동이 우리 기업에서는 용납될 수 있다' 는 생각이 성립하게 된다. 따라서 결코 바람직한 행동을 할 수 있는 환경이 형성될 수 없다.

● 향후 좀더 엄격한 조치가 있을 경우 이에 대응하기 어려워진다. 직무상 과실이 계속되면 단속기관에서는 이 회사가 조사 업무를 지연시키거나 협력을 거부할 것이라고 확신하게 된다. 그러면 단속 담당자들은 결국 좀더 강력한 조치를 취할 수밖에 없는 것이다. 처벌이 점차 엄격해지면서 추후에는 경고 이상의 징계가 내려지게 된다.

사실 기업에서 의도적으로 시간을 끌려고 한 것이 아닐 수도 있다. 그러나 단속 담당자에게는 그렇게 보인다. 일단 기업이 관리를 잘못해서 어떤 일이 발생하게 되면 이 기업에서 관리하는 다른 일에 대해서도 문제가 있는 것이 아닌가 하는 의구심을 가지게 된다.

_ 토의 주제

1990년 메트라이프가 형식적인 태도가 아니라 실제로 규정을 따르려고 했다면 어떤 조치를 취해야 했는지 토론해 보라.

>>> 짙어지는 혐의

1993년 여름, 플로리다주 단속 담당자들은 어소 영업소의 판매행위에 대해 좀더 심층적으로 조사하기 시작했다. 즉 어소의 사무실에서 전국의 간호사들에게 발송한 판촉 자료에 대해 집중적인 조사를 펼쳐 나갔다. 1989~1993년까지 수백만 통의 광고 우편물이 발송되었다. 이 자료들을 면밀히 검토한 결과 영업사원들이 판매 상품을 다른 상품으로 위장했다는 사실이 밝혀졌다. 예를 들어 어소의 사무실에서 나온 한 소책자에는 만화 피너츠의 등장인물 루시가 간호사 유니폼을 입고 있는 캐릭터가 그려져 있었다. 소책자에는 '간호사들에게 필요한 미래를 위한 퇴직저축 및 연금'이라는 제목이 붙어 있었다. 어느 곳에도 보험이라는 말은 언급되어 있지 않았다. 결국 전국의 간호사들은 생명보험인 줄은 꿈에도 모른 채 당연히 퇴직연금저축인 줄로만 믿고 가입한 것이다.

조사가 진행되면서 전에 어소 밑에서 영업사원으로 일했던 한 사람이 교육 과정에서 고객에게 상품을 권할 때 '생명보험'이라는 단어를 사용하지 말라는 지시를 받은 적이 있다고 털어 놓았다.

조사가 종료된 후 플로리다주 보험 감독관 탐 갤러허는 메트라이프를 중대한 법률 위반 혐의로 고소했다.

메트라이프의 최종 시정 조치

플로리다주 단속 담당자들로부터 조사를 받는 동안 메트라이프의 태도에도 변화가 나타났다. 처음에 메트라이프는 위반 사실을 극구 부인했다. 그러나 결국 문제가 있음을 인정했다. 대중의 압력이 점점 거세어지는 가운데 메트라이프는 영업사원들의 비윤리적인 판매행위에 대해 40개 이상의 주에서 2천만 달러의 벌금을 내는 데 동의했다. 게다가 1989년부터 1993년 사이에 영업사원의 거짓 정보에 속아 넘어가 보험을 구입한 9만2천 명의 고객에게는 보험료를 환불하겠다고 약속했다. 이러한 환불 금액은 자그마치 7천6백만 달러에 이를 것으로 예상되었다.

메트라이프는 이 사건의 책임을 물어 고위 간부 5명을 해고하거나 직위강등 조치를 취했다. 어소의 사무실은 폐쇄되었고 관리자 7명과 영업사원 7명도 모두 해고되었다. 1994년 9월까지 개인에 대한 보험 판매액은 전년 동기 대비 25%나 하락했다. 스탠더드&푸어스는 이러한 부정행위 혐의에 근거하여 메트라이프의 신용등급을 하향 조정했다.

벌금형이 구형된 지 얼마 지나지 않아 플로리다주 보험감독 당국은 어소와 86명의 다른 메트라이프 보험 판매원을 사기 판매행위로 고소했다. 보험감독 당국은 다음과 같이 밝혔다. "이 사건은 소수의 판매원이 자신들의 고객을 속인 사건이 아니라 여러 명의 직원이 조직적으로 공모하여 고객들에게 생명보험증권을 퇴직연금저축으로 위장 판매한 명백한 사기 행각이다."4

메트라이프는 대외적으로 실추된 회사의 이미지를 개선하기 위해 영업 과정에 대해 광범위하고 철저한 조사를 시행하는 정책을 마련했다. 메트라이프는 기업 전체와 개별적인 보험 영업소까지 감시하는 사내 윤리담당 부서를 신설했다. 이 부서에서는 회사가 정한 규칙을 제대로 따르지 않는 경우 이를 선임 관리자에게 보고하는 업무와, 시정 조치가 잘 수행되고 있는지 확인하는 업무를 담당했다.

1994년 메트라이프 연례보고서에서 CEO 해리 케이먼과 사장 테드 아타나시에이즈는 스캔들을 해결하기 위해 회사 차원에서 시정 조치를 취했다는 점을 언급했다.

우리는 보험업계에서 취할 수 있는 가장 효과적인 시정 조치를 마련했다고 생각한다. 개인 보험 상품뿐만 아니라 자사의 모든 보험 상품에 대해서 조치를 취했다. 우리가 마련한 시스템을 통해 상품의 품질을 보증하고 적절한 영업활동을 펼쳐 나가는지 감시하는 작업을 수행해 나갈 것이다. 영업소의 업무에 대해서도 새로운 감사 시스템을 마련했다. 또한 조직에 있어서도 변화가 있었다. 22년 만에 처음으로 우리 영업소 관리자와 지역 관리자─약 1,000명─를 한자리에 모아 그동안 우리가 취했던 조치에 대해 설명하고 문제 해결을 위해 필요한

점은 무엇이며 앞으로 나아갈 방향은 무엇인지에 대해 토의하는 시간을 가졌다.[5]

한편, 릭 어소는 메트라이프를 상대로 명예 훼손과 퇴직금 백만 달러를 주기로 한 약속을 어긴 혐의에 대해 소송을 제기했다. 그는 메트라이프가 전국적인 판매 스캔들 해결 과정에서 자신을 희생양으로 삼았다고 주장했다.

어소의 개인적인 삶도 심각한 타격을 받았다. 사건 발생 후 1년이 지났지만 그는 여전히 취직을 할 수 없었다. 다른 보험 일을 찾아보려고 했지만 어느 누구도 그를 만나려고 하지 않았다. "여러 날 동안 잠을 자지 못했다. 두 명의 자녀에게 끼칠 영향을 걱정하며 뜬눈으로 밤을 지새고 있다." 더욱이 그는 자신의 아내가 사람들이 수군대는 소리 때문에 외출도 할 수 없다고 하소연한다며 비탄에 잠겨 있다.[6]

잘못에 대한 책임은 누구에게 있는가

어소는 정말 사기 영업으로 연간 백만 달러를 벌어들인 파렴치한 사기꾼인가? 아니면 메트라이프가 고객을 현혹시키고 심지어 고객을 대상으로 사기를 치는 판매행위를 독려하고 오랫동안 묵인해 온 것인가?

>>> 메트라이프에 대한 소송
어소가 불법적이고 비윤리적인 행위를 했다는 사실은 부인할 수 없다. 그러나 회사에서 고의적으로 그런 분위기를 제공한 것은 아닐까? 예를 들어 어소가 실시한 교육이 사기행위를 장려하기 위한 것이었는가? 메트라이프는 어소가 판촉 자료와 판매 화법을 통해 사실을 왜곡하거나 고객을 속이고 있다는 사실을 정말 모르고 있었을까? 회사도 이 사건에 개입되었다는 사실을 보여 주는 중요한 증거가 몇 가지 존재하는 듯하다. 회사는 그저 순진하고 죄 없는 얼굴을 한 구경꾼은 아니었던 것이다.

물론 메트라이프 최고 경영진이 탬파에서 처음 시작되어 주변으로 점차 확대되어 나간 이 사기 판매에 대해서 속속들이 알지 못했을 수도 있다. 아니면 최고 경영진이 영업소에서 무언가 잘못되어 가고 있다는 낌새를 알아차렸음에도 불구하고 이를 무시하기로 마음먹었던 것인지도 모른다. "성공을 두고 이러쿵저러쿵 논하지 마라"가 기업의 신조가 되어 버린 것일까?

어쩌면 기업에서 사기 판매를 조장하고 심지어 요구했을 가능성도 있다. 그러면서도 그런 행동이 직업 윤리 기준에 저촉되는 것은 아니라고 가장했을지도 모른다. 설령 그러한 윤리적 기준에 저촉되더라도 최고 경영진은 나중에 자신들은 그런 일에 대해서는 보고받은 바 없다고 발뺌하기만 하면 될 테니까 말이다.

회사에도 분명히 책임이 있다는 증거가 있다. 신입사원 교육 프로그램을 살펴보자. 프로그램 내용의 대부분은 신입사원이 생명보험 판매 과정에서 겪는 어려움을 극복하는 방법에 관한 것이다. 신입사원 대상 교육 과정에서는 생명보험에 대한 내용은 무시되고, 오히려 저축과 납세유예 이익에 대해서만 강조하고 있다.

전화로 보험을 판매하는 법을 가르치는 교육 과정을 통해서 신입사원들은 소비자들이 전문가를 더 선호한다는 말을 듣게 된다. 신입사원들이 보험 판매 사원이라는 말 대신에 간호사 전담 직원이라는 말을 사용하게끔 교묘하게 유도하는 것이다.

스캔들이 터진 후에 메트라이프는 교육 과정에 잘못이 있을지도 모른다는 사실을 인정했다. 즉 그동안 교육을 5개의 지역센터에서 나누어 시행해 왔기 때문에 교과 과정에 있어 표준화가 덜 된 상태였고, 교육 내용에 대해서도 본사의 체계적인 관리가 힘들었다는 것이다. 메트라이프는 그

후 교육 과정을 개편하여 현재는 본사 교육센터에서 교육과 법적인 문제를 포함한 다양한 업무를 처리하고 있다.[7]

　위법행위가 발생했던 몇 년 동안 회사는 판매행위를 제대로 관리하거나 감시하지 못했고 부서 간 업무도 제대로 조화를 이루지 못했다. 예를 들면 법무부서에서는 판매행위의 위법 가능성에 대해 경고하기는 했지만 그 문제를 해결하기 위한 추가적인 조치를 취하지 않았다. 오히려 그러는 동안 마케팅 부서는 사기 판매행위를 조장하고 있었던 것이다.

보험업계 전체의 문제인가

　메트라이프 사태가 불거지면서 일반 대중과 단속기관의 관심은 보험업계 전체로 확대되었다. 플로리다주 보험 단속기관도 뉴욕생명과 푸르덴셜의 판매 마케팅 활동을 유심히 살펴보았다. 사실 보험업계의 성격상 의심스러운 행위가 발생할 가능성이 매우 높았다. 수백만 건의 거래, 극심한 경쟁, 영업사원 개인의 능력에 의존하는 업계의 특징 때문에 거짓 판매 정보를 전달하는 등의 비윤리적인 거래가 발생하게 되는 것이다.

　예를 들면 탐파 영업소 사건이 발생하고 얼마 후 메트라이프는 이와 상관없는 다른 스캔들에 휘말렸다. 펜실베니아주 단속 담당자가 '가입 전환' 혐의로 회사에 150만 달러의 벌금을 부과한 것이다. 사건의 내용은 보험 영업사원들이 고객들에게 오래된 보험을 새로운 상품으로 교체하라고 권유했다는 것이다.

　그런데 이 과정에서 고객은 추가로 수수료를 부담하게 되므로 결국 고객들이 손해를 보게 되는 것이다. 펜실베니아주에서는 푸르덴셜·뉴욕생명·존 행콕을 대상으로 가입 전환 혐의에 대해 집단 소송이 제기되기도 했다.

그러나 문제가 영업행위에서 끝나는 것은 아니다. 손해사정인들이 보험금을 지불하지 않거나 삭감해 달라고 주장할지도 모른다. 총 대리점들이 위장 회사나 파산한 회사들과 거래할지도 모른다. 심지어 보험회계사들은 있지도 않은 가입자 수를 넣어 수치를 부풀릴 수도 있다.

보험업계의 대외적인 이미지가 악화되자 주와 연방정부의 규제 압력은 더욱 거세어졌다. 그러나 업계 내부와 외부의 냉소주의자들은 사기 판매가 보험사업에서 상당 부분을 차지하고 있는데 더 이상 무엇을 기대할 수 있겠느냐는 입장을 보이기도 했다.[8]

분석

독자 여러분은 최고 경영진에게 보고하는 과정에서 명백한 잘못이 있었다는 사실을 알 수 있다. 그러나 짐작하건대 최고 경영진도 정확한 사실을 알고 싶지 않았을 것이다. 왜냐하면 생명을 위협하는 사건도 아니고, 제품 안전상의 문제를 무시했거나 위조한 것도 아니며, 신체적으로 위험에 처한 사람도 없으니까 말이다. 이는 경영진과 관련된 중요한 문제점 하나를 드러낸다. 최고 경영진은 자신들이 모르고 있었다는 핑계로 비윤리적인 행위—심지어 불법적인 행위—에 대한 책임에서 자유로울 수 있는 것인가? 대답은 한마디로 절대 아니다! Information Box의 '최종적인 책임'을 참조하여 경영진의 책임에 대해 토의해 보자.

이제 메트라이프 최고 경영진의 행동에 대해 생각해 보자. 법무과 직원들은 사기 판매행위를 단속하기 위해 조사를 하고 해당 판매행위를 중지시켜야 한다고 요청했을 것이다. 그러나 사기 판매로 높은 매출을 올리게 되자 최고 경영진은 오히려 이 방법을 조직 전체로 확대시키고 싶은 유혹을 떨쳐낼 수 없었을 것이다.

결국 냉정한 평가를 내리자면 메트라이프 최고 경영진은 부하 직원의 잘못에 대해 결백할 수 없다는 것이다. 만약 통제 감시 과정에 문제가 있었더라도 그 책임은 여전히 최고 경영진에게 있다. 메트라이프 경영진은 처음에 이런 사태가 발생하도록 만든 책임에 대한 해명은 거의 하지 않은 채 상황이 거의 수습되었다는 식의 진부한 말만 늘어 놓았다.

Information Box

_최종적인 책임

메트라이프의 경우 자율권을 많이 부여하다 보니 자연히 비윤리적인 행위가 자행되었다. 최고 경영진은 최종적인 책임을 져야 하며 조직 내에서 잘못 행해지고 있는 문제에 대한 비난에서 자유로울 수 없다. 수십 년 전 트루먼 대통령은 "모든 책임은 내가 진다"라는 말을 했다. 그 의미는 최고 자리에 있는 사람이 최종적인 책임을 져야 한다는 것이다.

어떤 관리자가 업무 수행 권한을 다른 사람에게 위임하는 경우 업무를 적절하게 수행할 책임은 분명 관리자에게 있다고 생각할 것이다. 관리자는 상급자나 주주에 대한 자신의 책임을 전가할 수 없다는 사실을 분명히 인식해야 한다. 만약 아랫사람이 업무를 제대로 수행하지 못한 경우라도 책임은 여전히 관리자에게 있다.

메트라이프 사건 혹은 비윤리적이고 불법적인 행위와 관련된 다른 기업 이야기로 돌아가 보자. 최고 경영진은 과실에 대해 전혀 몰랐다는 핑계를 대며 비난을 피하기 위해 노력했다. 그러나 이렇게 한다고 해서 무죄가 성립되는 것은 아니다. 비록 그들이 직접적으로는 아무것도 몰랐다고 발뺌하더라도 알게 모르게 그런 분위기를 조성한 것은 바로 그들이기 때문이다.

_토의 주제

일본에서는 CEO가 공공연한 추문에 관련이 되면 불명예 퇴진을 한다. 미국에서는 최고 경영진이 주로 부하 직원을 비난하거나 자기 자신은 위법행위에 대해 전혀 몰랐다는 말로 징계를 피한다. 잘 알려지지 않은 몇몇 부하 직원의 잘못에 대해서 최고 경영진을 비난하는 일이 정말 공정한 것인가?

그러나 유혹을 받아들인 후 합리화하는 것은 아주 쉽다. 경영진은 늘 자신들의 과실에 대해 명백한 증거가 불충분하다고 주장할 수 있다. 결국 공격적인 판매행위란 것이 어디까지가 옳고 어디까지가 그른 것인가? 도대체 어느 단계부터 단순한 광고적 표현이 아니라 노골적인 사기로 보아야 할 것인가?

Information Box에서는 광고적 표현에 대해 다루고 있는데 분명히 이해하기 애매모호한 부분이 있다. 회사의 부적절한 행위에 대한 명백한 증거가 부족한 경우에도 경영진들이 왜 최악의 사태를 걱정해야 하는가?

Information Box

_ 어디까지를 광고적 표현으로 봐야 할 것인가?

광고적 표현이란 일반적으로 상품 판매나 광고에서 사용되는 온건한 형태의 과장법이라고 할 수 있다. 광고적 표현은 일반적으로 단순히 상품 판촉 시 활력을 불어넣기 위한 수단으로 받아들여진다. 말 그대로 광고적 표현은 상거래에서 용납이 되는 행동이다. 대부분의 사람들은 판촉 용어에 대해 어느 정도 의심을 가지고 있다. '신제품! 최고의 상품! 가치가 높은 제품! 치아를 하얗게 만들어줍니다! 빨래를 하얗게!…' 기타 등등의 감언이설을 접하게 되면 우선 의심부터 하게 된다. 그러나 그렇다고 해서 광고적 표현이 잘못되었거나 소비자를 기만하는 것인가? 그 방식이 적정선을 유지한다면 그렇지는 않을 것이다.

그러나 온건한 과장법에서 노골적인 거짓말과 사기까지의 거리는 그리 멀지 않다. 메트라이프의 '간호사 전담 직원'이나 '퇴직연금'이라는 표현과 생명보험이라는 사실을 숨긴 것은 사기행위인가? 주 보험 감독관과 피해 당사자들을 포함한 많은 사람들이 분명히 사기행위라고 생각했다.

_토의 주제

당신은 광고적 표현이라고 알려진 온건하고 애매한 표현까지 포함해서 모든 과장된 표현은 금지되어야 한다고 생각하는가? 왜 그렇게 생각하는가? 아니면 왜 그렇게 생각하지 않는가?

또한 중앙의 통제에서 벗어나 있는 지역의 법무부서들은 왜 잘못에 대한 고발을 주저하는가?

메트라이프뿐만 아니라 다른 모든 기업에서도 관리 문제는 심각한 수준이다. 경영진에서 무조건 실적을 올리라고 요구하는 상황-가끔씩 무슨 수를 써서라도 실적을 올리라고 요구하는-에서 부하 직원들에게 바람직한 행동을 기대할 수 없다. 결국 그들의 출세와 심지어 근속 년수는 이를 얼마나 잘 수행하느냐에 달려 있는 것이다.

영업소의 자치권을 인정하고 자유 방임적으로 운영되는 환경에서는 이와 같은 부적절한 행위가 발생할 가능성이 더 높아진다. 결과 위주의 구조에서는 원하는 목적을 달성하기 위한 방법은 생각하지도 않고 그저 목적 달성 자체에만 몰두하게 만든다. 따라서 모든 점을 고루 감안한다면 각 영업소의 자치권을 인정해 주는 것이 바람직하겠지만, 최고 경영진의 도덕적 기준이 제대로 서 있지 않은 상황에서는 자칫 부정적인 결과를 부를 수도 있다.

영업소에 자치권을 주는 경우 직급이 낮거나 중간 계급의 간부가 부적절한 행위의 유혹에 빠지는 일이 발생할 가능성이 높다. 바로 이것이 메트라이프와 릭 어소의 행위에 대한 최종적인 결론이라고 할 수 있다. 환경이 그의 야심을 부추겼고 마침내 잘못된 선택을 하게 되었다.

처음 얼마 동안은 좋았지만 잘못된 행동을 영원히 숨길 수는 없는 일이다. 그리고 최고 경영진은 상황이 허락된다면 자신의 책임을 언제나 회피할 것이다.

>>> 위기 관리

메트라이프는 불법행위 의혹에 대해 늑장 대처를 했다. 대부분의 기업은 보통 비윤리적인 행동이나 제품에 대한 책임에 관련된 문제에 봉착하게 되면 확실한 증거가 발견되기 전까지는 모든 사실을 부인하는 방법을 써 왔다.

그 후 대중의 압력—단속기관·변호사·언론으로부터의 압력—이 거세어지면 할 수 없이 잘못을 인정하고 대외적인 이미지와 재정 회복을 위해 부랴부랴 피해 관리에 나선다. 메트라이프 사례에서 초기 벌금과 환불 비용은 1억 달러였다. 그러나 최종적인 비용은 거의 20억 달러에 육박했다.

늑장 대처, 즉 뒤늦게 책임을 인정하는 행위와 최고 경영진이 마지막까지 무관심한 모습을 보이는 것은 여론과 단속기관에 불을 지르는 것과 마찬가지 행위이다. 만약 처음에 불만이 제기되었을 때 즉시 조치를 취한다면 조직뿐만 아니라 그 일과 관련된 사원들이 희생되는 일은 막을 수 있었다.

그리고 만약 불만 내용이 심각한 것이라면 최고 경영진을 항상 주목하고 있는 언론은 물론이고 관련 영업소와도 협력하는 분위기를 유지해야 한다. 또한 그 사안을 해결하기 위해 꾸준한 관심을 가져야 한다.

이후의 진행 상황

1999년 8월, 메트라이프는 17억 달러를 지불하는 데 동의함으로써 부적절한 판매행위 혐의에 대해 제기된 법률 소송을 마무리지었다.

합의서(메트라이프는 자신들의 잘못에 대해 인정하지는 않았다) 내용에는 대략 6백만 명의 보험 가입자와 백만 명의 연금 가입자가 관련되어 있었다. 기본적으로 이들 고객들은 1년에서 5년까지 무료로 생명보험 혜택을 받기로 했다.

메트라이프는 여러 해 동안 자신들은 잘못한 일이 없다고 주장했다. 메트라이프는 이전에도 재판을 진행하기보다는 대부분의 소송 사건을 합의를 통해 해결하는 식으로 사태를 무마시켜 왔다.

그런데 막대한 비용을 지불하면서 이번 최종 집단 소송에 합의한 이 유는 메트라이프가 계획하고 있던 현재의 보험계약자 소유의 상호회사에 서 주주 소유의 회사로 전환 작업을 준비하기 위해서였다. "분명 주주 소 유 회사로 전환하기 전에 자신들에게 필요한 작업을 한 것"이고, 또는 주 식 공개를 위한 사전 작업이라고 할 수도 있다.[9]

메트라이프 CEO인 해리 케이먼은 1995년 난관을 타개하기 위해 월 스트리트에서 근무한 경력이 있는 57세의 로버트 벤모쉐를 영입했다. 벤 모쉐는 메트라이프에 산적한 여러 문제를 해결했으며 1998년 케이먼이 은 퇴하자 회장으로 취임했다. 2000년 4월, 벤모쉐는 마침내 주식을 공개했 으며 52억 달러를 조달했다.

무자비한 조직 개편을 통해서 벤모쉐는 2001년에 실적이 좋지 않은 사원 약 1,300명을 해고했다. 이 가운데는 차장급 이상 고위 간부가 154 명이나 포함되어 있었다. 그는 더 나은 실적을 올리되 윤리적인 기준을 지 켜야 한다는 점을 애써 강조했다.

벤모쉐는 이전에 파트타임으로 근무했던 영업사원들을 모두 정규직 으로 전환했다. 벤모쉐는 "나는 누군가가 전문적인 기술을 가진 영업사원 을 칭찬하는 소리를 듣고부터 이 제도가 꼭 필요하다고 생각했다"라고 설 명했다.

그는 또한 전직원들이 증권거래자격증을 취득하여 다양한 연금상품 같은 투자상품을 판매할 수 있도록 했다. 실적과 부문의 재정 상태에 따라 보너스를 지급하고 영업사원의 보너스는 부분적으로 주식으로 지급하였으 며 이 주식은 팔 수 없도록 했다.

"만약 회사 중역들이 회사의 생존을 위해서 자신들이 앞장서서 무엇 을 해야 하는지 모른다면, 우리는 곧 망하게 될 것이다." 2001년 메트라이 프의 매출은 320억 달러였고 이는 벤모쉐가 회장이 된 이후 18% 상승한 수치이다.[10]

*무엇을 배울 것인가?

문제의 징후가 보이거나 소비자들의 불만이 제기되었을 때 현실을 외면하는 식의 접근법은 별로 도움이 되지 않는다. 문제에 대한 의혹 제기나 규제 당국의 지적 사항에 대해 무시하거나 형식적으로 대처하는 행동은 회사에 큰 위기를 몰고 올 수도 있다. 위법행위나 위험한 상황을 숨긴다고 해서 그 자체가 사라지는 것은 아니다. 오히려 이런 경우 사건이 더 곪아서 결국에는 상당히 심각한 상황을 초래할 수 있다. 이러한 문제들을 더욱 악화시키지 않으려면 즉각 조사하여 신속한 행동을 취해야 한다. 메트라이프도 고객들의 불만에 대해 초기에 관심을 가지고 조치를 취했더라면 문제 해결에 수십억 달러가 드는 사태는 피할 수 있었을 것이다.

기업의 비윤리적이고 불법적인 행동을 영원히 감출 수는 없다. 언젠가는 만천하에 드러나게 된다. 그렇게 되면 기업의 명성은 하루아침에 땅에 떨어지고, 고객은 당연히 줄어들고 기업 경쟁력은 약화될 것이다. 게다가 경영에 심각한 타격을 줄 수도 있는 무거운 벌금을 내고 심각한 제재 조치를 받게 될 수도 있다.

기업의 비밀이 기업에 불만을 품은 직원(내부고발자)에 의해 폭로되는 경우도 있다. 또는 단속기관이나 취재 기자에 의해 밝혀질 수도 있다. 혹은 법률 소송으로 그동안 기업이 저지른 잘못이 드러나고 그에 상응하는 대가를 치루게 된다. 사실 이러한 시나리오가 항상 들어맞는 것은 아니지만, 개인들이 비윤리적이고 불법적인 행동을 저지르고 싶은 유혹을 이겨내도록 돕는다고 할 수 있다.

메트라이프의 사기 행각은 분명히 눈에 띄는 것이었음에도 불구하고 상당히 오랫동안 지속될 수 있었다. 판매 조직에 있는 사람들 중 상당수는 무엇이 용납되고 또 무엇이 용납되지 않는지에 대한 확실한 정의를 모르고 있었던 것 같다. 영업사원들을 교육시키고 관리하는 과정에서 분명히 잘못된 점이 있었던 것이다.

어느 조직에서나 감사 업무는 본사에서 담당하는 것이 가장 좋다. 감사 업무 담당부서를 본사에 두지 않고 지역별로 두는 경우에는 본사에서 관리할 때보다 부정행위를 눈감아 줄 가능성이 더 높다. 이유는 간단하다. 법률이나 회계 문제를 관리하는 부서가 지역에 있는 경우 관리 담당자는 현장 사람들에게 영향을 받기 쉬우며, 외부 사람에 비해 문제 상황에 대해 객관적이고 비판적인 평가를 내리기 어렵다. 따라서 평수 조사 대상자들과 잘 아는 사람들이 관리 업무를 담당해서는 안 된다. 그리고 담당자들은 조사 내용을 최고 경영진에게만 보고해야 한다.

판매 인센티브 제도를 강조할수록 불법행위가 발생할 가능성이 높아진다. 다른 상품에 비해 종신 생명보험 수당—55%를 초년도 수당으로 지급—이 훨씬 더 높았기 때문에 영업사원들은 이 상품 판매에 부쩍 열을 올릴 수밖에 없었다. 결국 이 수당이 사기 판매행위를 부추긴 것이나 마찬가지 결과를 낳고 말았다. 기업에서 직원들의 판매 실적을 높이기 위해 인센티브 프로그램을 마련하거나 대회를 개최하는 경우를 종종 보게 된다. 그러나 만약 직원 가운데 누군가가 도가 지나친 행동을 함으로써 공개적으로 조사를 받고 사회적 비난에 휩싸이게 되면 매출이 아무리 증가하더라도 아무 소용이 없게 된다.

대기업일수록 공개적인 조사에 취약하다. 특히 소비재를 취급하는 기업일수록 이러한 특징이 두드러지기 때문에 소비자 보호단체·정치인·언론·규제단체·사법당국 등의 표적이 되기 쉽다. 따라서 대기업들은 비록 당분간 이익에 손실을 입더라도 의혹이 발생할 여지가 있는 행위에 대해서는 아주 특별한 주의를 기울여야 한다. 메트라이프 사건에서도 벌금과 환불 금액이 최종적으로 20억 달러에 육박했다.

비록 1994년 연례보고서에서 항간의 나쁜 소문은 모두 잠잠해졌으며 부정적인 결과도 없다고 주장했다. 그러나 몇몇 분석가들은 경쟁자들이 서로 기회를 잡으려고 안달하는 상황에서 명성에 치명타를 입은 기업이 실제로 얼마나 빠른 시일 내에 회복될 수 있는지 알 수 없다는 의견을 내놓았다.

가끔 손상된 명예가 예상보다 빨리 회복되는 경우도 있다. 일부 전문가들의 의견과는 달리 고객들은 기업의 과실을 쉽게 잊어버리는 경향이 있다. 메트라이프 경우에도 경영권이 벤모쉐 체제로 바뀌자 고객들은 다시 메트라이프와 손을 잡았다. 이와 비슷한 경우로 3장에 등장하는 포드에 장착된 파이어스톤 타이어도 안전성 때문에 비난을 받았지만 곧 실추된 명예를 회복했다. 이러한 사례는 자신의 실수 또는 기업에서 직접 통제할 수 없었던 요인으로 이미지에 피해를 입었던 기업들에게는 큰 위안이 될 것이다. 그러나 명예 회복을 위해서는 최고 경영진의 의식 변화가 있어야 한다. 현실적으로 비윤리적인 행동이 발생하게 되면 무엇보다도 먼저 벌금과 더불어 과다한 법률 소송을 처리하느라 바쁘게 된다.

✽질문

1. 릭 어소는 해고당했어야 하는가? 왜 그렇게 생각하는가? 아니면 왜 그렇게 생각하지 않는가?
2. 메트라이프의 CEO와 사장은 해고당했어야 하는가? 왜 그렇게 생각하는가? 아니면 왜 그렇게 생각하지 않는가?
3. 왜 '생명보험'이라는 용어를 사용하지 않으려고 했을까? 생명보험에 무슨 문제라도 있는 것일까?
4. 메트라이프 스캔들에 대한 소문이 널리 퍼진 상황에서 이 회사가 단

기간 내 소비자들의 신뢰를 회복할 수 있다고 생각하는가?

5. "이 모든 비판은 지나치게 과장된 것이다. 결과적으로 다친 사람이 아무도 없지 않은가. 심지어 금전적인 손해를 입은 사람도 없다. 정말 소비자들에게 필요한 상품을 판매했다. 이 모두가 소비자들을 위한 행동이었다." 이 말에 대해 평가해 보라.

6. "어소는 존경할 만한 인물이다. 그는 영업의 귀재라 할 수 있다. 어소가 했던 것처럼 판매 조직에 동기를 유발할 수 있는 사람은 아무도 없다. 그는 이 회사의 사장이 되어야 한다. 그게 아니라면 복음을 전하는 전도사가 되어도 좋을 것이다." 이 말에 대해 평가해 보라.

7. 관리 담당부서를 지역에 두는 것보다는 본사에 두는 것이 낫다는 주장을 어떻게 생각하는가? 왜 그렇게 생각하는가? 아니면 왜 그렇게 생각하지 않는가?

*실전 연습

사건 발생 전

1. 1990년대 초반이다. 당신은 메트라이프 CEO의 비서이다. 항간에 생명보험 매출을 올리라는 상부의 압력이 너무 심하기 때문에 심지어 불법행위까지 자행되고 있다는 소문이 돌고 있다. CEO는 당신에게 이 내용을 조사해 보라는 지시를 내렸다. 당신은 남부 법무부서로부터 매우 높은 영업 실적을 자랑하는 어소의 탐파 영업소 판매행위에 석연치 않은 점이 있다는 이야기를 듣게 된다. 의심스러운 행위가 어느 정도는 있었던 것이 분명하다는 가정 하에 당신은 어떤 방법으로 물증이 없는 혐의 내용에 대해 조사를 시행할 것인가? 또 당신의 상관에게는 어떤 식으로 보고할 것인지 가능하면 구체적으로 설명해 보라.

2. 1992년이다. 내부조사 결과 어소와 '놀라운 업적을 달성한' 탐파 영업소에서 고객들을 속여 생명보험 상품을 위장 판매했다는 사실이 확인되었다. 당신이 남동부 지역을 담당하는 임원이라고 한다면 이 시점에서 당신은 어떤 행동을 취할 것이며 그 근거는 무엇인지 설명해 보라(이 시점에서는 나중에 나타난 결과에 대해서 전혀 모르고 있다고 가정한다).

사건 발생 후

3. 갑자기 스캔들이 터졌다. 그 내용이 온 세상에 알려지고 특히 데이트라인과 같은 TV 프로그램에서 날마다 보도되고 있다. 당신이 메트라이프의 최고 경영자라면 이 시점에서 어떤 행동을 취할 것인가? 회사의 대외적인 이미지를 회복하기 위해서 어떤 노력을 할 것인가?

*팀별 토론 연습

메트라이프의 '범죄행위'에 대한 소문이 널리 퍼졌다. 당신은 어떤 식으로 대응할 것인지 토론해 보자. 한 쪽에서는 당신 회사의 입장을 옹호하면서 발생한 사건에 대해 정당화하고 나쁜 결과에 대해서는 축소하자고 한다. 다른 쪽에서는 혐의 사실을 순순히 인정하고 잘못을 시인하며 가능한 한 반성하는 모습을 보이자고 하는 입장이다.

파이어스톤 타이어를 장착한 포드 익스플로러
: 킬러 시나리오

● ● ● 포드는 매출 걱정 때문에 자사의 SUV 차량과 관련하여 어떠한 과실도 인정하지 않았다. 반면, 파이어스톤은 일리노이주 디캐터 공장과 다른 공장에서 밝혀진 제조 과정상의 문제 때문에 시치미를 뗄 수 없는 입장이었다. 사소한 과실도 사망 사고가 발생하게 되면 큰 과실이 되는데 포드와 파이어스톤은 소송이 제기될 때까지 시간만 끌었다.

제조업체의 부주의함 때문에 발생하는 제품 결함은 고객의 부상과 사망을 불러올 수 있으며 그 결과 기업은 매우 심각한 위기를 겪게 될 수도 있다. 브랜드 명성에 손상이 가는 것은 물론이고 기업의 윤리적·사회적 책임에 대해 비난받게 되며 추후 법적인 문제에 휘말리게 되기도 한다. 그러나 제조업체가 사전에 그 문제에 대해 알고 있었는데도 불구하고 이를 은폐하거나 부정했을 경우 이러한 위기 상황을 극복하는 일은 훨씬 더 힘들어진다.

이 사건은 책임 당사자가 두 개의 제조업체지만, 서로 다른 쪽에 책임이 있다고 비난한다는 점에서 무척 독특한 사례라고 할 수 있다. 결과적으로 파이어스톤과 포드는 언론·여론·정부 그리고 군침을 흘리는 변호사들의 의뢰인으로부터 맹렬한 공격을 받았다.

대량 타이어 리콜 사태로 브리지스톤·파이어스톤의 재무구조는 치명적인 타격을 입게 되었고 심지어 생존 자체가 불투명한 상황에 이르렀다. 한편, 2001년 4월 미국 내 SUV(스포츠용 다목적 자동차) 전체 판매는 9% 증가한데 비해, 세계 최고 판매 SUV 차량인 포드 익스플로러 판매는 전년 대비 22%나 하락했다.

끔찍한 시나리오

파이어스톤 타이어가 장착된 포드 익스플로러 전복 사건으로 발생한 사망자 수는 미국 내에서만 200명 이상인 것으로 발표되었다. 그 밖에도 베네수엘라에서 60명 이상, 사우디 아라비아와 인근 국가에서 14명의 사망자가 보고되었다.

2001년 여름, 텍사스에서는 전국민의 이목을 집중시킨 재판이 열렸다. 파이어스톤 타이어를 장착한 익스플로러 때문에 발생한 사망과 부상 사건에 대해 배심원들은 과연 어느 쪽 책임이 더 크다고 평결을 내릴 것인가에 사람들 관심이 집중되었다.

포드는 재판이 시작되기 한 달 전 합의금으로 6백만 달러를 내놓은 상태였다. 파이어스톤을 단독 피고로 한 재판이 진행되고 있었지만, 배심원들은 사고에 대한 포드의 책임 문제에도 평가를 내려 달라는 요청을 받고 있었다.

소송을 제기한 사람은 세 아이의 엄마인 마리사 로드리게즈의 가족이었다. 로드리게즈 부인은 2000년 3월 멕시코 여행 중 파이어스톤 타이어의 스틸벨트와 트레드가 분리되면서 발생한 사고로 인쪽 뇌가 손상되고 몸이 마비되는 중상을 입었다.

결과적으로 익스플로러는 세 번이나 구르면서 로드리게즈 부인이 앉아 있던 뒷좌석의 위쪽 지붕이 찌그러졌고, 조수석에서 잠들어 있던 그녀의 남편 조엘에게도 부상을 입혔다. 휠체어에 앉아 있는 로드리게즈 부인의 영상이 TV를 통해 미국 전역에 생방송되었다.

연방 법원 배심원들은 외부와 격리된 채 텍사스주 국경 지역의 맥캘린 마을에서 4일 동안 심의한 끝에 브리지스톤·파이어스톤은 원고에게 합의금으로 785만 달러를 지급하라는 평결을 내렸다(원고가 요구한 금액은 10억 달러였다).

포드와 파이어스톤 모두 정식 재판까지 가지 않고 합의를 보았다. 그러나 이 사건에서 과연 어느 쪽의 책임이 더 큰가 하는 문제와, 수백 명에 이르는 다른 부상자와 사망자들의 처리까지 모두 말끔하게 해결된 것은 아니었다.

로드리게즈 가족의 변호사는 조만간 이 사건에 대해 많은 소송이 뒤따를 것임을 시사했다. "소송은 여기저기에서 계속될 것이고 그에 대한 평결도 내려질 것이다. 미국 전역에 사고를 당한 또 다른 마리사 로드리게즈들이 존재한다."[1]

문제에 대한 심층분석

>>> 포드 · 파이어스톤의 관계

　　포드와 파이어스톤은 오랫동안 친밀한 관계를 유지해 왔다. 1895년, 하비 파이어스톤은 헨리 포드가 최초로 생산한 자동차를 위해 타이어를 판매했다. 1906년 파이어스톤 타이어&러버 사가 포드 자동차의 대량 생산 자동차에 타이어를 공급한다는 내용으로 최초의 정식 계약을 맺었고, 이 약속은 그 후 수십 년 동안 계속되었다.

　　헨리 포드와 하비 파이어스톤은 사업 파트너이자 절친한 친구 사이였다. 그들은 여름에 캠핑 여행도 함께 가고, 토머스 에디슨이나 자연론자 존 버로우즈와 함께 모델 T 자동차를 타고 가까운 곳을 여행하기도 했다. 1947년, 파이어스톤의 손녀 마사와 포드의 손자 윌리엄 클레이 포드가 결혼하면서 양가 관계는 한층 더 돈독해졌다. 오하이오주 애크런에서 열린 이 성대한 결혼식에는 당대를 대표하는 정부 고관들과 유명 인사들이 모두 참석했다. 그들 사이에서 태어난 윌리엄 클레이 포드 2세는 포드의 회장이 되었다. 1988년, 도쿄에 본사를 둔 브리지스톤사가 파이어스톤을 인수했다. 일본 기업이 브리지스톤이라는 이름으로 타이어를 미국에 수출한 지 20년 만의 일이었다. 1990년, 포드는 기존 브롱코 모델을 대체하는 상품으로 익스플로러라는 SUV 차량을 선보였다. 익스플로러는 곧 미국에서 가장 잘 팔리는 SUV 차량이 되었고 10년 이상 포드에 엄청난 수익을 안겨 주었다. 브리지스톤·파이어스톤은 익스플로러 차량에 대해서 타이어 공급을 독점하고 있었다.

>>> 관계 악화

　　이들 사이에 불화가 싹튼 것은 1999년 14명이 사망하는 사고가 발생한 후 포드가 사우디 아라비아와 인근 국가에서 익스플로러의 타이어를 교체하기 시작하면서부터이다. 타이어의 결함은 더운 날씨와 미흡한 공기 주입 탓으로 돌려졌다. 당시 해외에서 발생한 사망 사건은 미국 당국에 보고되지 않았으므로 그 사고들은 언론의 관심을 피할 수 있었다.

2000년 초, 텔레비전을 통해 휴스턴에서 파이어스톤 ATX 타이어에서 트레드가 분리된 사례가 있었다는 내용이 발표되면서 언론에서도 눈치를 채기 시작했다. 미 고속도로 교통안전국NHTSA에서도 이 문제에 대해 조사하기 시작했다. 5월 들어 미국 내에서 4명이 이 결함 때문에 사망했다는 사실이 보고되었고, 교통안전국은 4천7백만 개의 ATX·ATXⅡ·월더니스 타이어까지 조사 범위를 확대했다.

2000년 8월, 사망자 수가 증가하면서 소비자의 압력이 거세어지고 법적 소송이 증가하게 되자 파이어스톤은 트레드 분리를 이유로 15인치 레이디얼 타이어 1,440만 개에 대해 자발적으로 리콜 조치를 취했다. 이 사건의 대부분은 일리노이주 디케이터 공장과 관련이 있었다. 포드와 파이어스톤은 타이어를 교체하는 데 동의했다. 그러나 6백5십만 개의 타이어는 여전히 길 위에 있는 것으로 추정되었다. 소비자단체들은 파이어스톤의 다른 모델 제품을 장착한 익스플로러도 트레드 분리로 인한 전복 사고의 가능성이 있다는 점을 들어 리콜 범위를 확대해 달라고 요구했다.

2000년 12월, 파이어스톤은 사망 사건에 대해 포드를 비난하는 내용의 보고서를 발표했다. 그들의 주장은 익스플로러의 설계상 문제 때문에 트레드 분리로 인한 전복 사고가 발생한다는 것이었다. 2001년 4월 20일, 포드는 파이어스톤의 제조 과정상의 문제점을 지적하는 내용의 보고서를 교통안전국에 제출했다.

2001년 5월, 포드는 당시 자사 차량에 장착되어 있는 1,300만 개의 파이어스톤 월더니스 AT 타이어를 전량 교체할 것이라고 발표했다. 포드는 타이어의 안전성에 확신을 가질 수 없기 때문에 이번 교체는 불가피하다고 밝혔다. 포드의 CEO 자크 나세르는 "즉시 타이어를 교체하는 것이 우리의 의무를 다하는 일이라고 생각한다"라고 말했다. 또한 포드는 타이어를 교체하는 데 21억 달러의 비용이 들 것으로 예상되며, 이 비용은 파이어스톤으로부터 받아낼 수 있기를 희망한다고도 덧붙였다.

파이어스톤의 회장이자 CEO인 존 램프는 "우리 타이어가 장착된 차를 타는 사람들의 안전에 대해서 우리만큼 걱정하는 사람은 없다. 우리에게 문제가 있다면 즉시 그 사실을 인정하고 고칠 것이다"라며 자사 타이어의 품질을 적극 옹호했다.[2]

>>> 최후의 날

2001년 5월 21일, 램프는 포드가 차량 안전상의 문제점은 인정하지 않고 모든 책임을 파이어스톤 쪽으로 떠넘기고 있다고 비난하면서 지난 95년간의 관계를 정리하겠다고 일방적으로 선언했다. 몇 개월 동안 위기가 계속되었다. 파이어스톤 대부분의 간부들은 포드를 신뢰하지 않았고 심지어 증거 서류를 교환하는 것조차 꺼렸으며 동일한 자료를 해석하는 데 있어서도 큰 차이를 보였다. 파이어스톤은 트레드 분리 현상이 포드 익스플로러의 경우 동일한 타이어를 장착한 레인저 픽업보다 10배나 자주 일어난다는 사실을 주장했다. 이는 익스플로러 차체에 결함이 있는 것이라는 파이어스톤 측의 주장을 뒷받침해 주는 사실이었다. 포드는 해당 모델이 '동급의 12가지 SUV 차량 중 안전성면에서 10년 동안이나 최상위권에 랭크되었다'는 사실을 예로 들며 파이어스톤 주장을 반박했다. 포드는 2백9십만 개의 굿이어 타이어가 장착된 50만 대 이상의 익스플로러는 '안전성에 있어 업계 최고'라는 주장을 거듭했다.[3]

클라이맥스는 5월 21일 열린 램프와 포드 측 대표들 간의 회의였다. 회의 내내 양측 모두 상대편을 비난하기에 바빴다. 원래 토의 목적은 사고에 대해 익스플로러의 책임이 있는지를 규명하자는 것이었다. 이 회의에서 램프는 양사 사이의 관계를 끝내기로 마음먹었다. 그 후 양측은 각각

의회 청문회와 공개 설명회 그리고 법정에서도 자신을 보호하느라 여념이 없었다. '감정은 어떤 방식으로 기업의 명성에 영향을 끼치는가' 라는 내용의 Information Box를 참조하여 감정이 기업에 대한 소비자 인식에 어떤 식으로 영향을 주는지에 대해 토의해 보자.

Information Box

_ 감정은 어떤 방식으로 기업의 명성에 영향을 끼치는가?

시상조사회사인 해리스와 명성연구학회는 26,011명을 대상으로 제2차 연례 기업 명성 조사를 시행했다. 그 결과에 따르면 감정적 소구-신뢰·감탄과 존경·일반적으로 좋은 감정-는 사람들이 기업을 평가하는 데 있어서 중요한 요소로 작용한다는 사실이 밝혀졌다. 그리고 소비자들 의견을 바꾸는 데 광고는 실제적인 역할을 하지 못하는 것으로 드러났다.

예를 들어 필립 모리스는 급식을 제공하고 가정 폭력의 희생자들을 돕는 선량한 기업 이미지를 내세운 캠페인 광고에 1억 달러를 투자했다. 그러나 기업의 신뢰도와 존경할 만한 가치면에서 여전히 낮은 점수를 기록하고 있었다. 그러나 가장 최근의 조사 결과 필립 모리스는 미국 내 최악의 기업이라는 타이틀을 벗을 수 있게 되었다. 대신 이 불명예는 기업의 명성 부분에서 자동차업체 중에서 최저 점수를 받은 포드와 더불어 브리지스톤·파이어스톤이 차지했다.

일단 기업 명성이나 대외적인 이미지를 잃게 되면 다시 회복하기 어렵다. 예를 들어 알래스카에서 엑슨 밸디즈호의 원유 유출 사건이 발생한 지도 벌써 10년이 넘었지만 엑슨모빌은 여전히 환경분야에 대해서 낮은 점수를 받고 있다.

_ 토의 주제

당신은 파이어스톤이 잃어버린 명성을 회복하는 과정에서 과거 엑슨모빌이 겪었던 것과 동일한 어려움을 겪게 될 것이라고 생각하는가? 왜 그렇게 생각하는가? 아니면 왜 그렇지 않다고 생각하는지 이유를 제시해 보라.

※출처 : 로날드 알솜, "표본조사 : 감정은 기업에 대한 대중의 인식에 영향을 준다," 월 스트리트 저널, 2001년 2월 11일, p. 5H.

>>> 경쟁사들에게 유리해진 상황

경쟁사인 굿이어와 미쉐린은 물론 소규모 경쟁사들인 자체 상표 타이어 업자들이 예상대로 가격을 3~5% 인상했다. 굿이어는 이미 리콜되었거나 추후 리콜 조치될 파이어스톤 타이어 수백만 개를 대신하기 위해 생산을 증가시켰지만 수익 증가를 위해서 초과근무 수당은 지불하지 않으려고 애를 썼다. 한 문서에서 굿이어는 "우리는 현재 포드와의 긴밀한 협조 관계를 유지하면서 소비자들의 요구에 가능한 한 빨리 대응할 수 있는 전략을 적극적으로 개발하고 있는 중이다"라고 말했다.[4]

2000년에 시작된 경기 침체 때문에 자동차 판매율이 하락하면서 굿이어는 생산량을 줄여 왔다. 2000년에 수익이 83% 감소하자 세계적으로 7,200명의 직원을 감축하기도 했다. 그런데 갑자기 포드·파이어스톤의 관계가 악화되면서 굿이어는 뜻밖의 횡재를 하게 된 것이다.

누구에게 잘못이 있는가

그 후 몇 년간, 판사들과 변호사들은 누구에게 책임이 있는가를 두고 공방을 벌였지만 최종 결과는 불확실했다. 여러 가지 사실이 사건의 원인으로 지목됐지만 어느 것 하나 분명하게 드러난 점은 없었다. 포드와 파이어스톤 양측이 과실에 대해 책임져야 한다는 의견이 대세인 가운데, 교통안전국과 정부 관할 부처에 대한 비난 여론은 거의 찾아볼 수 없었다.

>>> 포드

설계상 문제 때문에 포드 익스플로러가 다른 SUV 차량보다 더 쉽게 전복되는 것인지 아닌지는 법정에서 밝혀질 것이었다. 그러나 포드 측에서 타이어에 공기를 조금 덜 주입해 달라는 요청을 했고, 때문에 타이어 측면부가 심하게 구부러지면서 더 많은 열이 발생했다는 사실은 분명해 보였다. 더운 날씨에 고속으로 주행하는 경우에는 타이어에 조금만 문제가 생겨도 전복되기 쉽다. 특히 운전자가 경험이 부족할 경우 사고 위험은 더욱 높아진다.

예를 들어 포드는 타이어 압력을 26파운드로 해 줄 것을 요청했다. 이렇게 하면 차의 무게 중심이 지면 쪽으로 더 낮아지게 된다. 그러면 처음 볼 때만 근사할 뿐이었다. 정부의 요청에 따라 타이어 품질등급 심의위원회UTQG에서는 제조업체별로 타이어 품질을 비교한 정보를 제출한다. 타이어 제품은 정부에서 시행하는 일련의 테스트를 받아야만 하는데 드레드웨어·마찰 저항도·온도 저항성에 대해 평가받는다. 모든 테스트는 제조업체에서 시행하도록 하고 있다.

대부분의 SUV 차량은 온도 저항성 부분에서 세계 기준에 근접하는 'B등급' 이상의 타이어를 장착하는 반면, 포드는 SUV 제조업체 중에서 유일하게 익스플로러 제품에 'C등급' 타이어를 장착했다. 'C등급'이 의미하는 것은 타이어에 제대로 공기가 주입되어 있고 차체에 잘 장착되어 있다는 조건에서 시속 50마일로 주행하면 겨우 2시간을 견딜 수 있다는 것이다. 속도를 시속 85마일까지 높이게 되면 주행가능 시간은 90분이다. 이 기준은 1968년에 제정된 것으로 그 당시 고속도로 주행속도는 오늘날보다 훨씬 낮은 수준이었다. 오늘날 대부분의 운전자는 고속도로에서 시속 70마일 이상으로 달린다.

파이어스톤의 C등급 타이어는 수백만 대의 포드 픽업 트럭에 장착되었지만 아무런 문제가 없었다. 그 이유를 SUV 차량과 비교해 보면 픽업 트럭으로는 가족과 짐을 가득 실은 채 고속으로 장거리 여행을 하지 않기 때문이라는 점을 알 수 있다.

포드의 CEO 자크 나세르는 1,300만 개의 파이어스톤 타이어를 교체한 이유로 파이어스톤의 제품들이 1990년대 중반 2백만 대의 익스플로러에 장착한 굿이어 제품에 비해 사고율이 높았다는 점을 들었다. 그러나 굿이어 제품은 'B등급' 제품이었다. 익스플로러 사고의 대부분이 뜨거운 남부 지역이나 뜨거운 기후 조건에 제한속도 기준이 높은 국가에서 발생했다는 사실에서 타이어에 열이 가해져 위험한 결과가 발생했다는 점을 알수 있다.

포드의 기술자들은 그 즉시는 아니더라도 적어도 몇 년 후에는 이러한 사실을 알아차렸어야 했다. 그리고 소비자들은 고속으로 운전하면서도 타이어 정비에는 크게 관심을 가지지 않으며, 만약 타이어에 펑크가 나서 차가 전복되기라도 하는 경우에는 큰 혼란에 빠질 것이 분명하므로 이를 감안하여 익스플로러 구조를 변경했어야만 했다. 그러나 유감스럽게도 미국의 법적 환경과 손해배상 체계 속에서는 소송이나 대규모 피해보상에 대해 제조업체의 책임이 크기 때문에 타이어 종류를 선택하고 압력을 안내하는 과정에서 실수가 있었다는 사실을 인정할 수밖에 없었다. 그래서 포드는 끝까지 파이어스톤에게 책임을 돌리고 싶어 했고, 언론을 통해 상대방을 비난하는 데만도 수백만 달러를 사용했다.

>>> 브리지스톤·파이어스톤

파이어스톤 타이어도 비난받아 마땅하다. 일찍이 타이어 결함이 원인이 된 사망 사고를 조사한 결과에서 일리노이주 파이어스톤 디캐터 공장의 생산 과정에 문제가 많다는 점을 발견했다. 파이어스톤은 이 공장에서 생산된 6백5십만 개의 15인치 레이디얼 ATX·ATXⅡ·윌더니스 AT 타이어를 회수해야 했다. 2001년 6월 27일, 파이어스톤은 디캐터 공장을 폐쇄할 것이라고 발표했다. 그러나 파이어스톤이 제조 과정을 제대로 관리하지 못했다는 사실이 알려진 이상 디캐터 공장에만 문제가 있었다고 볼 수는 없었다. Information Box 의 내부고발자 '영웅'을 통해 다른 공장의 안전불감증에 대해 고발한 내용을 알아보자.

_내부고발자 '영웅'

앨런 호건은 노스 캐롤라이나주의 브리지스톤·파이어스톤 공장에서 직원들이 어떤 방식으로 품질에 결함이 있는 타이어를 생산하고 있는지에 대해 폭로한 공로로 2001년 6월 시민정의재단으로부터 상을 받았다. 전미법정변호사협회에서 설립한 이 소비자변호단체에서는 담배회사의 비리를 폭로한 제프리 위건드와 유해 폐기물의 위험을 폭로한 유명한 영화의 실제 주인공인 에린 브로코비치에게도 이와 유사한 '시민영웅' 상을 수여한 바 있다.

호건은 내부고발자 입장에서 타이어 제조 과정의 문제점을 상세하게 폭로했고 그 결과 첫 번째 리콜 사태가 일어났다. 그는 1999년 사망 사고와 관련하여 증인으로 법정에 서서 낡은 고무·나무조각·담배꽁초·나사못 등을 섞어 조악한 품질의 타이어를 만드는 과정에 대해 증언했다. 그 결과 회사를 그만두고 고향 마을에서 자동차 부품센터를 열었던 호건은 지역사회의 유력 기업 비리를 폭로했다는 이유로 주변 사람들로부터 따돌림을 받았다. 그리고 회사의 변호사들이 그의 작업장과 가족 생활에 대해 캐묻고 다니며 트집을 잡을 기회만 노리고 있었다. 그들은 호건이 원래 회사에 대해 불만이 많았다고 주장했다. 회사에 대해 '근거도 없이 사악하고 악의적인 주장'을 퍼뜨리고 다닌다고 그를 비난하는 팩스가 오기도 했다. 브리지스톤·파이어스톤 직원들은 호건의 부품센터를 이용하는 자동차 딜러들과는 거래를 하지 말라는 경고를 받기도 했다.

그러나 그는 모든 시련을 견뎌냈으며 드디어 올바른 행동을 인정받고 표창까지 받게 되었다. 그는 "나는 솔직히 후유증이 이렇게 오래 지속될 것이라고는 생각하지 못했다. 이제 사람들은 그런 추악한 사건을 은폐하는 일이 1994년이나 1995년 같은 과거에나 가능한 일이라는 것을 알게 될 것이다"라고 말했다. 그는 현재 다른 재판에서도 자신의 전문가적 지식을 이용하여 증언대에 서고 있다.

_토의 주제

호건이 사내 비리를 폭로하는 과정에서 완벽하게 객관적이지 않았을 수도 있다는 말이 가능한 이유는 무엇인가?

※출처 : 댄 채프먼, 폭스 뉴스, "파이어스톤 생산직원이 리콜의 주역" 클리블랜드 플레인 딜러, 2001년 5월 29일, p. 1C.

하지만 여전히 사고의 책임을 모두 브리지스톤·파이어스톤에게만 돌릴 수는 없으며 포드도 이에 대하여 책임져야 한다는 증거가 존재한다. 제너럴 모터스GM는 14개 차종에 파이어스톤 타이어를 장착하고 있지만 여기에서는 전혀 문제가 발생하지 않았다. 사실상 2001년 7월에는 제너럴 모터스가 파이어스톤을 6년 연속 올해의 공급업체로 선정하기도 했다. 미국 혼다 역시 파이어스톤과 오랫동안 거래하고 있으며 자사의 인기 상품인 시빅과 오디세이에 파이어스톤 타이어를 사용하고 있다.[5]

포드 익스플로러에 장착됐던 파이어스톤 타이어를 모두 회수한 지 몇 달이 지난 2001년 9월 14일, 운전 실력이 뛰어난 법정 부집행관이 퇴근길에 사망하는 사고가 발생했다. 그가 몰던 익스플로러가 중심을 잃고 가드레일을 들이받으면서 제방 밑으로 떨어졌고 몇 번이나 굴렀다.[6]

>>> 정부

퍼블릭 시티즌과 그 밖의 다른 소비자단체는 정부가 파이어스톤에 대한 초기 조사를 너무 늦게 개시했으며, 익스플로러 조사도 적극적으로 수행하지 않았다며 정부를 비난했다. 퍼블릭 시티즌의 조사 결과에 의하면 파이어스톤의 특정 타이어 제품을 사용할 경우 차의 생산 비용과 중량에서 절감 효과를 누릴 수 있으므로 포드는 도박을 한 것이며, "따라서 이미 심각한 문제가 있던 제품이 이제는 살상용 무기가 되었다"는 것이다.

책임은 회사들에게만 있지 않았다. SUV 차량 전복 사고가 발생했을 때 지붕이 찌그러지는 것을 방지하기 위해 규정을 좀더 강화했어야 한다는 점에서 연방 단속기관에도 책임을 물었다. "이 때문에 원시적이고도 불필요한 인명 피해가 있었다"라는 말로 조사 보고서는 끝을 맺었다.[7]

>>> 운전자

운전자들도 사고에 대해 어느 정도는 책임이 있었다. 운전자들은 타이어 압력에 대해 신경 쓰지 않았고, 포드가 정한 최저 기준치에 못 미치는 경우도 허다했다. 그리고 차에 너무 많은 짐을 싣고 장기간 고속으로 운전함으로써 타이어가 위험한 수준까지 가열되기도 했다. 게다가 운전 미숙으로 긴급 상황에 제대로 대처하지 못해 종종 사망 사고로 이어지기도 했다. 그러나 자동차업체와 타이어업체 그리고 정부는 정말로 일반 소비자들이 언젠가 발생할지도 모르는 사고에 신중한 태도로 대처하리라고 생각했다는 말인가? 소비자 행동에 대해 최악의 상황을 가정하고 예방책을 마련해야 한다. 자동차나 타이어에 대한 기준도 마찬가지이다.

결과

포드와 파이어스톤은 주로 상대방을 비방하는 데만 힘을 쏟았다. 포드는 2001년 5월 파이어스톤 타이어의 리콜 수량을 3배로 확대해 나갈 것이라고 발표했다. 이는 금액으로 28억 달러에 해당하는 것이었으며 포드는 파이어스톤이 이 비용을 지불하기를 바라고 있었다. 이에 대해 파이어스톤은 더 이상 포드에 타이어를 공급하지 않겠다고 선언함으로써 오랜 기간 지속되어 왔던 우호관계를 청산했다. 파이어스톤의 CEO 램프는 포드 측에서 파이어스톤 타이어의 안전성에 의문을 제기하는 방법으로 익스플로러의 설계상 결함 때문에 전복 사고가 발생한다는 사실을 은폐시키려고 한다며 비난했다.

상대방을 비난하고 책임을 전가하며 싸우다 보니 결국 양측 모두 고통받게 되었다. 2001년 가을, 익스플로러의 판매는 급감했다. 소비자들 입장에서는 수백 건의 익스플로러 사고의 원인이 SUV 설계상의 결함인지 파이어스톤 타이어의 결함인지, 아니면 양쪽 모두 때문인지 확신할 수 없었다. 포드는 SUV 시장에서 도요타와 다른 외국 경쟁사에게 시장 점유율을 빼앗기고 말았다. 2001년 7월에는 1992년 이래 처음으로 적자를 기록했다고 발표했다. 또한 포드는 익스플로러 전복 사고와 관련하여 제조물 책임에 대한 법률 소송 200여 건에 휩싸여 있었다. 그러나 포드는 여전히 거대한 기업이고 문제가 발생한 것은 여러 모델들 중의 하나에 불과했다. 포드보다 규모가 작은 브리지스톤·파이어스톤의 경우 상황은 더 심각했다. 2000년에는 매출이 80%나 하락했다. 수백만 개의 타이어 리콜에 대한 비용과 법정 소송으로 나간 비용이 반영된 결과였다. 모회사 전체 수입의 40%를 차지했던 파이어스톤 사업본부는 소송 비용으로 7억5천만 달러를 지출한 후 순손실액만 5억1천만 달러를 기록했다. 2001년 판매도 20% 감소할 것이라고 예상되었으며 소송 비용도 최종적으로는 수십억 달러에 이를 것으로 예측되었다. 몇몇 경제 분석가들은 파이어스톤이라는 브랜드의 생존 자체가 염려된다는 의견을 내놓기도 했다.[8]

>>> 파이어스톤의 선택

한 세기 이상되는 오랜 역사를 가지고 있으며 널리 존경받는 이 브랜드는 유명한 자동차 레이싱 경기인 인디 500에 독점적으로 타이어를 공급하기도 했다. 수십 년간 쌓아온 브랜드 로열티에도 불구하고 이제 파이어스톤의 미래는 불분명하다. 이 브랜드가 선택할 수 있는 길은 다음의 세 가지 중 하나였다.

선택 1. 일부에서는 파이어스톤의 비중을 낮추고 브리지스톤 브랜드로 나가야 한다고 생각했다. 이럴 경우 시장 세분화 측면에서 어느 정도 손실이 있을 수 있으므로 저가·중가·고가의 타이어를 구분하여 시장 상황에 유연하게 대처해야 한다. 그러나 다른 쪽에서는 그러한 소극적인 전략은 심각한 손상을 입은 브랜드의 고통을 연장시키는 것밖에 되지 않는다고 주장했다.

선택 2. 다시는 복구할 수 없는 파이어스톤의 이름을 완전히 없애 버리는 것이다. 한 PR 분석가는 다음과 같이 말했다. "파이어스톤은 이제 포기해야 한다. 그 브랜드는 너무 심각한 손상을 입었다." 미시건 경영대학원의 한 교수는 파이어스톤 브랜드를 두고 서슴없이 죽었다는 표현까지 사용했다. "불량 타이어를 생산했다는 혐의를 받고 있는 회사에게 어느 배심원이 무죄를 선고하겠는가?"[9]

선택 3. 브랜드를 다시 살리는 것이다. 어떤 사람들은 100년이 넘는 오랜 전통을 가지고 있고, 이미 광고에 수백만 달러를 쏟아 부은 파이어스톤 브랜드를 버리는 일이 현명한 판단인지 의심스러워했다. 그들은 비용·시간·독창적인 광고만 뒷받침된다면 브리지스톤·파이어스톤의 이미지는 회복될 수 있다는 의견을 내놓았다. 오하이오주립대학의 로저 블랙웰 교수는 그렇게 하기 전에 우선 회사에서 잘못을 인정해야 한다고 주장했다. "변호사들은 절대 잘못을 인정하지 말라고 할 것이다. 그러나 존슨&존슨이 자사 제품—청산가리가 든 타이레놀—때문에 사망자가 발생했을 때 그랬던 것처럼 파이어스톤도 잘못을 인정해야 한다. 존슨&존슨의 경우 신뢰할 만한 회사의 대변인이 TV에 나와서 눈물을 흘리며 사과를 했다."(22장 존슨&존슨의 책임감 있는 위기 관리의 전형적인 사례를 참조해 보자.) 2000년 파이어스톤 때문에 무려 10만 달러의 손해를 입기는 했지만 여전히 파이어스톤의 재기를 확신하는 한 타이어 딜러는 이 선택을 지지했다. 그는 "미국 소비자들은 이 사건을 곧 잊어버릴 것"이라고 말했다.[10]

사후 분석

미국과 해외에서 파이어스톤 타이어가 장착된 익스플로러를 구매한 소비자들은 다른 모델을 구매한 사람들에 비해 훨씬 더 높은 사망과 부상의 위험에 노출되었다. 〈뉴욕 타임스〉는 타이어 결함에서 비롯된 사고가 외부에 알려진 것은 1996년이라고 전했다.[11] 포드가 '고객 보호 프로그램'의 일환으로 1999년 8월 사우디 아라비아에서 익스플로러 타이어 교체 작업을 시행하기 전까지는 아무런 조치도 취하지 않았다. 그러나 14명의 사망자가 이미 보고된 상황이었다. 2000년 3월 한 TV 보도 프로그램에서 이 문제를 다루기 전까지 연방 단속기관과 포드와 파이어스톤 모두 이 상황을 심각하게 받아들이지 않았다. 포드는 매출 걱정 때문에 자사의 SUV 차량과 관련하여 어떠한 과실도 인정하지 않았다. 반면, 파이어스톤은 일리노이주 디캐터 공장과 다른 공장에서 밝혀진 제조 과정상의 문제 때문에 시치미를 뗄 수 없는 입장이었다. 사소한 과실도 사망 사고가 발생하게 되면 큰 과실이 되는데 포드와 파이어스톤은 소송이 제기될 때까지 시간만 끌었다. 이후 힘 없는 소비자들이 위기에 처해 있는 상황에서도 포드와 파이어스톤은 상대방을 비방하며 실수를 숨기기에 바빴다. 상황을 전체적으로 살펴봤을 때 이들에게 소중한 생명을 구하겠다는 것은 급한 일이 아니었다. 결과적으로 수백 건의 소송, 수백만 달러의 타이어 회수 비용, 대외적인 이미지 손상이라는 톡톡한 대가를 치러야 했다.

어떻게 이런 사고가 발생할 수 있었을까? 최고 경영진이 의도적으로 그러지는 않았을 것이다. 물론 상황이 그들이 의도한 대로 풀리지 않았던 탓도 있지만 그렇다고 책임을 회피할 수는 없다. 그들이 저지른 가장 큰 잘못은 처음에 상황을 무시하고 인정하려 들지 않았을 뿐만 아니라 점차 명백해지는 심각한 위험 요인을 자꾸만 은폐하려고 노력했다는 점이다.

사고는 운전자의 부주의함 때문에 발생한 것이지 제품의 결함 때문은 아니라는, 즉 '우리 제품은 아무 잘못이 없다'는 최고 경영진의 경직된 사고방식도 상황을 악화시키는 한 요인이 되었다. 포드나 파이어스톤 모두 최악의 상황을 가정해 보지 않았다. 그들은 사람을 죽일 수도 있는 위험한 제품에 또 다른 위험한 제품을 장착했다. 따라서 포드나 파이어스톤 모두 강력한 비난에서 벗어날 수 없다.

40년 전 제너럴 모터스의 코르베어도 이와 비슷한 상황이 발생했었다. 코르베어는 고속으로 코너를 돌 때 안정감을 잃으며 전복되는 문제를 가지고 있었다. 유명한 소비자 권익의 대변자인 랄프 네이더는 베스트셀러 『어떤 속도에서도 안전하지 않은 unsafe at any speed』에서 이 '안전하지 않은' 차에 대해 비난하고 있다. 그러나 제너럴 모터스 경영진은 자사 차량에 결함이 있다는 사실을 인정하지 않았다. 그러나 이후 명백한 증거들이 속속 제시되고 소송이 줄을 잇게 되자 연방정부는 특히 차량 제조업체의 경우 추후 발견된 결함이나 결점에 대해 소비자들에게 고지할 의무가 있다는 내용의 '교통 및 자동차안전법(1966)'을 제정하게 된다(자세한 내용은 10장을 참조해 보자). 40년 후 포드와 파이어스톤 경영진들이 그랬듯이 제너럴 모터스의 경영진들도 훌륭한 사람들이었을 것이다. 그러나 최고 경영진의 양심과 도덕적 감각이 잠시 고장이라도 났던 것 같다. 그들은 회사의 힘을 빌어 상상도 못할 권력을 휘두르게 된다. 전 제너럴 모터스 중역인 존 드로리언은 다음과 같은 말을 했다.

> "이 차(코르베어)를 만든 사람들이 모두 부도덕한 사람들은 아니다. 이 사람들도 가족과 자식이 있는 따뜻하고 인간적인 사람들이다. 한 개인으로서의 이들에게 만약 '이 차를 가지고 사람들을 죽이고 부상을 입혀라'라고 한다면 절대로 그렇게 하지 않을 것이다. 그러나 동일한 사람들이라도 비용·기업 목표·생산 데드라인으로 대표되는 회사라는 환경에 처하면 개인으로서는 거절했을 것이 분명한 제품에 대해서도 생산 허가를 내주게 되는 것이다."[12]

그렇다면 이런 의문을 가져 볼 수 있다. 왜 다른 것들을 희생하면서까지 판매와 수익에 집착하는 것일까? Information Box의 토론 주제인 '집단적 사고'의 영향을 참조해 보자.

_ '집단적 사고' 의 영향

존 드로리언이 이론적으로 설명했듯이 만약 기업이 아닌 외부 환경에서 한 개인에게 '살인' 차량에 대해 생산 허가 결정을 내리라고 했다면 절대로 용인하지 않았을 것이다.

그러나 집단적 사고를 한다고 생각해 보면, 위원회에서 결정을 내리고 더욱이 조직에 대한 충성도가 높은 상황이라면(소비자들의 이익에 대한 충성도와 비교했을 때) 그와 같은 냉정한 결정도 가능할 것이다. 왜 집단적 사고의 윤리적 기준은 개인의 것과 비교했을 때 그렇게 낮은가?

그것은 조직의 목표를 달성하기 위해 열심히 애쓰는 위원회나 집단을 설명하는 '집단 심리' 로 설명될 수 있을 것이다. 단 한 가지 목표 외에 다른 것들은 전혀 중요하지 않다. 위원회 내에서는 의사 결정이 개인이 아니라 위원회에서 내려지는 것이 되므로 개인적 책임감이 희박해진다. 게다가 건설적 비판은 찾아볼 수 없고 다수 의견에 반대하는 사람도 없는 리더추종신드롬이 나타나게 된다.

그러나 다른 원인도 있다. 기업체 간부이자 학자이며 철학자인 체스터 바나드는 이 패러독스를 지적했다. "사람들은 몇 가지 개인적인 도덕 코드를 가지고 있는데 여러 가지 상황이 행동에 영향을 끼친다. 이 코드들이 항상 양립할 수 있는 것은 아니다. 가족과 종교 같은 개인적인 생활에 대한 코드와 사업상의 코드는 무척 다를 것이다.

기업의 역사를 살펴보면 독실한 기독교 신자이지만 평일에 회사에서 하는 행동은 천지 차이인 사람도 주위에서 흔히 볼 수 있다. 일요일에 적용되는 윤리적인 기준이 평일에는 상당히 낮아지는 것이다. 또한 자신의 가족들에게는 무한한 애정을 보이는 사람이 부하 직원이나 고객을 대할 때는 전혀 반대되는 태도를 보이는 경우도 쉽게 찾아볼 수 있다.[13]

_토의 주제

어떤 사람이 다수의 의견에 반대하거나 동의하지 않으려면 무엇이 필요한가? 그런 사람의 성격은 어떻다고 생각하는가? 당신에게는 이러한 저항적 기질이 있는가?

히틀러와 사담 후세인 같은 극도로 잔인한 성격을 가진 독재자도 가까운 사람들에게는 상당히 친절하고 사려 깊은 사람이었다고 한다.

최근 동향

2001년 10월 30일, 포드 자동차는 자크 나세르가 물러나고 새로운 CEO로 윌리엄 클레이 포드 2세가 취임할 것이라고 발표했다. 윌리엄 클레이 포드 2세는 44세이며 포드가의 후손으로서는 1979년 이래 처음으로 최고 경영자 자리에 오르는 것이었다. 포드는 설립자 헨리 포드의 손자이며 헨리 포드 2세의 형제인 윌리엄 클레이 포드 1세의 아들이다. 나세르는 지난 몇 개월 동안 포드의 시장 점유율 하락·수익 감소·익스플로러에 대힌 악성 루머로 곤란을 겪고 있었나.

2001년 12월, 새롭게 설계된 2002년 포드 익스플로러는 고속도로안전보험협회에서 시행한 충돌 테스트에서 최고점을 받았다. 포드 대변인은 2002년형 익스플로러는 승객 보호에 주안점을 두고 설계했으며, 이는 "제품을 지속적으로 개선해 나가겠다는 회사의 약속"이라고 말했다.[14]

파이어스톤은 2000년에 5억1천만 달러 적자, 2001년 미국 사업부에서 17억 달러 적자를 기록하자 사람들은 브랜드의 생명도 끝났다며 암울한 전망만을 내놓았다. 그러나 파이어스톤도 끝내 재기에 성공했다.

일부 사람들은 "마케팅 역사상 가장 놀라운 브랜드의 부활"이라고 놀라워했다. 브랜드 부활에 가장 큰 공을 세운 것은 파이어스톤의 CEO 존 램프였다. 그는 전국을 누비며 파이어스톤 딜러 수백 명과 대화를 나누며 격려를 아끼지 않았다. 산업 통계에 따르면 타이어 구매자의 75%는 딜러의 권유에 따르므로 딜러의 충성도는 매우 중요하다. 이와 더불어 레이싱 팬들에게 인기를 끌었던 파이어호크 인디 500과 같은 눈에 띄는 몇 가지 신상품들을 출시하기도 했다. 한 대형 딜러는 "현재 판매되고 있는 파이어스톤 타이어 수량이 과거 어느 때보다도 많다"라고 밝히기도 했다.

포드와 파이어스톤이 커뮤니케이션을 다시 시작함에 따라 램프는 포드와의 악화된 관계도 얼마든지 회복 가능성이 있다는 것을 느낄 수 있었다. 심지어 윌리엄 클레이 포드는 포드 광고에서 자신의 증조부인 하비 파이어스톤에 대해 "정직하게 말하자면 그분이라면 절대로 그런 일을 하지 않았을 것이다"라고 말했다. 램프는 이를 예의 주시하고 있다.[15]

✽무엇을 배울 것인가?

현대의 기업은 제조물 책임소송을 적극적으로 경계해야 한다. 기업의 경영진들은 오늘날처럼 소송이 빈번한 환경에서는 제조물 책임소송으로 한 기업이 파산할 수도 있다는 사실을 명심해야 한다. 기업에 닥친 위기를 부주의하거나 무관심한 태도로 대처하는 경우 사업 환경은 더욱더 위험해진다. 따라서 기업은 소비자의 건강과 안전에 영향을 줄 수 있는 제품에 대해서는 반드시 세심하고 객관적인 테스트를 시행해야 한다.

때때로 새로운 제품이 테스트를 거치느라 출시가 연기되고 이 때문에 경쟁사에서 제품을 더 일찍 출시해 이득을 보는 경우도 있다. 그러나 안전하지 않은 제품을 시장에 출시했을 때의 위험이 훨씬 더 크다는 사실을 반드시 기억해야 한다.

제품의 안전성에 대한 의심이나 불만 사항이 접수된다면 철저히 조사해야 한다. 앞의 사례를 통해 경영진이 제품에 대해 전폭적으로 신뢰하고 있더라도 혹은 불만 사항을 제기한 사람의 객관성이 의심되더라도 즉각적이고 철저한 조사가 수행되어야 한다는 사실을 배웠다. 이러한 불만 사항을 해결하지 않고 뒤로 미루거나 무시하다 보면 나중에는 감당할 수 없는 어려움에 직면하게 된다.

때로는 문제의 근원이 불확실한 경우도 있고 처음에 생각했던 것보다 더 복잡한 경우도 있다. 포드·파이어스톤 사례에서 알 수 있듯이 익스플로러와 파이어스톤 모두 객관적인 조사를 통해 차량 전복 사고를 최소화하는 방법을 찾는 데 좀더 집중할 필요가 있었다.

소비자의 건강과 안전은 기업의 성공과 밀접한 관계를 갖는다. 이를 무시한다면 양쪽 모두에게 좋지 않은 결과를 가져 온다. 소비자가 어려움에 처하게 되면 결국 회사도 어려워진다. 소송이 많아지게 되고 자연히 회사 손실액도 증가하기 때문이다. 그렇다면 왜 기업들은 '우리 vs 그들'이라는 사고방식을 가지고 있는 것일까? 기업과 소비자가 추구하는 목적은 서로 다르지 않다. 소비자의 복지가 최대화될 때 양쪽 모두 진정으로 승리하는 것이다.

최악의 상황에서는 화해적 구출 전략을 써야 한다. 포드와 파이어스톤은 1999년 말에서 2000년 초기까지 대치 상황이었다. 사우디아라비아의 뜨거운 날씨에서 처음 사고가 발생한 후 포드 익스플로러와 파이어스톤 타이어가 관련된 사망자 소식이 조금씩 새어 나오고 있었다. 그리고 몇 달이 지나자 소문은 걷잡을 수 없이 커졌다. 이 상황에서 기업은 어떻게 해야 할까?

기업이 어려움에 처하면 끝까지 참거나, 나쁜 소식을 보도하는 언론과 싸우고, 책임을 부인하며, 상대방을 비난하고, 법정에서 최대한 방어하는 등의 전략을 택하기 쉽다. 이것은 근본적으로 포드가 택했던 방식과 같다. 포드는 파이어스톤에게 모든 책임을 전가하고 이 주장을 뒷받침하기 위해서 수백만 달러를 쏟아 부으며 광고를 했다.

파이어스톤 경우에는 타이어 결함을 부인할 수 없는 상황이었으므로 상대적으로 더 불리했다. 사고 발생 원인이 공기주입 부족, 타이어 결함뿐만 아니라 익스플로러에도 문제가 있다는 점을 강조했지만 수백만 개의 타이어를 리콜하는 수밖에 없었다. 기업의 명성, 경제적인 위치, 심지어 파이어스톤 브랜드의 생존 가능성마저 위험에 처하게 되었다. 그렇지만 가장 중요한 점은 파이어스톤을 이용했던 수백명

이 사망했다는 사실이다.

화해 전략은 기업을 위기에서 구해내는 좋은 방법이다. 문제에 대해 충분히 인정하고 위험 요소를 제거한다. 비록 이 때문에 시장에서 완전히 철수하는 사태가 발생하더라도 문제의 원인이 완전히 밝혀지고 해결되기 전까지는 끝까지 노력해야 한다. 물론 비용은 많이 들지만 기업 생존과 소비자들의 건강상 안전적 측면을 고려한다면 이 방법이 훨씬 더 바람직하다. 어느 전략이나 기본적으로 비용이 든다는 점에서는 동일하다. 그러나 강경한 전략을 펼 경우 당장은 아니지만 미래에 법정 소송이나 피해보상에 막대한 비용이 소요된다. 화해 전략의 경우 수익상 손실을 입을 수 있고 법무 비용도 피할 수 없지만, 회사의 명성을 지킬 수 있고 머잖아 수익성도 회복하게 된다.

비난의 대상이 되는 기업이 여럿인 경우에는 문제 해결 시 대립보다는 협력을 선택해야 한다. 포드와 파이어스톤 사례는 소비자의 신뢰를 가장 심각하게 저버린 경우에 해당한다. 이 두 회사는 제품 안전상 문제를 해결하기 위해 협력하기보다는 오히려 부인하고 대립하는 모습을 보였다.

＊질문

1. 기업이 제품의 안전을 완전하게 보장할 수 있다고 생각하는가? 토의해 보라.
2. 앞에서 제시된 정보에 근거하여 사망과 부상에 더 큰 책임이 있는 것은 어느 회사라고 생각하는가? 어떻게 해서 그런 결론을 내리게 되었는가?
3. "익스플로러 운전자가 타이어 압력을 체크하지 않았고 속도제한 이상으로 달렸다면, 사고의 책임은 자동차나 타이어가 아니라 바로

운전자 자신에게 있다." 토의해 보라.

4. 익스플로러가 발생시킨 사망과 부상 사고에 대해 정부의 책임도 있다고 생각하는가? 왜 그렇게 생각하는가? 아니면 왜 그렇게 생각하지 않는가?

5. 당신은 법정 변호사 협회가 설립한 소비자단체에서 수여하는 '시민 영웅' 상을 신뢰할 수 있는가? 그리고 2001년 6월 타이어 생산 과정의 비리를 폭로한 알랜 호건을 신뢰할 수 있는가? 왜 그렇게 생각하는가? 아니면 왜 그렇게 생각하지 않는가?

6. "일반적으로 집단적 사고방식은 몇몇 비윤리적이고 잘못된 결정에 책임이 있을 수 있다. 그러나 이 사고방식은 안전하지 않은 제품을 판매하는 회사와 공격적인 조정행위에 대한 지원의 영향들을 더 깊이 생각할 것 같다." 이 말에 대해서 평가해 보라.

✻ 실전 연습

1. 당신은 파이어스톤의 CEO 존 램프이다. 현재 위기가 더욱 고조되고 상호 비방이 늘어만 가고 있다. 당신이라면 자크 나세르와 대립하지 않고 협력하는 분위기로 만들어 가기 위해 어떻게 하겠는가? 가능하면 자세히 설명하도록 하라. 과연 당신의 전략이 성공을 거둘 것 같은가?

2. 파이어스톤은 타이어 대량 리콜 사태와 법정 소송의 영향으로 거의 무너지기 일보직전이다. 당신은 이 기업의 회생을 돕기 위해 고용된 컨설턴트이다. 파이어스톤에게 어떤 조언을 할 것인지, 무슨 일부터 우선적으로 할 것인지에 대해 가능하면 구체적으로 설명해 보라. 본인이 생각할 때 필요하다면 어떤 가정을 해도 좋다. 그렇지만 합리적인 내용이어야 한다. 당신의 조언 내용을 정당화시켜 보라

(실제로 어떤 일이 일어났는지는 고려하지 마라. 상황이 더 나아질 수도 있었을 것이다).

3. 당신은 나세르가 신뢰하는 보좌관이다. 포드의 이사들 앞에서 파이어스톤에 대해 대립적인 자세를 유지해야 한다는 나세르의 주장에 대해 지지발언을 해 보라.

4. 집단에 대해 건설적인 반대 입장에 서 보자. 중역 회의에서 당신 회사의 SUV 차량이 여러 건의 사망 사고와 관련이 있다는 이야기가 화제로 떠올랐다. 중역 집단은 사고의 원인이 부주의한 운전자에 있다며 이 주제를 그냥 통과시키려고 한다. 당신의 반대 의견을 이 집단을 대상으로 설득력 있게 주장해 보라.

＊팀별 토론 연습

파이어스톤이라는 브랜드명을 버릴지, 아니면 그대로 유지할 것인지 토론해 보라. 당신의 의견에 논리성을 갖추고 상대방 의견을 공격해 보라.

04

ADM
: 가격 조작, 정치적 연고주의 그리고 내부고발자

● ● ● ● ADM이 정치권과 친밀한 관계를 유지하고 특혜를 받는 것이 너무 지나치지 않느냐는 주장이

제기되고 있다. 그러나 기업은 자신에게 유리한 쪽으로 법률과 규칙을 제정하도록 최선의 노력을

기울일 권리는 없는가? 물론 이렇게 하면 누군가는 분명히 남들보다 이익을 더 얻게 될 것이다.

그렇다면 이것과 시장경제의 경쟁은 그 성격이 다른 것인가?

1995년 6월, 거대 다국적 기업인 아처 다니엘스 미들랜드ADM가 시장 수요가 많은 식품첨가제 판매를 제한하여 전세계적으로 높은 가격을 유지하도록 가격을 조작했다고 한 내부고발자가 연방 조사 당국에 고발했다. 3년 동안 그는 기업의 고위 간부들이 아시아와 유럽 경쟁사들과 만나서 회의를 하는 내용을 비밀리에 녹음했다. 내부고발자인 마크 E. 휘태커는 변호사 선임 문제로 이전에 접촉했던 한 변호사에 의해 신분이 밝혀지게 되었다.

그러자 ADM은 휘태커를 회사 공금을 횡령했다는 혐의로 고발하고 회사에서 즉시 해고해 버렸다. 따라서 이야기가 좀더 복잡해지게 되었다. 그러나 이 모든 사태의 핵심은 회사와 77세의 최고 경영자가 이번 사건에서 과연 어떤 역할을 했느냐 하는 것이었다. 그들이 정말 비윤리적이고 불법적인 행동을 했는가? 아니면 휘태커의 주장이 모두 지나치게 과장된 것인가? 이 내부고발자는 영웅인가? 아니면 악당인가?

내부고발자, 마크 E. 휘태커

1989년 아처 다니엘스에 입사한 휘태커는 주로 독점기업 조사관을 돕는 일에 종사했다. 떠오르는 스타였던 그는 신설된 바이오제품 부문장으로 스카우트 되었다. 그는 곧 부사장이 되었고 아직 30대임에도 불구하고 차기 사장 후보로 거론될 정도로 능력을 인정받았다.

휘태커는 독일의 화학회사인 데구사 AG에서 유기화학물질과 식품첨가제 담당부서의 관리자로 근무하다가 직장을 옮겼다. 그는 이력서 경력난에 데구사 AG에서 부사장까지 역임했다고 기록했으나 실제로는 부문장까지만 지낸 것으로 드러났다.

휘태커는 ADM에 있을 때 캘리포니아에 있는 통신대학에서 경영학

석사를 받았다. 그런데 ADM은 그의 학력에 대해 노스웨스턴대학과 유명한 J.L. 켈로그 경영대학원에서 MBA를 받았다고 소개했다. 한 인터뷰에서 휘태커는 월스트리트 애널리스트들에게 좋은 인상을 주기 위해 자신의 MBA 경력을 부풀렸다는 소문을 인정했다. 그러나 그는 책임을 ADM 탓으로 돌렸다. "나는 별로 그러고 싶지 않았다. 난 그저 애널리스트 회의에서 발표할 때 이력을 부풀리는 것이 좋다는 다른 임원들의 말에 동의했을 뿐이다. 그것은 일종의 관행이었다."[1]

그의 희망은 장차 ADM 사장이 되는 것이었다. 그의 주장에 따르면 회사 측에서도 여러 차례 약속했었다고 한다.[2] 그런데 정부의 스파이로 활동하는 것이 자신의 야망을 실현하는 데 어떤 식으로 도움이 될 것이라고 생각했는지 선뜻 이해가 되지 않는다.

3년 동안 그는 회사 중역 두 명이 전세계 곳곳에서 아시아와 유럽의 경쟁 업체 사람들과 회의하는 모습을 비디오로 촬영한 뒤 정부 조사관에게 제공했다. 회의에 참석했던 중역은 그 당시 77세로 회장 겸 최고 경영자인 드웨인 안드레아스의 아들이자 확실한 후계자인 부회장 마이클 D. 안드레아스와 옥수수 가공 부문장 테런스 윌슨이었다. 휘태커는 가격 조정에 대해 확실한 증거를 잡기 위해서 가끔씩 옷 속에 마이크를 숨겨 들어가기도 했다. 이제부터 휘태커가 고생한 과정을 알아보도록 할 것이다. 그러나 먼저 뒤에 나오는 Information Box에서 일반적인 '내부고발행위'에 대하여 알아보도록 하자.

6월 27일 밤, FBI 요원들이 일리노이주 디캐터에 위치한 거대 곡물가공회사 본사 건물에 들어섰다. 이들은 ADM과 경쟁업체들이 가격 담합을 했다는 증거를 잡기 위해 회사 서류들을 가져 가고 대법원의 소환장을 제시했다. 휘태커도 다른 임원들과 마찬가지로 소환장을 받았다. 보통 회사가 정부의 조사를 받게 될 경우 취해지는 조치처럼 휘태커도 회사 법무실에서 추천한 변호사를 만났다.

_ 내부고발행위

내부고발자란 기업에서 혐의를 받고 있는 불법행위 사실을 공개적으로 고발하는 기업의 직원을 말한다.

여기서 말하는 불법행위에는 사기·거래 제한·가격 조정·뇌물 제공·강압 행위·안전하지 않은 제품과 시설 그리고 기타 법률과 규칙 위반 같은 모든 종류의 비윤리적 행위가 포함된다.

내부고발자는 우선 조직 내에서 정상적 경로를 통해 회사의 비리를 바로잡아 보려고 노력했을 것이다. 그러다 한계에 부딪치게 되자 결국 최후의 수단으로써 회사를 정부 관리자나 언론에 고발하게 되는 것이다.

내부고발 사건이 발생하게 되면 기업에는 계약 파기·벌금 부과·해임 등 일련의 사태가 일어나게 된다. 그리고 내부고발자는 동료들의 비방을 받거나 해고 될 수 있으며 심지어 회사로부터 모함을 받게 될 수도 있다. 때문에 우리는 내부고발행위를 진정으로 용기 있는 행동이라고 부르며, 자신의 이익보다는 사회의 이익을 우선시하는 사람만이 이를 행할 수 있다.

그러나 가끔씩은 진정으로 공익을 위하는 사람과 개인적인 불만이나 잘못된 믿음 때문에 내부고발을 하는 사람 사이에 구분이 안 가는 경우도 있다. 실제로 경영진은 비윤리적인 행위와 관련이 없고 아예 그 사실을 모르고 있었거나 승인한 적이 없는데도 마치 경영진이 비윤리적인 행위를 묵인한 것이라고 믿는 사람들도 있다.

더욱이 내부고발행위를 통해 사적인 이익을 얻거나 경력을 높이려고 하는 사람들마저 있다. 1972년 내부고발에 대해 책을 썼던 랄프 네이더는 기업의 직원들은 회사에 대한 의무보다 사회보호 의무가 더 우선한다는 사실을 기억해야 한다고 말했다.

그는 책에서 내부고발 영웅들의 사례와 미래의 내부고발자들을 위한 행동 수칙에 대해 소개하고 있다.[3]

_ 토의 주제

당신도 내부고발자가 될 수 있다고 생각하는가? 과연 어떤 상황에서 그렇게 될 수 있을까?

휘태커와 잠시 이야기를 나눈 후 변호사는 ADM 측에 연방정부에 밀고를 한 사람이 바로 휘태커라는 사실을 밝혔다. 이 때문에 회사 내에서 휘태커의 위치는 아주 위태로워졌다. 이는 변호사와 의뢰인 관계에서 비밀 유지 약속을 깬 명백한 비윤리적인 행위였다. 그러나 ADM을 위해 일하는 유명한 로펌의 변호사인 존 M. 다우드는 휘태커가 그 사실을 밝혀도 좋다는 말을 했다고 주장했다. 휘태커와 그의 새로운 변호사는 그런 사실이 전혀 없다고 강력하게 반박했다.

이제 회사 입장에서는 휘태커에게 복수할 근거가 충분했다. ADM은 휘태커를 해고하고 250만 달러를 횡령한 혐의로 고소했으며 증거 자료들을 법무부에 제출했다. 이후 ADM은 휘태커가 당초 발표된 금액보다 많은 9백만 달러를 횡령했다고 정정 발표했다. 회사 측은 휘태커가 비용 지출 송장을 허위로 제출하여 자금을 횡령하고 이를 해외 은행계좌로 이체시켰다며 그를 고소한 것이다.

법무부는 자신들의 정보원이었던 휘태커의 신뢰성에 의구심을 가지게 되었다. 특히 상관 묵인 하에 지시에 따라 한 일이라고 말하기는 했지만 휘태커가 허위 송장과 관련된 작업에 직접 참여했다고 인정했기 때문에 그를 믿을 수 없게 되었다. 그럼에도 불구하고 그와 다른 12명의 ADM 중역들은 탈세 혐의로 조사를 받게 되었다. 법무부의 사기 담당부서에서는 최고 경영진의 승인 하에 회계장부 조작이 이루어졌다는 주장에 대해 좀더 심도 있게 조사했다.[4]

그로부터 며칠 후, 휘태커가 자살을 시도했다. 새벽녘, 자신의 집 차고에서 차문을 닫고 엔진을 켜 두었다. 이날 아침 그는 워싱턴으로 가서 연방관계 당국 사람들을 만나기 위해 비행기를 탈 예정이었다. 휘태커는 정원사에게 미리 전화를 걸어 그날은 다른 날보다 늦게 출근하라고 일러 놓았다. 그런데 정원사는 7시가 조금 넘은 시각에 도착했고, 차 안에서 의식을 잃고 쓰러져 있는 휘태커를 발견했다.

휘태커는 자살을 시도하기 얼마 전에 월 스트리트 저널에 편지 한 통을 보냈다. 자신이 ADM 측으로부터 월급 이외의 돈을 받았다는 사실을 인정했다.

"해외에 은행계좌를 가지고 있거나 뇌물을 받은 사람은 나뿐만이 아니다. 사건의 본질은 바로 거기에 있으므로 이 부분을 집중적으로 캐 보면 답이 나온다. 그들이 돈을 나누어 준 것은 나중에 그 직원들이 회사에 등을 돌릴 때를 대비한 것이다."[5]

9월 13일, ADM 이사인 F. 로스 존슨은 에모리대학 고이주에타 경영대학원 연설에서 휘태커의 자살 시도 사건을 언급했다. "여러분도 알다시피 그는 자살을 시도했습니다. 그런데 자살을 시도한 곳이 여섯 대의 차가 공동으로 이용하는 주차장이었습니다. 내 생각에 여러분들도 자살을 시도할 때 그곳을 이용하시면 좋을 것 같군요(청중들 웃음). 그리고 정원사도 참 절묘한 시간에 등장했죠. 어쨌거나 지금 그는 다시 살아나 걸어다니고 있습니다."[6]

자살 시도가 진정이었든 거짓으로 꾸민 일이었든 휘태커는 분명히 인생에서 가장 힘든 시기를 보내고 있었다. 그는 결국 시카고 교외의 병원에 입원하게 되었는데 직장도 없고 살 곳도 없는 상태였다. 그는 자신의 해외 계좌에 있는 돈은 전혀 손댈 수조차 없었다. 휘태커 부부는 내쉬빌 인근의 92만5천 달러짜리 집을 계약하고는 일리노이주 디캐터에 있는 125만 달러짜리 집을 팔고 이사 가려고 했었다. 자살 시도 이후에 그들은 주택 계약을 무효화하려고 했으나 오히려 계약 위반으로 고소당하고 말았다.

여러 가지 일들이 있었지만 휘태커는 10월 초쯤에는 어려움을 극복한 것처럼 보였다. 사실 그와 그의 가족들은 시카고에 주택을 임대해서 살고 있었지만 신생 바이오기술 관련 기업인 퓨처 헬스 테크놀로지Future Health Technologies의 CEO가 되었다. 연봉도 ADM에서 합법적으로 받던 금액과 비슷한 수준으로 받기로 합의했다.

ADM에 대한 혐의

1995년 가을, 3명의 대배심들은 ADM과 몇 개의 경쟁 업체가 모여서 가격 조정을 모의했는지 여부에 대하여 조사했다. ADM의 라이신·고과당 콘시럽·구연산 이 세 가지 주요 제품 라인이 가격 조정과 관련되어 있다는 혐의를 받았다.

아미노산의 일종인 라이신을 돼지와 닭의 사료에 섞어 먹이면 성장은 하되 근육은 많이 생기지 않는다. 고과당 콘시럽은 소프트 드링크에 들어가는 고칼로리 감미료이다. 구연산은 라이신처럼 옥수수에서 추출한 제품으로 세제·식품·음료업체에서 이용한다.

ADM의 전체 제품 구성에서 이 세 가지 제품이 차지하는 비중은 엄청나다. 예를 들어 라이신이 일반 소비자들에게는 잘 알려져 있지 않았지만 식품 산업에서는 필수적인 원료로 연간 약 5억 파운드가 생산된다. 가격은 1961년 이래로 계속해서 파운드당 1달러 이상을 유지하고 있다. 결국 제조업체에는 수백만 달러의 돈이 걸린 일이었다. 일리노이주 디캐터에 있는 현대식 설비의 공장에서 ADM은 해마다 전세계 라이신 소비량의 절반 정도를 생산하고 있다. 그리고 라이신은 이 회사에서 아주 수익이 높은 제품 중의 하나이기도 하다.

감미료인 고과당 콘시럽도 전세계적으로 30억 달러 규모의 시장을 형성하고 있는 제품이며 ADM의 주력 상품이다. 연간 생산량의 75% 이상이 소프트 드링크 시장에서 소비된다.

ADM은 1991년 화이자로부터 하나의 사업부문을 인수하면서 구연산 시장에 뛰어들게 되었고, 오늘날 이 첨가제 부문에서 미국 최대 제조업체로 자리 잡고 있다. P&G도 최대 거래처 중의 한 곳으로 구연산 제품을 자사 세제에 사용하고 있다.

ADM이 가격 조정을 공모했다는 확실한 증거가 비디오 테이프에서 발견되었다. 마이클 안드레아스가 LA 국제공항에 있는 하얏트리젠시호텔에서 라이신 생산업체들과 회의를 하는 모습이 찍힌 것이다. 회의 참석자들은 라이신 공급을 제한하기 위해 각 기업의 목표 판매 수량을 정하고 있었다.

이러한 가격 담합 때문에 시장의 자유 공급·수요 구조가 파괴되고 가격은 인위적으로 높게 유지된다. 따라서 가격 담합에 참석한 기업들만 높은 수익을 올리게 되는 것이다.[7] 비록 수집된 증거들은 확실해 보였지만, ADM이 정부의 핵심 증인인 휘태커의 증언에 대해 신뢰성 문제와 횡령 문제를 들고 나온다면 가격 조정 문제에 대해 무혐의 처리될 가능성도 있었다.

휘태커와 ADM이 고소에 맞고소를 거듭하고 있는 동안 조사는 가격 조정 문제를 넘어서 탈세 혐의까지 확대되었다. 특히 최고 경영진의 허가를 받아 고위급 중역들이 탈세에 가담했는지 여부에 주안점을 두고 조사가 진행되고 있었다.

휘태커는 빙산의 일각인지도 모른다. 법무부의 사기사건 담당부서에서는 ADM이 회계장부 조작을 통해 불법적으로 수백만 달러를 회사 중역들의 해외 계좌로 빼돌렸는지 여부를 조사하기 시작했다. 만약 그것이 사실이라면 휘태커의 죄는 가벼워지고 결국 그의 증언에 대해서도 신뢰할 수 있게 될 것이다.

회사가 소송에서 이기는 경우 어떤 처벌을 받는지에 대해서도 검토할 가치가 있다. 가격 조정에 대한 벌금은 수억 달러에 이를 수도 있고 일부 중역들은 징역형에 처해질 수도 있다. 게다가 주주들과 소비자들이 집단소송을 제기하여 막대한 금액의 피해보상을 청구할 수도 있다. Information Box에서는 '1959년 벌어진 유명한 가격 조정 음모 사건'을 다루고 있다. 이 사건의 재판 결과 관련 중역들은 징역형에 처해졌다. 이 사건에 대해 토의해 보자.

_ 1959년 벌어진 유명한 가격 조정 음모 사건

1959년 기업 윤리에 대한 국가적 인식을 뒤바꿔 놓은 미국 역사상 최대의 가격 조정 음모 사건이 발생했다. 제너럴 모터스·웨스팅하우스·앨리스 찰머스 같은 대기업을 포함한 29개의 기업이 약 70억 달러 규모의 전기 장비에 대한 가격 조정 혐의로 유죄를 선고받았다.

가격 조정과 관련된 제품은 변압기·전력 스위치기어 조립품·터빈발전기·산업용 통제장비·회로차단기 등이었다. 이 음모에 가담한 회사들에게는 192만 4천5백 달러의 벌금이 부과되었다.

이 사건에서 주목할 만한 점은 52명의 중역(이들 중 최고 경영자는 없었지만)들이 고소당했고 약 14만 달러의 벌금형에 처해졌다는 사실이다. 훨씬 더 놀라운 일은 이들 중 7명이 징역형을 언도받은 것이다. 이것은 연방독점금지법이 제정되고 나서 처음 있는 일이었다.

게다가 법정에서 그와 같은 판결을 내린 이후에 2천여 건의 개인 소송과 피해보상소송이 이어졌다. 이 사건들 중에서는 단 한 건에 대한 보상액이 무려 2천880만 달러에 달하는 것도 있었다.

불법행위가 발생하는 데는 몇 가지 이유가 있다. 말할 것도 없이 업무 실적을 높이기 위해 최고 경영진이 임원들에게 강한 압력을 넣는 것도 그 이유 중 하나이다. 상부로부터 압력을 받은 임원은 수익을 높이기 위해서 다른 기업 임원들과 담합하게 된다.

특히 독점금지 담합에 대해 무관심한 환경에서 이런 일이 발생하게 된다. J. 컬런 개니 판사가 담합행위에 대해 가혹한 판결을 내리면서 이러한 불법행위가 대폭 줄어들었다.

_ 토의 주제

가격 조정을 벌인 행위로 일자리를 잃거나 징역형을 선고받은 임원들은 다른 기업으로 쉽게 옮길 수 있었다. 기업들은 이들을 진심으로 환영하고 있다. 당신은 그들이 이런 대접을 받을 자격이 있다고 생각하는가?

ADM과 드웨인 안드레아스

ADM의 이야기는 실제로 회장인 드웨인 O. 안드레아스의 이야기라고
도 할 수 있을 만큼 그가 이 기업에 끼친 영향은 지대하다.

1947년, ADM의 회장 슈레브 아처는 닭뼈가 목에 걸려 질식사하고
말았다. 그 당시 드웨인 안드레아스는 경쟁 기업인 카길사의 부문장을 맡
고 있었다. 아처 회장의 사망 이후 18년간 ADM은 거의 성장하지 못한 반
면, 드웨인 안드레아스는 업계에서 꾸준히 입지를 넓히며 상당한 부를 축
적한 상태였다.

1966년, 그가 47세 되던 해에 ADM에서는 그에게 이사 자리를 제안
했다. 창업자의 가족들은 그에게 상당량의 주식을 양도했고 최고 경영자
자리에 그를 최우선으로 추천하겠다는 제안을 했다. 4년 후, 드웨인 안드
레아스는 ADM의 CEO가 되었다.

1995년에도 여전히 안드레아스가 ADM을 지휘하고 있었고 공개된
주식회사인 ADM을 마치 개인의 왕국처럼 운영하고 있었다. 그는 25년
동안 회사를 연간 매출 127억 달러의 미국 최대 농산물 가공업체로 만들
어 놓았다.

표 4.1 1986년~1995년 ADM 매출

회계 연도 (6월 30일 종료)	매출 (백만 달러)	연 증가율 (%)
1986	5,336	
1987	5,775	10.8
1988	6,798	11.8
1989	7,929	11.6
1990	7,751	(2.2)
1991	8,468	9.3
1992	9,232	9.0
1993	9,811	6.5
1994	11,374	15.9
1995	12,678	11.4
1986 ~ 1995		137.5%

※출처 : 1995년 ADM 연례보고서

표 4.2 1986년~1995년 ADM 순이익

회계 연도 (6월 30일 종료)	순이익 (백만 달러)	연 증가율 (%)
1986	230	
1987	265	15.2
1988	353	33.2
1989	425	20.3
1990	484	13.9
1991	467	(3.5)
1992	504	7.9
1993	568	12.7
1994	484	(14.8)
1995	796	64.5
1986 ~ 1995		246.1

※출처 : 1995년 ADM 연례보고서

표 4.1을 보면 1986년 이래로 매출이 꾸준히 증가했다는 사실을 확인할 수 있다. 표 4.2의 순이익의 경우에는 매출만큼 꾸준한 증가세는 아니지만 1986년에 비해 2.5배 정도 증가했다는 점을 확인할 수 있다.

정치적인 책략

ADM의 본사는 일리노이주 디캐터에 있었지만, 워싱턴 정가에 끼치는 안드레아스의 영향력은 다른 어떤 경영자도 따라올 수 없을 정도였다. ADM은 미국 기업들이 정치자금을 많이 기부할 수 있도록 선도해 나가는 입장에 있었다. ADM은 민주당과 공화당에 수십만 달러씩을 기부했다. 게다가 안드레아스는 지미 카터 전 대통령의 선거 캠페인을 지지하기도 했으며, 심지어 1981년에는 경영상 곤란을 겪고 있던 그의 땅콩 농장을 ADM에서 매입하기도 했다.

또한 안드레아스는 로널드 레이건과 조지 부시 대통령에게도 상당한 금액을 기부했다. 레이건 대통령 재직 시 미국 기업이 구소련에 진출할 수 있는 기회가 열렸을 때 ADM이 가장 선두에 있었다. 안드레아스는 당시 소련 대통령 미하일 고르바초프와도 친밀한 관계를 유지했다. 그러나 미래를 대비하기 위해서 고르바초프의 적수였던 보리스 옐친과도 기꺼이 가깝게 지냈다.

안드레아스의 정치적 후원자는 농장이 많은 캔자스주 출신의 로버트 돌 상원의원일 것이다. 돌 상원의원의 부인 엘리자베스 돌이 미국 적십자사에서 일하게 되었을 때 안드레아스는 적십자사에 백만 달러를 기부했다. 또한 돌 상원의원은 일반 비행기의 1등석 요금으로 ADM 전용기를 이용하기도 했다.

두 사람 사이의 우정과 친밀함을 엿볼 수 있는 또 다른 증거는 그들 별장이 서로 가까운 곳에 있다는 점이다. 돌 상원의원 부부는 플로리다주 씨 뷰에 별장을 소유하고 있었는데 이곳에는 유명한 TV 앵커 데이비드 브링클리와 ADM 이사 로버트 스트라우스를 포함해 드웨인 안드레아스의 별장도 있었다.[8] 한가지 흥미로운 사실은 클린턴 대통령도 안드레아스를 자기 편이라고 생각했다는 점이다.

안드레아스의 정치적인 활동을 통해 ADM은 상당한 이익을 누릴 수 있었다. 연방정부가 설탕 가격을 높게 유지하는 정책을 펴자 최대 수혜자는 바로 ADM이 되었다. 그러자 코카콜라와 같은 대기업들이 ADM의 감미료를 비롯해 고과당 콘시럽에 관심을 갖게 된 것이다. 과당 관련 제품은 ADM 매출의 거의 40%를 차지하고 있었다.[9]

정부는 에탄올에 대해 갤런당 54센트의 세제 혜택을 주기로 했다. 그결과 옥수수에서 추출한 연료 첨가제의 최대 생산자인 ADM은 여기에서도 이익을 얻을 수 있었다.

사실 에탄올 산업은 이 세제 혜택이 없었다면 존재 여부가 불투명했다. 이 법을 통과시키는 데 가장 결정적인 역할을 한 사람은 바로 ADM과 밀접한 관계를 맺고 있던 로버트 돌 상원의원이었다.

모든 정치적 캠페인에 기부를 하고 정치계 유력 인사들과 개인적인 친분을 쌓기는 했지만, 안드레아스와 ADM은 직접적인 로비는 거의 하지 않았다. 그러나 사업상 필요한 로비는 여러 제품이나 업종 관련 단체들을 통해서 간접적으로 이루어졌다. 예를 들어 미국땅콩판매자협회는 ADM의 큰 도움을 받아 땅콩 가격 정책에 대한 로비를 펼치고 있다.[10]

>>> 이사회

ADM에 대한 조사가 계속되고 고소와 맞고소가 줄을 잇게 되자 ADM 주식을 보유한 주요 기관투자자들 중 일부가 회사를 비난하고 나섰다. 예를 들어 ADM 주식 360만 주를 보유하고 있는 캘퍼스Calpers, 즉 캘리포니아 공무원 연금제도는 이사회가 회장 겸 CEO인 드웨인 안드레아스와 너무 밀착된 관계를 유지하고 있다며 불만을 터뜨렸다. "ADM 이사회는 내부자들의 수가 압도적으로 많다. 상당수가 CEO와 관계 있는 사람이다." 캘퍼스는 또한 "ADM 이사회는 CEO를 퇴진시키기는커녕 오히려 연봉을 14%나 더 인상시켜 주었다"며 이사회를 비난했다.[11] 목수조합·트럭운전자조합·뉴욕의 주요 연금펀드회사와 같은 다른 기관투자자들도 비난에 가세했다.

주주들도 이사회에 대해 몇 가지 신랄한 비난을 퍼부었다. 이사회는 해외 공장 건설 및 장비 구입으로 25만 달러의 비용 지출을 승인했다. 그런데 이 비용들이 모두 허위로 작성된 것인데도 아무런 조사도 하지 않고 승인해 주었다는 것이다. 가격 조정행위와 주요 임원들의 혐의 사실에 대해서도 이사회는 아무런 반응을 보이지 않다가 나중에 할 수 없이 형식적인 조사만 하고 말았다.

캐나다의 전 총리 브라이언 멀로니는 연방당국의 조사에 좀더 효율적으로 대처하기 위해서 ADM에서 구성한 특별위원회의 공동 의장이었다. 대부분의 사람들은 주주들 권익을 보호하는 일도 그가 맡은 역할 중 하나라고 생각했다. 그러나 주요 기관투자자들은 그의 객관성에 이의를 제기했다. 드웨인 안드레아스와 매우 가까운 사이였기 때문이다. 사람들은 지금 ADM에 필요한 것은 무조건 자신들의 편만 들어 주는 특별위원회가 아니라 '전적으로 독립된 조사권을 지닌 전문가 집단'이라고 주장했다.[12]

이사회 구성에 대해서 사람들이 문제를 제기하는 데는 충분한 이유가 있다. 이사회는 최고 경영진에 대한 객관성을 유지하지 못했다. 오히려 그들을 적극적으로 지지하는 입장이며, 거의 대부분의 이사들은 CEO와 관계 있는 내부 인사로 구성되어 있었다. 예를 들면 17명의 ADM 이사 중 4명은 안드레아스 일가이고, 6명은 은퇴한 중역이거나 고위급 중역의 친척들이었다. 사외 이사들을 살펴보면 워싱턴의 변호사인 로버트 S. 스트라우스는 자신의 회사가 ADM과 거래를 하고 있었고, 멀로니 또한 자신의 로펌이 ADM과 거래 관계에 있는 등 모두 안드레아스와 친분이 깊은 사람들이었다. 심지어 이사회 회원인 하버드대학의 교수 레이 골드버그는 안드레아스가 박사 논문을 쓰던 시절부터 친분 관계를 맺고 있었다.

이사회와 경영진 간의 관계가 친밀한 경우는 다른 여러 기업들에서도 찾아볼 수 있다. 그러나 이처럼 친밀한 관계가 주주들의 이익에는 아무런 도움이 되지 않을 수도 있다.

분석

>>> ADM의 행동

ADM은 비윤리적인 행동, 심지어 불법적인 행동까지 저질렀는가? 앞서 말했듯이 그 당시 3명의 대배심원들이 가격 조정에 대해 조사를 벌이고 있었다. 법무부는 탈세 혐의로 조사를 하고 있었다. 그러나 분명한 잘못이라고 결정되거나 증명된 사실은 아무것도 없었다. ADM은 가격 조정 혐의에 대해 유죄일 수도 있고 아닐 수도 있다. 아마 고위급 임원들이 회계장부 조작을 통해 탈세를 한 점에 대해서는 ADM에 유죄 판결이 내려질 것이다. 만약 혐의 내용들이 사실로 밝혀진다면 그러한 행동들은 비윤리적일 뿐만 아니라 불법적인 행동이며 그에 대해 엄격한 처벌이 내려질 것이다.

ADM처럼 거대한 기업에서 행한 어떤 행동들은 불법은 아니더라도 윤리적인 측면에서는 논란의 여지가 있다. 예를 들면 연고주의에 얽매여 주주들 이익을 희생시키면서까지 회사 이익을 지키는 데 헌신적인 사람들로 이사회를 구성한 점과, 정치적 연줄로 특권을 누린 점을 비롯해 휘태커를 고용한 점이 그렇다. 이러한 윤리적 주제들을 점검해 보자.

이사회를 경영진에게 유리한 쪽으로 구성한 것은 주주들의 권익을 제대로 대변하지 못한다는 점에서 충분히 비난받을 수 있다. 그러나 안드레아스가 경영을 맡으면서 ADM 주가는 지난 10년 동안 연평균 17% 상승했다. 비록 안드레아스가 비판 세력, 특히 많은 양의 주식을 보유하고 있는 기관투자자들을 거칠게 다룬 경향이 있지만 회사에 기여한 것에 대해서 이론을 제기할 주주는 거의 없을 듯하다. 물론 대배심원이 다시 고소를 하고 그가 그런 불법행위들을 사전에 알고 있었다는 사실이 증명된다면, 안드레아스의 왕국은 일시에 무너지고 말 것이다.

ADM이 정치권과 친밀한 관계를 유지하고 특혜를 받는 것이 너무 지나치지 않느냐는 주장이 제기되고 있다. 그러나 기업은 자신에게 유리한 쪽으로 법률과 규칙을 제정하도록 최선의 노력을 기울일 권리는 없는가? 물론 이렇게 하면 누군가는 분명히 남들보다 이익을 더 얻게 될 것이다. 그렇다면 이것과 시장경제의 경쟁은 그 성격이 서로 다른 것인가?

>>> 휘태커의 역할

왜 휘태커는 정부의 스파이가 되기로 한 것일까? 휘태커는 30대의 나이임에도 불구하고 사내에서 상당히 높은 지위까지 올랐고, 그에 상응하는 보수도 받았으며(백만 달러 이상의 집을 구입하기에는 충분한 금액이다), ADM의 유력한 사장 후보 가운데 한 명이었다. 그런데 그는 왜 회의 내용을 몰래 녹음했을까? 그렇게까지 해서 그가 얻으려고 했던 것은 무엇일까? 결과적으로 그는 너무 많은 것을 잃었다.

그는 매우 유능한 중역이었지만 회사가 허위 송장을 만들어서 해외 은행계좌로 돈을 빼돌리는 일에 가담할 만큼 미숙한 점도 있었다. 그리고 회사 변호사 앞에서 최근이 아니라 장장 3년간이나 FBI의 정보원 노릇을 해 왔다는 사실을 밝힌 것도 정말 이해할 수 없는 어리석은 행동이었다. 그렇지 않은가?

최근 동향

1996년 10월, ADM은 가격 조정 혐의에 대해 스스로 인정하고 1억 달러라는 기록적인 금액을 벌금으로 지불했다. 고객과 투자자들이 제기한 소송을 해결하는 데도 거의 그만큼의 돈이 들었다. 그러나 ADM의 시련은 여기에서 끝나지 않았다.

1996년 12월 초, 연방 대배심은 마이클 안드레아스와 테런스 윌슨을 아시아의 라이신 제조업자와 공모하여 가축의 식품첨가제 가격을 조작한 혐의로 고발했다. 마이클 안드레아스는 ADM 내에서 두 번째로 높은 지위에 연봉이 130만 달러나 되며 아버지의 뒤를 이어 회사를 물려받게 될 확실한 후계자였다. 또한 테런스 윌슨은 이전에 옥수수 가공 부문장으로 재직하던 사람이었다.

이 고소 사건으로 안드레아스는 유급으로 회사를 떠나 있게 되었고 윌슨은 사임했다. 사람들은 마이클 안드레아스가 유죄 판결을 받게 되면 장장 30년 동안이나 지속되어 왔던 안드레아스 왕국도 끝나는 것이 아닌가 하고 생각했다. 그러나 여전히 드웨인 안드레아스는 자리를 지킬 수 있었고, 53세의 변호사인 그의 조카 G. 알렌 안드레아스가 다른 2명의 임원과 함께 드웨인 안드레아스를 보필하는 새로운 형태의 CEO 체제를 출범시켰다. 이 사건에서 놀라운 사실은 내부고발자인 마크 휘태커 역시 유죄판결을 받았다는 점이다.

>>> 판결

1988년 후반, 이 사건에 대한 판결이 내려졌다. 두 달 동안 재판이 진행되고 일주일간 휴정한 다음 배심원들은 안드레아스와 윌슨 그리고 휘태커에게 가격 조정 혐의에 대해 유죄를 선고했다. 그 결과 법무부는 세계적인 불법 조직이 존재한다는 사실을 증명해낼 수 있게 되었다. 연방 조사관들은 그들의 정보원인 휘태커가 횡령 혐의로 9년 형을 선고받게 됨으로써 가격조정소송은 난항을 겪게 되었다. 그러나 가격 조정에 가담했던 아시아 회사의 임원들이 사실을 인정함에 따라 문제는 해결되었다.

회사의 가격 조정에 가담했다가 나중에 정부의 정보원 역할을 한 휘태커의 행동은 전혀 예상치 못한 행동이었으며 거의 스스로를 파멸시킨 행위라고 할 수도 있다. ADM 사장이 될 수도 있었는데 왜 그런 행동을 했는지 선뜻 이해할 수 없다.

>>> 안드레아스 왕국의 종말

2001년 8월 13일, ADM은 83세의 드웨인 안드레아스가 이사직을 사퇴할 것이며 현재 복역중인 그의 아들도 ADM에 돌아오기는 힘들 것이라고 발표했다. 안드레아스가 선택한 5명의 이사들도 퇴출되었다. 52세인 마이클 안드레아스는 여전히 3년 형을 살고 있었다. 그는 또한 자신의 변호를 위해 사용한 법정 비용 8백만 달러를 ADM에 환불한다는 내용에도 동의했다. ADM은 "이것으로 6년간의 힘든 시절은 마무리되었다"라고 밝혔다.[13]

＊무엇을 배울 것인가?

가격 조정은 처벌받기 아주 쉬운 범죄 가운데 하나이다. 가격 조정을 공모하는 것은 셔먼 반트러스트법에 직접적으로 저촉되는 행위이다. 정부는 가격 경쟁으로 피해를 입었거나 거래가 제한된 행위를 증명하지 않아도 된다. 그저 가격 조정·입찰·시장 점유율 배분을 위해서 모임을 가졌다는 사실만 증명하면 된다.

1959년 발생한 유명한 전기장비업계 가격 조정 사건 이후 이에 대한 처벌 수위가 상당히 높아졌다. 가격 조정 혐의에 대해서 처벌이 쉬워졌으니 경영자들이 절대로 그런 위험을 감수하지 않을 것이라고 생각할지도 모르겠다.

그러나 그 이후에도 가격 조정에 대한 사건이 몇 차례 더 발생했다. 여기에 나오는 드웨인 안드레아스의 아들인 마이클 안드레아스도 그 예라고 할 수 있다. 그들은 이전의 사례를 통해서 아무것도 느끼지 못했단 말인가?

정치적 후원자가 필요한가? 이미 널리 알려진 것처럼 ADM은 정치적 후원자를 찾아다녔고 그 결과 다른 기업들보다 훨씬 많은 혜택을 누렸다. 이러한 행위가 나쁜 것인가?

순수주의자들은 이러한 행위 때문에 정부의 객관성이 왜곡되는 것이라고 주장한다. 또 다른 사람들은 이러한 행위가 여러 사람이 살아가는 사회에서 겪는 민주주의의 한 과정이라고 말한다. 미국의 정부 형태에서 이 같은 행위는 오히려 필수적이며 어느 정도 제한할 수는 있어도 완전히 없앨 수는 없다는 것이다.

한편, 이를 경쟁 사회의 또 다른 단면으로 볼 수도 있다. 한 기업이 정치적 후원으로 혜택받는 것을 보게 되면 다른 기업인들도 이를 가만히 지켜보고만 있지는 않을 것이다.

그러나 적정한 선에서 그치지 않고 사회를 보호해 주는 법률까지 위반하게 되는 경우 해당 기업은 반드시 그에 대한 처벌을 달게 받아야 한다. 비록 정치적 후원 세력을 잘 마련해 놓았다고 해도, 불법행위에 대한 처벌까지 면할 수는 없을 것이다. 그러므로 언론과 사법기관은 기업들이 벌이는 이런저런 행위들을 잘 지켜봐야 한다.

'주주들은 무시해도 된다' 는 식의 태도를 경계하라. ADM의 몇몇 주주들은 ADM이 주주들에 대해 이와 같은 태도를 가지고 있는 것은 아닌지 의심하고 있다. 결과적으로 주주들은 ADM을 상대로 최소 20건 이상이 소송을 제기했다. 1995년 10월, 연례 총회가 다가오면서 9명의 대형 기관투자자들은 ADM 이사 재선에 반대표를 던질 것이라고 발표했다.

그러나 그들의 지분을 모두 합쳐도 5억5천만 주의 주식 중 4.9%에 불과하기 때문에 이러한 행동은 극히 상징적인 것에 불과했다.[14] 그리고 그들의 의견은 회의장에서 거의 주목을 받지 못했다. 물론 다른 주주들도 마찬가지 상황이었다. 〈월 스트리트 저널〉은 그날 회의에서 가격 조정과 다른 혐의에 대해 안드레아스를 비난하는 소리들이 터져 나오자 발언자의 마이크를 끄는 방법으로 발언을 막았다고 전했다. 안드레아스는 "내가 회장이다. 회사를 어떻게 할지는 내가 정한다"라고 말했다.[15]

안드레아스 측근 위주로 이사회가 구성되다 보니 이런 일도 가능한 것이다. 그리고 회사의 실적이 계속해서 향상되다 보니 일부 주주들의 비판은 그저 관심을 끌어보려는 행위로 여겨져 무시되고 만다. 최고 경영자가 독재자처럼 군림하면 주위 사람들은 그저 순종하게 되는 것이다.

그러나 이것이 현명한 행동일까? 투자자들에게 계속해서 그런 태도를 가지다 보면 이후 언젠가 위기가 닥쳤을 때 비록 이사회가 돕는다고 하더라도 결국 자멸의 길을 걷게 된다. 그리고 만약 실적이 악화되는 경우에는 이사회도 무조건적인 지지를 보낼 수 없게 된다. 특히 성난 주주들(특히 대형 기관투자자들)과 채권자들 앞에서는 더욱 그러하다.

그런데 그와 같은 불행은 반드시 오는가? 단지 지독한 낙관주의 자들만이 성공이 영원히 지속될 거라고 믿는다. ADM 사례에서 보면 법무부 조사를 근거로 대배심이 고소했을 때 위기가 막 닥치기 시작한 것인지도 모른다.

기업의 윤리관은 최고 경영진에 따라 결정된다. 만약 최고 경영진이 윤리적인 행동에 대해 무관심하거나 잘못된 행동에 적극적으로 개입하는 경우에는 이것이 조직 전체의 윤리관에 영향을 끼치게 된다. 그러다 보면 사업의 모든 면에서 윤리적인 기준이 무너지게 된다. 비윤리적인 행위는 전염성이 강해서 주변 동료들까지도 거리낌 없이 그런 행위에 가담하게 된다. 결국 모두 '리더를 추종하는' 사고방식을 가지게 되는 것이다.

이와 같은 비윤리적 환경에서 소수의 내부고발자가 등장하여 그 상황을 바로잡으려고 노력할지도 모른다. 그러나 대부분 성공하지 못하고 심하면 개인에게 상당한 위험이 닥칠 수도 있다.

도덕적 기준이 타락하는 것을 참을 수는 없지만 자신이 나서서 내부고발을 할 용기가 없는 사람들은 회사를 그만두기도 한다.

그러나 대부분의 경우 비윤리적 행위는 백일하에 드러나게 되어 있으며 엄청난 결과가 뒤따른다. 비록 낮은 직급의 임원들이 희생하고 책임을 진다 해도 최고 경영진 또한 비난을 피할 수는 없다.

가끔 최고 경영진이 사임을 강요받는 경우가 생기기도 한다. 그런데 더욱 참을 수 없는 것은 이때도 엄청난 금액의 퇴직금을 알뜰하게 챙겨 나간다는 사실이다.

＊질문

1. 최고 경영진이 부하 직원들의 비윤리적인 행위에 대해 책임을 져야 한다는 말에 대해서 어떻게 생각하는가?
2. 정치적 후원을 얻기 위한 ADM의 시도가 너무 지나쳤다고 생각하는가? 왜 그렇게 생각하는가? 아니면 왜 그렇게 생각하지 않는가?
3. "드웨인의 아들이 가격 조정 혐의에 대해 유죄 판결을 받았다면, 드웨인에게도 분명히 죄가 있을 것이다." 이 말에 대해 평가해 보라.
4. "허위 송장과 회계장부 조작으로 그동안 수백만 달러의 돈이 외국으로 빼돌려졌는데 회사에서 이 사실을 전혀 몰랐다는 것은 말이 안 된다." 이 말에 대해 평가해 보라.
5. 휘태커는 왜 자신이 다니던 회사를 '배신'한 것인지 생각해 보라. 몇 가지 가능성 중에서 어떤 것이 가장 그럴듯하다고 생각되는가?
6. 가격 조정 사건의 경우 처벌도 무겁고 정부의 기소가 쉽다는 사실을 알고 있으면서도 오늘날까지 일부 기업이나 임원들이 이러한 시도를 하는 이유는 무엇인가?
7. 정부로부터 특혜를 받으려고 온갖 노력을 아끼지 않으면서도 ADM이 직접적인 로비를 하지 않는 이유는 무엇인가? ADM이 그 때문에 목적을 이루기 위한 큰 기회를 놓쳤다고 생각하는가?

＊실전 연습

사건 발생 전
1. 드웨인 안드레아스가 자신의 회사가 윤리적으로 수준이 높은 회사가 되기를 바란다고 가정해 보자. 이를 실천하기 위해서 그가 과연 어떻게 행동할지 설명해 보라.

사건 발생 후

2. 몇몇 핵심 중역이 가격 조정 혐의에 대해 실제로 유죄 판결을 받았다고 가정해 보자. 또한 특정 임원에 대해 불법적으로 자금을 지급한 혐의로 기소되었다. 게다가 상원윤리위원회에서는 이 회사가 몇몇 의원들과 부적절한 거래를 하지 않았는가에 대하여 조사중이다. 당신이 CEO라면 이 위기를 어떤 식으로 극복해 나가겠는가?

*팀별 토론 연습

유명한 정치가들과 정부관료에게 환심을 사기 위해 적극적으로 노력하는 행위는 윤리적인지 아닌지 토론해 보자. 이때 두 개의 극단적인 태도가 존재한다. (1)명백한 뇌물 공여까지는 아니더라도 그에 근접한 수준까지는 노력해야 한다. (2)단체를 통해 로비활동을 하고 직접적인 행동은 자제한다.

알 던랩 : 스콧 페이퍼와 선빔을 초토화시키다

● ● ● 무엇보다 최악의 상황은 충분한 조사와 검토 없이 조직을 감축하는 것이다. 이러한 방법으로 일을 처리하다 보면 회사에서 없어서는 안 되는 여러 장점과 미래의 무한한 가능성을 가지고 있는 사업부서나 인재들이 퇴출당하는 사태가 발생하게 된다. 이와 같은 무자비한 인원 감축으로 사기가 저하된 조직에서는 장기적으로 더 나은 성과를 바라기 힘들다.

알 던랩Al Dunlap은 1996년 7월 선빔의 대형 투자자 2명으로부터 선빔Sunbeam을 회생시켜 달라는 부탁을 받았다. 최근에 스콧 페이퍼Scott Paper에서 이루어낸 성과를 인정받은 그는 뛰어난 기업 회생 전문가로 이름을 날리고 있었다. 그는 주로 직원들의 정리해고를 통해서 비용을 절감하는 방법을 사용했다. 그러므로 언론에서는 그를 가리켜 '전기톱 알'이라고 불렀다.

그러나 선빔의 기업 회생 과정에서 던랩은 자신이 한 일에 대해 응분의 대가를 치르게 되었다. 던랩은 선빔에서 업무를 수행하면서 자신의 업무 처리방식은 물론 인간성에 대해서도 심한 공격을 받았다. 던랩의 정리해고 방법은 너무나 지나친 것이었는가? 그렇다면 여기에서 적당한 선이란 어느 정도를 말하는 것인가? 이 질문에 대해서는 여러 가지 의견이 분분할 것이다. 그러나 업무성과를 실제보다 훨씬 부풀려서 '장부를 조작한' 점에 대해서는 던랩 자신도 잘못을 부인할 수 없다.

>>> 알버트 J. 던랩은 누구인가

던랩은 자서전 『비열한 사업 : 내가 위기에 처한 기업을 우량기업으로 만들어내는 방법』에서 자신의 사업 철학에 대해 설명하고, 그 철학이 어떤 식으로 발전되어 왔는지 밝혀 놓았다. 이 책은 베스트셀러가 되었다. 던랩은 조선소 노동자의 아들로 태어나 뉴저지주 호보켄의 빈민가에서 자랐다. 그는 어린 시절부터 성공하겠다는 야망을 품고 있었다. 고등학교 시절에는 축구선수로 활약했으며 육군사관학교를 졸업했다. 육군에서 낙하산 부대원으로 활동했던 던랩은 업계에서 저돌적인 방식으로 업무를 추진하고 무자비한 방법으로 경비를 축소하는 무서운 경영자로 악명이 높았다. 그러나 적어도 단시간 내에 확실한 성과를 이루어낸다는 점에서만은 그를 따라올 사람이 아무도 없었다.

1983년, 던랩은 기업을 인수한 후 막대한 부채에 시달리고 있던 일회용 컵 제조회사 릴리 튤립Lily Tulip Co.의 CEO가 되었다. 던랩은 즉시 자신의 경영 철학을 실천에 옮겼다. 그리고 이 방법이 크게 성공을 거둠으로써 그는 곧 유명 인사가 되었다. 던랩은 비용 예산을 대폭 삭감하고 본사규모를 축소했으며, 공장을 폐쇄하고 회사 제트기를 팔아 버렸다. 그가 1980년대 중반 회사를 떠날 때 릴리 튤립은 우량기업이 되어 있었다.

1980년대 후반 그는 기업 사냥꾼으로 악명 높은 제임스 골드스미스 경의 행동대장으로 활동했다. 그는 골드스미스가 인수한 크라운 젤러바흐와 인터내셔널 다이아몬드의 구조조정에도 관여한 것으로 알려져 있다. 1991년, 던랩은 어마어마한 빚에 시달리고 있던 컨솔리데이티드 프레스 홀딩스Consolidated Press Holdings라는 호주의 재벌그룹을 위해서 일하게 되었다. 그가 무려 100개나 되는 사업부문을 없애는 등 무자비한 구조조정을 시행한 결과, 컨솔리데이티드 프레스는 2년 후 사실상 빚에서 해방될 수 있었다.

던랩은 이처럼 여러 가지 구조조정 작업을 통해서 1억 달러나 되는 돈을 벌어들였고, 56세의 나이였지만 아직까지는 은퇴할 생각이 없었다. 그 무렵 이 소식을 들은 스콧 페이퍼 이사회는 플로리다주에 있는 던랩의 320만 달러 주택을 매입해 주겠다는 조건을 내걸고 스카우트를 제의했다.

병든 기업 스콧 페이퍼 그리고 던랩의 성과

오랜 역사를 가지고 있는 스콧 페이퍼는 1990년대 초반에 위기를 겪고 있었다. 매출 성장율이 답보 상태에 머물면서 주당 순이익은 1989년 이래 61%나 하락했다. 1993년에는 기업 적자가 2억7천7백만 달러에 달했다.

스콧 페이퍼의 문제들 중 하나는 바로 상업용 제지 사업부인 S. D. 워렌이었다. 1990년, 회사에서는 워렌 사업부의 시설을 증설하기 위해 비용을 투자했다. 하지만 불행하게도 시기가 너무 안 좋았다. 경제 대공황 이래 최악의 경기침체가 막 시작되고 있었다. 그 후 3번에 걸쳐 '구조조정'을 시행했으나 거의 효과를 거두지 못했다.

표 5.1에서 1990~1993년까지 매출이 하락되었다는 사실을 살펴볼 수 있다. 표 5.2에서는 같은 기간 동안 순이익과 순손실을 나타내고 있다. 4년 동안 P&G와 킴벌리 클라크의 실적과 비교해 보면 스콧 페이퍼의 실적이 무척 심각한 상황이라는 것을 알 수 있다. 표 5.3은 매출액 대비 순이익률을

표 5.1 1990년~1993년 스콧 페이퍼의 매출 (십억 달러)

1990	3.9
1991	3.8
1992	3.9
1993	3.6
총변화량 1990 ~ 1993	(7.7%)

※출처 : 기업 연례보고서
※분석 : 대부분의 기업들이 높은 경제 성장을 기록하면서 총매출액이 증가하고 있던 시기에 스콧 페이퍼의 매출은 나날이 악화되고 있었다.

표 5.2 1990년~1993년 스콧 페이퍼의 순이익과 매출액 순이익률

연도	매출액(백만 달러)	매출액 순이익률(%)
1990	148	3.8%
1991	(70)	1.8
1992	167	4.3
1993	(277)	7.7

※출처 : 기업 연례보고서
※분석 : 회사의 이익 구조가 불안정하며 1993년에 심각한 적자를 기록했다. 이를 크게 우려한 회사 측에서는 마침내 구조조정을 시행하게 되었다.

표 5.3 1990년~1993년 매출액 대비 순이익률 : 스콧, 킴벌리 클라크, P&G

	1990	1991	1992	1993
스콧	3.8%	1.8%	4.3%	7.7%
P&G	6.6	6.6	6.4	2.1*
킴벌리 클라크	6.8	7.5	1.9	7.3%

※출처 : 기업 연례보고서 / * 회계 변경으로 인한 적자임
※분석 : 스콧 페이퍼는 주요 경쟁사들에 비해 매출 대비 수익률이 낮고 변동도 심하다.

비교해 놓은 자료인데 스콧 페이퍼가 가장 저조한 실적을 보이고 있다. 스콧 페이퍼는 당장 무슨 조치든지 취해야만 했다.

던랩은 1994년 4월 19일 스콧 페이퍼의 CEO로 취임하자마자 특유의 경영방식을 실천하기 시작했다. 취임 당일 던랩은 스콧 페이퍼의 회생에 대한 자신감과 회사에 대한 헌신의 표시로 본인의 돈 2백만 달러를 스콧 페이퍼에 투자했다. 던랩은 업무를 시작한 지 몇 시간도 되지 않아 자신의 전 동료 3명을 회사 임원으로 임명했다.

둘째 날, 회사에 강력한 영향력을 행사하던 경영위원회를 해체했다. 셋째 날, 고위급 임원 11명 중에서 9명을 해고해 버렸다. 넷째 날에는 이 무자비한 공격을 마무리하는 차원에서 이전의 경영진들이 작성했던 책장 4개 분량의 전략 계획서를 모두 과감하게 폐기해 버렸다.

그렇게 철저하고 갑작스럽게 변화를 추진하는 것은 좀 지나친 행동이 아니었을까? 좀더 시간적인 여유를 두고 심사숙고한 후에 결정했어야 하는 건 아닐까? 뒤에 나오는 Issue Box의 '변화를 추진하기에 적당한 속도'의 내용을 참고하여 토의해 보자.

던랩이 취임한 지 두 달 정도 지난 후 열린 1994년도 연례 회의에서 그는 자신의 취임 원년에 추진할 네 가지 주요 목표를 발표했다. 첫째, 회사의 비전략적인 사업부문, 특히 인쇄 및 출판용지를 생산하는 S. D. 워렌 사업부를 매각한다. 이 사업부는 불과 몇 년 전만 하더라도 회사에서 투자를 확대해 가며 키우려고 했던 부서였다. 둘째, 유능한 부장급 직원으로 구성된 핵심 전략팀을 구성한다. 셋째, 미국뿐만 아니라 전세계의 스콧 페이퍼를 대상으로 한 번만 구조조정을 실시한다. 이를 통해 스콧 페이퍼는 본격적인 '전투 태세'를 갖출 수 있게 된다. 마지막으로 전세계 스콧 제품을 위해서 새로운 마케팅 전략을 수립한다.

스콧 페이퍼의 구조조정은 미국 기업 역사상 최대 규모 중의 하나로 기록되어 있다. 그는 전세계 25,900개의 자리 중에서 11,000개 이상을 줄

_ 변화를 추진하기에 적당한 속도

새로 취임한 경영자들 중에는 변화는 가능한 한 빨리 추진해야 된다고 믿는 사람들이 있다. 그들 주장에 따르면 조직 내부에서는 변화가 빨리 진행될 것으로 믿고 있으며, 그러한 변화에 적응할 준비도 되어 있다. 이러한 주장을 펼치는 경영자들은 종종 '충동적으로 총을 뽑는' 총잡이에 비유되기도 한다.

한편, 어떤 관리자들은 좀더 천천히 일을 진행해 나가면서 더 많은 정보를 수집하고 이해득실을 다 따져 본 후 변화를 실천에 옮겨야 한다고 믿고 있다. 그러나 조직의 변화를 천천히 추진하는 경우 조직 내 사람들이 자못 방심하고 있다가 나중에 훨씬 더 큰 충격을 받게 되는 경우도 있다.

변화의 추진 속도는 기업의 건강과 관계가 있다. 기업이 병든 상태라서 도움이 당장 절실하게 필요하다면, 새로운 경영자가 좀더 빠르고 과감한 조치를 취하는 편이 낫다. 이상적인 수준은 아니더라도 기업의 경영 상태가 그럭저럭 괜찮다면 이처럼 철저하고 갑작스러운 변화까지는 필요하지 않을 것이다.

한 기업에서 누구를 해고하고 누구를 계속 그 자리에 둘 것이며, 어떤 사업부문을 없애고 어떤 사업부문을 그대로 둘 것인지를 결정하는 것은 참으로 중요한 일이다. 그런데 늘 당황스러운 것은 경영자들은 도대체 어떻게 단 며칠 만에 그런 모든 결정을 내릴 수 있으며, 그렇게 중요한 결정을 내릴 수 있을 정도로 충분한 정보를 어디에서 얻을 수 있을까 하는 점이다. 물론 경영자들이 공식적으로 취임하기 전에 사업의 통계 자료를 살펴볼 수도 있었을 것이다. 그러나 실패나 성공의 원인을 분석하는 데는 좀더 충분한 시간이 필요하다.

이사회·투자자·채권자들은 짧은 시간에 기업이 변화하기를 바란다. 그들에게 있어 준비하는 데만 몇 달씩이나 시간을 소비하는 것은 도저히 용납할 수 없는 일이다. 그러나 변화를 시도한다고 해서 모든 회사들이 다 회복될 수 있는 것은 아니다. 경영진이 최선의 노력을 다하고 있는데도 불구하고 이사회와 투자자들이 전혀 관심을 보이지 않는 경우도 있다. 만약 이와 같은 상황이라면 병든 기업이 회복되기를 바라는 것은 무척 어렵다.

_ 토의 주제

던랩이 처음에 시행한 전면적인 개혁 방법이 너무 성급한 것이었다고 생각하는가? 그가 너무 성급하게 행동했다는 입장에서 논리적으로 설명해 보자.

여 버렸다. 이 인원 감축은 본사 직원의 71%, 봉급 직원의 50%, 생산 노동자의 20%에 해당하는 수치였다. 이와 같은 가혹한 조치로 경비는 확실하게 절감되었다. 그러나 이것이 좀 지나친 조치는 아니었을까? 이러한 경비 절감이 장기적으로 봤을 때 악영향을 끼칠 가능성은 없는 것인가? Issue Box의 '구조조정은 어느 정도까지 진행해야 하는가?'를 살펴보고 이러한 주제에 대해 토의해 보자.

던랩은 직원을 해고하는 방법 외에도 일부 생산 과정과 서비스를 아웃소싱하는 방법으로 비용을 절감했다. 아웃소싱 업체의 선정 조건은 오로지 다른 회사보다 더 저렴한 가격, 그것뿐이었다. 던랩의 발표에 따르면 1년 예정의 구조조정이 완료될 즈음에는 세전 금액으로 3억4천만 달러의 비용을 절약할 수 있을 것으로 예상된다고 발표했다.[1]

1994년 늦가을, 회사의 비전략적인 자산을 매각하겠다는 던랩의 계획은 결실을 맺게 되었다. S. D. 워렌이 한 국제투자그룹에 16억 달러에 팔린 것이다. 이 밖에도 다른 자산을 매각함으로써 20억 달러의 수입을 올릴 수 있었다. 던랩은 회사 부채를 15억 달러까지 낮추었고 스콧의 주식 3억 달러어치를 다시 매입했다. 이러한 눈에 띄는 성과들 때문에 스콧의 신용등급은 상향 조정되었다.

던랩이 이루어낸 성과는 실로 인상적이었다. 2/4분기 수익은 71%, 3/4분기 실적은 73% 증가했다. 스콧 페이퍼로서는 분기 실적으로 4년 만에 최고 수준을 달성한 것이다. 4/4분기에는 1993년 대비 수익이 무려 159%나 상승하면서 공전의 기록을 세웠다. 1994년 한 해 동안 순수입은 전년 대비 82% 증가했고, 던랩이 최고 경영자가 된 이후 주가 총액이 뉴욕 증권거래소에서 거래되는 주요 기업들 중 상위 1% 안에 들기도 했다.[2]

그러나 이와 같은 경비절감 성과가 시장 점유율에는 크게 도움이 되지 못했다. 1995년 4월 2일 끝난 회계연도에서 스콧의 화장실용 휴지는 미국 시장에서 매출 점유율이 1% 하락했다. 그리고 키친타월 부분에서는

Issue Box

_ 구조조정은 어느 정도까지 진행해야 하는가?

일반 기업이든 학교를 포함한 정부단체든 간에 지나치게 비대해진 관료주의 조직은 비효율과 낭비로 가득 차 있다. 이러한 조직에서는 실제적인 운영 비용보다 조직을 관리하는 데 드는 비용이 훨씬 더 많다. 그렇다고 조직을 심하게 축소하는 것도 마냥 좋은 방법은 아니다. 스콧 페이퍼 사례에서 보여지듯이 25,900명 직원 중에서 11,000명을 정리한 것은 좀 지나친 조치 아닌가?

기업의 운영 비용과 생산성 사이에 어느 정도는 관련성이 있다. 그렇지만 비용을 줄이겠다고 무작정 직원들을 해고하는 것은 그리 좋은 방법이 아니다. 훗날 직원 수가 부족해서 경영에 어려움을 겪게 될지도 모른다.

회사가 이 정도라도 유지되어 온 것은 충성스러운 장기근속 직원들이 열심히 노력한 덕분은 아닐까? 직원들을 그저 기업의 이익을 추구하는 과정에서 사용되는 소모품 정도로만 취급해야 하는 것일까? 기업의 효율성과 충성스러운 직원들에 대한 책임감 사이에서 우리는 어떤 결정을 내려야 하는가? 지역사회의 경제적 측면까지 고려한다면 또 어떠한가?

_ 토의 주제

여러분도 이러한 문제와 주제들에 대해서 한번쯤 검토해 볼 필요성을 느끼고 있었을 것이다. 이 내용들은 오늘날처럼 구조조정이 빈번한 사회에서는 이미 널리 퍼져 있는 사고방식이다.

점유율을 5.2% 잃은 것으로 나타났다.[3]

1995년 7월 17일, 스콧 페이퍼가 인수합병 대상으로서 매력적인 회사라는 것을 보여 주기 위해 무던히 노력한 결과 드디어 킴벌리 클라크에서 73억8천만 달러에 인수 의사를 밝혀 왔다. 그 과정에서 던랩 자신도 이전에 다른 어떤 회사에서 받은 것보다 훨씬 충분한 보상을 받았다. 스콧을 떠나면서 던랩은 "나는 아직도 미국 기업들이 영입하고 싶어 하는 최고의 인재다"라고 자신감 넘치는 말을 남겼다.[4]

새로운 도전 과제, 선빔

선빔은 믹서기·전기담요·가스 그릴을 생산하는 업체였다. 이 제품들의 판매 실적은 거의 답보 상태였고 따라서 매출이나 수익도 부진한 상태였다. 던랩이 스콧에서 구조조정을 성공적으로 마친 후 선빔에서 그에게 최고 경영자 자리를 제안한 것은 그리 놀라운 일이 아니었다.

던랩이 선빔에서 일을 하기로 결정한 그날 당장 주가가 50%나 상승했다. 이는 바로 던랩에 대한 '믿음'이 반영된 결과였다. 결국 주가는 300%까지 상승했다. 그는 늘 해 오던 방식대로 선빔의 12,000명 직원의 절반을 해고하고, 생산하고 있는 제품의 종류를 줄였으며 그릴·가습기·주방가전 제품에 집중했다. 1996년 그는 총 3억3천8백만 달러에 이르는 대량의 감가상각을 했는데 그 중에서 거의 1억 달러는 재고였다.

1997년, 던랩은 이미 공인된 자신의 '기적'을 다시 한 번 이루어낸 것처럼 보였다. 매출은 11억6천8백만 달러로 22%가 상승했고, 전년도에는 1억9천6백만 달러의 손실을 기록했지만 1997년에는 1억2천3백만 달러의 이익을 기록하면서 수입도 증가했다. 표 5.4에서는 1997년까지의 선빔의 매출 및 수입 동향을 보여 주고 있다.

표 5.4 1991년~1997년 선빔의 매출과 수입 동향 (백만 달러)

	1991	1992	1993	1994	1995	1996	1997
매출	886	967	1,066	1,198	1,230	964	1,168
순수입	47.4	65.6	88.8	107.0	50.5	-196.0	123.0

※출처 : 기업 연례보고서

※분석 : 던랩은 선빔이 1억9천6백만 달러의 적자를 기록했던 해인 1996년 7월에 부임했다. 1997년에 1억2천3백만 달러의 수익을 내면서 놀랄 만한 회복세를 보였으며, 던랩은 다시 한 번 자신의 철저한 구조조정 전략으로 영웅이 되는 것은 기정 사실처럼 여겨졌다. 그런데 불행하게도 감사를 재실시한 결과 이 수치들은 모두 조작된 것으로 밝혀졌다. 분식회계 방법을 사용하고 장부를 조작했으며 구조조정 비용을 부정확하게 할당함으로써 수치를 조작한 것이었다. 감사 결과에 따르면 던랩은 1996년 손실액을 과장함으로써 상대적으로 1997년 수익을 부풀렸다. 수정된 수치에 의하면 1997년 1억2천3백만 달러의 수익을 기록한 것이 아니라 오히려 640만 달러의 적자를 기록한 것으로 나타났다(출처 : 마사 바니건, "선빔 감사 결과 1997년 흑자 전환은 거짓으로 드러나다", 월 스트리트 저널(1998년 10월 20일), p. A3 ; "선빔의 감사 결과 실제로는 흑자가 아니라 적자 기록, 클리블랜드 플레인 딜러(1998년 10월 21일), pp. 1C, 2C.).

1997년 10월쯤 던랩이 최고 경영자 업무를 수행한 지 거의 1년쯤 되었을 무렵, 그는 선빔이 흑자로 전환되었으며 현재 선빔을 인수할 기업을 찾고 있다고 발표했다. 주주들은 이 소식을 환영했다. 1996년 주당 12달러씩 하던 선빔의 주가는 주당 50달러까지 치솟았다. 불행하게도 주가가 상승한다고 해서 마냥 좋은 것만은 아니었다. 선빔의 주가가 폭등하게 되자 인수 가격에 부담을 느껴 임자가 잘 나서지 않았다. 주가가 50달러까지 상승하자 선빔의 시가 총액은 46억 달러, 즉 회사 매출의 4배나 되는 금액이었다. 선빔을 인수할 만한 능력이 되는 회사는 그리 많지 않았다. 결국 당분간은 던랩이 선빔의 최고 경영자로 남아 있는 수밖에 없었다.

던랩은 선빔을 매각하려던 시도가 실패로 돌아가자 이번에는 무모하게 다른 기업을 인수하기 시작했다. 그는 "우리는 이제 제품 범위를 확장해 나갈 것이다. 소형 주방가전 제품에서부터 일반 주방가전 제품까지 생산하고, 현재의 그릴 제품에서 야외용 조리기구로 확대해 나갈 생각이다. 헬스케어 부문에서도 몇 가지 제품으로 시작해서 점차 광범위하게 제품 종류를 늘릴 방침이다"라는 말로 자신의 '비전'을 설명했다.[5]

그 후 던랩은 콜먼 컴퍼니Coleman Company, 시그너처 브랜즈 Signature Brands, 미스터 커피Mr. Coffee, 퍼스트 얼러트First Alert를 묶어서 현금과 주식으로 24억 달러에 인수했다. 이 비용 중의 일부는 7억5천만 달러어치의 전환 사채와 당장 현금화가 가능한 6천만 달러 상당의 매출 채권으로 조달했다.

사람들은 이 회사들을 인수하는 데 너무 많은 돈이 들었고 게다가 적자 기업인 콜먼에 22억 달러나 투자한 것은 큰 실수라고 비난하기 시작했다. 만약 주주들 중에서 누군가 한 명이라도 선빔의 대차대조표를 면밀하게 살펴보고 인수 결과를 확인했더라면, 무리하게 기업 인수를 하는 일을 그냥 넘기지는 않았을 것이다.

던랩이 처음 선빔을 맡았을 때 이 회사는 실적이 조금 나쁘기는 해도 부채는 겨우 2억 달러에 불과했다. 그러나 1998년 선빔의 부채는 20억 달러까지 증가했고, 순자산은 5억 달러에서 마이너스 6억 달러로 폭락하고 말았다.[6]

1998년 선빔의 몰락과 던랩의 퇴진

1998년 1/4분기에 선빔의 운명은 완전히 뒤바뀌고 말았다. 매출은 감소했고 1/4분기 적자액은 예상치를 훨씬 웃도는 4천460만 달러에 날했다. 선빔의 주가 또한 53달러에서 25달러로 50%나 하락했으며, 여름에 접어들자 주당 4.62달러까지 곤두박질치고 말았다.

던랩은 자신과 최고 경영진들이 콜먼과 다른 두 기업의 인수 내용을 '은폐하는' 데만 지나치게 신경을 썼으며 부하 직원들이 야외용 그릴 제품을 '터무니없는 저마진 조건으로 판매' 하도록 허락했다는 사실을 인정했다. 던랩은 신제품, 리콜로 인한 비용 지출, 심지어 태풍 엘니뇨까지 핑계 거리로 삼았다. "바깥에 폭풍우가 몰아치고 있는데 야외용 그릴을 사려는 사람은 없을 것이다. 결국 매출이 둔화되자 마케팅 책임자가 과도한 할인 정책을 사용했다"라고 옹색한 변명을 늘어놓았다. 이처럼 전반적인 매출 감소로 회사 사정이 어려워지자 결국 새롭게 인수한 회사 직원 중 3분의 1을 해고하는 또 다른 구조조정을 시행하게 되었다.[7]

1998년 6월 15일 월요일, 주말에 진행되었던 회의 결과 선빔 이사회는 알 던랩을 해고하기로 결정했다. "장기적으로 봤을 때 회사를 성장시켜 나가기에는 던랩의 능력이 부족하다는 것"이 그 이유였다.[8] 그런데 던랩의 해고 이후 퇴직금에 대한 법적 공방이 이어졌다. 던랩의 퇴직금을 둘러싼 공방에 대해 노조 지도자인 마이클 캐버노는 "이 소동은 정말 추잡하기 그지없는 사건이다. 자본주의가 미쳐 가고 있는 것 같다"고 말했다.[9] 이 사건에 대한 다른 논평들도 언론에 보도되었는데 그 내용들은 옆의 Information Box에 제시해 놓았다.

>>> 사기 혐의

던랩이 물러난 뒤 3개월 동안 진행된 감사에서 감사원들은 던랩이 취임 첫해에 보여 주었던 고도의 수익이 거짓이었다는 점을 입증하는 회계 부정 증거를 찾아냈다. 1997년 수익 증가는 흑자를 냈기 때문이 아니라, 회계부정을 통해 1996년 수익을 축소하여 상대적으로 성장한 것처럼 보이게 조작한 것이었다. 수치를 재조정한 결과 실제로는 1996년 약간의 수익을 냈고, 1997년에는 오히려 소폭의 적자를 기록했던 것으로 드러났다.

2001년 5월 15일, 미국·증권거래위원회SEC는 던랩과 그를 도왔던 중역들을 정식으로 기소했다. 혐의 내용은 인수하려는 기업에게 선빔을 더 건강하고 매력적인 회사로 보이게 하려고 회계 자료를 조작하는 등 증권 거래법을 위반했다는 것이었다. 즉 던랩과 몇몇 중역들은 자신이 취임한 이후 선빔이 급격하게 회복하고 있다는 사실을 보여 주려고 1996년 매출액을 사기로 조작하여 기존 경영진들의 적자를 부풀리고 1997년 실적에 대해서는 수입을 과장해서 보고했다. 게다가 소위 밀어내기 판매channel stuffing라고 불리는 방식을 통해서 소매업자들이 평상시보다 더 일찍 상품을 매입하도록 하여 그 다음 해의 수입까지 1997년 실적으로 잡았다. 이 때문에 1997년 수입이 증가할 수 있었던 것이다.

선빔은 커져 가는 재정적인 문제를 감추기 위해 필사적으로 노력했다. 즉 분기 보고서·주식 발행 자료·언론 보도 자료·주식 분석가들에게 내는 자료 등을 거짓으로 조작하여 제출했다. 던랩은 이러한 문제들에 대해 관련 사실을 부인했으며 자신은 보고받지 않은 내용이라고 발뺌했다. 그리고 재감사에서 감사원들이 회계 수치를 바로잡은 사실에 대해서도 해석의 차이이므로 '판단이 필요'한 문제라고 언급했다.[10]

선빔은 던랩이 재직하던 18개월 동안의 재무 상황을 다시 정산해서 발표했는데 그 결과 2001년 2월에 파산보호 신청을 내고 말았다.

2002년 9월 초, 던랩이 50만 달러의 벌금을 내고 다시는 다른 주식 회사의 중역이나 경영자로 일하지 않겠다는 조건에 동의하자 SEC는 소송을 취하했다. 던랩은 회계부정을 배후에서 조종했다는 SEC의 주장에 대

Information Box

_ '전기톱' 알 던랩의 인기

당연한 말일 수 있지만, 무자비하게 직원을 해고하는 정책을 폈던 던랩을 존경하는 사람들이 몇몇 있었다. 그러나 마음을 나눌 수 있는 친구는 거의 없었다. 아래에 제시된 내용은 던랩이 해고된 직후 언론에 보도된 내용들이다.

● 결국 던랩은 수많은 사람들에게 했던 그대로 자기도 당하게 되었다. 그게 바로 자신이 처방했던 치료약의 맛이다(노조 대표자).

● 그 악마 같은 인간이 잘렸다니 너무 기쁘다(전 회사 관리자).

● 그 회사 사람들이 이제야 정신을 차린 것 같다(한 소도시의 시장).

● 던랩이 그런 꼴을 당한 것은 아주 당연한 일이다. 무척 즐겁다. 축하연이라도 열어야 하는 것 아닌가(한 소도시 시장).

● 내 생각에는 모래성이 무너진 것이다. 직원을 50%나 감축해 놓고 회사가 제대로 운영되기를 바라기는 힘들다(전 공장 관리자).

시민들의 반응에서 깨달은 점이 있는가? 아마 회사와 지역사회에서도 인간적인 요소를 고려하지 않고서는 살아남기 힘들다는 점을 깨달을 수 있을 것이다.

_토의 주제

시민들과 반대 입장에 서서 던랩의 경영 철학을 옹호해 보라.

※출처 : 토머스 W. 게넬, "글렌윌로우 공장의 노동자들이 '전기톱' 알의 해고 소식에 기뻐하다," 클리블랜드 플레인 딜러 (1998년 6월 16일), 2C; "전기톱을 위해서 아무도 눈물 흘리지 않다," 월 스트리트 저널 (1998년 6월 16일), p. B1.

해 긍정도 부정도 하지 않았다. 이 일이 있기 한 달 전에는 선빔의 사기행위 때문에 손해를 본 주주들이 제기한 집단 소송에 대한 합의금으로 1천5백만 달러를 지불하기도 했다.[11] 일련의 사건들 때문에 던랩의 퇴직금에 대한 문제는 어느새 사람들의 머릿속에서 잊혀지고 말았다.

SEC는 던랩이 스콧 페이퍼에 재직할 때도 이와 같은 회계부정을 저지른 게 틀림없다고 믿게 되었다. 그러나 이러한 결론에 도달했을 때는 마침 엔론 사태가 온 세상을 떠들썩하게 만들었으므로 SEC도 사회적 관심이 집중된 대형 사건을 추적하는 길을 택했다.[12]

분석

〉〉〉 던랩의 '베어내고 태우는' 경영방식이 적절한가

우리는 스콧과 선빔의 사례에서 상반된 증거를 찾아볼 수 있다. 분명히 던랩은 스콧을 매력적인 인수 대상 기업으로 변모시키겠다는 자신의 목표를 달성했고 주주는 물론 자신도 경제적인 이익을 챙겼다(비록 나중에 그 놀라운 성과는 부정한 작업의 결과일지도 모른다는 의심을 사기도 했지만 말이다). 던랩이 일을 빨리 추진하는 것도 그 당시에는 병든 기업을 회생시키기 위한 그의 전략에서 필수적인 요건으로 생각되었다. 그의 전략이란 단순하게 인원을 감축하고, 주력 사업 이외에는 싸게 매각해 버리고, 가능한 한 경비를 삭감하여 빠른 시일 내에 실질적으로 회사의 수익성을 증대시키는 것이었다.

이 전략에는 치명적인 결함이 있었는데 바로 단기 실적은 좋을지 모르나 장기적으로 볼 때는 그렇지 않다는 점이다. 직원이 대부분 해고된 상황에서 살아남은 직원들은 사기가 저하되고 회사에 대한 소속감도 떨어지게 된다. 전반적으로 회사의 노동력이 부족하므로 업무를 진행할 때 시간에 쫓기고 더욱이 업무를 효율적으로 진행하려는 노력은 찾아보기 힘들다. 그저 하루하루를 견디며 지낼 뿐이다. 따라서 비전이나 혁신적인 사고 같은 것은 생각하기조차 힘들다.

던랩의 전략은 선빔에 역효과만 불러일으켰다. 1997년 실적 수치를 조작한 이후 기업을 매각하려던 시도가 실패로 돌아가자, 그에게 남은 것은 자신이 도저히 감당할 수 없는 장기 경영에 대한 부담뿐이었다. 선빔의 경우에는 병든 회사를 회생시킨다는 던랩의 명성이 오히려 그에게 불리하게 작용했다. 투자자들이 기업을 재빨리 회생시키는 그의 능력을 너무 신뢰한 나머지 인수 가격만 너무 올려놓아서 결국 선빔을 인수하겠나는 기업이 나서지 않은 것이다. 그렇게 되자 투자자들은 던랩을 붙잡고 늘어지는 수밖에 없었다.

>>> 위기 상황에서는 항상 극단적인 변화가 필요한 것일까

스콧과 선빔 모두 매출이 제자리 걸음이었고 수익 구조는 악화되고 있는 상황이었다. 주식시장이 전반적으로 강세를 보이고 있는 상황이었는데도 불구하고 이들 회사의 주가는 폭락하고 투자자들은 실망하고 있었다. 그러나 이 같은 상황이라고 해서 꼭 그와 같은 극단적인 처방이 필요했던 것일까? 두 회사 모두 도산 위기에 처해 있지는 않았다. 사실 양쪽 회사 모두 성장세에서 벗어나 있기는 했지만 브랜드로서는 여전히 소비자들에게 좋은 평가를 받고 있었다.

한편, 대부분의 기업들은 시간이 지나갈수록 점차 지나친 관료주의 조직으로 변모해 간다. 더욱이 고위 중역들의 숫자가 늘게 되면서 기존 정책과 절차에 얽매이게 될 가능성이 높아진다. 이와 같은 조직이라면 분명히 규모를 줄이고 비대해진 직원과 임원들을 감축해야 하며, 유연성과 창의성을 해치는 관료주의를 하루빨리 무너뜨려야 한다.

가장 중요한 것은 적정선을 지키는 것이다. 불필요한 조직을 잘라내긴 하되 뼈와 힘줄이 다 보일 정도로 없애는 것은 올바르지 않다. 무엇보다 최악의 상황은 충분한 조사와 검토 없이 조직을 감축하는 것이다. 이러한 방법으로 일을 처리하다 보면 회사에서 없어서는 안 되는 여러 장점과 미래의 무한한 가능성을 가지고 있는 사업부서나 인재들이 퇴출당하는 사태가 발생하게 된다. 이와 같은 무자비한 인원 감축으로 사기가 저하된 조직에서는 장기적으로 더 나은 성과를 바라기 힘들다.

던랩은 스콧에서 S. D. 워렌 사업부를 재빨리 매각함으로써 회사에 16억 달러의 재원을 충당했다. 그러나 이전의 스콧 경영진이 워렌 사업부에 투자한 것은 나름대로 이유가 있었다. 상업용지 분야를 다각화하겠다는 취지로 이 사업부문에 막대한 자금을 투자했던 것이다. 비록 예상치 못했던 업계의 경기 침체로 된서리를 맞기는 했지만 말이다. 이러한 상황을 예측할 수 있는 방법이 없었을까? 워렌 사업부는 매각하지 말고 계속 유지했어야 하는가? 사업부를 매각하기 전에 충분한 조사를 했더라면 더 좋은 방안이 나올 수 있었는지도 모른다.

>>> 서서히 파고드는 관료주의

기업이 몇 년간 성공을 거듭하여 기업 경쟁력을 획득하고 난 후 관료주의적인 위기에 빠지는 경우가 종종 발생한다. 스콧도 관료주의가 만연해 있었다. 결국 던랩은 본사 직원의 71%를 해고하고 이전의 경영진이 고안해낸 전략 계획으로 가득 찬 책장 4개를 폐기해 버렸다. 조직에 관리자와 간부 직원이 너무 많으면 간부 수가 적은 경쟁 기업에 비해 상대적으로 비용이 많이 든다. 이것은 기업 경쟁력에서 불리한 조건으로 작용한다. 그러므로 기업에서 조직 감축은 필수적인 부분이다.

선빔도 스콧의 상황과 비슷했을까? 좀더 구체적인 정보가 없어서 확신할 수는 없지만 관료주의적인 측면에서는 아마 스콧보다는 덜했을 것이다. 그러나 던랩은 스콧에서의 성공에 사로잡혀 두 기업 사이의 차이점은 고려하지도 않은 채 스콧에서 사용했던 전략을 기계적으로 선빔에 옮겨 놓았다. 이 상황을 가리켜 '기계적인 공식에 뒤통수를 맞은 상황'이라고 부를 수 있을 것이다. 이는 바로 유연성이나 인간에 대한 연민이 결여된 경직된 사고방식에서 비롯된 것이다.

>>> 기업 인수에 너무 많은 투자를 하다

선빔에 있을 때 던랩은 세 차례에 걸쳐 기업 인수를 시행했는데 모두 이해할 수 없는 일이었다. 그 결과 선빔은 수십억 달러의 빚만 지게 되었다. 특히 적자에 허덕이고 있던 콜먼을 22억 달러에 인수한 것은 던랩이 스콧에서의 결정에 이어 또 한 번 '신중한 검토 없이 충동적으로' 결정을 내린 것으로 생각해도 좋을 듯하다. 스콧 페이퍼에서도 충분한 조사 없이 충동적으로 인수 결정을 내린 후 직원을 해고하고 S. D. 워렌을 매각하는 순서를 따른 것이다.

게다가 이런 인수 작업으로 기업을 무모하게 빚더미에 올려놓은 행동은 거의 스스로 불행을 자초한 일이라고 생각할 수밖에 없다. 혹시 던랩은 무리한 기업 인수 결정으로 주가가 급락하면 새로운 인수자가 나타날 것이라고 막연하게나마 생각했던 것일까?

>>> 사기행위가 발각되는 순간 능력도 의심받는다

뒤에서 더 상세하게 다루겠지만 던랩은 분명히 자신의 능력을 돋보이게 하려고 오랫동안 기록을 조작해 왔다. 던랩의 사기행위는 엔론·타이코·월드컴의 거대한 사기행위와 비교했을 때 상대적으로 빛이 바랜 듯한 느낌도 든다. 그 까닭은 이들 기업에 비해 던랩이 관여했던 회사들의 규모가 훨씬 작기 때문이다. 그러나 규모가 작다고 해서 던랩의 행위가 용서되는 것은 아니다. 만약 SEC가 던랩의 사건에 좀더 관심을 가졌다면 그는 지금쯤 교도소에 들어가 있을지도 모른다.

그 후의 진전 상황

던랩 사건은 훌륭한 경영자를 찾아 헤매는 풍조에 익숙한 비즈니스업계에 큰 혼란을 불러일으켰다. 선빔에서는 던랩을 고용하기 전 그의 근무 경력을 확인하기 위해 조사를 했지만 이전에 두 번 해고된 적이 있다는 사실을 발견하지 못했던 것 같다. 1973년 그는 입사한 지 단 7주 만에 맥스 필립스 앤 선스Max Phillips & Sons에서 해고된 적이 있었다. 1976년에는 니텍 페이퍼Nitec Paper Corp. 사장 자리에서 3주 만에 쫓겨나고 말았다. 해고 사유는 회계부정과 관련이 있다는 혐의 때문이었고, 선빔에서 해고될 때와 거의 비슷한 상황이었다.

이 사건들은 스콧 페이퍼와 선빔에 스카우트 되기 무려 20년 전에 발생한 일이었다. 그리고 던랩의 최근 경력이 너무 화려했기 때문에 이 부분이 간과된 것은 아닌가 하는 생각이 든다. 배경 조사를 아무리 철저하게 수행한다 하더라도 던랩의 업무 경력에서 지워진 이 중요한 기록들을 찾아내기 힘들었을 것이다. 그리고 모든 점을 고려할 때 던랩이 자신의 업무 경력에서 이 두 가지 내용을 일부러 지운 것이 분명하므로 어쩌면 그 누구도 이러한 사실을 발견하지 못한 것은 당연한 일이라고 하겠다.[13]

＊ 무엇을 배울 것인가?

침체된 조직에 활기를 불어넣어 잠재능력을 충분히 발휘하도록 함으로써 조직을 자극할 수 있는 방법은 무엇일까? 또는 잠재력 이상으로 능력을 발휘할 수 있도록 만드는 방법은 무엇일까? 이것은 사기가 저하되고 풀이 죽어 있는 스포츠팀을 다시 일으켜 세워서 누구보다 자신을 신뢰하는 방법을 가르치고, 앞으로 실력을 향상시키기 위해 노력하겠다고 다시

한 번 약속하게 만드는 것과 같다.

　스포츠팀과 사업에서 모두 공통적으로 필요한 의식은 사람이 변해야 한다는 것이다. 던랩은 기업에 필요한 것은 강력한 구조조정이라고 보았다. 그러나 이 방법은 논란의 여지가 많으며 선빔에서 던랩이 거둔 결과에 비추어 볼 때 이제는 거의 신뢰할 수 없는 방법이라고 할 수 있다. 그렇다면 인원 감축은 어느 정도까지 시행해야 하고, 변화는 어느 정도의 속도로 추진해야 하는 것이며, 그 범위는 어느 선까지 해야 적정한 것일까? 또 이러한 결정들을 내리는 데는 어떤 종류의 정보가 가장 필요한 것인가? 게다가 직원들의 시기문제도 충분히 고려해야 한다.

　이처럼 회복이 힘든 경우에는 과학적으로 접근하기보다는 오히려 예술적으로 접근하는 것이 더 낫다. 특히 변화를 적정 수준으로 도입하는 것이 아주 중요하다. 아래의 몇 가지 내용에 대해 검토해 보자.

- 어느 정도 정리를 해야 하는가? 기업을 회생시키기 위해서는 직원과 사업부를 어느 만큼은 잘라내야 한다. 그러나 어느 정도가 너무 과한 것이며, 또 어느 정도가 부족한 것인가? 성공적인 기업 회생을 위해서는 인원 감축이 늘 필수적인가? 대부분의 사람들은 직원이 해고되는 것을 바라지 않을 것이다. 분명히 변화를 수용하지 못하는 직원들은 내보내는 것이 옳은 방법이다. 그리고 목표를 달성할 능력이 없어 보이는 운동선수를 내보내는 것과 마찬가지로 개선의 여지가 보이지 않는 직원과 사업부도 정리해야 한다. 그렇지만 바로 결과에 대한 책임을 묻기 전에 우선 '왜' 그와 같은 저조한 실적을 낼 수밖에 없었는지에 대해 충분한 정보를 수집한 후 결정을 내리는 것이 더 나은 방법이다.
- 얼마나 오랫동안 기다려야 하는가? 모든 사실이 정확히 밝

혀지기 전에 행동하는 경우에도 실수가 발생하지만, 너무 오래 기다리는 경우에도 실수할 수 있다. 만약 변화를 추진하는 사람이 몇 주 동안이나 시간을 끌게 되면, 처음에는 조직의 큰 변화에 대한 의욕으로 충만해 있던 사람들이 시간이 지날수록 불안감만 증폭되거나 조직 내부의 분열이 발생할 가능성도 있다.

- 전략적인 계획의 역할은 무엇인가? 중요한 행동을 실행에 옮기기 전에는 반드시 조사를 하고 계획을 세워야만 한다. 그러나 전략적인 계획 때문에 변화를 추진하는 데 시간이 지연되는 경우가 많다. 이러한 전략적인 계획은 어설픈 관료주의와 책임감을 회피한 것에 따르는 산물이다(전략적 계획은 인기가 있음에도 불구하고 시간 지연에 대한 핑계거리나 대외적인 비난을 피하기 위한 수단으로 사용되는 경우가 많다. 예를 들면 "나는 그저 컨설턴트들이 추천하는 전략대로 따랐을 뿐이다"). 던랩은 전략적인 계획에 대해 혐오감을 가지고 있었으며 이를 심각한 관료주의의 잔재라고 생각했다. 전략적인 계획이 지나친 경우에는 던랩의 말이 맞을지도 모르겠다. 그러나 직원 개개인이나 그들의 가능성에 대해서는 충분히 검토하지도 않은 채 경솔하게 직원을 해고하는 행위야말로 목표를 제대로 조준하지도 않은 채 '충동적으로 총을 쏘는 행위'와 같다. 이렇게 되면 직원 전체 사기에도 문제가 생긴다.

- 직원들의 사기를 고려해야 한다. 대규모 구조조정이 시행되는 경우 대개는 조직의 사기가 저하된다. 구조조정에는 늘 대규모 해고와 강제적인 퇴직, 업무 조정, 직원들의 정신적 충격과 정책 변화, 익숙했던 의사소통과 서열 체계 붕괴 등의 결과가 뒤따르기 때문이다. 이런 상황은 분위기를 안정시키고 사기를 진작시키는 데는 거의 도움이 되지 않는다. 겉 보기에 팀워크가

좋아 보일 수 있지만 알고 보면 그저 시늉만 내고 있을 뿐이다.

대개의 경우 중도를 지키는 것이 최선이다. 예를 들어 비용·절감 정책을 추진하는 데 있어서 중도를 선택하는 것, 즉 중간 비용을 선택하는 것이 옳다는 데는 충분한 이유가 있다. 물론 기업의 상태를 확인하는 것이 더 우선되어야 한다. 부도 위기에 처해 있고 만기가 돌아오는 어음을 막을 능력이 없는 기업이라면 즉시 극단적인 조치를 취해야 한다. 그러나 스콧과 선빔의 경우 그 정도로 심각한 상태는 아니었다. 던랩은 좀더 온건한 방법을 선택할 필요가 있었다.

기업 회생이라는 개념은 기업을 무너뜨리는 것이 아니라 기업을 살릴 수 있는 기회로 보아야 한다. 이러한 시각을 가지게 되면 단기적으로 결과에 매달리는 방식이 아니라 장기적인 안목을 갖고 업무를 추진할 수 있게 된다. 단기적인 결과에만 집착하는 경우 결과는 그 기업과 던랩처럼 개혁을 추진하는 사람에게 부메랑처럼 되돌아와 고통을 줄 수도 있다.

주기적인 청소는 경쟁력 강화에 도움이 된다. 조직 내에 여기저기 쌓여 있는 썩은 부분을 제거하려면 회사의 모든 부분에 대해 주기적으로 객관적인 평가를 실시해야 한다. 경쟁력이 부족한 상품이나 사업부는 특별한 사유가 존재하지 않는 한 정리해야 한다. 특별한 사유란 성장 가능성이 높거나, 다른 상품과 사업부를 보완해 주고, 바람직한 고객 서비스를 제공하는 데 필요한 경우이다. 특히 임원들과 본사 직원 그리고 본사 부서는 적어도 5년에 한 번씩은 객관적으로 조사하여 중복되거나 불필요한 부서와 직책이 없는지 확인해야 한다. 여기에서 가장 중요한 점은 조직을 '정리'하기 위한 평가는 반드시 객관적으로 수행되어야 하며, 필요한 경우에는 단호한 조치를 취해야 한다는 것이다. 해고가 불가피한 경우도 있겠지만, 적절하게 이동 조치를 하는 선에서 마무리되는 경우도 있다.

조직을 축소할 때는 윤리적인 부분도 고려해야 한다. 조직을 소하겠다는 결정을 내릴 때 대부분의 사람들은 이 가혹한 조치가 직원들이나 지역사회에 끼치는 영향에 대해서는 거의 고려하지 않는다. 윤리적인 부분보다는 상대적으로 회사(그리고 투자자들)의 이익이 더 우선한다고 생각하는 것이다. 그러나 극단적인 방식으로 조직을 축소하면 사람들은 본능적으로 윤리적인 문제가 발생하지 않을까 걱정하게 된다. 이러한 윤리적인 문제들은 해고의 강도뿐만 아니라 회사에서 어떤 방식으로 구조조정을 처리하느냐 하는 것과도 밀접한 관계가 있다.

스콧 페이퍼와 선빔에서 던랩이 구조조정을 처리했던 방식을 보면 인간미라고는 전혀 찾아볼 수 없다. 그러나 만약 똑같은 상황에서 기업이 이익을 냈다면 던랩의 행동에 대해 비윤리적이라는 평가를 내릴 사람은 그리 많지 않을 것이다. 나중에 밝혀진 사실에 의하면 결국 던랩은 재임하는 동안 회계부정을 통해서 수익을 부풀린 것일 뿐 사업적인 수익도 거두지 못했다.

＊질문

1. "구조조정을 하기 위해서 직원과 부서에 대해 주기적으로 평가하는 것은 조직 전체에 큰 해가 된다. 이처럼 '해고'를 위한 평가 그 자체를 잘라내야 한다." 이 입장에 대해 가능한 한 설득력 있게 주장을 펼쳐 보도록 하라.
2. '해고'를 위한 평가가 반드시 필요하다는 입장에 서서 가장 설득력 있게 주장을 펼쳐 보도록 하라.
3. 한 기업 내에서 구조조정이 진행되면서 대량 해고 사태가 예고되었고 결국 그대로 진행되었다. 이 상황에서 구조조정 진행 단계별로 살아남은 직원들의 사기와 회사에 대한 충성도를 설명해 보도록 하

라. 이러한 조치가 기업의 생산성과 충성도에 어떤 영향을 끼칠 것
이라고 생각하는가?

4. 수십 년의 전통을 가진 회사일수록 관료주의가 만연해 있고 고위급
직원의 수가 많을 가능성이 높은가? 왜 그렇게 생각하는가? 아니면
왜 그렇게 생각하지 않는가?

5. 어떤 사업부문이나 지부를 매각하기 위한 결정을 내릴 때는 어떤
내용을 참고해야 하는가?

6. 회사에 구조조정이 진행되고 있을 때 자신의 사업부를 살리기 위해
서 어떤 주장을 펼칠 것인가? 특히 경영진이 대규모 정리해고를 시
행하겠다고 공언한 경우 어떤 주장이 가장 설득력 있겠는가?

7. 병든 회사에서 대규모 구조조정을 시행하는 경우 어떤 윤리적인 문
제가 발생하는지 알고 있는가? 그렇게까지 심각한 상태가 아닌 회
사의 경우는 어떠한가?

＊실전 연습

1. 당신은 고위 중역이다. 던랩이 취임한 지 3일째 되던 날 당신은 다
른 8명의 고위 중역들과 함께 해고되었다. 지금 당신의 감정 상태
를 묘사해 보고, 앞으로 어떻게 대처할지 행동 계획에 대해 설명해
보라(의견을 펼쳐 나가는 데 몇 가지 가정이 필요하다면, 그 가정 내용이 어떤 것인
지 구체적으로 설명하고 진행하도록 한다).

2. 던랩이 구조조정을 시행했고 당신은 그 살벌한 전쟁터에서 살아남
은 2명의 고위 중역 중 1명이다. 지금 당신의 감정 상태를 묘사
해 보고, 앞으로 업무 성과는 어느 정도 이루어낼 수 있을 것 같은
지 설명해 보라.

3. 당신은 던랩이 외부에서 스카우트한 3명의 부사장 가운데 1명이다.

당신은 전에 던랩과 함께 일한 적이 있고 그가 당신의 업무 능력을 인정했기 때문에 당신을 스카우트한 것이다. 지금 당신의 감정 상태를 묘사해 보고, 앞으로 업무 성과는 어떻게 나타날지 설명해 보라. 당신이 예상하기에 앞으로 문제가 발생한다면 구체적으로 어떤 문제가 발생할 것 같은가?

4. 몇몇 이사들이 던랩의 구조조정 계획의 윤리적인 측면에 대해 우려를 표하고 있다. 이들과는 반대 입장에 서서 구조조정이란 것이 본래 윤리적으로 문제가 있을 수 있다는 내용으로 가능한 한 설득력 있게 자신의 주장을 펼쳐 보도록 하라.

*팀별 토론 연습

1. 지금은 1996년 초이다. 선빔 이사회에서는 기업 회생을 위해 외부에서 팀을 영입하는 방안을 검토하고 있는 중이다. 한 팀은 던랩이 이끄는 팀으로 빠른 시일 내에 대규모 변화를 추진한다고 알려져 있다. 다른 팀은 클래런스 리플리가 이끄는 팀으로 좀더 점진적인 개혁을 주장하고 있다. 당신은 두 팀 가운데 한 팀을 선택하여 가능한 한 설득력 있게 영입 주장을 펼쳐 보자. 그리고 상대 팀을 영입하자는 주장에 대해 가능한 한 적극적으로 공격해 보라. 여기에서 승리하는 팀에게는 수백만 달러의 보상금이 주어진다.

2. 던랩의 무자비한 구조조정의 윤리적인 문제에 대해 토의해 보자 (이 토의에서는 그 이후에 발생한 회계부정 때문에 사기 혐의로 고발된 내용은 무시한다).

06

유나이티드 웨이
: 거대한 비영리 조직을 붕괴시킨 CEO

● ● ● 가장 치명적인 것은 유나이티드 웨이가 기부자들에 대한 책임을 다하지 않았다는 점이다. 경영자의 행동에 대해 누구 하나 간섭하는 사람 없이 방만하게 운영되다 보니 비리가 발생하게 된 것이다. 그러한 사실이 폭로되자 시민들은 엄청난 충격을 받았으며 심한 비난을 퍼부었다.

미국 최고의 자선단체인 유나이티드 웨이는 1987년에 창립 100주년을 맞이하게 되었다. 이 단체는 원래 지방의 공동기금에서 출발한 것으로 매달 월급에서 일정액을 기부받는 매우 효과적인 기금 모금 전략을 사용하고 있었다. 사람들은 유나이티드 웨이가 선행을 실천하고 있다는 사실을 믿어 전혀 의심치 않았다.

그런데 1992년 유나이티드 웨이가 그동안 쌓아놓은 이미지가 갑자기 흔들리기 시작했다. 기자들이 유나이티드 웨이의 오늘을 만든 장본인이자 회장을 맡고 있는 윌리엄 아라모니가 회사 공금을 마음대로 사용하고 있으며, 그 밖에 다른 비리 의혹도 있다는 점을 폭로했기 때문이다. 사회적으로 이목이 집중된 부분은 아라모니의 월급 액수와, 대부분의 기부금을 근로자들 월급에서 충당하는 자선단체 수장에게는 어울리지 않는 무절제한 소비 행태였다.

기부금액이 상당한 자선단체이며 비영리단체의 대표라는 대외적인 이미지에 어울리지 않게 아라모니가 어떻게 비윤리적인 행위를 자행할 수 있었는지 아직까지도 이해하기 힘들다. 고객들에게 상품이나 서비스를 제공하는 일반적인 기업들과 달리, 자선단체는 사람들이 유형의 대가를 바라지 않고 그저 사회에 도움을 제공하고 싶다는 자발적 의지로 기부하는 성금에 의존한다. 때문에 사람들은 자선단체가 부패나 특권 의식에 연루되는 일 없이 고결하고 정직하게 운영되기를 바란다.

유나이티드 웨이의 위상과 성과

설립 100주년을 맞이하여 로널드 레이건 대통령이 보낸 편지를 읽어보면 미국에서 유나이티드 웨이가 어떤 의미를 지니는지를 한눈에 알 수 있다. 자세한 내용은 Information Box를 참조해 보자.

유나이티드 웨이 설립 100주년 기념(1887~1987년)
미합중국 대통령 축하 메시지

옛날부터 우리 미국인들은 다같이 힘을 모아 서로 도와가며 지역사회를 발전시키기 위해 노력해 왔습니다. 우리 생활에 깊이 뿌리 내린 서로 보살피고 살아가는 전통은 어느덧 미국의 상징이자 생활방식이 되었습니다. 마음이 넓고 창의성이 풍부한 우리 국민들은 도움을 필요로 하는 곳에 따뜻한 손길을 전하기 위해서 자발적이며 독창적인 봉사단체를 만들어내기에 이르렀습니다.

유니이디드 웨이는 실제로 지역사회에 많은 도움을 주면서 신성한 기부 성신이 무엇인가를 몸소 실천함으로써 보여 주고 있습니다. 유나이티드 웨이는 1987년 콜로라도주 덴버의 지역사회기금마련 캠페인에서 유래되었습니다. 오늘날 미국 전역 2,200개 지역의 유나이티드 웨이에서는 수백만 명의 불우한 이웃을 돕는 3만7천 명 이상의 자원봉사자들과 함께 기금을 모으고 있습니다.

온갖 계층의 사람들이 다 모인 유나이티드 웨이의 자원봉사자들은 불우한 이웃에게 생활하는 데 필수적인 조건을 마련해 주고 지역사회 문제를 해결하기 위해서 열심히 노력하고 있습니다. 이처럼 우리 생활에 꼭 필요한 자원봉사자들이 생겨난 지 백년이 되는 오늘, 우리 미국인들은 유나이티드 웨이가 지금까지 해 왔고 또 앞으로 계속적으로 해 나갈 선행을 인정하고 칭찬해 주는 것이 마땅하고 적절하다고 생각됩니다.

공법 99 - 612에 의하여 미국 의회는 유나이티드 웨이의 뛰어난 업적과 숭고한 목표에 깊이 감사드리며, 앞으로도 열심히 활동해 달라는 격려의 말을 전합니다.

이제 마지막으로 미합중국의 대통령인 나 로널드 레이건은 미국 헌법 및 법률이 대통령에게 부여한 권한으로 지난 100년 동안 유나이티드 웨이를 만들고 후원해 준 국민들에게 진정한 감사의 뜻을 표합니다. 그리고 지금까지 계속되어 온 노력이 앞으로 영원히 이어지기를 진심으로 바랍니다.

주님이 이 세상을 창조하신 지 1986년이 되는 해이자 미합중국이 독립한 지 211년이 되는 해의 12월 10일 위의 사실이 틀림없음을 서명합니다.

1986년 12월 10일 로널드 레이건

유나이티드 웨이는 각 지부에서 봉급자들로부터 돈을 기부받는 방식을 이용하고 있는데 이는 아주 효과적인 모금 방식이다. 비영리단체인 유나이티드 웨이의 기부금액은 전체 자선기금의 90%에 해당하는 큰 액수이다. 이 단체는 각 기업 경영자들을 전국적으로 널리 홍보되는 유나이티드 웨이의 연례 캠페인 리더로 참여시킴으로써 경영자들이 유나이티드 웨이의 기부 정책을 후원하지 않을 수 없도록 만들었다. 경영자가 캠페인 리더로 참여한 회사가 만약 캠페인 목표를 '달성'하지 못하면 기업 경영자는 자신의 이미지에 큰 타격을 입게 된다. 결과적으로 경영자들은 직원들이 기부에 100% 참여하도록 만들기 위해 때로는 강압적인 방법을 동원한다. 유나이티드 웨이 지부의 한 간부는 다음과 같은 사실을 인정했다 "어떤 회사의 기부 참가율이 100%라면, 다른 사람의 강요에 의해 참가한 사람이 반드시 포함되어 있는 것이 틀림없다."[1]

몇 년 동안 기부를 하는 회사의 직원들 사이에서 불평의 소리가 새어 나오기도 했지만 각 지역의 기부금이 해마다 증가함에 따라 유나이티드 웨이도 순조롭게 성공가도를 달리고 있었다. 모금 액수가 커지는 만큼 자선 기금을 필요로 하는 곳도 점점 더 늘어만 갔다.

전국적인 조직인 유나이티드 웨이 오브 아메리카United Way of America : UWA는 별도의 법인이기 때문에 약 2,200개 지역에 있는 유나이티드 웨이 지부에 직접적인 권한을 행사할 수 없다. 그렇지만 대부분의 지부에서는 자발적으로 모금액의 1%를 UWA에 기부해 왔다. 그 반대 급부로 UWA에서는 필요한 교육을 시켜 주고 광고와 다른 마케팅 활동을 통해서 유나이티드 웨이 지부 사무실을 홍보해 주는 역할을 담당했다.

유나이티드 웨이가 미국 내에서 가장 존경받는 최고의 자선단체가 될 수 있었던 것은 지난 22년간 UWA의 회장으로 재직해 온 윌리엄 아라모니의 탁월한 지도력 때문이었다. 그가 회장에 처음 취임했을 때 유나이티드 웨이는 공식적인 명칭 없이 활동하고 있었다. 그는 똑같은 이름을 사용하는 전국적인 사무실 네트워크를 구축하고 조직을 갖춰 모든 활동을 진행했다. 그리고 오늘날 자선의 상징으로 미국 전지역에 널리 알려진, 두 팔을 벌리고 있는 모양의 동일한 로고를 사용하도록 함으로써 유나이티드 웨이를 점차 체계적인 조직으로 만들어 나갔다. 그러나 불행하게도 1992년 아라모니의 사치스러운 생활을 비롯해 수상한 거래에 연루되었다는 사실이 폭로되었다. 결국 아라모니는 퇴진했고, 그 영향으로 각 유나이티드 웨이 지부에서는 기금 모금에 심각한 어려움을 겪게 되었다.

윌리엄 아라모니

아라모니가 재직한 동안 유나이티드 웨이의 기부금액은 1970년에 7억 8천7백만 달러에서 1990년에는 30억 달러로 증가했다. 3백만 달러가 안 되던 본사 예산도 1991년 2천9백만 달러로 증가했다. 이 예산 중에서 2천 4백만 달러는 유나이티드 웨이 지부에서 온 것이었고 나머지는 기업의 기부금·투자 수익·컨설팅 비용 등에서 충당했다. 아라모니는 본사 직원의 수도 275명으로 늘렸다.[2]

아라모니는 손쉽게 미국 사회에서 가장 영향력 있는 저명 인사들 중의 한 명으로 합류하게 되었다. 그는 미국 최대 기업의 최고 경영자들을 이사들로 초빙하여 이사회를 구성했다. 그러나 37명의 이사들 중에서 비영리단체 대표는 단지 3명에 불과했다. 이사회 회장은 IBM 회장 겸 CEO인 존 에이커스가 맡았다. 그 밖에 다른 이사들로는 시어즈 CEO인 에드워드 A. 브레넌, 아메리칸 익스프레스 CEO인 제임스 D. 로빈슨 3세, 미국 풋볼리그 총재인 폴 J. 태글리아뷰 등이 있었다. 이처럼 국내 최고 경영진들이 유나이티드 웨이 이사로 활동하게 되자 이 단체의 명성은 높아만 갔고, 국내 다른 대기업들에서도 기부금이 쇄도했다.

아라모니는 자선단체업계에서 가장 높은 연봉을 받는 경영자였다. 1992년, 그의 연봉은 46만3천달러였는데 이는 업계에서 두 번째로 높은 연봉을 받는 미국심장협회 더들리 H. 해프너의 거의 두 배에 해당하는 금액이었다. 이사회에서는 해마다 연봉을 6%씩 인상해 주면서 아라모니에게 전폭적인 지지를 보냈다.[3]

>>> 비리 폭로

1991년 〈워싱턴 포스트〉는 유나이티드 웨이의 회장으로 재직하고 있던 윌리엄 아라모니에 대해서 고액 연봉·여행 습관·연고주의 인사 가능성·5개 자회사들과의 수상한 관계 등을 중점적으로 취재하기 시작했다. 1992년 2월, 〈워싱턴 포스트〉는 아라모니의 비용 청구서 내역을 다음과 같이 폭로했다.[4]

- 아라모니는 과거 5년간 리무진 경비 9만2천265달러를 유나이티드 웨이에 청구했다.
- 초음속 여객기 콩코드 항공료 4만762달러를 청구했다.
- 자신과 아내, 다른 사람들이 이용한 퍼스트 클래스 국제 항공료로 7만2천 달러 이상을 청구했다.
- 개인 여행·선물·사치품 구입 명목으로 수천 건 이상의 비용을 청구했다.
- 1988~1991년 사이에 라스베가스와 네바다로 29차례 여행을 갔다.
- 자신의 딸을 비롯해 자신과 특별한 관계였던 여성이 살고 있는 플로리다주 게인스빌로 49차례 여행을 하고 그 비용을 청구했다.
- 그의 CFO가 운영하는 회사에 2백만 달러를 대출해 주는 데 동의한 것으로 알려졌다.

- 오래된 측근이 운영하는 자회사로 기부금을 빼돌렸으며 가족들에게도 특혜를 주었다.
- 수만 달러의 UWA 컨설팅 계약을 친구나 동료들에게 넘겨 주었다.

유나이티드 웨이 오브 아메리카의 정책상 가족을 직원으로 채용하는 것은 금지되어 있다. 그러나 아라모니는 친구와 친척들을 컨설턴트로 고용하거나 자회사 직원으로 채용함으로써 이를 교묘하게 피해 갔다. 그는 2명의 측근에게 컨설팅 비용 명목으로 수십만 달러를 지불했는데 이에 대한 증거 서류가 불명확했다. 뿐만 아니라 거래에 대한 증거 서류가 아예 없는 경우도 있었다.

아라모니는 자회사를 이용해서 좀더 손쉽게 비리를 행할 수 있었다. 아라모니가 유나이티드 웨이 지부의 여행상품 구매와 제품 대량 구매를 목적으로 설립했던 한 자회사에서는 아라모니 앞으로 맨하탄의 43만 달러짜리 콘도와 플로리다주 코럴 게이블즈의 12만5천 달러짜리 아파트를 구입했다. 다른 자회사에는 아라모니의 아들인 로버트 아라모니가 사장으로 재직하고 있었다. 자회사와 UWA 사이에 오간 대출금과 돈에 대한 의문점도 점점 커져 갔다. 공식적인 기록으로는 이사회에서 그러한 대출금과 자금 거래에 대해 승인한 사실을 확인할 수 없었다.[5]

결과

아라모니 월급과 지출 내역이 공개되자 시민들의 반응은 심각했다. 굿이어 타이어&러버Goodyear Tire & Rubber Co.의 회장인 스탠리 C. 골트는 "이사회와 외부 감사원은 대체 무엇을 하고 있었는가?"라고 간접적으로 비난했다. 미국자선위원회 사무국장인 로버트 O. 보스웰은 "연봉이 겨우 1만 달러인 사람들에게 수입의 5%를 기부하라고 해 놓고 자기는 그런 고액의 연봉을 받고 있었다니 정말 역겹다"라고 말했다.[6] 이쯤에서 최고 경영자의 연봉이라는 주제에 대해 한번 살펴보도록 하자. 능력에 비해 많은 연봉을 받는 최고 경영자들이 많은가? 최고 경영자의 연봉은 1992년 이래로 활발한 증가세를 나타내고 있다. Issue Box '최고 경영자들의 연봉, 너무 많은 것 아닌가?'를 참조해 보자.

Issue Box

_최고 경영자들의 연봉, 너무 많은 것 아닌가?

유나이티드 웨이의 아라모니에 대한 비난이 거세지고 있는 가운데, 기업의 최고 경영자들의 수백만 달러 연봉에 대한 논란도 커져 가고 있었다. 예를 들어 1992 년 CEO들의 평균 연봉은 384만2천247달러였다. 이 중 상위 20명의 연봉은 1천1 백만 달러에서 일반인들은 믿기 어려운 1억2천7백만 달러까지 분포되어 있었 다.[7] 몇몇 대형 뮤추얼펀드와 연기금펀드를 포함한 적극적인 주주들은 고액 연봉에 대해서, 특히 경영 사정이 좋지 않은 기업의 최고 경영자들이 고액 연봉을 받아 가는 것에 대해서 반대하고 나섰다.

1993년 미국증권거래위원회SEC에서 정한 규칙에 의해 최고 경영자들의 연봉이 밝혀지게 되자 각 기업 최고 경영자들의 연봉 액수에 대해 의혹의 눈초리가 쏟아지기 시작했다. 과거뿐 아니라 오늘날에도 이사들은 충분한 보수를 받고 있으며 대부분의 이사들이 최고 경영자와 친밀한 관계를 유지하고 있으므로 그들의 고액 연봉에 대해서 눈감아 주었다. 최고 경영자들의 고액 연봉을 지지하는 가장 설득력 있는 주장은 몇몇 연예인과 운동선수들의 연봉과 비교했을 때 이는 적당한 수준이라는 것이다. 그리고 최고 경영자가 연예인이나 운동선수들보다는 훨씬 큰 책임감을 가지고 있는 것이 틀림없다고 옹호했다.

비영리단체가 아닌 일반기업 최고 경영자의 연봉에 비하면 아라모니가 받는 연봉은 결코 많은 편이 아니다. 그리고 그의 업무 성과와 비교해 본다면 그의 연봉은 초라한 수준이다. 그가 유나이티드 웨이에서 모금한 돈이 30억 달러나 되는데 그의 연봉은 고작 36만9천 달러에 불과했다. 한편 리 아이아코카는 크라이슬러가 7억9천5백만 달러의 적자를 내고 있는 상황에서도 3백만 달러의 연봉을 받았다. 이것을 공정한 일이라고 할 수 있는가?

분명히 아라모니 정도라면 일반 대기업에서는 지금 연봉에 0이 몇 개는 더 붙은 정도의 연봉을 받을 수 있었다. 물론 사람들도 이에 대해 이의를 제기하지 않았을 것이다. 그러나 문제는 그가 몸담고 있는 조직이 비영리단체이고, 특히 그 단체는 가진 돈이 그리 많지 않은 수백만 명이 쌈짓돈을 털어 기부함으로써 운영된다는 사실이다. 상황이 이렇다 보니 시민들의 분노를 사는 것도 당연했다. 그렇다면 자선단체라고 해서 조직을 최대한 효율적으로 운영하기 위해 고액을 들여 전문가를 영입하면 안 되는 것일까? 그와 같은 고액 연봉이 사회에 노출될 경우 비영리 자선단체로서의 대외적인 이미지와 기금 모집에는 어떤 영향을 끼치게 될 것인가?

_토의 주제

아라모니의 연봉에 대한 당신의 입장은 어떠한가? 아라모니보다 몇 배나 많은 연봉을 받는 일반 기업의 최고 경영자들과 비교해서 설명해 보라.

스캔들이 일어나는 경우 대개 그러하듯이 유나이티드 웨이의 몇몇 지부에서는 조사가 완결되기 전까지 기금을 송금하지 않겠다고 선언했다. 1992년 3월 7일, 이사회 회장인 존 에이커스는 그 해에 모금된 기금이 작년에 비해 20% 정도 하락했다고 발표했다. 그리고 "유나이티드 웨이가 업무를 제대로 수행하지 못한 것 같다. 마찬가지로 아라모니 회장도 이처럼 명예로운 업무를 제대로 수행하지 못한 것 같다"[8]라는 말을 덧붙였다.

유나이티드 웨이 지부의 납입금이 줄어든 것뿐 아니라 UWA는 자회사들과의 대출금 문제로 국세청의 조사를 받게 되면서 비영리단체라는 지위가 큰 위기를 맞게 되었다. 유나이티드 웨이는 자사의 CFO가 사장으로 재직하고 있는 자회사에 2백만 달러를 대출해 주었는데 이는 비영리법인법에 명백하게 저촉되는 행위였다.[9]

UWA에 대한 비난 여론이 점점 거세어지자 환경운동단체인 어스 쉐어 Earth Share 같은 다른 자선단체들이 상대적으로 혜택을 받게 되었다.

한때 시민들의 월급에서 기부를 받는 독창적인 방식을 통해 거대한 자선단체로서 위세를 누렸던 유나이티드 웨이는 이제 자신들과 같은 방법으로 모금을 하는 다른 자선단체들에게 기부금을 빼앗기게 되었다. 미국 자선사업업계의 1인자로서 윌리엄 아라모니가 그동안 공들여 쌓은 모든 업적들이 그의 사치스러운 생활방식 때문에 한순간에 무너질 위기에 놓여 있었다.

2월 28일, 각 지부에서 연간 납입금을 보류하겠다며 위협하자 결국 아라모니는 사퇴했다. 1992년 8월, 유나이티드 웨이 이사회는 아라모니 후임으로 평화봉사단Peace Corps 회장인 일레인 차오를 임명했다.

>>> 일레인 차오

차오는 39세라는 젊은 나이에 대단한 성과를 이루어낸 인물이다. 차오는 딸만 여섯인 집안의 장녀로 그녀의 가족은 그녀가 여덟 살 되던 해 대만에서 캘리포니아로 이주해 왔는데 처음에는 영어를 한마디도 하지 못했다고 한다. 열심히 일한 덕분에 그녀의 가족은 어느 정도 성공과 부를 이룰 수 있었다.

차오는 "어려움도 많았지만 우리 가족은 미국이라는 나라가 친절하고 능력만 있다면 공정한 기회를 얻을 수 있는 기회의 땅이라고 믿고 낙천적인 자세로 열심히 노력했다"고 한 인터뷰에서 밝혔다.[10] 차오의 부모님은 자신의 여섯 딸들에게 마음먹은 일은 무엇이든지 할 수 있다는 자신감을 심어 주었고, 그 덕분에 딸들은 모두 명문대학에 진학할 수 있었다.

일레인 차오는 1975년 마운트 홀리오크대학에서 경제학을 전공한 후 하버드 MBA 과정을 수료했다. 그녀는 백악관 연구원·국제은행간부·미연방해사위원회 회장·미국교통부 차관 그리고 평화봉사단 회장으로 활동하다가 UWA 회장으로 취임하게 되었다.

차오가 받기로 한 연봉은 19만5천 달러로 아라모니의 절반도 안 되는 금액이었다. 그녀는 바로 예산과 직원을 줄여 나갔다. 앞으로 자신은 콩코드기·리무진 서비스·호화로운 콘도도 이용하지 않을 것이라고 선언했다. 차오는 지역 대표들을 영입하여 이사회 규모를 확대시켰으며 윤리위원회와 재정위원회도 신설했다. 그녀는 자신의 일에 대해 냉정하게 판단하고 있었다. "일단 한번 치명타를 입은 신뢰와 확신을 회복려면 엄청난 노력과 시간이 필요할 것이다."[11] 뒤에 나오는 Information Box의 '비영리단체의 대외적인 이미지'를 읽고 특히 그와 같은 단체의 대외적인 이미지가 중요한 까닭에 대해 토의해 보자.

>>> 유나이티드 웨이 지부의 관심사

1993년 4월, 그 해 들어 두 번째로 오하이오주 로레인 카운티 지부에서 UWA를 탈퇴하겠다고 선언했다. 지부에서는 여전히 UWA의 재정상태에 대해 우려하고 있었다. 특히 아라모니의 퇴직금에 대해 걱정하고 있었다. 당시 UWA 이사회와 아라모니 사이에 4백만 달러에 달하는 엄청난 금액의 '조기퇴직 특별수당'을 두고 협상이 진행중이었다.

이 소식을 듣고 로레인 지부는 UWA를 탈퇴하기로 결정했다. 로레인 카운티에서 탈퇴 결정을 내리게 된 데는 또 다른 이유도 있었다. UWA는 심각한 예산 부족에 시달리고 있었던 것이다. 납입금을 계속해서 지불하고 있는 지부의 수가 2년 전에는 1,400개였는데 현재는 890개로 줄었기 때문이다.

로레인 지부의 로이 처치 지부장은 "2월부터 UWA의 재정상태가 불안정하고, 지부를 지원할 만한 재정적인 능력이 부족하다는 점도 명백해졌다. 이런 상황에서 로레인 유나이티드 웨이로서는 UWA 지부로 남아 있을 아무런 이유가 없다"라고 탈퇴 이유를 밝혔다.[12]

유나이티드 웨이 오브 아메리카를 부활시키려는 일레인 차오의 작업은 생각처럼 쉽지 않을 것이다.

_비영리단체의 대외적 이미지

상품을 생산하는 기업의 경우 대외적 이미지 관리에 신경을 써야 한다. 그리고 학교·경찰서·병원·정치인과 같이 이익을 추구하지 않는 단체의 경우에는 대외적인 이미지에 더욱 관심을 기울여야 한다. 특히 자선단체라면 두말할 필요도 없다. 비영리단체의 대표적인 사례를 통해서 대외적 이미지의 중요성을 살펴보도록 하자.

대부분의 주민들은 대도시 경찰서에 대해 안 좋은 이미지를 가지고 있다. 경찰서의 손상된 이미지를 개선하는 일은 일반 제조업체에서 손상된 브랜드 이미지를 제고하는 일만큼이나 중요하다. 경찰서에서는 주민들에게 좀더 친근하게 다가갈 수 있게 홍보 캠페인을 이용할 수도 있다. 이미지 제고를 위한 캠페인의 실례를 들어보자면 길거리 홍보 행사를 하거나 경찰서·범죄 연구소·수사실·교도소를 개방하는 행사를 할 수도 있다. 학교의 초청을 받아 강연을 하거나 청소년 행사에 후원하는 방법도 고려해 볼 수 있다.

예산 증가에 따른 납세자들의 항의 소동과 교사들의 파업으로 이미지가 훼손된 공교육제도 경우에는 시민들의 지지를 얻고 기금을 좀더 마련하기 위해서 이미지 개선에 의식적으로 노력을 기울여야 한다.

병원이나 정부단체뿐 아니라 노조와 같은 단체들은 자만심이 강하고 관료주의적 의식이 팽배해 있으므로 형식적이고 불친절한 태도가 몸에 배어 있다. 따라서 그 이미지는 최악의 상태라고 할 수 있다. 이런 이미지를 개선하고 일반 시민들의 요구에 부응하기 위해서는 좀더 노력을 기울여야 한다.

비영리단체의 경우에는 대외적 이미지와 관련된 문제에 특히 취약하다고 할 수 있다. 왜냐하면 이런 단체들은 오로지 시민들의 자발적인 지원에만 의존하기 때문이다. 일단 어떤 종류의 스캔들에도 연루되지 않아야 한다는 점이 중요하다. 특히 기부금을 현명하고 공정한 방식으로 사용하고, 남은 기부금을 잘 관리하며, 사기나 다른 부정행위가 발생할 여지가 전혀 없도록 최선의 노력을 기울여야 한다. 혹시 언론의 조사가 진행되더라도 아무런 문제가 발생하지 않도록 항상 투명하게 조직을 운영하려는 노력을 아끼지 말아야 한다.

_토의 주제

비영리단체에서 기부금을 유용하거나 횡령하지 않는다는 것을 완전하게 확신시킬 수 있는 방법은 무엇인가?

분석

UWA를 둘러싼 문제 중에서도 가장 치명적인 것은 유나이티드 웨이가 기부자들에 대한 책임을 다하지 않았다는 점이다. 경영자의 행동에 대해 누구 하나 간섭하는 사람 없이 방만하게 운영되다 보니 비리가 발생하게 된 것이다.

이러한 사실이 폭로되자 시민들은 엄청난 충격을 받았으며 심한 비난을 퍼부었다. 유나이티드 웨이는 일반 시민들의 자발적인 기부금에 의존하고 있었으므로 방만한 경영에 대한 비난 여론은 생각했던 것보다 훨씬 더 심각했다.

일반 기업이 부정한 행위를 저지르면 이는 주로 주주들에게만 영향을 끼친다. 그러나 주요 자선단체의 경우 자신들의 돈이 쓸데없이 낭비되고 있는 모습을 지켜보고 있는 수백만 명의 기부자들에게 아주 큰 영향을 끼치게 된다.

게다가 모든 자료를 투명하게 공개하지 않을 뿐만 아니라 조직의 운영을 감시하는 시스템이 마련되어 있지 않은 조직이 있다. 이러한 조직에는 두 종류의 위험이 언제나 도사리고 있다.

첫째, 최악의 상황은 노골적인 '화이트칼라 도둑'의 등장인데 파렴치한 사람들이 기부금을 개인적인 용도로 이용하는 것이다. 조직을 통제하는 감시 시스템이 제대로 마련되어 있지 않은 경우에는 제아무리 정직한 사람이라 해도 돈의 유혹을 이겨내기 어렵다.

둘째, 통제가 제대로 이루어지지 않으면 사람들이 스스로 우월감을 가지게 되고 조직의 시스템을 자기 마음대로 조정하는 일이 발생하게 된다. 아라모니의 경우도 여기에 속한다고 볼 수 있는데 사치스러운 생활에 연고주의 인사, 그 밖에 여러 가지 사적인 이익을 추구하기도 했다.

UWA는 형식적으로 경영자의 활동을 감시할 수 있는 기구가 존재했

Issue Box

_ 이사회는 어떤 역할을 해야 하는가?

과거 대부분의 이사회는 최고 경영자들과 친밀한 관계를 유지하고 있었으며 심지어 회사 임원으로 이사회가 구성되는 경우도 있었다. 오늘날 기업 외부에서 이사회는 현상을 유지하는 데만 급급하고 '기존 체제'를 영속시키려고 한다며 우려의 목소리를 높이고 있다. 그러자 일부 기업에서는 변화하는 모습을 보이려고 노력한다.

> 이사회도 더 이상 기업 경영에서 수동적인 역할만 하고 있어서는 안 된다. 오늘날은 과거 그 어느 때보다도 이사회의 적극적인 활동을 필요로 하고 있다. 주주들의 권리를 보호하고, 기업이 위치하고 있는 지역사회의 활동에 관심을 가지고, 기업과 거래하는 상인과 소비자들의 반응을 살피며 직원들이 정당한 대접을 받고 있는지 반드시 확인해야 한다.[13]

이사회에 좀더 적극적인 활동을 요구하게 되면 이사회의 의사결정에 대한 책임보험 비용과 책임에 대한 위험도 증가한다. 오랫동안 이사회의 역할은 회사의 목표를 정하고 광범위한 정책을 개발하며 최고 경영자를 선출하는 것이라고 알려졌다. 그러나 더 이상 이것만으로는 충분하지 않다. 이사회는 이제 일종의 통제기구로서 경영진의 실적을 검토하여 회사가 잘 운영되고 있는지, 주주들의 이익은 증대되고 있는지 확인하는 역할까지 담당해야 한다. 이러한 활동들이 모두 회사의 대외적인 이미지나 명성으로 이어진다.

그러나 여전히 문제는 남아 있다. 이사회는 누구에게 충성을 다해야 할까? 기업 내부의 관료일까? 아니면 기업 외부의 소비자들일까? 기업과 관계를 맺고 있는 여러 종류의 특수 이익집단으로 이사회가 구성되지 않는 한 이사회는 경영진의 이익을 추구하는 쪽을 택하게 될 것이다.

_ 토의 주제

좀더 대표성이 있고 적극적인 이사회가 구성된다면 앞으로는 유나이티드 웨이에서 일어났던 것과 같은 상황은 발생하지 않을 것이라고 생각하는가? 왜 그렇게 생각하는가? 아니면 왜 그렇게 생각하지 않는가?

다. 일반 기업의 이사회와 유사한 UWA 이사회가 그것이다. 그런데 이사회가 최고 경영자와 가깝게 지내면서 형식적인 승인 기구로 전락하는 경우 조직 운영에 대해 실질적인 감시활동을 하기는 힘들어진다. 이런 사실은 아라모니가 '지배'하던 시절의 UWA를 보면 한눈에 알 수 있다.

물론 이사회가 제 역할을 충실히 이행하지 못한다는 사실은 비영리단체에만 국한된 것은 아니다. 일반 기업의 이사회도 현직 최고 경영자의 이익을 위해서 존재하는 허수아비 집단이란 오명에 시달리고 있기는 마찬가지이다.

이와 같은 이름뿐인 이사회의 실체가 뒤늦게나마 대중에게 알려지고 여론의 비난을 받게 되면서 그나마 일부 조직에서는 변화된 모습을 보이고 있다. 그러나 아직도 대부분의 기업에서는 여전하다. Issue Box의 '이사회는 어떤 역할을 해야 하는가?'를 읽고 이 문제에 대해서 토의해 보자.

최근 동향

윌리엄 아라모니는 유나이티드 웨이에서 백만 달러를 횡령한 혐의로 유죄를 선고받았다. 그는 자선단체의 기부금을 개인의 호화로운 생활을 위해 사용했다는 죄목으로 징역 7년 형을 선고받았다.

이런 상황에도 불구하고 1998년 말 연방 법원은 UWA는 아라모니에게 퇴직금으로 2백만 달러 이상을 지급하라는 판결을 내렸다. 미국 지방법원 판사 시라 샤인들린은 "아무리 비난받아 마땅한 중죄인이라 할지라도 계약서에 제시되어 있는 권리는 당연히 보장받아야 한다"라는 판결을 내렸다.[14]

*무엇을 배울 것인가?

자만심을 경계하라. 한 조직의 리더가 자신이 부하 직원과 외부 관련자들보다 뛰어난 능력을 가지고 있으므로 다른 사람의 의견은 들을 필요가 없다는 생각을 가지게 되면 조직이나 사회 전체에 큰 불행을 초래하게 된다. 이런 생각이 차츰차츰 진행되다 보면 독재적인 태도를 가지게 되고, 자신의 의견에 반론을 제기하는 것을 참을 수 없게 된다. 결국 '우리는 어느 누구의 질문에도 대답할 필요가 없다'는 식의 태도를 가지게 된다.

월리엄 아라모니 사건에서 보았듯이 대부분의 사람들이 윤리적 행동이라고 생각하는 틀에서 벗어나게 되고, 자신을 향한 어떠한 질문이나 비판도 받아들이지 않는 절대 권력자로 행세하게 되는 것이다. 인간은 어떤 일을 할 때 실제로 또는 가상으로 통제를 하지 않으면 나쁜 짓을 저지르기 쉽다. 한 기업의 최고 경영자가 주변의 우려는 아랑곳하지 않고 독단적으로 결정을 내리는 일이 생기지 않도록 하려면 정기적인 감시활동이 필요하다.

견제와 균형—통제—은 일반 기업체보다 비영리단체와 정부기관에서 훨씬 더 중요하다. 일반 기업에서는 '손익계산서' 실적(이익과 손실)이 궁극적인 관리 기준이 된다. 비영리단체와 정부기관에는 이러한 관리 방법이 없기 때문에 실제로 조직의 성과를 측정할 만한 절대적인 방법은 존재하지 않는다.

특히 비영리단체 경우에는 객관적인 외부 감사팀의 철저한 감사를 받는 것이 좋다. 그렇지 않으면 부정행위가 발생할 가능성이 있을 뿐만 아니라 지속될 위험이 있기 때문이다. 비영리단체는 다른 기업들과 경쟁할 필요가 없기 때문에 효율성이 떨어지는 경우가 많다. 따라서 비영리단체들은 대부분의 기업들과는 달리 객관적이고 적극적인 방법으로 관리를 하지 않으면 사정권에서 벗어나 규제를 거의 받지 않은 채 폐쇄적으로 운영된다. 다행스럽게도 오늘날 언론의 취재가 활발해지고 부정행위 당사자들 사이의 소송이 증가하면서 비영리단체에서 하는 일들이 대중에게 공개되고 또 이를 통해 어느 정도 관리가 되기도 한다. 언론에서 폭로하는 비리 내용을 접하면 '아직도 세상에 밝혀지지 않은 부정행위가 얼마나 많을 것인가' 하는 생각마저 든다.

비영리단체의 마케팅에서는 무엇보다 신뢰가 중요한 항목이며 조직의 특성상 언론의 부정적인 보도에 취약하다. 비영리단체는 대부분 기부에 의존하고 있다. 기부를 하는 사람들은 어떤 유형석인 대가를 바라지 않고(사업과는 달리) 돈을 내는 것이다. 그리고 기부자들은 자신들이 기부하는 단체에 절대적인 신뢰를 보내고 있다. 이들은 자신이 낸 기부금의 대부분은 불우한 이웃들을 돕는 데 사용되고, 자선단체의 관리 비용으로 지출되는 돈은 극히 적은 액수에 불과할 것이라고 믿는다. 따라서 신뢰에 의혹이 생기는 경우 파급효과는 아주 엄청나다. 기부금 액수가 급속히 줄어들거나 기부자들이 다른 자선단체로 하나 둘씩 이동할 수도 있다.

정부단체의 경우에는 언론의 부정적인 보도에 큰 영향을 받지 않는다. 그러나 제아무리 정부단체라 할지라도 간부들이 해고되거나 고소를 당할 수 있고 재선이 안 될 수도 있다는 사실을 명심해야 한다.

＊질문

1. 유나이티드 웨이에 기부를 할 생각이거나 실제로 기부를 한 사람으로서 아라모니의 '사치스러운 생활'에 대해서 어떻게 생각하는가? 이러한 혐의 사실이 당신의 기부에 영향을 끼칠 것 같은가? 왜 그렇게 생각하는가? 아니면 왜 그렇게 생각하지 않는가?

2. 비영리단체와 정부단체의 거만한 태도를 고쳐 주기 위해 어떠한 처방을 내리겠는가? 가능한 한 구체적으로 설명하고 당신의 추천 방법을 뒷받침할 근거를 제시해 보라.

3. 만약 어떤 회사에서 직원들에게 유나이티드 웨이에 기부를 하라고 강제적인 지시를 내렸다. 당신은 이 사실에 대해 개인적으로 어떻게 생각하는가? 이 사건에 대한 당신의 태도는 어떤 의미를 함축한다고 생각하는가?

4. "비영리단체는 실적에 따른 평가가 없기 때문에 비용을 제대로 관리하거나 지출 경비를 정확하게 평가하지 않는 것이다." 이 내용에 대해 토의해 보라.

5. 당신이 큰 금액을 기부하고 있는 자선단체에서 광고 비용으로 1천만 달러를 사용했다고 한다면 과연 어떤 기분이 들겠는가? 자신의 입장에 대해 이론적 근거를 제시해 보라.

6. 아라모니의 퇴진 이후에 UWA에서 취한 행동이 대외적 이미지를 개선하는 데 최선의 방법이었다고 생각하는가? 왜 그렇게 생각하는가? 아니면 왜 그렇게 생각하지 않는가? 이미지 개선을 위해 UWA가 시행했으면 좋았을 것 같은 다른 방법이 있는가?

*역할극 주제

1. 당신은 유나이티드 웨이의 스캔들이 터지고 난 후 취임한 일레인 차오의 자문관이다. 일레인 차오는 유나이티드 웨이에 대한 미국민의 신뢰를 가능한 한 빠른 시간 내에 회복하고 싶어 한다. 당신은 그녀에게 어떤 조언을 해 주겠는가?

2. 당신은 유나이티드 웨이 이사 중 한 명이다. 아라모니의 사치스러운 생활에 대해 문제가 제기되었다. 대부분 유나이티드 웨이의 임

원인 이사들은 그의 부수입과 특권이 전혀 문제되지 않는다고 생각하고 있다. 그러나 당신의 생각은 이들과는 다르다. 당신은 다른 이사들에게 아라모니의 행동을 눈감아 주는 것이 잘못된 일이라는 것을 어떤 방법으로 설득하겠는가? 당신의 입장을 가능한 한 설득력 있게 입증해 보라.

＊팀별 토론 연습

일반 기업들은 항상 손익을 걱정하고 있기 때문에 효율적인 측면에서 비영리단체는 절대로 일반 기업을 따라갈 수 없다. 이 주제에 대해 토론해 보라.

담배 : 국민 건강에 대한 오랜 무관심

대부분의 과학자들은 니코틴이 담배의 중독성을 일으키는 주요 성분일 것으로 생각해 왔다. 그러므로 담배에 니코틴이 혈액 속으로 잘 운반되도록 도와주는 물질을 첨가시키면 중독성 또한 자연히 높아지는 것이다. 그러나 담배업계에서는 이 사실을 절대로 인정하지 않았다. 암모니아 화합물은 그저 담배 맛을 더 좋게 만들도록 하기 위해 사용했을 뿐이라고 주장했다.

담배는 소비재 중에서 가장 수익성이 높은 제품에 속한다. "담배 한 가치를 만드는 데는 1페니가 들지만 1달러에 판매된다. 담배는 또한 중독성이 있어서 브랜드 충성도도 가히 환상적이다." 세계적인 투자자 워렌 버핏이 담배 재벌그룹인 RJR 나비스코를 인수하려다 실패했을 때 남긴 말이다.[1] 이처럼 담배가 워낙 수익성이 높은 사업이다 보니 담배업계에 도덕적인 부정행위가 있지 않겠느냐는 의혹은 오래 전부터 제기되어 왔다.

최근 몇 년간 비난 여론이 거세어지고 흡연에 반대하는 주장들도 널리 확산되는 추세이다. 그러나 여전히 담배업계에서는 자신들의 이익만을 추구하고 있다.

흡연에 반대하는 사람들 대부분은 담배회사가 추구하는 이익은 사회가 추구하는 보편적인 이익과 상반된 것이라고 맹렬히 비난했다. 그러나 담배업계에서는 이 사실을 인정하지 않았다. 오히려 비난하는 사람들에 대해 적극적인 반격을 펼치기 시작했다.

20세기가 끝나갈 무렵, 담배업계를 대상으로 한 법률 소송에서 어느 정도 성과가 있었고 앞으로 더욱 진전될 가능성도 엿보였다. 그리고 마침내 1998년 11월, 담배업계와 미국 46개 주 사이에 흡연 때문에 발생한 질병의 치료 비용을 담배회사가 지불한다는 합의가 성립되었다.

한편, 담배회사들이 이 심각한 문제를 너무 손쉬운 방법으로 해결한 것이 아니냐는 말도 흘러 나왔다. 적어도 겉으로는 담배업계가 사상 최대의 법적이며 재정적인 위기에서 벗어난 것처럼 보였기 때문이다. 그러나 위기가 깨끗하게 마무리된 것은 아니었다. 또 다른 위협의 조짐들이 보이기 시작했다.

필립 모리스는 담배업계에서 독보적인 위치를 점하고 있었으며 자신의 이익을 추구하는 데는 누구보다도 완고한 태도를 유지했다. 그러나 필립 모리스라고 해서 주변 환경이 변해가는데 계속해서 옛날의 지위를 유지할 수는 없는 일이었다.

축소되는 시장과 논란이 많았던 과거 전략들

>>> 담배회사의 표적이 된 소수집단들

업타운

검정색과 금색으로 장식된 화려한 포장지에 담겨 있는 이 신제품은 특이하게도 흑인 흡연자들을 대상으로 한 최초의 담배라고 할 수 있다. 그 밖에도 여성들을 위한 담배처럼 특정 그룹을 겨냥한 신제품들을 시장에 출시하기 위한 담배회사들의 새로운 전략이 이어졌다. '업타운uptown'은 목표로 삼은 소비자를 신중하게 조사한 뒤 그 결과에 맞도록 디자인을 결정해서 출시한, 전적으로 흑인 소비자들을 위해 나온 맞춤형 제품이다. 그러나 이 제품을 출시한 후 담배회사는 전혀 예상치 못한 위기를 맞게 되었다.

업타운을 출시한 지 얼마 되지 않아 거센 항의가 잇따랐다. 시민단체는 '업타운' 제품의 마케팅 정책에 대해서 이미 폐암 발병율이 백인들보다 58%나 높은 흑인들을 대상으로 한 것은 잔인하고 무자비한 처사라며 목소리 높여 비난하고 나섰다. 일부 시민단체에서는 보건부 장관인 루이 설리번의 사무실로 쳐들어가기도 했다. 장관은 곧 담배업계를 비판하는 세력의 손을 들어 주었다. "흡연에서 비롯된 질병과 사망으로 충분히 고통받고 있는 사람들에게 '업타운'은 그저 더 많은 질병, 더 많은 고통, 더 많은 사망률을 부추기는 제품일 뿐이다." 또한 그는 '가난한 소수집단의 건강과 복지를 볼모로 자신들의 이익만 추구하려는 담배회사들의 시도'를 비난했다.[2]

비판의 강도가 높아지자 R. J. 레이놀즈RJR는 '소수의 열혈 비판세력'에 의해 제품에 대한 부정적 여론이 높아졌다는 사실에 대해 유감을 표하며 '업타운' 브랜드를 포기하겠다는 결정을 내렸다. 담배회사와 시민단체가 대결한 결과 이번에는 시민단체가 승리를 거두었다.

다코타

특정 그룹을 겨냥한 또 다른 신제품도 '업타운'과 마찬가지로 심각한 논란에 휩싸였다. '다코타Dakota'는 18~24세 연령대의 대학교육을 받지 않은 육체 노동 종사자 중 '강인한 여성'을 겨냥한 제품이었다. 담배가 폐암과 심장병에 끼치는 영향에 대해 비난해 왔던 시민단체에서는 이 제품이 여성들의 건강을 망치는 사악한 유혹이라며 공격하기 시작했다.[3]

'다코타' 제품에 대해서 특히 분노한 사람들이 있었다. '다코타'라는 말은 인디언 말로 '친구'를 의미하기 때문이다. 그러나 이미 인디언들 중에서 상당수가 담배에 중독되어 있는 상황에서 '다코타'란 브랜드는 그들에게 단지 심한 배신감만 안겨 줄 뿐이었다.

담배회사의 후원에 대한 논쟁

1971년 미연방에서 담배 제품에 대한 TV와 라디오 광고를 전면적으로 금지시키자 담배회사들은 1억 달러에 달하는 광고비를 투자할 수 있는 대체 미디어를 찾아 헤매었다. 그 결과 담배 광고의 매체는 아주 다양해졌다. 1990년대 초반, 기업들이 흑인 거주지역의 옥외 광고판 등을 통해 담배와 술을 광고하는 행위에 대해 심각한 문제가 제기되었다.

또한 흑인들이 주로 보는 출판물에 광고를 내는 행위도 여론의 집중적인 비난을 받게 되었다. 대기업이 이들 담배회사에 광고비를 지원하지 않는다면 흑인들이 경영하는 대부분의 소규모 출판사들은 문을 닫아야 하는 형편이었지만, 담배회사의 광고에 대한 비난 여론은 쉽게 수그러들지 않았다.

담배회사가 소수민족 단체를 지원하는 행위에 대해서도 비난의 화살이 쏟아졌다. 미국흑인언론인협회The National Association of Black Journalists에서는 더 이상 필립 모리스의 기부금을 받지 않겠다고 선언했다. "우리는 소수집단을 표적으로 삼아 사람에게 암을 유발하는 것이 분명한 제품을 판매하려는 회사의 기부금을 받을 수는 없다"라고 협회 대표가

거절 이유를 분명히 밝혔다.[4]

담배업계는 또한 여성 스포츠계가 다른 업계에서는 사실상 후원을 받지 못하던 시절부터 이미 기금을 지원하고 있었다. 예를 들면 여성 테니스가 전세계 주목을 받게 된 것은 모두 버지니아 슬림 테니스 대회 때문이었다. 여기에 대한 논쟁은 다음의 Issue Box를 검토해 보자.

 Issue Box

_ 담배회사의 스포츠 행사 후원

담배회사에서 특정한 스포츠 행사를 후원하도록 하는 것이 옳은가? 이 문제는 단순해 보이지만 버지니아 슬림 테니스 대회를 생각해 보면 꼭 그렇지만은 않다는 것을 알 수 있다. 흡연이 심장과 폐에 심각한 질환을 유발한다는 것에 대해서는 어느 누구도 이견을 제시하지 않을 것이다. 그러나 테니스를 치려면 건강 상태와 심폐 기능이 최고여야 한다.

테니스 행사를 후원함으로써 담배업계는 흡연과 활기, 흡연과 건강이라는 왜곡된 연상 작용을 만들어낼 수 있었다. 그리고 여성에 대해 직접적인 마케팅을 진행할 수도 있게 되었다. 필립 모리스는 여성 스포츠분야에서 강한 인상을 남김으로써 지속적으로 기금 지원을 할 수 있었으며 본질적으로는 자신의 잇속을 차리고 있었다.

결국 이 유서 깊은 여성 스포츠 대회는 처음에 담배회사의 기금이 없었다면 아마 시작되지도 못했을 것이라는 슬픈 결론에 도달하게 된다. 따라서 이 기금을 거절해야 하는 것인가? 건강과 운동에 관련된 담배회사의 판촉활동은 모두 금지시켜야 하는 것인가? 결국 악이 선을 능가하게 되는 것인가?

_ 토의 주제

당신은 페미니스트 지도자로서 여성 스포츠 대회를 좀더 활성화시켜야 한다는 생각을 가지고 있다. 지금까지 여성 테니스 대회와 골프 대회 자금은 주로 담배업계에서 지원해 주었고, 당분간 다른 후원자는 구하기 힘들 것으로 보인다. 당신은 담배회사의 후원을 받아들일 것인가? 아니면 거절할 것인가? 가능한 한 설득력 있게 당신의 주장과 근거를 제시해 보라.

>>> 올드 조 카멜 논쟁

1988년, R. J. 레이놀즈 머릿속에 판매 부진에 허덕이고 있는 카멜 브랜드를 회생시킬 수 있는 판촉 아이디어가 문득 떠올랐다. 레이놀즈는 연간 7천5백만 달러를 들여서 선글라스를 끼고 있는 동그란 코의 낙타 캐릭터 '조'가 나오는 광고 캠페인을 진행하기 시작했다. 광고 속에서 제법 근사한 남성으로 그려진 '조' 광고 캠페인은 그 당시 카멜 담배에서 계속 이탈하고 있던 젊은 남성 흡연자층을 대상으로 삼았다. 광고 캠페인은 놀라운 성공을 거두었다. 단 3년 만에 카멜은 18~24세 그룹에서의 매출 점유율이 4.4%에서 7.9%로 거의 2배 가량 상승했다.

표 7.1 올드 조 카멜 광고에 대한 인식과 태도 조사 결과

조사내용	학생	성인
올드 조를 본 적 있다	97.7%	72.2%
제품에 대해 안다	97.5	67.0
광고가 멋있다고 생각한다	58.0	39.9
조 캐릭터가 친근하다	35.0	14.4
카멜 브랜드를 매우 좋아하는 흡연자	33.0	8.7

※출처 : 저널 오브 아메리칸 메디컬 어소시에이션 자료, 왈레시아 콘래드 "카멜을 구하려고 1마일을 헤매곤 했다," 비즈니스 위크 (1991년 12월 23일), 34. 이 결과는 12~19세 학생 1,055명과 21~87세 성인 남녀 345명을 대상으로 시행한 조사를 바탕으로 했다.

올드 조 카멜The Old Joe Camel 광고는 목표했던 연령대에서만 성공한 것이 아니었다. 조사 결과 광고는 13세 이하 아이들에게도 아주 많은 인기를 얻었으며 아이들은 조 캐릭터를 매우 좋아했다. 미국의 6세 아이들은 미키 마우스와 거의 같은 비율로 조 카멜을 알아보았다. 3세 정도의 아이들은 심지어 만화 캐릭터를 담배와 동일시했다.

그런데 훨씬 더 중요한 사실은 흡연을 하는 미성년자 그룹에서 카멜의 시장 점유율이 거의 33%에 육박했다는 점이다. 이는 올드 조 캠페인을 시작하기 전의 1% 미만에서 엄청나게 상승한 수치였다. 이 조사에 대한 다른 결과는 위의 표 7.1을 참조해 보자.

>>> 옥외 광고판에 대한 논쟁

'업타운'을 비난하던 시민단체는 처음에는 흑인 거주지역의 옥외 광고판에 대해서만 초점을 맞추었다. 그러나 그들은 곧 비난의 대상을 담배전체와 술로 확대했고 문제의 옥외 광고판에 흰 페인트를 칠하는 시위를 시작했다. 시민단체의 주장에 따르면 자신들이 할 수 있는 유일한 방법은 담배회사의 광고에 시민들이 적극적으로 반발하는 모습을 직접 보여 주는 길밖에 없다고 했다.

할렘 아비시니아 침례교회의 열성적인 성격을 지닌 캘빈 O. 버츠 3세 목사는 한 무리의 사람들을 이끌고 다니며 광고판에 아프리카 중심주의를 상징하는 검정 페인트로 서명을 하기도 했다. 옥외 광고판에 저항하는 움직임은 할렘 전체로 퍼져 나갔다. 댈러스에서는 군 위원 존 와일리 프라이스가 사람들을 이끌고 다니며 25개 옥외 광고판에 페인트를 칠한 혐의를 받아 경범죄로 구속되는 일이 발생하기도 했다. 그리고 시카고의 마이클 플레저 신부도 옥외 광고판에 페인트를 칠한 혐의로 구속되었다. 바야흐로 흡연 반대운동과 광고물 반대운동이 최고조에 이르렀다.

드디어 담배와 관련된 업계에서도 나날이 커져 가는 저항 세력에 몸을 사리기 시작했다. 1990년 6월, 옥외 광고판 회사의 80%가 가입되어 있는 미국 옥외 광고협회는 학교·예배 장소·소수민족 거주지 근처에는 담배와 술의 옥외 광고판 수를 자발적으로 제한해서 설치할 것을 권고했다.

>>> 외국 시장으로 눈을 돌리다

미국 내에서 담배 광고에 대한 제한이 갈수록 심해지고 1인당 담배 소비량도 줄어들자 담배업계는 외국 시장으로 눈을 돌렸다. 그러나 담배에 대한 비판과 규제는 그곳에도 엄연히 존재했다.

1984년 이전에 영국 왕립의과대학에서는 영국에서만 1년에 흡연 때문에 10만 명이 사망한다는 사실을 예로 들며 담배에 대해 맹렬한 비판을 가하고 있었다. 그러나 왕립학교에서는 주로 저타르 담배가 부족한 사실을 지적하고 비난했다. "타르가 적은 담배는 특히 제3세계에는 알려져 있지 않다. 선진국들은 전세계적으로 흡연이 퍼져 나간 사실에 대해 책임을 통감해야 한다."[5] 1991년에는 대부분의 유럽 국가에서 담배 광고를 규제하기 시작했다.

서유럽 국가에서도 담배업계를 냉대하기 시작하자 미국 담배회사들은 아시아·아프리카·동유럽·구 소련 시장으로 적극적인 진출을 모색했다. 그곳은 미국 담배회사들에게는 상당히 큰 시장이었고, 공격적인 마케팅을 하면 금방 매출이 오를 것처럼 보였다.

그 까닭은 이들 국가에서 담배 매출은 증가하고 있었지만 제대로 된 마케팅도 없었고, 건강정보 표시에 대한 규제도 거의 시행되지 않았기 때문이다. 예를 들어 헝가리에서는 팝 콘서트 현장에서 어린 팬들에게 말보로를 나눠 줄 정도였다.[6]

논쟁에 대한 평가

>>> 소수집단을 목표 시장으로

시민단체에서 주장한 대로 '업타운' 브랜드를 출시한 RJR은 잔인한 괴물인가? 분명히 도시 빈민가에 사는 흑인들이 교외에 사는 백인들에 비해 담배와 술을 이용하는 비율이 높았다. 담배회사에서는 틀림없이 '업타운' 브랜드를 출시하면 목표한 시장에서 확실하게 주도권을 잡을 수 있다고 판단했을 것이다. 여기에서 생각해 봐야 할 문제가 한 가지 있다. 정말 소수집단은 광고에 쉽게 영향을 받는 것일까? 때문에 그들은 안전하지 않은 제품들로부터 반드시 보호되어야만 하는 것일까?

규제가 필요하다고 생각하는 사람들은 젊은 흑인 같은 특정 집단에는 반드시 그러한 보호가 필요하다고 주장한다. 그러나 다른 사람들은 그와 같은 보호를 일종의 특혜로 보고 있다. 심지어 몇몇 흑인 지도자들은 옥외 광고판을 훼손하는 사태와 논쟁을 불러일으키고 있는 특정 성직자들의 설교에 대하여 공개적으로 비난하고 나섰다. 분명한 사실은 사람들을 유혹하는 것과 강요하는 것은 판이하게 다르다는 사실이다. 결론적으로 말하자면 담배와 술을 구입하라고 강요받은 사람은 아무도 없었다.

빈민가 청소년들이 유해 제품 광고에 영향을 받기 쉽다는 주장에 대해서는 찬반양론이 분분하다. 그러나 아무래도 광고에 영향을 받는다는 쪽에 더 힘이 실리고 있는 것 같다. 이는 아이들이 TV나 라디오 광고에 나오는 매력적인 모델에게 금방 빠져든다는 사실을 보면 쉽게 알 수 있다.

결국 수십 년 전 건강에 유해한 제품의 라디오와 TV 광고가 금지되었듯이 옥외 광고판에 대해서도 그런 제품의 광고를 금지하는 법률이 제정되어야 한다면, 도대체 그 기준을 어떻게 정해야 할까? 소수집단 거주지역에서 고급 운동화처럼 값비싼 제품의 판촉활동을 금지시켜야 하는가? 또는 고혈압을 발생시킬 수도 있는 콜레스테롤이 높은 제품의 판촉을 금지시켜야 하는가? 난폭 운전을 하도록 유혹하는 힘이 센 '머슬카 muscle cars' 는 또 어떠한가?

>>> 조 카멜에 대한 평가

그리 놀라운 일도 아니지만 미국의학협회the American Medical Association에서 조 카멜이 어린이들에게 매우 매력적인 캐릭터로 받아들여지고 있다는 연구 결과를 발표하자 비난 여론이 한층 더 거세어졌다. 그 이유는 기본적으로 인기 있는 조 카멜 광고의 영향으로 어린 아이들이 호기심에서 흡연을 시작하게 되지 않을까 하는 우려 때문이었다. 그러나 RJR은 전혀 인정하지 않았다. 회사 광고가 아이들에게 인기가 높다는 사실을 부정했다. "아이들은 그 정도는 분간할 수 있다. 우리 제품의 로고를 좋아한다고 해서 그 제품을 구입하지는 않을 것이라고 생각한다."[7] 심지어 RJR은 언론의 자유를 주장하며 강력하게 반발했다.

일부 광고업계 종사자들은 RJR이 이 광고에 대해 완강한 태도로 나가는 것은 잘못된 대처방식이라고 지적했다. "올드 조 광고에 고의성이 없기는 했지만 지나친 마케팅이었다고 인정해야 한다. 이 문제를 언론의 자유라는 주제로 끌고 가게 되면, 자칫 의회를 자극함으로써 결국 모든 담배광고를 금지·제한하는 법률이 제정될지도 모른다. 이 사태로 담배를 담당하는 관청이 식품의약청FDA으로 넘어가기라도 한다면 담배산업은 조만간 세상에서 없어지게 될지도 모른다."[8] 1997년, RJR은 마침내 소리 소문 없이 올드 조 캐릭터 사용을 중단했다.

>>> 담배회사의 적극적인 해외 활동에 대한 평가

일반적으로 기업은 가능한 한 최대의 이익을 낼 권리가 있다. 현재 기업이 활동하고 있는 시장에 대해서 날이 갈수록 정부의 규제가 심해진다면, 이윤을 추구하는 기업은 새로운 시장을 적극적으로 개척할 권리가 있는 것 아닌가? 이것이 바로 담배회사들이 주장했던 내용이었다.

흡연이 건강에 해롭다는 사실은 현재 정설로 받아들여지고 있다. 그런데 흡연에 의한 영향은 아주 오랜 후에야 드러나게 되므로 이 주장에는 약간 애매모호한 부분이 있다. 많은 사람들이 스스로 기꺼이 건강상의 위험을 감수하면서 담배를 피우고 있는 동안 담배업계는 계속해서 부정적인 평가를 받고 있어야만 하는 것인가?

미국 국민에 비해서 더 쉽게 설득당하며 과장된 홍보에도 훨씬 더 잘넘어가는 외국 국민들을 대상으로 담배업계가 정교하고 적극적인 판촉활동을 펼친다고 가정해 보자. 대중은 무엇이 윤리적이고 또 무엇이 바람직하지 못한 행동인지 알아차릴 수 있을까? 그리고 반드시 그 행동을 바로잡아야만 하는가?

담배에 대한 공격이 강화되다

>>> 니코틴 수치에 대한 주장

담배업계를 또 한 번 뒤흔들어 놓은 심각한 사건이 발생했다. 흡연자들이 니코틴에 중독되도록 장기간에 걸쳐서 담배의 니코틴 수치를 높여 왔다는 것이다. 이런 혐의에 더욱 불을 지른 것은 〈월 스트리트 저널〉에서 입수한 브라운&윌리엄슨 토바코 Brown & Williamson Tobacco Corp. 의 내부 문건이었다. 54쪽짜리 안내서 내용에 의하면 이 회사에서는 담배에 암모니아 화합물을 첨가해 왔는데, 이렇게 하면 흡연자가 실제로 흡입하는 니코틴 효과가 더 강해진다.

브라운&윌리엄슨의 내부 문건으로 그 당시 미국 시장에서 30%의 시장 점유율을 기록하고 있던 필립 모리스의 말보로 같은 최고 브랜드에서 암모니아 기술을 최초로 사용했을지도 모른다는 주장이 나오게 되었다. 아무튼 그 기술은 이미 담배업계에 공공연하게 퍼져 있는 것으로 추측되었다.[9]

대부분의 과학자들은 니코틴이 담배의 중독성을 일으키는 주요 성분일 것으로 생각해 왔다. 그러므로 담배에 니코틴이 혈액 속으로 잘 운반되도록 도와주는 물질을 첨가시키면 중독성 또한 자연히 높아지는 것이다. 그러나 담배업계에서는 이 사실을 절대로 인정하지 않았다. 암모니아 화합물은 그저 담배 맛을 더 좋게 만들도록 하기 위해 사용했을 뿐이라고 주장했다. "암모니아 첨가물DPA을 사용하는 가장 중요한 목적은 맛과 향을 좋게 하여 자극을 줄이고 제품을 개선시키기 위한 것이다." 이 암모니아 첨가물이 니코틴 전달을 촉진한다는 점에 대해서 인정하긴 했지만 브라운&윌리엄슨의 대변인은 이를 '우연한 효과'라고 표현했다.[10] 그리고 담배회사들은 그 당시에도 여전히 흡연이 심장병이나 암, 또는 다른 질환을 유발시킬 수 있다는 상관관계에 대해 끈질기게 부인했다.

_흡연에 대한 논쟁

담배에 대한 논쟁은 이 장에서 설명한 내용들 외에도 많다. 예를 들면 다음과 같다.

- 작업장에서 흡연이 금지되어야 하는가? 레스토랑과 비행기에서는 어떠한가?
- 작업을 하지 않을 때도 직원의 흡연을 허락하지 않는 회사는 어떠한가?
- 담배업계는 자신들의 '흡연할 권리'를 주장하는 직원들이 제기한 소송에 비용을 대야 하는가?
- 비흡연자는 간접 흡연으로부터 보호되어야 하는가?
- 일반적으로 흡연자들의 권리는 침해받고 있는가?

_토의 주제

이 질문들과 당신 머릿속에 떠오르는 다른 흡연 주제에 대해서 토의하고, 필요하다면 논쟁해 보도록 하라.

그러나 1996년 새롭게 공개된 문서에 의하면 미국 최고의 담배회사인 필립 모리스는 1970년대부터 법적 소송을 피하기 위해 흡연과 건강에 관한 자료 중에서 문제가 될 수 있는 자료를 숨기고 폐기하는 시스템을 마련해 두고 있었던 것으로 드러났다. "이 문서들은 그동안 담배업계에서 정보를 공개하지 않으려고 얼마나 노력해 왔는지를 한눈에 보여 주는 확실한 증거이다. 그러나 이것은 빙산의 일각이다. 그동안 얼마나 많은 문서들이 폐기되었겠는가."[11]

>>> 반향

암모니아 성분에 대한 가장 최근의 폭로 사건이 있기 전부터 담배업계는 여론의 집중 포화를 받고 있었다. FDA 청장인 데이비드 캐슬러는

1990년 처음 임명되었을 때와는 아주 정반대로 선봉에 서서 담배업계에 압력을 가하고 있었다. 그 당시 몇몇 건강협회에서 흡연의 문제점을 제기했지만 수십 년 동안 아무런 성과가 없었다. 정부에서 이 문제에 관심을 가지는 사람은 거의 없었다. 왜냐하면 담배업계는 난공불락의 요새였기 때문이다. 담배회사들은 의회 의원들의 강력한 지원을 받고 있었으며 또한 풍부한 자금력으로 최고의 변호인단을 구성하거나 은밀하게 로비를 할 수도 있었다.

담배회사 경영진들은 잘 몰랐겠지만 상황은 미묘하게 변하고 있었다. 1985년, 콜로라도 아스펜과 베일의 스키 리조트에서 레스토랑 내 흡연을 금지했다. 이것을 시작으로 여기저기에서 흡연 금지 조치들이 시행되었다. 천천히 진행되던 금연운동은 1993년 담배가 발암물질이라고 환경보호청Environmental Protection Agency이 발표한 후부터 급속도로 퍼져 나가기 시작했다.

드디어 1993년 말에는 436개 도시가 금연 조치를 발표했다. 비행 시간에 관계없이 모든 국내선에서도 흡연이 금지되었다.

법원도 이 움직임에 가세했다. 뉴욕과 워싱턴의 법무부는 담배와 관련된 사건 수사에 나섰고, 다른 13개 주에서는 담배업계에 흡연 때문에 발생한 질병의 치료 비용을 요구하고 있었다. 게다가 담배업계는 담배회사들이 담배에 중독성이 있다는 사실을 은폐하는 동안 자신들이 담배에 중독되었다고 주장하는 흡연자들이 제기한 8건의 집단 소송에도 대응해야 했다. 소비자들이 담배회사를 대상으로 투쟁을 벌이는 동안 FDA에서는 케슬러 박사에게 힘을 실어 주었다.

담배업계에서 이전에 늘 사용해 왔던 방어 전략은 다음과 같았다. 즉 흡연과 폐암과의 관련성이 명확하게 '증명되지 않았음'에도 불구하고 흡연자가 자신의 자유 의지로 흡연하는 것을 정부가 무슨 권리로 간섭할 수 있겠느냐는 입장을 취했다.

한편, 최근 담배회사들이 강력한 중독성을 가진 니코틴 수치를 인위적으로 조절할 수 있다는 사실을 폭로했던 케슬러 박사는 정부에 제시할 새로운 전략을 마련하고 있었다. 공중보건국장이었던 C. 에버렛 쿱은 그에게 담배를 규제하기 위해서 "무슨 일을 하더라도 이 나라가 당신을 지지할 것이다"라는 말로 전폭적인 지원을 약속했다.[12]

1995년 8월 10일, 클린턴 대통령은 케슬러 박사와 함께 담배 마케팅과 판매에 대해 시행할 엄격한 규제 조치를 공개했다. 이는 앞으로 FDA가 담배를 규제할 것이라는 사실을 의미하는 것이었으며, 미국 정부로서는 담배업계에 대해 전례 없이 공격적인 태도를 드러낸 것이었다.

심지어 노다지인줄로만 알았던 해외 시장에서도 담배에 대해 저항하는 움직임이 생겨나고 있었다. 필립 모리스의 공격적인 유럽 광고 캠페인은 역효과만 불러일으킨 꼴이 되었다. 법률 소송이 줄을 잇고 단속기관에 대한 시민들의 항의가 증가할 뿐만 아니라 정부의 비난이 거세어지자 이 회사는 결국 광고를 내리고 말았다. 필립 모리스는 이 캠페인에서 과학적 연구 결과를 인용하여 간접 흡연은 비흡연자에게 건강상 해를 거의 끼치지 않는다고 주장했다. 더욱이 간접 흡연이 쿠키를 먹거나 우유를 마시는 것보다 덜 위험하다고 암시하기도 했다.[13]

1995년 1년 동안 필립 모리스는 유럽에서 114억 달러의 매출을 올렸다. 필립 모리스로서는 이처럼 큰 시장을 잃을 수도 있는 위험한 상황이었다. 그러나 시간이 흐를수록 국민 건강관리 비용이 증가하자 이를 감당해야 하는 정부가 마침내 담배업계에 대한 분노를 폭발시키고 말았다.

흡연을 반대하는 시민단체들의 적극적인 비난에도 불구하고 아르헨티나에서 조 카멜의 매출은 나아지고 있었다. 라틴 아메리카에서 광고 캠페인을 처음으로 시작하자 이전에 미미했던 카멜 브랜드의 매출이 50%나 급등했다. 아르헨티나에는 국가적으로 흡연에 대한 연령 제한이 없었으므로 조 카멜이 이러한 성과를 거둘 수 있었다.[14]

담배업계의 반격

담배업계의 투쟁은 여전히 진행중이었다. 담배업계에 우호적인 의회 의원들이 흡연에 대해서 좀더 호의적인 법률을 제정하기 위해서 필사적으로 노력하고 있는 동안, 담배회사들과 광고업계는 FDA에 대해 법률 소송을 제기했다. 담배회사들은 1996년 상반기에만 로비 비용으로 1천5백만 달러 이상을 사용했다. 백만 달러 이상이 의회 의원들의 선거 기부금으로 쓰였고, 역시 백만 달러가 변호사 비용으로 지출되었다.[15]

담배업게는 반대 세력에 대해 공격적으로 방어하고 대항하는 것으로 악명을 날리고 있었다. 예를 들어 조지아주의 한 대학교수는 연구 결과 아이들이 조 카멜을 디즈니의 캐릭터만큼 잘 알아본다는 사실을 발견했다. 따라서 자신들의 광고는 어린 아이들을 대상으로 하지 않는다는 담배업계의 주장에 대해 심각한 의문이 제기되었다. 결국 그 교수는 담배업계의 제물이 되고 말았다. 담배업계는 그 교수를 즉각 해임하라고 학교에 압력을 넣었다. "담배업계의 압력으로부터 그를 지켜 준 유일한 방어막은 종신 재직권이었다."[16]

담배업계에서 필립 모리스가 비난 세력을 공격하는 데 가장 적극적으로 나섰다. 1994년, 필립 모리스는 미국 내에서 가장 엄격한 금연법을 시행하고 있는 샌프란시스코를 쓰러뜨리기 위해서 소송을 제기했다. 샌프란시스코에서는 사무실 흡연을 금지했으며 조만간 레스토랑에서도 흡연을 금지할 계획이었다. 필립 모리스는 법원에서 그 법이 무효이므로 실행될 수 없다는 판결이 내려지게 하려고 시시각각 갖은 애를 쓰고 있었다.

필립 모리스의 회장 제프리 바이블은 자신들을 공격하는 적들에 대해 법적 소송이나 신문 광고를 통한 전면전을 펼치겠노라고 선언했다. "가만히 당하고 있지만은 않을 것이다. 옳다고 생각되면 싸워라. 그러면 이길 것이다."[17] 라고 목소리를 높였다. 바이블은 필립 모리스를 전세계로 진출시키기 위해 많은 노력을 기울였으며 자신이 늘 직원들에게 설교하는 "흡연을 널리 보급하고, 담배를 비판하는 사람들은 모두 공격하라"라는 내용을 스스로 실천했다.

담배업계를 살리기 위해 노력한 것은 담배 생산자들뿐만은 아니었다. 담배는 이미 경제 곳곳에 깊이 뿌리를 내리고 있었기 때문에 담배산업을 규제하게 되면 많은 사람들이 고통받을 상황이었다. 예를 들어 지역 판매 대리점, 담배 자판기를 소유하고 있거나 자판기에 제품을 보충하는 사람들, 담배 옥외 광고판과 관련된 일을 하는 사람들, 담배가 사업 매출의 대부분을 차지하는 수십만 명의 행상들이 어려움을 겪게 될 것이다. 더욱이 남부에서 담배를 재배하고 있는 농부들은 말할 필요도 없었다. 그들이 수익성이 높은 담배를 포기하고 다른 작물을 재배하는 데 찬성할 리가 없다. 담배와 관련된 업종에 종사하고 있는 사람들을 다른 곳에 고용해야 한다는 주장이 일자 많은 사람들은 지난 수십 년간 담배업계가 제공했던 이런저런 혜택들을 되새기면서 이제 그 기회를 잃게 될 것이라는 생각에 당혹스러워했다.

>>> 결과

흡연 반대 캠페인이 시간이 흐를수록 큰 효과를 거두고 있다는 희망은 1998년 11월 미국의학협회저널JAMA에 실린 한 연구 결과로 산산조각이 나고 말았다. 1997년, 116개 4년제 대학에서 시행된 조사에 의하면 대학생 흡연율은 28%로 1994년의 23%보다 상승한 것으로 나타났다. 보고서는 이 조사 결과에 대해 국가적 차원의 관심이 더욱 필요하다는 말로 결론을 맺고 있었다.[18]

1998년, 미국 내에서 필립 모리스의 시장 점유율이 사상 처음으로 50%를 넘어섰다. 필립 모리스는 옥외 광고판과 잡지 광고에 '말보로 맨'을 적극적으로 활용하는 방법뿐 아니라 소매업자들에게 필립 모리스 담배의 매출과 진열 정도에 따라 보상금을 지급하는 '소매 마스터'라는 판매 인센티브 프로그램을 시행했다. 이 프로그램을 시행하자 특히 직판 담배 상점의 수가 1998년에는 5,800여 개까지 급속도로 증가되었다. 그러나 업체 리베이트와 진열 요금이 많이 나갔기 때문에 직판점의 담배 매출은 편의점보다 10~15% 정도 낮았다. 다른 담배회사들도 인센티브 프로그램을 시행하고 있었지만 필립 모리스를 당해내지는 못했다.

해외의 경우, 필립 모리스는 터키에서 담배 시장의 거의 4분의 1을 장악하고 있었다. 이는 필립 모리스가 터키 내 유력 인사의 도움을 받고, 담배 가격과 배급에 대해 정부의 통제를 완화시키기 위해서 엄청나게 로비를 한 결과였다. 그러나 성공을 거두게 된 가장 큰 이유는 터키에 수백만 달러를 투자하겠다고 약속했기 때문이다.

필립 모리스는 이 약속을 지키기 위해서 1993년 터키에 공장을 건설하고 2억3천만 달러를 들여 시설을 확장했다. 곧 터키인의 입맛에 맞으면서 터키에서 생산하는 다른 브랜드보다 더 자극적인 담배를 개발할 수 있게 되었다. 카우보이 복장의 영업사원들은 풍성한 판촉물과 인센티브 계획을 가지고 전국 13만 개의 상점으로 달려갔다. 물론 필립 모리스는 카우보이 장면과 파노라마식의 풍광이 펼쳐지는 '말보로 맨' 광고에 대해서도 대대적인 물량 공세를 폈다.

1996년 후반, 터키 국회는 흡연 반대 시민단체의 압력에 못 이겨 전세계에서 가장 엄격한 담배 광고 규제법 중 하나를 통과시키게 되었다. 필립 모리스는 광고와 진열에서 '말보로'라는 단어를 삭제했지만, 더 쉽게 인식되는 붉은색 브이V 모양은 남겨 두는 것으로 이 난관을 살짝 피해 갔다. 또한 필립 모리스는 이 금지 법안이 담배와 관련 없는 제품과 행사에는 해당되지 않는다는 사실을 눈치 채고 있었다. 따라서 말로보 청바지와 다른 제품들은 베스트셀러가 되었고 이는 결과적으로 말보로 브랜드 판촉에 도움이 되었다.

한편, 담배회사들은 새로운 시장을 발견했다. 바로 개발도상국의 여성 중에서 아직은 비흡자이지만 곧 흡연자의 대열에 합류하게 될 사람들이 표적이었다. 따라서 잠재적인 수요자들에게 접근하기 위해 담배회사들은 여성 관객들을 대상으로 하는 스포츠와 오락 행사를 후원했다. 이들은 여성 관객들에게 담배와 함께 공짜로 크리스털·명품 스카프·실크 속옷을 나누어 주었다. 또한 대학을 졸업하는 여학생들에게 축하 선물로 담배 샘플을 보내기도 했다. 독실한 가톨릭 국가인 필리핀에서는 심지어 담뱃갑 위쪽으로 성모 마리아와 다른 여성 성인들이 기도하는 모습이 그려져 있는 달력을 나누어 주기도 했다.[19]

담배 협상

1997년 봄, 미국의 담배업계에 엄청난 변화가 닥쳐 올 것임을 예고하는 새로운 사건이 발생했다. 3월 말, 그동안 철옹성처럼 굳건했던 담배업계의 결속력을 뒤흔드는 사건이 터졌다. 리켓 그룹Ligget Group이 22개 주와 소송에 합의하는 과정에서 결국 흡연이 중독성이 있으며 암을 유발한다는 사실을 인정했기 때문이다. 리켓에서 제출한 자료를 살펴보면 그동안 담배회사들이 어린이들까지도 판매 대상으로 삼았다는 사실을 알 수 있었다.

1997년 4월, 필립 모리스와 RJR 나비스코는 흡연 때문에 발생한 질병 치료에 사용된 의료보험 비용 수십억 달러를 보상하라고 소송을 제기한 22개 주 법무장관들과 협상을 시작했다. 결국 담배업계는 현재의 소송을 취하하고, 앞으로 소송을 제기하지 않는다는 조건 하에 향후 25년간 기금 마련을 위해 3천억 달러라는 어마어마한 비용을 보상하기로 합의했다. 그리고 다른 여러 가지 조건에 대해서도 양보하기로 결정했다. 1998년 초, 의회는 이 합의를 승인하기로 결정하면서 보상금을 5천160억 달러로 올리고 담배회사들이 제시한 면제권도 거부했다. 당연히 담배업계는 이 제안을 받아들이지 않았다.

1998년 11월, 이전보다 좀더 완화된 조건으로 향후 25년간 2천60억 달러를 지불하겠다는 내용의 협상안이 타결되었다. 그리고 1997년 5월 5일, 플로리다주 배심원들은 하루에 담배 3갑을 피우던 사람이 49세에 폐암으로 사망한 사건에 대해 담배회사는 책임이 없다는 평결을 내렸다. 말할 것도 없이 RJR이 거둔 큰 승리는 담배회사에게만 일방적으로 불리했던 상황을 개선시키는 데 도움이 되었다. 이 재판은 향후 담배업계에 내한 소송이 어떤 식으로 전개될 것인가에 대한 방향을 제시하는 중요한 지표로 주목받았다.

46개 주에서 새로운 협상 내용을 받아들였다. 다른 4개 주에서는 이미 개별적으로 4백억 달러를 지불한다는 내용으로 소송에 합의했다. 겉으로는 이 협상안을 통해서 그동안 흡연 반대 시민단체들이 희망하던 10대들의 흡연 금지와 담배업계에 대한 연방의 규제에 대해 광범위한 합의가 이루어진 것처럼 보였다.

계속되는 전쟁

1999년 8월, 수많은 법률 소송과 다른 사건들에도 불구하고 필립 모리스는 경쟁업체들을 위협하며 업계 2위인 RJR보다 매출에서 거의 2배나 앞서는 등 여전히 높은 수익을 올리고 있었다. 46개 주에 대한 보상금과 변호사 수임료를 지불하기 위해서 담배 1갑당 70센트씩 가격을 인상했는데도 여전히 매출은 상승했다.

한편, '소매 마스터'라는 판매 인센티브 프로그램이 독점 금지법을 위반했다는 혐의로 경쟁사가 제기한 소송에서 부분적인 판매 금지 명령을 받았지만 필립 모리스는 전혀 영향을 받지 않았다. 필립 모리스는 자신 있게 법원의 금지 명령에 항소할 준비를 갖추었다. 그리고 필립 모리스는 자사 컴퓨터에 수천만 명의 흡연자 리스트를 보관해 두고 '관계 마케팅 프로그램'을 이용하여 헌신적인 흡연자들이 계속해서 필립 모리스 제품을 이용할 수 있도록 노력해 왔다.

21세기가 시작될 무렵 미국 담배회사들은 국제 시장에서 그리 좋은 성적을 거두지 못하고 있었다. 심지어 전세계 수십억 명의 흡연자 중에서 절반 가량이 거주하고 있는 아시아 시장 상황도 썩 좋지 않았다.

예를 들어 중국국가연초공사CNCT는 외국산 담배의 배급을 제한하기 위해서 200%의 수입관세를 부과하며 중국 시장에서 실제적으로 독점권을 행사하고 있었다. 다른 아시아 국가에서도 사정은 마찬가지였다. 수입관세와 규제 조치로 외국 기업들은 크고 작은 어려움을 겪고 있었다. 외국 담배는 구하기도 어려운데다가 광고나 판촉이 힘들었을 뿐만 아니라 일반 소비자들이 구입할 수 없을 만큼 가격이 높았다. 1999년 필립 모리스는 해외 시장 매출이 4% 하락할 것으로 예상했다.

담배업계는 미국 내 법정 싸움이 아직 끝나지 않았다는 사실을 알게 되었다. 1999년 9월 22일, 법무부는 담배업계가 지난 45년간 담배의 위험에 대해 은폐함으로써 흡연으로 질환이 발생한 환자들의 치료 비용으로 연방정부 예산이 연간 2백억 달러 이상 지출되었다고 주장하며 대규모 소송을 제기했다.

1999년 10월 13일, 필립 모리스는 연간 1억 달러 또는 총 광고 예산의 5%를 들여서 '더 친근한 대외적인 이미지'를 제시하기 위해 새로운 TV 캠페인을 시작할 것이라고 발표했다. 흡연 반대 시민단체에서는 즉시 '진행중인 소송에서 승소하고 정치적인 규제를 피하기 위한 시도'라고 반박했다.[20]

궁지에 몰리다

2002년 4월, 48세의 루이스 카밀레리가 제프리 바이블의 뒤를 이어 필립 모리스의 CEO가 되었다. 그도 바이블처럼 줄담배를 피워댔다(사람들은 담배회사 CEO가 되는 조건에 줄담배를 피워야 한다는 내용이 있는지 궁금하게 여길 수도 있다). 1998년 11월, 주 법무장관들과 수천억 달러에 이르는 협상을 하고 난 이후 상황은 무척 낙관적으로 보였다. 수익은 증가하고 있었고 소송에 대한 위협은 서서히 줄어들고 있었다. 필립 모리스는 크래프트 푸드 Kraft Foods를 인수히면서 회사 이름을 알트리아 그룹 Altria Group으로 새롭게 바꾸었다. 자연히 기업 내에서 담배가 차지하는 비중도 줄어들게 되었다.

2003년, 상황은 필립 모리스와 다른 주요 담배회사들에게 부정적인 방향으로 전개되고 있었다. 뉴욕에서 작업장에서의 흡연을 금지하는 법령이 제정되면서 카밀레리는 이제 사무실에서조차 담배를 피울 수 없게 되었다. 나라 전체를 휩쓸고 있는 이러한 금지령은 앞으로 이들에게 닥칠 불행을 암시하고 있었다. 갑자기 큰 폭으로 담배를 할인하는 업체들이 등장하면서 가격 전쟁이 불붙기 시작했고 그 결과 수익률도 날이 갈수록 떨어지고 있었다. 필립 모리스와 기존 회사들이 소송 합의금을 지불하고 주식 배당금 때문에 높은 수익을 올리려고 원래 가격을 유지하고 있을 때, 경쟁업체들은 브롱코·레인저·레이브 등의 제품을 들고 시장을 적극적으로 공격하고 있었다. 가뜩이나 어려운 상황인데 국가에서는 담배에 대한 국내 소비세도 올렸다. 2002년 말, 1998년까지 3%에 불과했던 저가 담배는 이미 시장의 10%를 차지하고 있었고 빠르게 성장하는 중이었다.

이와 같은 사건 외에도 일리노이주 법정은 필립 모리스에 대한 집단 소송에서 1백1억 달러를 지불하라는 판결을 내렸다. 1998년 합의를 했지만 법정 소송의 위험은 도처에 도사리고 있었다. 더욱이 합의에 따라 막대한 보상금에 대한 법정의 재고를 요청하는 동안 카밀레리는 부도 위기까지 몰렸다.

이러한 어려움에 직면하게 되자 필립 모리스는 전면적으로 전략을 수정하기로 결정했다. 이전에는 꿈에도 생각지 못했던 전략이었다. 바로 담배업계가 정부의 규제 조치에 잘 협조함으로써 FDA와 친밀한 관계를 유지하는 방법이다. 이렇게 하면 오랜 적들과 동맹관계를 맺게 되고, 담배회사 경영자와 흡연 반대 운동가·북동부와 담배업계에 호의적인 의회 의원·농부·도시의 자유주의자들까지 모두 화합할 수 있다고 판단했다.

필립 모리스는 늘 담배업계에 대한 정부의 규제(예를 들어 담배 광고에 대한 규제)에 반대하는 데 앞장서 왔다. 그러나 1998년 소송 합의 후, 필립 모리스는 이미 확고한 시장 점유율을 가지고 있는 말보로가 이러한 규제에 크게 영향받지 않는다는 사실을 깨닫게 되었다. 저가 제품을 출시하는 신생 회사들은 FDA 규칙 때문에 제품 제조에 대한 새로운 기준을 따라야만 했고, 결국 가격의 상승으로 이어졌다. FDA는 유해한 성분에 대한 더 자세한 공개 요구와 같은 새로운 마케팅 규칙을 만들어낼 수 있으며, 심지어 니코틴 수치를 낮추라고 요구할 수도 있었다. 게다가 정부는 규제를 통해 담배업계의 이미지 관련 문제를 개선해야만 했다.

2003년 말, FDA와 친밀한 관계를 맺는 작업은 완료되지 않았다. 그러나 필립 모리스는 의회 의원들에게 대단한 영향력을 발휘하는 담배 재배 농부들을 간신히 자기 편으로 끌어들일 수 있었다. 필립 모리스의 이익과 FDA의 이익이 사이좋게 조화를 이루어 가고 있는 것처럼 보였다. 얼마나 놀라운 일인가!

2003년 10월, 미국 담배업계에서 2위와 3위를 기록하고 있는 RJR과 브리티시 아메리칸 토바코British American Tobacco : BAT는 레이놀즈 아메리칸Reynolds American이라는 이름의 새로운 회사로 합병하는 데 동의했다. 이로써 담배 시장에서 필립 모리스는 49.6% 그리고 레이놀즈 아메리칸은 32%를 차지하게 되었다. 수천억 달러의 소송에 저가 담배 브랜드가 시장을 공격하는 등 나날이 위험이 증대되는 환경 속에서 이 거래는 꼭 필요한 것이었다.[21]

* 무엇을 배울 것인가?

많은 사람들이 안전하지 않고 심지어 치명적이라고 생각하는 제품을 판촉하는 행위는 윤리적인기? 이 주제는 담배의 생산과 마케팅에 관련된 모든 문제의 정곡을 찌르는 질문이다. 사실상 모든 건강 전문가들이 위험하고 결국은 생명을 위협하는 물질로 생각했던 담배는 강력한 정치적 이해관계 때문에 오랫동안 보호받아 왔지만 이제 그러한 일은 더 이상 불가능하다.

비록 담배업계에서 몇 가지 건강 문제에 대해 인정했지만, 아주 최근까지도 담배에 대한 공격적인 판촉활동을 지속해 왔다. 더 나쁜 사실은 담배회사들이 제3세계 국가들을 적극적으로 공략했다는 사실이다. 지금은 그곳에서도 큰 어려움을 겪고 있기는 하지만 말이다.

담배업계는 거대하다. 담배 생산자·가공업자·소매업자·세금 징수관·정부의 영향력 있는 인물들, 심지어 광고지를 붙이러 다니는 사람까지 관련되어 있다. 해마다 그 수가 줄어들고 있기는 하지만 담배를 구입하는 흡연자들 역시 담배업계를 지켜 주는 주요 인물들이었다. 담배에 대한 충성도가 높은 고객들은 질병이 먼 미래에 일어날 것이고 극소수만이 거기에 해당된다고 믿음으로써 건강의 이상 징후를 축소하려는 경향이 있다.

도덕성 문제는 어떠한가? 주주들은 항상 나쁜 일의 발생은 불확실하며, 대개 그러한 일은 잘 일어나지 않는다며 현재 상황을 정당화하기 쉽다. 아무튼 이러한 상황에서도 기업의 이윤 추구가 사회 구성원의 건강을 고려하는 일보다 훨씬 더 중요한 것인지 의문스럽다.

소수집단이 자신들의 이익을 위해서 투쟁적으로 행동하는 것을 용인해야 하는가? 다원적인 사회에서 소수집단은 자신들이 처한 입장을 밖으로 알려야 한다고 배웠다. 그래야만 어느 정도 화젯거리가 될 수 있다. 아무리 많은 사람들이 동의하더라도 비판적인 행동은 어느 수준까지 허용될 수 있는가? 광고판에 페인트를 칠하는 것은 용납할 수 있는 행동인가? 신경에 거슬리는 광고판을 부수거나 기회주의자가 경영하는 상점에 화염병을 던지는 일은 또 어떤가? 도대체 기준을 어떻게 세울 것인가? 게다가 허용될 수 있는 행동인지 아닌지 과연 누가 심판할 것인가? 열정적인 목사·정부 관리·경찰, 아니면 법원인가?

어떤 기업이나 업계가 현행 법의 테두리 안에서 자신들의 이익을 최대화하려는 것이 잘못된 행동인가? 바로 이것이 담배업계에서 자신들의 행동을 정당화하기 위해 내세우는 이론적 근거이다. 조 카멜이 순진한 소비자나 해외 시장을 목표로 삼았든지 혹은 중독성을 높이기 위해 니코틴 함량을 높였든지 하는 문제는 별로 중요하지 않다. 이전에는 이런 행동이 전적으로 합법적인 것으로 간주되었다. 법률에 무엇이 도덕적이고 윤리적인지에 대한 다수의 시각은 반영되지 않는 것인가? 많은 사람들이 법률에는 일반적인 대중들의 시각은 반영되지 않고 오히려 강력한 힘을 가진 특별한 이익집단의 입장만 반영되어 있다고 지적한다. 대다수 시민들은 담배에 관한 규칙도 그렇다—또는 그 점에서 부족하다고—생각할 것이다.

더욱 실질적인 문제는 기업의 이익이 소비자와 사회의 이익보다 우선하는가 또는 그렇지 않는가 하는 점일 것이다. 어느 쪽이든 논쟁의 여지가 있다. 한편, 기업은 좀더 나은 이미지를 구축하면서 사회와 기업 양측 모두에게 이익이 되는 방법을 찾을 수는 없는가? 아니면 외부의 비난은 무시하고 주주·채권자·공급자·직원 등에게 이익을 최대한 보장해 주어서는 안 되는가?

기업을 지지하는 충성스러운 소비자들이 있는 한, 기업의 대외적인 이미지는 별로 중요하지 않은 것인가? 현재 담배업계는 도전적인 시민단체, 흡연에 중독된 대규모 소비자 그룹의 확고한 충성심, 담배업계의 생존에 따라 경제적인 이득을 보기 때문에 적당한 거리를 두고 바라보고만 있는 강력한 힘을 가진 정치적 이해 세력들로 둘러싸여 있다. 수십 년 동안 담배업계는 시민단체와 의료 전문가들의 비난에도 불구하고 대외적인 이미지는 전혀 고려하지 않았다.

그러나 담배회사들과 담배업계를 가장 열렬히 옹호해 왔던 필립 모리스는 과거에 해 왔던 방식이 미래에도 그대로 적용될 수 있고, 권력은 영원히 변하지 않을 것이라는 생각이 잘못되었다는 사실을 드디어 깨닫게 되었다.

이제 그들은 좀더 건강에 좋은 담배를 개발해야 할 것이다. 비록 이 때문에 담배 중독성이 약해지고, 끝까지 니코틴 함량이 높은 제품을 고수하겠다는 소비자들을 잃게 된다고 하더라도 꼭 필요한 일이다. 필립 모리스가 이미지 구축을 위해서 광고를 시작하고, 심지어 규제 완화에 대해 FDA와 교섭을 시작했다는 최근 소식을 보면 필립 모리스가 홍보의 중요성을 인식하고—최소한 배심원의 판정에 도움이 되기를 바라면서—방향을 급선회했음을 알 수 있다. 동시에 이처럼 FDA와 교섭을 시작한 것은 저가 담배회사들을 저지하기 위한 영리한 전략이기도 하다.

오늘날처럼 소송이 빈번한 환경에서는 사회적으로 우려하는 문제에 대해 무관심하게 대처하다가는 큰 위기에 봉착할 수도 있다. 담배업계는 폐암과 다른 질병 그리고 사망에 대해 담배회사의 책임을 묻는 소송에서 단 한 번도 패소한 적이 없다고 자만했었다. 담배업계는 늘 흡연이 신체적

질병에 어느 정도 영향을 끼치는지 증명된 바 없으며, 흡연은 개인의 선택이자 자유라는 사실을 들어 자신을 성공적으로 변호해 왔다. 그러나 이러한 방어책은 산산조각이 나고 말았다. 적어도 일부 사람들은 담배업계가 2천60억 달러에 이르는 협상을 받아들이면서 항복했다는 사실을 알 것이다. 다른 사람들은 1997년 협상보다 훨씬 더 약한 조건에 협상을 수락했으니 항복한 것은 주 법무장관들이라고 말하기도 한다. 그러나 오늘날처럼 소송이 빈번한 환경은 다양한 의제가 공존하는 다원적인 사회 속에서 의회 의원들이 해내지 못한 담배산업을 굴복시키는 것과 같은 일들을 가능하게 만든다.

위의 내용을 통해서 담배 문제의 해결책이나 경고보다는 의문점을 더 많이 제시했다. 그러나 여기에 열거한 의문점들은 담배회사뿐만 아니라 자신들의 제품이나 사업 방향이 일반 대중들의 이익과 배치되는 또 다른 기업들의 경영진에게 시사하는 바가 크다. 최후의 심판이 눈앞에 다가와 있을지도 모를 일이다.

＊질 문

1. 당신은 정말 조 카멜 때문에 어린이들이 커서 흡연을 하게 될 것이라고 생각하는가? 왜 그렇게 생각하는가? 아니면 왜 그렇게 생각하지 않는가?

2. 투쟁적인 목사들이 자신의 추종자들로 하여금 문제가 되는 옥외 광고판에 흰 페인트를 칠하도록 한 사실을 용납할 수 있는가? 만약 용납한다면 옥외 광고판을 부서뜨린 행위는 어떠한가? 가능한 한 객관적으로 이 문제에 대해 토의해 보라.

3. 담배는 건강에 상당히 좋지 않으므로 흡연을 금지하거나 엄격하게 제한해야 한다는 주장에 대해 증거는 충분하다고 생각하는가? 이

입장에 동의한다면 담배 재배업자들에게 특별한 제한 조치 없이 '안전하지 않은' 작물을 계속해서 재배할 수 있도록 허가를 내주어야 하는가?

4. 담배 제조업체들이 개발도상국을 표적으로 삼는 데 제한을 가해서는 안 된다는 말에 대해 어떤 주장을 펼치겠는가?

5. 그동안 흡연이 소비자의 건강에 해를 끼치기도 했지만 반대로 담배 업계가 다양한 소수집단과 언론에 재정적으로 기여한 부분도 있다. 당신은 이러한 재정적인 기여에 대해 상대적으로 어떤 장점이 있다고 평가하는가?

6. 담배를 판촉하는 것과 콜레스테롤이 가득한 지방성 음식을 판촉하는 것 사이에는 어떤 윤리적 차이가 있다고 생각하는가?

7. 공공 건물·작업장·레스토랑·비행기 등을 포함해 기타 다른 장소에서 흡연을 금지하는 것에 동의하는가? 왜 그런가? 아니면 왜 그렇지 않은가?

8. 비흡연자들이 훨씬 더 중요하게 취급되어야 할 권리가 있는가? 반대로 흡연자들은 어떤 권리를 가지고 있는가?

＊실전 연습

1. 당신은 필립 모리스의 홍보 대변인이다. 제프리 바이블은 당신에게 흡연 금지 조치 중에서 몇 가지라도 취소될 수 있도록 홍보 캠페인 계획을 세워 오라고 지시했다. 가능한 한 구체적이고 창의적으로 계획을 세워 보라. 이러한 노력들이 얼마나 성공을 거둘 것 같은가?

2. 당신은 현재 '업타운'을 피우고 있고 그 제품을 좋아하는 논리정연한 젊은 흑인 여성이다. 교회 예배중에 목사님이 '업타운'과 제조 회사에 대해 비난했다. 당신이 제일 좋아하는 브랜드를 비난하는

것에 대해 당신은 어떤 식으로 대응할 것인지 설명해 보라.

3. 거대한 담배회사의 집행위원회에서 당신에게 담배업계의 부정적인 대외 이미지를 개선하기 위한 계획을 작성해 보라고 요청했다. 집행위원회에서 바라는 것은 이미지 개선을 통해서 곧 제정될 담배회사에게 불리한 연방 법률을 저지하고 현재 진행중인 법적 소송에도 도움을 주라는 것이다. 당신은 어떤 제안을 할 것인가? 가능한 한 구체적으로 제시해 보라.

*팀별 토론 연습

1. 필립 모리스 임원 회의실에서 큰 논쟁이 벌어진다. CEO 바이블이 이끄는 한 그룹은 있는 힘껏 모든 비판 세력을 적극적으로 공격하고 담배업계를 보호하자고 강력하게 주장한다. 그리고 몇몇 힘 있는 이사들이 지지하고 있는 다른 그룹에서는 자사와 담배업계가 좀 더 태도를 누그러뜨려야 한다는 주장을 펼치고 있다. 이 두 가지 입장에 서서 토론해 보라.

2. '비흡연자들의 권리만 너무 지나치게 강조되고 있다. 흡연자들도 권리가 있다.' 이 주제로 토론해 보라.

3. 2천60억 달러라는 담배업계의 막대한 금액 협상에 대해 토론해 보라. 누가 이겼는가? 주 법무장관들은 담배업계에 대해 좀더 강하게 공격했어야 하는가?(어떤 내용으로 합의가 이루어졌는지 최종적인 합의 조건의 내용에 대해 조사가 필요할 수도 있다.)

08

저축대부업계 사태 : 경영진의 책임 회피

저축대부조합 위기가 발생한 원인은 저축대부조합 경영진이 외부 환경을 관리할 수 없었기 때문이라고 진단하기도 한다. 이 '전문가' 들은 경영진도 피해자라고 믿게 만들었다. 그 대신 정부가 많은 비난을 받아야 했다. 고금리에다 나날이 금리가 더 오르는 상황에서 저축대부 업계가 전통적인 주택담보대출과는 거리가 먼 사업에 투자할 수 있는 길을 열어 주고 자기 자본비율 제한을 완화하는 규제책을 펼침으로써 업계의 위험을 가중시켰다는 것이다.

1980년대, 예기치 않은 엄청난 규모의 경제 대란이 발생하여 시민들을 혼란에 빠뜨렸다. 이 사건은 일반 시민들의 저축과 연계되어 있었고 장기적으로 모든 납세자들에게도 영향을 끼칠 것이 분명했다. 저축대부조합들은 지나친 소비와 대출로 막대한 손실을 입게 되었고 결국 예금주·주주·공동 신탁자가 피해를 입게 되었다.

수백만 명의 미국인들에게 내 집 마련자금을 대출해 주었던 저축대부 S&L산업은 완전히 허물어지기 일보 직전이었다. 실제로 수백 개의 저축대부협회가 파산 직전에 있었다. 미국 정부가 역사상 최대 규모의 구제금융을 시행하기도 했지만, 다행스럽게도 저축 예금주들은 연방정부의 보호를 받을 수 있었다.

그렇다면 이러한 윤리적 과실이 왜 발생하게 되었는가? 이 사건에서 무엇을 배울 수 있는가? 그리고 이 위기를 잘 넘기고 다시 흑자로 돌아선 저축대부조합들의 성공 비결은 과연 무엇일까?

큰 실패를 기록한 대표적 사례들

>>> 선벨트 저축조합

1981년, 저축대부사업으로 엄청난 부를 축적한 에드윈 T. 맥버니 3세의 나이는 겨우 32세였다. 그는 이미 대학교 재학 시절부터 학생들을 상대로 냉장고 임대사업을 시작하며 사업적인 수완을 보여 주었다. 졸업할 즈음에는 부동산 쪽으로 방향을 바꿔 한창 떠오르고 있던 댈러스 시장에서 부동산 중개인 겸 투자자로 활동했다.

1981년 12월, 맥버니는 투자 그룹을 만들어서 소규모 저축대부조합들을 인수하기 시작했다. 이 중 하나가 바로 텍사스주 스테판빌에 있는 잘 알려지지 않은 저축대부조합인 선벨트 저축조합이었다. 맥버니는 지주회사들을 선벨트 저축조합이라는 이름의 대규모 저축대부조합으로 합병하기 시작했다. 선벨트는 4년도 채 안 돼서 32억 달러 규모를 갖춘 금융제국의 핵심이 되었다. 이러한 성장은 대부분 상업용 부동산에 대한 대출 때문이었다. 그런데 선벨트가 무모한 대출 정책을 추진하며 매우 위험하게 사업을 운영하고 있었기 때문에 사람들은 이들을 건벨트Gunbelt라고 부르기도 했다.

한 가지 예를 들면 선벨트는 아무 경험 없는 20대 댈러스 부동산 개발업자에게 1억2천500만 달러를 빌려 주었고(대지만 담보로 잡은 상태에서), 이 업자는 8천만 달러를 잃고 말았다.[1] 신벨트는 전성기 때 담보대출회사와 부동산 개발 서비스회사를 소유하고 있었고, 은행 업무를 전담해 담당하는 사업부도 있었으며, 캘리포니아주에서 플로리다주에 이르는 지역의 부동산 개발업자들에게 부동산담보대출을 해 주었다.

맥버니와 경영진들은 일곱 대의 회사 소유 비행기를 타고 텍사스주 전체를 활동 무대로 삼아 사업을 추진했다. 맥버니는 호화로운 파티를 여는 것을 좋아했다. 그는 자신의 대궐 같은 댈러스 저택에 수백 명의 손님을 초대해서 사자고기와 영양고기를 대접했다. 1984년과 1985년에 선벨트는 파티 준비 비용으로 맥버니 부인에게 준 3만2천 달러를 포함해서 할로윈과 크리스마스 파티를 여는 데만 130만 달러를 사용했다. 텍사스에서 벌어지고 있는 이 호화로운 파티는 영원히 계속될 것만 같았다. 그러나 끝은 바로 눈앞에 다가와 있었다.

1984년, 텍사스주 메스퀴트의 엠파이어 저축대부조합Empire Savings and Loan은 위험한 곳에 대규모로 돈을 투자하다가 결국 무너지고 말았다. 엠파이어 붕괴를 계기로 전체 저축대부업계의 골치 아픈 문제들이 속속 제기되기 시작했다. 저축대부조합업계 단속기관인 연방주택대부은행이사회 Federal Home Loan Bank Board 회장인 에드윈 그레이는 앞으로 큰 사태가 벌어질까 봐 우려하여 저축대부조합업계에 제동을 걸기로 결심했다. 그는 현재 시장 가치에 입각하여 회사를 재평가하고 자본금 보유율을 높였다. 또한 수백 명의 조사관과 감독관을 고용하여 평가 업무를 엄격하게 진행시켰다. 조사관들은 수십억 달러에 이르는 대출 담보물이 최대 30%까지 과대 평가되었다는 사실을 알아냈다. 많은 저축대부회사들은 대출금에 대한 장부 가격을 낮추어야 했고, 그 결과 가뜩이나 취약한 자본 상황은 더욱 악화되었다. 그리고 그 후 시작된 유가 하락으로 텍사스주 경제가 무너지기 시작하면서 부동산 가치도 덩달아 폭락하기 시작했다. 이 도미노 효과는 저축대부업계에도 영향을 끼쳐 대출자들이 대출금을 내지 못해서 담보물에 대한 권리를 잃게 되는 일이 줄줄이 발생했다.

이와 더불어 엄청난 성공을 구가하던 맥버니의 화려한 생활도 종말을 고하게 되었다. 1986년 봄, 수백 명의 조사관들이 댈러스의 주택담보대출 사무실에 들이닥쳤다. 선벨트 저축대부조합의 대부분은 얼마 후 파산을 선언하고 말았다. 선벨트는 일시적이나마 구제되었지만 맥버니는 6월에 회장 자리에서 물러나야 했다. 선벨트가 담보로 잡은 60억 달러 상당의 부동산 중에서 실제로 매각 처분할 수 있는 것은 몇백만 달러에 지나지 않았다. 1988년, 연방주택대부은행이사회는 사태 수습을 위해 향후 10년간 선벨트를 살려 두는 데만 55억 달러의 비용이 들 것이라고 추산했다.[2]

설상가상으로 맥버니와 다른 사내 주주들은 1985년과 1986년에 1천 3백만 달러 가량의 공금을 횡령하고 배당금을 더 많이 챙긴 혐의로 고소당했다. 과도한 지출과 자산에 대한 평가절하로 선벨트 자본금이 급격히 줄어들고 있는 어려운 시기였음에도 경영진과 임원들은 자기 배만 불리고 있었던 것이다.

〉〉〉 샴록 연방저축은행

텍사스주 샴록의 길거리 모퉁이에 있는 작은 저축대부조합이 파산했다. 샴록 연방저축은행Shamrock Federal Savings Bank의 파산은 텍사스주

팬핸들 지역에 위치한 이 마을 3천여 명의 주민에게 쓰라린 경험을 남겼다. 그런데 텍사스 지역에서 외부인이 작은 마을의 저축대부조합을 인수해서 급속한 성장을 이루다가 경영진의 무능력과 마을의 자금력을 뛰어넘는 무리한 투자로 갑자기 파산해 버리는 일이 흔히 벌어졌다. 마을 저축대부조합의 원래 임원 가운데 한 사람은 "외부인에게 저축은행을 팔다니 우리가 실수한 것이다. 저축은행을 지역이 관리하면서 인근 주민들에게 대출해 주는 것으로 만족할 필요가 있었다"라고 한탄했다.

1977년, 주 상공회의소 회원이자 지역 상공회의소 회장이었던 필 케이츠는 오클라호마주 샴록괴 근처 직은 마을을 위해서 금융기관을 설립하겠다는 계획을 가지고 있었다. 그는 유전과 천연가스 개발로 수백 명의 사람들이 마을로 몰려들 것을 예상하고 주민들을 설득해서 저축대부조합을 설립했다.

샴록에는 이미 일가족이 운영하는 은행 두 개가 있었지만 장기 주택담보대출을 꺼렸고 일반 저축예금에 대한 이자도 상당히 낮은 수준이었다. 케이츠는 수백 명의 지역 주민들에게 이 마을을 위한 저축대부조합을 설립하자는 아이디어를 냈다. 1979년 레드 리버 저축대부조합이 문을 열었을 때 2,834명의 주민 가운데 350명이 조합의 주주로 동참했다. 이 저축대부조합에 대한 마을 주민들의 자부심은 대단했다.

당시는 저축대부조합에 대한 정부의 규제가 완화되었던 시기였으므로 레드 리버와 같은 작은 마을의 저축대부조합은 개발업자나 투기꾼들의 뜨거운 관심의 대상이었다. 그들 가운데 1명이 제리 D. 레인으로 그는 마을 사람들에게 원래 주가의 2배인 주당 21달러를 주겠다며 접근했다. 이에 현혹된 마을 사람들은 서둘러 주식을 팔아 넘겼다.

레드 리버 저축대부조합은 샴록 저축조합으로 이름을 바꾸었고, 3년 후에는 예금액이 1천160만 달러에서 1억1천130만 달러로 급등했다. 저축조합이 이처럼 큰 성공을 거두게 된 이유는 작은 마을인 샴록에서 관심을 돌려 저 멀리 떨어진 텍사스주 아마릴로와 콜로라도주 콜로라도 스프링스까지 진출하여 사무실을 열었기 때문이다. 또한 레인은 다른 저축조합의 미불된 대출금을 매입하기 시작했다.

1987년, 드디어 걷잡을 수 없이 큰 사태가 벌어졌다. 레인이 CEO로 있던 텍사스주 러복의 주 저축조합이 1985년 파산하자 연방저축대부보험공사가 레인과 그의 동업자들에 대해 1억5천만 달러를 횡령한 혐의로 소송을 제기했기 때문이다.

연방 단속기관은 저축대부조합업계 사례에서 공통적인 현상을 발견했는데 샴록의 경우도 마찬가지였다. 즉 부동산 개발업자들에게 사기로 대출해 주고, 특정한 고객에게 집중적으로 '과다한' 금액을 신용 대출해 주었다. 또한 시가보다 부풀려진 자산 평가를 바탕으로 대출금을 정해서는 대출에 필요한 신용증빙 서류도 받지 않은 채 대출 작업을 마무리 짓는 것이었다. 말 그대로 "점심 식사를 하면서 악수 한 번만 하면 대출이 되는 식이었다."

1987년 11월, 연방 단속기관은 샴록을 폐쇄했다. 자산가치를 넘어서는 1천660만 달러의 빚을 진 상태였다. 그러나 이 조합은 이미 지역 주민들을 배신한 상태였다. 주민들은 처음에 샴록 조합이 주택담보대출이나 그 밖의 마을에 도움이 되는 프로젝트에 관한 대출을 해 주리라 기대했다. 그러나 조합은 오히려 이 마을과 동떨어진 곳의 영업에만 주력하면서 위험성이 적은 반면 이익도 덜한 샴록 지역의 대출 업무에는 거의 관심을 기울이지 않았다.

특히 유전 붐으로 한창 들떠 있던 시기에는 저축대부조합업계에서 샴록과 같은 사례를 빈번하게 볼 수 있었다. 텍사스주와 다른 남동부 주에서는 원유 가격이 절대 떨어지지 않을 것이라는 믿음이 널리 퍼져 있었다. 이런 분위기 속에서 너도나도 건물을 짓기 시작했고 당분간 이 추세는 계속될 것처럼 보였다. 그러나 1980년대 초반 원유 가격은 배럴당 14달러로 하락했다. 그 결과 남서부 전역에서 진행되고 있던 상업용 부동산 프로젝트도 자금 지원이 끊겨 위기에 처하게 되었다.[3]

>>> 링컨 저축대부조합 : 정치 스캔들

찰스 키팅은 캘리포니아주 링컨 저축대부조합Lincoln Savings and Loan의 전 소유주였다. 그는 1984년 링컨을 인수하여 주택담보대출을 주로 하던 업무를 임야·정크본드 같은 개발 프로젝트 투기 사업으로 전환시켰다.

키팅은 미국의 저명한 의회 의원 5명, 즉 글렌·크랜스톤·맥케인·리글·드콘치니의 선거운동에 상당한 금액을 기부했다. 이들 영향력 있는 정치가들이 키팅에게서 받은 금액은 통틀어 130만 달러에 달했다. 그의 저축대부조합이 파산하고 연방주택대부은행이사회가 부실 융자와 불안정한 사업 관행을 이유로 회사 폐쇄 결정을 내리자 키팅은 의원들에게 도움을 청했다. 그 결과 의회 의원들이 개입함으로써 이 조치의 시행은 무려 2년이나 지연되었다. 이 기간 동안 연방이 링컨의 예금자들에게 상환해야 하는 비용은 13억 달러에서 25억 달러로 증가했으며, 이는 미국 최대 규모를 자랑하던 저축대부조합이 파산한 사례 중 하나였다.[4]

결국 키팅은 횡령·사기·회사자금 유용 모의 혐의로 유죄 판결을 받고 구속되었다. 의회 의원들도 이 범죄에 연루되었다는 이유로 질책을 받았다. 이처럼 큰 실수가 발생한 저축대부조합업계 사례를 분석해 보면 그들은 사전 조사를 충분히 하지 않고 갑작스럽게 거액의 거래를 함으로써 주주나 직원들 입장을 고려하지 않았고, 위험한 요소가 발생할 가능성이나 결과에 대해서도 무시했음을 알 수 있다.

다시 말해 저축대부조합업계의 많은 최고 경영자들은 마치 도박을 하는 마음가짐으로 회사를 경영해 왔다는 것이다. 그러나 경영진들에게는 도덕적 책임과 의무가 따르는 것 아닌가? Information Box의 '경영자들의 책임은 무엇인가'를 읽고 그들의 책임에 대해 알아 보자.

_ 경영자들의 책임은 무엇인가?

경영자들은 월급을 많이 받으므로 회사 자산을 보호하는 것은 경영진의 가장 큰 책임 아닌가? 또한 중대한 과실을 저지르지 않고, 자기 마음대로 경영하지 않으며, 불법적인 행위로 회사에 피해를 입히지 않고 유지시켜야 할 책임이 있지 않은가? 경영진이라면 주주들의 신뢰에 걸맞는 행동을 해야 하는 것 아닌가?

조합 예금을 가지고 막대한 금액을 투기하는 도박사가 어떻게 이런 책임을 질 수 있겠는가? 전형적인 저축대부조합 주주들은 일반 기업 주주들과는 매우 다르다. 이들은 대체로 풍족하지 않은 재산을 소유하고 있으며 돈에 대한 수완도 뛰어나지 않으며 대개 직장에서 퇴직한 사람들이다. 때문에 고객들의 저축 예금과 직원들의 일자리를 보존하는 것이 무엇보다 중요하다.

그런데 경영자가 사치스러운 생활을 하고 위험한 사업에 투자를 하는 행동이 받아들여질 수 있을까? 게다가 이러한 엄청난 죄를 저지른 경영진이 그 동안 불법으로 모은 막대한 재산을 압수하지 않고 그저 쫓아내는 것만으로 충분한가? 이는 경영진이 회사나 주주들(그리고 예금주)의 이익에 반하는 행동을 했을 때 제기되는 난감한 질문들이다. 〈USA 투데이〉에서는 저축대부조합 사태에 대해 시민들의 의견을 들어 보았다.[5]

- 나는 그 사람들이 어떻게 이 돈을 흥청망청 써 버리고도 기소 당하지 않았는지 이해할 수가 없다.

- 내가 돈을 잘못 관리해서 손해를 본 경우, 내 돈을 물어 줄 사람 은 아무도 없다. 마찬가지로 (저축대부조합이) 돈을 잘못 관리 해서 손해를 입었다면 아마도 파산을 선언하는 게 맞을 것이다.

- 이 사기에 가담한 사람들은 해당 은행에 돈을 갚아 주어야 한 다. 만약 그 사람이 2백만 달러짜리 집을 가지고 있다면 그 집 을 경매해서 돈을 갚게 하고 그는 감옥에 가두어야 한다.

_ 토의 주제

당신은 파산한 저축대부조합의 임원이다. 당신의 주장은 자신이 투자자들의 이익을 위해서 행동했다는 것이다. 위험도가 높았던 부동산 투자가 잘못될 줄 어떻게 예상할 수 있었겠는가? 이 주장에 대해 토의해 보자.

저축대부조합의 연속적인 붕괴

1988년, 미국 내에서 이른바 저축대부조합이라고 불리던 조합 3천 178개 중에서 503개가 파산했다. 다른 629개 조합의 사정도 어렵기는 마찬가지여서 일반적으로 단속기관이 요구하는 자본 비율보다 훨씬 낮은 자본을 보유하고 있었다. 1987년 630개의 저축대부조합은 75억 달러 가량 손해를 보았다. 이는 나머지 저축대부조합이 벌어들인 돈의 절반에 해당하는 액수였다.[6] 상황이 '절망적인' 저축대부조합의 대부분은 위험한 대출 사업을 했기 때문에 이러한 어려움을 겪게 되었다. 그러나 50개 정도의 조합은 최고 경영자의 사기행위로 파산 위기에 몰리게 되었다.[7] 그런데 어려움을 겪고 있는 저축대부조합의 절반 이상이 텍사스에 위치해 있었다.

그러나 다른 지역 조합들도 무너지고 있기는 마찬가지였다. 29억 달러 가량 자산을 보유하고 있었지만 그 중 상당액을 위험한 부동산과 정크본드에 투자했던 캘리포니아주 비벌리힐즈 저축대부조합도 1985년 폐쇄되었다. 15억 달러를 보유한 플로리다주 선라이즈 저축대부조합은 1986년 정리되었다. 아칸소주에서는 14억 달러 대출금 중에서 64%가 투기에 사용되었다는 사실이 밝혀진 후 퍼스트사우스 연방저축대부조합이 문을 닫았다(표 8.1은 1988년 9월 30일 현재 '파산한' 선벨트 저축대부조합의 사례를 제시하고 있다). 그러나 이 모든 사건에도 불구하고 최악의 상황이 발생한 곳은 텍사스주였다. 그리고 파산한 텍사스 저축대부조합 중에서 일부는 은행 조사관을 따돌리려고 잘못된 대출 자료를 서로 섞어 놓았다는 의심을 받기도 했다.

저축대부조합들이 예금을 가지고 이처럼 무모한 투자를 하게 된 원인 가운데 분명한 하나는 개인 계좌의 경우 10만 달러까지 연방저축대부보험공사 FSLIC에 보험이 들어 있었기 때문이다. 그러나 이 문제를 해결하기 위해서 정부기관 자금만으로는 부족했으므로 의회 승인을 얻어 수십억 달러에 이르는 금액을 추가로 지원받아야 했다.

한편, 예상되는 더 큰 위험은 예금자들이 위기 의식을 느껴서 예금을 되찾아 가는 경우였다. 이 경우 국내 저축대부조합에 예치되어 있는 9천 320억 달러의 예금이 고갈되어 무수한 저축대부조합들이 도산할 것이며, 12개의 지역 연방주택담보은행에 있는 140억 달러의 자본금마저 위태롭게 된다(이 자본금은 위기에 처한 저축대부조합에 비상 자금으로 공급된다). 그리고 이러한 상황이 지속되는 경우 최종적으로는 연방저축대부보험공사도 파산할 가능성이 있다. 따라서 가장 간단한 해결책은 저축대부조합이 파산했다는 사실을 공개하고 예금자들에게 돈을 되돌려 주는 것이다. 그러나 이렇게 하면 연방저축대부보험공사가 보유하고 있던 원래 자본금을 1천억 달러 이상 초과하는 비용이 들게 되고, 결국 이 비용은 모두 납세자들이 부담할 수밖에 없었다.

표 8.1 1988년 9월 30일 현재 '파산한' 저축대부조합.°

주	저축대부조합	부(負)의 순자산 (백만 달러)
텍사스	혼도, 길 저축조합	542.7
	알링턴, 메리디안 저축조합	387.7
뉴멕시코	알버커키, 샌디아 연방	482.6
애리조나	스코츠데일, 시큐리티 저축대부조합	351.6
아칸소	리틀록, 세이버스 연방	286.5
캘리포니아	로스엔젤레스, 웨스트우드 저축대부조합	222.7
	코스타메사, 퍼시픽 저축조합	206.6
플로리다	탐파, 프리덤 저축대부조합	231.6

※출처 : SNL 증권사와 포춘(1989년 1월 30일), p. 9. · · * 단지 표본을 추출한 것임

저축대부산업의 역사

저축대부산업은 처음에 건물담보대출조합이라고 불리웠으며 실제로 건물을 담보로 잡고 필요한 자금을 대출해 주는 곳이었다. 경제 대공황 이

전에는 대부분의 상업은행들이 중산층의 주거용 건물을 담보로 돈을 빌려 주지 않았다. 결국 노동자 계층 사람들이 주택을 담보로 대출받기 위해서는 자신들이 힘을 모아 협동조합을 결성하는 수밖에 없었다. 경제 대공황으로 수천 개의 은행과 건물담보대출조합이 줄줄이 도산하자 루즈벨트 정부는 두 가지 예금보험 기금을 조성했다. 그것은 오늘날 우리가 알고 있는 저축대부조합을 위한 연방저축대부보험공사와 연방예금보험공사FDIC이며, 시중의 상업은행 예금에 대하여 보험을 들어 주는 역할을 담당했다.

1960년대 후반, 저축대부조합은 몇 가지 어려움을 겪기 시작했다. 연방의 규제를 받고 있던 저축대부조합은 법률에 따라 장기로 주택담보대출을 해 주었지만, 저축대부조합은 기금의 대부분을 예금통장 계좌에서 단기로 차용해서 사용하고 있었다. 이처럼 장기로 대출을 해 주고 단기로 자금을 차용해서 사용하는 상황은 처음에는 아무런 문제가 없었지만 인플레이션이 지속되자 점차 문제가 발생하기 시작했다.

즉 모든 고정금리의 장기부채와 마찬가지로 저축대부조합 포트폴리오도 하락하기 시작했다. 저축대부조합산업의 1971년 자본 잠식 규모는 170억 달러에 달했다. 더욱이 1970년대에도 인플레이션 비율은 점점 더 악화되었고, 저축대부조합산업은 대출 포트폴리오에서 전례 없이 큰 손실을 입게 되었다.

또 다른 면에서도 상황은 차차 변하고 있었다. 특히 컴퓨터 기술의 발전으로 단기 금융시장 뮤추얼펀드가 등장하기 시작했다. 이들 단기 금융시장 펀드로는 거액의 양도성 예금증서·기업어음·정부발행 채권 등과 같은 수익성 높은 금융 상품이 속속 등장해 주목을 끌었다. 그 결과 소액 투자자들이 상품에 투자할 수 있게 되었으며, 기술이 발전함에 따라 소비자들도 머니펀드에 투자하게 되어 높은 이자를 보장받을 수 있게 되었다. 상거래 시 발생하는 극도로 복잡한 부기 작업도 컴퓨터 시스템으로 가능하게 되었다.

물론 이러한 변화는 은행과 저축대부조합에 엄청난 영향을 끼쳤다. 수천억 달러에 이르는 자금이 은행과 저축대부조합에서 흘러 나와 단기 금융시장 펀드로 유입되었다. 여기에다 1970년대 후반 인플레이션이 두 자리로 상승하면서 낮은 이율로 장기 대출을 해 주었던 저축대부조합산업은 큰 재앙을 맞이하게 되었다. 1981년까지 저축대부조합의 80%가 손해를 보았으며, 나머지 20%는 연방에서 규정하고 있는 최저 자기자본 규제에도 못 미치는 자본 보유율을 보였다(표 8.2의 '1980년대 악화된 저축대부조합 상황 요약'을 참조해 보자).

표 8.2   1980년대 악화된 저축대부조합 상황 요약

1980~1982년 : 의회에서 금리 제한을 단계적으로 철폐하기 시작했다. 은행과 저축대부조합은 시중 금리보다 높은 새로운 저축 상품을 내놓을 수 있게 되었다. 연방예금보험 금액도 계좌당 4만 달러에서 10만 달러로 인상되었다. 1980년 예금 금리가 5.5%로 고정되자 저축대부조합에서 빠져 나갔던 돈이 다시 되돌아오기 시작했다. 그러나 저축대부조합에서 1960년대와 1970년대에 6% 금리나 심지어 훨씬 더 낮은 금리로 주택담보대출을 해 준 상황이 전개되자 여기에서 얻은 이자로는 새로운 저축예금에 지급되는 이자 비용을 감당하기가 어려워졌다. 이제 저축대부조합들은 수십억 달러의 적자를 보게 되었고 수백 개의 조합들이 줄줄이 도산했다. 1982년, 저축대부조합의 대출과 투자 자유를 허가하는 예금 취급 금융회사법이 통과되었다.

1980년대 중반 : 대출이 활발하게 이루어진 시기이다. 특히 남서부에서 아파트·사무실·빌딩 그리고 다른 프로젝트에 대해 수십억 달러 규모의 대출이 이루어졌다. 많은 저축대부조합은 옛날에 낮은 이율로 주택담보대출을 해줌으로써 입은 손실을 보충하기 위해서 수익성이 높은 투자 대상을 물색하고 있었다. 규제가 예전에 비해 상당히 완화되자 수백 개의 저축대부조합에서는 무모한 투기와 경영자의 사기 사건이 발생하기 시작했다.

1986년 : 원유 가격이 폭락하고 텍사스주 경제는 붕괴되었으며 자연히 건설 붐도 한풀 가라앉게 되었다. 당연히 용지개발 대출금은 제때 상환되지 않았고, 담보로 잡았던 재산은 건설 비용에도 못 미쳤다. 더 많은 저축대부조합들이 파산을 피할 수 없었다. 연방저축대부보험공사는 저축대부조합의 자본금 고갈이 이전에 이들이 저지른 과실 때문이라는 사실을 발견하게 되었고, 부실 조합들을 살리기 위해서는 자본금 보충이 절실했다. 기업 인수 전문가들은 파산했거나 파산 직전의 저축대부조합을 인수하는 데 관심을 기울였다.

1988~1989년 : 정부의 대량 구제금융 조치가 마련되고 시행되었다.

의회는 하루가 다르게 저축대부조합산업에서 엄청난 기금이 이탈할 것을 우려하여 1980년 예금 이자율 상한선을 단계적으로 폐지했다. 그리고 저축대부조합이 다양한 종류의 소비자 대출을 시행할 수 있도록 허락하는 '예금금융기관 규제완화 및 통화관리법'을 통과시켰다. 연방저축대부보험공사의 보험 보상 범위 또한 4만 달러에서 10만 달러로 인상하는 등 정부는 근본적으로 저축대부산업에 대한 규제를 완화했다. 그러나 그 후 저축대부조합들 사이에 이율 전쟁이 촉발되어 몇몇 조합은 예금주들에게 두 자릿수 이자를 지급하기도 했다.

이 상황을 '구제'하려고 의회는 다시 한 번 의결했지만 사태를 더욱 악화시킬 뿐이었다. 1982년 의회는 예금취급금융회사법 Garn - St. Germain Act을 통과시켰다. 이 법은 저축대부조합에 대한 규제를 한층 더 완화했다. 이제는 저축대부조합이 상업용 부동산의 취득·개발·선설 대출을 해주고, 개발 자회사를 설립하며 직접적인 투자까지 할 수 있도록 대출 권한을 부여했다.

만약 주어진 자유를 제대로만 활용했더라면 저축대부조합은 자산과 부채를 적절하게 조정해 가면서 좀더 건전한 재정적 기반을 다질 수 있었을 것이다. 주택담보대출에 의존하는 비율을 줄이고 그 대신 좀더 수익성이 높은 곳에 투자할 수도 있었다. 그림 8.1을 보면 지난 18년간 저축대부조합의 주택담보대출이 하향세를 그리고 있음을 확인할 수 있다.

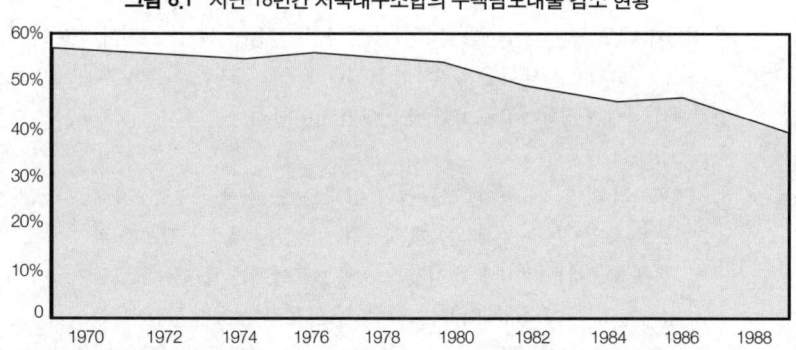

그림 8.1 지난 18년간 저축대부조합의 주택담보대출 감소 현황

※출처 : 연방 자료
※저축대부조합에서 빌린 1~4인 가족의 주택담보대출금 % (주택담보증권 제외)

대부분의 규제 조치가 실패했고 사업 환경이 새롭게 변한 이 시점에서 저축대부조합들은 전략적인 계획을 세우는 일에 좀더 관심을 기울여야한다. 가장 중요한 것은 조합 사명을 재평가하는 일이다(Information Box의 '기업 사명은 어떤 것이어야 하는가?'를 참조해 보자).

Information Box

_기업 사명은 어떤 것이어야 하는가?

한 기업의 사명에는 '우리는 어떤 일을 하기 위해 노력해야 하는가?' 하는 결의도 포함된다. 이때 아래 요소가 포함되어야 한다.

- 현재 상황을 평가하고 상황이 어떤 식으로 변화하고 있는지 또는 어떻게 변화할 것인지 확인한다.
- 경쟁적 요소를 평가하고 이 요소들이 어떻게 변화할 것인지 예측한다.
- 기업의 특별한 강점과 약점을 평가한다. 어떤 점이 최고인지 또 어떤 점에서 부족한지를 확인한다.

사명은 너무 광범위해질-예를 들어 '이익을 실현하겠다'-수도 있다. 기술이나 소비자의 요구사항이 변해감에 따라 제품이나 서비스가 구식이 될 수도 있는데 특정 제품이나 서비스에만 집중한다면 자칫 편협해질 수도 있다. 사명의 범위가 너무 좁은 경우에는 전체를 조망하거나 다른 기회를 잡기가 힘들어질 수 있고, 반대로 사명이 광범위하면 분명한 행동을 하기가 힘들어진다. 제조업체에서 제시한 명확하고 유용한 사명 선언의 사례 하나를 제시해 보겠다.

우리의 사명은 유체의 흐름·높이·압력·온도·유체 특성을 1차적으로 측정·분석·통제하는 데 사용하는 양질의 기구를 업계와 정부에 제공하는 것이다. 우리가 속해 있는 분야에는 원유와 가스 생산·가스 수송·석유화학제품 그리고 저온 물리학·동력 생산·항공우주학·정부와 해군을 위한 기구류는 물론이고 다른 기구와 설비 제조업체들이 포함된다.[8]

공식적으로 선언했든지 아니면 그저 최고 경영진의 마음 속에서만 존재하든지, 기업의 사명을 결정할 때 이전에 성공을 거두었거나 오랜 시간 지속되어온 선례를 무시하게 되면 사명이 잘못될 가능성도 있다. 특히 기존의 선례를 무시하면 샴록과 선벨트 사례에서처럼 지역사회의 이익과 신뢰를 저버리는 결과가 발생하게 된다. 1980년대 초반, 정부에서 규제를 완화하자 저축대부조합들은 활동할 수 있는 무대가 무척 넓어지게 되었다. 이때 저축대부조합 경영자들은 너도나도 비용 검토나 위험 가능성은 생각하지도 않은 채 무모하게 투자를 하는 것이 자신들의 사명이라고 생각했다. 더욱이 경영자들은 기회주의적이고 무분별하며 화려함을 추구하는 존재가 되어 버렸다. 그리고 주주들의 장기적인 이익에 대해서는 완전히 무감각해지고 말았다. 그리고 그 과정에서 비윤리적인 행동까지 하게 되었다.

_토의 주제

"사명 선언은 시간 낭비일 뿐이다. 경영자들은 가능한 한 최고의 수익을 올리기 위해 노력하고 있다. 투자자들이 관심을 가져야 하는 것은 이것뿐이다." 이 입장에 대해 비평해 보자.

저축대부조합 문제를 해결하기 위하여 정부는 규제를 완화하는 방법을 택했다. 조합에 더 큰 자유가 주어졌지만 이와 동시에 사람들의 탐욕에도 불을 지른 꼴이 되었다. 특히 이 조치로 텍사스주에 사기꾼들과 투기꾼들이 몰려들게 되었다. 이전에 텍사스주에서는 저축대부조합의 대출 한도를 토지구입 가격이나 평가액 중에서 낮은 쪽으로 제한한다는 내용을 규칙으로 정했었다. 그러나 새로운 연방 규칙에서는 이 조항을 무시하고 비록 실제 토지구입 가격이 평가액보다 훨씬 낮다고 하더라도 저축대부조합에서는 평가액의 100%까지 대출해 줄 수 있다고 허용했다. 그리고 당연한 일이겠지만 부동산 감정사들이 토지 가격을 부풀리는 경우가 빈번해졌다.

부동산 개발업자들은 연방예금보험을 이용해서 저금리로 대출을 받아 주택이나 쇼핑센터를 건설했다. 만약 부동산 개발이 성공하면 이들은 큰 부를 거머쥐게 되는 것이었다. 한편, 이 계획이 실패한다면 연방주택대부은행 이사회와 연방저축대부보험공사가 그 손실액을 대신해 부담해 줄 것이었다. 모건 스탠리 투자금융기업의 분석가인 아트 소터는 "정부 단속기관이 실수한 것은 현재의 예금보험 시스템이 저축대부조합들로 하여금 더 큰 모험을 하도록 만든다는 사실을 몰랐다는 점이다."[9] 라고 말했다.

정부의 규제완화 조치로 더욱더 큰 문제가 발생했다. 저축대부조합의 자기자본금 수준이 낮아진 것이다. 저축대부조합은 수년 동안 적어도 예금의 6%에 해당하는 자본금을 보유하고 있어야 했다. 그 후 업계 전체를 휩쓴 적자로 자본금 보유율이 악화되자(2년 후 1980~1982년 사이에 저축대부업계의 자본 가치는 320억 달러에서 210억 달러 미만으로 하락했다) 저축대부조합은 가능한 한 많은 예금주를 유치해서 이 손실을 보충해야만 했다.

곧 중개예금brokered deposits이 증가하기 시작했다. 이 예금은 중개인이 돈을 모은 다음 이자가 가장 높은 저축대부조합에 맡기는 방법이었다. 날이 갈수록 중개예금이 증가하자 저축대부조합의 무모한 투기도 덩달아 늘어났다. 아래 사례에서 살펴볼 수 있듯이 저축대부조합의 놀라운 투기가 가능해졌다.

아메리칸 다이버시파이드 저축조합American Diversified Savings은 캘리포니아주 로디라는 시골 마을에 있는 작은 저축대부조합이었다. 이곳의 1983년 6월 자산 보유액은 1천1백만 달러였는데 겨우 18개월 만에 자본금이 7억9천2백만 달러로 늘어났다. 이는 대부분 높은 금리의 예금 상품을 보고 몰려든 중개예금 때문이었다. 전직 항공기 조종사인 경영자 라너 사니는 그 돈을 지열발전소·풍력발전기·퇴비조달사업 등 자신이 가장 좋아하는 프로젝트에 투자했다. 그러나 결과적으로 1988년 정부는 11억 달러의 돈을 예금주들에게 변상해 주어야 했고, 이 저축대부조합은 파산선고를 받았다.[10]

큰 재앙이 발생할 것이라는 조짐은 진작부터 있었다. 워싱턴은 임무를 적절히 수행할 수 있는 능력을 갖춘 단속담당 직원을 고용하지 못했을 뿐만 아니라 은행이사회나 연방저축대부보험공사에 자본금을 충당하지 못했다. 따라서 문제를 더욱 악화시켰고 재앙 발생 가능성을 키웠다. 그 사이 남서부 지역 저축대부조합들은 계속해서 파산의 늪에 빠져들었다.

정부의 구제금융

저축내부소합들은 수십억 달러의 손해를 보고 있었고, 이를 책임져야 할 정부기관은 이 파산을 구제할 수 있을 만큼 자본이 충분하지 않았다. 1989년 8월, 어마어마한 금액의 구제금융 조치에 대해 의회가 의결을 하고 대통령이 서명을 했다. 향후 10년간 파산한 수백 개의 저축대부조합을 폐쇄하거나 매각하는 데 정부 기금 가운데 1천660억 달러 이상이 지출될 것으로 예상되었다.

이 사태를 해결할 수 있는 한 가지 명확한 방법은 저축대부조합에 관심을 가지고 있는 인수자들과 잘 협상하여 이들이 파산했거나 파산 가능성이 있는 저축대부조합을 인수한 다음 다시 회생시키도록 만드는 것이었다. 그래서 의회는 인수자들이 떠안아야 하는, 이전 소유주들이 누적시켜 놓은 엄청난 금액의 결손 세액을 처리해 주기로 했다. 결국 연방 수입과 다른 조세액은 상당히 줄어들었다. 한편, 납세자들은 세수 부족에서 비롯된 정부 서비스 축소와 세금 신설이라는 후속 조치를 통해서 이 손실을 감당해야 할 상황이었다. 연방주택대부은행이사회는 이 협상을 아주 부드럽게 성사시켰다. 아직 실행하지 않은 포트폴리오에 대한 손실뿐만 아니라 이미 시행한 포트폴리오의 손실에 대해서도 보상해 주었다.

예를 들어 금리가 수익 자산의 가치에 불리하게 작용하거나 금리 때문에 자산의 가치가 낮아지는 경우(즉 자산이 여전히 자생력이 있고 이자를 지급하고 있는 경우), 만약 저축대부조합에 유동자산이 부족해지면 은행 이사회가 손실액만큼을 보상해 주는 것이다. 이 같은 정책은 조합을 인수한 사람들에게는 돈을 벌 수 있는 절호의 기회인 셈이었다. 배런스는 다음과 같이 말했다.

> "조합 인수자가 계약서에 사인하는 순간부터 이전에 누적되어 있던 손실액, 즉 10억 달러는 공제된다. 종합법인세율 약 40%를 고려한다면 인수자는 시작부터 약 4억 달러를 절약할 수 있게 되는 것이다. 만약 인수자가 현금으로 5천만 달러를 지불했다면 그 금액의 8배에 해당하는 수익을 올리게 된다."[11]

1988년 12월, 40세의 텍사스 출신 억만장자인 로버트 배스는 캘리포니아주 스톡튼에 위치한 만신창이가 된 아메리칸 저축대부조합을 인수했다. 이 사례는 전적으로 미국의 부자들에게 유리한 거래의 전형이라 할 수 있다.

아메리칸 저축대부조합은 한때 미국에서 가장 큰 저축대부조합의 하나였지만 다른 곳들과 마찬가지로 중개예금과 위험한 대출 거래 때문에 문제를 겪게 되었다. 1984년, 은행 이사회는 아메리칸을 인수하여 경영진을 새롭게 교체했다. 그러나 그들은 무리하게 투기를 했고 결국 조합은 파산했다. 은행 이사회는 독점적인 교섭권을 배스에게 양도했다.

협상에서 아메리칸 저축대부조합은 2개로 분할되었다. 하나는 우량 저축대부조합으로서 154억의 자산을 보유하고 있었고, 나머지 하나는 부실 여신이 144억 달러에 이르는 '부실' 조합이었다. 배스 그룹은 총 5억 달러의 투자만으로 186개의 지점을 보유하고 있는 거대하고 건실한 저축대부조합 소유권의 70%를 확보하게 되었다. 또 한 가지 기억해야 할 사실은 이 우량 저축조합 자산의 절반이 넘는 78억 달러가 '부실' 저축조합에 대출된 상황이라는 점이다. 그런데 이 금액에 대하여 연방저축대부보험공사에서 원래 금액에다 2%를 추가로 얹어서 보상해 주기로 약속한 것이다. 이 밖에도 계약 조건에는 배스에게 3억 달러의 세금공제 혜택을 준다는 내용이 포함되어 있었다.

이 모든 점을 고려해 보면 배스는 향후 4년 동안에 4~5억 달러의 순이익을 낼 수 있다는 계산이 나온다. 이는 그가 최초에 투자한 5억 달러와 거의 동일한 금액이었다.[12]

저축대부조합은 1980년대에 위기를 겪었는가

1988년, 미국 내 저축대부조합의 3분의 1 이상은 파산하거나 파산 직전의 위기에 놓여 있었다. 1987년, 730개 저축대부조합 손실액은 무려 75억 달러에 달했는데 이는 나머지 2천5백 개 조합에서 겨우겨우 벌어들인 수익의 거의 1.5배에 해당하는 금액이었다. 그렇다면 이처럼 엄청난 위기를 효과적으로 극복해낸 사례는 없을까? 분명히 위기를 물리친 저축대부조합도 있었는데 이 조합들이 성공을 거둘 수 있었던 비결은 과연 무엇일까? 그것은 바로 무모한 투기를 하지 않고 차근차근 단계를 밟아 성장을 이루고, 종래 상품과 서비스를 계속해서 유지했으며, 조합 시설과 운영 과정에서 결코 무리한 투자를 하지 않았기 때문에 가능했다. 또한 고객 서비스도 계속해서 개선시켜 나갔으며 본질적으로 건전한 마케팅과 경영방식을 통해서 성장을 엄격하게 관리했다.

>>> 선코스트 저축대부조합

플로리다주 헐리우드에 있는 선코스트 저축대부조합Suncoast Savings and Loan Association은 남동부 지역에서 담보대출 분야의 원조격인 대형 저축대부조합 가운데 하나였다. 이 조합에서는 금리의 등락으로 파생되는 위험을 최소화할 수 있는 정책을 주로 시행했다. 많은 저축대부조합이 파산한 이유는 장기 담보대출로 이자 수입은 얼마 되지 않는 상황에서 조합의 생존을 위해 고객들을 무리한 방법으로 유치했기 때문이다.

즉 예금주를 유치하기 위해 예금 금리를 높이다 보니 수입은 그대로인데 이자 지급에 따르는 비용 지출은 나날이 증가해 도저히 이를 감당할 수 없게 된 것이다.

선코스트는 어떻게 위험을 피해 갈 수 있었을까? 선코스트와 자회사에서는 대출 서비스를 제공하면서 담보대출권을 구매한 후 유통시장에서 재판매하는 사업도 병행했다. 그런데 재판매 과정에서 선코스트는 이러한 담보대출에 대한 서비스 권리를 획득했고, 여기에서 나오는 수수료가 선코스트 수입의 상당 부분을 차지하게 되었다.

선코스트 성공의 열쇠를 한마디로 정리해 보자. 그것은 바로 담보대출권을 구매하고 재판매하는 사업과 대출 서비스가 서로 상호보완적인 역할을 하면서 조합 경영에 도움이 되었다는 점이다.

예를 들어 금리가 내려가면 더 많은 사람들이 집을 구매하게 되고 담보대출의 수요가 증가한다. 그러나 금리가 상승하게 되면 담보대출 수요는 줄어들지만 대출자들은 기존의 담보대출 조건을 그대로 유지하려고 하기 때문에 대출 서비스가 증가하게 된다.

또한 선코스트는 주요 월 스트리트 투자은행들과 특정일에 한하여 합의된 금리와 할인율로 주택저당증권을 판매하는 계약을 체결함으로써 한층 더 안정적으로 조합을 운영할 수 있었다. 보수적인 이 방법은 어느 정도 비용이 드는 단점이 있기는 했지만 금리 인상에 따르는 위험 부담을 줄여 준다는 측면에서 그만큼 가치가 있었다.

이와 같은 차별화된 경영전략으로 선코스트 조합 자산은 1987~1988년 사이에 2배로 증가했고, 순소득은 1987년 주당 60센트에서 1988년 주당 98센트로 상승했다. 1988년 12월 31일까지 선코스트의 담보대출은 전년도의 11억 달러에서 27억 달러로 상승했으며, 1988년 자기자본이익률 ROE은 14%에 달했다.[13]

>>> 보스턴 뱅코프

보스턴 뱅코프The Boston Bancorp의 경영진은 기존의 사업분야가 아닌 종목에는 손을 대지 않기로 결정했다. 지금까지 운영한 결과 일반고객 대상 예금과 주택담보대출에 집중하는 전략은 관련 비용만 상승하지 않는다면 수익성이 꽤 괜찮았기 때문이다.

그리고 보스턴 뱅코프도 짭짤한 수익을 올리고 있었다. 보스턴 뱅코프는 시설 투자bricks and mortar를 제한하고 대도시 보스턴의 중산층을 담당하는 4개의 지점만을 두었다. 이 은행은 오랜 시간에 걸쳐 우편은행 프로그램을 구축해 놓았기 때문에 많은 지점을 둘 필요가 없었다. 은행 자금은 대부분 일반 가족의 주택담보대출, 아파트 건물에 대한 상업용 담보대출, 수익성이 높은 정부 채권과 회사 주식 등 보수적이고 위험성이 낮은 곳에 투자되었다. 그 결과 보스턴 뱅코프는 자기자본이익률이 18%에 달했으며 자산은 14억 달러 증가했다.[14]

보스턴 뱅코프와 같은 엄격한 경영방식은 TCF 저축은행 같은 다른 저축대부조합들에서도 효과가 있었다. 우여곡절이 많았던 1980년대 중반, 새로운 경영진이 이 은행을 인수한 후 처음 한 일은 최고 경영자의 사무실과 35명의 고위 중역들의 자리를 과감하게 없애 버린 일이었다.[15]

1989년, 〈USA 투데이〉는 특집 기사에서 저축대부업계가 전반적으로 큰 위기를 겪고 있던 시기에 다른 곳들과는 달리 성공을 거둔 여러 저축대부조합의 이야기를 다루었다. 이처럼 성공을 거둔 저축조합의 공통점으로는 무리한 확장을 하지 않고, 상업용 거래와 중개예금보다는 주택담보대출에 더 집중했으며, 고객 서비스를 개선하기 위해 새로운 정책을 시도했다는 점 등을 꼽을 수 있다.[16]

결론

1980년대 저축대부조합업계 사건은 1930년대 경제대공황 이래 최대 규모의 파산 사태였다. 이 엄청난 재난에는 아주 작은 시골 지역부터 대도시까지, 경기가 침체된 지역에서 활발한 성장세를 기록했던 지역에 이르기까지 모든 지역을 막론하고 수백 개의 저축대부조합이 관련되어 있었다. 이 조합들을 구제하기 위해 무려 수천억 달러의 세금이 투입되었다.

어떻게 이런 일이 발생할 수 있었을까? 과연 피할 수 있는 방법은 없었을까? 다른 상황, 다른 시대에 또 다시 발생할 수 있는 이 사건에서 우리가 배울 수 있는 점은 무엇인가? 실제로 이러한 사건이 재발할 가능성을 낮추려면 어떻게 해야 하는가?

일각에서는 저축대부조합 위기가 발생한 원인은 저축대부조합 경영진이 외부 환경을 관리할 수 없었기 때문이라고 진단하기도 한다. 이 '전문가' 들은 경영진도 피해자라고 믿게 만들었다. 그 대신 정부가 많은 비난을 받아야 했다. 고금리에다 나날이 금리가 더 오르는 상황에서 저축대부업계가 전통적인 주택담보대출과는 거리가 먼 사업에 투자할 수 있는 길을 열어 주고 자기자본비율 제한을 완화하는 규제책을 펼침으로써 업계의 위험을 가중시켰다는 것이다. 어느 날 갑자기 원유 가격과 땅값의 거품이 빠질 것이라고 예측한 사람은 아무도 없었다. 그러나 그처럼 업계가 폭락한 '이유' 는 기초가 불안정했기 때문이다. 비록 수백 개의 저축대부조합이 파산했지만 다른 수백 개 이상의 조합들은 살아남았고 오히려 전보다 더 건실해지거나 성장한 곳도 있었다.

결국 이 재난에 대해 누구를 탓하거나 위기를 어떻게 극복했느냐 하는 점을 논할 때 순전히 외부 환경 탓으로만 돌리는 것은 적절치 못하다고 할 수 있다. 더욱이 그런 호황이 영원히 지속될 것이라고 기대하다니 너무나 안일한 행동이었다.

_리더십 관리

리더십은 악용될 가능성이 많다. 예를 들면 경영자가 도가 지나친 행동을 하거나 위험한 행동을 했을 때 발생할 결과를 제대로 예측하지 못한다거나, 비합리적인 방식으로 기업을 운영하고 비용 지출을 제대로 관리하지 못하는 경우라고 할 수 있다. 그리고 가장 중요한 것은 기업을 경영할 때 주주들의 이익을 최우선적으로 고려하지 않는다는 점이다. 이러한 경영자의 잘못된 행위는 특히 경기가 좋은 때 발생하기 쉽다. 예를 들면 남서부 지역에서 발생했던 유가 폭등과 땅 투기에서도 그와 같은 사례를 발견할 수 있다. 정신없이 들뜬 때일수록 적절한 통제가 필요하다.

관리라는 말에는 알맞게 절제하는 태도와 행동, 기회에 대한 조심스러운 평가 그리고 자금력이나 경영진의 능력을 벗어날 정도로 무리하게 사업을 확장하지 않는다는 의미가 포함되어 있다. 경영자는 조심스러운 성장과 무분별한 성장 사이에서 줄타기를 하면서 아주 보수적이거나 공격적이라는 이중의 위험과 맞닥뜨리게 된다. 경영자가 기업을 너무 보수적으로 운영하면 좋은 기회를 놓치게 되어 상황이 경쟁자들에게 유리하게 흘러갈 수도 있지만, 공격적인 경영 방식보다는 상대적으로 안전하다.

경영자가 명심해야 할 것은 지속적으로 생존하는 것이 최우선이라는 사실이다. 회사를 걸고 도박을 하는 행위는 절대로 용납될 수 없다. 심지어 라스베이거스에서조차도 해서는 안 된다.

_토의 주제

상황이 급격하게 나빠지고 있을 때 최고 경영자는 리더십을 어떻게 잘 관리할 수 있는지 토의해 보라.

>>> 누구를 비난해야 하는가

경영진은 대부분의 실수에 대해서 일차적으로 책임을 져야 한다. 이 사건에서 경영진은 원칙 없는 리더십으로 주주들과 예금주들에 대한 신뢰를 저버리는 큰 잘못을 범했다(Information Box의 '리더십 관리'를 참조해 보자). 즉 경영진은 두 가지 측면에서 신뢰를 저버린 것이라고 할 수 있다. 첫째, 전통적인 담보대출의 수익성이 자꾸 낮아지고 있는데도 불구하고 비용을 낭비했다. 둘째, 정부 규제가 완화되자 위험성이 높은 사업에 진출하기 시작했다. 뿐만 아니라 여기에 사기·자산 낭비·부정부패 등의 지능적인 화이트칼라 범죄 요소가 더해졌다(물론 정부 조사관이 무능해서 조합의 경영 상태를 충분히 점검하지 못했고 그 결과 최악의 상황이 발생한 적도 있다. 그러나 여기에서는 정부의 실수보다는 경영진이 대중의 신뢰를 저버린 행동에 대해 더욱 초점을 맞추기로 한다).

＊무엇을 배울 것인가?

조합의 자산을 가지고 무모하게 도박을 하는 행위가 윤리적이라고 할 수 있는가? 여기에서 첫 번째 Information Box에 실린 '경영자들의 책임은 무엇인가'의 내용을 다시 한 번 검토해 보자.

경영자들은 월급을 많이 받는다. 그렇다면 회사의 자산을 보호하는 것이 경영진의 필수조건 아닌가? 비록 정부에서 이 자산을 어느 정도 보호해 주고 있다고 하더라도 말이다. 또한 경영자에게는 중대한 과실을 저지르지 않고, 자기 마음대로 경영하지 않으며, 불법행위로 회사에 피해를 입히지 않고 회사를 유지시켜야 할 책임이 있지 않은가? 경영진이라면 주주들의 신뢰에 걸맞는 행동을 해야 하는 것 아닌가?

이는 경영진이 회사나 주주들·예금주·직원들의 이익에 반하는 행동을 했을 때 제기되는 어려운 질문들이다. 부수적으로 다음과 같은 의문이 제기될 수 있다. 경영진들이 자신의 의무를 포기하지 않을 것이라는 믿음이 있다면, 과연 어느 정도까지 그들의 이기적인 탐욕을

봐 주어야 하는가? 무모한 경영방식에 대해서도 참아 줄 수 있는가? 사기행위에 대해서는 어떤 처벌을 내려야 하는가?

저축대부조합 사례에서 우리는 엄청난 규모의 과실을 발견할 수 있다. 경영자는 대중의 신뢰와 관련된 엄청난 잘못을 저질렀다. 이러한 경영진들이 잘못된 방법으로 모은 재산에 대한 압류 조치를 취하지 않은 채 그저 고액 연봉의 직장에서 쫓아내는 처벌만으로는 너무 약하다고 생각한다. 당신 생각은 어떠한가? 이러한 잘못된 행동에서 배울 점은 무엇인가?

위기가 기회를 만든다. 우리는 위기-이 사례에서는 아마도 어려운 환경-가 닥치더라도 그 상황에 적응하고, 그에 맞게 자신을 변화시키며, 창의적인 계획을 세울 뿐만 아니라 위기를 기꺼이 받아들인다면 오히려 기회가 될 수도 있다는 점을 잘 알고 있다. 저축대부조합 사태는 위기에 처한 저축조합을 '구출해낼' 자본금과 기술을 가진 기업과 개인에게는 큰 기회로 작용했다. 물론 정부의 아낌없는 도움이 있었다. 비록 업계의 연쇄적인 부도 사태로 저축대부조합 전체에 어두운 그림자가 드리워지긴 했지만 건실한 경쟁 업체들에게는 새롭게 성장할 수 있는 기회가 주어지기도 했다.

극단적으로 공격적이거나 보수적인 태도는 위험하다. 파산한 저축대부조합은 자신들의 지나치게 무모한 경영방식 때문에 피해를 입었다. 지나친 투기가 얼마나 위험한지는 1634년 네덜란드의 튤립 사례에서도 찾아볼 수 있다. 그 당시 튤립의 인기가 높아지자 구근 가격이 천정부지로 치솟게 되었고 이내 심각한 투기로 변질되었다. 너무 보수적인 태도 또한 문제를 일으킬 수 있다. 처음 결심을 고집스레 주장하고, 좋은 기회가 왔는데도 작은 위험조차 맞닥뜨리려고 하지 않으며, 사업 환경이 변하고 있는데 옛날 방식만 고수하는 것은 결코 좋은 태도라고 할 수 없다. 이처럼 극단적으로 보수적인 태도를 고수하는 것은 자동차가 등장한 새로운 환경에 적응하려고 하지 않는 마차 제조업체와 마찬가지라고 할 수 있다. 일반적으로 극단적인 모험주의자와 극도의 보수주의자 사이의 중간 정도를 유지하면 대개 안정적인 성공을 구가할 수 있게 된다.

변화에 어느 정도 적응하는 것이 적당한가? 이에 대해서는 변화에 대한 태도를 연속적으로 살펴보는 것도 도움이 될 수 있다.

환경 변화에 대한 반응의 정도

◄───►

경직된 태도·변화 없음　　　수용적　　　혁신적　　　무모함·도박적 성향

따라서 위의 연속적인 태도 중에서 어디에 위치하고 있는지를 살펴봄으로써 한 기업을 판단하는 것도 가능하다. 보수적이고 완고한 기업일수록 왼쪽에 위치할 것이고, 계속해서 새로운 아이디어를 개발해 내는 진보적인 기업일수록 무모함·도박적 성향까지는 못 미치지만 오른쪽에 위치할 것이다.

중간에 있는 '수용적' 그리고 '혁신적'이라는 두 용어는 서로 관련이 있기는 하지만 그 의미는 약간 다르다. 혁신적이라는 용어는 중대한 변화를 일으키는 행동으로 정의되며 여기에는 개선의 의미가 내포되어 있다. 수용적이라는 말에는 변화하는 환경에 융통성 있게 대처한다는 의미가 함축되어 있지만 그 대응은 혁신적인 반응에 비해 적극성이 조금 떨어진다.

어떤 면에서 보면 도산한 저축조합들도 변화하는 환경, 즉 규제가 완화되는 분위기를 쉽게 수용하는 태도를 보인 것이다. 그들은 조심스럽게 확장하는 계획 대신 위험성이 높지만 기회를 잡기 위해 자유분방한 전략을 선택함으로써 나름대로 상황에 적응한 것이다. 그러나 그 후 갑작스럽게 부동산 가격이 폭락하고 규제가 강화되기 시작하자

이 저축조합들은 위기 상황에 제대로 대응할 수 없었다.

검소한 생활방식이 화려한 생활방식보다 더 낫다. 한편으로 생각하면 화려한 생활방식과 무절제한 사치는 거의 비슷하다. 반면, 검소한 생활방식은 아주 명확하게 다르다.

무절제한 소비행태는 일종의 덫으로 호화로운 파티, 대규모 시설 투자, 여러 대의 자가용 비행기 구입, 예술품 수집 등을 예로 들 수 있다.(이 사건 발생 후 채 10년도 지나지 않아 엔론·월드컴·타이코 등 기타 다른 기업에서도 이러한 사례를 찾아볼 수 있었다. 과연 도산한 저축조합 사태에서 교훈을 얻기는 한 것일까?)

현재 일이 너무나 잘 풀리고 있고 앞으로도 계속해서 성공할 것이라는 생각이 드는 경우, 기업 차원에서나 개인적인 부를 축적하는 과정에서 무절제한 소비의 유혹을 이겨내기란 어렵다. 일부에서는 과소비가 크게 성공한 상징처럼 여겨지므로 어느 정도 사치를 하는 것은 당연하다고 주장하기도 한다. 그러나 위에서 예로 든 모든 행위는 어리석은 낭비에 불과하다.

한편, 앞에서 검소한 경영방식을 펼쳐 어려운 시기를 이기고 생존할 수 있었던 기업들의 사례도 살펴보았다. 이 기업들은 검소한 태도를 고수하며 비용을 잘 관리했으므로 마침내 위기를 이겨내고 성공할 수 있었다. 심지어 그동안 회사 자금을 낭비하며 방만한 경영을 일삼던 경쟁 업체를 인수할 수 있는 기반을 마련하기도 했다.

정부의 '원조'는 기업들을 파멸로 몰아넣는 너무 치명적인 유혹이었다. 예금주들의 계좌가 최대 10만 달러까지 연방정부의 보험에 들어 있다는 사실이 저축대부조합들에게는 무척 든든하게 여겨졌을 것이다. 결국 이 조합들은 정부의 보험을 믿고 무리하게 투기를 하다가 결국 부도 위기를 맞았다. 그런데 예금주들이야 정부의 보호를 받게 되지만 조합 경영진은 쫓겨날 수도 있고, 심지어 정당한 입법 조치에 따라

법적으로 고소당할 수도 있다는 사실을 알고 만반의 대비를 했어야한다. 사실 정부가 제대로 된 법률을 제정한 사례는 쉽게 찾아볼 수없다.

＊질문

1. 1980년대 초반, 정부가 대부분의 규제를 완화한 시기에 당신이라면저축대부조합에 미션을 변경하라고 권고하겠는가? 만약 그렇다면미션은 어떻게 변경해야 하는가?

2. 저축대부조합 경영자가 부동산과 원유 가격이 그렇게 사전 경고 없이 폭락하지만 않았다면 지금쯤 자신의 고금리 대출 포트폴리오 때문에 조합은 엄청난 수익을 얻을 수 있었을 것이라고 주장하고 있다. 이 의견에 대해 어떻게 생각하는가?

3. "저축대부조합은 더 이상 사회에 도움이 되지 않기 때문에 단계적으로 없애 나가야 한다"는 주장을 평가해 보라.

4. CEO가 자신은 부하 직원들의 비윤리적이고 불법적인 행위에 대해서 전혀 몰랐다고 주장하고 있다. 그를 이 사건의 고소 대상에서 제외시켜야 하는가? 왜 그런가? 아니면 왜 그렇지 않은가?

5. 당신은 에드워드 맥버니가 큰 잘못을 저지르게 된 이유가 지나칠만큼 사치스럽게 생활했기 때문이라고 생각하는가?

6. 과도한 기회주의와 명백한 사기행위 사이에는 아주 약간의 차이만있는 것처럼 보인다. 당신은 어떤 기준으로 두 가지를 구별하겠는가? 그리고 둘 다 형사상 유죄 판결을 받아야 한다고 생각하는가?

7. 이 사건의 사례들을 살펴본 후 당신은 경영자가 '최고급 건물을 지향하는 행동'은 투자자 관점에서 살펴볼 때 무분별한 생각이며 심지어 조합의 파괴를 불러 온 원인이 되었다는 결론을 내렸는가?

* 실전 연습

1. 지금은 1980년대 중반이고 당신은 중간 규모의 저축대부조합을 감사하는 감사관이다. 당신의 CEO는 사치스러운 사람으로서 좀더 큰 규모의 본사를 신축하겠고 발표했다. 그는 회사의 바람직한 이미지를 구축하기 위해서는 빌딩 신축이 필수적이라고 주장하고 있다. CEO가 자신의 주장을 포기하도록 체계적으로 설득해 보라.

2. 지금은 1980년대 중반이고 당신은 중간 규모 마을에 있는 저축대부조합이 최고 경영지이다. 연빙징부에서 내부분의 규제를 해제했음에도 불구하고 당신은 여전히 보수적인 경영방식을 고수하고 있다. 근처에 있는 경쟁 업체에서는 당신보다 훨씬 더 적극적으로 영업을 개시했고 예금주들에게 금리도 더 높게 지급하고 있다. 조합은 지금 경영상의 위기를 겪고 있고 이사회에서는 경쟁 업체처럼 금리를 높이라고 당신을 몰아붙이고 있다. 나중에 어떻게 될지 모르는 상황에서 당신이라면 어떻게 할 것인가?

* 팀별 토론 연습

1. 다음의 주제로 토론해 보자. 부동산 가격이 폭락하지만 않았다면 부동산 개발업자에게 적극적으로 자금을 대출해 주는 사업은 국가경제 전반에 아주 큰 수익을 올려 줄 수 있었다. 그런데 부동산 가격이 폭락할 것이라고 그 누구도 예상하지 못했다.

2. 다음 주제로 토론해 보자. 최첨단 기술에 투자하는 것은 항상 위험이 뒤따른다. 그러나 이러한 위험을 감수하고 새로운 변화를 받아들이지 않으면 안 된다.

월드컴·MCI : 대규모 회계부정

쿠퍼가 설리번에게 의심스러운 회계 자료를 들이대자 그는 감사를 연기해 달라고 요청했다. 2002년 2분기가 끝나갈 무렵, 설리번은 월드컴이 이전에 대규모 감가상각을 발표했던 사례를 활용해서 회사 회계장부를 통해 39억 달러의 돈을 세탁하기로 계획을 세웠다. 쿠퍼는 자신이 발견한 문제를 월드컴 이사회 감사위원장인 맥스 보비트에게 보고하기로 결심했다.

서문

미국 하원의 재정서비스위원회the House Financial Services committee 에서 진행된 심리에서 버나드 J. 에버스는 자신의 결백을 주장했다.

그리고 그는 자신에게 불이익이 되는 진술은 거부할 수 있다는 미국 수정헌법 제5조에 따라 거부권을 행사했다.

한 의회 의원이 에버스에게 말했다. "당신이 거부권을 행사하면 오늘 이 상황은 모면할 수 있을지 모르지만 우리는 기어코 당신 답변을 들을 것입니다. 만약 당신이 수백만 투자자의 퇴직연금저축을 날려 버린다면 당신은 반드시 감옥에 가게 될 것입니다."[1]

버나드 에버스는 한때 텔레커뮤니케이션산업의 기반을 잡은 사람으로 전세계에 알려져 있었다. 그는 뛰어난 기업 인수 능력과 투자자들에게 반드시 부를 안겨 주겠다는 열정적인 태도로 주주들 사이에서 엄청난 인기를 얻고 있었다.

그러나 2002년 4월 30일, 그는 자신이 세운 월드컴의 CEO 자리에서 물러나야 했다. 월드컴은 소규모 장거리전화 서비스 재판매회사로 시작해, 오늘날 60개 이상 회사들을 통합한 연간 4백억 달러 규모의 거대한 텔레콤 기업이 되었다.[2]

하지만 연이은 스캔들로 미국 역사상 기업 파산 규모로는 세 번째로 기록될 만큼 대규모 파산이 발생했고, 그 결과 미국 내에서만 50만 개의 일자리가 사라져 버렸다. 그리고 시장 가치로 1조 달러 이상의 손해를 보았다.[3]

미국 내 두 번째 규모를 자랑하던 장거리전화 사업자인 월드컴은 스캔들 때문에 끝내 붕괴되고 말았다. 도대체 이러한 사건이 어떻게 발생할 수 있었는가?

배경

버나드 J. 에버스는 1942년에 캐나다 알버타주 에드먼턴에서 태어났다. 대학교에서 성적 불량으로 퇴학당하고 술집 경비원으로 일하던 그는 자신의 조국을 떠나 미국에서 새로운 삶을 시작하기로 한다. 에버스는 미시시피주 클린턴에 있는 작은 침례대학교인 미시시피대학에 입학했다. 그는 대학 졸업 후 몇 개의 호텔을 사들이기 시작하더니 1980년대 초반이 되자 몇 개의 햄튼 인과 코트야드 바이 매리어트를 포함한 8개 호텔을 소유하게 되었다. 치음에 에버스의 모텔 관리회사는 미시시피주 브룩헤이븐에 있는 텍사코 건물을 개조하여 사용했다. 에버스가 사들인 호텔 가운데 한 곳에서 부업으로 장거리전화 서비스를 재판매하고 있었다. 그때 그는 처음으로 텔레커뮤니케이션을 접하게 되었다.

1983년, 그는 친구 몇 명과 함께 AT&T 부도 사태를 이용할 아이디어를 생각해내고는 LDDS Long - Distance Discount Service (장거리전화 할인 서비스를 뜻한다. 한 웨이트리스가 에버스와 그의 동료들에게 제안한 이름이었다)라는 이름으로 회사를 설립하여 장거리전화 사업을 시작했다.[4] 1984년, LDDS가 적자를 내기 시작할 때까지 에버스는 그저 소극적인 투자자 중의 한 명이었다. 그러나 회사 설립자들이 에버스에게 CEO에 취임하라는 압력을 넣자 1985년 초에 수락했다. 그 후 에버스가 회사와 이사회를 이끌어 가는 데는 거의 이견이 없었다.

1995년, LDDS는 250만 달러에 윌리엄스 텔레커뮤니케이션즈 그룹을 인수하고 이름을 월드컴으로 변경했다. 월드컴 CEO인 에버스는 텔레커뮤니케이션과 관련된 다른 기업들을 인수·합병하는 데 전념했다. 월드컴이 인수한 주요 기업에는 사무실용 건물에 광섬유 라인을 직접 설치하는 MFS 커뮤니케이션즈 컴퍼니, 대도시에 네트워크를 보유하고 있는 브룩스 파이버 프로퍼티스, 온라인 사업을 위해 트래픽을 수송하는 거대한 인터넷 백본backbone(전세계의 인터넷 트래픽을 수송하는 고속 네트워크) 기업인 UUNet 그리고 컴퓨서브와 AOL의 백본들이 포함된다. 에버스의 경영 원칙은 대체로 한 기업을 인수할 때 기업의 고객과 판매조직 상태를 살펴보고 매입한 후 고위 중역들을 해고하고, 그 기업의 고객과 트래픽을 월드컴의 네트워크로 이동시키는 방법을 통해 이익을 추구하는 것이었다. 월드컴은 이 과정을 통해 새로운 판매조직을 얻고 고객 수를 늘리며 비용을 절감하는 효과를 누렸다.[5]

텔레콤 붐이 시작되었을 때 에버스와 투자자들이 거둔 성공은 아주 놀라웠다(그러나 그가 인수·합병에 자꾸 열을 올리게 되자 월드컴도 드디어 위기를 맞게 되었다). 에버스가 새로 인수한 기업을 하나씩 발표할 때마다 월 스트리트에서도 월드컴의 노력에 보답했다.

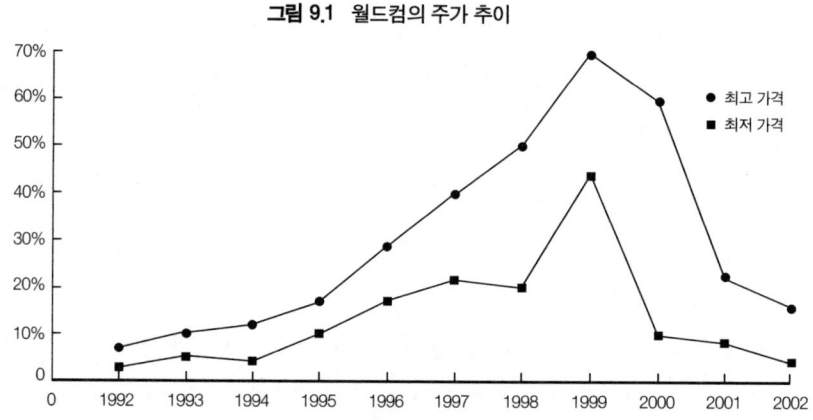

그림 9.1 월드컴의 주가 추이

※출처 : 수전 풀리엄, 데보라 솔로몬, 캐릭 몰렌캄프, "쉽게 번 돈 : 전 월드컴 CEO는 산더미 같은 빚으로 제국을 건설했다," 월 스트리트 저널(2002년 12월 31일), 등; 넷-어드밴티지(2004년), 스탠다드&푸어스 : 2004년 3월 10일 index.do에서 검색; 익명(2003년 4월 13일), 클라리온—레저: http://www.clarionledge.com/news/0304f13/b01b.html 2004년 2월 1일자에서 검색 ; 월드컴 연례보고서

※분석 : 1990년대에 투자자들이 월드컴에 몰렸다. 월드컴의 주가는 1999년에 주당 64.50달러로 최고치를 기록했다. 주가는 2000년 7월에 주당 45달러로 하락했고 2000년 9월에는 33.50달러까지 떨어졌다. 그 후로도 계속해서 하락하다가 2002년 4월 버니 에버스가 퇴진하자 월드컴의 주가는 4.03달러까지 폭락하고 말았다. 월드컴 주가의 최저 가격은 2002년에 주당 0.06달러였다.

1990년대를 지나면서 월드컴의 주가는 아주 많이 상승했다[6] (그림 9.1 월드컴의 주가 추이를 참조해 보자).

>>> MCI 인수

1998년, 월드컴은 MCI를 370억 달러에 인수했다. 이는 업계 역사상 최고 액수의 거래였다. MCI는 일반 소비자에게 장거리전화 서비스를 제공하는 회사로서 총수입이 월드컴의 거의 3배에 달하고 직원 수는 4배 정도 되는 대기업이었다. 이 합병은 좀 놀라운 사건이었다. 원래는 브리티시 텔레커뮤니케이션즈PLC에서 MCI에 인수할 것을 제의했다. 그러나 그 후 MCI의 재정상 문제가 불거져 나오면서 브리티시에서는 그 제의를 철회하고 말았다. 월드컴은 다른 조건으로 MCI 인수에 참여했고 경쟁 입찰에서 GTE 통신회사를 이겼다.[7]

MCI를 인수하면서 에버스는 이제 지역전화 서비스를 장악하고 있던 베이비 벨Baby Bells을 제치고, 미국 전역의 휴대폰 채널 관리와 유럽 전화 서비스 판매를 주도하게 될 것으로 생각했다. MCI를 인수했다는 사실은 이제 에버스가 전국에 데이터를 실어 나르는 고속 네트워크인 인터넷 백본의 30~50%를 통제할 수 있게 되었음을 의미했다. 따라서 에버스는 다른 인터넷 회사의 도움을 받을 일이 줄어들겠지만, 다른 회사들은 MCI를 더욱 필요로 하는 상황이 될 수밖에 없었다.[8]

월드컴과 MCI가 합병된 이후 에버스는 회사에 드는 경비를 줄이기 시작했다. 회사 전용기를 팔고, 판공비를 줄였으며, 일자리 200개를 없애 버렸다. 그 중에서도 12억 달러나 되는 비용절감 효과를 가져 온 것은 전화 트래픽을 외부선 임대가 아닌 월드컴 소유의 네트워크로 전환했기 때문이다. 그는 또한 장기적으로 매출과 수익성을 높이기 위해 텔레콤 사업에서 가장 관심이 쏠리고 있는 지역전화를 포함하여 국제 전화와 데이터 같은 텔레콤분야에 집중했다.

시장 분석가들은 이와 같은 일련의 조치들이 에버스가 MCI 인수 경쟁에서 브리티시 텔레콤과 GTE를 이겼을 때 약속했던 경비 절약과 시너지 효과를 잘 실천하고 있는 증거라고 믿었다.[9] 그 당시에는 월드컴도 전혀 예측하지 못한 일이지만 이것이 그들의 마지막 합병이었다. 곧 스캔들이 터졌기 때문이다.

문제의 발단

월드컴이 MCI를 인수한 후 월드컴의 소비자용 장거리전화 사업은 점점 어려워지고 있었다. 가격에 민감한 소비자가 다른 회사로 바꾸는 경우가 많아졌고 휴대폰을 이용하여 장거리전화를 하는 일이 점점 증가하고 있었기 때문이다. 설상가상으로 월드컴이 다른 업체에 서비스를 판매해서 거둬들이는 도매 수입도 16%나 하락했다.[10] 한때 월드컴 매출의 핵심이었던 장거리 도매사업부문은 점점 축소되고 있었다. 심지어 데이터사업부문에서도 새로운 경쟁자의 출현으로 위기를 겪게 되었다. 새로운 기술과 상당한 양의 추가 용량을 보유하고 있는 레벨 3Level 3와 퀘스트Qwest 같은 사업자들이 제품과 서비스를 더 낮은 가격으로 공급하며 공격적으로 시장을 위협했다. 이처럼 앞날이 비관적인 상황이었으므로 월드컴은 매출과 현금 수입에서 좋은 결과를 기대할 수 없었다.[11]

〉〉〉 스프린트 인수 시도

이처럼 침울한 상황에 빠지게 되자 1999년 말 월드컴은 1천290억 달러에 스프린트Sprint를 인수하려는 시도를 하게 된다. 이 거래에서 월드컴이 얻을 수 있는 이익은 무엇인가? 글로벌 기업 고객들은 이미 여러 텔레콤 회사들의 유혹을 받고 있었다. 월드컴은 고유의 국제적인 고속 네트워크를 보유하고 있었으므로 상대적으로 유리한 입장에 서 있었다. 그러나 글로벌 기업 고객을 유인하는 데는 네트워크보다는 오히려 마케팅이 우선적인 요건이었다. 스프린트는 그 점에서 유리했다. 스프린트는 기업 고객에 대한 마케팅이 월드컴보다 더 강력했고 남미에도 이미 진출해 있었다.

월드컴 입장에서는 그들의 고객도 필요했다. 에버스는 2005년까지 전자기술과 소프트웨어로 네트워크를 보강하는 데 월드컴의 예산 1천억 달러가 소요될 것으로 예상했다. 그가 이 투자금액을 마련하기 위해서는 영업시간이 끝난 후에도 전화를 이용하는 집 전화 이용 고객이 필요했다. 스프린트는 이러한 고객에게 접근할 수 있었다. 그런데 월드컴 고객들이 휴대폰을 이용하기 시작하자 월드컴은 이 부문에서 전혀 매출을 올릴 수가 없었다. 왜냐하면 월드컴은 휴대폰 시스템을 보유하고 있지 않았기 때문이다. 그러나 스프린트는 전국적으로 휴대폰 네트워크인 스프린트 PCS를 보유하고 있었으므로 스프린트를 인수한다면 이 부분도 보강될 수 있었다.[12] 2000년 미 법무성은 월드컴·스프린트 사이의 거래를 중단시켰다. 그 이유는 두 회사가 합병하게 되면 이 회사의 "장거리 음성과 데이터 트래픽 부문에서의 점유율이 규정된 비율 이상으로 높아지기 때문이었다."[13]

이 거래가 무산된 이후 월드컴 상황은 더욱더 악화되었다. 에버스는 회사를 두 부문으로 분할하고 각 부문은 트래킹 주식을 보유하게 될 것이라는 계획을 발표함으로써 예정되어 있던 매출 성장률과 현금 수입 발표를 늦추었다(Information Box의 '트래킹 주식이란 무엇인가'를 참조해 보자). 두 부문으로 분할된 회사 중에서 월드컴은 네트워크를 보유하고, 기업 고객을 담당하며, 데이터 서비스 같은 급속히 성장하고 있는 사업 분야에 투자하고, MCI는 성장세가 둔화된 소비자 장거리전화·무선호출·도매분야를 담당할 예정이었다. MCI는 오직 주주들을 위해 현금 배당금을 산출하는 데만 집중했다. 월드컴은 앞으로 높은 성장율을 달성하여 투자자들을 많이 모을 수 있게 될 것이라고 낙관했다.[14]

_ 트래킹 주식이란 무엇인가?

트래킹 주식Tracking Stock 이란 회사에서 모회사 주식과는 별도로 발행한 주식으로서 특정 사업부문의 실적에 대해서만 배당금이 지급되는 주식을 말한다. 트래킹 주식은 사업 구조상으로는 변화가 없다는 점에서 자회사 주식과는 다르다.

트래킹 주식은 모회사에서 발행하는 별도의 주식으로 특정 사업부문의 실적에 따라 주가가 움직이게 된다. 트래킹 주식은 주로 다양한 사업부문을 보유하고 있는 회사에서 발행한다.

이를 통해 투자자들은 자신이 관심을 가지고 있는 부문의 주식을 보유할 수 있게 되고 이 부문의 재정적인 성과에 따라 이익이 보장되는 것이다. 공식적으로는 거래되고 있는 기업의 일부에 속하지만 트래킹 주식은 고유의 종목 코드를 이용해서 거래된다.

기업은 때때로 특정 사업부문의 성과가 아주 좋은데도 불구하고 시장에서 저평가되어 기업의 주가에 충분히 반영되고 있지 않을 때 트래킹 주식을 발행한다. 투자자가 트래킹 주식을 구매하게 되면 전체 회사에 투자하지 않고도 빠르게 성장하고 있는 사업부문의 주주가 될 수 있다는 장점이 있다.

그러나 주주들은 트래킹 주식만으로 모회사에 대한 소유권이나 투표권을 갖지 못한다.

월드컴은 월드컴과 MCI라는 두 개의 사업부문에 대해서 트래킹 주식을 발행했다. 에버스는 MCI의 성장 둔화로 시장에서 회사의 전체 가치가 저평가되고 있다고 생각했다. 그래서 MCI 부담 없이 월드컴의 빠르게 성장하고 있는 사업부문이 가치를 인정받고 그 결과로 주가가 상승하기를 바랐던 것이다.

_ 토의 주제

당신은 에버스의 생각에 동의하는가? 왜 그런가? 아니면 왜 그렇지 않은가? 만약 회계부정 사태가 발생하지 않았다면 이 계획대로 잘 진행되었을까?

※출처 : investorwords.com (2004년), "트래킹 주식," 웹 파이낸스, 2004년 2월 23일 http://investorwords. com/5013.tracking_stock.html에서 검색; 체인지 웨이브 용어집 (2004년), "트래킹 주식," 체인지 웨이브 리서치 : 2004년 2월 23일 http://changewave.com/Glossary.html#T에서 검색.

>>> 에버스의 개인적인 재정문제

2000년 버니 에버스는 여러 가지 심각한 문제에 직면하고 있었다. 그는 신용매수로 돈을 빌려 개인적으로 주식 매매활동을 하고 있었다 (Information Box의 '신용매수와 추가 증거금 청구'를 참조해 보자). 월드컴에 장기로 투자한 것을 포함해 투자금액의 가치가 하락하자 에버스는 그 투자금액 전부를 갚아야 했다. 그러자 월드컴 이사회에서 일시적으로 그를 구제해 주었다. 그가 2002년 4월 월드컴에서 쫓겨났을 때 이사회에서는 그에게 4억1천5백만 달러를 빌려 주었다. 이는 그가 은행에서 대출받을 때 담보로 제공했던 월드컴 주식에 대한 추가 증거금 청구를 돕기 위해 집행된 것이다. 그러나 파산 법정의 조사관은 에버스가 이 돈 가운데 2천7백만 달러를 개인적인 용도로 사용했다는 사실을 밝혀냈다. 그는 이 돈을 자신의 새집을 건축하는 데 사용하고 개인 용돈으로 가족에게 2백만 달러를 주었다. 또한 가족·친구·월드컴 임원에게 대출해 주기도 했고, 개인의 사업 비용으로 지출하는 데 사용하기도 했다.[15]

에버스는 은행과 중개소에서 10억 달러 이상을 빌려 개인적인 용도나 개인 사업을 위하여 사용했다. 대출금은 자신의 월드컴 주식을 담보로 빌린 것이다. 에버스는 이 돈을 퇴직 후에 운영하려고 계획한 사업체들을 인수하는 데 사용했다. 은행들은 에버스의 사업과 월드컴과의 거래를 잃고 싶지 않았으므로 그에게 돈을 빌려 준 것이었다. 그렇지만 은행들도 월드컴 주가가 너무 폭락하자 추가 증거금을 청구할 수밖에 없었다. 에버스는 똑같은 주식을 담보로 다른 사람들에게 돈을 빌린 적도 있었다.[16]

에버스는 월드컴의 주주들을 위험에 빠뜨렸다. 왜냐하면 그가 자신의 주식을 팔게 되면 월드컴 주가는 폭락하기 때문이다. 이처럼 에버스는 월드컴 주식을 담보로 막대한 빚을 지게 됨으로써 월드컴 주가를 상승시켜야 한다는 엄청난 부담감에 시달리게 되었다.[17] 2002년 4월, 에버스의 개인적인 재정문제로 회사가 너무 위험해지자 이사회에서는 그에게 퇴진을 요청했다. 이사회에서는 에버스에게 생존 시 연간 150만 달러의 연금을 지급하고, 월드컴 회사 전용기를 한정적으로 이용할 수 있는 권한을 주었으며, 그가 빌렸던 4억1천500만 달러에 대해서는 시장보다 낮은 2.32% 금리로 5년 후에 갚으라는 결정을 내렸다.[18] 이는 에버스가 월드컴에 잘못한 점을 고려할 때 상당히 관대한 처분이라고 할 수 있다.

Information Box

_ 신용매수와 추가 증거금 청구

신용매수란 주식을 사기 위해 중개인에게 돈을 빌리고 투자금를 담보로 하는 것을 말한다. 투자자는 대금을 모두 지불하지 않고 구입할 수 있는 주식보다 더 많은 주식을 구입하기 위해 보통 증거금 거래를 한다. 증거금이란 중개인이 대출해 준 금액과 주식의 시장 가치 사이의 차액을 말한다.

증거금 계좌에 예치해 놓은 매수 가격의 비율을 초기 증거금이라고 한다. 법에 따라서 증거금 계좌에는 최소 2천 달러 이상의 초기 투자금액이 필요하다(몇몇 중개 거래에서는 좀더 많은 액수가 필요하다). 이 예치금은 주로 최소 증거금이라고 부른다. 증거금 계좌를 보유하고 있으면 주식 매수 가격의 50%까지 돈을 빌릴 수 있다.

증거금 계좌에 예치해 놓은 매수 가격의 비율을 초기 증거금이라고 한다. 투자자들은 항상 주식을 신용 거래로 구입하는 비율이 50%를 넘어서는 안 된다. 즉 10~25% 정도 자금을 빌려서 주식을 구입할 수 있다.

_ 사례

예를 들어 당신이 주식을 100달러에 구입했는데 150달러로 올랐다. 만약 당신이 주식을 현금 계좌로 구입했고 전액 현금으로 구입했다면 당신은 투자한 금액의 50%를 번 셈이 된다. 그러나 만약 당신이 주식을 신용매수로 샀다면 - 현금으로 50달러를 지불하고 중개인에게 50달러를 빌렸다면 - 당신은 투자한 금액의 100%를 벌게 되는 것이다. 물론 중개회사에 50달러와 그 이자를 지불해야 하겠지만 말이다.

증거금 이용의 단점은 만약 주가가 하락한다면 실질적인 손실액이 급격히 증가한다는 것이다. 예를 들어 당신이 100달러에 구입한 주식이 50달러로 하락했다고 해 보자. 만약 당신이 전액을 현금으로 지급했다면 당신은 투자액의 50%를 잃게 될 것이다. 그러나 만약 신용매수로 구입했다면 당신은 100%를 잃는 것이며, 중개회사에 대출금에 대한 이자도 지급해야 한다.

_ 추가 증거금 청구

당신이 주식 거래를 한 후 증거금 계좌에 일정액(유지 증거금)을 보유하고 있어야 한다는 규칙이 있다. 추가 증거금 청구는 유지 증거금과 관련이 있다. 불안정한 시장에서 가격은 무척 빠른 속도로 하락한다. 만약 당신 계좌에 있는 순자산(증권 가치에서 중개회사에 빚진 금액을 제한 것)이 유지 증거금 이하로 낮아진다면 중개회사에서 당신에게 무시무시한 추가 증거금 청구서를 발행할 것이다. 추가 증거금 요구가 발행되면 당신(투자자)은 주식을 정리하거나 계좌에 현금을 더 넣어야 한다.

만약 추가 증거금 요구를 이행하지 않으면 중개회사에서 당신의 증권을 팔아서 유지 증거금을 채울 수 있는 권한을 가지게 된다. 이 같은 경우 중개인은 당신과 아무런 상의 없이 주식을 팔 수도 있다.

_ 토의 주제

신용매수의 이점은 무엇인가? 증거금 계좌를 이용할 경우 어떤 점이 위험한가? 당신 생각에 버니 에버스는 신용매수 때문에 너무 많은 스트레스를 받은 것 같은가? 왜 그렇게 생각하는가? 아니면 왜 그렇게 생각하지 않는가?

※출처 : 회계 참고 자료 (2004년), "주식 투자자를 위한 팁 : 주식 구매 대금을 빌리는 법," Fiscaleference.com, 2004년 2월 23일 www.fiscalreference.com/sec/margin.htm에서 검색 ; Investopedia.com (2004년) ; "추가 증거금 청구," 이퀘이드 인터넷社, 2004년 2월 23일 www.investopedia.com /tenus/m/margincall.asp.에서 검색.

>>> 분식회계

에버스가 개인적인 재정상의 어려움을 겪고 있는 중에 월드컴 내부에서는 회계부정이 있었다는 소문이 돌기 시작했다. 즉 월드컴이 채무 규모를 축소했고, 현재 회사가 파산 위기에 처해 있으며, 벨 또는 해외 업체에서 월드컴을 인수하려고 나섰다는 것이다.[19] 2002년 2월, 미국 증권거래위원회에서는 월드컴에 대한 조사에 착수했다.[20] 한편, 월드컴 내부 감사실의한 소규모 팀에서는 월드컴의 재정보고서가 잘못되었다고 의심했다. 비밀리에 그들은 조사를 진행했다. 내부 감사실의 부실장인 신시아 쿠퍼는 자발적으로 분식회계를 적발해냈다(회계 오류를 발견하기 위해 내부 감사를 개시한 일이 처음에는 월드컴 임원들에게 그 공이 돌아가기도 했다 [21]). 쿠퍼는 월드컴의 CFO(최고재무관리자)인 스콧 설리번이 매 분기마다 영업 경비를 자본계정으로 옮겨놓음으로써 월드컴 수익이 높아졌다는 사실을 발견했다. 설리번의 목표는회선 사용비−통화 서비스를 위해서 지방 전화 사업자의 네트워크를 이용하는 경우 그들에게 지불하는 비용−를 월드컴 수입의 42%로 유지하는 것이었다. 42%를 넘는 비용은 선불된 용량 비용으로 처리하여 자본계정으로옮겨 놓고 시간에 따라 감가하여 계산했다. 이를 통해서 현금 흐름과 수익이 증가했으며, 2001년에는 드디어 적자에서 흑자로 돌아섰다.[22] 쿠퍼는2001년과 2002년에 걸친 다섯 분기 동안 월드컴이 39억 달러의 비용을은폐했다는 사실을 밝혀냈다.

쿠퍼가 설리번에게 의심스러운 회계 자료를 들이대자 그는 감사를 연기해 달라고 요청했다. 2002년 2분기가 끝나갈 무렵, 설리번은 월드컴이이전에 대규모 감가상각을 발표했던 사례를 활용해서 회사 회계장부를 통해 39억 달러의 돈을 세탁하기로 계획을 세웠다. 쿠퍼는 자신이 발견한 문제를 월드컴 이사회 감사위원장인 맥스 보비트에게 보고하기로 결심했다. 그때 보비트는 새로 고용된 회계법인인 KPMG LLP에 회계 자료의 모순점을 통지했다.

2002년 6월 20일, 월드컴의 감사위원회는 KPMG의 워싱턴 사무실에서 스콧 설리번과 데이비드 마이어스(부사장 겸 회계책임자)를 만나 회계 처리방식에 대해 설명해 달라고 요청했다. 설리번이 자신의 입장을 설명했지만 월드컴의 회계를 담당하는 KPMG 파트너는 이 설명이 의심스러웠다. 그래서 설리반에게 주말에 이른바 백서를 작성해 그가 주장하는 내용의 정당성을 밝혀 오라고 요청했다. 2002년 6월 24일 밤, 월드컴 이사회에서 설리번은 다시 한 번 회계부정의 이유를 밝혀야 했다. 그러나 KPMG의 실무 전문가는 설리번에 대해 유죄 판결이 내려질 것이 분명한 소송을 제기할 것이라고 말했다.[23] 이사회에서는 수익을 재조정해서 발표하고 설리번과 마이어스에게 퇴진을 요구하기로 결정을 내렸다. 스콧 설리번은 자신이 한 행동은 합법적인 행동이었으며, 범죄 의도가 없었으므로 퇴진 요청을 거절하겠다는 이사를 밝혔다. 그러니 이사회는 그를 해고했다.

월드컴에서 발견된 사실이 공개된 후, 월드컴과 몇몇 임원들(에버스·설리번·마이어스 포함)은 미국 증권거래위원회에 의해 사기 혐의로 민사소송을 당했으며 법무성에서는 형사 고발을 했다. 그런데 2002년 8월 9일 회계부정으로 발생한 액수가 33억 달러 추가되면서, 총 사기금액은 72억 달러로 증가하게 되었다.[24]

>>> **결과**

2002년 말, 월드컴 회계부정 스캔들에서 4명의 직원이 유죄를 인정했다. 월드컴의 전 회계책임자인 데이비드 마이어스는 연방 법정에서 세 가지 중죄 혐의에 대해 유죄를 인정했다. 그는 고위 경영진의 요청에 따라 투자자들을 속이고 월 스트리트의 기대를 충족시키기 위한 계획의 일부로 수익을 날조했다고 진술했다. 이러한 유죄 인정은 월드컴이 스캔들에 대한 정부 조사에 협조를 시작한 후 처음으로 나온 것이었다.[25] 또한 뉴욕에서는 대배심이 일반회계·관리회계·법무회계를 담당하는 전 임원들 즉, 뷰포드 '버디' 예이츠 주니어·베티 빈슨·트로이 노르만디를 기소했다. 또한 연방 검찰은 한때 월 스트리트에서 가장 유명한 CFO 가운데 1명인 스콧 설리번을 기소했다. 그는 월드컴의 72억 달러 사기를 조장했다는 혐의로 고소당했다. 설리번은 담당관들에게 협조하지 않았으므로 에버스와의 관련 사실을 밝혀내기가 힘들었다.[26] 2003년 4월, 월드컴은 회사 이름을 MCI로 바꾸겠다는 계획을 발표했다. 월드컴은 1998년에 MCI를 인수한 뒤 그 이름은 일반 소비자용 장거리전화 사업에만 사용했다. 따라서 MCI라는 이름은 월드컴이라는 이름과 관련된 오점과는 큰 관계가 없어 보였다. 완전히 새로운 회사 이름을 짓는 데는 수억 달러의 비용이 들 것이고, 기존에 MCI가 갖고 있는 인지도를 포기해야 하는 문제가 있었다(Information Box의 '명성과 브랜드 인지도'를 읽고 참조해 보자).

그러나 MCI는 여전히 많은 어려움에 봉착해 있었다. 월드컴은 2002년 7월 법정에 파산보호를 신청했다. 월드컴은 모든 회계상의 문제점을 공개해야 했고 파산 위기에서 벗어나기 위해서 회사에 전면적인 개편이 필요한 상황이었다. 1999년부터 시작된 월드컴의 분식회계 규모는 2003년 발표 당시 110억 달러에 달했다.[27] 미국 증권거래위원회는 월드컴이 이전에 발표한 기간보다 더 오랫동안 투자자들에게 사기를 친 혐의가 있다고 판단하고 민사소송을 제기했다. 경쟁사들은 MCI가 장거리 통화 연결 시 네트워크를 보유하고 있는 회사에 지불해야 하는 접속료를 아끼기 위해 다양한 편법을 사용했다고 주장했다. 장거리전화를 연결할 때 캐나다를 통해서 접속함으로써 통화료를 낮추어 AT&T 네트워크에 손실을 끼쳤으며 장거리전화를 지역 통화로 가장하기도 했다는 것이다.

MCI는 이러한 혐의를 전면 부인하고 접속료 논쟁은 늘 있어 왔던 일이며 지난 수십 년간 지역전화 사업자와 장거리전화 사업자 사이에 쟁점이 되어 왔던 문제라고 변명했다.[28] 그러나 MCI는 KPMG가 월드컴을 위해 특별히 마련해 준 탈세 수단을 이용해서 주 정부에 내야 할 세금 수억 달러를 탈세했다는 혐의도 받고 있었다. MCI는 그 부분에 대해서 자체적으로 조사를 마쳤으며, 그 결과 1997년과 1998년에 KPMG가 추천한 세금 프로그램은 적절한 것이었다고 발표했다.[29]

_ 명성과 브랜드 인지도

1968년, 마이크로웨이브 커뮤니케이션스Microwave Communications Inc. 는 주식회사가 되었다. 이후 MCI라고 회사 명칭을 바꾼 이 회사는 규모가 크지는 않았지만 투지를 앞세워 텔레커뮤니케이션업계에서 독점적인 지위를 누리고 있던 AT&T에게 선제 공격을 시도했다. 그 결과 일명 '엄마 벨(Ma Bell)'이라고 불리던 AT&T를 저지한 최초의 기업 중 하나가 되었다.

1969년, 미연방통신위원회는 MCI가 이미 AT&T의 전용선이 구축되어 있는 시카고와 세인트루이스 구간에 자사 전용선 시스템을 구축할 수 있도록 허가를 내주었다. 그 후 미연방통신위원회는 별다른 세세 조치 없이 MCI가 미국 기업들에게 장거리전화 서비스를 제공할 수 있는 허가도 내주었다. 미연방통신위원회가 MCI에게 이 허가를 내주면서 결과적으로 장거리전화 서비스분야는 심각한 경쟁에 휘말리게 되었다. 이러한 경쟁 상황을 극명하게 보여주는 한 가지 예가 바로 장거리전화 서비스의 가격이었다.

MCI가 처음 진출했을 때만 해도 장거리전화의 평균 가격은 분당 24센트 수준이었다. 1984년에는 분당 32센트까지 상승했지만, 2000년에는 분당 12센트로 급격하게 하락했다. 결국 MCI는 경쟁에 참여하여 성공을 이룬 주요 민영회사로 명성을 얻었다.

1998년, 월드컴이 MCI를 인수한 후 MCI라는 이름은 월드컴의 소비자용 장거리전화 서비스 사업에 국한해서 사용되었다. 2003년 월드컴은 회계부정 스캔들과 관련하여 회사 이미지에 치명타를 입게 되자 이미지 쇄신을 위한 한 방편으로 회사 이름을 MCI로 교체하겠다는 결정을 내렸다. 월드컴 경영진이 MCI라는 브랜드 명성이 월드컴만큼 더렵혀지지 않았다고 믿었기 때문에 내린 결정이었다. 전 MCI 직원들은 이 결정에 대해 깊은 슬픔을 표했다. 전 MCI 기업관계 관리 담당 부사장인 프랭크 월터는 "수년 동안 우리는 MCI가 세상이 발전하는 데 기여하고 있고, 항상 올바른 경쟁을 추구하고 있다고 생각했다. MCI를 위해 일했던 사람들은 MCI라는 브랜드가 옛날과는 달리 그 명성이 많이 손상되었다고 생각할 것 같다"라고 말했다(블루먼스타인, 드리젠, 치텀 2002년, A9).

_ 토의 주제

기업의 명성은 얼마나 중요한가? 당신은 월드컴의 임원들처럼 MCI의 브랜드가 아직까지는 손상되지 않은 상태라고 생각하는가? 아니면 전 MCI 직원들처럼

이 브랜드도 손상되었다고 생각하는가? 월드컴은 새로운 브랜드를 사용할 수
도 있었다(필립 모리스가 '전세계적으로 가장 유명한 브랜드를 보유하고 있는
담배와 식품회사를 동시에 소유하고 있는 기업이라는 자사 아이덴티티를 좀더
분명하게 표현하기 위해서' 알트리아 그룹이라는 이름으로 변경했던 것처럼
말이다 [http://www.phililmorris.com 참조]).

당신은 월드컴이 새로운 브랜드를 만들어야 한다고 생각하는가? 왜 그렇게
생각하는가? 아니면 왜 그렇게 생각하지 않는가? 브랜드 인지도는 얼마나 중요
한 것인가? MCI는 이전의 명성을 회복할 수 있을 것인가?

※출처 : "월드컴이 이미지 회복을 위해서 MCI로 명칭을 바꾸다," 월 스트리트 저널(2003년 4월 11일), B6; 미
치 베츠, "지금까지의 이야기," 컴퓨터월드 (2003년 1월 20일), http://www.computerworld.com
/printthis/2003/0,4814,77644,00.html ; 레베카 블루먼스타인, 요치 J. 드리젠, 라이언 치텀, "책
에 대한 탐구 : 좋은 이미지를 가진 기업 MCI가 스캔들로 명성에 손상을 입게 되다," 월 스트리트 저널
(2002년 1월 28일), A9.

분석

오늘날 텔레콤 산업은 에버스가 1983년에 텔레콤업계에 처음 진입했
을 때처럼 안정적이고 잘 통제되며 차근차근 성장하고 있던 상황과는 확
실히 달라졌다. 경쟁은 심화되고, 가격은 점점 낮아지고 있으며, 새로운
기술이 계속해서 쏟아져 나오고 자본 시장은 악화되고 있다. 업계에서는
일반적으로 신제품을 출시하고 제품 가격을 인하함으로써 고객을 더 많이
끌어들이고, 매출뿐 아니라 손익 부분에서도 성장하기를 기대한다. 월드
컴과 에버스는 제품 개선과 고객 관리와 서비스부분에서 절대로 경쟁 업
체보다 뛰어나지 않았다. 굳이 그럴 필요가 없더라도 월드컴은 고객과의
관계에 좀더 신경을 써야 했다. 비록 에버스는 비용 절감 노력 덕분에 투
자자들로부터 찬사를 받았지만, 월 스트리트나 에버스 모두 예산을 절감
하는 것이 고객과 잠재 고객을 만족시키는 최상의 판매를 불가능하게 만

든다는 사실을 간과했던 것 같다. 한 월드컴 임원은 사업부 매출이 특히 좋았던 무렵 에버스와 회의했던 일을 기억했다. 에버스는 정산표를 보다가 고개를 들고는 그 임원을 훈계했다. "당신은 고객들을 야구 경기에 데려가는데 3천 달러나 사용했군요."[30] 소비자들이 이런 특전을 기대하는 것은 당연한 데 에버스는 그런 것에는 전혀 관심이 없었다.

월드컴은 새로운 제품과 서비스를 개발하는 것과도 거리가 멀었다. 예를 들어 에버스는 휴대폰이 시중에 널리 퍼지고 난 이후에야 무선 설비를 구축하는 데 관심을 가졌다. 심지어 월드컴은 미국 제일의 인터넷 트래픽 사업자가 되었으면서도 최고급 기업 웹사이트 관리 같은 흐름을 무시했다.[31]

2001년 초반, 월드컴의 성장이 둔화되는 조짐이 나타났다. 나날이 번성하고 있던 텔레커뮤니케이션 시장은 광섬유 네트워크에 전폭적인 투자를 하고 난 이후 성장이 주춤거리기 시작한 것이다. 월드컴은 고객들에게 완전한 통화 서비스를 제공하기 위해서 베이비 벨과 같은 제3의 텔레콤 기업들과 수십억 달러에 이르는 계약을 체결했다. 월드컴은 이 비용의 15% 정도는 수익을 내지 못한다는 사실을 알았다.

그러나 이런 상황에 처해 있는 회사는 월드컴만이 아니었다. 어느 순간 텔레콤 회사들은 업계 전반적으로 너무 많은 광섬유·용량·재고가 있다는 사실을 발견했다. 월드컴은 이 위기를 극복하려고 노력했다. 수익을 창출하지 못하는 접속료 때문에 이익이 감소하자 월드컴은 회계장부를 변칙으로 조작하여 이 비용을 당시에 정산하지 않고, 예상 매출에 도달할 수 있을 것 같은 시점으로 미뤄서 기입했다. 이 행동은 회계의 기본 원칙 가운데 하나인 자본 비용은 현재 진행중인 활동이 아니라 장기 투자와 관련되어야 한다는 내용을 위반하는 것이었다.[32]

불행한 일이지만 월드컴에는 둔화되는 성장세를 극복할 수 있는 방법이 거의 없었다. 텔레콤업계는 용량 과다로 가격 상승이 힘든 상황이었지만, 이들은 최소한 현재 가격이라도 유지하기 위해 애쓰고 있었다. 또한 비용을 절감하는 방법을 사용할 수도 있었지만, 월드컴은 이미 에버스의 경영 스타일상 트레이드 마크라 할 수 있는 긴축 경영을 충분히 시행하고 있는 형편이었다. 따라서 월드컴은 웹 호스팅이나 인터넷을 통해 전화를 할 수 있는 개인 전용선 서비스처럼 좀더 복잡하고 값비싼 서비스를 판매해야 했다. 그러나 수년 동안 이러한 서비스에 대한 긍정적 전망은 제시되었지만 실제로 그 결과물이 가시화된 적은 없었다.[33]

월드컴의 회계부정 사건에서도 알 수 있듯이 거대한 텔레콤 기업조차도 네트워크 공급 과잉과 갈수록 심화되는 가격 경쟁에서 수익을 올리기가 무척 힘든 상황이었다. 경쟁 업체들이 생각하기에 자신들은 어려워도 월드컴은 충분한 이익을 챙길 수 있는 비법을 가지고 있는 것처럼 보였다. 그러나 월드컴의 사기행위로 다른 기업들은 더욱 가격 압력에 시달리게 되었고, 투자자와 대출업자들은 텔레콤과 관련된 문제를 걱정하였으며, 다른 텔레콤 회사들은 살아남기 위해 생산 규모를 축소하거나 설비 투자 예산을 줄여야 한다는 압력을 받았다.[34]

월드컴 붕괴 사태는 손익계산서 밑에 있는 한 자릿수 수익이 어떻게 기만적인 결과를 만들어낼 수 있도록 조작되는지를 한눈에 보여준다.[35] 가설들을 약간씩 조정한 덕분에 월드컴은 분석가들의 예상 수익을 정확하게 충족시킬 수 있었다. 더욱이 다른 기업들이 예상 수익을 충족시키거나 기대 이상의 수익을 올리지 못한 상황이었으므로 투자자들이 다른 회사로 옮겨 가는 일도 막을 수 있었다.

>>> 버니 에버스는 알고 있었나

형사상 유죄라는 것이 판명되자 검찰은 버니 에버스가 실질적으로 잘못 작성된 재무재표 배포 금지라는 증권법을 고의 또는 부주의로 위반했다는 사실을 증명해야 했다. 또한 에버스가 문제의 회계부정 사실을 알고 있었을 뿐만 아니라 그것이 불법이고 사기행위라는 사실을 알고 있었다는 점도 증명해야 했다. 에버스는 스콧 설리번이 무슨 일을 하는지 몰랐다고 주장했지만 여기에는 뭔가 납득하기 어려운 의혹이 남아 있었다.[36]

버니 에버스는 일이 어떻게 돌아가고 있는지 알고 있었을까? 그는 수익을 올리는 데 관심이 많았다. 그는 예산을 축소하고 세세한 일까지 다 관리했다. 일부 회사 관계자들은 에버스가 설리번이 한 일에 대해서 알고 있었던 것이 틀림없다고 말했다. 이 두 사람은 불가분의 관계에 있었고 사무실도 가까이 있었다. 한편, 다른 월드컴 관계자들은 설리번이 한 행동을 이해할 만큼 에버스가 회계에 대해서 충분한 지식을 가지고 있는지 의심스럽다고 말했다.[37] 일부 목격자들과 텔레콤업계 내부 인사들의 말에 따르면 버니 에버스는 텔레콤업계를 이해하지 못했다고 한다. 그는 심지어 텔레콤에 종사하는 사람처럼 보이지도 않았고 '그저 인색한 모텔 운영자'처럼 보였다. 그러나 이 말이 모두 사실은 아니다. 에버스는 자그마치 17년 동안이나 월드컴의 CEO 자리에 있었던 것이다.

만약 에버스가 분식회계에 직접적으로 관련되었다는 증거가 드러나지 않으면, 조사관들은 분식회계 규모와 그가 이 회사 대표였다는 사실을 내세워 정황상 증거를 제시할 수 있었다. 게다가 에버스도 인위적으로 회사 수입을 부풀리는 방법에 대해서 알고 있었다는 증거가 존재했다.

첫째, 전 월드컴 CFO인 스콧 설리번은 연방 검찰에게 회사의 분식회계 문제에 대해 에버스와 논의했다는 사실을 개략적으로 전달했다. 비록 이 내용만으로 에버스에게 잘못이 있다는 증거를 잡을 수는 없었지만 에버스도 회계부정에 대해서 알고 있었다는 점은 어느 정도 명확해졌다.[38]

둘째, 회의·이메일·음성메일을 통해서도 에버스가 회계부정에 대해서 알고 있었다는 점을 확인할 수 있었다. 에버스는 이메일을 사용하지 않았지만 회사의 최고운영책임자COO인 론 버몬트에게 보낸 메모를 살펴보면 그가 분석가들이 제시한 예상 수익에 맞추기 위해 회계부정이 시행된 사실을 알고 있었다는 점을 확인할 수 있다. 에버스는 월드컴 회계사들이 가지고 있던 이중 장부에 대해 알고 있었던 것으로 여겨지며, 수정된 수익보다는 원래 수익에 따라 판매 수수료를 지급하고 싶어 하는 점을 분명하게 밝혔다.[39]

>>> 누구를 비난해야 하는가

이 사건에 대해 비난받을 사람은 많다. 전 미국 법무장관인 리처드 손버그는 월드컴의 분식회계 사건을 총괄하는 파산법정 조사관으로 임명되었다. 손버그는 세 개의 보고서를 통해 이해관계 대립과 적절한 관리 결여로 혼란에 빠져 있는 월드컴의 기업문화에 대해 설명하고 있다. 월드컴은 짧은 시간에 70개 이상의 기업을 인수하다 보니 경영진과 내부 관리체계가 변화의 속도에 보조를 맞추지 못했다. 손버그는 월드컴 이사회·외부 회계사·변호사 그리고 투자은행 경영진을 비난했다.

이사회와 감사위원회는 유명무실했고 에버스에 대해 행사해야 하는 권한을 상당 부분 포기했다. 따라서 그들은 회사 일에 대해서 모르고 있는 부분이 많았다. 이사회는 에버스에게 시중 금리보다 훨씬 낮은 금리로 4억 달러 이상을 대출해 주는 데 동의했고, 이 과정에서 그가 대출금을 상환할 능력이 있는지 여부는 확인조차 하지 않았다.[40]

에버스는 이 대출금으로 주주들에게도 이익이 돌아갔다고 주장했다. 그는 이미 추가 증거금 청구 요청 때문에 월드컴 주식 3백만 달러어치를 매각하는 데 동의했을 뿐만 아니라 훨씬 더 많은 양을 매각하려고 했으나 대출금 때문에 뜻을 이룰 수 없었다. 그렇게 했더라면 주가에도 상당한 영향을 끼쳤을 것이다. 그러나 회사 자금이 편법으로 대출된 것을 비난하는 사람들은 회사 자금을 다른 곳에 사용한 일은 결국 주주들을 희생시켜서 임원들 이익만 챙긴 것이 아니냐고 항의하기도 했다.[41]

월드컴 외부 감사기관인 아서 앤더슨은 고위 경영진이 회사의 실질적 재정 상태를 감추기 위해 내부 관리 시스템을 무시한 사실을 발견하지 못했다. 지난 2000년 상황을 의심스러워하는 월드컴 직원들이 경고했음에도 불구하고 이런 사태가 발생했다. 앤더슨 주장에 따르면 자신들은 월드컴 재정담당 고위 임원들에게 이 문제를 제기했고, 회사 측으로부터 이 문제를 2000년 3분기에 수정할 것이라고 통보받았다는 것이다.[42] 그러나 여기서 알 수 있는 점은 아서 앤더슨이 일 처리에 너무 성의가 없었다는 것이다. 특히 그가 월드컴을 최고위험고객 등급으로 구분했다는 점을 감안할 때 책임을 다하지 못했다고 할 수 있다.[43] 월드컴 임원들은 중요한 자료를 고치고, 가장 민감한 재정 수치가 저장되어 있는 데이터베이스에 대한 접근을 거절함으로써 앤더슨에게 사실을 감춰 왔다. 왜 앤더슨은 회사 이사회나 감사위원회에 이 사실에 대하여 불만을 제기하지 않았을까? 더욱이 임원들이 회사의 재정적인 상황에 대한 질문에 침묵하고 있을 때 이 회계법인은 월드컴 수치들을 비공식적으로 승인했다.

월드컴 법률고문인 마이클 샐즈버리에 대한 비난 여론도 생겨났다. 우선 샐즈버리가 제대로 조언하지 않았기 때문에 분식회계가 발생할 수 있었다는 것이 그 이유였다.[44] 대부분의 기업들은 법률고문이 기업의 지배구조에 대해서 경영진과 이사회에 조언하는 역할을 한다. 그런데 샐즈버리는 이 일을 자신의 담당이라고 생각하지 않았으며 그런 문제에 대해서 한마디도 조언하지 않았다. 따라서 이사회에서 전문가의 조언을 통해 월드컴이 직면하고 있던 점검과 관리 문제를 해결하는 데 도움받을 수 있는 기회를 놓친 꼴이 되고 말았다. 월드컴은 사회의 여러 부문과 관계를 맺고 있었는데 이해관계가 서로 얽혀 있는 경우가 많았다. 좀더 구체적으로 말하자면 버니 에버스와 투자은행인 살로몬 스미스 바니와의 관계를 들 수 있다. 에버스가 개인적으로 재정적인 도움을 받은 보답으로 투자은행 업무를 살로몬 스미스 바니에 넘겼다는 중요한 증거가 있었다. 에버스는 월드컴의 투자은행을 결정할 권한을 가지고 있었으므로 이 업무를 시티그룹의 살로몬 스미스 바니에게 넘겼던 것이다. 2002년까지 총 6년간의 거래

기간 동안 월드컴은 살로몬에 1억 달러 이상의 비용을 지급했다. 그리고 같은 기간 동안 살로몬은 에버스가 공개 시장에서 주식이 판매되기 전 몇몇 기업의 주식을 상당량 구입할 수 있도록 손을 써 주었다. 이 거래로 에버스는 개인적으로 1천2백만 달러의 수익을 올렸다.[45]

후기

월드컴이 상종가를 기록하고 있을 때 이 회사 주주들이 보유한 주식의 가치는 1천180억 달러 정도였다. 월드컴의 대규모 분식회계로 손해를 본 주주들은 보상금으로 7억5천만 달러를 받을 수 있게 되었다. 이는 미국 증권거래위원회가 월드컴에 대해 사기 혐의로 제기한 소송의 합의가 이루어졌기 때문이다. 일단 월드컴에 대한 파산법정 보호가 마무리되고 난 후 합의금 가운데 5억 달러는 현금으로, 나머지 2억5천만 달러는 회사 주식으로 지급된다. 투자자들은 돈으로 보상받았다고 하더라도 개별적으로 법정 소송을 제기할 수 있다. 그 밖에 MCI는 윤리 훈련과 엄격한 회계 관리도 받아야 한다. 2003년 10월 31일, 미국의 파산 법관 아서 J. 곤잘레즈는 월드컴의 조직개편 계획을 승인했다. 월드컴은 이 계획을 통해서 빚을 총 420억 달러에서 약 55억 달러로 줄였다. 월드컴은 또한 2003년 한 해 동안 이자 문제도 마무리했으므로 현금을 비축할 수 있게 되었다(월드컴이 파산했을 때 현금으로 약 2억 달러를 보유하고 있었다). 2003년 말, 월드컴은 은행에 50억 달러 이상을 보유하게 되었다. 또한 월드컴은 다른 회사들과의 유상계약에서 벗어나려고 파산 절차를 이용하기도 했다. 예를 들어 월드컴은 전국에 있는 수만 평방피트의 사무실용 토지 계약을 파기했다.[46]

월드컴이 MCI라는 이름으로 파산 법정 보호에서 벗어났을 때 이 회사는 다른 많은 경쟁업체들에 비해 더 적은 부채를 지고 있었다(그림 9.2 :

MCI와 경쟁 업체의 부채 비교를 참조해 보자). SBC의 CFO는 월드컴에 대한 소감을 이렇게 표현했다. "우리는 정말 놀랐다." 베리존Verizon의 회장도 이 말에 공감했다. "범죄도 도움이 된다."

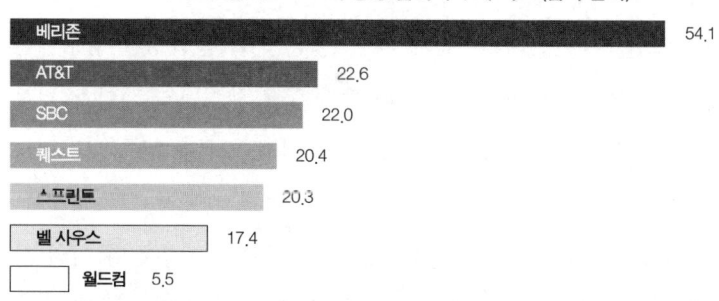

그림 9.2 MCI와 경쟁 업체의 부채 비교 (십억 달러)

베리존	54.1
AT&T	22.6
SBC	22.0
퀘스트	20.4
스프린트	20.3
벨 사우스	17.4
월드컴	5.5

※ 출처 : 레베카 블루먼스타인과 그레고리 주커만, "월드컴 : 대기업을 위한 진혼곡을 연주하다," 월 스트리트 저널(2003년 4월 15일), C1, C3.
※ 분석 : 월드컴이 파산한 이후 부채가 55억 달러라는 사실을 다시 한 번 주의 깊게 살펴봐야 한다. 조직 개편이 완료되면 월드컴 주식은 '취소'될 것이다. 기존 월드컴 주주들은 2억5천만 달러 상당의 새로운 MCI 주식을 배당받게 된다. 한때 1천180억 달러에 달했던 월드컴 주식은 없어지고 이보다 훨씬 가치가 낮은 MCI 주식으로 대체될 것이다.

경쟁 업체들은 계속해서 7억5천만 달러의 합의금에 이의를 제기하고 있다. "미국 역사상 최대 회계부정을 저지른 회사에 대한 처벌로는 너무 미약하다. 그저 솜방망이 처벌에 불과하다." MCI는 여전히 미국에서 두 번째로 큰 장거리전화 사업자의 자리를 차지하고 있으며 2천만 고객을 보유하고 있다. 일반 기업들과 정부기관들은 여전히 MCI의 주요 고객이며 MCI가 중점적으로 육성하고 있는 인터넷 개발에 있어서도 중추적인 역할을 담당하고 있다. MCI가 파산보호 기간 중에 매각해야 했던 유일한 주요 자산은 위기에 처해 있던 무선 사업부문이었다.[47]

>>> 새로운 리더십

2002년 1월 2일, 마이클 카펠라스가 월드컴의 새로운 CEO가 되었다. 그는 컴팩의 CEO와 휴렛 팩커드의 사장(두 회사가 합병했을 때)을 지내기도 했다. 그는 위기를 잘 헤쳐 나가는 솔직한 스타일의 경영 전문가로 직원·고객·월 스트리트의 우려를 순식간에 불식시킬 수 있는 사람이라는 평가를 받고 있었다. 뛰어난 능력을 가진 그였지만 심하게 손상된 월드컴의 대외적인 이미지를 회복시킬 수 있을지는 아직 미지수였다.

카펠라스는 3년간 2천만 달러에 계약했다. 그는 연봉으로 150만 달러, 특별 보너스로 2백만 달러를 받게 되며 경영 목표를 달성할 경우에는 추가로 150만 달러를 더 받게 된다. 그리고 대기 기간 3년의 제한 조건부 주식 1천2백만 달러를 제공받았다. 만약 그가 어떤 스톡옵션이라도 행사한다면 그는 12개월 동안 월드컴의 주식을 팔 수 없게 된다.[48]

MCI를 회생시키기 위해서 카펠라스는 전임자들이 인수했던 여러 사업부문을 통합하고, 무차별적인 경쟁을 피하며, MCI의 비용 수준을 경쟁사들에 맞추어야 했다(예를 들어 AT&T의 영업 이익이 약 26%인데 반해서 MCI는 약 10%에 불과했다). 카펠라스의 이론은 다음과 같다. MCI는 합병을 통해서 비용을 절감했지만 인수한 회사들을 문화적으로 제대로 통합하지 못했기 때문에 합병에서 발생하는 효과를 제대로 누리지 못했다. 카펠라스는 구조개편을 통해서 더 많은 직원들을 해고하고 비용도 더 절감해야 한다고 믿고 있다. 그는 직원들에게 신제품 개발에 더 집중하고 소규모와 중간규모의 기업 고객들을 확보하는 데 더 많은 노력을 기울여야 한다고 독려하고 있다.[49]

최근 동향

에버스를 고발하기 위해 노력하던 연방 검찰은 수사에 착수한 지 2년 만인 2004년 3월 2일 드디어 그를 구속 기소했다. 전 월드컴 CFO 스콧 설리번은 월드컴을 파산으로 몰고 간 분식회계 혐의에 대해 유죄를 인정했다. 그는 연방 검찰이 월드컴에 대한 조사를 계속하는 데 협조하기로 동의했다. 에버스는 증권 사기와 미국 증권거래위원회에서 거짓 진술을 한 혐의로 기소되었다. 정부는 이들 스스로 무슨 일을 했는지 잘 알고 있었을 것이라고 주장했다. 에버스의 변호사인 레이드 웨인가르텐은 에버스가 절대 고의적으로 투자자들을 속이거나 월드컴 수치들을 부적절하게 조작하지 않았다고 주장했다. 게다가 '공정한 배심원들'이 에버스 행동에 범행 의도가 전혀 없었다는 사실을 알게 될 것이라고 덧붙였다. 그러나 두 사람 모두에게 징역 25년이 구형되었다.[50]

*무엇을 배울 것인가?

두려움과 협박 때문에 회사에 불법행위가 발생하기도 한다. 몇몇 직원들이 스콧 설리번의 행동에 이의를 제기하기도 했었다. 예를 들어 월드컴의 국제 사업부를 담당하고 있던 스티븐 브랩스는 회계부정이 의심된다면서 아서 앤더슨에게 보고서를 제출했다. 그는 그 일로 상관에게 문책을 당했을 뿐만 아니라 제기한 문제점은 아무런 성과도 내지 못한 채 묻히고 말았다. 회계 문제를 눈치 챈 직원들이 또 있었지만 그들은 이 사실을 폭로하지 않았다. 그들은 자신들의 일자리를 잃을까 봐 두려웠던 것이다. 파산법정의 보고에 따르면 분식회계에 대해서 알고 있었던 사람들이 수십 명에 이르렀지만 그 사실을 감사원과 투자자들에게는 숨겼던 것으로 나타났다. 왜냐하면 직원들은 그 사실을 밝힐 수 있을 만큼 용기가 없었기 때문이다. 만약 직원들이 어떤 사건에 대해서 분명히 잘못되었으며 비윤리적이라고 판단하면서도 이를 상관에게 용기를 내어 보고하지 않는다면, 회사의 비리는 멈추지 않고 언제까지나 계속될 것이다.

지나치게 낙관적이거나 보수적인 투자 결정으로 치명적인 결과와 맞닥뜨릴 수도 있다. 월드컴은 텔레콤 장비와 서비스에 과도하게 투자를 했다. 그 결과 광섬유·용량·재고가 모두 남아도는 지경에 이르게 되었다. 그러나 월드컴은 거대하고 광범위한 사업을 점검하는 데 필수적인 회사 컴퓨터 시스템에는 투자를 하지 않았다. 버니 에버스는 평소에 자신은 정보 기술에 스프린트와 AT&T가 소비하는 금액의 절반 정도만 사용하고도 회사를 잘 운영하고 있다는 사실을 목소리 높여 떠들어대며 경쟁 업체들을 비판했다.[51] 결과적으로 에버스는 그동안 자신이 저지른 오만불손한 태도에 대해 대가를 치르게 되었다.

적절한 회계 감사에는 견제와 균형의 원리가 필요하다. 회계부정이 있던 당시 월드컴의 CFO였던 스콧 설리번과 임원들 중 몇몇은 회계장부를 엄격하게 관리하기로 유명했다. 당시 대부분의 회사에서는 각 사업부문에서 개별적으로 회계 처리를 한 후에 그 결과를 전사적으로 합산하는 방법을 사용하고 있었다. 그러나 설리번은 1983년 이래 월드컴이 인수한 70개 이상의 회사에서 비용을 절감하는 일에 열중하고 있었으므로 미국 내 모든 회계 자료를 월드컴 미시시피 본부로 보낸 다음 그곳에서 일괄적으로 처리하기로 결정했다. 공격적인 비용절감 정책을 추진하던 월드컴에게는 중앙집중방식이 더 효과적이었다. 그러나 결과적으로 그처럼 엄격한 관리가 원인이 되어 월드컴 내부의 견제와 균형의 원리는 파괴되었고 회계부정 사건으로까지 이어지게 되었다.

회계부정은 언젠가는 밝혀지게 되어 있다. 월드컴의 회계부정 사실과 임원들이 그와 같은 잘못을 저질렀다는 내막이 밝혀지기까지는 어느 정도 시간이 걸렸다. 감사원들이 제대로 진단(단지 회계부문의 진단뿐만 아니라)을 했더라면 설리번이 운영비를 장기 투자비로 바꿨다는 사실을 발견할 수 있었을 것이다. 텔레콤업계의 자본 지출 기준을 이해하고 있는 사람이면 누구나 투자금액 액수가 지나치게 많다는 사실에 주목했을 것이다. 결국 회계부정 때문에 월드컴은 위기에 처하게 되었다. 비록 외부 감사원들이 사기행위를 적발하지 못했지만 말이다.[52] 오히려 윤리적인 목적 의식을 가지고 있는 날카로운 내부 감사원 그룹이 분식회계 사실을 밝혀냈던 것이다. 회사나 개인이 비윤리적(또는 범죄) 행위를 저지르게 되는 경우 어느 정도는 용케 숨기고 살아갈 수 있을지도 모른다. 그러나 얼마 지나지 않아 누군가가 반드시 사기행위를 밝혀내게 된다.

경쟁자의 성과가 너무 뛰어나서 사실로 믿어지지 않는 경우에는 그들의 행동을 경계하라. AT&T의 영업 사장인 켄 시차우는 "어떻게 월드컴이 발표된 것과 같은 실적을 올릴 수 있었는지 우리는 그 점이 무척 의심스러웠다. 그 수치들은 뭔가 앞뒤가 맞지 않았다. 우리는 시장에서 좋은 성과를 올리고 있었고 비용 관리도 공격적으로 하고 있으며 가격도 신중하게 결정했다. 그러나 월드컴의 가격과 놀라운 실적 때문에 경쟁은 더욱 심화되었고 우리는 어쩔 수 없이 몇 가지 힘든 결정을 내려야 했다"라고 말했다.[53] 월드컴이 저지른 행위에 대한 AT&T(그리고 월드컴의 다른 경쟁 업체들)의 대응으로 결국 월드컴이 큰 피해를 입었다. 일이 너무 잘 풀려서 도무지 믿을 수 없을 때 대개는 이런 식으로 끝나고 만다.

✻질문

1. MCI의 경쟁 업체 임원이 "범죄도 도움이 된다"라고 말했다. 토의해 보라.
2. 360억 달러 부채라는 사상 최대의 회계부정 스캔들을 겪은 월드컴은 이제 MCI라는 새로운 이름으로 부활할 것으로 보인다. 당신은

MCI가 가격을 경쟁 무기로 삼아야 한다고 생각하는가? 텔레콤 사업에서 가격 전쟁의 영향에 대해 토의해 보라.

3. MCI의 경쟁 업체들은 이제 MCI가 대부분의 빚을 갚고 파산 상태에서 벗어날 것이라는 사실에 특히 신경을 쓰는 것 같다. MCI의 경쟁 업체들은 MCI가 불공정하게 빚을 거의 다 갚아 파산에서 벗어날 것이고, 다른 회사들이 시도할 수 없는 불공정한 가격 경쟁을 할 수도 있기 때문에 MCI는 그냥 파산하는 것이 낫다고 생각하고 있다. 당신은 어떻게 생각하는가?

4. 당신은 버니 에버스가 분식회계 사실을 알고 있었다고 생각하는가? 그가 감옥에 가야 한다고 생각하는가?

5. 미국 증권거래위원회와 MCI 사이에 성립된 7억5천만 달러라는 합의금은 적절했는가?

6. 당신은 마이클 카펠라스가 MCI를 회생시킬 수 있을 것이라고 생각하는가? 아니면 MCI는 경쟁 업체에 매각될 것인가?

7. 당신은 MCI가 장거리전화의 회선 변경을 통해 불법적으로 비용을 줄인 것에 대해 유죄라고 생각하는가? 아니면 MCI의 경쟁 업체들이 트집을 잡는 것이라고 생각하는가?

8. 월드컴 사태에서 가장 비난받아야 할 사람은 누구인가?

＊실전 연습

1. 당신은 MCI의 신임 최고 윤리경영자로서 CEO인 마이클 카펠라스에게 직접 보고를 한다. 모든 직원들이 따를 수 있는 윤리 전략을 설계해 보라.

2. 지금은 2002년이다. 월드컴 내부 감사원인 트로이 노르만디는 전화선 사용료와 선불된 용량 사용료를 운영비가 아니라 자본 지출로

처리한 것을 발견했다. 노르만디는 직업을 잃게 될까 봐 두렵다(그는 부양해야 할 가족이 있다). 당신은 이와 같은 상황에서 노르만디에게 어떤 조언을 하고 싶은가?

＊팀별 토론 연습

1. 지금은 2002년 7월이다. 월드컴은 지금 막 2001년과 2002년에 39억 달러의 분식회계가 있었음을 시인했다. 월드컴의 CEO인 존 시그모어는 월드컴에 가장 좋은 조치는 파산을 선언하고 파산 처리 과정을 통해서 여러 가지 문제를 해결하는 것이라고 믿고 있다. 월드컴 이사 2명은 회사를 다른 텔레콤 회사에 매각하는 것이 가장 좋은 방법이라고 생각하고 있다. 양측 입장에 서서 토의해 보라.

2. 미국 파산법정 판사인 아서 L. 곤잘레스는 "의회와 법원에서는 파산 처리 과정의 가장 큰 기능이 한 기업의 파산을 막아서 일자리를 보전하고 지속적으로 제품과 서비스를 생산하게 함으로써 더 많은 경제적인 효과를 창출하는 것이라는 사실을 잘 인식하고 있다"라고 말했다.[54] MCI의 경쟁 업체들과 비평가들은 증권거래위원회의 합의금(7억5천만 달러)이 미국 역사상 최대 회계부정을 저지른 회사에 대한 처벌로는 무척 약하다고 지적한다. 그들은 월드컴·MCI가 파산해야 된다고 믿고 있다. 양측 입장에 서서 토의해 보라.

Business Ethics 2

전형적인 윤리 위반

제너럴 모터스 코르베어 vs 랄프 네이더
: 소비자 중심주의 시대의 시작

● ● ● 네이더는 자동차업계와 교통안전관청이 설계상 결함이 있는 자동차를 출시해서 일반 시민들을
위험에 빠뜨렸으며, 정부 또한 자동차에 대한 적절한 안전 기준을 마련하지 않았다며 비난했다.
비록 자동차 안전문제에 대해 책을 쓴 사람은 이전에도 여러 명 있었지만, 그는 비난의 화살을
자동차업계 전체로 돌렸다는 점에서 주목을 받았다.

랄프 네이더는 기업과 사회관계에 새로운 시대를 열었다. 그의 베스트셀러인 『어떤 속도에서도 안전하지 않은 unsafe at any speed』은 제너럴 모터스의 후방 엔진 차량인 코르베어의 안전성을 고발하는 내용이다. 자동차회사들이 고속도로 사망자에 대해 무관심하던 시대에 출간된 이 책은 지금도 의미가 있다고 여겨지는 두 가지 결론을 내리고 있다.

- 기업의 특이한 행위에 대한 소비자들의 분노, 즉 소비자 중심주의로 알려졌으며 일반적으로 마케터와 기업에 중요한 영향을 끼치는 것으로 호전적 성향을 불러일으켰다(Information Box의 '소비자 중심주의'에 대한 토론을 참조해 보자).
- 결국 제너럴 모터스는 코르베어를 시장에서 철수시키게 되었다. 제너럴 모터스는 사고를 유발하는 것은 차가 아니라 운전자라는 구시대적인 이유를 대면서 안전문제를 경시하는 태도를 더 이상 유지할 수 없다는 사실을 깨달았다.

제너럴 모터스는 소비자 안전을 무시했을 뿐만 아니라 네이더의 명성을 실추시키고 위협을 가함으로써 오히려 그의 영향력을 더욱 확산시켰다.

끔찍한 시나리오

존 보르토로조는 캘리포니아 고속도로 순찰대원이었다. 1961년, 산타바바라를 순찰하던 그는 시보레 코르베어가 반대 차선으로 접근하고 있는 모습을 목격했다. 존은 이 차를 저지하고 않고 그저 운전자가 시속 35마일인 속도 제한을 잘 지키는지 지켜보고 있었다.

그런데 갑자기 그의 얼굴이 굳어졌다. 코르베어가 갑자기 왼쪽으로 방향을 바꾸더니 그만 전복된 것이다.

　사고 현장으로 급히 달려간 그는 결혼반지와 손목시계를 찬 팔 하나가 땅바닥에 놓여 있는 모습을 보았다. 그는 부상당한 여성을 밖으로 끌어내 팔에서 뿜어져 나오는 피를 지혈하기 위해 애를 썼다. 그 여성은 차분하게 이 말만을 중얼거렸다. "운전하는데 뭔가가 잘못됐어요."[1]

　보르토로조 경찰관은 후에 운전자인 로즈 피에리니 부인이 제너럴 모터스를 상대로 제기한 소송에서 증언했다. 그는 코르베어 설계상의 문제

▌Information Box

_ 미국의 시대별 소비자 저항 (소비자 중심주의)

연도	계기	결과
1900년대 초	화학 방부제가 인체에 끼치는 영향을 관찰하기 위해 12명의 남성이 화학 방부제를 날마다 일정량 섭취한 '독약 구조대poison squad사건'	불량식품, 식품 표기 잘못, 주 상호간 거래에 의해 판매되는 약품 등을 법률로 금지
	업튼 싱클레어의 소설 『정글The Jungle』에서 육가공 공장의 비위생적인 환경 묘사	주 경계를 따라 수송되는 육류 도살·포장·통조림 가공 공장에 대해 연방 점검을 실시한다는 내용을 법률로 정함
1930년대	술포닐아마이드가 적절한 안전 테스트도 하지 않은 채 영약이라고 소개되었고, 그 약을 복용한 100명이 사망	1963년 식품·약물·화장품에 대한 법률 통과
1960년대 중반	랄프 네이더의 책 『어떤 속도에서도 안전하지 않은』과 레이첼 카슨의 『침묵의 봄』 출간	상세한 내용의 소비자 보호와 환경에 관한 법률이 연방·주·지방의 모든 단위에서 통과

_ 토의 주제

1960년대 중반 시작된 소비자 중심주의 운동은 이전 시대 운동보다는 훨씬 더 오랜 기간 지속되었고 오늘날에도 여전히 유효하다. 왜 이처럼 지속적인 힘을 유지한다고 생각하는가?

때문에 자동차 통제가 불가능한 상황이 발생했고 결국 전복되었다고 밝혔다. 그 당시 제너럴 모터스는 소송에 합의하기로 결정을 내렸다. 피에리니 부인은 7만6천 달러를 받았다.

1962년, 도린 콜린스는 약혼자의 1960년 형 코르베어를 몰고 좁은 2차선 도로를 달리고 있었는데 갑자기 차가 방향을 틀더니 16톤 트럭을 정면으로 들이받고 말았다. 그녀의 약혼자와 아이가 사망했다. 콜린스는 그 차에 "원래부터 결함이 있었다"며 소송을 제기했다.

판사는 콜린스를 동정했지만 제너럴 모터스 변호사는 운전이 미숙한 콜린스의 과실로 사고가 발생했다는 주장을 폈다. 그녀가 코르베어를 운전한 것은 겨우 넉 달이었고 게다가 임시 면허증을 가지고 있었으므로 상황은 더욱 불리했다. 제너럴 모터스 변호사는 그녀가 순간적으로 당황해서 사고가 발생한 것이며 자동차 결함과는 전혀 관계가 없다고 주장했다. 판사는 제너럴 모터스에 무죄를 선고했다.

널리 알려진 플로리다 사건은 2명의 주 의회 의원이 탄 1962년 형 코르베어가 19번 도로를 달리다가 전복되어 한 명이 사망한 사고였다. 6주간 계속된 재판에서 제너럴 모터스는 또 무죄를 선고받았다. 그런데 1969년 중반까지 제너럴 모터스에 대한 소송은 자그마치 150건이 이어졌고, 대부분 법정 밖에서 합의가 이루어졌다.

제너럴 모터스와 코르베어

1960년대 중반, 제너럴 모터스는 미국 산업에서 거대한 존재였다. 1966년 제너럴 모터스는 미국에서 73만4,600명의 직원을 고용했고 월급으로만 51억 달러를 지불하고 있었다. 그 해 매출액이 207억 달러에 달했는데 자동차 534만8,568대를 판매한 것이었다. 순수익은 세금을 빼고 21

억 달러였으며 이는 미국 역사상 최고 수익이었다.

시보레에서 1959년에 코르베어가 출시되었다. 이 차에는 알루미늄 공냉식 엔진이 후방에 장착되어 있었고 스윙 엑슬 후방 독립현가장치를 사용하고 있었다. 코르베어는 유럽 스포츠카, 특히 포르쉐를 생각나게 하지만 그만큼은 비싸지 않은 저렴한 스포츠카였다. 사람들은 자동 변속기를 장착한 코르베어를 무척 놀라운 혁신적인 차라며 환호했다.

이 차를 설계할 때 제너럴 모터스는 작고 가벼우면서도 연료 경제성은 좋은 차를 원했다. 그리고 운전하는 동안 6명의 승객에게 표준 시보레 세단에 필적할 만한 안락한 승차감을 줄 수 있는 제품을 원했다. 후방 엔진과 후륜식 설계 때문에 구동축을 위한 바닥 돌출을 없앨 수 있었다. 엔지니어들은 비용이 절감되고 조립이 쉬우며 서비스가 쉽고 디자인적인 면에서 훨씬 단순한 스윙 엑슬 후방 독립현가장치를 선택했다. 자연히 생산 비용은 낮아지게 되었다.

그러나 이 디자인은 위험성을 내포하고 있었다. 1960~1964년 형 코르베어는 뒷바퀴가 컨트롤 암control arm 위에 놓이게 되는데 이 바퀴는 차체 중앙 근처에 있는 축을 중심으로 회전한다. 급커브를 돌게 되면 바깥쪽 바퀴가 밑으로 밀려 들어가게 되므로 운전이 어려워진다. 1964년형 코르베어까지는 완충장치 때문에 이 문제가 발생했지만 원인은 그것뿐만이 아니었다. 타이어 펑크·돌풍·코너링 조작·S자 커브·두 번째 구간 운전 등으로도 바퀴가 밑으로 밀려 들어갈 수 있었다. 더욱 중요한 점은 위기 상황이 발생했을 때 이를 해결하려면 능숙한 운전자가 있어야 한다는 사실이다. 그러나 코르베어는 스포츠카로 특히 젊은 층에게 인기가 좋았다. 따라서 고속으로 커브를 도는 경우 젊고 운전이 미숙한 운전자들에게는 무척 위험했다.

이러한 차량들은 생산에 들어가기 전에 성능 시험장과 실험실에서 테스트를 하고 설계상 잘못된 점의 정보를 얻기 위해 엔지니어들이 분석하기도 한다. 실제로 제너럴 모터스 엔지니어들 중 일부는 이 차가 설계상 심각한 결함이 있다는 의견을 제시해 내부적으로 논란이 일기도 했다. 그러나 시보레의 기술부장이자 제품 혁신자였던 에드 콜은 "가장 현대적인 후방 엔진 자동차를 생산하겠다는 생각에만 사로잡혀 있었다."[2]

코르베어 독립현가장치 문제는 아주 심각했으므로 몇몇 회사에서는 이 차의 설계 결함을 이용해서 돈을 벌기도 했다. 예를 들어 캘리포니아에 위치한 회사 EMPI는 코르베어의 후방 컨트롤 암 아래에 설치하는 특별한 부품을 개발해서 시중에서 판매했다. 이 안정장치는 무척 효과적이어서 뒷바퀴가 최적의 상태로 도로에 접촉할 수 있도록 유지시켜 주었다.

코르베어와 경쟁하기 위해서 후방 엔진을 경량화하는 것을 고려하고 있던 포드도 코르베어의 설계상 결함을 의심했다. 1959년, 포드에서는 자사의 팔콘과 코르베어를 비교하기 위해 포드 성능 시험장에서 테스트를 했다. 기술 보고서 내용은 다음과 같다.

> 이 사진들을 보면 고속으로 코너를 돌 때 포드의 팔콘은 안정성을 유지하는 반면 코르베어는 불안정하다는 사실을 알 수 있다. 코르베어 운전자들은 대부분 정상적인 운전 상황에서는 별다른 어려움에 처하지 않겠지만, 미끄러운 도로를 운전하거나 비상 조작을 해야 할 경우에는 코르베어가 우리 회사의 안전 기준에 크게 미치지 못하므로 위기 상황에 빠지게 될 가능성이 높다.[3]

커져 가는 비난 여론

1960년대 초반, 비난 여론은 점점 커져만 갔다. 제너럴 모터스 법무 부서는 밀려드는 법률 소송으로 정신이 없었다. 제너럴 모터스 임원과 직원들도 사건의 희생자가 되었다. 캐딜락 사업부문의 부장 아들도 코르베어 사고로 사망했다. 부사장 아들 역시 심각한 부상을 입었다. 폰티악 사업부문의 부문장 세먼(벙키) 커드슨의 조카 역시 같은 사고를 당했다. 그리고 인디애나폴리스주 판매상 아들도 차 사고로 사망했다.[4]

이 같은 사건들에도 불구하고 1964년형 모델까지는 차를 더욱 안전하게 만들기 위하여 아무런 조치도 취해지지 않았다. 커드슨이 강경하게 요구하자 시보레 부문장은 그제야 한발 뒤로 물러나 차 뒷부분에 차가 전복되는 것을 막아 주는 안전 바를 설치하라고 지시했다. 전 제너럴 모터스 임원 존 드로린은 이 장치를 설치하는 데 차 한 대당 15달러가 든다는 사실에 주목했다. 수년 동안 최고 경영진측에서는 비용이 '너무 비싸다'는 이유로 이 제안을 계속해서 거절한 것이다.[5] 과연 인간의 목숨은 돈으로 환산했을 때 얼마나 되는 것일까?

1965년 5월, 제너럴 모터스의 주주이며 자동차 안전을 위한 의사회 Physicians for Automobile Safety 설립자인 세이무어 찰스 박사는 제너럴 모터스 경영진에게 시중에 있는 1960~1963년형 코르베어를 모두 리콜해서 안전장치를 설치해 달라고 요청했다. 주주가 안전하지 않은 자동차 설계에 대해 대외적으로 의문을 제기한 것은 처음이었다. 찰스는 리콜 비용으로 2천5백만 달러 정도 들 것이며 이는 당시 제너럴 모터스의 1일 총매출 절반에 해당하거나 5일간의 순수익보다 적은 금액일 것으로 추정했다.[6] 그러나 제너럴 모터스는 그 제안을 거절했다. 랄프 네이더의 조사 The Investigation of Ralph Nader에 따르면 제너럴 모터스의 소송을 담당하고 있는 변호사는 1960~1963년형 코르베어를 리콜하는 데 찬성했다고 한다. 그 변호사는 직접 제너럴 모터스 성능 시험장에서 코르베어를 시운전해 보았고 차량은 전복되었다. 비록 큰 부상을 입지는 않았지만 말이다. 그러나 3주 후, 54세의 한창 나이로 그는 사망했다. 사인은 뇌혈전증이었다. 자동차 사고가 그의 사망에 영향을 주었는지 여부는 잘 알려지지 않았다. 사람들은 이 변호사가 살아서 '제너럴 모터스 측에 리콜 압력을 계속 넣었더라면 무슨 일이 생겼을까' 하고 추측할 뿐이었다.[7] 아무튼 이 사건으로 시정 조치를 요구하는 언론의 압력은 거세어졌다. 특히 그 후 출간된 랄프 네이더의 베스트셀러가 큰 역할을 했다.

랄프 네이더가 코르베어를 고발하다

1934년 출생한 랄프 네이더는 정확히 30세가 되던 해에 미국 내에서 유명 인사가 되었다. 그는 188cm의 키에 호리호리한 몸매를 가졌으며 미혼이었다. 1955년 프린스턴 대학을 차석으로 졸업한 그는 1958년에 하버드 로스쿨을 우수한 성적으로 마쳤다.

그는 미국 예비군에서 6개월간 현역으로 근무한 후 코네티컷주 하트포드의 개인 변호사 사무실에 들어갔다. 4년이 지난 후, 그는 상법분야를 떠나서 자신이 원하던 '공익법'과 관련된 일을 하려고 워싱턴으로 갔다.

그는 특히 자동차 안전에 대해 관심이 많았지만 그 분야는 돈벌이가 되지 않았다. 그는 비정기적으로 자동차 안전에 대해 강의를 하고 〈뉴 리퍼블릭〉과 〈네이션〉 같은 잡지에 기사를 기고하면서 생활을 꾸려 나갔다. 1963년, 그는 〈크리스챤 사이언스 모니터〉에도 자동차 안전에 대한 글을 기고하기 시작했다.

그 후 그는 노동부 차관보인 다니엘 P. 모이니한의 관심을 끌게 되었다. 네이더는 그에게 작가이자 연구자로서 컨설팅을 해 주기 시작했다. 1964년 말, 아브라함 A. 리비코프가 이끄는 행정부 조직 개편 소위원회에서 네이더에게 곧 있을 안전에 관한 심리 준비에 명예 상담자로 활동해 달라고 제의했다.

1964년 여름, 출판업자인 리차드 그로스먼은 자동차 안전에 관한 책을 준비하면서 필자를 찾고 있었다. 사람들은 이 분야에서 네이더가 아주 유명한 사람이라며 적극 추천했다. 그 결과 1965년에 『어떤 속도에서도 안전하지 않은』이 출간되었다.

이 책에서 네이더는 자동차업계와 교통안전관청이 설계상 결함이 있는 자동차를 출시해서 일반 시민들을 위험에 빠뜨렸으며, 정부 또한 자동차에 대한 적절한 안전 기준을 마련하지 않았다며 비난했다. 비록 자동차 안전 문제에 대해 책을 쓴 사람은 이전에도 여러 명 있었지만, 그는 비난의 화살을 자동차업계 전체로 돌렸다는 점에서 주목을 받았다. 그동안 자동차업계가 시민들에게 안전하지 못한 자동차를 공급했을 뿐만 아니라 고속도로에서 사망 사고를 일으킬 수 있는 차량이 무척 많은데도 이들 차량에 대해 기본적인 정보도 제공하지 않았다는 점을 강력하게 지적했다.

그는 공격 대상을 구체적으로 1960~1963년까지 시보레가 생산한 코르베어 모델로 한정시켰다. 그는 로즈 피에리니가 제너럴 모터스에 대해 제기한 소송을 설명하면서 "금세기에 저지른 최고로 무책임한 행동 중의 하나"였다고 제너럴 모터스를 비난했다.[8]

> 오늘날 부닥치게 되는 큰 문제는 응용과학과 기술의 유해한 효과를 무시하고 경제적 이익만 생각한다는 점이다. 자동차 사고의 비극도 인간이 만든 물건에 인간의 신체가 공격당하는 아주 심각한 사례 중의 하나라고 할 수 있다. 이는 산업이나 상업의 부산물로 나타난 기계적이거나 생물학적인 위험으로 적절히 통제함으로써 반드시 극복해야만 하는 것들이다. 우리 사회는 단호한 결심과 충분한 자원을 바탕으로 시민들의 신체에 대한 권리를 보호할 의무를 다해야 한다. 무엇보다 우선 당국이 이에 대한 실천 의지를 명확히 표명하고 시민의 권리를 보장하기 위해 최고의 지원을 아끼지 말아야 한다.[9]

언론에서는 재빨리 이 책에 제시되어 있는 주장들을 지지하고 전파했다. 네이더는 하룻밤 사이에 유명 인사가 되었고 인터뷰와 TV 출연 요청이 쇄도했다. 1966년 1월 6일, 그는 디트로이트에서 자동차 안전성과 자동차회사에 대한 비난 내용을 주제로 기자회견을 열게 되었다. 그는 4대 주요 자동차회사에 연락하여 기자회견장에서 자신과 토론할 대표자를 보내 달라고 요청했지만 아무도 나타나지 않았다.

다음날 그는 주 법무장관 로렌스 스캘리스가 주최하는 심리에 참석하기 위해서 아이오와주 데스모인스에 갔다. 자신이 미행당하고 있는 듯한 느낌을 받은 네이더는 이 사실을 스캘리스에게 알렸고, 그는 주 경찰관을 시켜 사건을 조사하게 했다. 네이더의 의심을 뒷받침할 만한 증거는 나오지 않았지만 이것은 제너럴 모터스가 랄프 네이더에게 실행한 보복 조치의 시작이었다. 그러나 이러한 보복 조치는 제너럴 모터스에게 역효과만 났고 오히려 네이더 주장에 무게를 실어 주는 역할만 담당했다.

>>> 랄프 네이더에 대한 제너럴 모터스의 조사

1965년 후반 작성되어 조사원들에게 보낸 메모의 내용은 다음과 같았다.

> 우리의 임무는 그의 생활과 최근 동향을 확인하는 것이다. 왜 그가 이런 활동을 하게 되었는지 밝혀내기 위해서 다음의 항목들을 조사한다. 안전 문제에 대한 그의 실제적인 관심 정도·그의 지지자들·정치활동·결혼 상황·친구들·주변의 여자·소년들 등은 물론이고 음주·마약·직업 등 사실상 그의 생활 모든 면을 조사한다.

이 활동을 지시한 주모자들은 제너럴 모터스 법률고문 앨로이시우스 파워와 전 FBI 요원이자 현재 뉴욕에서 탐정 사무실을 경영하고 있는 빈센트 길렌이었다. 제너럴 모터스 사장인 제임스 로슈도 이 사건에 개입되어 있다고 생각되었다. 그러나 이후에 이루어진 의회 조사에서 그는 네이더에 대한 조사가 어떤 목적으로 어느 범위까지 시행되고 있는지 전혀 몰랐던 것으로 드러났다. 로슈는 네이더를 조사하기 위해 탐정을 고용한 사실은 인정했다. 그러나 그것은 단지 네이더가 현재 진행중인 코르베어 소송에 관련이 있는지 여부를 확인하기 위한 것이었다고 주장했다.

네이더에 대한 보복 조치는 1966년 1월에 시작되어 3월까지 계속되었다. 즉 감시를 비롯해 밤늦게 전화하기뿐만 아니라 젊은 여성을 이용해서 네이더를 유혹하는 행위까지 포함되어 있었다. 그의 고향 마을인 코네티컷주 윈스테드에서 온 친구들과 동료들에게 그의 술 버릇·교통사고 기록·성 생활·신앙심·정치적 신념·신용 등급에 대해 캐물었다. 전화번호부에도 기록되어 있지 않은 워싱턴 DC 전화로 한밤중에 전화해서는 '기분 나쁜 목소리'로 "이봐 친구, 고향 마을 코네티컷으로 돌아가는 게 어때?"라고 마치 협박하듯이 말하기도 했다. 길렌은 의회 소위원회에서 "반드시 네이더가 그들을 방해하지 않게 만들고 그의 입을 다물게 해야 한다"는 말을 들었다고 진술했다.[10] 언론은 재빨리 네이더 편에 서서 제너럴 모터스의 '협박행위'를 비난했다. 언론은 대체 제너럴 모터스가 무슨 권리로 개인의 사생활을 꼬치꼬치 캐묻고 다니는지 의심스러워했다.[11]

청문회 정보가 드러난 이후 네이더는 제너럴 모터스를 상대로 사생활 침해 혐의로 2천6백만 달러 소송을 제기했다. 그는 또한 빈센트 길렌을 상대로 똑같은 혐의로 10만 달러 소송을 제기했다. 제너럴 모터스는 즉시 길렌을 해고했지만 이것은 큰 실수를 자초한 것이었다. 길렌은 민사소송을 취하한다는 조건으로 네이더 변호사 측에 협조하기로 했다. 길렌은 제너럴 모터스 자문실 임원과 나눈 대화를 모두 녹음해 두었고, 이는 네이더를 괴롭히고 명성을 실추시키려 했다는 사실에 대한 실질적인 증거 자료로 채택되었다.

1970년, 네이더는 법정 밖에서 42만5천 달러에 합의를 했다. 그의 변호사에 따르면 이 금액은 사생활 침해 소송에 대한 합의금으로는 미국 역사상 최고 액수였다. 변호사 비용을 지불하고 네이더에게 남은 것은 28만4천 달러였는데 그는 이 돈을 소비자 변호 프로그램을 설립하는 데 투자했다. 이 프로그램에는 코르베어에 대한 새로운 공격 계획도 포함되어 있었다.[12]

제너럴 모터스는 네이더 사건에 서투르게 대처한 결과 회사는 제품의 안전성 문제에 대해 떨쳐 버리려고 노력했던 악당의 위치로 되돌아갔다. 그리고 의지가 굳은 비판 세력 가운데 1명을 영웅으로 만들고 말았다.

>>> 제너럴 모터스의 결과

코르베어와 랄프 네이더 사이의 일이 널리 알려지게 되자 제너럴 모터스의 대외적인 이미지는 크게 손상되었다. 자신의 고객들에게 사기나 치고 정직하지 않으며 고객의 안전에 전혀 신경을 쓰지 않는 기업이라는 부정적 인식만 깊이 심어 주게 되었다. 이 일은 매출과 수익에도 악영향을 끼쳤으며 코르베어 소유주들이 고소한 소송 또한 급격하게 증가했다.

1969년 5월, 출시된 지 10년 만에 그리고 판매 대수로는 171만18대 만에 마지막 코르베어가 미시건주 제너럴 모터스 윌로우 런 공장 조립 라인에서 생산되었다. 코르베어는 생산 첫해인 1960년 22만9,985대가 판매되었다가 1964년에는 19만3,642대까지 감소했다. 그러다가 1965년 네이더의 책이 출간되고 난 다음 해인 1966년에는 8만8,951대만 판매되었다. 그리고 1968년에는 매출이 1만2,977대까지 폭락했다. 또한 이 기간에는 유럽과 일본의 수입 차량이 증가하면서 자동차 시장의 경쟁도 치열해졌고 포드의 무스탕 같은 스포티 차량의 출시도 늘었다. 그러나 무엇보다도 코르베어 매출에 가장 심각한 타격을 가한 것은 랄프 네이더의 책이었다.

1965년 이후 코르베어의 매출이 폭락했는데 제너럴 모터스는 왜 그때까지도 계속해서 코르베어를 생산하고 있었을까?

여기에는 법정 소송과 관련된 이유가 있었을지도 모른다. 만약 코르베어 생산을 중단하게 되면 자칫 제너럴 모터스가 진행중인 소송에 대해 유죄를 인정하는 것으로 받아들여질 수 있기 때문이었다. 당시 일반 시민들과 국회에서 이 자동차의 안전성에 의문을 제기하고 있는 상황에서 제너럴 모터스가 잘못을 시인하는 행동은 할 수 없었다.

코르베어 사건은 상당히 큰 반향을 불러일으켰다. 린든 존슨 대통령은 상무부장관에게 안전에 대한 엄격한 기준을 마련하여 교통안전법을 제정하라고 지시했다. 정부는 디트로이트에 2년의 유예 기간을 주며 차의 안전성을 높이라고 지시했다. 만약 이 기간 이후에도 제대로 실행되지 않으면 그때는 정부가 개입할 계획이었다. 이 법은 '국가 교통 및 차량안전법'이란 명칭으로 1966년 6월 23일 상원에서 통과되었으며, 1966년 9월 5일 대통령이 서명했다.

새로 제정된 법률의 조건은 다음과 같다. 첫째, 교통부 장관이 적절한 연방 자동차 기준을 설정한다. 둘째, 이 기준에 적합하지 않은 자동차나 부품을 생산하는 제조업체는 민사상 제재를 받게 된다. 셋째, 제조업체는 판매 후에 자동차에서 어떠한 결함이나 약점을 발견하게 되면 이를 반드시 고객들에게 통지해야 한다.

드디어 자동차의 안전성을 개선하기 위한 중요한 첫발을 내딛게 되었다. 이후 패드를 댄 계기판·자동안전장치·앤티로크 브레이크[ABS]·에어백 등 자동차의 다른 부분에서도 상당한 발전을 이루었다.

붕괴의 요인들

이제부터는 제너럴 모터스가 왜 코르베어의 붕괴라는 위기를 겪게 되었는지 그 원인들을 자세히 규명해 보자.

>>> 위험요소 무시하기 또는 눈감아 주기

이 사건을 통해 업계에 전통적으로 존재해 왔던 생각, 즉 소비자를 그저 매출을 올리기 위한 대상으로만 보고 그들을 무시하는 사례를 살펴볼 수 있다. 이 회사의 목적은 차를 설계해서 매출을 발생시키고 수익을 극대화하는 것이었다. 안전은 우선적으로 고려해야 할 대상이 아니었고 비용을 줄이고 수익을 극대화하는 것만이 최우선적 과제였다.

1950년대 제너럴 모터스는 현재 자사의 차량보다 더 작고 가벼운 유럽 차들과 경쟁이 되고, 가격도 충분히 저렴해서 널리 보급될 수 있는 차를 만들고 싶어 했다. 1959년, 새로운 차종에 대한 기획을 시작한 지 4년 만에 코르베어가 출시되었다. 4년이라는 시간은 자동차처럼 복잡한 제품을 개발하기에는 너무나 짧은 시간이었다. 제너럴 모터스는 이윤을 내야 했으므로 '어느 정도 결함이 있더라도' 시장에 출시해야만 했다.

자동차업계에는 처음 사업을 시작할 때부터 기준이 될 만한 안전 규칙이 아예 존재하지 않았다. 자동차회사들은 안전 기준을 설정할 때 주로 미국 자동차기술자협회the Society of Automotive Engineers의 도움을 받았다. 그러나 이 단체 구성원은 주요 자동차업체들에게 고용되었고, 자동차업체들은 가능한 한 최저 비용으로 자동차를 생산하려고 애쓰는 조직이다 보니 자연히 객관성은 의심받을 수밖에 없었다. 또한 협회에서 엄격한 안전 기준을 작성하면 자동차회사들의 비용이 증가하게 되고, 따라서 SAE 업무가 어려움을 겪게 되는 상황이 벌어졌다. 그리고 현장 기술자들과 수익성만 따지는 회사 최고 경영진들 사이에 제대로 의사소통이 이루어지기 어려운 점도 중요한 원인이 되었다.

그러나 사정이 그렇더라도 주행 테스트 결과 제품 자체가 불안정하고 위험한 사고가 발생할 가능성이 있는데 왜 기술자들 가운데 누구 하나 이 사실을 공개하지 않았을까? 또는 내부고발자가 되려는 사람이 없었을까?(Information Box의 '내부고발행위'를 읽고 토의해 보자.)

_ 내부고발행위 내용 재검토!

내부고발자란 기업에서 혐의를 받고 있는 불법행위 사실을 공개적으로 고발하는 기업의 직원을 말한다.

여기에서 말하는 불법행위에는 사기·거래 제한·가격조정·뇌물 제공·강압행위·안전하지 않은 제품과 시설 그리고 기타 법률과 규칙 위반 같은 모든 종류의 비윤리적인 행위가 포함될 수 있다.

내부고발자는 우선 조직 내에서 정상적인 경로를 통해 회사의 비리를 바로잡아 보려고 최선을 다해 노력했을 것이다. 그러다가 여러 가지 한계에 부딪치게 되자 결국 최후 수단으로 회사를 정부 관리자나 언론에 고발하게 되는 것이다.

내부고발 사건이 발생하게 되면 기업에는 계약 파기·벌금 부과·해임 등 일련의 사태가 일어나게 되므로 내부고발자들은 동료들의 비방을 받거나 해고될 수 있다. 심지어 회사로부터 모함을 받게 될 수도 있다.

이런 이유 때문에 우리는 내부고발행위를 진정으로 용기 있는 행동으로 부른다. 또한 내부고발행위는 자신의 이익보다는 사회의 이익을 우선시키는 사람만이 행할 수 있는 것이다.

그러나 가끔씩은 진정으로 공익을 위하는 사람과 개인적인 불만이나 잘못된 믿음 때문에 내부고발을 하는 사람 사이에 구분이 안 가는 경우도 있다. 실제로 경영진이 비윤리적인 행위와 관련이 없고 아예 그 사실을 모르고 있었거나 승인한 적이 없는데도 경영진이 비윤리적인 행위를 묵인한 것이라고 철썩같이 믿는 사람들도 있다.

그리고 때때로 내부고발행위를 통해 사적인 이익을 얻거나 경력을 높이려고 하는 사람들도 있다. 1972년 내부고발에 대해 책을 썼던 랄프 네이더는 기업의 직원들은 회사에 대한 의무보다 사회 보호의 의무가 더 우선한다는 사실을 기억해야 한다고 말했다.

그는 책에서 내부고발 영웅들의 사례와 미래의 내부고발자들을 위한 행동방침에 대해서도 자세히 소개하고 있다.[13]

_ 토의 주제

당신도 내부고발자가 될 수 있다고 생각하는가? 어떤 상황에서 그렇게 될 수 있을까?

>>> 랄프 네이더에 대한 협박

제너럴 모터스는 그리 현명하지 못한 방법으로 자신들을 비난하는 유명 인사에 대해 뒷조사를 하다가 상황만 더욱 악화시키고 말았다. 만약 제너럴 모터스가 통상적인 방법으로 네이더와 고소인에 대해 조사한 것이라면 이처럼 문제가 심각하게 비화되지는 않았을 것이다. 그러나 조사는 일정한 선을 넘어 개인의 사생활을 침해하고 괴롭히는 비윤리적인 행위로 확대되었다. 원래 조사를 수행하려던 목적은 제너럴 모터스의 명성을 보호하고 랄프 네이더의 이미지를 실추시키기 위한 것이었다. 그러나 결과는 오히려 그 반대로 나타났다. 제너럴 모터스는 명성에 심각한 타격을 입은 반면, 랄프 네이더는 하루아침에 영웅으로 등극하게 되었다.

>>> 최고 경영진의 커뮤니케이션 부족과 관리 소홀

제너럴 모터스 사장인 제임스 로슈는 네이더 문제를 전적으로 법률고문에게 넘겼다. 로슈는 법률고문이 실제로 무슨 일을 하고 있는지 전혀 몰랐으며, 조사의 진행 과정에 대해 보고서도 받지 않았다고 주장했다. 법률고문인 앨로이시우스 파워도 실질적인 조사 담당자인 빈센트 길렌의 업무에 직접 간섭하지 않았다. 따라서 제너럴 모터스 사장과 변호사는 마지막 순간까지 현장에서 실제로 무슨 일이 일어났는지조차 모르고 있었다.

최고 경영진의 지시 내용이 명확하지 않았거나 지시를 받는 쪽에서 제대로 이해하지 못했을 가능성도 있다. 한편, 네이더의 인기가 급등하고 그의 비판 발언에 대해 시민들의 호응이 높아지자 현장 담당자들은 그에 대한 뒷조사를 강화해야 할 시기가 되었다고 스스로 판단했을지도 모른다. 그래서 그들은 처음 경영진이 의도했던 수준을 넘는 범위까지 일을 진행시키게 된 것이다. 또 다른 한편으로는 최고 경영진이 조사에 대해 무관심한 태도를 보이자 이에 대한 항의 표시로 경영진에게 책임을 전가하고 자신들은 비난에서 벗어나려고 했을 수도 있다.

>>> 랄프 네이더의 최근 동향

거인 제너럴 모터스와 싸워 이기고 자신의 베스트셀러인 『어떤 속도에서도 안전하지 않은』으로 국제적 명성을 얻은 후 랄프 네이더는 소비자의 권익을 대변하는 소비자 감시원으로 활동하고 있다. 1970년대 그는 소비자보호단체인 퍼블릭 시티즌Public Citizen, 항공사의 안전 문제에 대해 소비자 권익을 대변하는 항공 소비자활동 프로젝트Aviation Consumer Action Project, 자동차 운전자들의 권익을 대변하는 자동차 안전센터the Center for Auto Safety를 설립했다. 네이더는 계속해서 이들 단체들을 위해 활발한 활동을 펼치고 있다.

2000년 12월, 플로리다주 대법원은 대통령 선거 당시 일부 카운티에서 시작된 재검표를 플로리다주 전체로 확대 실시하라고 지시했다. 결국 우여곡절 끝에 537표 차로 조지 W. 부시의 승리가 확정되었다. 그 당시 승산 없는 대통령 후보였던 네이더는 플로리다주에서 97,488표를 득표했다. 그 이후 네이더와 관련된 단체들은 그가 2000년 대선에서 민주당 표를 빼앗아 가는 바람에 앨 고어가 낙선하고 부시가 대통령에 당선되었다는 비난 여론에 시달려야 했다. 한 민주당 지지자는 "랄프 네이더는 평생을 오명 속에서 살아가야 할 것이다. 비록 그의 퍼블릭 시티즌 활동은 존경받아 마땅하지만, 2000년 대선에서 네이더가 끼친 영향은 다른 모든 업적을 덮어 버릴 정도로 치명적인 실수였다"라고 말하기도 했다.[14]

네이더는 자신이 고어의 낙선에 일조했다는 주장을 반박했다. 출구조사 결과를 보면 자신의 지지자들은 대부분 투표에 참여하지 않았으며, 오히려 만약 자신이 출마하지 않았더라면 플로리다주의 자신의 지지자 가운데 적어도 25%는 부시에게 투표했을 것이라고 주장했다. 그럼에도 불구하고 그와 관련된 여러 조직의 회원 수는 20~25% 정도 이탈했고 기부금도 줄어들었다. 2004년, 몇몇 단체에서는 네이더가 또 다시 대선에 출마할 경우 그의 이름을 단체 이름에서 빼 버리겠다고 협박하기도 했다.

✳ 무엇을 배울 것인가? ···

　　한 사람이 이 사회에 큰 변화를 가져올 수도 있다. 악명 높은 코르베어 사건 이후 우리는 제품의 안전상 결함을 제조업체가 제대로 처리해 줄 것이라고 마냥 믿고 있을 수만은 없다는 사실을 깨닫게 되었다. 또한 정부도 이와 같은 문제에 적극적으로 개입하게 되었다. 랄프 네이더라는 개인이 이처럼 제품의 안전 규칙에 커다란 변화를 불러일으킨 것은 충분한 자료 조사를 거쳐 만들어진 그의 책과 소비자 권익에 대한 헌신적인 노력이 크게 기여했다. 1965년을 되돌아보면 제너럴 모터스도 네이더의 잠재력을 눈치 챘던 것이 틀림없다. 그게 아니라면 그만큼 신경을 쓰지 않았을 테니까 말이다.

　　네이더 사례를 살펴보면 비록 약자라 할지라도 강자를 충분히 흔들어 놓을 수 있음을 깨닫게 된다. 네이더 덕분에 일반 시민들의 힘이 갑자기 큰 의미를 가지게 되었고 생명력도 얻게 되었다. 그러나 이러한 힘을 보여 주기 위해서는 약하고 겁 많은 사람들이 아니라 용기 있고 끈기 있는 사람들이 필요하다. 그런 사람들이 진정한 시민의 힘을 드러낼 수 있다.

　　기업이 사회에 대해 무관심하면 결국 정부가 개입하게 된다. 수십 년 동안 자동차 제조업체에서는 차량 안전과 관련된 여러 가지 문제들을 무시해 왔다. 기술적으로 차를 더 안전하게 만들 수 있는 방법이 있었는데도 안전장치를 추가하게 되면 생산 비용이 증가한다는 이유로 이를 실행하지 않았다. 게다가 자동차업계에서는 자신들이 고객의 안전까지 완벽하게 책임질 수는 없으므로 부상이나 사망의 위험을 낮추려면 고객 스스로 추가 비용을 들여서 적절한 방법을 마련해야 한다는 안일한 사고방식을 가지고 있었다. 이 말이 전혀 근거 없는 소문은 아니다. 오늘날까지도 자동차업계의 일부 사람들은 자동차에 의무적으로 에어백을 설치해야 한다는 사실에 분개할 뿐만 아니라 희망 소비자가격에 추가해 계산한다. 그리고 가격 조건 때문에 에어백이 더 작고 위험하더라도 전에 사용하던 것을 그대로 설치하기도 한다. 결과적으로 기업이 자발적으로 사회 구성원이 누려야 할 최선의 이익에 관심을 가지지 않을 경우 결국은 폭력적인 방법에 의해 꺾이게 되고 만다. 예를 들면 네이더의 『어떤 속도에서도 안전하지 않은』과 레이첼의 『침묵의 봄』(이 책은 화학산업에 대해 다루고 있다) 같은 베스트셀러에 의해서 공격을 받는다거나 또는 취재 기자들의 폭로로 심한 타격을 입기도 한다.

어떤 사건에 대하여 대중들은 처음에는 무관심하다가 어느 순간부터 점점 큰 관심을 갖는다. 그러다 마침내 맹렬한 분노를 퍼붓게 되면, 결국엔 정부가 나서서 해당 업계에 제재를 가하게 된다. 아래 그림은 이러한 과정의 일반적인 진행 단계를 나타낸 것이다.

대중의 무관심　언론의 주의 집중　대중들의 분노와 항의　정부의 제재 조치
───→
시간

이 같은 전통적인 진행 단계는 코르베어 사건에서도 확인되었는데 최종적으로는 정부가 개입함으로써 국가 교통 및 차량안전법이 1966년에 제정되었다.

이 시나리오에 대해서 기업은 무엇을 할 수 있는가? 분명한 것은 고객을 섬기는 데 관심을 가져야 한다는 점이다. 그런데 고객을 섬긴다는 말에는 몇 가지 중요한 의미가 내포되어 있다.

● 소비자 요구를 가능한 한 효과적으로 충족시킨다. 가격을 낮추되 적절한 품질 기준과 안전성에는 손상이 가지 않는 범위

내에서 이를 시행한다. 소비자가 제품이나 서비스를 최대한 이용할 수 있도록 한다.

● 일반 시민들-사회-을 비위생적인 환경이나 제품 그리고 위험한 제조 시설로부터 보호한다.

자동차업계를 보면 코르베어가 특정한 상황에서는 제대로 통제가 되지 않는 불안전한 제품이므로 이 차를 구입한 고객뿐만 아니라 사고 발생 상황에 우연히 노출된 무고한 시민들까지 위험에 처하게 된다.

오늘날 소송의 위험 때문에 이전보다는 많은 기업들이 자신들의 제품 생산과 운영 과정에 더욱 합리적이고 신중하게 일을 처리하고 있다. 그러나 위험한 상황을 근본적으로 바로잡는 데 가장 효과적인 방법은 아무래도 정부의 개입이라고 할 수 있다. 그렇지만 정부의 개입이 늘 객관적일 수는 없으며 또한 가장 효과적인 방법도 아니다. 정부가 개입하는 정도는 아주 엄격한 처벌에서부터 상대적으로 약하고 불충분한 보호 조치에 이르기까지 다양하다. 최소한 업계는 정부의 규제에 순응해야 하며, 이 조치를 통해 정부는 업계의 행동을 제한할 수 있다. 그러나 대부분의 사람들은 정부의 규제 조치를 그저 가벼운 경고 정도로 여기곤 한다.

단기간 수익에만 집중하다가 사업에 큰 오점을 남길 수도 있다. 기업이 생존하고 번영하기 위해 이익을 추구하는 것은 당연하지만 오직 이익 극대화에만 골몰하는 것은 위험할 수 있다. 이 같은 태도는 종종 소비자의 최대 이익과 상치되며, 또한 기업이 장기적으로 성공을 거두는 데도 방해가 될 수 있다. 우리는 코르베어 사건에서 이 점을 분명히 확인할 수 있었다. 다른 사례에서도 단기 이익을 극대화하고 보전하는 일에만 신경 쓰다가 잘못된 행동을 저지르고 이를 은폐하다가 결국 망신을 당하는 경우를 쉽게 찾아볼 수 있다.

궁극적으로는 최고 경영자에게 책임이 있다. 최고 경영자는 규모에 상관없이 회사 내에서 발생하는 일에 대해서 책임질 수 있어야 한다. 이것은 최고 경영자의 리더십과 권한에 대한 신성한 원칙이다. 만약 최고 경영자가 단기간에 회사를 성공 궤도에 올려놓으면 그는 이 공로를 인정받아 엄청난 보너스를 받게 된다. 그러므로 최고 경영자가 공적은 인정받으려고 하면서 회사가 저지른 실수에 대해서 책임을 부인하는 것은 적절치 못한 행동이다. 따라서 제너럴 모터스 최고위층이 네이더 사건에 대해 자신들은 모르는 일이라고 주장한 것은 결코 용서받을 수 없는 행동이다(다음에 나오는 몇 가지 사례에서도 최고 경영진의 책임 전가를 확인할 수 있을 것이다). 최고 경영진이 어떤 과실에 대해서 세부적인 상황을 몰랐을지라도 회사 내에 소비자 권리나 양심적 행동을 인정하지 않고 단기 수익만을 최우선시하는 분위기가 형성되어 있다면 이는 최고 경영자의 책임이라고 할 수 있다. 다시 말해 한 기업이 대중의 신뢰를 저버리는 행동을 했다면 결국은 최고 경영자에게 책임을 물어야 한다.

가끔 임원들 사이에 기계론적인 태도가 널리 퍼지기도 한다. 최고 경영진들의 양심과 도덕적 감수성에 문제가 생긴 것처럼 보이기도 한다. 그들은 때때로 자신이 맡은 직책이 부여한 역할에 따라 사적인 생활에서는 결코 할 수 없는 행동을 한다. 전 제너럴 모터스 임원인 존 드로리언은 이러한 양면적인 성향에 대해 처음으로 주목한 사람들 가운데 한 명이었다.

> "이 차(코르베어)를 만든 사람들이 모두 부도덕한 것은 아니다. 이들도 가족과 자식이 있는 따뜻하고 인간적인 사람들이다. 한 개인으로서의 이들에게 만약 '이 차를 가지고 사람들을 죽이고 부상을 입혀라'라고 지시한다면 절대로 그렇게 하지 않을 것이다. 그러나 똑같은

사람들도 비용·기업 목표·생산 데드라인으로 대표되는 회사라는 환경에 있다 보면 개인으로서는 거절했을 것이 분명한 제품에 대해서도 생산 허가를 내 주게 된다."[15]

다른 많은 사건들에서도 이처럼 인간적 성향이 결핍된 기계적인 사고방식을 접하게 된다.

여기에서 한 가지 의문을 제기해 볼 수 있다. 왜 다른 것들을 희생하면서까지 판매와 수익에 집착하는 것일까? 다음의 Information Box를 읽고, 이 문제에 대해 토의해 보자.

___Information Box _____

_집단적 사고에서는 왜 윤리적으로 의심스러운 결정을 내리는가?

존 드로리언이 설명했듯이 만약 기업이 아닌 외부 환경에서 한 개인에게 '살인' 차량의 생산을 지시했다면 절대로 용인하지 않았을 것이다.

그러나 집단적 사고를 한다고 생각해 보면, 위원회에서 결정을 내리고 조직에 대한 충성도가 높은 상황이라면(소비자들 이익에 대한 충성도와 비교했을 때), 그와 같은 냉정한 결정도 가능할 것이다. 왜 집단적 사고의 윤리적 기준은 개인의 것과 비교했을 때 낮은 것인가?

조직 목표를 달성하기 위해 열심히 애쓰는 위원회나 집단을 설명하는 '집단 심리'로 설명될 수 있을 것이다. 단 한 가지 목표 외에 다른 것들은 전혀 중요하지 않다. 위원회 내에서는 의사 결정이 개인이 아니라 위원회에서 내려지는 것이 되므로 개인적 책임감이 희박해진다. 게다가 건설적 비판이나 다수 의견에 반대하는 사람이 없는 리더 추종 신드롬이 나타나게 된다.

그러나 다른 원인도 있다. 기업체 간부이자 학자이며 철학자인 체스터 바나드는 이 패러독스를 다음과 같이 지적했다.

"사람들은 몇 가지 개인적인 도덕 코드를 가지고 있는데 여러 가지 상황의 행동에 영향을 끼친다. 이 코드들이 항상 양립할 수 있는 것은 아니다. 가족과 종교 같은 개인적인 생활에 대한 코드와 사업상의 코드는 무척 다를 것이다. 기업의 역사를 살펴보면 독실한 기독교 신자이지만 평일에 회사에서 하는 행동은 천지 차이인 사람도 주위에서 흔히 볼 수 있다. 일요일에 적용되는 윤리적인 기준이 평일에는 상당히 낮아지는 것이다. 또한 자신의 가족들에게는 무한한 애정을 보이는 사람이 부하 직원이나 고객을 대할 때는 전혀 반대의 태도를 보이는 경우도 쉽게 찾아볼 수 있다(히틀러와 사담 후세인 같은 극도로 잔인한 성격을 가진 독재자도 자신과 친밀한 사람들에게는 상당히 친절하고 사려 깊은 사람이었다고 한다)."

주변에서 강하게 요구하는 것이 자신의 의견과는 반대되는 상황에서 자신의 행동을 통제하기 위해서는 개인의 강력한 윤리 규칙이 필요하다. [16]

_토의 주제

어떤 사람이 다수의 의견에 반대하거나 동의하지 않으려면 무엇이 필요한가? 그런 사람의 성격은 어떻다고 생각하는가? 당신에게는 이러한 저항적 기질이 있는가?

*질문

1. 한 기업의 사장이나 CEO가 부하 직원이 저지른 불법적인 또는 비윤리적인 행위에 대해 모른다고 부인할 수 있는가?
2. 어떻게 하면 기업이 단기적인 수익이 아니라 장기적 수익을 최대화하는 것으로 목표를 수정할 수 있겠는가?
3. 제너럴 모터스 기술담당 직원이 코르베어에 존재하는 치명적 결함을 공개하지 않았다는 사실에 대해서 당신은 어떤 식으로 해명하겠는가? 고객 지향성을 더욱 개발하려면 어떻게 해야 하는가?
4. 랄프 네이더의 뒷조사를 하는 과정에서 조사자들이 도덕적·윤리적 행동의 정도를 넘었다는 사실에 대해서 당신은 어떻게 해명할 것인가? 다시는 이런 일이 생기지 않도록 하기 위해서 당신은 어떤 통제 계획을 세울 것인가?

＊실전 연습

1. 당신은 시보레 코르베어 사업부의 엔지니어이다. 당신은 이 차가 안전하지 않다고 강하게 믿고 있다. 그러나 고위 경영진에서는 당신 의견에 전혀 귀를 기울이지 않는다. 당신은 이제 어떻게 해야 하는가?

2. 당신은 제너럴 모터스 사장 제임스 로슈다. 당신은 이 거대한 조직에 좀더 소비자를 생각하는 태도를 불어넣고 싶다. 어떻게 하면 당신의 임원과 직원들에게 이런 마음가짐과 책임감을 고취시킬 수 있는지 토의해 보라. 이를 시행하는 과정에서 어떤 문제들이 발생할 것 같은가?

＊팀별 토론 연습

1. 랄프 네이더의 명예를 실추시키기 위해 내렸던 결정에 대해 토의해 보자. 실제로 일어난 일은 고려하지 마라. 아마도 그의 행동을 저지하기 위해서 가능한 한 모든 행동을 취했을 것이다.

2. 네이더의 책이 출간된 이후에도 코르베어를 계속 생산하겠다고 한 결정에 대해 토의해 보라. 코르베어 생산을 중단하는 것은 유죄를 인정하는 것이라는 변호사의 주장은 신경 쓰지 마라.

3. 2000년 대선에 출마한 네이더의 결정에 대해 토의해 보라.

11

유니온 카바이드 : 오하이오 계곡 공습

환경주의자들이 웨스트 버지니아주 앨로이에 있는 유니온 카바이드 강철합금공장에 '세계에서 가장 연기를 많이 배출하는 공장'이라는 꼬리표를 붙였다. 그을음 가득한 시커먼 연기가 공장에서 지속적으로 뿜어져 나와 인근 마을에 무시무시한 양의 검은 먼지를 뿌려댔다. 분명한 것은 이 공장 한 군데에서 1년간 마을에 뿌린 건강에 해로운 먼지의 양이 뉴욕시 전체에서 배출된 양보다도 많았다는 사실이다.

랄프 네이더는 유니온 카바이드 Union Carbide Corporation가 관련된 환경 분쟁에도 개입하게 되었다. 네이더는 자신이 후원하여 1970년에 출간된 책 『사라져 가는 공기 The Vanishing Air』를 통해서 이 사건과 다른 국가적인 환경문제를 강조함으로써 공기오염 문제가 발생한 지 거의 20년 만에 유니온 카바이드에 책임을 묻고 정부로 하여금 개선책을 마련토록 촉구했다.

오하이오 계곡 오염문제

오하이오주와 웨스트 버지니아주 사이에 있는 오하이오 강은 양쪽으로 60~90m 정도의 둥근 언덕이 솟아 있는 비교적 좁은 계곡을 통과한다. 빼어난 경치를 자랑하는 이 계곡에는 지형상 부분적으로 강한 바람이 불지 않는 곳도 있었으므로 계곡에 오염물질이 높은 농도로 축적되기도 했다. 이 계곡에 거대한 금속가공공장과 화학공장들이 들어서기 시작했고, 제조 과정과 에너지를 공급하기 위해 연료를 연소하는 과정에서 오염물질이 방출되었다.

유니온 카바이드가 오하이오 계곡에 진출하게 된 것은 1950년 오하이오주 리버뷰에 전기야금공장을 건설하면서부터였다. 얼마 지나지 않아 웨스트 버지니아주의 알로이와 앤무어 그리고 오하이오주 마리에타에 여러 공장들이 들어서게 되었고, 웨스트 버지니아주에 연구소가 건설되었다. 공장들이 들어서면서 이 지역은 경제적으로 크게 발전했지만 오래지 않아 오염문제도 그 실체를 뚜렷하게 드러내기 시작했다. 1951년 대기오염 문제에 대처하기 위한 시민위원회가 설립되었고, 1954년에는 유니온 카바이드 측에 먼지 처리 장비를 설치하라고 압력을 넣기도 했다. 그러나 사업이 성장해 갈수록 대기오염은 점점 심각해졌고, 1964년에는 결국 군

county 건강 담당부서에서 유니온 카바이드가 너무 많은 그을음을 배출함으로써 지역 주민의 건강에 심각한 문제를 일으키고 있다며 강력하게 항의했다.

1967년 3월, 보건교육복지부Department of Health, Education and Welfare : HEW에서 파견된 담당자들이 파커스버그와 마리에타 주변 구역의 대기오염 문제를 점검하기 위해서 웨스트 버지니아주 파커스버그에서 주간 회의를 개최했다. 회의 기간 중에 연방 담당자들은 이 지역의 심각한 대기오염·그을음·재·악취 수준(식물과 건물에 해를 입힐 정도의)과 높은 심폐질환 발병률에 관한 지난 15년간의 증거 자료를 제시했다. 지역 주민들은 이들에게 도움을 청했지만 오염물질 배출문제는 잘 해결되지 않았다. 결국 첫 번째 파커스버그 회의는 큰 성과 없이 마무리되고 말았다. 네이더가 후원한 책에서는 그 결과를 다음과 같이 설명하고 있다.

> 미국 정부 기관인 국가 대기오염 관리국the National Air Pollution
> Control Administration : NAPCA 때문에 오하이오주 건강 담당부서
> 와 오하이오주 의원 클래런스 밀라트까지 지역 제일의 환경 파괴자인
> 유니온 카바이드에 속고 말았다. 장관의 무관심과 웨스트 버지니아
> 대기오염 관리위원회의 소극적인 태도도 유니온 카바이드가 '작전'
> 을 완수하는 데 한몫 톡톡히 거들었다.[1]

유니온 카바이드의 비타협적인 태도

처음부터 유니온 카바이드는 오만한 태도를 취했으며 환경오염에 대해서도 거의 신경 쓰지 않았다. 이 회사는 오하이오 계곡 오염을 악화시키는 것에 대한 사회적 책임을 전면 부인했다. 양측의 입장 차이는 분명해졌

다. 1970년, 환경주의자들이 웨스트 버지니아주 앨로이에 있는 유니온 카바이드 강철합금공장에 '세계에서 가장 연기를 많이 배출하는 공장'이라는 꼬리표를 붙였다. 그을음 가득한 시커먼 연기가 공장에서 지속적으로 뿜어져 나와 인근 마을에 무시무시한 양의 검은 먼지를 뿌려댔다. 분명한 것은 이 공장에서 1년간 마을에 뿌린 건강에 해로운 먼지의 양이 뉴욕시 전체에서 배출된 양보다도 많았다는 사실이다.[2]

결과적으로 유니온 카바이드는 오염방지 정책에 저항하는 기업의 상징이 되고 말았다. 미국 최대 기업 중 하나인 이 회사는 논쟁의 중심에 서서 지역 주민·환경주의자·연방정부와 투쟁을 벌였다. 유니온 카바이드는 결국 연방정부의 국가 대기오염 관리국NAPCA 요원이 마리에타 공장 안으로 들어가려는 것을 저지함으로써 전국민의 주목을 받게 되었다.

>>> 회피

1967년 8월 29일, 첫 번째 파커스버그 회의가 개최된 지 5개월 만에 국가 대기오염 관리국은 유니온 카바이드 공장장인 G. G. 보든에게 마리에타 공장에 대한 조사를 허가해 달라고 요청하는 편지를 발송했다. 1967년 9월 7일, 보든은 자신도 "그 문제를 심각하게 고려하는 중이지만 개인적인 휴가 등의 사유로 요청한 날짜에는 도움을 줄 수 없을 것 같다"는 내용의 답장을 보내왔다.[3] 그리고 더 이상 추가 답변이 없는 상태로 4개월의 시간이 지나갔다.

1968년 1월 11일, 국가 대기오염 관리국에서는 다시 한 번 더 허가를 요청했다. 20일 후에 유니온 카바이드에서 답장이 왔다. 이번에는 자신들은 대기오염 관리 장치를 설치하는 데 이미 상당한 양의 예산을 투입했다는 내용이었다. 그러나 구체적인 내용은 더 이상 언급되어 있지 않았고 이번에도 국가 대기오염 관리국의 조사 요청은 철저하게 무시되고 말았다.

그 후 국가 대기오염 관리국에서 유니온 카바이드 CEO에게 요청서를 발송했다. 회사 측에서는 1968년 4월에 유니온 카바이드의 환경보건 코디네이터인 J. S. 휘태커 박사가 국가 대기오염 관리국으로 갈 것이라는 답변을 전해 왔다. 휘태커는 국가 대기오염 관리국에서 요청한 자료는 이미 오하이오주 건강 담당부서에 제출한 내용이므로 이 정보를 회사 측에 요구하기보다는 그 부서에다 요청하는 편이 더욱 적절할 것이라는 의견을 제시했다. 그러나 오하이오주 건강 담당부서에서는 이 사실을 부인했다.

또다시 별다른 진전 없이 시간만 흘러갔다. 1969년 10월, 파커스버그에서 두 번째 회의가 열렸다. 이 회의에서는 유니온 카바이드 공장에서 배출되는 입자의 양이 점점 증가하고 있다는 사실에 주목했다. 지역 주민들의 민원이 점차 늘어갔는데 대부분은 유니온 카바이드에 대한 불만을 제기한 것이었다. 회사는 하루에 4만4천 파운드의 입자와 시간당 2만2천 파운드의 황산화물을 배출한다는 혐의를 받고 있었다. 그러나 유니온 카바이드는 자신들은 연방기관이 아니라 주 당국과 같이 일한다는 이유로 회의에 협조하지 않았다.[4]

>>> 거세어지는 압력

1970년 가을, 유니온 카바이드와 관련된 심각한 대기오염 사건이 연달아 발생하면서 다시 한 번 국가적인 관심이 쏠리게 되었다. 〈뉴욕 타임스〉는 유니온 카바이드와 지역 주민들 사이에 벌어지고 있는 논쟁에 대해서 기사를 작성하기 시작했다. 오하이오 계곡에 사는 사람들은 이제 공식적으로 자신들의 분노와 두려움을 주장하기 시작했다.

유니온 카바이드 탄소제품 사업부가 위치한 웨스트 버지니아주 앤무어에서 O. D. 해저든 부부는 유니온 카바이드의 활동만을 다루는 뉴스레터를 발행하기 시작했다. 뉴스레터는 지역 주민들에게 배포되었고 웨스트 버지니아 대기오염 관리부서·지역 공장장·웨스트 버지니아주 찰스턴의 유니온 카바이드 사무실 그리고 뉴욕에 있는 유니온 카바이드 회장에게도 발송되었다. 그러나 여전히 회사 측 답변은 없었다.

그 후 해저든 부부는 일을 한 단계 더 진전시켰다. 즉 유니온 카바이드와 연방을 비롯한 주 대기오염 관리부서에 대해 집단 소송을 제기한 것이다. 이 소송에는 마을의 1,000가구 가운데 50가구가 참여했다. 그들은 유니온 카바이드가 오염물질을 배출하는 바람에 인간은 쾌적한 환경에서 살 권리가 있다는 헌법상의 권리를 침해당했다며 10만 달러를 보상하라는 소송을 제기했다.[5]

이 시점부터 랄프 네이더가 관여하기 시작했다. 그는 유니온 카바이드 공장이 있는 마을에 편지를 써서 주민회의를 개최했다. 그는 또한 유니온 카바이드가 주민들에게 입힌 피해에 대해 어느 정도라도 죄값을 치르게 할 요량으로 이들 마을에서 유니온 카바이드에 대해 더 많은 세금을 부과하도록 만들었다. 1970년, 네이더가 운영하는 연구회에서 펴낸 책 『사라져 가는 공기』에서 구체적인 사례를 들며 날로 증가해 가는 환경문제를 강조하고 이에 대한 미국 시민의 관심 부족을 비판했다.

1970년, 대기오염 정화법the Clean Air Act이 제정되고 환경보호청 Environmental Protection Agency이 신설되면서 환경오염 발생 기업에 대한 정부의 권한이 더욱 강화되었다. 환경보호청장인 윌리엄 D. 루켈셔스는 기업체들이 대기정화법을 따르도록 하기 위한 시범 사례로 유니온 카바이드를 선택했다. 웨스턴 버지니아주 또한 여러 제조 과정에서 발생하는 오염물질을 방출하는 것에 대한 엄격한 표준과 규칙을 제정했다.

마침내 유니온 카바이드는 연방정부와 주 당국의 압력에 굴복하고 말았다. 1971년 1월 14일, 유니온 카바이드는 정부가 정한 기준에 따라 마리에타 공장에서 발생한 오염물질을 청소한다는 데 동의했다. 이는 새롭게 설립된 환경보호청이 거둔 최초의 중요한 승리이며 6년간의 논쟁에 종지부를 찍는 의미 있는 사건이었다. 환경보호청은 다음과 같은 세 가지 필수 조건을 정했다.

- 황산화물 배출량을 40% 정도 줄이기 위해 즉시 저유황 석탄을 보급한다.
- 그을음·이산화황 그리고 그 밖의 다른 배출물질이 바람에 실려 마을로 날아가는 양을 줄이기 위해서 1972년 4월까지는 높은 굴뚝을 건설한다.
- 황산화물 배출량을 74% 더 낮추기 위해서 1974년 9월까지 가스 세정기를 설치한다.[6]

그러나 유니온 카바이드는 여전히 연방정부의 지시를 무시하고 있었다. 환경보호청에서는 유니온 카바이드 측에 앞서 말한 필수조건을 지키겠다는 서약서를 1971년 1월 19일까지 제출하라고 명령했다.

그런데 이날 유니온 카바이드는 연방정부가 정한 필수조건을 따르기 위해 마리에타 공장에서 곧 625명의 직원을 해고할 예정이라고 발표했다. 유니온 카바이드의 주장에 따르면 석탄연소 재fly-ash의 양을 줄이려면 보일러 한 대의 가동을 중지시키는 방법밖에 없으므로 할 수 없이 직원 125명을 해고해야 한다는 것이었다.

게다가 회사에서는 생산량을 줄이지 않고서는 도저히 1972년 4월까지 이산화황 배출물질을 줄일 수 없다는 판단을 내리고 있었다. 이는 결과적으로 500명의 직원을 추가로 더 해고해야 한다는 의미였다.

일자리는 아주 민감한 주제였다(Information Box에서 설명한 '일자리 vs 맑은 공기'를 참조해 보자). 마리에타 공장 노동자 대부분이 웨스트 버지니아주에 살고 있었는데, 이곳은 1인당 소득이 미국 내에서 최저 수준이었고 실업률은 국내 평균의 거의 2배에 육박했다.

이곳에 사는 많은 사람들에게 마리에타 공장의 굴뚝은 하루하루 먹고 사는 데 필요한 일자리와 소득을 뜻하는 것이었다. 심지어 굴뚝 연기를 일컬어 '금먼지'라고 부를 정도였다.

_ 일자리 vs 맑은 공기

환경분야의 주요 쟁점은 일자리 vs 맑은 공기(또는 물)에 관한 문제이다. 정부의 기준을 따르는 데 너무 많은 비용이 든다면 공장 문을 닫거나 조직을 축소해야 한다. 이것은 일자리가 없어진다는 것을 의미한다. 이러한 주제를 다루기가 특히 어려운 이유는 작은 마을의 주민 대부분이 문제가 되고 있는 공장에서 일하고 있을 때 의사 결정 시 이들을 고려하지 않을 수 없기 때문이다.

만약 환경적인 기준을 엄격하게 적용하기 위해서 공장을 폐쇄하라고 한다면 이 마을 경제는 하루아침에 풍비박산이 나고 만다. 또한 공장 폐쇄는 다른 부문까지 연쇄적으로 강력한 영향을 끼치게 된다. 다른 많은 사업분야 그리고 소매업과 서비스분야가 공장 노동자들에게 의존하고 있기 때문이다. 세금 수입에도 영향을 끼치게 되므로 학교 시스템과 시의 다른 서비스까지 피해를 입게 된다. 경제적인 기반이 파괴됨에 따라 부동산 가격도 폭락하게 된다. 이런 작은 마을에서는 일자리가 많지 않으므로 공장을 그만두고 나면 실업자로 지내야 하는 경우가 많다.

따라서 어떤 정부 기관이 환경오염 기업을 엄격하게 처벌하려고 할 때 여러 가지 문제가 발생하게 된다. 그렇다면 환경보다 경제를 보호하는 것이 더 우선되어야 하는가? 이 문제는 절대적인 관점보다는 오히려 상대적인 관점에서 다루어야 한다. 아마도 환경보호청과 다른 정부 기관들 그리고 압력단체들이 때때로 절대적인 관점에서 상황을 고려하다가 실수를 저지르는 것 같다. 그런데 정부에서 요구하는 대기와 수질 수준을 맞추려면 너무 많은 비용이 들기 때문에 지역사회의 생활방식 측면에서 볼 때 비합리적일 수도 있다. 마찬가지로 산업적 측면에서 비용이 비합리적이라는 이유로 기술적 개선이 필요한데도 이를 실천하지 않는 경우가 있다. 그러나 비용 때문에 반드시 필요한 일까지 무시하는 일은 강제적으로라도 막아야 한다.

이 주제는 너무 복잡해서 종종 합리적인 사람들이 서로 완전히 다른 의견을 내세우기도 한다. 그러나 양극단으로 치닫는 입장은 피해야 할 것이다. 대기를 조금 더 맑게 하려고 수많은 일자리와 수백만 달러의 돈을 희생하는 것은 그리 합리적인 행동이 아닐 수 있다. 그러나 우리의 삶의 터전인 지구는 우리와 우리 아이들 그리고 미래 후손들을 위해 보호되어야 한다. 환경 파괴가 심각해지기 시작한다면 일자리가 희생되는 것은 어느 정도 각오해야 한다. 완강한 보수주의자들은 일자리가 보전된다는 이유로 유니온 카바이드가 1960년대에 자행했던 환경오염 행위를 지지할지도 모른다. 그러나 대다수는 지나치게 환경오염을 만드는 행위라고 생각할 것이다. 물론 유니온 카바이드는 형편이 어려운 기업이 아니라 상당한 수익을 올리는 부유한 기업이었다. 당연히 오염 관리 장비와 저유황 연료 비용을 감당할 수준은 되었다. 이 논쟁에서 유니온 카바이드의 입장을 지지하는 대중은 급격히 줄어들었다.

_ 토의 주제

만약 작은 마을의 주민들 대부분이 공장 노동자로 일하고 있는 상황이라면 '일자리 vs 맑은 공기' 라는 주제에 대해서 어떻게 결정이 날 것 같은가? 당신이라면 어떤 선택을 하겠는가?

랄프 네이더가 다시 등장했다. 그는 국회 대기오염과 수질오염 분과 위원회 의장인 에드먼드 머스키 의원에게 보낸 편지에서 유니온 카바이드가 일자리를 가지고 위협하는 것은 환경에 대한 공갈협박이라고 주장했다. 머스키 의원은 깊은 우려를 표하고 이 문제를 조사하기 시작하겠다고 약속했다. 미국 증권거래위원회 또한 이 문제에 관련되었다. 유니온 카바이드가 주주들에게 환경오염 기록을 은폐함으로써 증권법을 위반했다는 내용의 탄원서가 증권거래위원회에 제출되었기 때문이다.

유니온 카바이드가 항복하다

압력이 날로 거세어지자 유니온 카바이드도 별 수 없었다. 1971년 4월, 유니온 카바이드 연례 회의에서는 오염과 오염에 대한 대처 방안이 주요 의제였다. 게다가 홍보와 대외적인 이미지를 개선하기 위해서 카바이드는 대규모 조직 개편을 발표했다. 회장인 버니 메이슨 주니어와 부회장 케네스 H. 한난은 퇴진하고 F. 페리 윌슨이 새로운 회장이 되었다. 환경보건 코디네이터로서 자료를 숨기고 정부 조사를 저지했다는 이유로 많은 사람들에게 비난받았던 J. S. 휘태커 박사는 새로 부임한 환경부문 책임자인 필립 허파아드 밑에서 일하게 되었다. 그리고 강철합금사업부도 새로운 사장을 맞아들였다.

1972년 봄, 유니온 카바이드는 그때까지 고수해 오던 비타협적인 태도를 완전히 뒤집었다. 이 회사는 향후 몇 년간 앤무어·앨로이·마리에타에 있는 공장에서 발생하는 오염물질을 청소하는 데 약 5천만 달러를 투자하겠다고 약속했다. 마리에타 공장에서는 오염물질을 줄이는 데 이미 1천만~1천5백만 달러 정도를 투자했다. 이 공장은 현재 저유황 연료를 사용하고 있으며 보일러 한 곳은 폐쇄되었다. 보일러 폐쇄로 크롬철광·전해크롬·망간철·바나듐 합금·실리콘 등 이 공장에서 생산되는 제품의 양도 줄어들게 되었다. 최종적으로 해고된 직원은 원래 협박했던 625명이 아니라 250명이었으며 직원 수가 줄어듦에 따라 전반적으로 업무 시간이 단축되었다. 앨로이 공장에서는 오염방지 장치에 3천만 달러를 투자하기로 약속했는데 이는 5년에 걸친 공장 전체 투자금액의 95%에 해당하는 액수였다. 그리고 앤무어에서는 해저든 부부가 뉴스레터 발행을 중지했다. 유니온 카바이드의 새로운 회장은 다음과 같이 말했다. "모든 기업들은 부지 선정에서 생산·판매·유통에 이르기까지 사업상 의사 결정을 할 때는 '환경적인 문제를' 고려해야 한다."[7]

분석

오하이오 계곡에서 발생한 유니온 카바이드 사건은 사회적으로 아주 큰 파장을 불러일으켰다. 이 사건에는 환경보호청에서 증권거래위원회까지 다양한 정부기관들과 오하이오주와 웨스트 버지니아주의 기관들까지 관련되었다. 이 사건으로 유니온 카바이드는 사회적인 평판이 너무 나빠졌다. 지역적으로는 해저든의 뉴스레터부터 〈뉴욕 타임스〉와 〈비즈니스 위크〉에 이르는 영향력이 큰 매체를 통해 이미지에 상당한 타격을 입게 되었다. 해마다 공중으로 배출되는 수천 톤의 그을음과 석탄연소 재는 말할 것도 없고 역시 해마다 대기 중으로 4만5천 톤 정도 배출되는 이산화황으로 대기가 오염되면서 이 지역에 사는 22만여 명 주민들의 생명과 건강은 심각한 위험에 처하게 되었다. 호흡기 질병뿐만 아니라 피부질환·알레르기·두통·안과질환·우울증이 현저히 증가했다는 사실을 확인할 수 있다. 또한 오염물질이 발생시킨 더러움과 부식성 때문에 집과 다른 재산을 유지·보수하는 데도 전보다 더 많은 비용이 들었다.

>>> 왜 상황을 바로잡기까지 오랜 시간이 걸렸는가

이 공장들이 정부 제안을 따르기까지는 무려 30년이라는 시간이 걸렸다. 유니온 카바이드는 어떻게 그렇게 오랫동안 정부 단속을 피할 수 있었을까? 이 상황은 다음의 네 가지 주요 요인으로 설명될 수 있다.

- 공장들이 처음으로 건설되고 가동되기 시작했던 1950년대 당시에는 환경문제가 지금처럼 주요 관심사가 되지 못했다. 1960년대 중반 레이첼 카슨이 출간한 『침묵의 봄』과 다른 저작물들의 영향으로 환경에 대한 관심이 촉발되자 그제야 일반 시민들과 정부는 여러 종류의 오염이 끼치고 있는 위험과 잠재적인 위험성에 대해서 인식하기 시작했다. 그리고 오염은 1950년대와 그 이전에도 발생했지만 생산이 증가하고 경제적 번영을 누리기 시작하면서 훨씬 더 심각해졌다는 사실을 깨달았다.
- 유니온 카바이드 매출은 30억 달러가 넘지만 부동액·배터리·주방용 비닐봉지 같은 소비재가 차지하는 비중은 매출의 20% 정

도에 불과하다. 자연히 소비자의 압력에 그리 민감하지 않았고 상대적으로 이들 요구에 무관심해질 수밖에 없었다. 유니온 카바이드는 자화자찬식의 발표로 주주들을 안심시켰다. 그리고 정부를 다루는 데도 그럴듯한 방법을 사용했다.

- 1970년 이전에는 환경보호 문제를 다룰 만한 권한을 가진 연방 단속기관이 존재하지 않았다. 이 업무를 여러 기관에서 나누어 맡아 진행하고 있었으므로 정부 기관 사이에 협조가 잘 이루어지지 않았고 그리 위협적인 권한을 갖지도 못했다. 1970년에 대기정화법이 제정되고 환경보호청이 신설되면서 강력한 단속기관의 풍모를 비로소 갖추게 되었다. 환경보호청은 새로 생긴 조직이라서 그때까지 제대로 환경 분쟁을 다루어 본 적이 없었기 때문에 유니온 카바이드가 그 권한을 얕보았던 것이 분명하다. 이 상황은 곧 역전되었다. 환경보호청이 유니온 카바이드를 상대로 큰 승리를 얻어냈다.
- 유니온 카바이드는 연방 단속기관의 능력을 우습게 여겼을 뿐만 아니라 언론의 보도 효과, 소비자단체와 네이더의 영향력, 지역 주민들의 결정력까지도 무시했다.

>>> 유니온 카바이드는 악당인가

유니온 카바이드는 업계에서 최초로 배출물질 관리 시스템을 설치한 화학회사들 중의 한 곳이었다. 1951년, 마리에타 공장이 문을 열었을 때 제련용 용광로에 입자 배출물질의 약 75%를 처리할 수 있는 가스 세정기를 설치했다. 그리고 이 공장은 1960년대 새로운 오염관리 기술을 도입하는 데도 지속적으로 투자했다.

카바이드가 대중과 정부 기관을 상대할 때 환경보호청이 시정을 요구한 사항을 시행하려면 비용적 문제와 기술적 어려움이 있다는 사정 이야기를 하면서 좀더 정직하고 직접적인 방식으로 접근했더라면 그처럼 심각한 논쟁은 피할 수 있지 않았을까. 그 당시 유니온 카바이드에게는 돈과 기술 둘 다 골칫거리였다. 1965년 이래로 회사 수익 상황도 나빠지고 있었다. 얼마 지나지 않아 회사 역사상 재정적으로 최악이라고 할 수 있는 시기가 찾아왔다. 이 사태의 원인은 부분적으로 1965년에 시작한 주요한 자본 증대 프로그램 때문이었다. 1969년, 카바이드는 15억 달러를 들여 새로운 시설을 증축했다. 그러나 매출은 증가하고 있었는데도 불구하고 건설 과정에서의 결함, 극도로 저조한 경영실적, 화학물질 가격에 대한 압력 등이 겹치면서 수익은 거의 22% 정도 떨어지고 말았다.

당연히 그 당시 유니온 카바이드 입장에서는 가뜩이나 어려운 상황에서 재정적 부담을 더 지고 싶지는 않았을 것이고, 특히 수익을 내지 못하는 분야라면 더욱 그랬을 것이다. 이미 가스 세정기가 설치된 제련용 용광로를 보유하고 있는 상황이었지만 환경보호청의 권고를 따르려면 수백만 달러의 돈이 필요했다. 그리고 기존에 있던 장비도 10년 이상이 되면 업그레이드를 해야 했다. 게다가 또 실제로 오염을 일으키는 것은 제련용 용광로가 아니라 용광로에 연료를 공급하는 발전소였다. 발전소에서는 고유황 연료를 태울 때 발생되는 수천 파운드의 이산화황이 날마다 배출되고 있었다. 이 고유황 연료는 원가절감 차원에서 공장 소유 인근 탄광에서 해마다 100만 톤 정도를 캐내 사용하고 있었다.[8]

카바이드는 전체 생산 비용의 20% 정도인 450만 달러를 연료비로 지출하고 있었다. 그런데 저유황 연료로 바꾸면서 50% 가량 연료비가 증가하게 되었다. 굴뚝을 높이면서 또 백만 달러가 들었고 발전소에 새로운 가스 세정기 시스템을 설치하는 데 8백만~1천만 달러가 들었다.[9] 그러나 1971~1975년 기간에 카바이드의 기업 설비 투자는 2억2천5백만 달러 정도였다. 이 점을 고려한다면 배출물질 관리에 드는 비용은 아주 미미한 수준이었다. 또 기존에 시도되지 않았던 기술도 문제가 되었다. 그 당시

_비용 - 편익 분석

비용 - 편익 분석은 제안된 행동을 비용과 편익 측면에서 체계적으로 비교하는 방법이다. 편익이 비용을 초과하는 경우에만 일반적으로 '추진해도 좋은' 결정이라고 본다. 이 분석을 할 때는 일반적으로 모든 비용과 편익을 달러 가치로 환산한다. 그러면 결국 공통적인 기준을 적용해서 비교하는 것이 가능해진다. 비용 - 편익 분석은 국방부에서 대안적인 무기 시스템을 평가하는 데 광범위하게 사용되어 왔다. 그리고 최근에는 때에 따라서 이 분석을 환경 규칙과 작업장 안전 표준에도 적용하고 있다.

이론적으로 비용 - 편익 분석은 환경정화활동을 결정하는 데 상당히 매력적인 방법이다. 예를 들면 한 기업이 규정된 수준의 대기와 수질 기준을 맞추기 위해 X 백만 달러를 사용하는 것이 사회적으로 가치 있는 일인가? 이러한 분석 방법을 통해 환경보호 또는 환경정화를 하기 위해서 비용을 얼마나 들여야 하는지도 결정할 수 있다. 이 분석에서 특정 비용 수준에 다다르면 비용이 편익을 초과하게 되는데 이 지점에서 더 엄격히 규제하게 되면 비용 효과가 크지 않다.

그런데 실제로 환경정화 문제에 대한 결정을 내리는 데 비용 - 편익 분석을 사용하는 경우에도 심각한 단점과 마주치게 된다. 가스 세정기 개선이나 굴뚝 높이 조절처럼 대부분의 비용들은 아주 확실하게 정해져 있다. 그러나 예상 편익을 달러 가치로 환산하는 데는 종종 문제가 발생하기도 한다. 도대체 맑은 하늘은 얼마라고 정할 것인가? 물고기가 사는 호수는? 사람의 수명을 얼마로 결정할 것이며 또 이 수명의 가치는 얼마인가?(심지어 인간 수명의 가치에 대해서는 사람마다 상당한 견해 차이를 보이고 있다.) 어떤 편익에 대해 가치를 측정하는 것은 상당한 편차를 갖는다. 우리는 지금 한 손에는 엄격하게 정량화한 숫자를 그리고 다른 한 손에는 불명확하고 주관적인 가치를 들고 있다.

_토의 주제

새로운 가스 세정기의 비용은 1천750만 달러라고 평가한다. 환경 기술자 의견에 따르면 가스 세정기를 이용하면 대기 품질이 25% 가량 개선되므로 안개가 줄어들고 호흡기질환 발생율이 낮아지며 재산의 조기 손상이 줄어든다고 한다. 그리고 마음을 좀더 즐겁고 행복하게 만들어 주는 환경이 조성된다.

이러한 편익을 달러 가치로 환산하는 구체적인 과정에 대해서 토의해 보라.

그처럼 대규모로 이산화황 배출물질을 줄이는 가스 세정기 시스템은 개발된 적이 없었다. 카바이드는 그런 시스템에 대해 실험을 진행하고는 있었지만 문제를 해결하기에는 시간이 좀더 필요했다. 그러나 환경보호청의 결심은 단호했다. 환경보호청장인 루켈셔스는 유니온 카바이드가 과거에 무책임한 태도를 보였으므로 이 회사에 대해 강경한 입장을 취하기로 결정하고 더 이상 일 처리가 지연되는 것을 용납하지 않겠다고 못박았다(오염 관리 비용에 대해 이론적 필수조건을 제시해 주는 Information Box의 '비용－편익 분석' 내용을 읽고 토의해 보자.)

＊무엇을 배울 것인가?

기업은 사회와 공생관계이다. 기업이 수익을 높이는 데 관심이 집중되어 있기는 하지만 실생활에서 기업과 사회는 공생관계에 있다. 어느 한 쪽이 잘 살게 되면 그 반대편도 이익을 보게 된다. 사회가 기업 형편이 어려워지고 파산에 이를 정도로 엄격하게 규칙을 강요하고 비용을 요구하는 경우는 좀처럼 찾아보기 어렵다. 그렇게 하면 결국 지역사회와 각 주를 유지시키는 일자리와 경제적 기반이 사라지게 된다. 경영자들은 아직도 지역사회가 풍요롭고 안전하고 쾌적할수록 기업에도 이익이 된다는 사실을 잘 인식하지 못하는 것 같다. 물론 쾌적한 환경이 조성된다고 해서 그것이 직접적으로 기업의 수익구조에 반영되지는 않는다.

그러나 환경적으로 이상적인 공동체를 이루게 되면 임원들의 생활이 더 즐거워지고, 유능한 임직원을 끌어들일 수 있고, 지역사회나 언론과도 기분 좋은 관계를 형성하여 일반적으로 기업과 사회 사이에 조화로운 관계를 이룰 수 있게 된다. 1960년대와 1970년대 유니온 카바이드 사례와 그 적대적 관계를 살펴보면 기업과 사회 사이에 불쾌한 관계가 왜 형성되었는지 문제점을 발견할 수 있다.

오늘날 사회가 요구하는 것에 둔감한 기업은 살아남기 어렵다. 대기정화법과 다른 규제 조치가 제정되고 환경보호청이 설립되면서 시민들은 자신들의 우려를 겉으로 나타낼 수 있게 되었다. 즉 그만큼 영향력을 행사할 수 있게 되었다. 규모가 크건 작건 시민들 관심을 충족시키는 데 무관심하거나 시간만 끄는 기업들도 이후에는 분명히 복종하게 될 것이다.

1960년대 중반 소비자 중심주의가 출현하면서 우리 사회는 더욱더 호전적으로 바뀌어 왔다. 시민들은 이전보다 더 사회적인 문제에 관심을 기울이고 있다. 또 문제 해결에 시간이 늦어지는 것을 참지 못하고 자신의 걱정거리를 서둘러 표출하려는 경향이 있다. 그리고 이제 시민들의 걱정에 귀를 기울이는 것은 연방·주·지역 정부뿐만이 아니다. 언론에서도 뉴스가 될 만한 주제에는 재빨리 반응을 보이며 취재 보도를 통해서 잘못된 사실을 파헤치기도 한다. 변호사들은 늘 사람들에게 불만 사항이나 피해 사건에 대해 소송을 제기하라고 부추기고 다닌다. 특히 '재정 상태가 좋은' 기업들은 변호사가 호시탐탐 노리는 먹잇감이 된다. 오늘날 기업이 느끼는 환경문제는 수십 년 전과는 상당히 달라졌다. 오늘날 사회에 무관심하거나 근시안적인 시각을 가진 기업이 떠안게 되는 문제는 아주 심각하다.

'일자리 vs 환경보호'라는 주제는 여전히 해결되지 않은 상태이다. 이 주장에 대해 양측 모두 공격적이고 감정적인 방식으로 논쟁을 벌여 왔다. 이 문제에 대한 해답은 중간의 회색지대 어딘가에 필연적으로 놓여 있을 수밖에 없다. 많은 지역사회에서는 경제적인 입장에서 문제를 고려하는 것이 무척 중요하다. 만약 제재 조치 때문에 공장이 폐쇄된다면 지역사회의 존립 기반이 흔들리게 될 수도 있다. 이 지역 젊은 사람들은 일자리를 찾아 다른 지역으로 떠남으로써 노인들만 남아 낙후된 지역이 될 수도 있다.

한편, 우리는 환경 파괴를 어느 정도까지 참을 수 있을 것인가? 이러한 결정은 위험 부담이 무척 크다. 종종 양측 모두에게 불만족스러운 해결책이 나올 수도 있다. 전반적으로 최선책을 찾기 위해서 각자 어느 정도는 희생해야 한다.

어느 한쪽만 이득을 보게 되는 경우 큰 문제가 발생하게 된다. 우리가 살고 있는 다원적인 사회에서는 이런 일이 자주 일어난다. 한쪽 입장이 다른 쪽에 비해 장점을 가지고 있어서가 아니라 어느 한쪽이 더 뛰어난 말 주변, 언론의 관심을 끄는 능력, 풍부한 자원, 호전적 태도를 가지고 있기 때문이다.

기업의 전체 계획을 세울 때 환경에 대한 계획도 중요하게 고려해야 한다. 단속과 처벌에 대한 두려움 때문이든 또는 환경보호가 우리뿐만 아니라 아이들의 삶의 질을 위해 중요하다는 인식 때문이든 기업들은 그들이 내린 결정이 환경에 끼치는 영향에 대해 깊이 연구해야 한다. 의사 결정을 할 때는 사회적으로 그리고 환경적으로 피해를 최소화할 수 있는 방향으로 정해야 한다.

이것은 기업이 공장을 설계하고 부지를 선정할 때 아주 신중하게 조사한 다음 결정을 내려야 한다는 것을 의미할 수도 있다. 만약 유니온 카바이드가 자사의 강철합금공장을 계곡에 세우지 않았더라면 오염이 그 정도로 심각해지지는 않았을 것이다. 또한 굴뚝을 15~30m 정도 높였다면 배출물질이 파생시키는 대기오염 정도가 낮아지게 되었을 것이다. 그리고 만약 저유황 연료를 처음부터 사용했더라면 오염물질이 훨씬 더 적게 배출되었을 것이다.

환경 영향에 대한 신중한 고려는 중단되거나 거부된 프로젝트의 위험도를 낮출 수 있다. 잠재적 문제점을 밝혀내고 바로잡을 수 있으므로 미처 예측하지 못했던 문제와 비용상 뜻밖의 일이 발생할 가능성도 최소화할 수 있다. 환경문제에 대해 계획을 세우면 유니온 카바이드가 경험했던 것 같은 장기간 대립이 발생할 가능성도 줄일 수 있다. 그런데 일단 회사에 대해서 불리한 평판이 돌게 되면 지역사회의 호감을 잃게 되고 직원들의 사기가 떨어지며, 소비자와 일반 시민들이 느끼는 회사 이미지도 나빠지게 된다.

이런 종류의 계획을 세울 때는 다양한 분야의 도움이 필요하다. 종종 프로젝트에 직접적으로 관련된 사람들은 너무 가까이 있어서 문제점을 발견하지 못하기도 한다. 노동자 자신들이 정보의 출처가 될 수도 있다(예를 들면 유니온 카바이드 마리에타 공장에서 노동자들이 공장 내부 먼지를 걱정하게 되면서 먼지 양을 줄이기 위해 작업실 통풍 공간 사이에 14m짜리 벽을 세우게 되었다). 또는 외부 컨설턴트들이 도움을 줄 수도 있다. 그리고 환경보호청 같은 기관은 감시와 규제 업무를 담당하기 때문에 정부 개입도 필요하다.

＊질문

1. "환경주의자들은 너무 극단적이다! 그들을 저지하지 않는다면, 우리의 자유기업제도가 파괴되고 말 것이다." 이 발언에 대해 평가해 보라.
2. 당신은 왜 유니온 카바이드가 비타협적인 태도를 보였다고 생각하는가? 오늘날의 기업도 그렇게 완고한 태도를 유지할 수 있을까?
3. 이 사례에서 랄프 네이더에 대해 비판할 점이 있는가?
4. 1960년대와 1970년대 초기, 오하이오 계곡과 웨스트 버지니아주 카나와 계곡에 있던 다른 공장들도 대기오염에 영향을 주었다. 당신은 유니온 카바이드만 불운을 겪은 것이라고 생각하는가? 다시 말해 환경오염과 관계된 모든 기업이 직면한 문제는 아니었는가?

5. 어떤 기업이 오래된 공장의 환경을 정화하는 데 드는 비용 때문에 경쟁 시장에서 심각하게 뒤처질 수도 있다는 점을 감안할 때, 기업은 어떤 도움을 받을 수 있을까?

＊실전 연습

1. 1960년대 후반, 당신은 마리에타나 앤무어 또는 앨로이 시장이다. 그 지역에 있는 유니온 카바이드 공장에 대한 시민들의 불만이 날로 커져 가고 있다. 당신은 행동 방침을 어떻게 정할 것인가? 가능한 한 많은 선택안을 제시해 보고, 그 결과에 대해 토의해 보라.
2. 1960년대 후반, 당신은 마리에타 공장의 공장장이다. 공장에서 내뿜는 배출물질 때문에 공기가 더러워지자 외부에서 당신을 공식적으로 비난하고 있다. 이 상황에서 당신은 어떻게 대처할 것인가? 당신이 제시한 의견에 대해 충분한 이론적 근거를 제시하고 가능한 한 자세하게 설명해 보도록 하라.

＊팀별 토론 연습

수업을 받는 구성원들을 두 편으로 나눈다. 한쪽은 높은 월급을 받는 노동자들로 주민들이 환경주의자들을 자극함으로써 자신들의 생계가 위협받게 되었다고 생각하는 사람들로, 다른 쪽은 환경이 나빠지고 자신들의 건강도 위험해진 데 대해서 소리 높여 비난하는 지역 주민들과 외부인들로 구성한다. 각 입장에 서서 자신들의 입장을 뒷받침할 수 있는 주장을 가능한 한 많이 내세우도록 하고 설득력 있게 제시하도록 한다. 그리고 반대 의견에 대해 방어할 내용도 준비하도록 한다.

유니온 카바이드 : 보팔 대참사

사건의 후유증은 오랫동안 지속되었다. 수천 명의 사람들이 더 이상 일할 수 없게 되었다. 아이들은 호흡기 문제와 기억력 감퇴로 고통받았다. 일부 사람들은 몇 달간 심각한 구토증세를 나타냈다. 임신부 가운데 4분의 1 정도는 참사가 일어나던 당시에 임신 초기였는데 얼마 후 아기를 유산하거나 조산했으며 기형아를 출산했다. 우울증과 불안증세 같은 정신과적인 문제도 공통적으로 발견되었다.

1984년 12월 3일 밤, 인도 보팔의 저소득 지역인 보팔 Bhopal 구시가지의 복잡한 거리 가까이에 위치한 유니온 카바이드 화학공장에서 엄청난 규모의 참사가 발생했다. 이전에 오하이오 계곡에서 발생했던 대기오염 사건과는 비교가 안 되는, 아마 당시로서는 최악의 산업재해였던 인도 보팔 사고에서는 사망자도 발생했다(이로부터 2년도 채 지나지 않은 1986년 4월 26일 훨씬 더 심각한 참사인 러시아 체르노빌 원자력 발전소 사건이 터졌다. 그 결과 유럽 전역으로 방사능 물질이 수천 평방마일까지 퍼져 나갔다). 유니온 카바이드는 보팔 참사가 발생하자 이전에 오하이오 계곡 사건을 처리할 때보다 훨씬 더 소비자를 배려하고 문제를 해결하려는 태도를 보여 주었지만 이미 참사가 벌어진 후였다. 이때 회사는 어느 정도의 책임이 있는가? 사망 사고를 막으려면 어떻게 했어야 하는가?

참사의 규모

밤 11시가 조금 지났을 무렵, 공장에서 근무하는 한 직원은 MIC(메틸 이소시아네이트 : 농약 제조에 사용되는 독성 화학물질)를 저장하고 있는 610 탱크의 온도가 위험할 정도로 급상승하고 있다는 사실을 발견했다. 그래서 탱크 온도를 낮추려고 시도했지만 실패했다. 속수무책인 상태에서 자정을 넘겼을 즈음 탱크 위를 덮고 있는 콘크리트에 균열이 생기기 시작했고, 통제가 불가능한 화학적 연쇄반응이 발생했다. 갑자기 MIC가 40톤 정도 누출되었고 두터운 유독가스 안개가 형성되어 보팔 지역 전체로 퍼져 나가기 시작했다.

그날 밤 기온은 16°C(60°F) 정도로 낮은 편이었으며 바람은 거의 불지 않았다. 이 같은 기후조건 때문에 유독가스 안개가 흩어지지 않아 결과적으로 더 큰 참사를 불러일으켰다. 이 유독가스는 천천히 기차역을 통과해서 가정집·상점·사원·거리 곳곳 그리고 골목길 구석구석까지 퍼져 나갔다. 유독가스가 지나간 자리에는 사람과 동물 시체가 나뒹굴었고 갑자기 극심한 공포에 빠진 사람들은 크게 울부짖었다.

이 사건으로 약 2,500명이 사망했고 최소 30만 명이 부상을 입었다. "사망자 수보다는 오히려 사람들이 죽어 가던 순간의 끔찍한 모습에 경악하고 말았다. 유독가스를 피하기 위해 남녀노소 할 것 없이 어둠 속에서 우왕좌왕 도망 다니다가 결국은 마치 농약을 맞은 해충들처럼 경련을 일으키고 몸을 뒤틀었다."[1] 수천 명의 사람들이 종합병원과 개인병원 등에서 타들어 가는 듯한 눈과 폐의 고통에서 벗어나려고 사투를 벌이고 있었다. 병원에서는 의료 기록을 하는 것조차 거의 불가능할 정도로 대혼란 상태가 벌어졌다. 이 사건은 환경적으로도 심각한 피해를 입혀 소 2만 마리 정도가 폐사하는 등 토지와 가축이 치명적인 타격을 받았다.

사건의 후유증은 오랫동안 지속되었다. 수천 명의 사람들이 더 이상 일할 수 없게 되었다. 아이들은 호흡기 문제와 기억력 감퇴로 고통받았다. 일부 사람들은 몇 달간 심각한 구토증세를 나타냈다. 임신부 가운데 4분의 1 정도는 참사가 일어나던 당시에 임신 초기였는데 얼마 후 아기를 유산하거나 조산했으며 기형아를 출산했다. 우울증과 불안증세 같은 정신과적인 문제도 공통적으로 발견되었다.

신체적인 문제뿐만 아니라 경제적인 문제도 심각했다. 유독가스 누출 사고가 있었던 다음해에 인도 정부가 희생자 문제를 처리하는 데 지출한 비용은 4천만 달러였다. 여기에는 음식·병원 치료·새로운 병원 건립·조사 프로젝트 그리고 이번 사고로 가족을 잃은 1,500가구에 835달러씩 지급한 것과 매월 수입이 40달러 이하인 12,000가구에 125달러씩 지원해 준 금액이 포함되어 있었다.[2] 사고로 가장을 잃은 여성들에게는 취업 훈련의 기회가 주어졌다. 그러나 더 이상 장시간 육체 노동을 할 수 없는 수천 명의 남성들이 일할 수 있는 자리는 거의 없었다. 그들 중 대부분은 평생 정부 보조비에 의존하면서 살아가야 할 형편이었다. 보팔 경제는 심각한 어려움에 처했다. 사람들이 수입원을 잃게 되면서 1인당 소비도 급격히 줄어들었고 자연히 상인들의 형편도 어려워지게 되었다.

배경

보팔은 뉴델리에서 남쪽으로 580km 정도 떨어진 곳에 위치해 있다. 이곳은 인도에서 가장 가난하고 덜 개발된 주의 하나인 마드야 프라데시의 주요 도시이다. 보팔 인구는 70만 명 이상이며 기본적으로 두 구역으로 나뉘어져 있다. 거대한 저택들이 늘어서 있는 부유층 거주지인 새로운 보팔과 상대적으로 저소득층이 살고 있는 복잡한 오래된 보팔 지역이다.

사고 후 그처럼 위험한 공장을 왜 인구가 밀집된 지역 가까이에 건설했는지에 대해 여러 가지 의문이 제기되었다. 그러나 17년 전 공장 부지를 선정할 당시 그곳은 지금처럼 인구가 밀집된 지역이 아니었다. 그런데 인도에서 일자리를 구하려는 사람들과 경제적인 안정을 얻으려는 사람들이 날이 갈수록 공장 시설이 있는 곳으로 모여들었다. 그 후 여러 해가 지나는 동안 많은 집들이 생겨나기 시작해서 나중에는 공장을 둘러싸고 있는 담장 바로 밑까지 치고 들어오게 되었다. 공장이 생겨난 후 보팔의 인구는 3배나 증가했다.

인도에 진출한 유니온 카바이드에서는 화학공장을 운영했다. 이 공장 지분은 유니온 카바이드에서 50.9% 그리고 인도인들이 49.1%를 소유하고 있었다. 공장을 운영하는 과정에서 인도 자회사와 미국 코네티컷주 댄버리에 있는 카바이드 본사는 업무상 거의 연계하지 않고 자회사 독자적으로 운영되었다. 즉 카바이드가 최대 주주였지만 공장은 기본적으로 인도인들의 손에 맡기고 있었다. 대부분의 투자자들뿐만 아니라 모든 관리자와 노동자들까지 인도 사람들이었다.

유니온 카바이드가 1905년 공장들을 세운 이래 그들은 인도에서 낯선 존재가 아니었다. 1983년, 카바이드의 인도 자회사는 전국에 14개 공장을 보유하고 있는 인도 산업계의 최대 관심 기업 중의 하나였다. 이 자회사는 1985년 2억2백만 달러 매출과 880만 달러 수익을 올렸다.

유니온 카바이드는 미국에서 세 번째로 규모가 큰 화학회사였다. 이 회사는 전세계 38개국에 공장을 가동하고 산업용 화학약품과 강력한 농약에서 글래드Glad 쓰레기 봉투와 프레스톤Prestone 자동차 부품 같은 소비재에 이르기까지 광범위한 제품군을 생산해내는, 그야말로 진정한 다국적기업이다. 카바이드의 1984년 매출 95억 달러 중에서 14% 이상이 해외에서 벌어들인 것이었으며 이는 총수익의 21.6%나 차지했다.

카바이드는 미국에서도 MIC를 제조할 수 있는 유일한 업체였다. MIC는 1960년대 중반 미국에서 처음으로 상업용으로 제조되었다. 이 물질은 휘발되기도 쉽고 가연성이 있는 독성물질이어서 냉동 상태의 스테인리스 스틸 탱크에 액체 상태로 안전하게 보관해야 한다. MIC는 38°C에서 가스로 휘발되기 때문에 냉동 저장은 필수조건이었다. 또한 가스 상태에서는 압력이 높아지므로 탱크가 터지는 것을 방지하기 위해서는 안전 밸브가 반드시 필요하다.

왜 사고가 발생하게 되었는가

어떻게 무시무시한 참사가 발생하게 되었는지에 대한 세부적인 내용은 오늘날까지도 큰 논란을 불러일으키고 있다. 아무튼 카바이드와 인도 정부가 사고 원인에 대해 합의한 결과는 다음과 같다. 본 사고의 원인은 MIC 저장 탱크로 1~2천 갤런의 물이 유입되었고 마침내 걷잡을 수 없는 화학반응이 일어나게 되었다. 그 후 압력이 급속도로 상승하자 안전 밸브가 열리고 유독가스가 약 2시간 동안 새어 나오게 되었다. 유독가스가 새어 나오는 동안 압력은 약 180psig(평방인치 게이지당 파운드) 정도 되었을 것이고, 최대 온도는 약 200°C를 초과했을 것이다. MIC는 일반적으로 온도는 0°C, 압력은 2~25psig 정도에서 저장된다. 안전 밸브는 압력이 과도하게 상승하는 것을 막기 위해서 40psig에서는 열리도록 설계되어 있었다.[3] 추가 조사 결과 다음과 같은 문제점들이 드러났지만 이 내용을 본사에 알리지는 않은 것 같다.

- MIC를 저장하는 냉동 시스템이 5개월 이상 가동되지 않고 있었다. 결과적으로 탱크 속의 MIC 온도는 0°C가 아니라 15~20°C 정도였고 이 때문에 화학반응 속도를 늦추지 못한 것이다.
- 냉동 시스템 가동을 멈추면서 탱크 온도 경보기를 다시 설정하지 않았다. 물과 MIC가 반응해서 온도와 압력이 상승했지만 온도 변화를 알리는 경보가 울리지 않았다.
- 저장 시설의 배출 가스 세정기가 한 달 이상 대기 상태였으므로 가스가 배출되었다는 사실을 발견하고 난 후 수동으로 재가동해야 했다. 가스 세정기는 오염 사실이 감지되면 배출되는 가스를 자동적으로 중화시키는 부식성 물질을 배출한다.
- 가스 세정기에서 가연성이 무척 높은 가스가 배출되는 경우 이를 태워 버리는 소각탑이 고장 나 있었다.

유니온 카바이드와 인도 정부는 이 사고의 고의성을 놓고 심각한 논쟁을 벌였다. 카바이드는 이 사고는 회사에 앙심을 품은 공장 노동자가 저지른 '고의적인 범죄행위'라고 주장했다. 즉 "고의로 물을 MIC 탱크 쪽으로 직접 끌어가긴 했지만 이처럼 소름 끼치는 범죄를 저지르려고 한 것이 아니라 장난으로 MIC 배치를 망가뜨리려고 했던 것 같다"고 말했다.[4] 그러나 인도 정부는 이 참사가 공장이 위험한 곳에 위치해 있고, MIC 생산과 저장 과정이 안전하지 않았으며, 부적절한 안전 시스템과 작동상의 실수 그리고 사전에 막을 수 있었던 직원 교육을 소홀히 함으로써 사고가 발생한 것이라며 카바이드 측의 발언에 동의하지 않았다.

회사 측의 반응

이처럼 엄청난 재난이 발생하자 카바이드 경영진은 여러 가지 문제에 대해 결정을 내려야 했다. 우선 희생자들을 도울 수 있는 최선의 방법은 무엇인지, 보팔에서 발생한 사건이 다른 곳에서 다시 발생하지 않도록 하려면 어떻게 해야 하는지, 직원들의 사기를 계속 유지시키기 위한 방법은 무엇인지, 투자자들과 채권자들에게 회사가 재정적으로 안전하다는 확신을 주려면 어떻게 해야 하는지 등등 적절한 대책을 세워야 했다. 그리고 가장 중요한 사안으로 회사를 존폐 위기로 몰고 갈 수도 있는 고액의 법률 소송에 어떻게 대처할 것인지에 대해서 경영진은 심각한 고민에 빠졌다.

보팔에서 예상치 못한 엄청난 참사가 발생한 바로 그날, 카바이드는 웨스트 버지니아주 연구소에 있는 공장의 MIC 생산을 중지시켰다. 카바이드는 사건의 원인이 정확하게 밝혀지기 전까지 소비자에 대한 제품 발송도 전면 중단하기로 결정했다. 연구소 내의 MIC 공장은 1985년 봄이 되어서야 가동이 재개되었다.

처음에 카바이드 경영진은 사망자와 부상자 수가 점점 늘어만 가자 수치의 정확성에 의문을 제기했다. 예상을 훨씬 뛰어넘는 수치였기 때문이다. 회사에서는 의료품, 인공 호흡기와 유사한 장비, 화학약품의 작용에 대해 폭넓은 지식을 가진 의사 등을 인도로 보냈다. 그때까지도 본사에 전달되는 정보는 불완전하기만 했고, 회사에서는 곧 보팔 공장의 상황을 점검하기 위해 기술 전문가를 파견하기로 결정했다.

12월 4일 저녁, 사망자 수는 그때까지도 계속해서 증가하고 있었다. 이날 유니온 카바이드 회장인 워렌 앤더슨은 회사 전용기를 타고 기술 지원팀의 뒤를 따라나섰다. 대규모 참사가 불러 온 충격에서 벗어나지 못하고 있던 인도 공무원들은 비행기가 도착하자마자 앤더슨을 체포했다. 앤더슨은 보석금 2,500달러를 내고서야 유치장에서 풀려날 수 있었다. 그 후 그는 인도 수도인 뉴델리로 보내졌다. 그곳 공무원들은 앤더슨에게 무사하고 싶으면 빨리 인도를 떠나라고 협박하듯이 말했다. 인도 정부는 긴급 구조 자금으로 백만 달러를 내놓을 것이며, 고아가 된 아이들이 사용할 수 있도록 보팔 위쪽 언덕에 있는 회사 숙소를 제공하겠다는 앤더슨의 제안을 거절했다.

일부 사람들은 앤더슨이 인도로 무작정 떠난 행동을 공허한 몸짓으로 치부했다. 그러나 앤더슨의 행동은 다른 뾰족한 수가 없는 상황에서 이 사건에 대한 카바이드의 관심을 표시하기에는 충분했다. 한참 어려운 시기에 앤더슨이 인도의 사고 현장을 방문해 얻어 온 것은 아무것도 없었다. 그러나 최고 경영자가 보여 줄 수 있는 좋은 의도까지 훼손된 것은 아니었다.

앤더슨과 함께 방문했던 기술 지원팀은 보팔 공장의 출입을 금지당했다. 인도 정부는 공장의 모든 기록을 압수하고 공장 관리자들을 구속했다. 결과적으로 사고 발생 원인을 알아내기가 어려워졌고 소문은 걷잡을 수 없이 퍼지고 있었다. 본사와 보팔 사이에 연결되어 있는 전화선은 두 개밖에 없었고 공장 관리자들이 구금되어 있는 절박한 상황에서 카바이드는 봄베이에 있는 자회사 직원들이 전화로 전해 주는 인도의 뉴스에 의존하는 수밖에 없었다.

사건 현장에 재정적인 지원과 의료 지원을 하겠다는 카바이드 측 제안은 애초에 인도 정부 관료에 의해서 거절당했다. 앤더슨은 "우리가 만약 우리 이름을 전면에 내세우고 문제 해결을 위한 방법을 시도한다면 인도 정부는 그것을 거절할 것이 분명하다. 왜냐하면 그들은 우리 제안을 받아들이게 되면 혹시라도 법률 소송에 문제가 생길까 봐 두려워하는 것이다"라고 말했다.[5]

결과

>>> 이미지에 관한 문제들

월 스트리트에서는 카바이드의 주식을 팔려고 안달이 난 신경과민증 투자자들 때문에 주가가 주당 37달러로 11% 이상 하락했다. 따라서 회사는 전체 시장 가치로 거의 9억 달러 정도 손해를 보았다. 이와 같은 카바이드 주식 폭락 사태가 발생하자 회사는 언론 보도와 기자 회견을 통해 카바이드가 재정상으로 아무 문제가 없다는 사실을 알리는 데 주력했다.

그러나 카바이드의 이러한 노력은 오히려 역효과만 낳았다. 회사가 대규모 참사가 일어난 데 대해서 연민의 태도를 보이기는커녕 오히려 손익계산에만 열을 올리는 것으로 비춰졌기 때문이다. 사건이 발생한 지 몇 주 후 시행된 해리스 여론 조사Harris poll 결과에 따르면 사고 소식을 들은 미국인의 44%는 카바이드가 사고 경위에 대해 진실을 말했는가 하는 질문에 대해 '보통이다' 또는 '아니다'라고 응답했다. 이는 '매우 그렇다' 또는 '그렇다'라고 응답한 36%에 비해 상대적으로 높은 수치이다. 조사 응답자 중에서 31%는 만약 회사나 직원 과실이 있었다고 판명되면 앞으로 카바이드 제품을 '구입하지 않게 될 가능성이 높다'고 응답했다. 통상적으로 카바이드 회사 규모를 알고 있는 응답자는 전체의 약 20% 수준에 불과했다. 그러나 이번 사고와 관련된 회사 이름을 묻는 질문에 자발적으로 카바이드라고 말한 응답자는 47%나 되었다.[6]

이 조사 결과를 보고 카바이드는 심각한 고민에 빠지게 되었다. 자칫 잘못하다가는 사람들이 카바이드라는 이름에서 보팔 사고의 이미지만 떠올리는 최악의 상태가 될 수도 있었다.

>>> 매출과 수입에 끼친 영향

1980년대 유니온 카바이드의 매출과 순수입이 나와 있는 표 12.1을 살펴보면 카바이드 사업이 주기적으로 변동이 심했다는 사실을 알 수 있다. 보팔 사고가 발생하기 2년 전인 1982년 실적은 1980년과 1981년 실적에 비해서 좋지 않았다. 1985년의 엄청난 적자는 대손상각비와 추후 지불될 합의금을 위해 보류해 둔 자금 때문에 발생했으며, 이것은 보팔 사건의 영향이 직접적으로 반영된 결과이다. 1985년 이후 매출이 급격히 감소한 것은 전체적으로 기업 규모를 축소하고 특정 사업부문을 매각한 내용이 반영된 결과이다. 그 과정에서 수익은 다시 1980년과 1981년 수준을 회복했다.

다행스럽게도 카바이드는 보팔 사태의 충격에서 벗어나 재기의 발판을 마련했다. 법률 소송은 카바이드 승리로 마무리되었고 회사 생존권도 완벽하게 지킬 수 있었다.

>>> 법률적인 결과

마치 굶주린 독수리 떼처럼 미국의 변호사들이 인도로 몰려들었다. 그들은 엄청한 희생자들이 발생한 이 참사를 통해서 많은 돈을 벌 수 있다는 사실을 직감했다. 일부 변호사들은 각각의 희생자가 개별적으로 소송을 거는 것이 유리하다고 생각했다. 또 다른 변호사들은 유니온 카바이드를 상대로 집단 소송을 제기하는 것이 의뢰인과 자신들을 위해서 가장 좋은 방법이라고 생각했다. 대담한 행동을 일삼았던 샌프란시스코의 유명한 변호사 멜빈 벨리는 다른 4명의 변호사들과 함께 직무태만 혐의와 보팔 MIC 저장 시설의 설계와 시공상의 결함에 대해서 150억 달러 소송을 제

표 12.1 1980년~1989년 유니온 카바이드 매출과 수익(백만 달러)

연도	매출	순수입
1980	9,994	673
1981	10,168	649
1982	9,061	310
1983	9,001	79
1984	9,508	341
1985	9,003	599 적자
1986	6,343	130
1987	6,914	232
1988	8,324	662
1989	8,744	573

※출처 : 회사 연례보고서

기했다. 또한 변호인들은 고소장에서 카바이드가 MIC와 MIC 저장의 위험성에 대해서 보팔 시민과 인도 정부에 제대로 경고하지 않았다는 사실도 주장했다.

한편, 벨리는 앞서 말한 혐의 사실 외에도 이 사건이 카바이드가 "사전에 알고 있었으면서도 고의로 무자비하게 저지른 일이거나, 혹은 인도 보팔 주민들의 안전에 대해서 철저하게 무시한 결과 발생한 사건"이라고 주장했다.[7]

미국 변호사들은 희생자들이 보상금을 더 많이 받을 수 있으므로 미국에서 재판이 진행되어야 한다고 생각했다. 한편, 카바이드 측에서는 사고가 발생한 곳도 인도이고 희생자와 목격자가 모두 인도인이기 때문에 재판은 인도에서 진행되는 것이 당연하다는 입장을 고수했다. 또한 인도 변호사들 중의 일부도 재판을 인도에서 진행해야 한다는 주장에 동조했다. 이 재판이 몰고 온 파장은 엄청났다. 만약 미국 배심원들이 수십억 달러의 보상금을 지급하라는 판결을 내리기라도 한다면 유니온 카바이드의 생존 자체가 위협받게 될 수도 있었다.

사건이 발생한 지 1년 반이 지난 1986년 5월, 미국 연방법원은 유니온 카바이드에 대해 제기된 혐의를 모두 기각했고 앞으로의 재판은 인도에서 진행하게 된다는 판결을 내렸다. 따라서 그동안 사건에 개입해 왔던 많은 미국 변호사들이 손을 놓았고, 유니온 카바이드는 비로소 숨 쉴 수 있는 여유를 찾게 되었다. 1989년 2월, 유니온 카바이드는 1984년 가스 누출 사건에서 비롯된 모든 법적 소송에 합의하는 데 4억2천5백만 달러를 지불했다. 유니온 카바이드 인도 자회사도 4천5백만 달러 상당의 루피화로 보상금을 지불했다. 그제야 카바이드는 그동안 자신들을 구속하던 법적 부담에서 자유로워졌다.

>>> 최근 동향

보팔 참사가 일어난 이후 위험 시설물 설계와 운영 지침을 정의한 국제 표준이 개발되었다. 미국 국립과학원The National Academy of Sciences은 뒤늦게 흔히 사용되고 있지만 이 가운데 90% 정도는 거의 알려져 있지 않은 6만5천 종의 신규 및 기존 화학제품에 대해 언급하면서 이것들에 대한 광범위한 테스트에 집중하겠다고 발표했다.[8]

전반적으로 그동안 인도 정부가 직업 안전과 환경법에 대해서 느슨한 태도를 보였기 때문에 이러한 사고가 발생했고 따라서 심각한 위기에 처하게 되었다. 그 후 개발도상국들은 해이한 태도를 바꾸기 시작했다. 예를 들어 브라질은 보팔 사태 이후에 안전 규칙을 엄격하게 재정비했다.

분석

인도의 경제 수준이 뒤처져 있었으므로 보팔에 있는 공장들은 상당량의 기술을 수입해서 사용해야 했다. 인도 유니온 카바이드는 기술과 특허 사용, 기술 훈련 비용으로 모회사에 기술 서비스 사용료를 지불하고 있었다. 따라서 인도 유니온 카바이드는 모회사를 통해 이 기술을 효과적으로 사용하는 데 반드시 필요한 정보를 얻고 있었다. 그러나 이러한 의문을 제기할 수도 있다. 개발도상국에서 사용하기에는 이 기술이 너무 복잡한 것은 아니었을까?

보팔 공장 직원들이 원래 교육 수준이 낮고 과학기술적인 지식이 부족한데다 '안전에 대한 무지'까지 더해져서 참사가 일어났던 것인지도 모른다. 공장 관리자들과 노동자들이 기술에 대한 지식 부족으로 어려움을 겪는 것은 인도에서만 발생하는 일은 아니다. 이 문제는 여러 다국적 기업들이 선진화된 기술을 저개발 국가에 수출할 때마다 겪게 되는 일이다(Issue Box의 '제3세계 국가 노동자들의 능력에 대한 책임'을 참조해 보자).

개발도상국에 제조 시설을 건설하는 이유는 아무래도 발전이 좀더 이루어진 국가에 시설을 건설할 때에 비해 더 높은 투자 수익률을 올릴 수 있다는 점 때문이다. 물론 일반적으로 인건비도 싸다. 그러나 또 다른 매력은 상당한 비용이 드는 안전 대책들을 마련하지 않아도 된다는 점이다. 특히 정부에서 규정한 안전 기준이 없는 경우에는 더욱 그렇다(Issue Box의 '개발도상국에 공장을 건설할 경우 얻게 되는 이점의 함정'을 참조해 보자). 만약 미국에서 시행하고 있는 것과 동일한 수준의 안전 기준이 제정된다면 해외 투자의 매력은 상당히 반감되고 말 것이다.

당연한 일이지만 개발도상국에서도 점차 안전과 관련된 기준들이 증가하고 있으므로 이들 국가들은 저렴한 사업 비용의 장점을 상실한 기업들을 유인할 수 있는 새로운 방안들이 필요하게 될 것이다. 게다가 개발도상국 노동자들의 교육 수준이 낮아 업무 위험도는 오히려 더 높은 편이다.

이러한 상황을 살펴볼 때 앞으로 개발도상국에서 더 많은 이점을 개발해내지 못한다면 이들 기업들은 모두 해외로 빠져 나가게 될지도 모른다. 개발도상국 정부는 자국의 노동자와 관리자들에게 좀더 수준 높은 기술과 실무 능력을 키워주는 데 관심을 기울여야 한다. 이것이 바로 기업들이 당면한 새로운 교육 과제이다.

인도는 보팔 공장을 운영하며 상당한 이익을 얻었다. 농약을 사용함으로써 인도 식량 생산량이 10% 정도 증가했는데 이는 7천만 명의 사람을 먹일 수 있는 분량이다. 1960년대 초, 포드 재단의 후원 하에 시작된

Issue Box

_제3세계 국가 노동자들의 능력에 대한 책임

보팔 공장의 관리자와 노동자들의 미숙한 능력은 사건 발생 그 자체에서도 알 수 있지만 위기를 다루는 능력에서도 확실히 드러나고 있다. 모회사에서 그들을 훈련시키거나 현장 활동을 감시하는 데 좀더 관심을 기울였으면 좋았겠다는 아쉬움이 남아 있다. 아무튼 중요한 문제는 다국적 기업들이 개발도상국가로 진출할 때 발생한다.

개발도상국 직원들이 기술적인 지식·작업 윤리·안전과 품질 준수에 대한 기준을 받아들일 수 있도록 훈련시키는 것이 가능한가? 혹자는 현지 노동자들이 이 기준들을 잘 받아들일 수 있도록 다국적 기업이 그들을 훈련시켜야 하며, 만약 그렇게 하지 못한다면 전적으로 기업의 책임이라고 주장한다. 그러나 자국민에게 충분한 교육 기회를 제공하지 않아서 현대 기술을 제대로 습득하지 못하게 만든 정부도 부분적으로나마 책임을 져야 한다는 주장도 역시 가능하다.

양측 주장은 상대방에게 서로 책임을 전가하는 것처럼 보이지만 모두 나름대로의 장점이 있다. 다국적 기업은 보팔의 경험을 계기로 선진 기술을 개발도상국에게 전수하는 경우 많은 주의를 기울일 필요가 있다.

특히 건강이나 안전이 관련된 경우라면 더욱 그러하다. 주의 깊고 지속적인 감시 활동과 엄격한 규제 조치가 없는 상태에서 기술 이전 작업을 진행한다면 상당히 위험한 일이 발생할 수도 있다는 사실을 명심해야 한다.

_토의 주제

이 주제에 대해서 한 가지 입장을 선택하라. 당신의 입장을 뒷받침할 수 있는 주장을 가능한 한 많이 수집하라. 자신의 주장에 확신을 가지고 실행 과정에서 나타날 수 있는 문제점들을 극복하라. 당신이 생각하는 타협안은 무엇인가?

녹색혁명the Green Revolution으로 인도인의 평균 수명이 30세에서 50세로 증가했다. 또한 기아로 사망하는 사람이 많이 줄었으며, 영양 상태도 점차 개선되었다.[9]

그렇다면 유니온 카바이드의 과실은 어느 정도인가? 카바이드는 농약이 인간에게 끼치는 영향을 노골적으로 무시했는가? 이 회사는 냉담하고 인정미가 부족한가? 이 회사는 형사상 직무태만 죄를 저지른 것인가?

끔찍한 사고가 일어났다. 소 잃고 외양간 고치는 격이지만, 그 사고는 충분히 막을 수 있었다. 카바이드는 고의적으로 안전 조치들을 무시하지는 않았다. 그러나 경영진들은 본사에서 멀리 떨어져 있고 기술력도 부족한 나라에서 위험한 제품을 다루고 있었으므로 좀더 관심을 가지고 철저히 관리할 필요가 있었다.

물론 그처럼 대규모 참사가 발생할 것이라고 예상한 사람은 아무도 없었지만 사고는 발생하고 말았다. 그 후 회사 간부들 중에서 특히 회장인 워렌 앤더슨은 피해자와 가족들에게 동정심과 깊은 우려를 표했다. 뿐만 아니라 그는 여기저기서 터져 나오는 법률 소송에서 회사를 보호해야만 했다.

앤더슨은 1985년 1월 〈케미컬&엔지니어링 뉴스〉와의 인터뷰에서 어려웠던 상황을 다음처럼 요약했다.

> 유니온 카바이드는 오랫동안 건강·안전·환경분야에서 훌륭한 명성을 얻고 있었다. 우리는 이러한 종류의 문제를 해결할 수 있는 충분한 자원을 보유하고 있으므로 이번 사태를 아주 새로운 방식으로 훌륭하게 처리할 것이다. 이는 개발도상국들뿐만 아니라 미국 내에서도 마찬가지다. 만약 이번 사건이 카바이드 정도만큼 능력을 갖추지 못한 기업에서 발생했다면, 그 기업은 이번 사건에서 그리 많은 교훈을 얻지 못했을 것이다. 그러나 우리는 다르기 때문에 할 수 있는 데까지 솔선수

범해서 일을 처리해 나갈 것이며 주어진 의무를 다하겠다. 앞으로 상

황은 분명히 더 나아질 것이다. 교훈을 얻는다는 것도 힘든 일이지만

이와 같은 재난을 겪고 아무것도 배우지 못한다면 그것이 바로 최악

이라고 할 수 있겠다.[10]

 Issue Box

_ 개발도상국가에 공장을 건설할 경우 얻게 되는 이점의 함정

다국적 기업이 인도 같은 개발도상국가에 공장을 건설하는 것은 흔한 일이다. 인건비가 저렴하고, 산업안전 기준이 미국보다 덜 엄격하기 때문이다. 이러한 공장을 유치함으로써 경제적인 이익을 노리는 개발도상국가 정부는 종종 개발 비용과 천연자원 같은 부가적 혜택을 제공하기도 한다. 따라서 미국 내에서 공장을 가동할 때보다 수익률이 훨씬 더 높아지게 된다.

　이타적인 기업인 경우에는 상대적으로 개발이 덜 된 나라에 공장을 건설함으로써 이들의 생활 수준을 높이는 데 기여한다는 이론적인 근거도 가질 수 있게 된다.

　그러나 위험물질을 생산하는 경우 공장의 위험도는 극도로 높아지게 된다. 비록 유니온 카바이드와 다른 다국적 기업들은 해외에 건설한 공장과 미국 내에 건설한 공장이 동일하다고 주장하고 있지만, 그 운영 방식은 상당한 차이가 있다. 즉 해외 공장의 경우 규정이 엄격하지 않고 신중하지 못한 방식으로 운영되기가 쉽다.

　전 유엔환경프로그램the United Nations Environmental Program 사무차장인 피터 새처는 "아예 개발도상국 사람들이 점검·품질 관리·유지 보수 업무를 제대로 처리하지 못할 것이라고 가정하고 시작하는 것이 낫다. 그리고 문제가 발생하는 경우 일을 극복하기가 훨씬 더 힘들어진다는 점을 각오해야 한다"고 말했다.[11]

_토의 주제

여러 개발도상국에는 안전과 환경보호에 대한 적절한 기준이 없다. 이런 상황에서 다국적 기업들은 사고 위험을 어떻게 줄일 수 있는가?

*무엇을 배울 것인가?

　　항상 최악의 사태를 예상하고 해결 방법을 준비해 두어라. 사적인 생활·운동·사업 그리고 어떤 분야에서든 항상 긍정적인 사고와 자신감과 낙관주의의 장점에 대하여 설파하는 사람들이 있다. 그러나 최악의 사태를 예상하고 이를 준비하는 것도 반드시 필요하다. 미리 준비해 두는 경우 개인이나 기업에 어려운 일이 닥쳤을 때 위기에 효과적으로 대응할 수 있으며, 그 결과 신중한 결정도 내릴 수 있게 된다. 때때로 기업이 벌이는 어떤 활동은 그 기업의 존망에 영향을 끼칠 만큼 큰 위험을 내포하고 있다. 그처럼 큰 위험이 도사리고 있는 활동인 경우라면 관리자·직원·주민들은 사고 발생 시 상황을 헤쳐 나가는 방법을 지도받는 것이 좋다. 지역의 정부단체와 병원들은 최악의 시나리오에 맞춰 산업재해 희생자들을 다루는 방법에 대해서도 사전에 준비하고 있어야 하며, 적절한 의약품과 장비도 마련해 두어야 한다. 사고 발생에 대비하여 때때로 모의훈련도 진행하도록 한다. 사고에 대해서 이처럼 적극적으로 홍보하다 보면 그처럼 위험한 공장 근처에 살려는 사람들도 줄어들게 될 것이다. 그러면 대규모 사건이 발생했을 때 자연히 부상자나 사망자 수도 줄어들게 된다.

　　다국적 기업은 해외에서도 미국의 안전 기준을 따라야 하는 것인가? 보팔과 같은 대규모 참사는 그리 자주 발생하지 않는다. 이보다 좀 작은 규모로 직원이나 환경이 관련된 사고는 자주 발생하는 편이다. 그러나 보팔 정도 규모의 참사가 발생하는 경우, 이 사태는 기업이나 사람들의 생명을 위협하는 수준이 된다. 이때 소송에 대응하고 합의하는 데도 상당한 비용이 소요된다. 해외에서 위험한 제품이나 과정을 다루는 기업은 더 이상 미국보다 엄격하지 않은 안전 기준을 적용할 수 없다. 심지어 상대적으로 노동자의 수준이 떨어지기 때문에 미국보다 훨씬 더 엄격한 안전 기준을 적용해야 한다는 주장들도 제기되고 있다. 미국의 안전 기준을 따르지 않는 것은 근시안적인 생각이며, 생사를 건 도박을 하는 것이라고 할 수 있다.

비용절감을 최우선적으로 고려해서는 안 된다. 보팔 공장은 설계 당시에 수익성을 높일 수 있도록 비용절감을 중점적으로 고려하여 시공되었다. 예를 들어 저장 탱크는 돈을 절약하느라고 너무 크게 지었다. MIC를 제조하는 다른 업체들에서는 대개 큰 저장 탱크 몇 개 대신 작은 저장 탱크를 여러 개 건설하는데 보팔 공장에서는 큰 탱크를 선택했다. 예를 들어 보팔 공장은 100톤짜리 탱크를 보유하고 있는 데 반해서 베이어Bayer의 독일 공장에는 10톤 탱크가 여러 개 있다.

보팔 공장에 있는 안전 시스템의 대부분은 수동으로 조작하게 되어 있었다. 공장에 컴퓨터가 있었지만 그저 채무 계정과 급료 지급액을 처리하는 데 사용되었다. 기계설비를 비롯해 관리하는 데는 컴퓨터를 전혀 이용하지 않았다. 그래서 직원들은 이상한 냄새가 나고 눈이 갑자기 따갑게 느껴지자 그제야 유독가스가 유출되었다는 것을 알 수 있었다.[12]

위험물질을 가공·저장·제조하는 데 안전한 방법을 도입하려면 분명히 더 많은 비용이 들 것이다. 그러나 보팔 사례를 통해서 이처럼 위험한 제품과 처리 과정을 다루는 경우에는 비용절감을 최우선적으로 고려하는 것이 얼마나 위험한지 뼈저린 교훈을 얻었다.

안전과 환경문제가 위험에 처해 있는 개발도상국에 무조건 자유방임적인 자치권을 주는 것은 적절치 못하다. 해외에 나가 있는 자회사(재무와 설비 투자 부분만 본사 경영진에서 직접 관리하는 경우)의 경영방식에 대해서 완전히 '손을 떼고' 자치권을 인정하는 행위는 위험한 제품이 관련되어 있는 경우 상당히 유감스러운 행동이다. 분명히 본사와 자회사 사이에는 지속적으로 커뮤니케이션이 유지되어야 한다. 본사에서는 더 이상 '상아탑'에만 틀어박혀 언제까지나 고위 경영진 행세를 하고 있을 수만은 없다. 의사 결정 시 본국과 해외 공장 모두 동일한 사회적 책임 기준을 적용해야 한다. 회사 간부들은 해외의 경영활동을 좀더 자세히 감시하고 만약 그곳에서 문제가 발생하는 경우에는 그들의 작업 과정 중 비효율적인 부분에 대해 적절한 대응 조치를 취해야 한다. 불행하게도 유니온 카바이드는 값비싼 대가를 톡톡히 치른 후에야 이 교훈을 얻게 되었다.

✱ 질문

1. 당신은 미국보다는 인도에서 재판을 진행해야 한다는 데 동의하는가? 왜 그런가? 아니면 왜 그렇지 않은가?
2. "유니온 카바이드는 비인도적인 끔찍한 범죄를 저질렀다. 그 죄를 물어 카바이드는 해체되어야 하며 앞으로 더 이상 온전한 기업으로 존재할 수 없도록 만들어야 한다." 이 주장에 대해 토의해 보고 당신의 입장에 대해 이론적인 근거를 제시해 보라.
3. 워렌 앤더슨과 다른 고위 간부들은 기소되거나 징역형을 살았어야 했는가? 인도 공장의 직원들과 관리자들은 어떠한가? 이 주제에 대해 토의해 보라.
4. 공장 주변 지역에 거주민들이 늘어난 것에 대해서 회사를 비난할 수 있는가? 어떻게 하면 이 사태를 막을 수 있었겠는가?
5. 당신은 미국 내에서 유니온 카바이드의 대외적인 이미지가 심각하게 손상되었다고 생각하는가? 왜 그런가? 아니면 왜 그렇지 않은가?

✱ 실전 연습

1. 당신은 현재 코네티컷주 댄버리에 있는 본사에서 해외 자회사의 부

사장을 돕고 있다. 당신의 입장에서 살펴봤을 때 어떻게 했으면 보팔 참사를 예방할 수 있었겠는가?

2. 당신은 참사가 일어났던 당시 유니온 카바이드의 CEO 워렌 앤더슨이다. 당신은 보팔을 직접 방문하기로 결정했다. 당신은 어떤 제안을 할 것인가? 이번 방문을 통해 당신이 이루고자 하는 목적은 무엇인가?

3. 당신은 보팔 공장의 노동자이다. 사고가 발생하기 몇 달 전에 610번 탱크 주변에 갔다가 눈이 타는 듯한 느낌을 받았다. 당신은 어떻게 할 것인가? 당신의 행동 때문에 과연 어떤 일이 일어났을지 결과에 대해 평가해 보라.

*팀별 토론 연습

참사가 일어난 지 얼마 되지 않아 보팔을 방문하겠다는 워렌의 계획 때문에 논란이 벌어졌다. 당신이 만약 그의 방문을 반대하는 입장이라면 다른 사람을 보낼 것인가? 그렇다면 어떤 태도를 갖고 있는 임원을 보낼 것인가?

13

네슬레 이유식
: 제3세계 국가에 안전하지 않은 제품 판매하기

● ● ● 1977년 호주 보건부는 네슬레에서 생산한 오염된 이유식을 섭취한 134명의 영아가 심각한 질환 증세를 보이고 있다고 발표했다. 정부 관리는 오염된 이유식 2천만 파운드가 남동 아시아 국가들에 수출되었을 것이라고 예상했다. 그런데 호주 사건은 1976년에 시작되었다. 네슬레 통갈라 공장은 이유식 샘플에 박테리아 수가 증가한 사실을 주목했다. 조사 결과 액체 우유를 분말 형태로 만드는 데 사용되는 스프레이 건조기에 균열이 생겼다고 한다.

어떤 기업이 여러 가지 제품 라인을 보유하고 있고 경영 다각화를 추구하는 국제적인 기업집단인 경우 제품 하나에 대한 평가가 안 좋거나 소비자들의 반응이 나쁘다고 해서 큰 문제라고 여기지 않는다. 대체로 그런 '사소한' 문제는 무시하면 곧 해결될 것이라고 생각한다.

그러나 네슬레Nestle 예상은 빗나가고 말았다. 이 회사에 대한 부정적인 언론 보도와 소리 높여 저항하는 소비자들 때문에 상황은 더욱더 악화되었다. 몇 주 그리고 몇 달이 흘러가도 비난의 목소리는 여전히 줄지 않았고, 몇 년이 지나는 동안 상황은 더욱 나빠졌다. 그리고 이 사건과 관련된 특정 제품-개발도상국가에서 판매되는 이유식-에만 영향을 끼친 것이 아니라 다른 제품들을 비롯한 네슬레의 다른 사업부문까지 저항 세력의 표적이 되었다. 네슬레는 너무나 오랫동안 자신들의 이미지가 공격당하는 것을 방치해 두었다. 따라서 그들은 소비자들의 인정을 다시 받기 위해 멀고도 험한 길을 걸어가야만 했다.

배경

>>> 문제의 발단

1970년대 초반, 분말 이유식 제조업체들이 제품 설명서를 읽지 못하거나 제품을 제대로 사용할 줄 모르는 사람들을 대상으로 공격적인 마케팅 활동을 펼침으로써 개발도상국의 유아 사망률이 높아졌다는 의혹이 일고 있었다. 이유식 오용과 유아 사망률 사이에 상관관계가 형성된다는 주제에 대해 여러 국제회의에서 의료 전문가·업계 대표·정부 공무원들이 토론을 시작하고 있었다. 그러나 이 문제에 대한 소비자들의 반응은 아직까지 겉으로 드러나지 않고 있었다.

그 후 1974년, 영국의 자선단체인 '빈곤과의 투쟁War on Want'에서

『유아 살인자 The Baby Killer』라는 28페이지 분량의 팸플릿을 발행했다. 이 팸플릿에서는 두 개의 다국적 기업인 스위스의 네슬레와 영국의 유니게이트Unigate가 아프리카에서 무분별한 이유식 마케팅 활동을 벌이고 있는 점을 강도 높게 비난하고 있었다. 그리고 팸플릿 덕분에 일반 소비자들도 이 문제에 대해 알게 되었을 뿐만 아니라 점차 관심을 갖고 상황을 지켜보게 되었다.

이러한 관심은 1년 사이에 크게 확산되었다. 독일 제3세계 워킹 그룹 the German-based Third World Working Group에서 『유아 살인자』를 독일어 번역본으로 출간하면서 내용을 약간 수정했다. 영국판 자료에서는 이유식업계 전체를 비판한 데 반해서 독일의 시민단체에서는 네슬레를 표적으로 삼아 '비윤리적이고 비도덕적인 행동'을 했다며 신랄하게 비난했다. 그래서 독일어판의 제목도 『네슬레가 아기들을 죽이고 있다 Nestle Kills Babies』라고 새로 붙였다.

네슬레 본사 간부들은 몹시 분노했으며 시민단체를 명예훼손으로 고소하기에 이르렀다. 이 재판은 2년 동안 계속되었으며 전세계 이목이 집중되었다. 비록 네슬레가 소송에서 이기기는 했지만 법원은 네슬레에게 현재 마케팅 방법을 재검토하라고 충고했다. 네슬레의 한 간부는 "우리가 법정 소송에서 승리하기는 했지만 PR 측면에서는 끔찍한 결과를 낳고 말았다. 영아를 살해했다는 비난은 반전단체와 대의를 추구하는 사람들이 노리는 적당한 주제였다. 네슬레는 이 사태를 과학적이고 영양학적인 수준에서 다루려고 했지만 반대 세력들은 감정적이고 정치적인 수준에서 사태를 바라보고 있었다"라고 말했다.[1]

>>> 네슬레

네슬레는 동종 업계에 공식적으로 네슬레 알리멘타나 또는 S.A. Nestle Alimentana, S.A.라는 이름으로 알려져 있으며 본사는 스위스 브베에 있다. 이 회사는 1983년 매출이 125억 달러에 달하는 세계적인 규모의 기업이다.

네슬레는 전세계 각지에 흩어져 있는 식품과 화장품업계의 여러 회사들을 소유하고 있다. 이 회사에서는 인스턴트 음료·유제품·화장품·냉동식품·초콜릿·약품 등 다양한 제품을 생산하고 있다. 게다가 1973년 인수한 스토우퍼Stouffer Corporation 같은 레스토랑과 호텔 경영뿐만 아니라 출장 요리 사업에도 큰 관심을 가지고 있었다. 1980년, 네슬레는 유럽·아프리카·북미·남미·카리브·아시아·오세아니아에서 자신들의 제품에 대한 마케팅 활동을 펼치고 있었다.

이 회사의 판매에서 수위를 차지하고 있는 세 가지 제품군은 유제품·인스턴트 음료·주방 제품 및 잡화였다. 품질면에서 논란의 대상이 되고 있는 이유식을 포함해서 유아용 식품과 식이요법 제품은 전체 그룹 매출에서 10% 미만이었다.

네슬레의 기업 인수에 대한 욕망은 끊임없이 계속되었다. 1975년, 이 회사는 식품 가공업체인 리비와 맥닐&리비Libby, McNeil & Libby를 사들였다. 1979년에는 유아용 식품을 생산하는 비치 넛Beech-Nut을 인수했다. 그 밖에도 콘택트렌즈 제조업체인 쿠퍼비전Cooper Vision과 청키 Chunky · 빗 오 허니Bit-O-Honey · 레이지네츠Raisinettes · 오 헨리!Oh Henry! · 구버스 Goobers · 스노 캡스Sno Caps · 힐스 브로스Hills Bros 같은 널리 알려진 캔디 브랜드들을 인수했다. 그리고 커피 컴퍼니Coffee Company와 카네이션 Carnation도 인수했다.

>>> 이유식 산업

네슬레는 1867년 세계 최초로 미숙아에게 영양을 공급하는 우유가 주원료인 식품을 개발하고 시판했다. 이 제품은 어떤 음식도 섭취할 수 없는 미숙아의 생명을 살리기 위해서는 꼭 필요한 것이었다. 보든Borden에서도 이와 비슷한 가당 농축 우유를 내놓았다.

이유식이 등장한 것은 좀더 최근의 일로 1920년대 초기에 모유 대신 개발되었다. 이유식이란 유아(6개월 미만)를 위해 특별히 제조된 식품이며 젖소의 우유를 원료로 만들어졌다. 모든 이유식은 과학적인 방법을 이용해서 모유와 가장 비슷하게 제조되었다.

오늘날 유아들에게 먹일 수 있는 여러 가지 다양한 종류의 유제품이 시중에 나와 있고, 영양 성분의 함유량도 아주 높은 제품(모유화한 이유식)에서 낮은 제품(다양한 분유·무가당 분유·감미 농축 분유)까지 무척 다양하다.

이유식 매출은 제2차 세계대전 이후 급격히 증가하다가 1957년에 선진국에서 430만 명의 신생아가 출산하자 최고치를 기록했다. 이 시기 이후 출생률은 하락하기 시작했고 이와 같은 추세는 1970년대까지 계속되었다. 자연히 이유식 매출과 수익률은 급격하게 하락했다. 따라서 이유식 업계는 다른 곳으로 눈을 돌리기 시작했다. 그들이 찾아낸 곳은 바로 지금까지도 인구가 증가하고 있는 아프리카·남미·극동 지역의 개발도상국가였다.

다른 모든 유제품을 제외하고 이유식 제품의 총매출만 약 15억 달러였는데, 이 중에서 약 6억 달러가 개발도상국가에서 거둬들인 수입이었다. 따라서 개발도상국가의 이유식 시장이 전체 시장에서 차지하는 비중은 상당했다.

네슬레는 개발도상국가의 이유식 분야에서 40~50%라는 강력한 시장 점유율을 유지하고 있었다. 경쟁 업체로는 3개의 미국 기업인 아메리칸 홈 프러덕츠American Home Products·브리스톨 마이어스Bristol Myers·애봇 랩스Abbott Labs가 있었다.

이들이 전체 시장의 20% 정도를 차지하고 있었으며 다른 외국 기업들이 나머지를 차지했다. 1981년 이유식 시장은 연간 15~20% 정도 성장하고 있었다.[2]

쟁점 : 제품 오용과 마케팅 활동

> 만약 당신도 나처럼 잘못된 유아용 식품 때문에 날마다 유아 대학살
> 이 자행되고 있는 현장을 목격하게 된다면, 당신도 내가 느끼는 것처
> 럼 당장 현재 진행되고 있는 잘못된 이유식 광고를 엄격하게 처벌해
> 야 한다고 느끼게 될 것이다. 그리고 이 아이들의 죽음이 단순한 사고
> 사가 아니라 살인이라고 생각할 것이 틀림없다.[3]

1939년 한 의사가 주장한 이 고발장은 처음에는 그저 한 사람의 안타까운 울부짖음에 불과했다. 그러나 점차 일파만파 확대되어 결국은 유아식품업계 전체에 대한 저항으로 번져 나갔다.

>>> 올바른 제품 사용에 부적합한 시장 환경

개발도상국가에 사는 대부분의 소비자들은 가난하고 열악한 공중위생 환경 속에서 생활한다. 그리고 제대로 된 의료서비스를 받지 못하는 데다가 문맹이다. 따라서 이유식 오용은 필연적인 결과인 것처럼 여겨진다. 물은 오염된 강이나 공동 우물에서 퍼다 쓰는데 역시 오염된 통에 물을 담아서 집으로 가져온다. 일반 서민들은 냉장고는 꿈도 못 꾸는 형편이고 연료비는 몹시 비싸다.

결국 분말로 된 이유식을 오염된 물에 섞어서 탈 뿐만 아니라 소독도 안 된 우유병에 담는다. 게다가 엄마들은 이유식을 좀더 오랫동안 먹이기 위해서 물을 더 넣어 양을 늘리기도 한다. 자메이카 병원의 한 의사는 우유만 먹고 자란 4개월과 18개월 된 형제들의 영양실조 사례를 인용했다. 이유식 캔은 4개월 된 아이에게 3일 정도 먹이면 적당한 양이다. 그러나 아이들의 엄마는 이유식을 묽게 타서 두 아이에게 14일 동안이나 먹였다. 이 엄마는 가난하고 문맹이었으며, 집에는 깨끗한 물이나 전기도 없었고,

게다가 12명의 아이들을 더 키우는 형편이었다.[4]

지속적인 연구를 통해 개발도상국에서 모유 수유가 줄고 분유 사용이 증가하는 경향에 대해서 세 가지 이유가 제시되었다.[5]

첫째, 사회 문화적인 환경이 변화하고 있다. 여기에는 도시화·사회 풍속의 변화·고용 이동성의 증가가 포함된다. 이유식은 사회적인 이동성을 대표하고, 매우 현대적인 제품의 하나로 간주되고 있으며, 이유식에는 의학적인 전문지식이 녹아 들어가 있다. 환하게 미소 짓고 있는 백인 아기 사진이 찍혀 있는 이유식 캔은 왠지 모르게 부유한 백인 엄마가 자식들에게 이 제품을 먹이고 있는 장면을 연상시킨다. 따라서 제품을 먹으면 건강이 좋아질 것 같다는 느낌을 준다. 처음에는 개발도상국가의 고소득층이 서구의 생활방식을 모방하는 차원에서 이유식을 구입했다. 아기에게 분유를 먹이는 행동이 마치 상류사회의 모습을 상징하는 것처럼 여겨졌기 때문이다. 저소득층도 서둘러 이 행렬에 동참하기 시작했다.

둘째, 모유 수유에서 분유로 전환하게 된 데는 전문 의료인들도 한몫을 담당했다. 여러 종합병원과 개인병원에서 이유식을 추천했던 것이다. 개발도상국가 여성이 처음으로 산부인과 병원을 찾게 되는 것은 대부분 아기를 출산할 때이다. 그곳에서 어떤 제품이나 선물을 받게 된 여성은 아무런 거부감 없이 병원에서 추천한 제품을 받아들이게 된다. 또한 병원에서는 시중보다 좋은 것을 추천하기 때문에 그대로 따라 해도 괜찮을 것이라는 판단이 작용한다. 출산 후 아기들은 대개 12~48시간 동안 엄마와 떨어져 지내게 된다. 그러면 엄마가 모유를 수유하려고 계획한 것과 관계없이 아기는 분유를 먹게 된다.

셋째, 이유식 제조업체들의 마케팅과 판촉활동인데 이 부분을 간단하게 살펴보자. 1951년 싱가포르에서는 3개월 된 아기의 80% 정도가 모유 수유를 하고 있었다. 1971년이 되자 이 수치는 5%로 떨어졌다. 1966년, 멕시코의 모유 수유 비율은 6년 전과 비교해서 40%가 하락했다. 1973년,

칠레에서는 3개월 이전의 영아들 가운데 분유를 먹인 영아의 사망률이 모유 수유를 한 영아의 사망률에 비해서 3배나 높게 나타났다. 분유를 먹인 영아가 질병에 더 잘 걸리고 사망률도 더 높다는 또 다른 통계 결과들도 많이 제시되었다.[6]

>>> 품질 관리의 문제

네슬레는 본사에서 멀리 떨어져 있는 공장에서 제품을 생산하는 과정에 대한 품질 관리에 몇 가지 심각한 어려움을 겪고 있었다. 1977년 3월, 콜롬비아 종합병원의 신생아실에서 사망자가 갑자기 증가했다. 네슬레 공장의 박테리아가 원인이라는 사실이 발견되었지만 그때는 이미 25명의 영아가 사망하고 난 뒤였다.

또한 1977년 호주 보건부는 네슬레에서 생산한 오염된 이유식을 섭취한 134명의 영아가 심각한 질환 증세를 보이고 있다고 발표했다. 정부 관리는 오염된 이유식 2천만 파운드가 남동 아시아 국가들에 수출되었을 것이라고 예상했다. 그런데 호주 사건은 1976년에 시작되었다. 네슬레 통갈라 공장은 이유식 샘플에 박테리아 수가 증가한 사실을 주목했다. 조사 결과 액체 우유를 분말 형태로 만드는 데 사용되는 스프레이 건조기에 균열이 생겼다는 사실이 밝혀졌다. 박테리아는 심각한 위염을 발생시키는 살모넬라균의 변종인 것으로 밝혀졌다. 그러나 이 사실을 주 보건부에 통보하지 않았다. 또한 네슬레는 생산을 중단하지 않은 채 기구를 소독했지만 박테리아는 계속해서 발견되었다. 게다가 이후에도 8개월 동안이나 문제의 건조기를 계속 가동시켰다.[7]

>>> 제품 오용에 대한 비난

네슬레 입장을 잠시 고려해 보자. 사실 개발도상국가에서 제품을 판매하려고 했다는 이유로 네슬레와 다른 이유식업체들을 비난하는 사람들이 다른 대안 식품에 비해 이유식 제품이 가지고 있는 효능을 무시하는 것도 사실이다. 식수오염 문제는 상업용 이유식뿐만 아니라 잡곡과 쌀로 만든 죽 같은 여러 대안 음식에도 영향을 끼치는 요인이다. 곡물로 만든 죽의 경우 영양가가 낮을 뿐만 아니라 식수오염과 요리에 사용되는 식기오염 그리고 영양 결핍까지 더해져 몇 배의 나쁜 결과를 낳게 된다. 게다가 잡곡과 밀가루는 미생물에 오염될 가능성이 더 높다. 비록 이유식을 타는데 사용되는 식수가 오염되고 용기에도 위험이 존재하지만, 시중의 이유식 제품이 곡물 죽보다는 영양가가 높고 모유에 더 가깝게 만들어졌으므로 소화도 잘 된다. 이유식업계를 비판하는 사람들에 대해 좀더 반박을 하자면 개발도상국에 사는 사람들이 모두 오염된 식수를 이용하는 것은 아니라는 점이다. 수백만 명의 사람들이 식수 오염에 대한 걱정 없이 집에서 나오는 물로 이유식을 안전하게 타서 먹일 수 있다.[8] (Issue Box의 '선과 악의 공존, 어떻게 조화시킬 것인가?'를 참조해 보자).

>>> 네슬레의 마케팅 활동에 대한 비난

네슬레는 개발도상국에서 공격적인 마케팅을 시도해 왔다. 이 회사는 소비자들뿐만 아니라 의사와 다른 의료업계 종사자들을 대상으로 삼아 판촉활동을 진행했다. 특히 소비자를 대상으로 하는 이유식 판촉활동은 그 내용이 매우 다양했다. 라디오·신문·잡지·옥외 광고판 등 언론을 통한 홍보활동을 진행하고 심지어 확성기를 장착한 차량을 이용해서 홍보하기도 했다. 네슬레는 판촉용으로 샘플·젖병·젖꼭지·계량 스푼 등을 전지역에 마구 뿌렸다. 일부 국가에서는 우유 간호사milk nurses들을 이용해서 소비자들과 직접 만나서 홍보하기도 했는데, 특히 이 방법 때문에 많은 비난을 받았다.

네슬레는 간호사나 영양사 혹은 조산원을 200명 정도 고용했는데 이들은 우유 간호사라는 별명을 갖게 되었다. 비판 세력들은 우유 간호사들

Issue Box

_ 선과 악의 공존, 어떻게 조화시킬 것인가?

선과 악은 서로 얼크러진 관계로 공존한다. 언론과 비판 세력들이 악에 집중하고 있는 동안 선은 주목받지 못한다. 바로 네슬레와 이유식이 그런 경우이다.

제아무리 극단적인 비판 세력이라고 해도 산모가 수유를 할 수 없을 때나 아기가 모유를 먹을 수 없을 때 이유식이 아기의 생명을 살린다는 사실에 대해서는 이의를 제기할 수 없을 것이다. 게다가 이유식을 제대로만 먹이면 아기가 훨씬 더 건강해질 수도 있다. 반대로 제품을 이용하는 과정에서 잘못되는 경우, 즉 엄마가 오염된 물에 이유식을 타서 먹이면 아기가 이질로 사망할 수도 있다.

이처럼 선과 악이 뒤섞여 있는 문제를 어떻게 하면 잘 해결할 수 있는가? 모든 측면에 대해서 다 적용할 수 있는 간단한 해결책은 존재하지 않는다. 이런 주제에 대해서는 감정이 극해지고 나쁜 소문이 빗발치는 경향이 있다. 네슬레는 몇 가지 오용 사례 때문에 이 제품을 포기해야 하는가? 이런 상황은 조금 우스꽝스럽게 여겨질 수도 있다. 예를 들어 부주의한 운전과 수십만 건의 사고·부상·사망 사건 때문에 자동차 운행을 금지시켜야 하는가?

이와 유사한 경우는 논란이 되고 있는 다른 주제들에서도 찾아볼 수 있다. 환경을 오염시키고 야생동물과 물고기를 해칠 수 있다는 이유로 농약을 금지시켜야 하는가? 산성비에 영향을 준다고 공장을 폐쇄시켜야 하는가? 좀더 현실적으로 엄격한 배출물 규제책을 통해서 산성비를 줄이겠다고 일반 시민들에게 공공요금을 지금보다 훨씬 더 많이 내라고 하는 것이 가능한가? 일부 사람들이 잔디 깎기 기계를 잘못 사용한다고 그 제품의 사용을 금지시켜야 하는가? 총기 오용 사고가 증가하고 있다고 총기 사용을 금지시켜야 하는가?

이러한 주제에 대하여 모든 사람들을 만족시킬 수 있는 해법은 존재하지 않는다. 압력의 물결은 한 곳에서 다른 곳으로 옮겨 다니는 것처럼 보인다. 극단적인 환경친화적인 태도 vs 극단적인 '기업의 이기심'처럼 말이다. 이것은 극도로 감정적인 주제이며 특정 이해 그룹의 PR 활동에 따라 쉽게 가열된다.

_토의 주제

이러한 주제를 해결하는 데 가장 좋은 방법은 '최대 다수의 최대 행복'을 실현할 수 있는 방법을 선택하는 것이다. 이 해결책의 문제점은 없는가? 그 내용에 대해 토의해 보라. 이 결정이 합리적이라고 할 수 있는가?

이 겉으로는 아닌 척하지만 실제로는 영업사원이며, 산모들을 방문해서는 제품 샘플을 주고 모유 수유를 그만두도록 설득한다며 비난했다. 또한 우유 간호사들이 산모들에게 큰 신뢰를 주는 유니폼을 이용해서 순진한 소비자들을 설득하려 한다고 지적했다.

의사와 다른 의료업계 종사자들을 대상으로 이유식 제품을 홍보한 것에 대해서도 논란이 촉발되었다. 이와 같은 종류의 홍보에는 일반적으로 사용권장 영업사원detail people이 나서게 되는데 이들은 소아과 의사·소아과 간호사 그리고 다른 의료관련 전문가들과 제품의 품질과 특징에 대하여 이야기를 나누게 된다(뒤에 나오는 Information Box의 '사용권장 영업사원의 활용'을 참조해 보자). 종합병원과 개인병원 그리고 의사들은 아무런 비용도 지불하지 않고 포스터·도표·무료 샘플 등을 이용할 수 있었다. 또한 의사와 병원 직원들은 의료 학회에 갈 때 네슬레의 자금 지원을 받기도 했다.

비판 세력들은 이유식 판촉활동이 너무 공격적이었기 때문에 모유 수유의 비율이 감소했다고 생각했다. 그러나 점차 커져 가는 비판 여론에도 불구하고 개발도상국가의 이유식 매출은 나날이 증가했다. 이들 나라에서 이유식 제품은 담배·비누의 뒤를 이어 세 번째로 광고를 많이 하는 제품이 되었고, 이들 국가의 산모들은 그만큼 쉽게 광고의 영향을 받았다. 1969년 바르바도스에서 실시한 연구 결과에 따르면 병원이나 집에서 무료 샘플을 받은 적이 있는 산모의 82%는 후에 동일한 브랜드의 제품을 구매했다고 한다.[9]

네슬레의 이유식 판촉활동에 대한 비난 내용을 몇 가지로 요약하면 다음과 같다.

- 이유식 제품이 개발도상국가의 신생아 사망률에 영향을 주었다.
- 신생아용 소책자에서는 모유 수유에 대한 내용을 다루지 않거나

아주 적은 지면만 할애하고 있다.

- 언론 홍보활동을 통해서 가난하고 문맹인 산모들이 모유 수유보다는 이유식을 먹이도록 은근히 유도하고 있다.
- 광고에서 모유 수유를 구시대적이며 불편한 방법이라고 묘사하고 있다.
- 무료로 선물과 샘플을 주면서 산모들이 이유식을 먹이도록 직접적으로 유도하고 있다.
- 병원에 부착된 포스터와 팸플릿 그리고 우유 간호사들을 통해서 이유식이 마치 '협회의 승인'을 얻었거나 '협회의 지원'을 받고 있는 것 같은 인상을 심어 준다.
- 이유식 가격은 대부분의 소비자들에게는 여전히 무척 비싸므로 산모들이 이유식을 희석시켜서 먹이는 문제가 발생한다.

네슬레에 더욱 불리해져 가는 상황

『유아 살인자』와 『네슬레가 아기들을 죽이고 있다』라는 두 권의 책자가 발행되자 네슬레는 이 단체들을 대상으로 법정 소송을 제기했다. 이 사건을 주목하는 전세계 관심은 뜨거웠다. 이러한 일련의 사건들이 발생한 지 얼마 안 되어서 두 개의 단체가 새롭게 구성되었다. 바로 기업 책임을 위한 종교연합the Interfaith Center on Corporate Responsibility과 이유식보호운동연합INFACT : the Infant Formula Action Coalition이다. 이 단체들의 저항운동으로 결국 네슬레의 제품과 서비스에 대해 대대적인 불매운동이 일어나게 되었다.

1970년대 초반 이후 이유식회사는 여러 단체로부터 이유식 판촉활동과 광고활동을 줄이라는 압력을 지속적으로 받고 있었다. 1970년과 1973

년에는 단백질 자문위원회the Protein Advisiory Group, 1974년에는 세계보 건총회 the World Health Assembly 그리고 1978년에는 세계보건기구 the World Health Organization가 이유식 회사들을 압박했다.

이유식업계에 대한 비난이 점점 커져 가고 모든 상황이 업계에 불리해 지자 네슬레와 다른 이유식 회사들의 판촉활동에도 변화의 조짐들이 슬슬 보이기 시작했다. 이러한 변화는 1975년 네슬레를 포함한 9개의 이유식 회 사들이 참여해서 만든 국제이유식기업협회ICIF I : the International Council of Infant Food Industries의 후원 아래 진행되었다. 이유식업계가 시도한 변 화의 내용은 다음과 같다. 제품 설명에 항상 모유가 최고라는 표현을 사용

Information Box

_ 사용권장 영업사원의 활용

제약업계에서 디테일 피플detail people이라고 불리는 사용권장 영업사원 제도는 전문적인 서비스를 제공함으로써 단골 고객을 만들 수 있다는 이유로 현재 많은 기업들이 활용하고 있다. 이 직원들은 일반적으로 주문은 받지 않는다.

사용권장 영업사원은 회사에 고용된 직원이며 이들은 회사 대리점과 연계 하여 일을 하게 된다. 이들이 하는 일은 POP 광고물 부착, 대리점 영업사원 교 육, 대리점과 본사 사이의 커뮤니케이션을 담당한다. 또 일반적으로 대리점에 서 자사 브랜드를 좀더 공격적으로 판촉할 수 있게 지원하는 일도 담당한다. 제 약업계에서 디테일 피플들은 의료 전문가들을 대상으로 신제품 샘플을 나누어 주고, 이 제품에 대한 조사 결과를 설명해줌으로써 전문 의료인들이 환자들에 게 이 브랜드를 처방하고 권할 수 있도록 판촉활동을 펼친다.

_ 토의 주제

당신은 사람들이 일종의 사용권장 영업사원인 우유 간호사를 비난하는 행동이 공정하지 못하다고 생각하는가? 당신은 네슬레가 이러한 비난 요구를 수용하 여 우유 간호사 제도를 그만두었어야 한다고 생각하는가?

하며, 광고에서 이유식은 모유를 보충하는 제품이라고 표현한다. 광고에는 가능하면 전문가의 조언을 넣도록 할 것이며, 간호사 복장은 직업 간호사만 착용하도록 정한다.

이처럼 업계에서 자체적으로 규칙을 정하는 등 노력하는 모습을 보이긴 했지만 이미 걷잡을 수 없이 커진 비난 여론을 잠재우기에는 역부족이었다. 그리고 국제유아식네트워크the International Baby Food Action Network가 제출한 증거 자료에 의하면 1977년에서 1981년까지 '규칙'을 위반한 사례가 1천 건이 넘는 것으로 나타났다. 일부 비판 세력은 "이유식 업계에 자율적인 규제를 바라는 것은 KFC 창립자인 커널 샌더스에게 닭의 입장을 고려해 달라고 부탁하는 것과 똑같다"고 조롱했다.[10]

이유식업계의 위반 사실이 계속해서 드러나자 1977년 7월 미국에서 불매운동이 조직적으로 형성되기 시작했다. 그리고 곧 다른 9개 국가로 퍼져 나갔다. 이 불매운동은 미국과 캐나다에서 1982년 1월 26일까지 계속되었으며 다른 나라에서는 그 후 2년 동안 더 지속되었다.

불매운동은 이유식업계 전체가 아니라 네슬레를 대상으로 진행되었다. 그 이유는 이 회사가 전세계 시장 점유율의 50%나 차지하고 있으며 동종 업계의 다른 기업들에 비해서 안 좋은 소문이 더 많다는 점 때문이었다.

이유식보호운동연합과 불매운동 참가자들은 다음과 같은 네 가지 요구 조건을 내걸었다.

- 우유 간호사 제도를 전면 중단할 것
- 무료 샘플을 배포하는 행위를 중단할 것
- 의료업계를 대상으로 하는 이유식 판촉행위를 중단할 것
- 이유식 제품의 소비자 판촉과 광고를 중단할 것

얼마 후 미국 전역에서 450개 이상의 지방단체와 종교단체가 불매운

동에 참여하기 시작했다. 참가자들은 이번 불매운동이 미국 역사상 최대 규모의 비노조 불매운동이라고 주장하기도 했다. 불매운동이 특히 심했던 곳은 보스턴·볼티모어·시카고로 이유식보호운동연합에서는 이 지역에 5명의 상근 직원을 둔 사무실을 개설하기도 했다. 수천만 명의 시민들이 네슬레 제품의 슈퍼마켓 진열대 철수를 촉구하는 탄원서 등 여러 가지 서류에 서명했다. 일부 식료품점에서는 동의의 표시로 테이스터스 초이스 Taster's Choice 제품을 진열대에서 치우기도 했다.

불매운동은 대학 캠퍼스에서도 일어났다. '네슬레를 타도하자'라는 슬로건 아래 밀크 초콜릿부터 차·커피·핫 초콜릿에 이르기까지 다양한 제품에 대한 불매운동이 진행되었다. 소문에 의하면 대학의 불매운동이 처음 시작된 곳은 웨슬리대학으로 이내 콜게이트·예일·미네소타대학 등으로 퍼져 나갔다고 한다.

이 불매운동은 확실한 효과를 나타냈다. 직접적으로 네슬레의 매출과 수익률이 감소했을 뿐만 아니라 간접적으로는 이 회사에 대한 비난 여론을 구체화시키고 정부의 개입을 유도해냈다. 예를 들면 다음과 같다.

> 뉴기니 정부는 1979년 여름 아기에게 인공적인 이유식을 먹이는 것을 제한하는 엄격한 법률을 제정했다. 현재 젖병과 젖꼭지를 구입하려면 처방전이 있어야 한다. 다른 나라에서도 모유 대용 식품에 대한 마케팅과 광고를 줄이기 위해 법률을 제정하기 시작했다.

> 세계보건기구WHO는 1981년 5월 이유식업계에만 적용되는 광고 제한 규정을 채택했다. 규정의 제5항에는 "이 조항이 규제하는 범위에서 일반 소비자들을 대상으로 해당 제품에 대하여 광고나 다른 형태의 판촉행위를 시행해서는 안 된다"라고 진술되어 있다.[11] 이 규정은 이유식과 다른 유아용 식품들에 적용된다.

프랑스에 있는 유럽의회에서는 유럽 공동체 10개국 모두 WHO의 규정을 엄격하게 시행하는 데 찬성했다. 또한 유럽의회는 회원국 기업들의 해외 자회사들도 WHO 규정을 반드시 따라야 한다고 못박았다.

>>> 네슬레의 반격

여기저기에서 쏟아지는 심각한 비난의 목소리에 대한 네슬레의 처음 반격은 득보다 실이 많았다. 대외적인 이미지는 점차 악화되었고, 1977년 네슬레에 대한 전세계적인 불매운동이 가시화되었다. 그러자 네슬레도 더 이상 반대 세력을 애써 무시하면서 그들이 스스로 물러나기만 바라고 있을 수는 없게 되었다. 반대 세력이 순순히 물러날 리 없다는 것은 분명한 사실이었다. 그리고 네슬레는 불매운동이 증가하고 회사에 대한 무수한 비난이 떠도는 것은 잘못된 PR 활동 때문이라고 생각하고 이를 해결하기 위한 전략을 세웠다. 네슬레의 PR 부서는 기업 책임실Office of Corporate Responsibility로 업그레이드 되었다. PR 업무를 위해 세계 최대의 PR 회사인 힐 앤드 놀튼Hill&Knowlton을 고용하기도 했다. 네슬레는 미국의 성직자들에게 그들이 네슬레를 비난하는 것은 잘못된 것이라는 내용의 편지를 30만 통 이상 우편으로 발송했다. 마지막으로 PR 전문가로 명성이 자자한 다니엘 J. 에델만을 고용했다. 그는 네슬레에게 일반 소비자들에게 좀더 공손한 자세를 취하고, 회사의 활동 내용에 대한 제3자의 승인을 받아야 한다고 충고했다.

그러나 아무리 PR에 신경을 써도 기업 이미지는 개선되지 않았고 회사를 비난하는 세력들도 잠재우지 못했다. 1981년 네슬레는 PR을 담당하던 두 기업과의 계약을 파기하는 반면, 스스로 잃어버린 명성을 회복하기로 결심했다. 현재 상황을 제대로 파악하지 못하고 PR 탓으로만 돌린 네슬레의 행동은 상황을 개선하는 데 전혀 도움이 되지 않았기 때문이다. 시민들의 항의는 가라앉기는커녕 오히려 커져만 갔다. 그제야 네슬레는 인간적이고 책임 있는 기업으로서 신뢰성을 확보하기 위한 준비를 하게 되었다.

신뢰성 확보를 위한 노력의 첫 번째 단계 중의 하나는 모유 대용 식품 마케팅에 대한 WHO 규정을 인정하는 것이었다. 네슬레는 자발적으로 이 규정을 따르기로 했다. 대중들에 대한 광고를 금지하고 산모들에게 샘플을 돌리지 않기로 결정했다. 네슬레 이외에 다른 3개의 미국 이유식업체들은 이로부터 2년 후에 규정을 따르기 시작했다.

다음으로 네슬레는 자신들이 WHO의 규정을 충실히 이행하고 있다는 사실을 보증해 줄 윤리단체가 필요했다. 그리고 이유식에 대한 감리교 태스크포스the Methodist Task Force on Infant Formula라는 조직을 구성하여 이 역할을 맡겼다. 네슬레와 언론의 관계는 아주 심각한 수준이었다. 예를 들어 1981년 상반기 동안에 〈워싱턴 포스트〉는 네슬레를 비난하는 기사를 91개나 실은 것으로 나타났다. 기업 이미지 회복을 위한 다각적인 시도들 가운데 언론에 대처하는 정책은 '개방적이고 솔직한 태도'로 바꾸는 것이었다.[12]

마지막으로 가장 효과적이었던 이미지 회복 전략은 의료 전문가·종교인·시민 지도자·국제정책 전문가 등 10명으로 자문위원회를 구성하여 네슬레의 WHO 규정 준수 내용을 공개적으로 모니터하고, 네슬레의 마케팅 활동에 대해 제기된 불만사항을 조사하도록 한 것이다. 이 네슬레 이유식감사위원회Nestle Infant Formula Audit Commission는 전 국무장관을 지냈고 부통령 후보로 출마한 경력이 있으며 메인주에서 민주당 하원의원을 지낸 에드먼드 S. 머스키를 회장 자리에 앉힘으로써 신뢰성을 확보할 수 있었다. 이 위원회는 1982년 5월 설립되었다.

머스키가 이끄는 감사위원회는 WHO 규정 중 회사와 의견이 대립되고 있는 네 가지 분야의 문제를 해결하기 위해 WHO, 국제 네슬레 불매운동위원회International Nestle Boycott Committee, 유니세프UNICEF의 대표자들과 함께 협의하기 시작했다. 논쟁이 있었던 부분은 교육 자료·라벨·의료와 보건 전문가들에게 제공되는 선물과 병원에 무료로 또는 판매가의 일부만 받고 공급하는 물품에 대한 것이었다. 이 문제들은 곧 해결되었고 네슬레는 교육 자료를 배포한 사실을 인정하고 이유식과 모유의 사회적이고 보건적인 측면을 비교·검토한다는 데 동의했다. 이유식 라벨에는 오염된 식수를 이용할 경우의 위험성과 모유의 우수성이 명확하게 명시되도록 했다. 보건담당 공무원들에게 개인적인 선물을 하는 일은 뇌물이나 특혜 의혹이 있을 수 있으므로 엄격하게 금지되었다. 마지막으로 병원에 이유식 무료 샘플을 배포하는 일은 모유 수유를 할 수 없는 산모들에게만 제공하는 것으로 제한했다.

네슬레는 수년 동안 비난 세력에게 적대적인 태도를 취한 결과 비판 여론과 불매운동을 확산시켰다. 또한 네슬레의 마케팅 활동이 개발도상국가에서 수백만 명의 아기들을 사망하도록 만들었다는 혹독한 비난에 시달렸다. 그러나 꾸준히 노력한 덕분에 상황은 달라졌다. 네슬레영양조정센터Nestle Coordination Center for Nutrition 소장인 라파엘 D. 페이건 주니어는 "우리는 이번 사건으로 뼈저린 교훈을 얻었다. 기업들은 소비자와 일반 시민들이 무슨 말을 하고 있는지 민감하게 대응하고 주의 깊게 귀를 기울여야 한다. 문제가 발생하면 기업들은 책임자와 대화를 나누기 위해 애써야 하며 함께 문제점들을 해결해 나가야 한다"라고 말했다.[13]

네슬레가 비판 세력들과 대치한 지 10년 만에 그리고 불매운동이 시작된 지 7년 만인 1984년 초 대부분의 단체에서는 불매운동을 중단한다는 데 동의했다. 즉 미국교원연맹the American Federation of Teachers, 미국교회 연맹the American Federation of Churches·간호사&의료 종사자연맹the Federation of Nurses and Health Professional·미국연합 감리교회the United Methodist Church·브레스렌교회the Church of Brethren 같은 몇몇 대규모 단체들은 불매운동을 철회하거나 불매운동에 참여하지 않기로 결정을 내렸다.

그러나 극단주의자들은 네슬레의 회유책을 거부했다. 또한 미국 내 20명의 완고한 운동 지도자들과 그들을 따르는 5만여 명의 추종자들은 네슬레가 적대적인 여론을 반전시키기 위해 무슨 일을 하더라도 저항 투쟁을 멈추지 않겠다고 밝혔다.[14]

표 13.1 1974년~1983년 네슬레의 매출과 수익(천 스위스 프랑)

연도	매출	수익
1975	18,286,000	799,000
1976	19,063,000	872,000
1077	20,095,000	830,000
1978	20,266,000	739,000
1979	21,639,000	816,000
1980	24,479,000	638,000
1981	27,734,000	964,000
1982	27,664,000	1,098,000
1983	27,943,000	1,261,000

※출처 : 기업 연례보고서

네슬레는 손실액을 정확하게 추측하기도 쉽지 않았는데 불매운동으로 최대 4천만 달러까지 손해를 입었을 것이라고 추정했다. 사업상 손해를 본 것은 그나마 다행이었다. 불매운동이 시작되고 몇 년이 지나자 소비자들은 네슬레보다 평판이 더 나은 다른 기업으로 발길을 돌렸다. 격렬하게 불매운동이 진행되고 있던 중에도 어딘가에서 소리 없이 비판하고 있는 소비자들도 틀림없이 있었을 것이다. 분명한 사실은 네슬레가 전세계에서 벌어들이는 매출액 중에서 이유식 사업이 차지하는 비중은 3%밖에 되지 않았지만, 이 작은 부분의 대외적인 이미지가 손상되어 다른 제품에까지 나쁜 영향을 끼치게 되었다는 점이다. 불매운동으로 가장 손해를 본 곳은 네슬레 기업 중 하나인 스토우퍼로 회의 및 연회사업에 상당한 피해를 입었다. 모임을 계획하는 사람들은 혹시라도 부정적인 소문에 휘말리게 될까 봐 다른 곳에서 모임을 개최할 정도였다.

표 13.1에는 1974년에서 1983년까지 네슬레 그룹의 매출과 수익이 제시되어 있다. 아마도 비판 여론이 높아진 결과 나타난 상황으로 보이는데 표를 보면 몇 년간 수익이 하락했다는 사실을 확인할 수 있다. 회사와 비판 세력의 대립으로 정확히 어느 정도의 손실을 입은 것인지 측정하기는 어렵다. 그저 대략적인 수치로 추측할 수 있을 뿐이다.

＊무엇을 배울 것인가?

많은 기업들은 네슬레 사건을 통해서 기업의 대외적인 이미지 손상에 대해 다시 한 번 진지하게 생각하게 되었다. 어떤 경우에는 이미지가 한번 손상되면 다시 회복되기 어려운 경우도 있으므로 각별히 주의해야 한다. 다음에 제시된 내용들은 네슬레 사건에서 얻은 교훈들 중에서도 특히 중요한 내용들이다.

대기업의 경우 대외적인 이미지는 특히 중요하다. 한 기업이 현재 좋은 평판 또는 최소한 (부정적이지 않은) 무난한 평판을 얻고 있다 하더라도 한순간 실수하게 되면 순식간에 잃어버릴 수도 있다. 기업은 일반적인 사회적 인식과 시민단체의 힘을 낮게 평가해서는 안 된다. 게다가 같은 행동을 했더라도 대기업은 업계의 다른 소규모 기업들에 비해 더 공격당하기 쉬우며, 시민단체가 꼬투리를 잡기 위해 호시탐탐 노리는 목표이기도 하다. 규모가 크다는 것 때문에 작은 기업이 관련된 사건에 비해서 대중들에게 더 많이 노출되고 더 많이 알려지게 된다. 이 때문에 거인을 쓰러뜨려야겠다는 목표를 가진 여러 단체들이 대기업을 공격하기 위해 달려들기도 한다. 게다가 대부분의 사람들은 운동 경기나 사업 또는 다른 어떤 분야에서든지 거대하고 강한 자의 편에는 결코 서지 않는다.

적대적인 언론을 조심하라. 언론의 적대적인 보도로 부정적인 여론이 자극받아 더욱 강화될 수도 있다. 언론이 불난 집에 부채질하는 사태를 만들 수도 있다는 것이다. 기업은 언론이 객관성을 유지하고 편파적으로 보도하지 않기를 바라서는 안 된다. 언론은 일반적으로 '결함이 있는 취재 대상'을 더 좋아하는 경향이 있다. 그리고 특히 그 대상이 사회에 무관심한 대기업이라면 십중팔구는 사건의 긍정적이고 유익한 측면보다는 잘못된 행동이나 부정적인 측면을 훨씬 더 강조하게 된다. 이유식 문제만 하더라도 이런저런 장점을 가지고 있고 건강상 긍정적인 영향을 끼치는 사례도 많았지만, 언론이 귀를 세우고 관심을 드러낸 것은 거의 오용 사례에 관한 내용이었다.

한번 손상된 평판은 쉽게 회복되지 않는다. 네슬레는 처음에 논란이 곧 가라앉을 것이라고 예상했지만 그러기는커녕 오히려 비판의 강도는 더욱 거세어졌고 꽤 오랫동안 지속되었다. 1980년대 초, 네슬레는 난관을 타개하기 위해 적극적으로 노력하는 모습을 보이지 않은 결과 비판 세력들을 결집시키는 사태를 만들었다. 그 결과 불매운동은 더욱 강력한 힘을 얻게 되었고 세계 각국에서는 이유식을 제한하는 법률을 제정했다. 이와 같이 한번 땅에 떨어진 명성은 시간이 지난다고 해서 갑자기 회복되지 않는다. 기업은 손상된 이미지를 회복하기 위해 열심히 노력해야 한다. 그렇지 않으면 절대로 상황이 나아지지 않는다.

기업 혼자서 PR에 신경 쓴다고 해서 이미 형성된 부정적 이미지가 개선되지는 않는다. 또한 기업을 경영하는 과정에서 운영상의 문제에 대해 비난이 집중되는 경우 단지 PR 정책만 바꾼다고 해서 그동안 드러난 문제가 해결되지는 않는다. 무엇보다 문제가 된 부분을 깨끗이 마무리하는 것이 우선이다. 네슬레는 전세계의 PR 회사 가운데 규모와 가격면에서 명성이 자자한 회사를 두 군데나 고용했지만 기대했던 효과를 전혀 거둘 수 없었다. 네슬레는 문제가 된 부분은 개선하지 않은 채

성직자들에게 자사의 입장을 해명하는 우편물을 30만 통 이상 발송하는 등 기업 PR에 상당한 노력을 기울였지만 긍정적인 결과를 전혀 얻을 수 없었다. 만약 어느 정도 효과가 있었다고 하더라도 오랜 기간 지속되지 않았을 것이다.

마케팅은 대외적인 이미지에 가장 강력한 영향을 끼친다. 네슬레 문제점 중에서 상당 부분은 개발도상국가에서의 마케팅 활동에서 비롯된 것이다. 보통 마케팅 활동은 효과적이다. 어떤 나라에서는 그와 같은 마케팅 활동이 새롭고 개선된 제품을 소개하는 활동으로 찬양받기도 했다. 그러나 이 사건에서 드러났듯이 네슬레는 순진한 국민들을 전혀 올바르지 못한 방향으로 이끌었다. 마케팅 활동은 기업의 경영 과정에서 그 효과가 눈에 가장 잘 띄는 부분이다. 회사는 가시적 효과에 빠져 때때로 발목을 잡히기도 한다. 네슬레도 마찬가지였다.

대외적인 이미지가 손상되었을 경우 대처하는 방법은 무엇인가. 네슬레 사례를 통해서 우리는 기업에 대한 중상과 비판에 대해 어떻게 대처할 것인지에 대하여 큰 도움을 받을 수 있다. 만약 비판의 목소리가 매우 심각하고, 문제가 되고 있는 내용이 대단히 선동적이라면, 그 문제를 무시하는 대처 방법은 단지 상황을 악화시킬 뿐이다. 그리고 분명한 사실은 문제의 원인이 화학 폐기물이나 화학약품 살포 또는 이유식 오용 등 어떤 것이 되었든 인명 피해가 발생했다는 이야기가 나오게 되면 상황이 극도로 과열된다는 것이다. 직접적으로 대항하거나 적대적인 입장을 유지하는 방법은 거의 효과가 없다. 네슬레는 가장 험난한 길인 법정 소송을 택했고, 비록 소송에서 이기기는 했지만 부정적인 소문은 높아만 가고 항의 시위는 더욱 극렬해지는 결과를 낳았다. 비록 증거가 회사 쪽에 유리하더라도 소비자들은 회사를 음해하려는 세력의 주장과 그 일방적인 비난 내용에 휩쓸릴 것이다.

회사가 회유 정책을 제시하더라도 일부 완고한 비판 세력들은 끝까지 거절할지도 모른다. 그러나 이러한 위험 부담이 존재하더라도 대외적으로는 자사를 비판하는 단체에 협력하고 참여하는 인상을 주기 위해 노력해야 한다. 우리는 1981~1983년까지 네슬레가 그동안의 오만한 태도를 버리고 합리적인 비판 세력에 협조하고 함께 노력하는 모습을 보인 것은 잘한 일이라고 생각한다. 그러나 그런 행동들을 하루빨리 실천에 옮기지 못한 것에 대해서는 비난받아 마땅하다.

많은 기업들은 기업의 사회적 성과와 관련된 문제점에 대해서 좀 더 민감한 태도를 유지해야 한다. 기업들은 항상 문제를 일으킬 가능성이 있는 부분에 대해서 관심을 가지고 있어야 하며, 만일 문제가 발생할 경우에는 한시라도 빨리 해결해야 한다. 이 과정에 실패하게 되면 기업은 여기저기서 무수히 쏟아지는 비난 여론을 잠재우기 위해 고군분투해야 한다. 부정적인 인식이 모두 사실은 아니라 하더라도 그 때문에 기업 이미지가 손상될 수 있다.

더욱이 민감한 분야에서 활동하고 있는 기업은 자신들이 사회적인 책임을 다하는 기업 시민이며 사회 현상에 무관심한 거대 조직이 아니라는 점을 증명해 보여야 한다. 그리고 대외적인 이미지에 더 많은 관심을 기울인다면 네슬레에게 수년 동안 고통을 안겨 주었던 여러 대외적 이미지와 같은 문제들을 피해 갈 수 있을 것이다.

*질문

1. 네슬레와 같은 사업상 재앙은 애초에 어떻게 피할 수 있었겠는가?
2. 네슬레가 그 문제에 대해서 처음 알았을 때 어떤 행동을 취했어야 했는가?
3. 당신 생각에 시민단체의 저항에 직면했을 때 회사로서는 그들의 주장을 들어주는 것 외에 다른 방법은 없었겠는가? 공격적인 입장을

취할 수 있는 여지가 있었는가?

4. 네슬레가 PR 활동을 좀더 효과적으로 이용할 수도 있었는가? 만약 있었다면 과연 어떻게 이용했겠는가?

5. 당신은 네슬레가 불쌍하게 시범 사례로 선택된 것뿐이라고 생각하는가? 당신은 왜 그런 생각을 하게 되었는가?

＊실전 연습

1. 당신은 네슬레 CEO의 보좌관이다. 개발도상국가에서 이유식을 철수하는 것이 바람직하다는 내용으로 성명서를 작성하라는 요청을 받았다. 이 행동에 대한 찬성과 반대 입장을 토의한 다음 당신의 의견은 어떠한지 제안해 보라. 그리고 가능한 한 설득력 있게 이 의견을 뒷받침할 근거를 제시해 보라.

2. 당신은 스토우퍼 호텔의 관리자이다. 종교인과 신도 대표단이 이 호텔에 대해 배척운동을 벌이겠다고 협박했다. 이 대표단이 그와 같은 행동을 취하지 않도록 최선을 다해서 설득해 보라.

＊팀별 토론 연습

1. 불매운동을 벌이는 사람들의 쟁점에 대해 토의해 보라. 그들은 자신들의 권리를 주장하는 정직한 사람들인가? 아니면 기존 세력에 맞서 싸울 만한 것을 찾아 헤매는 반체제 선동가들일 뿐인가? 한쪽 팀은 비판 세력의 입장에 서서 그들을 옹호하는 주장을 펼치고, 다른 팀은 그들을 비난하는 주장을 펼치도록 한다.

2. 사회적으로 비난 여론이 거세어졌기 때문에 네슬레는 아프리카 시장에서 철수해야 하는지 아닌지에 대해 토의해 보라.

14

달콘 실드 : 사용자의 안전을 무시하는 행위

로빈스는 실드 제품이 출시된 이래 여러 해 동안 지속적으로 제기되어 왔던 과다한 출혈·골반 감염 질환·유산 그리고 사망과 같은 심각한 문제들을 계속해서 무시했다. 안전성이라는 의미가 상대적이라는 것은 분명하다. 그렇다면 실드는 경구 피임약 이상으로 안전한가?

1984년 2월 29일, 회사 임원 3명이 미네소타주 미니에폴리스 미연방 지방법원의 마일스 로드 판사 앞에 소환되어 재판을 받고 있었다. 바로 A.H. 로빈스A.H. Robins Company의 사장 겸 CEO인 E. 클레이본 로빈스 주니어, 연구소 소장인 칼 D. 런스포드 박사, 법률고문인 윌리엄 A. 포레스트 주니어였다. 법정에서는 실력이 뛰어난 변호사들이 그들을 변호하고 있었다.

세 임원들은 로드 판사가 자궁 내 피임기구인 달콘 실드의 마케팅 활동에 대해서 자신들과 회사를 심하게 비난하는 소리에 큰 충격을 받았고 당황했으며 마침내 분노를 터뜨리고 말았다.

로드 판사는 지난 몇 개월 동안 실드 제품 때문에 신체적으로 심각한 부상을 입은 7명의 여성이 제기한 합동 소송 사건을 담당해 왔다. 그 조사는 달콘 실드 소송 사건과 지난 10여 년 동안 로빈스가 지시한 법적인 전술들에 대해 철저히 이루어졌다. 판사는 로빈스를 아래와 같이 신랄하게 비난했다.

> 이 여성들이 당신 회사를 고소하자 당신은 이들의 사생활에 대해 공격하기 시작했다. 당신은 이 여성들의 성행위 내용과 상대자 신분까지 조사했다. 당신에 대해 소송을 제기한 이 사람들을 위협하기 위해서 그들의 가족·명성·경력에 피해를 입히기도 했다. 당신은 이 소송의 쟁점이 여성들의 몸에 사망·신체 불구·질병을 불러일으키는 기구를 이식한 사실과는 전혀 관계가 없다고 주장했다. 당신은 또한 비열하게도 자금력으로 무장한 당신의 변호사 집단을 이용해 법정에서 여성들을 맹공격함으로써 그들이 거의 버틸 수 없게 만들었다. 당신은 온순하고 가난한 사람들을 대상으로 가장 최악의 전술을 사용하고 말았다. 당신은 회사 수익만을 생각했고 바르고 정직한 길을 택하지 않았다.[1]

1971~1975년 사이에 로빈스는 전세계 80여 개 국가에서 4백만 개 이상의 달콘 실드 IUD(자궁 내 피임기구)를 판매했다. 많은 제품이 팔려 나가는 동안 로빈스는 의사를 비롯한 여러 사람들이 달콘 실드의 효과와 안전성에 대해 깊은 우려를 나타냈지만 끝내 무시했다. 결과적으로 수천 명의 여성들이 골반 감염에서부터 불임·유산 그리고 사망에 이르는 심각한 피해를 입게 되었다.

이 사건은 역사상 전무후무한 큰 사고였으며 회사가 사실을 숨기는 바람에 상황이 훨씬 더 악화되고 말았다. 로빈스는 처음에는 위험성을 알고도 모르는 척했고 그 후에는 사실을 은폐하려고 애를 썼다. 그러나 결국 사건이 너무나 커져서 어떤 방법으로도 도저히 숨길 수 없는 상황이 전개되었다.

여러 세대를 이어 온 가족 회사로서 명성이 드높던 기업의 경영자가 어떻게 한순간에 회사를 위기로 몰아넣을 수 있는 것인가? 어떻게 단기간 수익에만 눈이 어두워 제대로 점검도 받지 않은 제품을 취급하는 위험을 감수할 수 있단 말인가?

더욱이 로빈스가 진행중인 소송 때문에 당황했더라도 어떻게 자사 제품은 전혀 잘못된 것이 없으며 다른 사람들, 즉 의사들이 이 사태를 책임져야 한다는 식으로 의료 전문가나 일반 시민들뿐 아니라 자기 자신까지 속일 수 있었던 것일까?

자궁 내 피임기구와 달콘 실드

출산 제한, 특히 피임기구로써 IUD에 대한 관심은 먼 옛날로 거슬러 올라간다. 물론 그 당시 피임 방법들은 대부분 위험하고 신뢰할 수 없었지만 말이다. 1920년대 의학 보고서를 보면 당시의 조악한 IUD 장치 때문에 골반 감염과 염증이 생긴 사례를 살펴볼 수 있다. 그런데 이와 같은 피임기구들은 안전성을 신뢰할 수 없었다.

1960년대 초, 출산 제한에 대한 관심이 급등했는데 그 이유는 두 가지로 정리할 수 있다.

첫째, 지구촌의 인구 과잉에 대한 두려움이 널리 퍼지기 시작했다. 이러한 두려움은 1930~1960년 사이에 지구촌 인구가 10억 명이나 증가했기 때문이다. 비록 대부분의 인구 증가는 아프리카·아시아·남미 등 개발도상국에서 발생했지만 미국도 1960년대에는 심리적인 한계치인 2억 명까지 도달했다.

둘째, 1960년 최초의 경구 피임약이 미국식품의약국FDA의 승인을 받았고 여성들과 의료 전문가들은 이를 열렬히 환영했다. 그러나 경구 피임약에 대한 근심도 함께 등장하기 시작했으니 혈액 응고 같은 부작용에 관한 것이다. 좀더 심각한 문제는 출산이 가능한 약 30년 동안 강력한 출산 억제 호르몬을 복용하는 경우 여성에게 끼칠 수 있는 장기적인 손상 가능성이었다.

1960년대에 두 가지 획기적인 IUD 제품이 출시되면서 사람들의 관심이 쏠리기 시작했다. 첫 번째 제품은 새롭고, 쉽게 모양을 만들 수 있으며, 불활성인 플라스틱으로 만들어진 IUD였다. 두 번째는 새로운 조형법으로 만들어진 제품이었다. 두 가지 새로운 IUD 제품은 립스 룹Lippes Loop과 사프 티 코일Saf-T-Coil로 1966년 특허를 받았다.

한편, 존스 홉킨스Johns Hopkins 의과대학의 부인과 부교수인 휴 J. 데이비스와 발명가인 어윈 러너는 1967년 크리스마스 날 새로운 IUD에 대한 아이디어를 생각해냈다. 초반의 성과는 무척 좋았고 1968년에 러너는 특허 출원을 했다. 새로운 IUD 모양은 방패와 비슷했으며 10센트 동전 정도의 크기에 의사가 제거할 때 사용하는 줄이 달려 있는 플라스틱 장치였다.

1970년 2월 1일, 미국 산부인과 학회지the American Journal of Obstetrics and Gynecology에는 존스 홉킨스 가족계획 클리닉에서 달콘 실드라는 이름의 피임기구를 설치한 640명의 여성을 대상으로 시행한 실험 결과에 대해 데이비스가 작성한 글이 실렸다. 데이비스는 대상자 중에서 5명은 임신을 했고, 10명은 장치를 설치하는 것을 거절했으며, 9명은 의료적인 사유로 제거했고, 3명은 개인적인 사유로 제거했다고 밝혔다. 그는 실험 결과 임신율이 1.1%로 나타났다고 보고했다.

많은 의사들이 이 글을 읽고 감명을 받았다. 그 이유는 실험 결과 나타난 통계 수치가 무척 대단했고, 실험이 명성이 자자한 존스 홉킨스 의과대학에서 시행되었기 때문이다. 결과적으로 많은 의사들이 자신들의 환자에게도 이 피임기구를 설치해 보고 싶다는 생각을 하게 되었다.

데이비스와 러너는 자신들이 개발한 피임기구를 스스로의 힘으로 팔아 보겠다고 결심하게 되었고 드디어 1969년에 달콘Dalkon Company을 설립했다.

그들은 제품을 좀더 다듬어서 1970년 4월에 새롭고 개선된 장치를 만들어냈다. 즉 기존의 달콘 실드보다 좀더 부드럽고 가느다랗게 개선되었고, 유연성은 유지하면서 훨씬 강한 성질을 부여하기 위해서 황산바륨을 첨가했다. 그러나 이 회사에는 영업 조직이 없었다. 데이비스와 러너는 곧 실드 판매는 기존 회사에서 담당해야 한다는 사실을 깨달았다.

슈미트 연구소Schmid Laboratories는 이 제안을 거절했지만 업존Upjohn은 관심을 보였다. 그러나 펜실베이니아주 베드포드에서 열린 의료 학회에서 A. H. 로빈스라는 회사가 관심을 갖기 시작했다. 1970년 6월 12일, 협상이 시작된 지 3일 후에 업존의 제안을 물리치고 로빈스가 75만 달러에 컨설팅 비용 그리고 미국 전역과 캐나다 순판매액의 10%를 달콘 실드의 특허권 사용료로 지불하겠다는 조건으로 소유권을 넘겨받게 되었다 (인수 금액은 최종적으로 120만 달러에 육박했다).

A. H. 로빈스는 어떤 회사인가

버지니아주 리치몬드에 본사를 두고 있는 A. H. 로빈스는 비교적 소규모 회사(당시 매출액이 1억3천5백만 달러 정도)였지만 해외에 12개 이상의 자회사를 두고 있었다. 이 회사는 로비투신Robitussin 기침약 · 챕스틱Chap Stick 입술용 크림 · 서전트 플리 앤 틱Sergeant's Flea and Tick 칼라와 같은 제품들로 널리 알려져 있었다. 이 회사의 재정 규모는 금세 무너질 만한 회사는 아니었으며 100년 넘게 건실한 기업으로서 사회적인 역할을 다해왔다.

1860년, 알버트 핸리 로빈스는 리치몬드 시내에 작은 약국을 하나 차렸다. 1878년에는 사업을 확장하여 제약분야에도 손을 대기 시작했다. A. H. 로빈스가 그 당시 특허 의약품을 판매하면서 외래 환자와 상담하는 동안 그의 아들과 며느리는 위층에서 환약 만드는 작업을 했다. 1933년 가족기업을 물려받은 창업주의 손자 에드윈 클레이본 로빈스는 사업을 확장해야겠다는 계획을 가지고 있었다. 그는 일반 소비자들을 대상으로 판매하는 소매를 중단하고 의사와 약사들에게 처방 약을 판매하는 쪽으로 방향을 바꾸었다. 그 후 처음 출시한 제품이 도나텔Donnatel이라는 위장약이다. 이 약은 현재까지도 주요 제품 중의 하나로 남아 있다. 제2차 세계대전이 발발한 후 이 회사는 일반 시장의 처방과 비처방 약품분야에서 두각을 나타냈다. 1963년에는 순매출 4천7백만 달러에 수익이 거의 5백만 달러에 달했고, 바로 이 해에 회사는 주식을 공개했다. 이 과정에서 E. 클레이본 로빈스 1세와 그의 가족들은 버지니아주에서 가장 부유한 사람들 중의 한 명이 되었다. 1978년에는 E. 클레이본 로빈스 주니어가 이 회사의 사장 겸 CEO로 취임했다.

1965년 이래 이 회사는 계속해서 피임기구 시장, 특히 IUD 장치에 관심을 가지고 있었다. 그런데 이전에 의료 장치나 부인과 제품을 제조하거나 판매해 본 적도 없었고, 직원 중에 산부인과 의사가 있는 것도 아니었다. 로빈스에서는 S형 피임기구 리퍼스 루프의 권리를 매입할 것인지를 검토하고 있었는데 때마침 달콘 실드의 권리를 획득할 수 있는 기회가 찾아왔던 것이다.

IUD 제품의 잠재성은 상당히 매력적이었다. 그러나 뭐니 뭐니 해도 IUD의 최대 장점은 FDA에 신약 허가New-Drug Application를 받지 않아도 된다는 점이었다. 정부 기관은 오직 약품에 대해서만 사법권을 가지고 있고 의료기기-IUD는 여기에 분류된다-에 대해서는 권한을 갖고 있지 않았다. 따라서 제조업체에서는 신약 허가 신청서를 제출하지 않아도 되는 상황이었다. 즉 약품이라면 신뢰성 있는 충분한 임상실험과 동물실험을 통해서 안전성 결과를 제출해야 하는데 IUD는 의료기기이므로 이 자료를 제출하지 않아도 되었다. 따라서 달콘 실드에 대해서는 장기간 연구 안전성 테스트를 시행하지 않았다(1976년 5월 28일 '의료기기 수정안'을 통해서 의료기기도 FDA 관리 하에 둔다는 법을 제정했다. 그런데 이 수정안이 제정된 것은 달콘 실드가 처음 출시된 지 5년이나 지난 뒤였다).

로빈스는 서둘러 실드 제품을 시장에 출시할 계획을 세웠고 제품 조립은 챕스틱 사업부에서 담당하기로 했다. 경쟁자가 출현하기 전에 서둘러 시장에 제품을 출시해야 했다. 1971년 1월, 로빈스가 제품의 소유권을 획득한 지 6개월 만에 달콘 실드는 전국적으로 판매할 준비를 다 갖추었다. 이 제품의 수익성은 상당히 높았다. 생산비는 25센트에 불과한 반면 제품 판매 가격은 4.35달러였다. 품질 관리에 몇 가지 문제점이 발생하기는 했지만 특별히 심각해 보이지는 않았다.

〉〉〉 달콘 실드 판촉활동

로빈스는 공격적인 판촉활동을 전개했다. 의사와 직접 대면할 수 있도록 수백 명의 영업사원을 훈련시켰다. 광고는 의료 전문가-의사와 IUD

를 공급하는 단체와 클리닉들–와 여성들을 대상으로 진행했다. 광고 목적은 만약 의사들이 실드 제품을 추천할 때 여성들이 쉽게 받아들일 수 있게 만드는 것이다.

한편, 의사들이 이 제품에 회의적인 반응을 보이면 여성들이 직접 실드 제품을 강하게 요청하도록 유도하는 것이다. 따라서 로빈스는 〈패밀리 서클〉이나 〈마드모아젤〉과 같은 의료 잡지 외에 이와 유사한 잡지들에도 달콘 실드 광고를 실었다.

로빈스는 실드 제품이 성능이 우월한 피임기구로 자리매김하기를 바랐다. 1970년에 실드는 최저 임신율(1.1%)·최저 배출율(2.3%)·최고 지속률(94%)을 지닌 가장 현대적이고 효과가 뛰어난 IUD 제품이라고 홍보했다. 다른 판촉 자료에는 실드 제품이 자궁 내에 자리를 잘 잡고, 모양이 잘 맞으며, 어떤 상황에도 잘 견디고 유지될 수 있도록 해부학적으로 설계된 유일한 IUD 제품이라는 내용이 실렸다.

주요 의료 저널 광고에 자신의 글과 함께 소개된 데이비스 박사(원래 연구자이자 공동 개발자)는 아주 대단한 의사로 그려지고 있다. 그가 실드 제품에 지분을 가지고 있다는 사실과 올바른 의료 연구에 필수조건인 객관적이고 편견 없는 조사를 시행할 수 있는 입장이 아니라는 점에 대해서는 전혀 언급하지 않았다.

피임제품 시장에서 실드는 금세 인기 상품이 되었다. 1972년 당시 전 세계적으로 IUD 시장은 1천2백만 달러 규모이고 미국에서만 3백만 달러에 달하는 것으로 추정되었다. 그리고 실드는 이 시장에서 선두 자리를 차지하고 있었다. 1971년 실드는 약 114만6천 개가 판매되어 40%에 달하는 시장 점유율을 보였다. 1972년 4월 한 달에만 8만8천 명의 여성들이 실드를 선택했다.

그러나 시간이 흐를수록 의사들의 불만이 점점 커져 갔다. 처음에는 실드를 삽입하는 데 대한 불만이 주를 이루었지만 시간이 흐를수록 좀더 심각한 내용으로 바뀌어 갔다.

1973년 8월, 로빈스는 모든 반대 의견에도 불구하고 판촉물을 5백만 장 이상 인쇄했다. 판매 구호는 전혀 바뀌지 않았다. "신체·혈액 그리고 뇌에 전혀 영향을 주지 않음… 안전하고 문제없는 제품… 가장 안전하고 만족스러운 피임 방법… 진정 뛰어난 제품."[2]

그리고 한 번도 출산을 경험하지 못한 여성들을 대상으로 더 작은 크기의 실드 신제품이 새롭게 출시되었다. 그런데 이 신제품 역시 안전성과 효능 테스트는 전혀 시행하지 않았다.

>>> 실드 제품에 대한 정부 조사가 시행되다

1973년 6월, 질병통제센터Centers for Disease Control의 연구자로 근무하는 헨리 S. 칸은 IUD의 전반적인 안전성을 평가하기 위한 연구를 진행했다. 미국과 푸에르토리코 의사들을 대상으로 실시한 조사에서 놀랍고도 심각한 문제점들이 발견되었다. 달콘 실드 제품과 합병증을 동반한 임신으로 병원에 입원하는 여성들 사이에는 상당한 상관관계가 있어 보였다. 그는 좀더 세밀한 조사가 필요하다고 제안했다. 거의 같은 시기에 노스 캐롤라이나주 하원의원인 L. H. 파운틴은 의료기기도 의약품과 같은 종류의 통제를 받아야 하는지를 판단하는 분과위원회 조사를 지휘하고 있었다.

그로부터 몇 달 후, 실드와 관련된 사망자가 발생하는 등 좀더 심각한 문제점들이 속속 드러나기 시작했다. 1973년 10월, 로빈스는 실드 포장지 라벨에 경고 문구를 포함시켰다. "달콘 실드를 설치한 상태에서 임신을 하는 경우에는 사망을 유발할 수 있는 심각한 패혈증과 자연 유산이 발생할 가능성이 높다고 보고되었습니다. 만약 달콘 실드가 장착된 상태에서 임신 진단을 받았을 경우에는 이 점을 고려하여 달콘 실드의 제거 여부를 신중하게 고려하시기 바랍니다."

로빈스는 1974년 2월 실드를 장착한 상태에서 임신하게 된 여성들 중 자연 패혈성 유산이 발생한 사례를 평가하기 위해 자사 산부인과 자문위원회를 개최했다. 최종적으로 자문위원회에서는 드러난 사례들만으로는 달콘 실드와 유산 사이의 인과관계를 단정 짓기에는 증거가 불충분하다는 결론을 내렸다.

그러나 문제점들은 계속해서 늘어만 갔다. 다른 IUD 제품에는 단사 꼬리가 달려 있는데 비해서 실드에는 단사가 여러 겹 합쳐진 합사 꼬리가 달려 있다. 몇몇 연구에서 이 꼬리가 박테리아에게 최적의 서식지를 제공하고 있다는 사실이 밝혀졌다. 1974년 5월 8일 로빈스는 12만5천 명의 의사들에게 보낸 편지에서 만약 환자가 임신하게 되면 즉시 달콘 실드를 제거해야 하며, 만약 제거가 불가능한 경우에는 치료적 유산을 시행해야 한다고 말했다. 이 편지에는 임신을 하지 않은 여성들에게서 실드를 제거하는 문제는 언급되어 있지 않았다. 또한 로빈스는 실드에서 발생하는 문제점들이 판매되고 있는 모든 IUD 제품에서 공통적으로 나타나는 문제로 생각된다고 주장했다. 이 편지가 〈월 스트리트 저널〉에 공개되자 로빈스는 즉시 보도 자료를 통해 실드 제품의 생산을 중단할 의사가 전혀 없음을 분명히 밝혔다.

실드 제품을 사용한 여성들 가운데 사망자가 추가로 발생했다. 1974년 6월 말, FDA는 로빈스에 실드의 마케팅 활동을 중지해 달라고 요청했다(명령이 아니었다). 대중의 압력에 떠밀리자 로빈스는 FDA 실험이 마무리될 때까지 실드 제품에 대한 마케팅을 중지하겠다고 발표했다. 그러나 이 회사는 현재 실드를 사용하고 있는 여성들은 전혀 위험하지 않다고 여전히 주장했다. 한편, 가족계획단체Planned Parenthood와 연방의 지원을 받는 가족계획 프로그램 지도자들은 실드 판매를 즉각 중단하라고 목소리 높여 촉구했다.

1974년 10월, FDA는 예비 보고서를 통해서 실드 제품이 다른 IUD

제품만큼 안전하다고 발표했다. 단지 문제점들이 발생한 이유는 실드가 시장에 출시된 IUD 제품 중에서 가장 최신 제품이고 아직도 시장에 '적응하는' 중이라 그런 것 같다는 결론을 내렸다. 1974년 12월, FDA 국장인 알렉산더 슈미트는 로빈스가 사용자에 대해 정확하게 기록하기만 한다면 실드 제품을 계속 판매할 수 있다고 발표했다.

>>> 법정 소송이 정부 조사를 대신하다

로빈스는 이 장치를 다시 시장에 내놓을 수 없었다. FDA가 실드 제품의 판매활동을 저지하는 데 실패하자 이번에는 사법제도가 이 역할을 물려받았다. 1975년 3월, 로빈스를 상대로 제기된 소송만 186건에 달했다. 또한 3월에 사법당국은 로빈스에게 보상금으로 1만 달러 그리고 징계적 손해배상금으로 7만5천 달러를 지급하라는 결정을 처음으로 내렸다. 5월에는 실드를 사용하고 있던 중에 사망한 여성에 대해서 47만5천 달러를 지급하라는 판결이 내려졌다. 1975년 8월, 로빈스는 실드를 시장에서 철수하겠다고 공식 발표했다. 그러나 이전에 실드를 설치한 여성들은 전혀 위험하지 않다고 주장했다.

실드에 관한 문제점들이 밝혀지기 시작한 지 6년이 지난 1980년 9월, 로빈스는 마침내 20만 명의 의사들에게 편지를 보내 아직도 실드 제품을 사용하고 있는 여성들의 몸에서 이 장치를 제거해 달라고 요청했다. 회사 측은 '새로운' 연구에서 이 피임기구를 착용하고 있는 경우에 골반 방선균증pelvic actinomycosis 같은 다른 질병들이 더 오래 지속될 수 있다는 결과가 나왔기 때문이라고 그 이유를 설명했다.

로빈스가 이렇게 행동하게 된 배경에는 1980년 6월 콜로라도주에서 피해보상금으로 60만 달러 그리고 징계적 손해배상금으로 620만 달러 등 모두 합해서 680만 달러의 판결이 내려진 사건이 있었다. 그런데 로빈스가 가입한 책임보험에서는 피해보상금에 대해서만 보험 적용이 가능했다.

따라서 징계적 손해배상금 결정은 회사 측으로서는 전혀 예상치 못한 치명타였다.

1980년, 로빈스는 진행중인 소송만 4,300건이었다. 일부 변호사들은 대부분의 시간을 로빈스를 고소하는 데 보내기도 했다. 로빈스가 소송 상대로 유명해지자 변호인협회 뉴스레터에서는 IUD 소송을 머리기사로 싣기도 했고, 해마다 4일 동안 진행되는 변호인협회 세미나에서는 좀더 경험 있는 변호사들이 나서서 로빈스를 가장 잘 고소하는 방법에 대해서 지도하기도 했다.

1981년 로빈스의 기업 연례보고서에 따르면 2,300건의 소송이 여전히 진행중이었고 4,200건의 소송은 완료된 상태였다. 그러나 소송은 계속해서 증가했고, 회사가 감당해야 하는 합의금 액수도 점점 높아져만 갔다. 예를 들어 1976년에는 평균 합의금액이 8천 달러였는데 비해서 1984년에는 평균 합의금액이 40만 달러 수준이었다.

1985년 로빈스는 다른 제품군과 해외 판매의 호조로 매출이 상승하기 시작했다. 수익은 1984년까지 엄청난 소송 비용 때문에 소폭 상승하는 데 그쳤다(표 14.1에서 매출과 수익의 변화 추이와 주요 사건 기록을 참조해 보자).

1984년, 전례 없이 높아진 소송 비용과 배상금에다 아에트나와 체결한 책임보험 계약 기간마저 끝나 버리자 로빈스는 추후 발생할 소송에 대비하기 위해서 6억1천5백만 달러를 특별 비용으로 마련해 두었다. 이 때문에 1984년 적자액은 서류상으로 4억6천160만 달러를 기록했다.

1985년 8월, 마침내 로빈스는 파산법 제11장에 따라 파산을 선언했다. 파산법 제11장에 의하면 파산한 회사와 관계자들이 회사의 빚을 갚기 위한 계획을 세울 때까지는 그 회사에 대해 제기된 모든 소송은 중단된다. E. 클레이본 로빈스는 이번 파산 선언이 소수의 이익을 위해서 회사를 파괴시키려고 하는 사람들로부터 회사를 지키기 위해서 절대적으로 필요한

표 14.1 1970년~1984년 매출과 수익의 변화 추이와 주요 사건들(백만 달러)

	매출	수익	수익 / 매출(%)	주요 사건들
1970	132.6	15.7	11.8	1970년 6월 12일, 로빈스가 달콘 실드 인수
1971	151.4	19.1	12.6	1971년 1월, 실드 제품 출시
				1972년 4월, 실드 이용자 수 최고치 기록
1973	189.2	25.4	13.4	1973년 10월, 포장지에 경고 문구 삽입
				1974년 6월, 미국 내 실드 판매 중지
1975	241.1	26.6	11.0	1975년 4월, 다른 국가에서도 실드 판매 중지
1977	366.7	26.8	7.2	
1979	386.4	44.7	11.6	1980년 6월, 680만 달러 보상 판결
1981	450.9	44.2	9.8	
1983	563.5	58.2	10.8	
1984	631.9	(461.6)		1984년 2월, 마일즈 로드 판사가 미니에폴리스 법정에서 로빈스를 비난
				1984년 10월, 로빈스가 실드 제거 촉구
				1984년 말에 소송 대비 자금으로 6억1천5백만 달러 확보
				1985년 8월 21일, 로빈스 파산 선언

행동이었다고 강조했다. 피해자들의 변호인들은 로빈스의 행위는 희생자들을 기만할 뿐만 아니라 실드 사용으로 고통받는 수천 명의 부상자들을 외면하고 책임을 회피하려는 것이라고 비난했다.

보험회사인 아에트나조차 이 상황을 피해 갈 수는 없었다. 1986년, 이전에 달콘 실드를 사용했던 사람들의 모임에서 아에트나를 고소했다. 피해자들은 아에트나가 로빈스와 공모하여 일반 시민들에게 IUD가 건강상 위험하다는 사실을 은폐하려고 했다는 혐의를 지울 수 없다고 고소 이유를 밝혔다. 또한 로빈스가 자사에 불리한 증거 자료들을 고의적으로 폐기하는 데 아에트나도 참여했다고 주장했다.

어려움에 처한 로빈스를 차지하기 위한 입찰 경쟁이 불붙기 시작했다. 펜실베이니아 제약회사인 로러 그룹Rorer Group이 가장 먼저 신청했다. 1987년 후반에는 프랑스 제약회사인 사노피Sanofi가 인수 제안을 해왔다. 1주일 후에는 아메리칸 홈 프러덕츠American Home Products가 빠르게 진행되고 있는 입찰 경쟁에 참여했다. 1988년 1월 20일, 아메리칸 홈 프러덕츠가 드디어 인수 기업으로 선정되었다. 아메리칸 홈 프러덕츠의 회장 겸 CEO인 존 스태포드가 로빈스에 관심을 갖게 된 이유는 세금 혜택과 함께 그 유명한 소비자 브랜드인 로비투신Robitussin과 디메탭 Dimeatapp을 확보할 수 있기 때문이었다. 그는 "수십 년마다 한 번씩은 강력한 특권을 얻을 기회가 오기도 한다"라고 말했다.[3] 아메리칸 홈은 달콘 실드와 관련된 인수 비용은 연방 세금에서 공제받을 수 있었다. 아메리칸 홈은 로빈스 주주들에게 7억 달러 상당의 아메리칸 홈 주식을 제공하겠다고 제안했으며, 배상금에 대한 신탁자금으로 현금 21억5천만 달러를 지불한다는 데 동의했다.

또한 최종적인 조율 과정에서 더 이상 실드 제품에 대한 문제로 로빈스의 최고 경영자였던 두 사람에게 소송을 제기하지 않는다는 조건으로 각각 5백만 달러를 내놓기로 했다.

사후 처리

극한 상황에 처해 있는 기업이 하나 있다. 이 기업은 잘못된 행동으로 100년 역사를 가진 건실한 기업에서 졸지에 파산의 나락으로 떨어지고 말았다. 그러나 더 나쁜 일은 이 회사가 무고한 시민들에게 무자비한 짓을 저질렀다는 점이다. 어떻게 이런 일이 일어날 수 있었을까? 경영진은 고의적으로 악독한 짓을 저지를 사람들은 아니었다. 비록 일이 심각하게 잘못되기는 했지만 그들은 분명히 선의를 가지고 한 행동이었다.

그들이 저지른 최악의 잘못은 자신들의 제품이 분명하게 건강상 심각한 해를 일으키는 문제점을 갖고 있는데도 이를 무시하거나 은폐하려 했다는 점이다. 그 결과 연방 판사는 이 회사의 부도덕함을 격렬하게 비난했다. 변호사를 제외하고 모든 사람들이 피해를 입게 되는 이러한 상황이 발생하도록 왜 아무런 조치도 취하지 못했던 것일까?

로빈스도 처음 사업을 시작할 때는 무척 순수했으며 건전한 기업 전략에 따라 행동했다. 그러다가 이 회사는 피임기구 시장에서 새로운 기회를 발견하게 되었다. 비록 경쟁업체들이 경구용 피임약 시장에 이미 진출해 있는 상황이었지만, IUD 분야는 사실상 제대로 개발되지 않은 상황이었고 그만큼 가능성도 무궁무진했다. 이 분야는 아직 초기 단계에 있었고 그만큼 심각한 경쟁자 또한 존재하지 않았다. 그러나 강력한 경쟁자가 나타날 가능성을 아예 무시할 수는 없었으므로 로빈스는 IUD 시장에 하루빨리 진출해서 시장 점유율을 높여야 한다는 사실을 깨달았다. 즉 경쟁자들을 물리치고 시장을 선점하는 것이 바로 기업의 전형적인 전략이다.

시장에는 빨리 진출할수록 유리하므로 여러 가지 결정들을 내릴 때 시간을 지체하지 말고 서둘러 진행해야 한다. 이와 같은 이유 때문에 내려진 결정들 중의 하나가 달콘 실드 생산을 챕스틱 사업부에서 맡게 된 것이었다. 두 가지 제품 사이에 유사성은 거의 찾아볼 수 없었지만 이 결정은 다급한 상황에서 찾아낸 일종의 편법으로 노동 비용을 절감하기 위한 것이었다. 그런데 실드 제품은 워낙 새롭고 독특한 제품이어서 이 회사의 기존 사업부문 중에서 챕스틱 사업부보다 더 잘 어울리는 부문이 존재했느냐 하는 문제에 대해서는 논란의 여지가 있다.

로빈스가 건전한 사업 전략에서 빗나가기 시작한 시점이 언제부터인지 살펴보자. 이 회사는 이전에 경험이 전혀 없는 상태에서 새로운 분야에 처음으로 발을 내딛게 되었다. 그런데 피임기구 시장에서는 건강상의 위험 요인을 아주 세심하게 평가해야 한다는 사실을 잘 모르고 있었다. 게다가 사내에는 산부인과 의사가 한 명도 없었다. 또한 로빈스는 달콘 실드 개발자들이 수행했던 제한적인 연구 결과에 의존할 것이 아니라 회사에서 자체적으로 제품에 대한 실험을 수행해야 하는데도 이를 방만하게 처리했다.

로빈스는 제품에 대한 연구와 실험 결과에 의문을 갖지 않았지만 곧 제품에 결함이 있다는 사실이 증명되었다. 그러자 오히려 회사는 제품을 서둘러 시장에 출시하려 했고, FDA는 고맙게도 이 일에 개입하지 않았다. 만약 다른 공신력 있는 단체에서 실드 제품에 대해 긍정적인 판결을 내려 준다면 제품의 안전성을 보장받을 수 있었다. 그러나 이 방법은 시간이 너무 많이 걸렸고 로빈스는 한시가 급한 상황이었다.

판매 전략상 새롭고 놀라운 기회가 왔다는 것을 깨닫게 된 로빈스는 오직 한 가지 목표만 생각했다. 불행하게도 로빈스는 의사 결정 시 신중하게 생각하지도 않았고 심지어 윤리적인 측면은 전혀 고려하지 않았다. 예를 들어 로빈스는 제품 정보와 광고 내용의 대부분을 데이비스와 러너의 객관적이지 않은 연구 결과를 그대로 가져다 썼다. 더욱이 그들이 제공한 정보를 이용하면서 두 명의 '연구자'가 달콘 실드의 지분을 가지고 있다는 사실을 전혀 고려하지 않았고, 이에 대해 단 한 번도 공식적으로 언급한 일이 없었다. 따라서 의사들은 이 연구 결과가 당연히 객관적이고 편견이 없다고 믿어 조금도 의심하지 않았다.

로빈스의 광고에 제시된 이 놀라운 연구 결과들은 얼마 후 다른 사람들이 진행한 연구 결과와 충돌하게 되었다. 한 가지 예를 들면 로빈스의 광고는 처음에 실드의 임신율이 1.1%로 상당히 낮다고 주장했지만 후속 연구 결과 임신율은 5~10%에 이르는 것으로 나타났다. 그 결과 임신율 수치를 수정하라는 요청이 있었지만 로빈스는 1973년 말까지 계속해서 자신들의 광고에 1.1%라는 수치를 사용했다.

다른 광고에서는 '극도로 예민한 여성이라도 이 제품을 사용하는 데 일반적으로 무리가 없고', 마취도 필요 없다며 달콘 실드의 안전성과 뛰어난 성능을 주장했다. 많은 의사들이 실드 제품을 환자들에게 삽입하는 데 어려움이 많다며 불만을 제기하자 1971년 11월 광고 내용부터 마취가 필요 없다는 문구를 삭제했다. 그러나 제품의 안전성과 뛰어난 성능에 대한 문구는 전혀 수정되지 않았다.

로빈스는 실드 제품이 출시된 이래 여러 해 동안 지속적으로 제기되어 왔던 과다한 출혈·골반 감염 질환·유산 그리고 사망과 같은 심각한 문제들을 계속해서 무시했다. 안전성이라는 의미가 상대적이라는 것은 분명하다. 그렇다면 실드는 경구 피임약 이상으로 안전한가? 드디어 경구 피임약은 심각한 부작용을 발생시킬 수 있으므로 완벽하게 안전하지는 않다는 사실이 밝혀졌다. 실드 제품이 상식적으로 생각할 수 없는 심각한 위험을 초래한다는 증거들도 계속해서 늘어만 갔다. 로빈스는 상당히 오랫동안 이 문제들을 외면하는 입장을 고수했다.

로빈스는 오히려 자사 제품이 안전하다고 주장했으며 이 내용을 아주 공개적으로 선언하기도 했다. 그러나 회사에서도 제품이 안전하지 않다는 사실을 이미 알고 있었다는 증거가 제시되었다. 즉 로빈스는 실드에 대한 권리를 인수한 지 한 달이 채 지나지 않아 이 제품에 잠재적 위험이 존재한다는 사실을 알게 되었다는 메모가 발견되었다. 더욱이 소송이 진행되던 중에는 제품에 대한 불리한 증거 자료가 트럭의 3분의 2 정도 존재한다는 내용의 극비 사내 메모가 또다시 발견되기도 했다.

이제 로빈스의 기본 전략은 국회에 로비를 하고 법정 소송에 대해서 스스로를 방어하는 데 많은 시간을 할애하는 등 철저하게 방어적인 태도를 취하는 것이었다. 따라서 이 회사는 과거 행동에 대한 윤리적 차원이 아닌 법적인 차원에만 관심이 쏠려 있었다.

처음에 완벽하게 보이는 전략이라 할지라도 심각한 결점이 발견될 수 있다. 이 회사가 수익 극대화라는 목표에만 신경 쓰고, 과정보다는 결과만 우선시한 것이 잘못인가? 아니면 그저 생각지도 못했던 심각한 불행들과 맞닥뜨리자 몹시 당황해서 스스로를 보호하려는 본능이 앞서서 모든 사실을 부인했던 것인가?

전 A. H. 로빈스의 변호사인 로저 L. 터틀은 후자라고 믿었다.

_경영자는 최악의 상황을 가정해야만 하는가?

달콘 실드 사건은 수천 명의 여성들과 회사 모두에게 끔찍한 재난이었다. 분명 그 어떤 회사도 이처럼 위험한 결과를 불러일으키는 사업체를 인수하고 싶지는 않았을 것이다. 소비자나 회사 할 것 없이 양측 모두 그와 같은 사고는 피하고 싶었을 것이다. 우선 제품의 위험성에 주의를 기울이지 않고 이 사실을 은폐하려 했던 회사의 죄는 차치하고 다른 의문점에 대해 생각해 보자.

기업은 앞으로 일어날 끔찍한 결과를 외면한다고 해서 자신들의 책임에서 벗어날 수 있는가? 논쟁을 좋아하는 일반 시민들-선거구민들을 달래려고 애쓰는 정치인들뿐 아니라 변호사들-은 인정사정없다. 이들은 비록 회사 측에서 그 당시에 어떤 잘못된 행위나 위험 요소에 대해 몰랐다고 해도 회사 측의 유죄가 인정된다고 생각한다. 그러나 이것이 합리적인 생각일까?

오늘날과 같은 환경에서는 제품의 부작용이 오랜 시간이 지난 후에 나타난다고 해서 책임을 회피할 수 없다. 기업들이 아무리 이 사실을 외면하려고 해도 지금처럼 소송이 빈번한 환경에서는 힘들다. 윤리적으로 이처럼 끔찍한 결과가 발생할 줄 몰랐던 기업에 대해서는 비난의 강도를 낮추는 것이 도리일 수 있다. 그러나 단지 아무것도 몰랐다는 이유만으로 그 기업을 용서해야 하는 것일까?

이처럼 '몰랐다'는 이유로 달콘 실드 사건을 일으킨 로빈스를 용서해 주어야 하는 것인가? 그렇지 않다. 비록 오랜 시간이 지나야 제품의 영향이 나타나는 경우에는 어려움이 있겠지만, 그것이 높은 수준의 안전성을 확보하기 위한 적절하고 객관적인 실험의 시행을 불가능하게 하는 이유가 될 수 없다.

게다가 로빈스는 제품에 문제가 발생할 가능성이 있다는 사실을 알고 있었지만 이를 무시하고 은폐했다는 것이다. 소비자의 건강과 안전을 위협하는 문제점을 해결하기보다 회사의 단기 수익을 더 우선시켰다는 바로 그 점이 로빈스가 저지른 최악의 윤리적·도덕적 잘못이다.

_토의 주제

로빈스의 임원들은 실드 제품의 심각한 위험에 대해서 사전에 조금이라도 알고 있었다면 이 제품을 시장에 출시하지 않았겠지만 최근까지도 이러한 문제를 전혀 모르고 있었다고 주장하고 있다. 그러므로 이들은 어떠한 잘못에 대해서도 책임이 없을 것이다. 이 주장에 대해 찬반양론으로 나누어 토의해 보라.

"나는 로빈스가 자신들이 다루고 있는 제품이 무엇인지를 진작에 알았더라면 이 일에 관여하지 않았을 것이라고 생각한다. 한끝 차이로 일촉즉발의 위험한 상황에 처하게 된 것이다."[4]

그러나 이 회사와 희생자들이 겪은 끔찍한 일은 옛날부터 많은 기업들이 겪어 왔던 심각한 윤리적인 과실의 전형적인 사례에 불과하며, 이 일은 더 좋은 방향으로 처리될 수도 있었다(옆의 Information Box의 '경영자는 최악의 상황을 가정해야만 하는가?'를 참조해 보자).

＊무엇을 배울 것인가?

로빈스가 처음에 취한 세 가지 태도는 아주 모범적인 사례처럼 보였다.

- 사업 기회나 전략적 기회를 분석한다.
- 전략적 기회에 알맞는 제품을 찾거나 개발한다.
- 남보다 앞서 기회를 이용함으로써 경쟁자를 제압한다.

그러나 다른 효과적인 전략에 비해서 기본적으로 다른 점이 한 가지 있었다. 이 특별한 제품에 대해서는 건강과 안전에 대한 좀더 세심한 고려가 필요했다는 점이다. 이 제품을 다룰 때에는 소비자에게 전혀 문제가 없는 제품인지 분명하게 확인하고 조심스럽게 기회를 탐색할 필요가 있었다. 그러나 로빈스는 수익만 추구하느라 건강과 안전에 대한 고려를 무시했다. 목표와 수익을 달성하는 것만이 최우선적인 목표였다. 우리는 이 사건에서 몇 가지 교훈을 얻을 수 있다.

오늘날의 기업은 제조물 책임소송에 적극적으로 대처해야 한다. 기업의 임원들은 요즘처럼 소송이 빈번한 환경에서는 제조물 책임소송 때문에 기업이 파산할 수도 있다는 사실을 잘 알고 있다. 그러므로 사업을 하려면 부주의하거나 순진하게 아무런 걱정 없이 지내서는 안 된다. 결론적으로 어떤 기업이든 제품을 출시하기 전에는 소비자의 건강과 안전에 거의 영향을 끼치지 않는 부분이라 할지라도 반드시 세심하고 객관적인 실험을 시행해야 한다. 이 점은 실험 때문에 제품 출시가 연기되고 경쟁업체들이 자사보다 먼저 출시하는 이점을 누리게 된다 하더라도 반드시 지켜야 하는 부분이다.

제품의 안전성에 대해서 의심이나 불만 사항이 접수되면 이를 철저히 조사해야 한다. 이 사건에서 얻은 분명한 교훈은 경영진이 제품에 확실한 자신감을 가지고 있거나, 문제를 제기한 사람의 객관성을 믿을 수 없는 경우라 할지라도, 어떤 의심스러운 내용이나 불만 사항이 접수되면 이에 대하여 즉각적이고 완벽한 조사를 시행해야 한다. 이 경고를 무시하거나 조사를 자꾸 늦추게 되면 결국 감당할 수 없을 정도로 위험한 사태가 발생한다.

최악의 상황에서는 공격적 전략을 사용하라. 1974년 로빈스는 갈림길에 서 있었다. 제품의 문제점에 대한 무시무시한 보고서와 법적 소송이 넘쳐나고 있었다. 로빈스는 이 사태에 어떻게 대처해야 하는가? 한 가지는 불리한 기사만 보도하는 언론과 투쟁하고, 죄를 부인하며, 가능한 한 최선을 다해 법적 소송에 대응하면서 이 상황을 끝까지 견뎌내는 것이다. 로빈스는 이 방법을 고수한 결과 회사의 명성이나 경제적 지위는 물론이고 수만 명 여성들의 건강까지도 위험에 처하게 만들었다.

또 다른 방법은 화해 전략이라고 부를 수 있다. 회사에서 제품의 문제점에 대해서 솔직하게 인정하고 시장에서 철수하는 일이 있더라도 4백만 명 이상의 여성들이 장착하고 있는 실드 제품을 몸에서 제거하는 것이다. 이 방법은 돈이 많이 들기는 하지만 회사의 생존 가능성을 더욱 높여 주고, 특히 이 사건과 관련된 여성들의 건강을 생각할 때 더욱 바람직한 방법이다.

큰 비용을 쓰지 않고서는 어떤 전략도 시행하기 어렵다. 그러나 첫번째 방법인 공격적 전략은 이후 문제가 커질 경우 지금보다 훨씬 더 많은 비용이 들게 된다. 화해 전략은 당장은 수익성에 영향을 끼치겠지만 회사와 회사 명성을 보존할 수 있고, 미래에 수익으로 다시 되돌려받을 수 있다.

지금은 판매자 위험 부담 시대이다. 판매자들은 조심하라. 오늘날 사업을 하려면 이제는 더 이상 소비자 위험 부담caveat emptor—소비자들이 주의해야 하는—의 시대가 아니라는 사실을 인정해야 한다. 소비자가 주의해야 한다는 이론이 오랫동안 사업 환경에 널리 퍼져 있었지만 이제는 판매자 위험 부담으로 이동하는 추세이다. 시민들의 최고 이익을 고려하지 않고 제품을 출시하거나 사업활동을 하는 경우 언젠가는 앙갚음을 당하게 된다. 소비자의 분노는 물론이고 시민들의 항의가 됐든 법적 소송을 통해서든 오늘날 이러한 상황을 제대로 인식하지 못하거나 무시하는 기업은 언젠가 반드시 큰 고통을 겪게 될 것이다.

* 질 문

1. 달콘 실드 사건에서 비윤리적인 행동이 나타나기 시작한 것은 어느 시점부터인가?
2. 그때 로빈스는 어떤 행동을 취했어야 했는가?
3. 마지막에 로빈스가 맞닥뜨리게 되었던 문제점들을 최소화하려면

어떤 방법을 선택했어야 하는가? 달콘 실드에 대한 전략을 세워 보라. 이 전략에는 어떤 문제점이 있는가?

4. 당신은 최고 경영진들이 징역형에 처해졌어야 한다고 생각하는가?

＊실전 연습

지금은 1972년 말이고 당신은 로빈스에서 PR 업무를 담당하고 있다. 당신은 실드 제품에 대한 의사들의 불만이 예상보다 훨씬 심각한 수준이라는 정보를 전해 듣게 되었다. 최고 경영자는 지금까지는 이러한 보고 내용에 큰 관심을 기울이지 않았다. 특히 FDA의 호의적인 발표에 만족하고 있었으므로 더욱 그랬다. 최고 경영진을 설득할 수 있도록, 추후 문제가 될 수도 있는 제품의 안전 문제를 다루는 방안에 대해 전략을 세우도록 하라.

＊팀별 토론 연습

최악의 상황이 발생했다. 실드 제품이 위험하다는 사실이 밝혀진 것이다. 이러한 문제점에 대해서 오래 전부터 불만들이 제기되었지만 이를 무시하고 제품이 안전하다고 지속적으로 광고했다는 이유로 로빈스는 많은 비난을 받고 있었다.

의회 심리에서 제기된 주제는 다음과 같다. 첫째, 회사의 수익만 최우선적으로 추구한 기업은 유죄인가? 둘째, 생각지도 못했던 심각한 불행들이 닥치자 당황해서 스스로를 보호하려는 본능 때문에 모든 사실을 부인했던 것인가? 법정 상황을 재현하여 회사의 수익만을 추구하느라 제품의 안전성은 무시했다는 검사의 주장에 대해 최고 경영자의 입장을 변호해 보라.

엑슨 알래스카 원유 유출 사건
: 엄청난 규모의 환경 파괴행위

엑슨 밸디즈호 원유 유출 사건은 상황이 훨씬 더 나빠질 수도 있었다. 이 사고로 약 1천10만 갤런의 원유가 바다로 유출되었지만 실제 유조선에는 5천2백만 갤런의 원유가 실려 있었다. 만약 유출된 원유보다 5배 정도가 더 많은 양이 유출되었더라면 환경에 어떤 영향을 끼쳤을지 생각만 해도 끔찍한 일이다.

1989년 3월 24일 밤 12시 4분, 살을 에일 만큼 추운 알래스카 밤의 어둠 속에서 거대한 유조선 엑슨 밸디즈호the Exxon Valdez가 갑자기 멈추어 섰다. 바로 그때 미국 역사상 최악의 해양 원유 유출 사고가 시작되었다. 프린스 윌리엄 사운드Prince William Sound의 천혜의 물과 어패류 그리고 야생 생물들과 여기에 의존해서 살아가는 사람들이 입은 피해는 실로 엄청났다.

전세계적으로 거대한 규모를 자랑하는 거대한 정유회사 엑슨Exxon은 원유 유출 사고가 일어나자 처음에는 해결 방안에 큰 관심을 기울였다. 그러나 곧 남을 비난하는 태도로 바뀌었을 뿐만 아니라 유출된 원유 청소 작업이 계속되자 불평을 늘어놓는 등 이전과 상반된 태도를 보였다. 결과적으로 이 회사는 해양에 유출된 원유를 청소하는 데 총 25억 달러를 들이고도 환경에 무관심한 기업이라는 오명에서 벗어날 수 없었다. 그렇지만 이 끔찍한 사고의 책임이 엑슨에게만 있었던 것은 아니다.

선장

엑슨 밸디즈호의 선장은 조셉 헤이즐우드였는데 그는 20년 동안이나 엑슨에서 근무해 온 사람으로서 20개월째 밸디즈호를 지휘하고 있었다. 그는 당시 42세로 대형 선박을 지휘하기에는 비교적 젊은 나이였지만 이미 유능한 뱃사람으로 인정받고 있었다.

뉴욕해양대학교New York Maritime College를 우등으로 졸업한 헤이즐우드는 32세 때 벌써 선장 자격증을 땄다. 바다에서 그는 냉정한 판단력과 용기 그리고 기술을 마음껏 펼치며 고속으로 승진했다. 그러나 그에게도 단점이 있었다. 술을 많이 마신다는 소문이 떠돌았고 알코올 중독이라는 말이 나돌기도 했다.

3월 24일 사고가 나던 그날 밤, 엑슨 밸디즈호를 지휘하던 헤이즐우드가 술을 마셨는지 여부는 끝내 밝혀지지 않았다. 충돌 사고가 있고 나서 9시간 정도 지난 후 그의 혈중 알코올 농도는 0.06이었는데, 해안 경비대 Coast Guard에서 규정하고 있는 선장의 혈중 알코올 농도 기준치인 0.04 보다 높게 나왔다. 정상적인 신진 대사율을 적용해서 분석해 보면 사고 당시 그의 혈중 알코올 농도는 0.19 정도였다는 결론이 나온다. 이는 대부분의 주에서 법적으로 만취했다고 간주하는 기준의 거의 2배에 해당하는 수치이다. 그러나 헤이즐우드는 사고 후 배가 안정을 되찾자 자신의 방으로 가서 알코올이 조금 들어 있는 음료를 마셨는데 그 때문에 혈중 알코올 농도가 높아진 것이라고 주장했다.

헤이즐우드가 극구 해명했지만 의심의 눈초리는 좀처럼 가라앉지 않았다. 그 이유는 그가 지난 5년 동안 음주 운전으로 두 번이나 유죄 판결을 받았고, 운전면허도 세 번이나 취소당한 전력이 있기 때문이다. 사고 당시 비록 그가 대형 유조선을 지휘할 수 있는 자격증은 가지고 있었겠지만 음주로 이미 운전면허는 취소당한 상황이었다. 1985년, 엑슨은 그를 알코올 재활 프로그램에 보낸 적이 있었다. 그런데 사고 후 회사 측은 그가 알코올 중독인지 몰랐다고 주장했다.

사고가 발생한 후 엑슨은 헤이즐우드를 해고했다. 일반적인 예상과는 달리 그는 업무중 음주—증명하기가 어렵다—때문에 해고된 것이 아니라 선장은 배의 항해 통제실에 있어야 한다는 회사 규정을 어겼다는 이유로 해고되었다.

사고가 발생한 지 1년이 지난 후, 헤이즐우드는 원유 유출 사건에서 직무태만 혐의가 인정되어 원유 유출 청소 작업에 1,000시간 동안 사회봉사를 하라는 명령을 받았다. 배심원들은 헤이즐우드가 혐의를 받고 있는 형사상 기물 손괴·중과실 치상·음주 상태에서 배를 운전한 것 등에 대해서는 무죄를 선고했다.

사고

엑슨 밸디즈호는 엑슨의 선박 중에서도 건조된 지 2년밖에 안 되는 최신의 그리고 최상의 설비를 갖추고 있었다. 이 선박은 충돌 방지 레이더·위성항법 보조장치·깊이 측정기 같은 최신 설비를 많이 갖추고 있었다.[1] 선체 길이는 987피트 정도이고 만재흘수선滿載吃水線은 33피트이다.

이 선박은 밸디즈항에서 캘리포니아주 롱비치에 있는 터미널까지 5일 걸리는 거리를 정기적으로 운행할 목적으로 건조되었다. 밸디즈호는 5천200만 갤런의 원유를 싣고 운행했다. 이 화물 적재선은 엄청난 규모(21만1천 톤) 때문에 조종 키를 누른 후 반응하는 데까지만 1분이 걸린다.

3월 23일 밤 9시 12분, 밸디즈호는 항만의 수로 안내인인 에드 머피의 인도 아래 항구를 떠날 때까지는 어떠한 위험의 조짐조차 찾아볼 수 없었다. 엑슨 밸디즈호 이전에 8천548척의 유조선들이 출발했지만 심각한 사고가 발생하기는커녕 아무 일도 일어나지 않았고, 오히려 일상적이고 따분한 항해가 계속되었을 뿐이다. 지역의 도선사pilot가 밤 11시 24분에 유조선을 떠나자 헤이즐우드 선장이 배를 지휘하기 시작했다. 그런데 이해할 수 없는 일이었지만 그는 곧 항해 통제실을 떠나 아래층에 있는 함장실로 갔다. 결국 그는 '배가 큰바다에 도착할 때까지 선장은 항해 통제실을 지키고 있어야 한다'는 회사 규칙을 위반했다. 그러나 배는 아직도 프린스 윌리엄 사운드의 밸디즈만의 좁은 물길을 통과하고 있었다. 면허도 없는 3등 항해사 그레고리 커진스가 이 배를 몰고 알래스카 연안 해역을 빠져 나가고 있었다.

얼마 후, 유조선은 연안 경비대로 진행중인 항로에 떠다니는 빙산을 피하기 위해서 비어 있는 다른 항로로 진로를 변경하겠으니 허가해 달라는 무선 연락을 보냈다. 당연히 허가가 떨어졌고 밸디즈호는 진로를 변경했다. 그리고 잠시 후 유조선과의 교신이 끊어졌다. 엑슨 밸디즈호는 프린스 윌리엄 사운드의 블라이 암초Bligh Reef 주위를 돌고 있었고, 헤이즐우드는 여전히 함장실에 머물러 있는 상태였다.

새벽 5시 40분, 밸디즈호에서 이미 880만 갤런의 원유가 유출되었다. 아침 7시 27분, 길이 5마일에 폭이 100피트나 되는 기름 막이 퍼져 있었으며 계속해서 원유가 바다로 흘러 총 1천10만 갤런의 원유가 유출되었다. 그 결과 연간 약 1억 달러어치의 해산물을 수확하고, 관광사업으로 높은 수익을 올리며, 잘 보존된 해양 생태계를 자랑하던 알래스카는 막대한 피해를 입게 되었다.

기름 막은 점점 넓게 퍼져 나가기 시작해서 곧 1,000평방마일 이상의 면적을 뒤덮었다. 그리고 수백 마일의 해변까지 오염시켰다. 이 기름 막은 사고 현장에서 100마일 정도 떨어진 알래스카만까지 퍼져 나갔다.

배경

>>> 알래스카 원유

1968년 1월, 알래스카 프러도만Prufhoe Bay 북부 해안의 결빙 지역에서 원유와 천연가스가 발견되었다. 시추한 결과 지표면 아래에 최소 100억 배럴의 원유와 26조 입방피트의 천연가스가 매장되어 있는 것으로 나타났다. 그러나 수년 동안 매장된 자원을 어떻게 이용할 것인가 하는 문제를 해결하지 못하고 있었다. 관계자들은 만약 이용한다면 가공공장으로 어떻게 수송할 것인지 열띤 논쟁을 벌였다. 알래스카주의 강력한 로비활동과 부통령 스피로 애그뉴의 지지로 알래스카 송유관 Trans-Alaska Pipeline과 유조선 항로Tanker Route가 개발되었다. 국회에서 송유관 건설을 승인한 데는 어떤 희생을 치르더라도 환경보호에 최선을 다하겠다는 정유업계의 서약이 큰 힘을 발휘했다. 알래스카주는 정유회사의 활동을 엄격하게 규제하고 감시하기 위해서 환경보전부DEC : Department of Environmental Conservation를 신설하는 데 동의했다. 1973년 송유관 공사가 시작되었고, 1977년에는 직경 4피트에 길이 80마일의 송유관과 선적 터미널이 완공되고 원유 개발 작업이 본격적으로 시작되었다.

미국 원유 수요량의 약 25% 정도인 2백만 배럴 이상의 원유가 매일 이 송수관을 통해 수송되었다. 알래스카는 상당한 이익을 얻게 되었다. 선적 터미널이 있는 밸디즈는 세수의 94%를 원유에서 얻고 있었다. 알래스카주는 원유에서 얻은 소득 때문에 주 소득세도 거둬들이지 않았다. 오히려 주 당국은 1인당 최소 800달러에 달하는 연간 원유 배당금을 나눠 줄 정도였다. 원유사업이 번성하자 다른 경제적인 발전-일자리·길·학교·도서관·문화활동-도 누리게 되었다. 한 주민은 사고 후에 이런 말을 했다. "엑슨 밸디즈호 원유 유출 사건이 있기 전까지 지난 12년 동안 우리는 그 이면은 생각하지도 않은 채 원유 사업으로 얻은 경제적 번영을 누리는 데만 신경을 썼다."[2]

>>> 엑슨

엑슨은 미국에서는 두 번째 그리고 전세계적으로는 세 번째 규모의 정유회사이다. 1989년, 원유 유출 사고가 있던 해에 엑슨의 매출은 860억 달러 이상이고 수익은 30억 달러 가량이었다. 그러나 원유 유출 사고로 청소 비용과 법률 소송 그리고 손해배상금으로 비용이 지출되자 배당금은 감소하고 말았다. 표 15.1에는 1986~1990년까지 엑슨의 경영 통계 자료가 제시되어 있다.

표 15.1 1986년~1990년 엑슨의 경영 통계

연도	매출 (백만)	수익 (백만)	배당금 (주당 달러)
1986	69,888	5,360	7.42
1987	76,416	4,840	3.43
1988	79,557	5,260	3.95
1989	86,656	2,975	2.32
1990	115,794	5,010	3.96

※자료원 : 기업공시자료

엑슨은 정유사업에만 머무르지 않고 사업을 다각화했지만, 여전히 정유사업이 기업의 핵심 부분을 차지하고 있었다. 전세계적 조직과 구매력을 가진 엑슨은 원유 유출 사건을 해결하기 위해서 전문가·장비·비행기·자료·다수의 인력에 이르기까지 모든 것을 동원해야만 하는 입장이었다. 다른 어떤 환경단체나 정부단체도 이렇게까지 할 수는 없을 것이다. 그러나 어찌 된 일인지 이러한 노력에도 허점들이 드러났다.

>>> 알레예스카

알레예스카Aleyeska는 알래스카 송유관 프로젝트가 시작되면서 생겨났다. 알레예스카는 알래스카 원유 개발사업에 투자한 엑슨·브리티시 페트롤륨British Petroleum·모빌Mobil·애틀랜틱 리치필드Atlantic-Richfield·아메라다 헤스Amerada Hess·유노컬Unocal·필립스 페트롤륨Phillips Petroleum 등 7개 정유회사가 모여서 구성한 컨소시엄이다. 각각의 회사가 알레예스카에 대한 지분을 보유하고 있었고 엑슨은 20% 지분을 소유했다. 알레예스카의 단일한 시스템 아래에서 프러도만에서 밸디즈에 이르는 송유관 설계·건설·계획·운영·안전성·직원에 이르는 모든 문제를 합리적이고 체계적으로 처리할 수 있게 되었다. 이 컨소시엄의 가장 큰 사업부가 밸디즈시에 있었으므로 알레예스카는 이 도시의 경제를 담당하는 큰 역할을 담당했다.

알레예스카는 또한 대규모 굴착과 수송 작업으로 발생할 수 있는 환경적 부작용을 막는 역할도 담당하고 있었다. 컨소시엄에서는 전체적인 운영 과정·안전성·환경 효과·비상시 대응 절차 그리고 신설된 환경보전부DEC 대비 프로그램에 대해서 계획안을 제출하는 등 주로 사전 준비를 담당하였다. 그런데 제출한 계획에 대해서 모두 승인이 나지 않으면 송유관 건설이 미뤄지기도 했다.

불행하게도 사고가 발생하자 알레예스카는 하루아침에 무너지고 말았다. 이 컨소시엄이 맡은 일이 그러한 사고에 대비하고, 만약 그와 같은 사고가 발생했을 때는 적절하게 초기 대응하는 것이었지만 알레예스카는 위기에 대처할 수 있는 능력이 너무나 부족했다. 알레예스카는 청소 작업에서 중요한 부분을 엑슨에게 떠넘기고 말았다.

>>> 다른 관계자

환경보전부는 파수꾼 역할을 담당했다. 이 부서에서는 알래스카 원유 수송 시스템을 위해서 제정된 환경법과 환경규칙을 집행할 수 있는 권한을 부여받았다. 그러나 환경보전부는 환경을 보호하는 일보다는 원유 채굴 작업이 중단되지 않도록 하는 데 더 열심인 것처럼 보였다.

원유 유출 때문에 가장 심각한 피해를 입은 것은 어부들이었다. 그들에게는 물고기 양식장을 보호하는 것이 급선무였다. 유출된 원유를 막는 울타리가 부족하자 그들은 통나무·체인·플라스틱을 가지고 스스로 울타리를 만들었다. 얼마 후 엑슨의 재정적인 지원을 받은 어부들은 집에서 만든 울타리로 자신들의 양식장을 보호할 수 있게 되었다.

하룻밤 사이에 밸디즈 마을은 청소 작업을 도우러 온 사람들로 북적대기 시작했다. 모든 신흥도시에서 겪게 되는 혼돈과 기회주의를 밸디즈도 경험하게 되었다.

>>> 청소 작업

당시의 청소 기술로 이처럼 대규모 원유 유출 사건을 처리하기에는 역부족이었다. 게다가 엄청난 양의 원유가 유출된 상황에서 인간의 부주의함과 무능력까지 더해지자 미처 예상치 못했던 여러 가지 문제점들이 하나 둘 생겨나기 시작했다.

참사가 발생한 시점도 이보다 더 나쁠 수는 없었다. 수백만 마리의 물고기들이 산란하기 위해서 프린스 윌리엄 사운드를 향해 가고 있었고, 수백만 마리의 새들은 북쪽으로 이동하고 있었다. 이 모든 사실이 환경문제에 대한 항의 시위에 더욱 불을 질렀다.

>>> 기술

원유 유출을 처리하는 방법에는 기본적으로 봉쇄·유출된 원유 회수·분산·불태우기 등 네 가지가 있다. 유출 사고 발생 시 가장 우선적으로 실행해야 하는 방법은 바로 봉쇄 장치를 이용하는 것이다. 만약 원유 막이 더 넓게 퍼져 나가는 것을 막을 수 있다면 유출된 원유를 회수하는 일이 더 쉬워지기 때문이다. 그러나 기대했던 봉쇄 방법은 실패하고 말았다. 원유 유줄 사고가 발생했을 경우 아수 조기 단계에 재빨리 원유 수위를 막는 데 사용하는 봉쇄 울타리가 엑슨 밸디즈호에는 없었기 때문이다. 울타리를 구하려면 밸디즈 마을까지 나가야 했다. 유출 사고 발생 시 초기 대응은 2시간 30분 안에 시행되어야 한다. 그러나 봉쇄용 울타리를 수송하는 바지선이 파손된 상태라 수리하기 위해 드라이 독dry dock에 보관중이었다. 현장에 울타리가 도착할 때까지 14시간이나 걸렸고, 그때는 이미 울타리로는 원유 막을 봉쇄할 수 없는 상황이었다.

일단 원유 유출이 봉쇄되면 유출된 원유를 회수하는 데는 여러 가지 방법을 사용할 수 있다. 원유 회수기를 이용한 방법은 배를 타고 원유 막 사이를 돌아다니면서 수면에 떠 있는 두껍고 가벼운 기름을 '걷어내' 거대한 저장 바지선에 담는 것이다. 하지만 이 방법은 대규모의 기름 막을 처리하는 데 문제가 좀 있었다. 즉 원유 회수기로 작업할 때는 걷어낸 기름을 비워내야 작업을 다시 시작할 수 있으므로 기름을 저장할 수 있는 충분한 수의 바지선이 확보되어야 한다.

화학적인 분산제를 이용하는 방법도 있었다. 분산제와 원유가 일으키는 반응은 주방용 세제와 윤활유의 반응과 무척 비슷하다. 그러나 화학약품은 실제로 원유를 제거하는 것이 아니며 이 물질 자체도 독성을 지니고 있다. 가뜩이나 상황이 좋지 않은데 나쁜 물질을 투입해서 상태를 더 악화시킬 수도 있다는 점에서 이 물질을 사용하는 데에는 의견이 제각각 분분하다.

마지막으로 기름에 불을 붙이는 방법이 있는데 여기에도 문제점은 분명히 있다. 화재를 진압하는 데 어려움이 있고, 대기오염이 발생하며, 재로 인한 낙진이 발생한다는 점이다. 또한 이 방법을 사용하려면 해수면이 잔잔해야 한다. 엑슨의 원유가 유출되었을 당시 날씨는 좋았지만 공무원들의 서투른 작업방식과 의견이 서로 달랐으므로 초반에 기름을 불태우는 방법을 제대로 시행하지 못했다. 그 후에는 날씨가 안 좋아서 이 방법을 쓸 수 없었다.

>>> 운영상의 문제

유출된 원유를 청소하는 작업에는 많은 조직이 관련되어 있었다. 알레예스카·엑슨·환경보전부를 비롯해 여러 곳에서 작업에 참여하고 있었다. 또한 어업 및 수렵부the Department of Fish and Game·미국 해안경비대·환경보호단체·어부들 그리고 다양한 환경보전단체들이 참여했다. 그렇지만 다양한 견해 차이 때문에 상당한 어려움을 겪었다.

우선 엑슨이 청소 작업을 책임지고 총괄하기로 했다. 자회사 엑슨 해운Exxon Shipping 사장인 프랭크 이아로시가 청소 작업을 지휘했다. 유출된 기름을 물에서 걷어내고 저장하는 기계들은 현재 사용할 수 없는 상태이거나 제대로 작동하지 않았고, 기름 막의 크기는 아주 어마어마했다. 이아로시는 분산제와 태우는 방법 두 가지를 모두 사용하기로 했다. 그러나 지역 단체와 정부 기관에서 이 방법에 강하게 반대하고 나섰다. 격론은 4일 동안이나 지속되었고, 원유 유출 상황은 더욱 심각해졌다. 우여곡절 끝에 분산제 사용과 연소에 대해서 허가가 떨어지자 이제는 날씨가 말썽을 부렸다. 잔잔하던 날씨가 갑자기 강풍과 눈보라에 휩싸이면서 24피트 높이의 풍랑이 일었다. 화학약품을 분사하기로 되어 있던 비행기는 이륙할 수 없었고, 해양 작업을 돕는 배들은 안전한 항구에서 떠나지 못했다. 그러는 사이 끔찍한 기름 막은 점점 더 넓게 퍼져 나가기 시작했다. 얼마 후 실제로 프린스 윌리엄 사운드에 있는 모든 섬들이 기름으로 둘러싸였고 800마일 이상 되는 해변이 기름으로 뒤덮였다. 이제는 원유를 회수하려던 것에서 물고기 양식장과 해변을 청소하는 쪽으로 계획을 변경해야 했다. 이처럼 사태가 커진 것은 모두 조직 간의 불화와 혼란 때문에 재빨리 통일되고 결단력 있는 행동을 하지 못했기 때문이다.

엑슨이 이 상황을 통제할 수 있는 방법 가운데 한 가지는 원유 운반선 lighter이라는 작은 배를 이용해서 원유를 수송하는 것이었다. 즉 배에 선적되어 있던 나머지 원유를 다른 유조선에 옮겨서 수송하는 과정을 말하는 것이다. 엑슨은 혹시라도 원유 운반선이 파손되어 지금보다 훨씬 더 많은 원유가 유출됨으로써 상황을 악화시키지는 않을까 무척 걱정했다. 그러나 이 방법도 엑슨이 자기 이익만 도모하는 것이라고 비난받았다. 왜냐하면 엑슨이 원유를 롱비치Long Beach까지 무사히 수송하는 경우 수익을 올릴 수 있기 때문이다.

결과

미연방교통안전위원회the National Transportation Safety Board는 이 사고에 대해 6개월간의 조사를 마치고 난 후 1990년 7월 31일 보고서를 발표했다. 보고서에서는 이번 참사가 사고 선박의 선장·3등 항해사·엑슨 해운·미국 해안경비대·알래스카주 당국의 과실 때문에 발생한 것이라고 언급했다.

보고서에서는 사고 당시 헤이즐우드 선장은 술을 마셨기 때문에 유조선을 제대로 관리 감독할 수 없었고, 암초가 있는 지역에서 배를 운전하던 3등 항해사 커진스는 심신의 피로와 과로로 사고를 피할 수 없는 상황이었다. 엑슨은 부적격한 선장에게 일을 맡겼고, 선원들이 충분한 휴식을 취할 수 있는 여건을 만들어 주지 못했으며, 선원 수 또한 불충분했고, 헤이즐우드의 음주 문제에 대해서 제대로 관리하지 못한 부분을 책임져야 했다. 미국 해안경비대는 교신이 끊어진 후 즉시 그 지역에 있는 선박들과 빙하를 추적해야 했는데 그렇게 하지 않았다. 그리고 알래스카주 당국은 위험한 암초 지역에서 수로를 안내하는 사람을 두지 않았다.[3]

1991년 10월 8일, 알래스카주 앵커리지에서 연방 판사는 이 사고로 발생한 형사 고발 사건에 대해서 엑슨와 알래스카 정부 그리고 미 법무부 사이에 이루어진 합의를 승인했다. 판사의 승인으로 이번 원유 유출 사건에서 비롯된 모든 주와 연방의 법률 소송은 사실상 일단락되었다. 엑슨은 2001년까지 벌금과 손해배상금으로 10억2천5백만 달러를 지불한다는 데 동의했다. 그러나 이 합의가 이루어졌다고 해서 알래스카 주민을 비롯한 개인들이 엑슨에 대해 제기하는 소송까지 한꺼번에 해결된 것은 아니었다.

원유 유출 사고로 물고기와 야생 생물 그리고 자연 그대로의 해변이 심각하게 파괴되자 온 나라가 충격에 휩싸이게 되었다. 기름으로 뒤덮인 새와 동물들, 끈적이는 원유로 덮여 있는 해변의 사진들이 언론에 시도 때도 없이 비춰졌다. 그러나 초기 혼란을 겪은 후 엑슨은 수천 명의 임시 노동자를 고용해서 대대적인 청소 작업에 나섰다. 그러나 불행하게도 이런 청소 작업에 부정적인 면이 나타났다. 해변은 이제 불모지로 변해서 더 이상 생명체가 살 수 없었다. 게다가 엑슨이 벌이고 있는 청소 작업을 해 주고 돈을 받기 위해 몰려든 수천 명의 사람들 때문에 비위생적인 환경·범죄·쓰레기 등 여러 문제가 발생했다.

1989년 5월 초, 엑슨은 청소 작업의 일부는 파도와 자연 작용으로 해결되므로 동원된 인력을 철수시키겠다고 청소 계획을 조정 발표했다. 비록 바다 밑에 얼마나 많은 양의 검은 오물들이 가라앉아 있을지 걱정스럽기는 했지만 늦여름까지 수면을 덮고 있던 오염물질은 상당량 제거되었다. 그러나 다음해 여름까지도 작업은 계속되었고 엑슨은 청소 작업에 20억 달러 이상을 쏟아 부었다.

대규모 청소 작업은 어느 정도 마무리가 되어 가는 것처럼 보였다. 1990년 가을, 해수면 아래쪽에는 여전히 문제가 남아 있었지만 해변에는 원유가 거의 남아 있지 않았다. 1990년 11월에는 해안선 가운데 85% 정도가 깨끗해졌다.

환경주의자들이 걱정하던 최악의 상황은 다행스럽게도 일어나지 않았다. 추운 날씨 덕에 기름 막이 흩어지지 않았다. 걱정했던 물고기와 야생 생물의 멸종 사태도 발생하지 않았다. 이번 사고로 2천 마리 이상의 수달과 3만3천 마리 정도의 새가 죽었을 것이라고 추정되었다. 좀더 심각한 걱정은 장기적으로 어떤 영향이 나타날 것인가 하는 점이었다. 특히 해저에 가라앉아 있는 원유 침전물의 영향에 대해서 고민이 많았다. 이 침전물들이 몇 년간 유독한 탄화수소를 배출해서 먹이사슬을 파괴하고 결국은 새우·연어·청어·게의 수확량에도 영향을 끼치게 되는 것은 아닌가?

엑슨 밸디즈호 원유 유출 사건은 상황이 훨씬 더 나빠질 수도 있었다. 이 사고로 약 1천10만 갤런의 원유가 바다로 유출되었지만 실제 유조선에는 5천2백만 갤런의 원유가 실려 있었다. 만약 유출된 원유보다 5배 정도가 더 많은 양이 유출되었더라면 환경에 어떤 영향을 끼쳤을지 생각만 해도 끔찍한 일이다.

엑슨의 대외적인 이미지 문제

원유 유출 사고가 일어났을 때 엑슨의 위기 관리와 문제 해결 방법은 그리 좋은 인상을 주지 못했다. 언론과 일반 시민들은 여전히 엑슨에 적대적 태도를 보이고 있었다. 랄프 네이더를 포함한 환경주의자들은 엑슨을 혹평했다. 소비자들은 엑슨 제품에 대한 불매운동에 동참하여 엑슨의 신용카드를 잘라 버렸다. 약 4만 장의 신용카드가 계약을 파기했는데, 이는 아직 결제금액이 남아 있는 7백만 장의 카드는 포함시키지 않은 수치였다.

심지어 일부 회사 임원들도 이 사태를 비난하고 나섰다. 미국과 캐나다 임원 200명이 조사에 응답한 내용을 보면 엑슨이 늑장 대처를 했으며, 다른 쪽에 책임을 전가하거나 회피했고, 지역의 정치적인 상황을 해결하는 데 실패했다고 지적했다. 또한 해결에 필요한 준비가 부족했고, 오만한 태도를 보였으며, 부주의했고, 정보 관리도 제대로 하지 못했으며, 대중의 지지를 얻을 수 있는 기회도 날려 버렸다고 말했다.[4]

엑슨은 뒤늦게서야 사과를 했다. 엑슨은 사고 이후 전국판 신문에 전면 광고를 실어 이 사고가 일어난 것에 대해 유감스럽게 생각하며 앞으로 회사의 의무를 다할 것이라는 CEO 로렌스 라울의 사과문을 발표했다. 그러나 라울은 사고 현장에 직접 나타나지 않았다는 이유로 비난받았다. PR의 관점에서 라울이 사고 현장에 가지 않은 것은 큰 실수였다. 라울은 나중에 인터뷰에서 자신이 현장에 가지 않았던 이유를 밝혔다.

> 유조선이 암초에 부딪쳐 좌초한 이 사건은 TV에는 더할 나위 없이 좋은 뉴스거리였다. 신문에 실렸던 기름으로 뒤덮인 새의 사진도 마찬가지다. 환경주의자들은 왜 이런 일이 계속되도록 보고만 있는 것인가? 만약 내가 그 현장에 가서 사과를 했다면 어떻게 되었을까? 나는 TV에 출연해 진심으로 죄송하다고 사과했다. 우리 회사에서 청소 작업을 잘 마무리하겠다고 열두 번은 더 말했다. 내가 마을 연설회에서 사과를 했다고 달라지는 것은 아무것도 없었을 것이다. 나는 여름에 그곳에 가지 않았다. 분명히 말하지만 나는 문제를 조속히 해결하기 위해 필요한 다른 일들을 했다.[5]

엑슨은 분명히 이 사건을 해결하기 위해 비용을 들였다. 청소 비용

20억 달러 외에도 알래스카주 밸디즈시에 배상금을 지급했고, 연방정부에도 직접적인 비용·야생 생물 구제·재건 비용 등을 지불했다. 또한 낚시 면허증과 전 해의 납세신고서를 보유하고 있는 알래스카주의 어부들에게 2억 달러를 지급했다.

엑슨은 원유 유출 사고 시 즉각적으로 원유를 봉쇄하고 청소 작업을 진행하지 못했다. 그러나 이보다 더 큰 잘못은 대외적으로 엑슨이 이 사고에 대해 충분히 염려하고 있으며, 숨기는 점이 전혀 없고, 잘못을 뉘우치고 있다는 점을 제대로 전달하지 못했다는 점이다. 이처럼 대규모 사건이 발생한 경우에는 회사 대표로서 CEO가 직접 나서서 회사 입장을 대변해야 한다.[6] 사고가 일어난 지 1년이 지난 후 발표된 연설문에서 로렌스 라울의 방어적인 태도를 가장 명확하게 확인할 수 있다.

> 지난 여름에 프린스 윌리엄 사운드를 통과한 새들은 3천만 마리였고, 발견된 시체는 3만 마리에 불과했습니다. 12월에 미시시피 델타에서 하루 동안의 사냥으로 얼마나 많은 오리들이 죽어가는지 생각해 보십시오! 사람들은 "이 사건은 보팔 참사보다 더 심각하다"라고 말했습니다. 저는 "이런, 보팔에서는 3천 명 이상이 사망했고 부상자만도 20만 명에 이른다!"라고 말했습니다.[7]

분석

>>> 누구를 비난할 수 있는가

엑슨 밸디즈호 사건은 만취한 선원이 유조선을 몰다가 좌초한 사건으로만 보기에는 문제가 그리 단순하지 않다. 파손된 선박으로 많은 사건이 발생했고, 사람들은 문제 해결을 위해 제대로 대처하지 못했다. 우리는 엑슨이 상황을 어떻게 처리했는지 알고 있다. 예를 들어 브리티시 페트롤륨 같은 다른 정유회사였다면 더 잘 대처했을까? 아니면 더 나쁜 상황이 발생했을까? 회사·정부·사회가 모두 이 참사와 밀접한 관계가 있다. 현실적으로 어느 한 집단만 비난할 수 없는 상황이다.

이 집단들 사이의 공통점은 자만감이었다. 12년 동안 원유 개발 작업은 별다른 문제 없이 송유관과 항로를 통해서 잘 진행되어 왔다. 몇 가지 작은 문제들이 있었지만 큰 사고 없이 잘 처리되었다. "십 년 동안 큰 문제 없이 일이 잘 진행되자 정유회사와 규제 당국은 모두 안도감에 빠져들게 되었고 직원들과 전문가들의 개선 요구도 묵살했다."[8]

예를 들어 트래픽 밸디즈Traffic Valdez에서 연안 경비대장이 블라이섬 Bligh Island에 레이더 기지를 하나 더 설치하기 위해 추적 시스템을 업데이트 해야 한다고 요청했다. 그러나 예산이 삭감되었으므로 대안 방법으로 원래 10만 와트인 레이더 장비를 5만 와트짜리로 교체했다. 그런데 성능이 약한 레이더 장비로 교체한 후 배가 블라이섬이나 프린스 윌리엄 사운드 쪽의 넓은 바다로 나오기 전까지 추적이 불가능한 사태가 빈번하게 일어났다.

알레예스카의 예산 감축은 혹시 언젠가 일어날지도 모르는 재난 준비에 영향을 끼쳤다. 송유관 시스템이 설치된 지 얼마 안 되었을 때는 재난 장비·재난 절차·훈련된 직원들이 잘 조직되어 있었고 항상 대기 상태였다. 막대한 비용이 드는 훈련도 주기적으로 시행했다.

그러나 1989년 원유 유출 사고가 발생했을 당시 그와 같은 훈련은 이미 중단되었고, 장비는 고장 나 있었으며, 훈련받은 직원들은 계약이 만료된 상태였다.

알래스카 주민들 또한 만족감에 도취되어 있었다. 해마다 배당금으로 8백달러씩을 받게 되자 그들은 원유의 존재에 대해서 아주 당연하게 생각하게 되었다. 따라서 원유사업에 대해서 어떠한 비난이나 우려의 목소

_ 사고의 윤리

사고가 발생하면 이 사고에 관련된 사람들이나 조직은 비윤리적으로 행동했다고 가정해도 무방한 것인가? 이 쟁점에는 종종 애매한 면이 나타난다. 그나마 법적인 책임에 관한 부분은 좀 덜하다. 충분한 재력이 있는 피고에 대해서는 그가 얼마나 죄를 지었는지는 개의치 않고 희생자를 위해 피해보상소송을 제기하는 경우가 많다. 윤리와 법적 의무가 항상 같은 의미를 지니는 것은 아니다.

윤리적인 쟁점은 제품이나 공장의 설계 또는 제품의 유지 보수 단계에서의 부주의함이나 태만 그리고 잘못된 판단과 관련되어 있다(예를 들어 희생자를 위험한 상황에 누는 경우). 그러나 상식석으로 예측이 불가능한 천재시변이나 테러리스트 때문에 발생한 일 - 돌풍으로 부서진 비행기나 테러리스트의 폭파 등 - 은 어떠한가? 강경론자들은 이러한 일들도 예측 가능하고 피할 수 있다고 주장할 것이다. 그러나 제아무리 신중한 사람이라도 이런 것까지 예상할 수 있을까?

엑슨 밸디즈호 사건처럼 한 사건에 여러 집단이 관련되는 경우 문제는 좀더 복잡해진다. 레이더만 제대로 된 것이었다면 해안경비대가 제때 경고해 줄 수 있었을 텐데, 재난 계획과 훈련만 제대로 이루어졌다면 유출된 원유를 더 빨리 처리했을 것이고 환경 피해도 줄일 수 있었을 텐데… 등 여러 가지 논쟁이 발생할 수 있다.

만약 엑슨이 부주의했거나 직무에 태만하여 비윤리적인 행동을 했다고 말한다면 해안경비대·알레에스카·알래스카주·환경보호단체와 그 밖의 다른 사람들 모두 마찬가지다. 물론 엑슨은 틀림없이 '부유한' 회사였다.

_ 토의 주제

1. 만약 어떤 사람이 제품을 원래 용도와는 다르게 위험한 방식-강력한 잔디 깎기를 울타리를 다듬는 데 사용하는-으로 사용하고 있다면 판매자는 비윤리적인 행동을 한 것인가? 판매자에게 피해보상소송을 제기하는 것이 가능한가?
2. 만약 헤이즐우드 선장은 전혀 술을 마시지 않았고, 배를 운행하는 중에 통제실에 있었는데 갑자기 예상치 못한 강력한 폭풍이 몰려오는 바람에 밸디즈호가 암초에 부딪쳤다면, 엑슨은 비윤리적인 행동을 한 것인가? 법적으로도 죄가 인정되는 것인가? 당신은 이 시나리오에서 엑슨이 청소에 대한 책임을 다 져야 한다고 생각하는가?

리도 내지 않았다.

행정부조차 비난에서 자유로울 수 없었다. 행정부가 규제를 완화하여 기업들의 자율적 관리에만 의존하는 분위기를 조성하였기 때문이다. 기업이 자율적으로 관리할 때의 문제점은 단기 수익과 장기적으로 환경에 '발생할 가능성이 있는 문제' 사이에서 균형 잡기가 어렵다는 것이다(앞에 나온 Issue Box의 '사고의 윤리' 내용을 참조해 보자).

>>> 이런 사건이 다시 발생할 수도 있을까

유조선은 10년 이상 횟수로는 수천 번 그리고 거리로는 수백만 마일을 운행했지만 심각한 사고는 발생하지 않았다. 그러나 어찌 된 일인지 운이 좋아서 그런 것이란 생각을 떨쳐 버릴 수 없다. 이런 사고는 다시 일어날 것인가? 한 가지 바라는 점은 이 사건에 관련된 모든 사람들이 이번 일을 통해서 교훈을 얻었으면 하는 것이다. 그나마 다행스러운 일은 사고 이후 좀더 나은 보호 장비가 갖추어졌고, 철저한 통제가 이루어졌으며, 레이더와 예방 훈련에 좀더 많은 금액이 지원되었다는 것이다. 그리고 훗날 발생하는 사고는 이번 사고보다는 덜 심각하고 모든 관계자들이 좀더 신속하게 대처해 주었으면 하는 것이다. 한편, 앞으로 원유 유출 사고가 없을 것이라는 예측은 무척 순진한 생각이다.

>>> 보호 장비가 필요하다

심각한 사고가 터지고 나면 항상 비난이 쏟아져 나오고(이런 비난이 항상 건설적인 것은 아니다) 예방책이 제시된다(끝까지 지켜진다면 건설적이다). 바로 엑슨 밸디즈호 사고에서 일어났던 일이다. 추후 이런 사고가 발생할 가능성을 최소화하려면 어떤 예방책을 마련해야 하는가?

성능이 더 좋은 레이더를 설치하고, 잠재적인 문제점에 대해 세심하게 감시하며, 재난 훈련을 개선한 후 열심히 실천하고, 원유 유출 사고

에 사용되는 기술 개발에 지속적인 노력을 기울이는 것이다. 그리고 일어
날지 모르는 사고에 대비해서 재난 대비 절차를 잘 계획하고 이를 연습하
며, 선체가 두 겹으로 된 유조선 같은 확실한 보호 장비를 마련하는 것이다
(이러한 선박에 대한 논란은 다음의 Issue Box에서 토의해 보도록 한다).

Issue Box _____

_선체가 두 겹으로 된 유조선이 필수인가?

원유 유출 사고가 발생하던 당시 밸디즈 터미널을 통과하는 유조선 중에 선체
가 두 겹으로 된 유조선은 없었다. 두 겹 유조선은 송유관 계획이 처음 발표됐
던 1970년대에 이미 유출 방지를 위한 안전 조치로 제안되었다. 그러나 이 방법
을 채택한 회사는 한 군데도 없었다.

　몇 가지 장단점이 있었다. 비록 두 겹 유조선은 사고 발생 시 원유가 유출될
가능성이 낮기는 하지만 비용면에서 최대 8%까지 상승될 수 있다. 또 용량도
홑겹 유조선의 60% 수준에 불과하다. 용량이 적다는 점은 두 겹 유조선을 도입
하는 데 더욱 큰 방해 요인으로 작용했다. 같은 양의 원유를 수송하려면 홑겹
유조선으로 운송할 때에 비해서 두 겹 유조선은 다섯 번 운행당 두 대가 추가로
필요하다. 이렇게 되면 통행량도 훨씬 더 많아지고 부두 시설도 더 많이 필요하
게 된다.

　따라서 배는 안전해질지 몰라도 사람이 실수할 가능성은 더 높아지게 될 수
도 있다. 그리고 사고는 대개 배의 결함보다는 사람의 실수 때문에 발생한다.
사람의 실수를 줄이려면 약물과 알코올 테스트를 시행하고, 직원 규칙도 더 엄
격하게 적용해야 하며, 철저하게 훈련을 시행해야 한다. 그러나 이렇게 한다고
해서 인간이 저지르는 실수를 모두 없앨 수 있을까?

_토의 주제

당신은 직원들을 대상으로 약물과 알코올에 대한 테스트를 시행해야 한다고 생
각하는가? 이러한 테스트를 시행하면 직원들의 실수를 줄일 수 있을까?

한편, 엑슨 회장인 로렌스 라울을 포함한 비환경주의자들이 서둘러 지적한 대로 이번 최악의 참사에서는 사망자가 없고 단지 약간의 새와 동물이 죽었을 뿐이다. 그러므로 오히려 원유 유출 사고에 대해 수준 높은 준비 자세를 갖추는 데 장애가 된다고 할 수 있다.

최근 동향

1989년 엑슨 밸디즈호 원유 유출 사고가 발생한 지 15년이 지났지만 엑슨은 지금도 여전히 막대한 피해 보상금을 지불하고 있다. 엑슨이 제기한 항소심에서도 판결이 엎치락뒤치락하다가 연방 법원은 마침내 2004년 1월 28일 엑슨 모빌Exxon Mobil은 3만2천 명의 어부·알래스카 주민들·토지 소유주·소규모 사업자·원유 유출로 피해를 입은 도시에 징벌적 배상금으로 45억 달러와 22억5천만 달러 상당의 회사 주식을 지급하라는 판결을 내렸다.

그러나 엑슨은 다시 항소할 것이라고 밝혔다. 원고측 변호사는 이번 판결로 소송은 마무리되어야 하지만 "엑슨 모빌 같은 대기업은 법적인 절차를 멈추게 할 수도 있다"고 꼬집었다.[9]

＊무엇을 배울 것인가?

오늘날 환경에 대한 로비는 엄청난 힘으로 점점 더 강해지고 있다. 기업들은 도덕적으로 좀더 조심해야 한다. 기업의 임원들은 이제 시민들이 어떠한 희생을 치르고서라도 환경을 보호해야 한다는 쪽으로 마음이 기울고 있다는 사실을 당연하게 받아들여야 한다. 많은 사람들이 환경을 정복하던 옛날 개척자 정신에서 환경을 보호하는 태도로 바뀌는 것을 당연한 변화라고 생각하고 있다. 그러나 이러한 새로운 태도 때문에 기업들은 예상치 못한 한계에 부딪치게 되었다. 시민들은 환경문제에 대한 기업의 잘못을 용인하지 않고 공개적으로 항의했으며 강력한 징계와 규제 조치를 마련하라고 정부에 압력을 넣기도 했다.

　이번 사건은 이 책에 실린 내용들 중에서 환경을 다룬 것으로는 세 번째이다(다른 사건들로는 오하이오 계곡의 유니온 카바이드 오염 사건과 역시 이 회사의 보팔 참사가 있다). 엑슨 경영진은 '단지 새와 동물이 좀 죽은' 사건에 대해서 사람들이 격렬히 항의하는 것을 보고 깜짝 놀랐을지도 모른다. 결과적으로 회사 측에서는 자기 회사가 고의로 환경에 해를 입힌 것도 아니고 이 사고 때문에 발생한 사망자도 없었다고 주장했다. 그러나 엑슨의 이러한 태도 때문에 일반 시민들은 그들의 사과를 진심이라고 생각하지 않았으며 '냉담한 회사'라고 비난하기 시작했다. 그리고 곧 여기에 언론과 '환경의 수호자'로 명성을 얻고 싶어 하는 정치인들까지 합세했다.

　이러한 분위기에서 좀더 신중한 기업이라면 환경이라는 시대적 조류에 반대되는 태도를 취하지 않을 것이다. 또한 조금이라도 환경에 해가 될 것 같은 기미가 보이는 일은 하지 않으려고 무척 조심할 것이 틀림없다.

　환경문제에 대한 사진은 언론에 많이 쉴린다. 이 때문에 사건에 관련된 기업들은 더 많은 비난을 받게 된다. 오염된 굴뚝, 오염된 호수와 시내, 기름으로 뒤덮인 새와 동물들-이러한 장면들-은 카메라에 쉽게 잡혀서 곧 환경문제에 관심이 많은 사람들에게 전송된다. 결국 따끔한 처벌과 정부의 예방 조치를 요구하는 목소리가 점점 높아지게 된다. 기업과 관련된 사건들 중에서 환경문제만큼 자주 언론에서 다뤄지는 문제는 찾아보기 힘들다. 기업들은 이처럼 환경과 관련된 문제들은 좀더 주의 깊게 다루어야 하며, 환경의 수호자로서 이미지를 구축할 수 있도록 더 많은 노력을 기울여야 한다.

인정머리 없고 오만한 회사라는 오명을 얻기 싫으면 시민들이 심각하게 우려하는 문제에 대해서 회사의 최고 경영자가 적극적으로 대처해야 한다. 엑슨이 들었던 가장 가혹한 비난 중의 하나가 바로 인정머리 없고 오만한 회사라는 말이었다. 비록 라울 회장은 개인적으로 책임지지 않으려고 자신의 행동을 변호했지만 비난은 쉽게 수그러들지 않았다. 아무리 많은 양의 기업 이미지 광고(즉 제품을 광고하는 것이 아니라 PR을 목적으로 하는 광고)를 하더라도 라울 회장이 즉시 현장에 나타나서 걱정하는 모습을 보이는 것만큼의 효과를 나타내지는 못했을 것이다.

사고가 발생함으로써 기업의 대외적 이미지가 바뀔 수 있다. 즉 대응하는 방식에 따라 기업의 명성이 높아지거나 손상을 입는다. 환경 사고이든 아니면 제품의 안전과 관련된 사고이든 심각한 사고는 기업의 임원이 상상할 수 있는 최악의 시나리오일 것이다. 그러나 이러한 경우 대부분 간과하는 사실은 최악의 사고가 발생했을 때 효율적으로 대처하면 사고를 걱정하고 배려하는 기업으로 오히려 명성을 높일 수 있는 좋은 기회가 되기도 한다는 점이다.

위기를 기회로 삼는 것은 참으로 힘든 일이다. 22장에서 우리는 아주 훌륭하게 위기를 기회로 만들어낸 기업의 사례를 살펴보게 될 것이다. 이 경우 대개 단기적인 수익은 희생해야 하며, 상황을 바로잡기 위해서 진정으로 이타적인 태도를 가져야 하고, 비용에 관계없이 희생자를 돕고, 시민을 상대로 한 행동과 연설에서는 솔직하고 배려하는 모습을 보여 주어야 한다. 물론 이러한 경우에도 보팔 참사 때 유니온 카바이드 회장인 워렌 앤더슨이 보여 주었던 것처럼 순수한 노력을 시민들이 오해하거나 비난할 수도 있다. 그렇더라도 솔직한 자세로 사건 해결을 위해 염려하는 태도를 대중에게 제대로 전달하지 못하는 경우 기업의 명성에 해를 끼치게 될 가능성이 훨씬 더 높다.

기업들은 최악의 사건을 가정하고 그에 대한 계획을 세워 두어야 한다. 이 내용은 전에도 다룬 적이 있다. 여러 가지 윤리적인 큰 실수를 살펴보면 이전에 최악의 사태를 고려하지 않았고, 이에 대한 대처 계획도 세우지 않았으며, 심지어 단 한 번도 최악의 경우를 생각조차 하지 않았다는 점을 알게 된다. 그러나 교훈은 명확하다. 우연한 사건이나 사람의 실수 또는 이런저런 다른 이유 때문에 최악의 사태가 발생할 가능성은 항상 존재한다. 따라서 최악의 상황에 맞춰서 계획을 세워 두면 어떤 어려움이 닥치더라도 좀더 쉽게 대처할 수 있게 된다.

이러한 계획을 세울 때는 반드시 지키겠다는 의지가 필요하다. 모든 일에는 비용이 관련되기 때문에 단기 수익에 피해가 가는 경우에는 계획대로 진행하기 어려운 경우가 종종 발생한다. 그러나 재난 사고는 빈번하게 발생하므로 불의의 사태에 대비해서 미리미리 계획을 세워 두면 훨씬 유리하다.

✱질문

1. 이 참사가 발생했을 때 엑슨은 비윤리적인 행동을 했는가? 토의해 보라.
2. 당신은 청소 작업을–표면적으로는 알래예스카와 다른 단체들이 돕고 있기는 하지만–엑슨이 주로 진행하는 것보다 연방정부에 서 책임을 넘겨 받아야 된다고 생각하는가? 왜 그렇게 생각하는 가? 아니면 왜 그렇게 생각하지 않는가?
3. 헤이즐우드 선장의 경우처럼 직원의 치명적인 실수를 막으려면 기업에서는 어떤 방법을 취할 수 있겠는가? 비행기 조종사의 실수·버스 운전사의 실수·철도 기관사의 실수는 어떠한가? 당신이라면 개인의

사생활을 침해하더라도 실수를 막을 수 있는 방법이라면 제안하겠는가? 왜 그런가? 아니면 왜 그렇지 않은가?

4. 헤이즐우드 대한 처벌이 불공정하다고 생각하는가? 왜 그런가? 아니면 왜 그렇지 않은가?

5. 엑슨 CEO 라울은 사임해야 하는가?

✱실전 연습

1. 원유 유출 사고가 얼마 전에 발생했고 현재 당신은 엑슨 CEO 로렌스 라울의 고문이다. 당신은 그에게 이 상황을 어떻게 대처하라고 조언하겠는가? 가능한 한 구체적으로 당신의 조언 내용을 설명해 보라.

2. 당신은 헤이즐우드호 선장이다. 조금 전에 미국 역사상 최악의 원유 유출 사건이 발생했다. 당신은 사고가 발생했을 당시 함장실에서 휴식을 취하고 있었다. 사고 후 곧바로 갑판으로 가서 사고 현장을 살펴보았다. 이제 당신은 어떻게 할 것인가? 당신의 입장을 어떻게 변호할 것인가? 지금까지 성공적이었던 경력을 지켜 나갈 수 있을 것인가?

✱팀별 토론 연습

1. 사고 후 CEO 라울은 해고되어야 한다 vs 해고되어서는 안 된다.

2. 엄청난 규모의 원유 유출 사고가 발생했다. 상황을 수습하기 위해서 100억 달러의 돈을 투입해야 한다 vs 10~20억 달러 정도의 좀 더 적은 비용으로 해결해야 한다.

16

ITT : 심각한 외국 내정 간섭

앤더슨에 따르면 ITT는 살바도르 아옌데가 칠레 대통령으로 당선되지 못하도록 반대 활동을 하고, CIA와 함께 경제 혼란을 야기시키고, 군사 쿠데타가 일어나도록 선동했다. 그리고 아옌데를 저지하는 데 사용해 달라고 백악관에 백만 달러를 제공하기도 했다.

1970년 10월 24일, 살바도르 아옌데 고센스 박사가 칠레 대통령에 당선되었다. 그 결과 칠레에 최초로 마르크스주의 정권이 들어서게 됨으로써 한때 민주주의 국가임을 자랑했던 나라에 사회주의 철학이 널리 퍼지게 되었다.

1972년 3월 21일과 22일, 존경받는 미국 신문 칼럼니스트인 잭 앤더슨은 자신이 국제전신전화회사ITT : International Telephone and Telegraph Company에서 입수한 비밀 문건의 개요를 공개했다. 그 문서에 의하면 ITT와 미 중앙정보국CIA이 1970년 아옌데 대통령의 당선을 저지하기 위해 노력했으며, 1973년에는 그를 대통령직에서 몰아내려다 실패한 사실이 드러났다.

ITT는 칠레에 있는 자사 재산을 칠레 정부가 징발하지 못하도록 하기 위해 미국과 해외 할 것 없이 정상적인 기업과 정부 그리고 사회가 용납할 수 없는 수준까지 칠레 내정에 깊이 관여했다. 다국적 기업은 자신들이 사업을 하고 있는 나라의 정치에 무슨 권리로 개입하는 것인가?

회사

ITT(원래는 IT&T라 불림)는 1920년 사업을 시작했다. 당시 새롭게 부상하고 있던 통신사업 전문회사 ITT의 본사는 뉴욕에 있었지만 점차 영업 무대를 해외로 확장해 나갔다. 1960년에는 〈포춘〉이 선정한 미국 내 최대 500대 기업 리스트에서 51위에 오르기도 했다. 1960년대에는 미국 내에서 54개 그리고 해외에서 56개의 회사를 인수하면서 이전에 비해 훨씬 더 급성장했다. 1971년 ITT는 〈포춘〉이 발표한 500대 기업 중에서 18위를 기록했다. ITT는 세계 80여 개국에 250개 이상의 사업 그룹과 자회사를 보유하고 있었다. ITT가 고용하고 있는 직원만 35만 명 정도

되었고 업종도 보험·화학·식품 생산·자동차 부품·호텔 등 무척 다양했다. 그러나 이 회사는 파란만장한 과거사를 가지고 있었고, 창립 50주년이 다가오면서 회사의 활동에 많은 의문들이 제기되었다.

1923년, 설립자 커넬 소스티네스 벤과 그의 형은 싼 가격에 소규모 푸에르토리코 전화회사를 인수했다. 그가 스페인 계통이라는 점이 어느 정도 유리하게 작용한 것인지는 몰라도 스페인의 독재자 프리모 데 리베라와 스페인 전화 네트워크 운영에 대한 계약을 체결하게 되었다. 몇 년후, 벤은 전세계에서 더 많은 회사를 사들였고 ITT는 국제적인 재벌 그룹이 되었다. 이 회사의 명성은 1930년대 독일의 나치와 긴밀한 관계를 유지한 사실이 밝혀지고, 정부 통제 밖에서 회사 이익만 도모하는 태도를 보임으로써 서서히 더럽혀졌다. 커넬은 1956년에 물러났지만 회사의 경영방식은 거의 변함이 없었다.

>>> 해롤드 S. 제닌

1959년, 해롤드 S. 제닌이 ITT 사장 자리에 오르게 되었다. 이전에 레이시온Raytheon에서 부사장을 역임한 그가 레이시온을 떠나자 회사 주가가 6%나 떨어졌다. 그의 능력이 업계에서 어떻게 평가되고 있는지 한눈에 알 수 있는 증거라 할 수 있었다. 제닌은 회계사였던 자신의 경력을 활용하여 재계의 진정한 마술사가 되겠다는 야망을 펼쳤다. 그는 하루에 16시간을 일했으며 부하 직원들에게도 그 정도 일할 것을 요구했다. 그의 말이 곧 법이었고, 최고 경영진에게는 거의 불가능한 목표를 부여했으며, 무능력한 직원들에게는 가차없이 칼을 휘둘렀다. 그가 ITT에 들어와 10년을 보내는 동안 약 50명의 상무가 회사를 그만두거나 해고되었다.

1971년 제닌은 연봉이 80만 달러 이상이었는데 이것은 그 다음으로 연봉이 많은 임원보다 2.5배나 많은 액수였다. 그는 뉴욕 5번가에 아파트, 케이 비스케인에 겨울 별장 그리고 케이프 코드에 여름 별장을 가지고 있었다. 그는 대통령 전용기 에어포스 원과 크기가 비슷한 자신의 전용기를 타고 연간 10만 마일 정도의 제트기 여행을 규칙적으로 즐기기도 했다.

제닌은 ITT 회계 시스템을 개선하여 각 회사별로 수익을 분석하고 운용 상황을 세심하게 관리했다. 그는 증가하는 해외의 경영 압력을 줄이기 위해 미국에서 투자금을 좀더 확보하겠다는 결정을 내렸다. 그러나 회사를 인수하여 미국 내 사업을 확장하는 일은 미국 시장에서 힘을 발휘하고 있던 미국전신전화AT&T : American Telephone and Telegraph 때문에 한계가 있었다. 결과적으로 제닌은 공격적인 기업 인수 정책을 펴기 시작한 결과 ITT는 10년 동안 엄청나게 성장할 수 있었다.

제닌의 인수 작업에 어려움은 거의 없었다. 그런데 ITT가 ABC 방송국American Broadcasting Company을 인수하려고 하자 법무부가 반대하고 나섰다. 따라서 1968년 제닌은 마지못해 인수 작업에서 손을 떼고 말았다. 1960년대 후반, 법무부는 캔틴·하트포드·에이비스 합병처럼 이미 완료된 인수 작업에 대해서도 이의를 제기하기 시작했다. 그러나 워싱턴에 있는 최고위 정치인들과의 두터운 친분에 힘입어 ITT에 대한 더 이상의 방해는 없었다.

>>> 논란 : 디타 비어드 사건

ITT가 캔틴·하트포드·에이비스 합병에 대한 법무부의 독점금지 조사와 씨름하고 있을 때, 1972년 공화당 전당대회에서도 문제가 발생했다. 백악관에서는 이 행사를 샌디에이고에서 개최하고 싶었지만 기금을 모금하는 데 어려움이 있었다. 마침 샌디에이고 출신의 핵심 공화당 의원인 밥 윌슨이 제닌과 친한 사이였다. 제닌의 쉐라톤 사업부는 막 샌디에이고에 새로운 호텔 건물을 완공한 상태였고, 전당대회를 개최하면 당연히 홍보 효과가 상당할 것이었다. 당시 ITT에 대한 독점금지소송이 진행중이었지만 전당대회위원회는 ITT가 공화당에 20만 달러를 기부하는 조건으로 장소를 허가했다. 디타 비어드Dita Beard는 ITT의 최고 로비스트였다. 그녀가 작성한 극비 메모가 공개되었는데, 그 내용은 ITT와 법무장관 존 미첼 사이에 이루어진 비밀 거래에 관한 것이었다. 거래 내용은 하트포드 인수와 관련된 독점금지소송에 대해서 ITT에 유리한 쪽으로 합의가 성사되도록 힘써 달라는 것이었고, 미첼은 ITT에 긍정적인 쪽으로 해결되도록 노력하겠다는 약속을 했다.

칠레에서의 ITT

만약 ITT 독점금지 소송의 원만한 처리를 목적으로 미국 법무장관을 통해 공화당원들에게 20만 달러의 뇌물이 건네졌다는 폭로가 제닌의 자리를 위협했다면, 그는 분명히 칠레 문제를 바람직하게 처리했을 것이다. 1970년 3월 22일, 칼럼니스트 잭 앤더슨은 ITT가 칠레의 국내 문제를 조종했으며 그 일에 관해서 CIA와 백악관과도 긴밀한 연락을 유지했다는 내용을 폭로했다. 앤더슨은 이 사건에 대해 철저히 조사했으며 이후 상원분과위원회에서 이 문제를 조사할 때 자료로 사용하기도 했다. 앤더슨에 따르면 ITT는 살바도르 아옌데가 칠레 대통령으로 당선되지 못하도록 반대 활동을 하고, CIA와 함께 경제 혼란을 야기시키고, 군사 쿠데타가 일어나도록 선동했다. 그리고 아옌데를 저지하는 데 사용해 달라고 백악관에 백만 달러를 제공하기도 했다.[1]

>>> 칠레
칠레는 남미의 서부 해안을 따라 위치해 있다. 폭은 110마일에 불과하지만 길이는 약 2,600마일이나 된다. 칠레의 북쪽에는 사막이 펼쳐져 있고 동쪽으로는 안데스 산맥이 있다. 칠레 중앙 지역에는 비옥한 분지가 자리잡고 있는데 900만 명의 칠레 인구 대부분이 이곳에 거주하고 있다. 분지의 남쪽은 수천 개의 작은 섬으로 이루어져 있으며 이 섬들은 케이프 혼Cape Horn과 남극 대륙으로 이어진다.

1972년, 군사 쿠데타가 일어나 아옌데를 퇴진시키고 살해하기 전까지 칠레는 정치적으로 안정된 상태를 유지하고 있었다. 그러나 심각한 부의 불평등이 존재했다. 즉 인구의 3%가 국가 수입의 40%를 차지하는 반면 50%나 되는 노동자 계층은 국가 총수입의 10%만으로 겨우 생활하고 있었다. 이처럼 극단적인 부의 불균형을 이루는 상황에서 칠레인 가운데 40%가 영양실조로 고통받고 있고, 사망자의 3분의 1이 어린이들이라는 사실은 그리 놀랄 만한 일도 아니었다.

>>> 칠레의 ITT 자회사

칠레는 인구도 적고 앞으로의 경제적인 전망도 그리 밝은 편이 아니었다. 그런데도 ITT는 칠레에 큰 관심을 가졌다. 칠레에는 칠레 전화회사 the Chilean Telephone Company, 스탠더드 전기회사the Standard Electric Company, 두 개의 쉐라톤 호텔 그리고 몇 개의 작은 자회사들이 진출해 있었다. 특히 전화회사는 수익성이 무척 높아서 연간 약 1천만 달러를 벌어들이고 있었다. 1970년에는 6천 명의 직원을 고용했는데 ITT는 이 회사의 가치를 1억5천만 달러 이상으로 평가했다.

그러나 이들 자회사들이 전세계 ITT 자산과 수입에서 차지하는 비중은 얼마 되지 않았다. 이처럼 ITT가 칠레에서 보유하고 있는 자산이 그리 많지 않았는데도 ITT는 1960년대 말부터 자사의 자산, 특히 전화회사를 정부에서 국영화하고 실제 가치보다 훨씬 못한 가격에 인수하려고 할까봐 두려워하기 시작했다(칠레의 이웃 국가인 페루에서는 이미 이런 일이 있었다). ITT가 두려움을 갖기 시작한 계기는 바로 살바도르 아옌데 고센스 박사의 등장 때문이다. 그는 마르크스주의자였던 것이다.

>>> 살바도르 아옌데 고센스 박사

아옌데는 1908년 부유한 변호사의 아들로 태어났다. 그는 의학을 전공했지만 이것과는 거리가 먼 일을 하게 되었다. 1933년, 아옌데는 칠레 사회주의 정당 설립을 도왔다. 4년 후 그는 국회의원으로 선출되었다. 그는 내각에 임명되어 인도주의적인 행동을 실천하며 국가적인 명성을 얻게 되었다. 아옌데는 정치생활 초기에 헌법에 상당히 몰두하는 모습을 보였다. 이 때문에 그는 칠레 공산당과 다투기도 했다. 1945년 국회의원에 다시 선출된 그는 25년간 끊임없이 정치활동을 계속했다. 그는 칠레가 약속이 지켜지지 않은 나라라는 점을 정치적 슬로건으로 내세웠다.

아옌데는 1964년 대통령 선거에서 기독교 민주당의 에두아르도 프레이에게 패하게 되었다. 그러나 그는 1970년 선거에서는 자신에게 기회가 올 것이라고 생각했다. 개혁을 약속했던 프레이의 공약은 끝내 실현되지 않았고, 1968년 기독교 민주당은 인기를 잃었으며 의회 다수당의 자리도 내놓고 말았다.

1970년 대통령 선거에서 인민연합 후보자인 아옌데 36%, 전 대통령인 호르헤 알레산드리 35%, 새로운 기독교 민주당 후보인 라도미로 토믹 17%의 득표 결과가 나타났다. 어느 후보도 과반수를 얻지 못했으므로 칠레 헌법에 따라 대통령은 7주 후 국회 투표로 결정되어야 했다(이 7주 동안 앤더슨이 폭로한 ITT 메모의 대부분이 작성되었다). 1970년 10월 24일, 국회는 아옌데를 대통령으로 선출했다.

아옌데 대통령은 광범위한 토지 개혁과 외국 자본이 장악하고 있는 급속한 기간산업의 국유화 추진 계획을 발표했다. 1971년 9월 29일, 칠레 정부는 7개월간의 협상과 제안 끝에 ITT가 모든 조건을 거절한 것을 무릅쓰고 전화회사CHIL TELCO를 인수했다. 칠레 정부는 칠 텔코의 서비스가 너무 부족하고, 요금이 터무니없이 비싸며, 수익률이 무척 높고, 투자 결정 시 국가가 ITT에 의해 좌우된다고 주장했다.[2]

협상을 하는 중에 전화회사의 가치를 평가하는 부분에서 양측은 상당한 의견 차이를 보였다. ITT는 회사의 가치를 1억5천3백만 달러로 평가했지만 칠레 정부는 240만 달러라고 했다. 칠레 정부는 국제 분쟁 조정 단체에 의뢰하자고 주장했지만 ITT 측에서 수락하지 않았다. 반면, ITT에서는 국제 감사회사에게 의뢰하자고 했지만 칠레 정부가 거절했다.

1972년 3월, 주미 칠레 대사가 회사 가치를 결정할 수 있는 새로운 방법을 들고 나타났다. 대사는 앤더슨의 칼럼을 공개했고 드디어 전세는 역전되었다.

ITT의 칠레 내정 간섭에 대한 구체적 증거

오랫동안 이웃 국가들에서는 혁명적인 민족주의의 물결이 휩쓸고 있었지만 칠레는 비교적 조용하고 외국 기업들에게 아주 안전한 장소였다. 1964년 선거에서 당선된 기독교 민주당의 에두아르도 프레이가 대기업들과 적대적인 관계를 만들지 않고 개혁을 추진하겠다는 공약을 내걸었으므로 이 또한 외국 기업들의 마음을 편안하게 만들어 주었다. 증명된 바는 없지만 제닌과 다른 경영자들이 프레이의 선거 자금을 지원했을 것이라는 말도 떠돌았다.

앤더슨이 ITT 파일에서 입수한 비밀 문건에서는 ITT가 1970년 대통령 선거에서 아옌데의 당선을 막고 1973년에는 대통령직에서 물러나도록 하기 위해서 CIA와 손잡고 작전을 진행했다는 사실이 분명히 드러나 있었다.

앤더슨의 첫 번째 칼럼이 실리고 난 지 이틀 후 미국상원외교위원회 the Senate Foreign Relations Committee는 다국적 기업 분과위원회라는 특별 분과위원회를 구성하고 프랭크 처치 상원의원을 의장으로 임명했다.

1973년 6월 21일, 분과위원회에서는 ITT가 '기업으로서 도가 지나친 행동을 했다'는 주제로 약 1,000쪽 분량의 보고서를 발행했다. 이 보고서에서는 만약 좌파인 살바도르 아옌데 박사를 패배시키려 했던 계획이 제대로 실행되었더라면 '유혈 참사에 내전까지 일어났을지도 모른다'고 지적하고 있었다.[3]

분과위원회에서는 제닌이 보수적인 후보를 후원하기 위해서 CIA에 백만 달러를 제공했다며 비난했다. 또한 보고서는 ITT가 저지른 이러한 행동을 정상적인 일로 받아들인다면 '그 어떤 나라도 다국적 기업을 환영하지 않을 것이다'라고 적고 있었다.[4] 분과위원회 보고서는 계속해서 "ITT가 가지고 있는 생각은 ITT 부사장 에드워드 J. 제리티 주니어의 말 속에 가장 잘 드러나 있다. 그는 '1등 자리를 지키려고 애쓰는 게 뭐가 잘못된 것인가?'라고 말했다며 간접적으로 비난했다."[5]

보고서는 다음과 같은 내용으로 끝을 맺고 있었다.

ITT 최고위층은 칠레 대통령 선거 결과를 조작하기 위해서 CIA와 손을 잡으려고 노력했다. 이런 와중에 이 회사는 기업으로서는 넘어서는 안 될 선까지 넘고 말았다. CIA를 개입시키기 위해서 ITT가 미국 정부에까지 압력을 넣으려고 한 행동은 사적인 이익보다 국가적인 이익에 따라야 한다는 미국 대외정책의 기본 원칙에도 어긋나는 것이다.[6]

결과

칠레에서는 앤더슨의 폭로로 ITT와 칠레 정부 사이에 진행되던 협상이 중대한 국면으로 접어들게 되었다. 아옌데는 이 상황을 최대한 이용했다. 앤더슨의 칼럼이 발표되고 일주일 후, 칠레 국회에서는 ITT와 CIA의 과거 활동 내역을 조사하기로 결정을 내렸다. 그리고 한 달 후, 아옌데는 20만 명이나 되는 사람들이 모인 친정부 집회에서 칠레 국회에 전화회사의 국영화를 요청할 것이라고 발표했고, 국회는 정당한 절차에 따라 이를 승인했다. 1972년 12월, 아옌데는 뉴욕에 있는 UN 총회에서 연설했으며 그 내용은 다음과 같다.

> ITT는 우리 나라의 깊은 곳까지 촉수를 뻗어 우리의 정치까지 마음대로 주무르려는 계획을 세웠다. 나는 이 자리에서 IT&T가 우리 나라에 내전을 일으키려고 했다는 사실을 고발한다. 다국적 대기업은 간교하고 무자비한 방법을 이용해서 우리가 독립국으로서 합당한 권리를 자유롭게 행사하지 못하도록 방해했다.7

UN 경제사회이사회UN Economic and Social Council는 개발도상국에서 다국적 기업의 역할과 영향력을 분석하기 위해 연구회를 설립하기로 만장일치로 결의했다.

미국과 칠레 사이의 관계는 악화되었고 1973년 8월 칠레 언론·라디오·TV 등이 대대적인 반미 캠페인을 전개해 상황은 최악으로 치달았다. 미국은 칠레에 국가적인 경제 마비 사태를 불러일으킨 전국 규모의 트럭 운전사 파업과 다른 노조 파업에 개입했다는 혐의를 받고 있었다.

1973년 9월 11일, 군사 쿠데타로 아옌데 대통령이 사망하자 전세계의 관심은 더욱더 칠레에 집중되었다. A. 피노체트 우가르테 군 참모총장이 이끄는 군사정권이 칠레를 장악했다.

칠레 전화회사에 대한 비용을 지급받지 못한 ITT는 해외민간투자공사 OPIC : Overseas Private Investment Corporation를 상대로 9천250만 달러의 소송을 제기했다. 1973년 4월 9일, ITT는 이 사실을 부인했다. 그 까닭은 칠레에서 ITT가 했던 행동으로 기업에 대한 부정적인 인식이 강해지자 부담을 느꼈기 때문이라고 할 수 있다. 지루한 법정 싸움은 계속되었고 1975년 1월 강제적인 조정에 따라 390만 달러에 현금 지급 조건으로 합의가 이루어졌다. 그러나 이는 ITT가 희망하던 배상 금액에는 훨씬 못 미치는 액수였다.

미국의 다국적 대기업들이 작은 개발도상국에서 그 나라의 내정에까지 간섭하려 한다는 사실—칠레에서 내전을 일으키려고 했다는 혐의를 포함해서—은 전세계적으로 비난을 받게 되었다. ITT 회사 건물이 공격받는 일이 벌어지기도 했다.

예를 들어 1973년 9월 16일 스위스 쥐리히에 있는 ITT 건물이 심각하게 파손되었다. 이틀 후에는 뉴욕 매디슨가에 있는 ITT 건물의 라틴아메리카 사업부에서 시한 폭탄이 터져서 사무실 4개가 파괴되기도 했다. 폭파 사고가 있기 몇 분 전 〈뉴욕 타임스〉 사무실로 전화가 걸려와 이번 사건은 ITT가 칠레에서 저지른 죄와 관련이 있다고 밝혔다. 1973년 10월 6일, 이탈리아 밀라노에 있는 ITT 창고에 불이 나서 1천2백만 달러 가량의 피해를 입었다.

1973년 5월 연례 회의에서 ITT 주주들은 제닌을 지지하느냐 아니냐에 따라 두 패로 나뉘어졌다. 일부는 회사의 수익성이 증가한 사실에 대해 경영진을 칭찬했다(실제로 ITT는 1972년에 45% 수익 증가를 달성하면서 기존의 최고 수익률을 깼다). 다른 주주들은 제닌을 신랄하게 비난했다. 예를 들어 전 칠레 감리교 감독은 칠레에서 ITT가 저지른 일을 비난하면서 제닌에게 다음과 같은 질문을 던졌다. "ITT의 수익을 지키자고 한 나라를 혼란에 빠뜨린 것이 과연 합법적이고 윤리적인 행동인가?"[8] (다음에 나오는 Issue Box의 내용을 참조해 보자.)

ITT의 칠레 '사건'은 좀더 장기적으로 영향을 끼쳤다. ITT의 활동에 부정적인 여론과 록히드(17장에서 논의) 같은 다른 대기업의 뇌물 스캔들 때문에 국회는 1977년 해외부패방지법을 통과시켰다. 많은 논란을 불러일으컸던 이 법은 다국적 기업과 외국 공무원 그리고 정치가 사이에 부정적인 거래를 막기 위해서 만들어졌다.

Issue Box

_ 기업의 최고 경영자에게 도덕적인 행동을 강요할 수 있는가?

기업의 최고 경영자들에게 도덕적 행동이나 리더십에 대해서 어느 정도 기대할 수 있을 것인가? 그들은 어느 정도 사회에 대한 책임이 있는가? 아니면 기업 경영이라는 분야에서는 그저 정글의 법칙이나 다윈의 적자생존 논리만 생각해야 하는 것인가?

지난 세기 동안 다윈의 철학이 전세계를 휩쓸었다. 오늘날에는 이러한 생각이 시대에 뒤떨어진 것이라고 생각할지도 모르겠다. 그러나 일부 임원들은 공룡들과 같다. 그저 옛날 기업 환경만 회상하며 살고 있다. 그리고 제닌은 이런 태도를 가장 잘 보여 준 사람이었다.

오늘날 임원과 기업들이 사회적으로 가장 바람직한 행동을 실천하게 되어 이타주의와 양심에 따라 생활할 수 있을 만큼 충분히 진보된 사회를 이루었는가? 비록 정부의 법과 규제가 완화되었다고 하더라도 대부분의 사람들은 기업들이 자기 마음대로 행동하지는 않을 것이라고 생각한다. 심지어 외국에서 사업을 하는 경우라고 해도 말이다. 임원들 중에서는 시민이 누려야 하는 최선의 이익이 곧 자신과 기업의 최고 이익과도 합치되는 것이라고 생각하는 사람들도 있다. 한편, 또 다른 사람들은 규제 조치가 없는 것을 기회라 생각하고 그저 이용할 생각만 하기도 한다.

게다가 대부분의 기업에서는 여전히 단기 수익을 최우선적으로 고려하고 있다. 그런데 사회적인 관점에서 봤을 때 이런 태도가 항상 최선은 아니다. 시민들을 좀더 고려하는 태도를 가질수록 장기적으로 회사 발전에 좋은 영향을 끼치는데도 대부분의 주주들과 채권자들은 즉각적인 이익을 기대한다.

_토의 주제

미국 기업이 좀더 윤리적이고 도덕적인 태도를 가지게 하려면 어떻게 해야 하겠는가?(물론 이 제안 내용은 바람직하고 실천 가능한 것이어야 한다.)

>>> ITT와 CIA 공무원 기소

1977년, 워싱턴 D.C. 연방 대배심은 ITT와 CIA 활동에 대해 9개월 간의 조사를 진행했다. 해롤드 제닌, 에드워드 J. 제리티(ITT 부사장), 전 CIA 국장 리처드 헬름도 다국적 기업분과위원회 심리에서 위증을 한 혐의로 고소당할 위기에 처했다. 헬름은 만약 자신이 고소당하게 되면 자신은 전 국무장관인 헨리 키신저도 "같이 무너뜨리고 말겠다"고 엄포를 놓았다. 그는 키신저야말로 미국의 반 아옌데 활동의 핵심 인물이며, 1973년 유혈 군사 쿠데타도 그가 뒤에서 조종한 것이라고 말했다.[9]

1978년, 법무부는 제리티가 1970년 아옌데를 저지하기 위해 어떤 일도 하지 않았다며 사실을 부인했다는 이유로 허위 증언과 공무집행방해죄로 고소했다. 그러나 제닌은 법망을 빠져 나갔고, 리처드 헬름은 이미 같은 문제에 대해 국회에서 허위 증언을 했다는 혐의로 경범죄에 해당하는 유죄가 확정되었다. 그는 약간의 보석금을 내고 풀려났다.

그런데 제닌이 궁지에 몰리자 국가 보안상의 비밀을 무기로 '보호'를 받았으며 또한 헬름도 마찬가지였다는 사실을 앞뒤 정황상 추측할 수 있다.[10] 그와 같은 빈틈없는 태도 때문에 고소를 피할 수 있었을 것이다. 믿을 만한 많은 정보가 있었지만 ITT의 칠레 사건에 대해서 한 건의 고소도 없었다. ITT는 좌불안석이었지만 제닌과 그의 부하 직원들은 그저 몇 가지 나쁜 소문에 시달리기만 했을 뿐이다.

분석

ITT는 칠레 내정에 간섭하는 도박을 시도했으나 결국 실패하고 말았다. 미국상원분과위원회의 비난을 받은 것 외에도 세계 곳곳에서 상당한 재산 피해를 입었다. 또한 칠레에서 국가 징발로 재정적인 손실을 입은 것에 대해서도 제대로 보상받지 못했다. 특히 같은 시기에 칠레에서 활동하던 다른 다국적 기업의 경우를 보더라도 힘을 잘못 사용하면 자신에게

 Issue Box

_ 로비

로비란 기업이나 무역단체 그리고 다른 이익단체에서 자신들의 이익을 위해 정부에 영향력을 행사하려는 노력이라고 정의할 수 있다. 로비스트들은 주로 워싱턴에서 많이 활동하며 약 3만 명의 법정 변호사·정부나 PR 컨설턴트·변호사들이 이 일에 종사하고 있다. 로비활동은 주로 국회와 행정 부처를 주요 목표로 삼으며 주로 입법이나 행정부서에서 진행된다. 특히 대법원 같은 사법부는 일반적으로 특수 이익집단의 로비가 이루어지지 않는다.

로비는 상당히 여러 곳에서 비난받았다. 분명히 로비는 특정한 이익집단의 이익을 대변하는 것이므로 '대중의 이익'과 대치될 수 있다. 로비를 비난하는 사람들은 핵심 입법자와 정부 공무원들에게 영향력을 행사하려고 하다 보면 결국 부정행위를 저지르게 되고 최악의 경우 뇌물을 주는 것이라고 주장한다. 좀더 교활한 방법을 사용할수록 추적은 점점 더 어려워진다. 예를 들면 의회 의원들의 조사 작업을 도와 주고, 연설과 공식적인 방문활동을 돕고, PR 방법과 선거 전략을 조언하는 방법 등이 있다. 많은 사람들은 효과적인 로비활동을 하기 어렵다는 이유로 일반 대중들의 관심사는 무시되고 있다는 사실에 대해 우려하고 있다.

로비스트는 나름대로 유용한 존재이다. 그들은 입법자들에게 법안에 대한 기술적인 정보와 현재 진행중인 법률에 가장 큰 관심을 가지고 있는 사람들과 일반 유권자들의 태도에 대한 정보를 제공한다. 물론 만약 로비스트가 편파적이거나 잘못된 정보를 제공한다면, 입법 결정이 잘못된다. 그러나 로비 제도를 지지하는 사람들은 잘못된 정보를 제공한 로비스트들은 곧 도태당하게 된다는 사실을 지적한다. 대부분의 입법자들은 핵심 현안에 대해서 균형 잡힌 의견을 듣기 원한다.

_ 토의 주제

로비활동의 인기가 점점 높아지고 있는 것에 대해 어떻게 평가하고 있는가? 로비활동이 좀 줄어들어야 하는가? 만약 그렇다면 어떻게 줄일 수 있겠는가?

그 피해가 되돌아온다는 사실을 알 수 있다. 제록스Xerox는 국영화되지 않았다. RCA 빅터RCA Victor는 자신의 전기 음반 레코드 공장에 대해 약간의 지분만을 받았지만 만족스러워했다. 제너럴 타이어General Tire는 정부에 지분을 매각했지만 기술적인 지원은 계속해서 제공했다. 그러나 이들 기업 중 누구도 칠레 정부를 혼란에 빠뜨리기 위해 방해 공작을 시도하지는 않았다.

일반적인 기준에서 본다면 ITT의 행동은 비난받을 만하다. 그 결과 대외적인 이미지에 치명타를 입었고, 재산 피해는 수백만 달러에 달했으며 보험 처리도 받지 못했다. 그러나 엄밀히 따지면 최대 피해자는 칠레이다. 그 중에서도 목숨을 잃은 살바도르 아옌데가 가장 큰 피해를 입었다고 할 수 있다. 비록 마르크스주의자이긴 했어도 총명하고 헌신적인 시민의 종복 아옌데가 약속한 빛나는 미래를 잃게 된 칠레 국민들에 비하면 고작 수백만 달러의 손해를 입은 ITT는 아무것도 아니다.

한편, ITT에게만 비난의 화살을 돌릴 수 없다는 것은 분명하다. 미국 정부-특히 CIA·장관·대통령까지-도 외국 정부의 내부적인 문제에 쓸데 없이 깊이 관여했다. ITT와 미국 정부는 아옌데를 저지한다는 데 의기투합했으며 그를 제거하는 데도 뜻을 같이했다. 그러나 불행하게도 이들이 실천한 방법은 상식적이고 올바른 행동과 거리가 멀었다.

그러나 ITT만 비난받아야 하는가? 한 기업을 너무 부당하게 몰아붙이는 것은 아닌가? 기업은 국내든 해외든 자신의 재산을 지킬 권리가 있는 것 아닌가? 여러 다른 윤리와 합법성에 관한 주제가 그러하듯이 어느 정도의 차이 문제이다. 일반적인 여론은 ITT가 칠레에서 한 행동은 용납할 수 있는 선을 넘어선 행동이라는 것이다. 그러나 기업이 자신의 이익을 지키기 위해서 외국 정책에 합법적으로 영향력을 행사할 수 있는 것인가? 상원 분과위원회에서는 이 주제에 대해 의문을 제기했다.[11]

다른 다국적 기업들뿐만 아니라 ITT도 정치적이고 합법적인 절차를 통해서 자사의 최고 이익을 추구할 권리가 있다. 그리고 여기에는 분명히 로비도 포함된다. 로비와 관련된 문제가 많이 발생하고 있지만 피할 수 없는 현실이다(앞에 나온 Issue Box의 '로비'를 참조해 보자). 그러나 ITT는 외국의 내정에 간섭하려고 지나치게 은밀한 방법을 사용한 결과 화를 자초하고 말았다.

개인이 운영하는 일반 기업의 외교 정책에 대한 논란의 예를 보자. 뉴욕대학교 경영대학원New York University's Graduate School of Business Administration의 로버트 G. 호킨스는 기업은 미국이 다른 나라에 대하여 '충분한 제재 조치'를 취해 줄 것이라고 기대해서는 안 된다고 충고했다. 그러나 그는 미국 정부는 '자국 시민들의 재산권을 보호해 줄 최소한의 책임이 있기' 때문에 해외에서 활동하는 미국 기업들의 재산권에 관여하고 협상에도 나서야 한다고 주장했다.[12] 기업·정부 관계에서 이 부분은 양면성이 존재하며 여러 가지 논란의 여지가 있다.

＊무엇을 배울 것인가?

외국에서, 특히 제3세계 국가에서 가혹한 태도를 보이는 것은 금물이다. 개발도상국가의 대부분은 미국 세력에 저항하는 위정자들이 다스리고 있기 때문에 이런 나라에서는 다국적 기업을 악의 화신 정도로 생각한다. 그들은 외국 기업인들을 신뢰하지 않으며 자신들의 자원과 노동력을 싼값에 약탈해 가는 사람으로 바라본다. 다시 말해서 경제적인 제국주의자 정도로 취급한다.

이러한 환경에서 미국의 다국적 기업들이 위험에 빠지지 않으려면 항상 최대한 신중하고 조심스러운 태도를 유지해야 한다. ITT가 칠레에서 지나치게 행동한 결과 다국적 기업에 대한 거부감만 심해졌다.

다국적 기업에 대한 의심과 반감이 좀 줄어드는 것처럼 느껴지던 1984년 보팔 사고가 발생했다(12장을 참조해 보자). 제3세계 국가에서는 권력을 잡고 싶어 하는 사람들이 주로 반미 감정을 이용한다. 그러므로 그 당시 정치적으로 어떤 사건이 있느냐에 따라서 미국과 다국적 기업에 대한 인식은 오르락내리락하게 된다.

기업 이기주의는 제3세계 국가에서는 취약하다. 다국적 기업들은 개발도상국에서 국민들의 생활 수준을 높여 주고, 교육 수준과 취직률 상승에 기여하며, 사회가 안정되는 데 도움을 주고, 무엇보다도 전반적인 삶의 질을 높여 주는 등 그 나라 발전에 크게 기여한다. 대부분의 경우 이러한 목표는 기업 목표와 완벽하게 일치한다. 그러나 기업의 단기적인 목표와는 합치되지 않는 경우가 있다.

만약 기업이 단기적인 수익 목표에 너무 치중하게 되면 적대적인 정부에 의해 공격받을 수도 있다. 이렇게 되면 사업 환경이 상당히 불안해질지도 모른다. 순간적인 이기심은 어느 정도 희생할 수 있어야 한다. 제3세계 국가에서는 늘 회사 재산을 국가에 징발당할지도 모른다는 위험 부담이 있다. 그러나 정부와 우호적인 관계를 유지하고, 국가를 지지하는 입장을 보인다면 이 위험을 어느 정도 낮출 수 있다. 물론 이러한 노력과 상관없이 정치적으로 안정된 사회보다는 항상 더 많은 위험이 도사리고 있다.

미국의 다국적 기업들이 해외에서 하는 행동은 국가 이미지에도 직접적인 영향을 끼친다. 즉 좋든 싫든 간에 미국 기업의 행동-특히 부정적인 행동-은 미국이라는 나라의 이미지를 흐리게 한다. 외국 정치에 지나치게 개입했던 ITT, 제대로 사용하지 않으면 위험한 제품을 판촉했던 네슬레, 안전 관리를 외국의 자회사에만 맡겨 두었던 유니온 카바이드 같은 기업들은 모두 미국의 이미지에 피해를 주었을 뿐만 아니라 '추한 미국인'의 이미지만 강화시켰다.

미국의 다국적 기업들은 책임감을 더 많이 느껴야 한다. 다시 말해 다국적 기업들은 미국 정부를 대표한다고 할 수 있다. 따라서 그들의 행동 하나하나가 미국 전체의 명성(또는 악명)에 기여한다. 그러므로 다국적 기업들이 갖추어야 하는 책임감이야말로 기업뿐만 아니라 국가 전체의 대외적인 이미지를 제대로 전달하는 역할을 담당한다.

부하 직원들은 최고 경영진의 윤리관이 해이해지면 이에 저항해야 하지만 대개 그러지 않는다. 이 책에도 여러 번 나왔지만 최고 경영진이 오히려 윤리적으로 잘못된 행동을 하도록 부추기거나 장려하는 사례를 많이 보게 된다. 이러한 상황에서 부하 직원들은 어떻게 행동해야 하는가? 대부분의 경우 부하 직원들은 의심스러운 점이 있더라도 상관의 명령을 따르며 심지어 상관보다 더한 행동을 하기도 한다. 한 개인으로서 의심스러운 행동에 대해 자기 의견을 주장할 수는 없는가? 우리는 마치 양 떼처럼 윗사람이 몰아대는 곳으로 따라가야만 하는가?

이 말이 사실이라면 정말 슬픈 일이 아닐 수 없다. 기업의 세계에서는 무작정 다수를 따르지 않고, 그저 중간만 가자는 식의 사고를 가지지 않는 사람이 절대적으로 필요하다. 그러나 이미 내부고발자에서 살펴봤듯이 이 행동은 실천하기가 어렵다. 그러나 정당한 생각과 올바른 행동이 위험에 처해 있을 때 그저 '이리저리 내모는 대로 몰려다니는 어리석은 양'이 되지는 말아야겠다.

＊질문

1. ITT는 실제로 비윤리적인 행동을 했는가? 왜 그런가? 아니면 왜 그렇지 않은가?
2. "해외에서 활동하는 회사는 무슨 수를 써서라도 자신의 재산을 보호할 권리가 있다." 이 내용에 대해 논평해 보라.

3. 비록 그들의 저항이 공격적이라고 할지라도 마르크스주의와 공산주의 정부에 반대하는 것은 적절치 못한 것인가? 테러를 지지하는 나라와 핵무기나 생물학 전쟁 능력을 갖춘 나라를 반대하는 것은 적절치 못한 것인가? 그 기준은 무엇인가?

4. 해외에서 사업을 운영하는 다국적 기업에 대해 관련 국가의 입장에서 찬반양론으로 토의해 보라.

5. 기업이 적극적인 로비 활동을 하는 것에 대해 어떻게 생각하는가? 토의해 보라.

6. ITT(또는 다른 다국적 기업)가 해외 시장에서 CIA와 미국 정부와 긴밀한 관계를 유지한 것에 대해 어떻게 생각하는가?

*실전 연습

1. 칠레 사건으로 한창 논란이 일어나고 있는 시점이다. 당신은 ITT의 PR 담당자로서 제닌의 칠레 활동에 대해 어떻게 조언할 것인가? 그가 칠레 정치에 개입하지 말라는 당신을 비난한다면 어떻게 대처할 것인가?

2. 아옌데를 무너뜨리려는 제닌의 계획에 반대하는 입장에서 가능한 한 설득력 있게 주장을 펼쳐 보라.

*팀별 토론 연습

ITT 회의실에서 칠레 문제에 대한 논의가 한창이다. 의견이 두 갈래로 나뉘어졌다. 제닌과 그의 그룹은 공격적으로 행동해야 한다고 주장하고 있다. 다른 그룹은 ITT 재산을 일부 빼앗기더라도 좀더 부드럽게 접근해야 한다고 주장한다. 양쪽 입장에 서서 토의해 보라.

록히드 : 해외에서 자행되는 뇌물 제공

●●● 록히드는 일본에 제공한 뇌물을 '마케팅 비용' 이라고 장부를 위조하여 사실을 은폐하려 한 혐의로 유죄를 선고받았다. 미국 세법에 따라 불법적인 뇌물이나 리베이트 비용을 위해서 돈을 빼돌리는 행위는 용납되지 않는다. 록히드는 또한 정부를 상대로 네 번의 사기와 네 번의 거짓 증언을 한 혐의에 대해서도 유죄를 선고받았다.

1975년 9월, 프랭크 처치 상원의원이 의장으로 있는 다국적기업에 관한 상원위원회 심리에서는 방위산업체 록히드가 네덜란드·이탈리아·일본·터키 그리고 그 밖의 국가에서 공공단체 직원과 정부 공무원에게 2억 달러 이상의 뇌물을 제공했다는 엄청난 사실이 폭로되었다. 시간이 지나 좀더 자세한 사실들이 드러날수록 국민들과 국회의원들의 분노는 커져만 갔다.

미국 주요 방위산업체와 방위산업계 전체의 도덕성이 심각한 비난을 받게 되었을 뿐만 아니라 일반적인 미국 기업들의 도덕성까지도 비난받게 되었다. 그 결과 1977년 해외부패방지법이 제정되었다.

스캔들

>>> 왕족과의 거래

네덜란드 줄리아나 여왕의 남편인 버나드 공은 매우 존경받는 인물이었다. 그는 제2차 세계대전 때 나치가 네덜란드를 공격하자 군대와 함께 용감하게 싸웠다. 그리고 1944년 연합군이 네덜란드를 다시 점령했을 때 네덜란드 군을 지휘했다. 전쟁이 끝난 후에는 전세계를 다니며 네덜란드인들을 헌신적으로 격려했다. 그는 여러 위치에서 눈부신 활약을 펼쳤다. 그 중에서도 세계야생생물기금the World Wildlife Fund을 설립하고, 네덜란드 군의 감찰감과 KLM 네덜란드 항공Royal Dutch Airlines의 이사로 활발하게 활동했다.

그러나 안타깝게도 그는 록히드의 유혹에 넘어가고 말았다. 귀족이면서 사회에 봉사하고 헌신하는 인물의 전형이었던 버나드 공도 스타파이터Starfighter를 판매하기 위해 록히드가 돈으로 무장하고 로비를 해 오자 그만 넘어간 것이다. 이 계약에 총 1억5천만~2억 달러라는 어마어마한 액수가 걸려 있었다. 버나드 공과 록히드 사이의 계약은 록히드 영업사원으로 고용된 전 KLM 직원이 담당했다. 이 계약으로 버나드 공이 받은 커미션은 백만 달러였다.[1]

>>> 일본 뇌물 사건

록히드가 관련된 일본 뇌물 사건은 1958년 일본 정부 공무원 쪽에 강력한 연줄을 가지고 있는 요시오 코다마라는 사람을 고용하면서 시작되었다. 그의 도움으로 록히드는 일본 에어포스 젯Japanese Air Force Jet의 계약을 따낼 수 있었다.

1972년, 록히드는 다시 코다마를 고용했다. 그러자 그는 전일본항공All -Nippon Airways과 13억 달러짜리 계약을 맺는 데 성공했다. 이 과정에서 코다마는 1972~1975년 사이에 록히드로부터 9백만 달러를 가져 갔다. 이 가운데 대부분은 당시 총리인 다나카 가쿠에이와 전일본항공과 록히드 사이의 거래를 중재했던 다른 정부 공무원들에게 제공되었다. 1975년 8월, 미국 정부는 조사 결과 록히드로부터 2천2백만 달러의 뇌물을 건넸다는 자백을 받아냈다.[2] 또 상원조사위원회는 1976년 2월 록히드와 일본 정부 공무원 사이에 은밀한 관계가 있음을 확인했다고 공식 발표했고, 다나카 총리는 곧 사퇴했다. 일본은 록히드와 체결한 수십 억 달러 규모의 계약을 파기했다. 1976년 9월 15일, 코다마와 다나카를 포함한 18명이 록히드 사건에 연루되었다는 혐의로 구속되었다.

>>> 그 밖의 뇌물

비록 네덜란드와 일본 사건만큼 대대적인 조사가 진행되지는 않았고 이 사건들 만큼 큰 충격을 주지는 않았지만, 록히드의 뇌물 사건은 다른 나라에서도 여러 건 발생했다. 사우디아라비아와 이란 같은 나라에서 뇌물은 '일종의 살아가는 방식' 으로 간주된다. 그러나 그 밖에 이탈리아(6천만 달러짜리 C-130s 계약을 따내기 위해 2백만 달러 지급)·스페인(130만 달러)·남아프리카공화국(9백만 달러)·그리스·멕시코·나이지리아·터키·콜롬비아에서도 뇌물 사건에 대한 증거가 있었다.[3]

뇌물의 메커니즘

뇌물·리베이트·정치 헌금, 아니면 기부를 포함한 여러 형태의 성의 표시든 간에 돈을 제공하는 행위를 통해서 그것을 받은 사람에게 직접적으로 원하는 만큼의 영향력을 휘두를 수 있게 된다. 그러나 직접적으로 전달하는 경우 간접적으로 건네는 방법보다 훨씬 더 위험하다.

돈을 제공할 때는 주로 중개자를 이용한다. 이때는 주로 자회사를 이용하게 되는데 그 이유는 자회사의 회계 기록은 모회사의 것과 통합되지 않기 때문이다. 이런 방식으로 뇌물은 한 번도 제공받은 적이 없는 서비스와 제품에 대한 비용으로 위장되며, 자회사는 순전히 뇌물을 제공하는 기능만 하는 유령회사일 수도 있다. 모회사가 유령회사를 통해서 판매 커미션을 지불하면 아무런 기록도 남지 않고 모회사와 뇌물 수수자 사이에는 어떠한 직접적인 연결 고리도 없게 된다.

영업사원들을 통해 뇌물을 전달하는 방법은 좀더 일반적인 메커니즘이다. 이들은 완벽하게 합법적인 존재이고 심지어 그렇지 않더라도 비행기 같은 큰 규모의 거래-전체 계약에 비해서 상당히 낮은 %를 차지한다 해도-에 대해서 그들에게 지급되는 '커미션'은 아주 큰 금액이 될 수도 있다. 해외 여러 나라에서 영업사원들은 개인적으로 뇌물을 제공하는 방법으로 거래를 성사시킨다. 대개 액수가 큰 커미션-일부는 제3자에게 전달되는-은 의심스럽기는 하지만, 그 액수가 영업사원이 제공한 서비스의 범위를 초과한 액수인지 아닌지는 무척 판단하기 어려운 문제이다.

기업

제2차 세계대전 중에 록히드는 2만 대의 전투기를 생산했는데 기종은 주로 P-38 전투기였다. 록히드사의 F-80 슈팅스타^{F-80 Shooting Star}는 한국에서 하늘을 장악했다. 이후 이 회사는 U-4 첩보기와 F-104 전투기를 만들었는데 F-104는 NATO의 대공 방어에서 주력 기종으로 이용되었다. 록히드의 아제나^{Agena} 로켓은 200회 이상의 우주비행선 발사에 사용되었으며, 폴라리스^{Polaris} 미사일 탑재 잠수함-예정보다 2년 반 앞서 완성-은 핵무기 개발을 억제하기 위한 필수적인 부분이라고 할 수 있다. 폴라리스에서 좀더 개선된 포세이돈^{Poseidon} 미사일을 시험 발사할 때는 러시아 추적선이 파편 조각이라도 주워 가려고 돌진하다가 미국 구축함과 거의 충돌하기 일보직전 상황이 벌어지기도 했다.

록히드는 이전에 상당히 정교한 제품들을 성공적으로 개발해낸 전력이 있었으므로 세계 최대 비행기인 군용 수송기 C-5A의 제작은 상대적으로 쉬워 보였다. 그러나 무거운 중량의 비행기를 만드는 데는 새로운 기술이 필요했다. 더욱이 인플레이션 문제와 다른 요인들-부실 경영으로 인한 부담-까지 겹쳐지면서 제작 비용은 40%나 초과되고 말았다. 록히드는 5억 달러 정도 손해를 입을 지경에 이르렀다. 게다가 미 공군은 거대한 화물 수송기 주문을 취소했다.

록히드의 방위산업분야에서도 다른 문제점들이 하나씩 발생했다. 예를 들어 헬리콥터처럼 공중에 정지하거나 시속 250마일로 비행할 수 있는 샤이엔^{Cheyenne} 하이브리드 항공기에서 결함이 발견되었고 결국 한 대가 추락했다. 이 때문에 계약이 최소되었고 록히드는 1억2천4백만 달러를 받지 못했다.

록히드는 경제적·기술적 문제들 때문에 어려움에 처하게 되었는데 정치적 요인들이 문제를 더 복잡하게 만들었다. C-5A는 일괄조달방법

TPP : total package procurement의 최초이자 최악의 사례였다. 이 제도에서는 계약자가 설계부터 최종 생산에 이르는 전체 계약에 입찰해야 하므로 제품이 고안되기 전에 미리 비용을 예측해야 한다. 정치 상황도 록히드에 불리했다. 미 공군이 군사 비용에 대해 국회위원회 조사에 솔직하게 응하지 않자 국회는 비용이 많이 드는 군사 프로그램에 대해 더 강하게 반대하고 나섰다. 또 군산 복합체도 심하게 비난하기 시작했다.

1970년대에 접어들어 국방의 중요성이 더욱 강조되고 있었지만 이러한 문제들이 겹치자 록히드는 재정적 어려움을 겪게 되었다. 더욱이 1971년 록히드는 드디어 파산할 지경에까지 이르렀다.

록히드는 방위산업에 대한 의존도를 줄이기 위해 상업용 제트기 시장에 진출하기로 했다. 그래서 록히드는 3기 엔진의 와이드 바디 제트기인 L-1011을 개발했다. 이 기종을 개발하는 데만 약 4억 달러가 들었으므로 록히드는 은행들로부터 4억 달러를 추가로 대출했다. 엔진은 영국 롤스로이스Rolls-Royce에서 제작하기로 했지만 공교롭게도 이 회사가 파산하고 말았다. 록히드는 L-1011에 장착할 엔진도 없고, 시간도 촉박하게 되었으며, 출시 계획 때문에 다른 공급자로 교체하기가 무척 어려운 상황이었다. 이미 발생한 어마어마한 비용과 주문 취소에 따르는 3억 달러까지 떠안게 된 록히드는 거의 파산 위기에 내몰렸다.

록히드는 정부가 2억5천만 달러의 구제금융을 지원하기로 약속한 후에야 겨우 부도 위기에서 벗어날 수 있었다. 연방정부가 만약 대출금에 문제가 생기는 경우 대신 책임을 지겠다고 나서자 채권자들은 록히드 생존에 필요한 금액을 대출해 주는 데 동의했다(Issue Box의 '록히드에 대한 금융 지원은 정당한가?'에 대해 토의해 보자).

록히드는 생존을 위해서 해외 시장 쪽으로 집중했고, 특히 C-130 헤라클레스 수송기 판매를 위해 노력했다. 해외 판매는 순조롭게 성장했다. 1970년(정치적 지원이 시작된 당시)에는 1억4천6백만 달러였던 매출이 1974년에는 6억5천만 달러까지 성장했다. 이란과 사우디아라비아 매출이 특히 높은 데 비례해 이 두 나라는 상당한 액수의 뇌물을 챙겼다. 한편, 록히드는 미국 정부가 제공한 대출금 1억9천5백만 달러를 사용했다.

Issue Box

_ 록히드에 대한 금융 지원은 정당한가?

록히드 구제금융에 대한 국회 논란은 광범위하게 벌어졌다. 이 논란은 철학적인 입장과 현실적인 입장의 두 그룹으로 나뉘어졌나. 구제금융에 반대하는 입장에서는 한계에 다다른 회사와 무능력한 경영진을 지원해 줌으로써 경제의 경쟁 논리를 위태롭게 하고 있다고 주장했다.

구제금융을 찬성하는 쪽에서는 만약 문제가 발생하더라도 이 회사 자산에 대해서 정부가 가장 우선적으로 권리를 가지고 있기 때문에 이번 구제금융으로 손해 볼 것은 전혀 없다는 입장을 보였다.

이들은 만약 회사가 파산할 경우 6만 개의 일자리가 줄어들고 소득세도 5억 달러가 줄어들게 된다는 것을 주장했다. 그보다 좀더 강력한 주장은 이 회사가 미국 국방에 있어 필수적인 기업이라는 점이었다.

마침내 현실적인 주장이 이상적인 주장을 이겼다. 록히드는 살아남았고 수익을 낼 수 있게 되었다. 그리고 정부는 결과적으로 거래에 대한 수수료로 2천 660만 달러를 챙길 수 있었다.

1980년 초, 록히드와 같은 상황에 처하게 된 크라이슬러는 연방 대출금으로 15억 달러를 지원받았다. 수십 년 후에 정부는 은행과 저축대부조합업계를 구하기 위해 개입하기도 했다. 이미 8장에서 살펴봤지만 이러한 기업들은 스캔들과 부실 경영으로 내부가 엉망진창이었다.

_ 토의 주제

너무 중요한 기업이라서 부도가 나게 내버려 둘 수 없는 상황도 있는가? 부도에서 구해야 되는 회사와 그렇지 않은 회사를 정할 때 규모나 중요성의 기준을 어디에 둘 것인가? 정부의 지원을 받지 못하는 회사는 얼마나 작은 회사여야 하는가? 이것이 공정하다고 생각하는가?

조사가 시작되다

정부 보증 대출금 덕분에 록히드는 파산 위기에서 벗어날 수 있었다. 그러나 정부 보증이 너무나 부정적인 결과를 낳고 말았다. 회사 운영 전반에 대한 조사를 시작할 계획이었고 국제적인 뇌물 수수와 관련된 의심스러운 행동은 곧 드러나게 될 형편이었다. 이것은 정부 입장에서도 곤란한 문제였다. 해외 공무원들에게 부적절한 뇌물을 제공했다는 사실이 드러나게 되면 록히드의 대출금 상환에도 문제가 생길 수 있었다.

국회가 보증 대출에 대해 검토하고 있던 그 무렵 상원 금융위원회 the Senate Banking Committee 심의에서 계약을 따내기 위해서 뇌물을 제공했다는 증거가 처음으로 발견되었다. 그러자 록히드는 오히려 뇌물을 제공할 수 있는 권리를 주장하며 법원의 명령 없이는 국회와 미국증권거래위원회가 요구하는 그 어떤 정보도 공개할 수 없다며 자료 협조 요청을 완강하게 거절했다.[4]

상원의원 프랭크 처치가 이끄는 다국적 기업에 대한 분과위원회 심리에서 뇌물 사건의 전말이 서서히 드러나기 시작했다. 제럴드 포드 대통령은 점점 확대되어 가는 스캔들에 대해 '깊은 우려'를 표하고 좀더 심도 깊은 조사를 시행하라고 지시했다. 미국증권거래위원회도 록히드에 대한 조사뿐만 아니라 다른 다국적 기업에 대한 조사를 강화했다. 미국 국세청은 300명의 공무원을 동원하여 국내뿐만 아니라 해외 회계장부도 조사 대상에 포함시켰다.[5]

록히드의 최고위 임원들이 뇌물 사건에 연루되었다는 사실이 명백해졌다. 그리고 다른 다국적 기업들도 해외 뇌물 사건에 관련되어 있었다. 그러나 2억5천만 달러의 뇌물 수수 혐의를 받고 있는 록히드만큼 큰 사건은 없다는 사실도 밝혀졌다(록히드 이후 최대 사건으로는 노드롭Northrop으로 3천만 달러, 엑슨 2천7백만 달러였다. 또 다른 큰 사건으로는 레이시온·GTE·걸프 오일Gulf Oil이

있었다).[6]

　나쁜 소문들이 떠돌고 있었지만 국방부는 록히드와 수백만 달러짜리 주문 계약서를 계속 작성했다. 그리고 국회는 비리에 대한 응징으로 정부 계약을 철회하지는 않기로 결정했다. 이는 군사업계에서 록히드가 얼마

┌ Information Box

_1977년 해외부패방지법

이 법이 제정됨으로써 해외 정부 공무원에게 뇌물을 공여하는 행위는 형사상 범죄가 되었고 해당 기업과 임원에 대해서 엄청난 벌금을 부과할 수 있게 되었다. 예를 들어 뇌물죄로 걸리게 되면 해당 기업은 1백만 달러의 벌금형을 받을 수 있고, 개인에게는 1만 달러 벌금과 5년 동안의 징역 형이 선고될 수 있었다.

　이 법이 제정된 이유는 미국 기업이 해외에서 거래를 할 때 좀더 높은 윤리 기준을 가지고 활동하기를 바라는 좋은 취지였지만, 강력한 반대 의견도 있었다. 반대자들 주장에 따르면 이 법은 너무 제한하는 부분이 많고, 회계상 요구 조건도 무척 부담스러우며, 처벌이 몹시 엄격해서 혹시라도 기업들이 해외 진출을 꺼리게 될 수 있다는 것이다.

　그러나 가장 크게 비난받는 부분은 경쟁력에 관한 것이었다. 외국 공무원들에게 뇌물이나 기타 사례를 하는 행위를 금지하지 않는 국가의 기업에 비해 미국 기업들이 불리해질 수 있다. 그리고 전세계 많은 나라에서, 특히 개발도상국에서는 뇌물을 관행으로 받아들이고 있다. 비록 이 법안에 찬성하고 있는 사람들은 미국의 높은 기술력으로 뇌물을 충분히 이길 수 있다고 주장하지만, 그러한 뛰어난 기술력이 얼마나 힘을 발휘할 수 있을지는 여전히 의문스럽다. 이 법률 제정으로 큰 피해를 입은 업체들은 전기설비·전기부품·소비자용 전기제품을 제조하는 회사들이었다.[7]

_토의 주제

해외에서 뇌물을 제공하고 난 후에 늘 이런 말을 한다. '로마에 가면 로마법을 따르라!' 이러한 태도에 대해 어떻게 생각하는가? 해외에서 활동하는 기업들이 이러한 법적 규제 조치를 따라야 한다고 생각하는가?

나 중요한 존재인지를 보여 주는 확실한 증거였다(정부는 록히드가 계속 생존할 수 있기를 바랐고 드디어 회사 스스로 대출금을 갚을 수 있었다). 그러나 1977년, 국회는 뇌물 스캔들에 놀란 나머지 사업 거래를 정화시키고 해외의 여러 가지 뇌물을 금지하기 위해서 해외부패방지법을 통과시켰다(앞의 Information Box의 '1977년 해외부패방지법'을 참조해 보자).

록히드의 다니엘 J. 허튼 회장과 A. 칼 코치언 사장은 퇴진 압력을 받았다. 외부에서 영입된 경영진과 새롭게 개편된 이사회는 피해를 복구하고 손상된 기업 이미지를 회복시키기 위해 최선의 노력을 기울였다.

1979년 6월, 록히드는 일본에 제공한 뇌물을 '마케팅 비용'이라고 장부를 위조하여 사실을 은폐하려 한 혐의로 유죄를 선고받았다.[8] 미국 세법에 따라 불법적인 뇌물이나 리베이트 비용을 위해서 돈을 빼돌리는 행위는 용납되지 않는다. 록히드는 또한 정부를 상대로 네 번의 사기와 네 번의 거짓 증언을 한 혐의에 대해서도 유죄를 선고받았다. 물론 해외 뇌물이 발생한 시점에는 해외부패방지법이 제정되지 않았으므로 뇌물 사건에 대해서는 더 이상 죄를 물을 수 없었다.

복귀

1977년 10월, 로이 A. 앤더슨이 록히드의 회장 겸 CEO로 선출되었다. 그는 록히드에서 그동안 최고재무책임자CFO로 근무해 왔다. 언제나 '노 코멘트' 전략을 펼친 전 회장 허튼과는 반대로 앤더슨은 모든 사실을 솔직하게 드러내겠다며 개방 정책을 시행할 것임을 시사했다. 예를 들어 공장이 있는 지역 행사에 회사가 적극적으로 참여하는 모습을 보이는 등 이전과는 다른 방식으로 회사를 PR하기 위해 노력했다.

록히드는 1982년 확실하게 위기에서 벗어났다. 수입은 크게 증가했고, 특히 핵심 사업분야가 강화되었다. 주요 계약들도 새로 성사시켰으며 자본 구성도 이전과 다르게 개선되었다. 그리고 10여 년 만에 처음으로 외부 감사원들이 회사 재무제표에 대해서 제한조건 없는 보고서를 발행할 수 있게 되었다.[9]

이 회사는 10년이 넘는 운영 기간 중에서 최상의 상태를 보이고 있었다. 1983년에는 수주 잔고가 78억 달러였다. 록히드는 연구개발 부분에 상당한 투자를 했다. 또한 5년간 지출 규모를 약 35억 달러까지 확대했다.[10] 특히 놀라운 사실은 불법적인 행동을 전혀 하지 않고도 이 모든 것을 이룰 수 있었다는 것이다.

분석

>>> 록히드의 죄는 어디까지인가

록히드 임원들은 "해외 공무원들과 정치단체에 돈을 주는 행위는 사업을 진행하는 데 반드시 필요하다. 미국 정부는 앞으로 이런 일을 법으로 금지해서는 안 된다"라고 주장했다.[11] 록히드의 A. 칼 코치언 사장은 금품 제공 행위를 강하게 옹호했다.

> 해외에서 금품을 제공한다고 해서 미국 법을 위반한 것은 아니다. 내가 금품을 제공하자는 결정을 내리게 된 이유는 (계약을 성사시키면) 록히드 직원들에게 일자리를 제공할 수 있고 그 가족들·지역사회·회사 주주들에게 이익이 골고루 돌아갈 것이라고 판단했기 때문이다. 내가 강조하고 싶은 것은 제공한 금품은 (요청받은 것이며) 내가 먼저 준 것이 아니라는 사실이다(Issue Box '금품 강요에 응했을 뿐이다?'를 참조해 보자).[12]

해외부패방지법에서는 부적절한 현금 지급에 대해서 뇌물과 금품 강요 사이에 차별성을 두고 있지는 않다. 그러나 드러커는 핵심에서 벗어났다. 보행자 경우는 돈을 건네지 않으면 그의 생명이 위험하지만, 록히드의 경우 그저 L-1011 계약만 따내지 못하게 된다. 비록 이 계약건이 회사·직원·주주들에게 중요하기는 하지만 소중한 목숨만큼은 아니다.

록히드는 미국 기업이 뇌물을 제공하지 않으면 해외 시장에서 자리를

 Issue Box

_ 금품 강요에 응했을 뿐이다?

뇌물은 행동에 영향을 주기 위해서 가치 물질적으로 있는 어떤 것을 제공하는 행위인 반면 금품 강요는 수수료나 뇌물을 요구하는 행위이다. 전자의 경우 행동은 판매자에서부터 시작된다. 후자는 구매자로부터 시작된다. 금품 강요는 갈취의 일종이라고 할 수 있다.

만약 어떤 기업이 금품 강요가 만연한 나라에서 사업을 하려고 한다면, 이 기업은 어떠한 비난도 받아서는 안 되는 것인가? 그저 순진한 희생자일 뿐인가? 물론 이것은 코치언이 일본 뇌물 사건에 대해 자신을 변호할 때 했던 말이다. 쿠겔과 그륀베르크는 "일단 불법적인 거래가 시작되면 거기에 빠져들기 때문에 나중에는 어디까지가 뇌물이고 어디서부터 금품 강요인지 결정하기 어려워진다"라고 주장했다.[13] 이 분야의 권위자인 피터 드러커가 주장했듯이 우리는 뇌물을 제공한 기업보다도 처음에 그것을 요구한 개인이나 정부를 더 강하게 비난해야 한다. 그는 다음과 같이 결론을 내렸다. "록히드가 일본에 금품을 제공한 행위와 뉴욕 센트럴파크를 산책하던 보행자가 강도에게 지갑을 넘긴 행동 사이에는 거의 차이가 없다. 그러나 어느 누구도 그 보행자가 비윤리적인 행동을 했다고는 생각하지 않을 것이다."[14]

_토의 주제

뇌물과 금품 강요 중 어느 것이 더 나쁜지에 대해서 토론해 보라. 어떤 입장이 더 설득력이 있는가? 그 이유는 무엇인가?

잃게 될 것이라고 주장하는 수많은 지원군을 얻게 되었다. 기업 경영자들을 대상으로 한 조사에서 응답자 가운데 거의 절반이 "뇌물 수수가 용인되는 나라에서는 뇌물을 제공함으로써 분명히 덕을 봤다"라고 말했다.[15]

해외에서 뇌물을 제공하는 행위를 옹호하는 사람들이 주장하는 내용은 다음과 같다.

● 각 나라마다 고유 기준이 있으므로 미국 기업들은 외국과 거래할 때 자신의 기준과 관습만 적용하려고 해서는 안 된다.

● 뇌물을 사용하면 일이 빨리 진척되므로 결국 뇌물을 사용하지 않을 때보다 비용이 훨씬 적게 들고 더 효과적이다. 게다가 어떤 나라에서는 뇌물을 사용하는 방법밖에 다른 대안이 없는 경우도 있다.

● 뇌물을 주지 않는다면 미국 기업은 해외 시장에서 살아남지 못할 것이다. 즉 미국 기업들은 뇌물에 대해서 별다른 규제 조치가 없는 국가의 다국적 기업들과 경쟁할 수 없게 된다. 결과적으로 미국의 다국적 기업들뿐만 아니라 미국 경제의 생존이 위협받게 될 것이다.

그렇다면 록히드는 뇌물 수수와 부패 혐의로 중형을 선고받아야 하는가? 록히드를 지지하는 사람들이 여전히 존재할 뿐만 아니라 록히드 최고 경영진들이 강력히 반발하고 있기는 하지만, 대부분의 사람들은 이 행위가 잘못된 것이라고 평가하고 있다. 비록 일부 국가에서는 뇌물과 매수행위가 관행으로 받아들여지고 있고 또 어떤 나라에서는 자국의 다국적 기업이 뇌물을 주는 행위에 대해 크게 관여하지 않는다. 그러나 아직까지 대부분의 미국 시민들은 뇌물 수수를 혐오한다. 아마도 록히드를 판단하는데 가장 중요한 요소는 록히드가 다른 미국 기업들의 거의 10배에 해당하는 뇌물을 제공했다는 명백한 사실이다. 일부 사람들은 적당히 용서할지도 모르겠지만 대다수 사람들은 극도로 싫어할 수도 있다.

뇌물이란 어떤 상황에서건 그리고 어떤 액수이건 무조건 제공해서는 안 된다는 입장을 가진 사람들이 있다.

● 이들은 자신들은 비열하게 그런 방법을 사용하고도 부하 직원들에게는 더 엄격한 도덕 기준을 요구하는 최고 경영자들의 도덕적 리더십의 부재를 비난한다.
● 이들은 뇌물을 도덕적 붕괴의 신호라고 생각한다.
● 이들은 해외에서 제공하는 뇌물 탓에 사회에서 부담해야 하는 비용이 기업의 이익보다 많을 것이라고 굳게 믿고 있다. 결국 언젠가는 도덕성 결여에 대한 대가를 혹독하게 치르게 될 것이다.

>>> 뇌물을 장려하는 사회 분위기

뇌물을 제공하는 상황이 성립될 때는 그것을 부추기는 묘한 분위기가 형성된다. 모든 기업들이 이런 유혹에 빠지는 것도 아니고, 어떤 상황에서나 뇌물이 효력을 발휘하는 것도 아니다. 일반 기업이나 개인보다는 정부가 수천만 달러 제품을 직접 구입하거나 또는 정부 공무원이 매매 계약 교섭자로 나서는 경우 뇌물 수수 가능성이 훨씬 더 높다. 경쟁하는 기업이 얼마 안 되는 과점 시장에서 국제적으로 뇌물을 제공하는 경우에는 비가격 경쟁이 된다.

해당 국가에 생산 시설을 갖춘 다국적 기업은 영업 조직만 갖추고 있는 기업보다 뇌물을 요구하는 압력에 더 오래 견딜 수 있다. 후자의 경우 대개 외국의 영업사원에 의존하므로 이런 상황에서는 (앞에서 살펴보았듯이) 영업사원이 판매 커미션으로 가장하여 돈을 받은 다음 뇌물로 제공할 가능성이 높다.

＊무엇을 배울 것인가? ....

기업에서는 의심스러운 현금지급 행위를 막을 수 있다. 해외에서 사업을 하는 기업이 해외부패방지법을 따르고 의심스러운 현금지급 행위를 막기 위해서 행동을 취할 수는 있다. 그러나 분명히 국내에서 활동할 때보다는 좀더 어려울 것이다. 그 이유는 간단하다. 지리적으로 멀리 떨어져 있으므로 감시하기가 더 힘들기 때문이다.

부패를 방지하려면 의심스러운 거래에 대해서 회사 정책을 개발하고, 그 내용을 명백히 밝히며, 아주 엄격하게 실천하는 것이 첫걸음이다. 이러한 정책은 직원들에게 잘 전달되어야 한다. 또한 직원들의 행동을 감시하고 정책이 제대로 지켜지고 있는지 확인하기 위해서 내부 감사를 시행하는 것도 도움이 된다. 그리고 최고 경영자는 부하 직원이 저지른 의심스러운 현금지급 행위나 비윤리적이고 불법적인 행동에 대해서 책임을 회피해서는 안 된다.

주로 외국 영업사원들을 통해서 뇌물 사건이 일어나므로 이들을 고용할 때는 그들의 행동을 철저하게 확인하는 한편 회사 정책을 잘 이해할 수 있도록 돕는다. 제품 수출을 위해서 해외 자회사를 두는 경우—특히 서유럽에서 뇌물법이 덜 엄격하다—에는 해외부패방지법이 제대로 안 지켜질 수도 있다.

외국에서 정상적인 사업 거래를 빨리 처리하기 위해서 현금을 지불하는 행위는 절대 불법이 아니다. 해외부패방지법에서는 이 현금지급으로 거래를 하느냐 안 하느냐가 결정되지만 않는다면 거래를 쉽게 하고 '기름을 치기 위해' 돈을 지불하는 행위를 금하지 않는다. 따라서 세무 공무원이나 정부 하급 공무원에게 서류 작업이나 허가서를 빨리 처리해 달라고 돈을 주거나 선물을 하는 행위는 법을 위반하는 것이 아니다. 상대적으로 정부의 하급 공무원에게 제공하는 현금은 액수가 적고 거의 몇백 달러 수준을 넘지 않는다. 지역에 따라서는 이런 돈을 얼마 안 되는 월급을 보충하기 위한 수단으로 생각하기도 한다.

기업은 '모든 사람들이 하는 것'보다 윤리적 행동 기준을 더 높게 가져야 하는 것 아닌가? 만약 '아니다'라고 결론을 내린다면, 기업 전체의 도덕성은 '나락'으로 떨어지게 된다. 남들만큼만 하자는 태도가 만연할 것이고 이 행렬에 끼지 않는 기업은 경쟁력을 상실하게 된다. 이러한 태도는 뇌물을 전달하는 행위보다 더 많은 문제가 있다. 여기에는 모든 종류의 기만과 사기행위가 포함되어 있다. 이런 행동을 통제할 수 있는 구체적이고 강력한 법이 없는 경우에는 좀더 노골적인 군중 심리가 등장하게 된다.

반면, 기업이 자체적인 행동 방침을 정하고 도덕적인 자세를 견지하며 다른 사람들과 구별되는 행동을 할 수는 없는 것인가? 이런 경우 단기적인 성과는 없을지 모르지만 장기적으로 살펴볼 때는 소비자들과 좀더 신뢰를 구축하여 마침내 더 좋은 성과를 낼 수 있다. 그러나 해외 뇌물 문제로 들어가면 할 말이 없어진다. 만약 미국 기술과 서비스가 외국 경쟁자들보다 훨씬 더 뛰어나다면 미국 기업들은 그런 뇌물을 주지 않았을 것─비록 구매자가 뇌물을 요구하고 경쟁 업체에서는 기꺼이 뇌물을 제공하려 한다고 해도─이고 그리 심각한 타격을 입지도 않았을 것이다. 그러나 미국 기술과 서비스가 과연 외국 경쟁사와 비교할 수 없을 만큼 뛰어난가?

놀랍게도 큰 성공은 아니라도 기업은 뇌물 없이도 성공할 수 있다. 뇌물 사건이 폭로된 지 여러 해가 지난 후 록히드는 새로운 경영진과 이 사회 그리고 기업의 새로운 도덕적 환경 속에서 재기에 성공할 수 있었다. 이러한 재기의 조짐은 1977년 말 처음 나타났고 1982년에는 회사 경영상의 모든 면에서 놀라운 발전을 이룩했다. 주식 시장은 이 변화를 재빨리 눈치 챘다.

록히드는 새로운 사업분야와 기존의 사업분야 모두 정부에 상당 부분 의존하고 있었지만 해외 시장에서 뜻밖의 놀라운 성과를 거두었다. 록히드의 재기가 해외에서 뇌물을 제공하는 행위가 항상 효과가 있지는 않다는 사실을 의미하는 것인가? 몇몇 사람들은 뇌물이 꼭 필요한 것은 아니라고 주장할지도 모른다. 그러나 뇌물 제공이 그 당시에는 큰 효과가 있었던 게 틀림없다. 록히드 스캔들이 전세계에 알려지고 다른 다국적 기업에 대해서 조사가 진행되면서 기업들은 뇌물에 대해 다시 한 번 생각할 기회를 가지게 되었는지 모른다. 아무튼 록히드의 재기는 기업이 높은 윤리적 기준을 세우고도 경쟁력을 갖춰 살아남을 수 있다는 해외부패방지법 주장에 큰힘을 실어 주고 있다.

＊질문

1. 가까운 미래에 기업 활동에 대한 전세계적인 기준이 제정되고 실시될 가능성이 있는가? 왜 그렇게 생각하는가? 아니면 왜 그렇게 생각하지 않는가?
2. 록히드의 최고 경영진들이 왜 뇌물을 제공하고 의심스러운 행동을 하게 되었다고 생각하는가?
3. 대부분의 다른 사건들과 달리 이 사건에서는 부하 직원이 아니라 최고 경영진들이 주로 비난을 받았다. 당신은 최고 경영진들이 이 사건에 눈에 띄게 연관된 이유는 무엇이라고 생각하는가?
4. 뇌물과 금품 강요의 차이점은 무엇인가? 윤리적인 차이가 있는가?
5. 어떤 나라에서는 사업을 하는 데 뇌물이 당연한 것으로 받아들여진다고 한다면, 비윤리적 행동에 대한 판단이 변할 것 같은가?
6. 최고 경영진은 부하 직원이 저지른 뇌물 제공에 대해서 책임을 져야 하는가?

7. 1970년대 초반 일어난 뇌물 사건에 대해서 록히드의 입장을 변호해 보라. 가능한 한 설득력 있게 주장을 펼쳐 보라.

*실전 연습

1. 당신은 록히드를 대표하여 네덜란드의 버나드 공을 만나러 갔다. 그의 힘을 빌리기 위해 뇌물을 제공해야 하는데 당신은 어떤 말로 그를 설득하겠는가? 만약 그가 이 제안을 거절한다면 어떤 말로 반대할 것 같은가? 그리고 당신은 어떻게 대답할 것인가?
2. 당신은 회사 임원들에게 뇌물 강요에 대해서 어떻게 반응하라고 충고해 줄 것인가? '윤활유 역할을 하는 돈'은 또 어떠한가?
3. 당신은 록히드에 뇌물 사건이 터지고 나쁜 소문만 무성해지자 상황을 반전시키기 위해 새롭게 회사에 부임한 최고 경영자이다. 이 상황을 개선시키기 위해 어떤 방법을 시도할 것인가? 구체적으로 설명해 보라.

*팀별 토론 연습

1. 정부가 록히드에 구제금융을 시행한 것에 대해 토론해 보라.
2. 해외부패방지법에 대해 토론해 보라.

제너럴 다이내믹스
: 미국 납세자들을 대상으로 한 사기행위

● ● ● 제너럴 다이내믹스는 미 국방부와 긴밀한 공생관계를 유지해 오고 있었다. 이 회사에서 생산하는 제품들은 제2차 세계대전과 그 이후 이어진 냉전 중에 미군 군사력의 핵심을 차지하고 있었다. 그러나 이 회사는 그동안 부실 경영·불법 뇌물·비용 과잉 청구 등의 혐의도 받고 있었다.

1970~1986년까지 군수 장비 비용을 부담해 온 미국 납세자들을 기만한 제너럴 다이내믹스General Dynamics Corporation는 방위산업분야에서 무책임하고 기회주의적인 기업의 상징이 되었다. 이 기간 동안 제너럴 다이내믹스는 국방부·국세청·미 상원 그리고 미국증권거래위원회의 조사를 받았다. 여러 혐의 가운데 가장 심각한 사건은 수십억 달러 비용이 초과된 로스엔젤레스급 잠수함 프로그램에 관한 것이었다.

또 미국의 주요 방위산업체는 막대한 비용 초과·사기·제작상 결함·워싱턴 관리들과 의심스러운 거래·청구서 수치 부풀리기·부실 경영·해외 뇌물·탈세 등의 불법행위에 대하여 심각한 혐의를 받고 있었다.

이러한 혐의들은 제너럴 다이내믹스뿐만 아니라 방위산업계에 전반적으로 나타나는 증상이었다. 그러나 그 중에서도 제너럴 다이내믹스가 최고였다.

기업

방위산업체 제너럴 다이내믹스는 일렉트릭 보트회사Electric Boat Company에서 시작되었다. 이곳은 1895년 존 홀랜드가 뉴저지주에서 설립한 회사로 배와 잠수함을 만들었다. 제2차 세계대전 중에 일렉트릭 보트 회사는 잠수함·PT 보트 그리고 기타 다른 배들을 대량으로 생산하면서 이름을 날리기 시작했다. 그런데 전쟁이 끝나고 매출이 감소하자 이 회사는 강력한 인수 전략을 채택했으며 1952년 캐나데어Canadair와 합병하여 제너럴 다이내믹스를 설립했다.

1984년, 제너럴 다이내믹스의 직원 수는 9만2천6백 명이었고, 계약 수주건만 78억 달러에 이르렀으며, 수익은 3억8천2백만 달러였다. 이 회사는 미국에서 세 번째로 큰 규모의 방위산업체로서 F-16 전투기, 토마호크 크루즈 미사일Tomahawk Cruise missile, 스팅어 대공 시스템the Stinger Antiaircraft System, 팔랑크스 함포 시스템the Phalanx Gun System, 트라이던트급 Trident과 SSN-668급 잠수함, M1 주력 전차, 미군 단일 채널 방식과 공수 라디오 시스템 같은 방위산업용 전자기기 등 군대 전분야에 걸쳐 아주 다양한 종류의 주요 무기들을 생산해냈다.

제너럴 다이내믹스는 정부와 상업용 우주선 발사 연구소에 아틀라스 Atlas와 켄타우르Centaur 발사용 로켓을 판매했다. 이 회사의 자회사인 세스나 항공Cessna Aircraft은 비즈니스용 제트기 분야에서 세계 최대 업체(시장 점유율 50%) 가운데 하나였다. 다른 자회사인 머티리얼 서비스Material Service Corporation는 건물과 고속도로 건설 재료와 석회·석탄을 판매했다.

이후 진행할 프로젝트로는 해군의 A-12 공격용 전투기(맥도널 더글러스와 함께 생산)와 고성능 전술 전투기Advanced Tactical Fighter가 있었다(이 전투기는 제너럴 다이내믹스와 다른 한 업체에서만 생산할 수 있었다). 해군에 신형 시울프 Seawolf급 공격용 잠수함을 건조할 수 있는 업체는 방위산업체 가운데 두 군데밖에 없었는데 일렉트릭 보트 사업부가 그 중 하나였다. 제너럴 다이내믹스의 주요 고객은 미군이었지만 보통 외국과도 거래를 했다. 예를 들어 F-16 항공기는 벨기에·덴마크·네덜란드·노르웨이·이스라엘·이집트·베네수엘라·한국·터키·그리스·태국·싱가포르·인도네시아·바레인에서도 주문했다.

새롭게 등장한 문제들

여러 해 동안 제너럴 다이내믹스는 미 국방부와 긴밀한 공생관계를 유지해 오고 있었다. 이 회사에서 생산하는 제품들은 제2차 세계대전과 그 이후 이어진 냉전 중에 미군 군사력의 핵심을 차지하고 있었다. 그러나 이 회사는 그 동안 부실 경영·불법 뇌물·비용 과잉 청구 등의 혐의도 받고 있었다. 이러한 혐의를 받고 있는 업체가 제너럴 다이내믹스뿐만은 아니었지만-다른 방위산업체들도 비난을 받고 있었다-제너럴 다이내믹스는 특히 트라이던트와 SSN-688 공격용 잠수함 건에 대해서 상당히 주목을 받고 있었다.

이야기는 1968년으로 거슬러 올라간다. 미 해군은 소련이 잠수함 공격으로 위협을 가하자 이보다 한발 앞서 나아가야 한다는 압박감에 시달리고 있었다. 때는 동서 냉전 상황이 극에 치닫고 있던 시기로 베를린 장벽이 완공되기 불과 몇 년 전이었다(베를린 장벽 건설 작업은 1961년 8월 13일에 시작되었다). 전쟁에 대한 가능성이 높아지자 미군은 핵잠수함을 개발하기로 결정을 내렸다.

이 사업은 막대한 비용이 필요할 뿐만 아니라 미군으로서는 최초의 핵잠수함 개발이었으므로 해군은 가장 능력이 있다고 판단되는 두 개 업체로 제한하여 입찰을 실시했다. 그 결과 제너럴 다이내믹스의 일렉트릭 보트 사업부가 계약을 따냈고, 이 회사는 미군의 무기 중에서 가장 강력한 트라이던트 탄도 미사일을 장착한 해군의 핵잠수함 SSN-688을 최초로 생산하는 업체가 되었다.

해군 측은 이번 입찰은 좀더 일반적인 '변동가격cost plus' 계약을 하지 않고 고정가격fixed-price 계약을 하기로 했다고 발표했다. 이는 제너럴 다이내믹스에게는 상당히 위험한 조건이었다. 왜냐 하면 어느 누구도 고속 핵잠수함을 건조하는 데 비용이 얼마나 들지 알 수 없는 상황이었기 때문이다.

예상했던 것처럼 몇 년 지나지 않아 건조 비용은 계약한 가격을 훨씬 넘어섰고, 계약 조건에 문제가 있다는 사실은 분명해졌다. 1976년, 제너럴 다이내믹스는 18대의 핵잠수함 건조에 각각 4천6백만 달러의 경비가 초과되었다며 총 8억4천3백만 달러의 청구 소송을 냈다. 제너럴 다이내믹스 측은 비용이 증가하게 된 이유가 해군이 지속적으로 핵잠수함 세부 사항을 변경하는 등 계약서대로 처리하지 않았기 때문이라고 주장했다. 그러나 해군 측은 제너럴 다이내믹스 측에서 전반적으로 일을 잘못 처리해 비용이 초과된 것이라며 추가 비용을 절대로 지불할 수 없다고했다. 이 일을 계기로 저가 입찰에 응한 방위산업체에 강도 높은 조사가 진행되었다.

혐의

1978년, 해군은 마침내 막대한 초과 비용 중에서 상당 부분을 추가로 지불한다는 데 동의했다. 미 해군의 핵무기 분야를 총괄하는 제독 하이먼 리코버와 윌리엄 프록스마이어 상원의원 같은 일부 사람들은 이 거래에 대해 맹렬한 비난을 퍼부었다. 그들은 제너럴 다이내믹스가 해군이 수천 건의 기술 변경을 요청했으므로 비용이 초과되었다고 주장하는 것은 명백한 사기행위라고 주장했다.[1]

비용 초과문제는 일렉트릭 보트 사업부만의 일이 아니었다. M1 에이브럼스 탱크M1 Abrams Tank · DIV AD 자주 대공포DIV AD Self-Propelled AntiAircraft Gun · F-18 전투 폭격기 등 다른 프로젝트에서도 막대한 비용 초과 사건이 발생했다. 예를 들어 에이브럼스 탱크의 가격은 대당 2백만 달러였다. 그러나 실제 생산 가격은 대당 280만 달러로 무려 42.4%나 비용이 초과되었다.

이 문제도 중대한 관심사이긴 했지만 실제로 제너럴 다이내믹스에게 치명타를 입힌 것은 전혀 다른 문제였다. 바로 사기 혐의였다. 미 국방부는 제너럴 다이내믹스가 리코버 제독의 도움을 받기 위해서 그에게 불법적으로 6만7천628달러 상당의 선물을 제공했다는 증거를 공개했다. 제독은 일렉트릭 보트 조선소Electric Boat Shipyard에서 진행하고 있는 수십억 달러짜리 극비 작업을 감시하는 업무에 영향력을 행사할 수 있었다. 국방부는 제너럴 다이내믹스가 임원들의 골프 클럽 회비, 정부 공무원 로비 비용 그리고 유명한 사례인 최고 경영자의 애완견이 항공기에 탑승하는 비용 같은 의심스러운 간접비를 부풀려 국방부에 청구하는 일을 포함해 다른 과실들도 밝혀냈다. 이 회사가 정부에 청구한 2천2백만 달러 중에서 90%는 제너럴 다이내믹스 회장인 데이비드 S. 루이스가 세인트루이스에 있는 본사에서 주말에 휴식을 취하기 위해 조지아주 알바니 농장으로 이동하는 데 사용한 항공료였다.[2]

제너럴 다이내믹스는 전반적인 부실 경영으로 사회의 비난을 받았다. 국회 조사관들이 수집한 내부 문건을 통해서 모든 직급의 관리자들이 허술한 관리 감독·사기 저하·재료 공급 납기 불이행·부실한 기록 관리 등 회사에 품고 있는 불만 사항들이 드러났다. 이 자료에서는 회사가 오랫동안 허위로 비용을 청구해서 적자를 만회했다는 사실도 밝혀냈다.[3] 그 밖에도 제너럴 다이내믹스는 주가 조작·불법 도청·소득세를 허위로 신고한 혐의도 받고 있었다.

1983년 9월, 마침내 부정 사실이 드러나기 시작했다. 1977년 일렉트릭 보트의 문제점들을 해결하기 위해서 스카우트된 그리스 조선소 임원 P. 타키스 벨리오티스가 제너럴 다이내믹스의 다른 지역 조선소에서 근무할 때 계약 시 뇌물을 받은 혐의로 연방 대배심에 고소당했다. 그러자 미국과 그리스 이중 국적을 가지고 있던 벨리오티스는 미국 법을 피해서 아테네로 도주했다. 그러나 1982년 초, 그는 제너럴 다이내믹스 사건 조사에 필요한 문서와 테이프를 제공한다는 조건으로 법무부와 플리바겐plea bargain(사전형량조정제도)에 합의했다. 또한 벨리오티스는 한국과 이집트에서 F-16 전투기를 판매하기 위해서 정부 관리에게 뇌물을 제공했다는 혐의로 회사를 고소했다.

결과

1985년 5월, 1984년부터 1985년까지 진행된 조사 결과 해군 장관인 존 레만은 제너럴 다이내믹스에 대해 단호한 조치를 취할 것이라고 발표했다.

그 결과 제너럴 다이내믹스는 약 2천250만 달러 상당의 계약이 취소되었고, 67만6천283달러의 벌금을 내야 했으며, 회사 직원들을 위한 엄격한 윤리 기준을 제정하고, 해군과 계산서 분쟁을 마무리하기 위해 약 7천5백만 달러의 합의금을 지급하는 등 일련의 정리 작업들도 의무적으로 시행해야 했다. 레만은 제너럴 다이내믹스가 '정직성과 책임감'이 결여됐다며 소리 높여 비난했다.[4]

다음날, 당시 67세였던 제너럴 다이내믹스 회장 데이비드 S. 루이스가 사퇴 의사를 밝혔다. 또한 재무 책임자 고든 맥도널드, 전무 조지 소이어, 부사장 제임스 벡스, 사업부문장 랄프 호즈, PD 데이비드 맥퍼슨, AD 제임스 핸슨 등도 사퇴했다. 루이스의 뒤를 이어서 상대적으로 좀더 바른 윤리적 이미지를 갖고 있는 스탠리 C. 페이스가 취임했다(Information Box의 '경영자가 바뀌면 위기에 처한 기업의 이미지가 쇄신될 수 있는가?'를 참조해 보자).

제너럴 다이내믹스는 이후에 그 동안 저지른 잘못해 대해서 유죄 판결까지 받았지만 실제로는 솜방망이 처벌을 받은 것이나 다름없었다. 일부 경영진이 교체되긴 했지만 취소된 계약은 전년도 기업 매출의 0.1%에 불과했다. 국방부와의 파트너 관계도 곧 재개되었다. 죄를 저질렀던 임원들은 그 누구도 징역형을 선고받지 않았고 아무 일도 없었던 것처럼 편안하게 은퇴했다.

이처럼 명백한 직무상 과실 행위를 어떻게 너그럽게 보아 넘길 수 있는가? 더욱이 슬프게도 이런 행위들은 제너럴 다이내믹스에만 있는 일이 아니라 업계 전체에 만연해 있었다.

_ 경영자가 바뀌면 위기에 처한 기업의 이미지가 쇄신될 수 있는가?

제너럴 다이내믹스의 새로운 CEO인 스탠리 페이스는 도덕성이 뛰어난 사람일 것으로 추정되었다. 그는 미국 보이스카우트Boy Scouts of America와 오랫동안 좋은 관계를 유지해 왔다. 1985년 12월 데이비드 루이스가 은퇴하면서 그 자리를 물려받은 페이스는 자신의 주요 임무는 회사의 윤리적 이미지를 개선시키는 것이라고 생각했다. 그는 서둘러 '임원들의 윤리 의식을 개선하고 추후 부정부패 사건이 발생하지 않도록 하는' 일련의 행정 절차를 마련했다.[5]

1986년 1월 16일, 페이스는 자신이 추진하고 있는 개혁 내용을 설명하고 국내 언론인들이 제너럴 다이내믹스에 가지고 있는 부정적 이미지를 개선시키기 위해서 워싱턴에 있는 전국 언론인 클럽에 등장했다.

그가 설명한 '개혁'에는 정부 계약 청구서에서 근무 시간표 보고에 이르기까지 모든 사안에 대해서 절차를 엄격하게 재정비한다는 내용이 포함되어 있었다. 그는 "나는 나에게 직접 보고하는 회사 윤리 프로그램 책임자를 고용했으며 제너럴 다이내믹스의 각 현장마다 현장 윤리 담당자를 두도록 했다. 또한 24쪽 분량의 윤리 안내서를 제작하여 모든 정규 직원들에게 배포하도록 했다"라고 말했다.

그런데 페이스는 기자들이 자신의 '개혁' 내용에 대해서 크게 관심을 갖지 않는 것을 보고 충격을 받았다. 기자들은 "그저 정직해지겠다고 약속만 하는 거 아닙니까?" 또는 "정직한 회사를 만들기 위해 취한 행동이 겨우 이겁니까?" 같은 회의적인 질문만 쏟아낼 뿐이었다. 페이스는 땀을 뻘뻘 흘리며 자신의 행동을 변호하다가 다른 약속이 있다며 서둘러 자리를 떠났다.

언론은 페이스가 발표한 개혁이 그저 단순한 눈속임에 불과한 것인지, 아니면 정부를 포함해 궁극적으로 납세자와의 거래에서 진정한 변화를 이루어낼 수 있을지 확신을 갖지 못했다.

_ 토의 주제

대외적인 이미지 문제로 어려움을 겪고 있는 기업에서 가시적인 개혁이 가지는 의미에 대해서 평가해 보라. 이러한 가시적인 개혁의 필요성과 효과에 대해 토의해 보라.

방위산업계의 윤리적 분위기

의심스러운 행동을 보인 것은 제너럴 다이내믹스뿐만이 아니었다. 〈뉴스위크〉에서 보도한 내용은 다음과 같다. "이 사건은 방위산업체에 깊이 뿌리박혀 있는 결점들이 드러난 것일 뿐이다. 제품 결함에서 과잉 청구에 이르는 일부 문제점들은 방위산업체에 만연해 있는 것 같다. 특히 오랫동안 군수업계에서 상당한 비중을 차지하고 있는 거대 항공·전자공학·하이테크 기업들이 더욱 그렇다."[6]

방위산업계의 주요 업체들은 예산에 거의 구애받지 않는다. 다른 잘못된 관행들도 널리 퍼져 있다.

예를 들면 수천 개의 컴퓨터 칩을 사전에 제대로 테스트하지 않았다는 정보를 입수한 국방부 감찰감 조셉 쉐릭은 반도체 제작업체 10곳에 대한 조사에 착수했다.

그 결과 이들 제품 중 일부는 정부의 품질 기준을 만족시키지 못했다. 오히려 이 업체들은 일상적인 도구와 예비 부품을 이용해 놀라울 정도로 가격을 부풀려 왔다는 사실이 밝혀졌다.

한 가지 예로 굴드Gould Inc.는 국방부에 망치 값으로 개당 436달러를 청구했다. 그러나 굴드에서 망치 제작부터 포장하는 데까지 드는 비용은 개당 고작 8달러에 불과한 것으로 드러났다. 나머지는 출처가 불분명한 간접비와 관리 비용으로 사용되었다.[7]

1985년 5월 1일, 국방부는 45개 주요 방위산업체에 대해 형사상 법률 위반 여부에 대한 조사를 진행했다. 표 18.1에는 공개 수사를 진행한 36개 회사와 그들의 혐의가 제시되어 있다.

정부와 세금을 내는 일반 시민들이 만들어 준 지위를 제멋대로 남용한 것은 제너럴 다이내믹스뿐만이 아니었다.

분석 : 과실에 대한 평가

제너럴 다이내믹스가 실수하도록 영향을 끼친 요소들이 무엇인지 확인하고, 스스로의 해명과 변호 내용을 분석하고 평가하면 크게 세 가지로 나뉘어진다. 첫째, 제너럴 다이내믹스의 경영진과 직원들에게 직접적으로 영향을 준 조직 내부적인 요인들 둘째, 초과 비용과 다른 잘못된 행동을 하도록 자극한 외부 요인들 셋째, 조달 업무 그 자체로 생각할 수 있다.

표 18.1 국방부가 공개 조사를 실시한 방위산업체와 그 혐의 사실(1985년 5월 1일)

5월 1일 현재, 국방부 감찰실에서는 형사상 법률 위반 혐의에 대해서 상위 45개 방위산업체에 대해서 조사를 시행하면서, 이 중 목록에 있는 36개 기업에 대해서는 공개 조사를 실시했다(AW&ST 6월 24일, p.15). 주택에너지상업위원회(the House Energy and Commerce)의 조사감독 분과위원회 의장인 존 D. 딩겔이 대표로 이 리스트를 공표했다.

업체	혐의 사실
맥도널 더글러스	비용 과다 청구
록웰 인터내셔널	비용 과다 청구, 부당 노동 행위
제너럴 다이내믹스	비용 과다 청구, 하청업자로부터 리베이트 수수, 부당 노동 행위, 제품 대체, 보안 침해, 부당 가격 책정, 비용 중복, 허위 주장
록히드	부당 노동 행위
보잉	비용 과다 청구, 공급 책무성, 부당 노동 행위
제너럴 일렉트릭	허위 주장, 부당 가격 책정, 노동 비용 착취, 제품 대체
유나이티드 테크놀러지	퇴직금 문제, 하청업자로부터 리베이트 수수, 비용 과다 청구, 뇌물, 부당 가격 청구
레이시온	부당 노동 행위, 제품 대체
리튼 인더스트리	하청업자로부터 뇌물 수수, 리베이트, 부당 노동 행위, 허위 주장, 담합 입찰, 비용 부당 청구
그루먼	비용 부당 청구
마틴 마리에타	하청업자로부터 리베이트 수수, 비용 부당 청구
웨스팅하우스 일렉트릭	비용 부당 청구
스페이	부당 노동 행위, 비용 부당 청구, 부당 가격 책정
허니웰	정부 자산 유용, 담합 입찰
포드 자동차	부당 가격 책정, 부당 노동 행위, 실적 기록 위조
이튼	이해 - 퇴직금 갈등, 비용 부당 청구
TRW	부당 가격 책정, 부당 비용 청구
텍사스 인스트루먼트	제품 대체
노스롭	부당 노동 행위, 허위 중도금 지불
아브코	하청업자로부터 리베이트 수수, 부당 비용 청구

업체	혐의 사실
텍스트론	부당 비용 청구
얼라이드	이해 갈등
테네코	부당 비용 청구
GTE	허가 없이 기밀 자료 입수 및 이용, 부당 노동 행위
샌더스 어소시에이츠	허가 없이 계약 정보 배포
모토롤라	부당 노동 행위
콩고룸	퇴직금 부당 이용/탈취
해리스	부당 가격 책정
굴드	부당 비용 청구
에머슨 일렉트릭	부당 비용 청구, 퇴직금 - 비용 부당 청구
존 홉킨스 대학	시민을 위한 건강과 의료 프로그램 서비스 사기
트라코	제품 대체
리어 시글러	제품 대체
페어차일드 인더스트리	퇴직금, 제품 대체, 부당 비용 청구, 허위 주장
다이나렉트론	부당 비용 청구
토드 조선	계약 불이행

※출처 : "국방부에서 방위산업체 조사 리스트를 발표하다," 에이비에이션 위크 & 스페이스 테크놀로지(1985년 7월 15일), p. 89.

기업의 내부적 요인

제너럴 다이내믹스 경영진은 잘못된 의사 결정을 여러 차례 내렸다는 사실에 대해서 분명히 책임을 져야 한다. 퇴직한 전무 존 애쉬튼은 1970년대 일렉트릭 보트 조선소에서 문제가 발생했던 것은 상당 부분 잘못된 경영 때문이라고 주장했다. 또한 그는 주택분과위원회 앞에서 제너럴다이내믹스는 로스엔젤레스급 계약을 따내기 위하여 비현실적인 가격에 응찰한 결과 설계 변경 문제를 처리하는 데 필요한 기술자들을 고용할 수 없었다고 증언했다. 사내 모든 직급의 관리자들은 회사의 허술한 경영에 불만을 제기하고 있었다.[8]

물론 부하 직원들의 과실에 대해서 최고 경영자가 책임을 회피할 수는 없다. 이 사건에서 고위 관리자들은 큰 조직을 효과적으로 통제할 수 없게 되자 당황한 나머지 자신의 과실을 감추려는 방어 본능대로 움직였다. 최고 경영자는 허위 비용을 청구함으로써 손실을 충당할 기회를 잡으려는 것처럼 보였다. 이러한 행동에서 훨씬 더 심각한 부정행위까지는 겨우 한 발 차이에 불과하다.

분명히 일부 프로젝트는 경영진과 회사 입장에서 봤을 때 그 진행 과정이 꽤 힘들 수 있다. 예를 들어 잠수함 설계를 맡은 뉴포트 뉴스 조선소 Newport News Shipyard는 이전에 한 번도 핵잠수함 설계를 해 본 적이 없었으므로 일렉트릭 보트 측에 청사진을 예정보다 늦게 넘겨 주게 되었다. 해군도 공사 명세서를 늦게 넘겨 주었다. 한편, 제너럴 다이내믹스 일렉트릭 보트 사업부는 막대한 양의 작업을 해군이 요구하는 시간 안에 완성하려고 아주 급하게 일을 진행했다. 조선소의 고용인 수는 1971년 1만2천 명에서 1977년 중반에는 거의 3만 명까지 증가했다. 그러나 숙련된 노동자 비율은 1972년에는 전체 노동자의 80% 수준이었으나 4년 후에는 35%로 떨어졌다.

일렉트릭 보트는 큰 어려움을 겪게 되었다. "회사가 당연히 갖추고 있어야 할 전문 기술이 없어서 임무를 제대로 완수할 수 없는 노동자들을 갑자기 고용하기 시작했다. 용접공들은 용접을 할 줄 몰랐고, 관리자들은 관리를 할 줄 몰랐으며, 품질 관리자는 재료나 작업의 품질을 제대로 관리할 줄 몰랐다."[9]

해군 감찰관이 접수한 보고서에 의하면 용접 부분 중 무려 2천772곳을 다시 보수해야 했다. 트라이던트 잠수함에서 잘못된 강철이 사용된 부분은 12만6천 곳이었는데 대부분 다른 것으로 교체해야 했다. 예를 들면 첫 번째 트라이던트 잠수함인 U.S.S. 오하이오에는 결함이 있는 터빈을 설치하는 바람에 조금씩 들어내야 했다.[10]

>>> 외부적 요인

제너럴 다이내믹스 임원들은 재빨리 대응했다. 이들은 해군과 공군에서 설계를 수없이 변경하는 바람에 여러 가지 무기의 제작 기간이 길어졌을 뿐만 아니라 막대한 비용이 추가되었다고 주장했다. 분명히 이러한 변명에는 장점이 있었다. 최소한 제너럴 다이내믹스가 모든 잘못을 져야 하는 것은 아니라는 점이다. 방위산업계에 부정행위가 만연해 있는 주요 요인 중 하나는 정부 감시기관이 무능력하다는 것이다.

법무부의 방위산업 조달비리 수사국Justice's Defense Procurement Fraud Unit이 기대한 만큼 역할을 하지 못했다는 증거가 많이 제시되고 있다. 고소를 통해서 겨우 820만 달러를 되찾았을 뿐인데 사람들은 그것도 대부분 많은 전문적 지식이 필요치 않은 소액의 고소 사건이었다고 비난하고 있다. 이들의 불평대로 수사국은 충분한 수사 능력을 갖추지 못했으므로 몇 개 안 되는 큰 사건들도 제대로 처리하지 못했다.[11]

비리 수사국이 사건을 수사할 능력이 갖추지 못했다는 이유로 스페리사의 비용 과다 청구와 부당 노동행위 혐의에 대한 조사가 취소되자 위스콘신주의 윌리엄 프록시마이어와 아이오와주의 찰스 그래슬리 상원의원은 충격을 받고 다음과 같이 말했다. "우리가 방위산업체들의 비리를 처단하기 위해 공권력을 충분히 그리고 효과적으로 집행할 수 없다는 사실은 분명하다."[12]

이처럼 공권력을 제대로 집행할 수 없게 되자 방위산업체들에게 어떤 책임도 요구할 수 없게 되었다. 그 결과 방위산업체들은 마음대로 지출하고, 과다한 비용을 청구했으며, 부정한 요구를 했다. 이는 규모에 관계없이 대부분의 기업이라면 넘어갈 수밖에 없는 손쉬운 유혹이었다.

방위산업계에 기회주의와 비리 만연 분위기를 조성하는 데 기여한 또하나의 요인은 업계에 실질적인 경쟁자가 부족하다는 점이었다. 이 기업들은 유리한 입장에 서 있었다. 방위산업체로 허가받은 독점 기업들은 실질적 경쟁 업체가 없는 상황에서 낭비를 일삼고, 비효율성에 빠지고, 부정행위를 자행하면서도 여전히 주도권을 장악하고 있었다. 다른 사업 환경에서는 소비자들이 한 공급자에서 다른 공급자로 쉽게 이동한다. 그러나 방위산업계에는 전혀 해당되지 않았다. 제너럴 다이내믹스의 스탠리 페이스는 이 상황을 잘 요약했다.

> 우리(제너럴 다이내믹스)는 각각의 무기에 대해서 주요한 핵심 기술을 보유하고 있다. 그리고 우리는 대차대조표와 현금 입출 상황을 봤을 때 미래 신무기에 투자할 수 있는 자금이 충분히 확보되어 있다. 어느 쪽에서 살펴보더라도 우리가 유리하다.[13]

>>> 조달 과정

방위산업의 조달 과정에서는 각종 비리와 국민의 세금을 유용하는 사건이 발생하기 쉽다. 무엇보다도 경쟁적인 입찰을 하지 않는 업체들이 존재한다. 제너럴 다이내믹스는 트라이던트 잠수함·M1 탱크·F-16 전투기 분야에서는 독점 기업이었다. 당연한 이야기겠지만 이 때문에 제너럴 다이내믹스는 정부와 관련해 일련의 문제들이 발생했음에도 불구하고 심각한 처벌을 피할 수 있었다.

그런데 경쟁 입찰을 하거나 분할 소싱split-sourcing (한 개 이상의 기업이 입찰에 참여하며, 최저 가격을 제시한 기업이 계약건의 60%를 그리고 입찰에 진 회사가 나머지를 맡는 방법)을 하면, 정부가 강력한 힘을 가진 한 기업에 의존하는 정도를 조금이나마 줄일 수 있다. 비리 가능성이 있는 경우에는 정부가 처벌함으로써 이를 억제시켜야 한다. 그리고 실제보다 과다한 비용을 청구하는 행위 역시 근절시켜야 한다.

조달 과정이 다단계식인 것도 업무의 비효율성을 높인다. 각 군대마다 개별적으로 물품을 조달하고 있다(미 공군 사령부·미 육군 군수 물자 사령부 등). 국방부가 조사·개발·물류 업무를 위해서 직접적으로 고용하고 있는 인원만 해도 최소 16만5천 명에 이르며 항공우주회사에서도 정부 비용으로 수천 명을 고용하고 있다. 각 단계에서는 부서별로 검토하고 회의를 열며 서류 작업을 한다. 이러한 처리 과정 때문에 업무 절차와 비용이 불필요하게 중복되며 통제력도 분산된다.[14]

송장을 감사하는 과정에서 또 다른 문제점들이 등장하기도 했다. 1980년대 중반, 국방 계약 감사실the Defense Contract Audits Agency은 7백억 달러 정도의 송장에 대해 감사 작업을 진행해야 했다. 수년 동안 진행된 국방부의 잘못된 조달 과정 때문에 그 동안 방위산업체에서 발행했던 수많은 부정 청구서들이 감사도 받지 않은 채 그냥 처리될 수 있었다. 감사원들의 일자리는 감사를 받는 기업과도 관련이 있었다. 만약 회사에 지급되는 비용이 줄어들면 감사원들의 일자리는 줄어들게 된다. 따라서 감사원들은 기업의 의심스러운 활동 내역을 철저히 조사하거나 추적하는 일을 꺼렸다. 이 문제를 해결할 수 있는 방법은 그동안 감사원들이 얼마나 많은 부정 사실을 확인했으며, 이를 어느 정도 폐기했는지 확인하는 일뿐이었다.[15]

국방부가 무언가 미심쩍은 부분이 있는 프로그램을 계속해서 진행하고, 또 의심스러운 업체와 일을 계속하는 또 다른 이유는 바로 군 경력에 대한 생각 때문이다. 조달 업무에서는 시스템 한 개를 구매하는 일을 10명 이상의 장교가 담당하기도 한다. 그런데 이 담당 장교들의 업무 교환과 전근이 매우 광범위하게 진행된다. 이처럼 장교들이 자리를 이동하여 담당자가 바뀌게 되면 '새롭게 일'을 맡은 장교들은 대개 담당 업무의 세부 내용과 추가되는 항목을 변경하게 되므로 자연히 비용도 상당량 증가하게 된다. 게다가 장교들에게는 살인 프로젝트보다는 무기 조달 업무를 담당하는 것이 훨씬 더 자신의 경력을 쌓는 데 도움이 된다. 따라서 조달 담당

장교들은 종종 업체들이 새로 개발한 무기에 깊은 관심을 보이게 되는 것이다.

> 조달 담당 장교와 방위산업체가 담합하여 공모할 수도 있다. 무기 매
> 입 주문을 성사시키기 위해서 양측 모두 무기 가격을 줄여서 말하기
> 도 한다.[16]

여기에 정치적 문제까지 더해진다. "일단 이 문제에 정치적 상황이 개입되면, 조달 문제에 대한 결정이 경제적·군사적 결정을 바탕으로 내려지는 것이 아니라 선거구민들을 만족시키는 쪽으로 결정이 난다."[17]

의회 의원 입장에서는 아무리 이 기업이 현재 눈에 띄는 큰 영향력을 갖고 있지 않더라도, 또는 거대한 기업이지만 비효율적이거나 부패했을지라도 선거구민들을 의식해서 자기 구역에 있는 주요 기업들을 보호하지 않으면 언젠가 의회 의원 자신이 큰 화를 입게 될 수도 있다는 점을 명심해야 하는 것이다.

＊무엇을 배울 것인가?

방위산업에 대해 균형 잡힌 시각을 가져야 한다. 제너럴 다이내믹스의 비참한 결과-그리고 나머지 다른 방위산업체들의 비참한 결과-를 자본주의 시스템의 비효율성과 이기적인 노동자와 경영자 때문에 발생한 사건으로 보려는 시각이 있다. 손쉽게 어떤 희생자를 지목하여 비난하고 끝내면 좋겠지만 사실은 그리 간단한 문제가 아니다. 분명히 제너럴 다이내믹스는 비난받을 만한 일을 저질렀고, 이 회사에 좀더 엄격한 처벌을 내려야 했을지도 모른다. 그러나 신무기를 조달하는 국

방부 시스템도 전체적으로 문제가 있다.

비용 과다 청구 사건·스캔들·기술이나 생산 과정의 실수 문제 등 굵직굵직한 사건들이 발생하는 경우 두 가지 형태의 강력한 정치적 반응이 나타날 수 있다. 첫 번째는 의회·언론·시민들이 잘못을 저지른 대상을 서둘러 찾아 나서는 것이다. 광범위한 조사가 진행되고, 그 중 일부에 대해서 대배심의 기소가 이어지게 되며, 언론은 부정부패행위 혐의가 있는 곳으로 달려든다. 대개 범행 동기에 대한 증거 불충분으로 기소가 기각되거나 플리바겐을 통해 형이 감해지지만 대중들의 비판과 비난은 차츰 약해지게 된다.

두 번째 반응은 국방부에 좀더 견제와 균형의 원칙을 유지하고 감사원과 조사자를 충원하라고 압력을 넣는 것이다. 다시 말해서 조달 작업을 훨씬 더 깐깐하게 관리하고, 관련 서류 작성도 늘리고, 관료주의적으로 엄격하게 진행하라고 부담을 주는 것이다. 예를 들어 국방부는 436달러짜리 망치·600달러짜리 좌변기·7천 달러짜리 커피메이커 스캔들과 관련된 '문제를 깨끗하게 처리하는 데 7천 명을 충원' 해야 했다.[18]

조사나 점검은 근본적 해결책이 되지 못한다. 방위산업체가 무엇을 잘할 수 있는지 확인하는 작업이 최우선적으로 시행되어야 한다. 예를 들어 어떤 기업이 이전에 핵잠수함을 제작해 본 경험이 없고, 무기 시스템을 제작하는 것도 이번이 처음인데 시간에 쫓겨 무리하게 작업을 강행하는 것은 바보 같은 짓이다. 일렉트릭 보트 사업부에 새로 고용된 수많은 노동자들은 트라이던트 잠수함을 만들면서 쓸데없는 고생을 사서 했다. 기술자·관리자·노동자 그 누구도 일을 계획에 맞도록 제대로 진행하지 못했으므로 결국은 제품에 하자가 발생했고 비용만 많이 들었다. 물론 "잠수함 한 대당 1억 달러라는 엄청난 금액이 걸려 있었기 때문에 제아무리 정직한 업체라도 현실을 고려하지 않고 무리하게 일정을 진행했을 것이다."[19] 프로젝트가 크고 복잡할수록 입찰에 참가할 능력이 되는 업체의 수가 적다. 한 회사에만 의존하는 독점 상황은 비리가 발생할 수 있는 가능성을 높이고 정부의 의심과 불신도 심하게 만든다. 그리고 이러한 독점 상황에서는 해당 기업 경영자의 부정행위에 대해서 충분한 처벌을 하기도 어렵다.

관료주의적 조달 과정이 비리를 불러온다. 수백만—심지어 수십억—달러에 이르는 프로젝트를 따내려고 경쟁하는 소수의 주요 방위산업체들은 일반적으로 모든 종류의 비리 유혹에 휩쓸릴 가능성이 많다. 방위산업 조달 결정을 내릴 때는 아무래도 줄대기와 직권 남용이 가장 중요한 원인이 될 수 있다. 또한 의회 의원이 자신의 선거구민에게 유리한 쪽으로 정부 계약을 끌고 나가려고 하는 경우에 의사 결정 과정이 뒤죽박죽 되고 객관적인 의사 결정을 내리기 힘들게 된다. 이처럼 큰 기술 프로젝트는 그 내용이 상당히 복잡하므로 정부가 세밀하게 통제하거나 감시하려고 해도 어려운 경우가 많다. 동시에 어떤 기업이 주요 방위산업 계약을 따내게 되면 실질적으로 독점 상황이 되기 때문에 효율성을 높이려는 노력은 거의 하지 않고 비용을 아끼는 일에만 신경 쓰게 한다.

이러한 이유 때문에 막대한 비용 초과·품질 관리 문제·과다 비용 청구·자금 유용 그리고 뇌물을 포함한 사기 사건들까지 발생하게 된 것이다. 앞서 록히드 사건에서 살펴보았듯이 한때 방위산업체들은 해외에서 계약을 성사시키기 위해 외국 정부 관리들에게 뇌물을 제공한 것으로 악명을 떨쳤다.

그러나 분명한 사실은 밖으로 드러나지 않았지만 국내에 제공된 뇌물 액수가 훨씬 더 큰 규모일 것이라는 점이다. 그런데 여기에는 아주 미묘한 차이가 있다. 국내 사건에는 조달 업무를 담당하는 핵심 장교들뿐만 아니라 한때 장군과 제독을 지내다가 은퇴하고 현재 기업의

_ 국방에 꼭 필요한 기업에 어느 정도 관대한 태도를 보여 줄 수 있는가?

이것은 부적절하고 비윤리적인 행동뿐 아니라 비용·품질·납기일을 제대로 지키지 못하는 행위에 대해서 얼마나 참아 줄 수 있느냐 하는 문제를 함축하고 있는 중요한 주제이다. 현재 국가안보가 위기에 처해 있기 때문에 이론적으로 운영과 윤리면에서 최고 수준을 기대하고 있다. 그러나 현실은 어떠한가?

불행하게도 대답은 '아니다' 이다. 방위산업체들이 국가안보에서 차지하고 있는 비중이 너무 크고 이들을 대체할 만한 업체가 딱히 없다 보니 다른 업계라면 절대 용인할 수 없는 행동도 참아야 하는 경우가 종종 발생한다. 제너럴 다이내믹스처럼 독점적인 위치를 점하고 있는 기업들 때문에 그들이 잘못을 저질렀다고 해도 거래를 끊을 수 없는 상황이다.

가령 처벌을 내린다고 해도 이 기업들의 생존을 위협하거나 생산성에 지장을 주는 정도로 심각한 처벌을 내릴 수 없다. 이러한 기업들의 과실을 공개적으로 비난하거나 '가벼운 질책'을 하는 것 외에는 실질적으로 이들을 처벌할 수 있는 방법이 없다고 볼 수 있다. 그래서 기업은 부당 비용 청구·사기·연고주의 등 부정행위를 저지르면서도 처벌에 대한 부담을 거의 느끼지 않는다. 심지어 대외적인 이미지가 손상되거나 동종 업계의 다른 기업들에게까지 피해를 줄 수 있는 상황이 되더라도 무시한다.

왜냐 하면 업계에서 이들이 담당하고 있는 역할은 막강하며, 이들의 주요 고객은 일반 대중이 아니라 정부이기 때문이다. 결국 이들은 계속해서 죄를 저지를 것이고 그리 심각하지 않은 처벌을 받게 될 것이다. 사실상 무언의 허락을 얻은 것이나 다름없다.

이런 상황을 개선시킬 만한 방법은 없는가? 가장 중요한 것은 방위산업체의 활동을 좀더 면밀히 감시하고, 경쟁 업체를 양성하고, 과거 군산 복합체를 괴롭혔던 최악의 날림 공사를 피하는 것이다. 또한 단기간에 프로젝트를 완성하라고 몰아치는 일이 줄어들면 전적으로 정부에만 의존하던 방위산업체들도 일반 시장으로 눈길을 돌릴 수 있게 될 것이다.

_ 토의 주제

방위산업계에서 비리를 줄이기 위해서는 강력한 처벌을 내리는 것이 최선의 방법인가? 이에 대해 토의하고 다른 방법이 있으면 제안해 보라.

고위 중역을 맡고 있는 사람들도 관련되어 있기 때문이다. 이들은 상당한 대가를 받고 컨설팅을 하고, 정치인이나 정부고관들과 약속하기도 한다. 보통 업계에서라면 이러한 행동들과 이처럼 느슨한 경영상태는 용납되지 않았을 것이며 경쟁에서 살아남지 못했을 것이다. 이는 모두 방위산업계이므로 가능한 일이었다. 그러나 앞서 살펴보았듯이 관료주의의 그늘에 숨고 복잡한 기술을 핑계대는 것은 비단 제너럴 다이내믹스만의 일은 아니었다. 다른 방위산업체들 또한 제너럴 다이내믹스만큼 잘못을 회피했다.

방위산업계에 이처럼 널리 퍼져 있는 관행적 낭비를 해결할 방법은 없는가? 국방이 강화되는 경우, 특히 국가적 비상 사태가 발생한다 해도 그러한 비리가 계속될지 자못 의심스럽다. 국가 안보상 별다른 문제가 없어서 국방 비용을 줄이고 있는 시기에는 방위산업계에 대한 좀더 철저한 관리를 할 수 있어야 한다.

조달 과정 부분에서 논의한 것처럼 정부의 감사활동은 좀더 개선되어야 한다. 방위산업체들을 제재할 수 있는 다른 조치들이 마련되어야 내부고발이나 기자들의 취재 등 건강한 사회를 만들기 위한 활동이 활발하게 이루어질 수 있다.

수백만 명의 납세자들이 모두 함께 부담을 지는 경우 초과된 비용에 대해서 합리화하기가 더 쉬워진다. 즉 수백만 명의 납세자들이 공동으로 부담하는 상황에서는 다른 어떤 일보다 낭비가 발생하기 쉽다. 그리고 낭비·비효율성·관료주의 확대에 대한 짐을 시민 전체가 나눠서 부담하다 보면 사실상 납세자 개인이 느끼는 영향은 미미하다. 따라서 이는 기업에게 하나의 유혹이 된다. 거대한 익명의 집단은 어느 정도는 무형의 존재이며 거의 고려되지 않는다. 또한 현직 의원 가운데 95% 이상이 재선되는 현실에서는 선거 기간에도 납세자들이 큰 영향력을 발휘하지 못한다.

1. 제너럴 다이내믹스의 최고 경영진들은 비리가 폭로된 이후에도 그저 미약한 처벌을 받았을 뿐이고 편안하게 은퇴할 수 있었다. 좀더 엄중한 처벌을 내렸어야 한다고 생각하는가?

2. 제작하는 데 고작 8달러의 비용이 드는 망치를 가지고 정부에게 어떻게 436달러나 청구할 수 있었는지 토의해 보라.

3. 방위산업계의 독과점 제도를 깨고 경쟁적인 분위기를 조성하기 위해서 국방부는 어떤 노력을 기울일 수 있을까? 과연 실현 가능성이 있는가?

4. 방위산업체에 대한 정부의 감사를 개선시킬 수 있는 방법은 무엇인가? 이 개선된 방법을 이용하면 대부분의 기업 비리를 바로잡을 수 있을 것 같은가? 왜 그렇게 생각하는가? 아니면 왜 그렇게 생각하지 않는가?

5. 모든 것을 감안할 때 방위산업체 비리에서 기업과 정부 가운데 누구의 죄가 더 크다고 생각하는가? 왜 그렇게 생각하는가?

6. 제너럴 다이내믹스와 17장에서 나온 록히드를 그 동안 저지른 죄의 관점에서 서로 비교하고 대조해 보라.

7. 국내 뇌물 사건과 해외 뇌물 사건을 비교해 보라.

＊실전 연습

1. 당신은 일렉트릭 보트 사업부 경영자의 보좌관이다. 당신이 근무하는 사업부는 조금 전에 트라이던트 잠수함에 대한 계약을 체결했다. 이 작업을 진행하려면 대규모 인력을 충원해야 한다. 합리적인 품질 수준을 유지하면서 일정에 맞추기 위해 이들을 융화시키려면

어떤 계획을 세워야 하겠는가? 가능한 한 자세하게 계획을 세워 보라. 필요하다면 가정을 해도 좋다.

2. 당신은 국방부 장관 보좌관이다. 당신은 조달 과정을 개선하기 위한 방법의 기본 틀을 개발해야 한다. 당신은 어떤 제안을 할 것인가? 제안 내용에 대해서 어떠한 반대가 있을 것 같은가?

*팀별 토론 연습

한 정치인이 국방부의 무능력에 대해 다음과 같은 불만을 제기했다. "이들 방위산업체의 정직성과 능력을 평가하는 단체가 하나도 없다." 한 팀은 낭비와 기타 문제들이 너무 만연해 있기 때문에 이 일은 성사되기 어렵다는 입장에서, 다른 팀은 사기와 부실 경영은 근절시킬 수 있다는 입장에서 서로 토론해 보라.

Business Ethics 3

논란의 여지가 있는 윤리적 행동

월마트 : 덩치만 큰 불량배인가

● ● ● ● 오늘날 월마트 규모와 구매력면에서 살펴보면 세계에서 가장 영향력 있는 기업이다. 이 때문에 강자의 지위를 앞세워 불공정한 경쟁을 하고 있지 않은지 의심의 눈초리로 바라보는 사람도 많다. 납품업체들은 월마트가 거래 조건으로 무리한 가격과 서비스를 요구하는 데 상당한 압력을 느끼고 있다.

1992년 3월, 2년 동안 골수암으로 투병생활을 하던 샘 월튼이 세상을 뜨고 말았다. 세계에서 가장 존경받는 사업가 중의 한 명이었던 월튼은 작은 마을에 할인점이라는 컨셉으로 월마트 상점Wal-Mart Stores을 만들었다. 월마트는 수십 년간 리더 자리를 지켜 왔던 시어즈Sears와 페니Penny를 제치고 미국 내에서 최대 규모의 소매업체 자리에 올랐다. 그리고 1990년 마침내 월마트보다 일찍 할인점의 성공 신화를 이루었던 K마트Kmart를 앞섰다.

월튼의 후계자들은 그가 이루어 놓은 회사를 잘 이어갔다. 1998년 회계연도에 월마트는 1천376억 달러 매출을 기록하며 세계 최대 회사 중의 하나가 되었다. 2002년에는 2천178억 달러 매출을 기록하며 엑슨 모빌을 1위 자리에서 밀어냈다.

그러나 점점 더 많은 사람들이 월마트가 그 거대한 힘을 바르게 사용하고 있는지에 대해 의문을 갖기 시작했다. 몇몇 사람들은 월마트가 부정 행위를 통해서 납품업체·경쟁 업체·직원·지역사회 등에 압력을 가함으로써 공정한 자유 경쟁을 방해하고 있다고 생각했다.

샘 월튼의 사업 초기 상황

새뮤얼 무어 월튼은 1917년 3월 29일 오클라호마주 킹피셔에서 태어났다. 그와 그보다 세 살 어린 동생 제임스는 경제 대공황이 한창이던 때에 미주리주에서 근면과 절약을 중시하는 평범한 가정에서 자라났다.

월튼은 8학년에 올라가던 무렵 앞으로 그의 삶을 지배하게 될 성격적인 특징을 보여 주었다. 그는 조용하고 친절한 학생이었지만 학급 반장과 축구팀 주장을 맡을 정도로 타고난 리더십을 가지고 있었다. 심지어 그는 세비나 사상 최초로 이글 스카우트Eagle Scout가 되었다.

미주리대학에 진학한 월튼은 학업과 운동에서 뛰어난 실력을 보였다. 그는 신문 배달·잡화점 아르바이트·수영장 구조원·대학 식당의 웨이터 등을 하며 학교를 다녔다.

1940년 대학을 졸업한 후 월튼은 J. C. 페니J. C. Penny Company에 입사하여 아이오와주 데모인에 있는 상점에서 관리자 훈련을 받았다. 그곳에서 그는 자신의 노동관을 적용한 영업방식으로 페니에서 가장 전도유망한 사원으로 촉망받았다. 그는 작은 마을 주민들의 요구를 만족시키고 회사 종업원들을 직원이나 점원이 아닌 '동료'로 보는 페니의 경영 철학에 도취되었다. 또한 월튼은 J. C. 페니 본인을 만나고 나서부터 상점을 직접 돌아보고, 소비자와 영업사원을 개인적으로 만나 관찰하는 페니의 경영방식에 깊은 감명을 받았다. 18개월 후, 월튼은 군 입대를 위해 페니를 떠났지만 데모인의 페니 상점에서 배운 경험들은 그가 자신의 미래를 설계하는 데 큰 도움이 되었다.

최대 규모 소매점으로 성장한 월마트

샘 월튼은 1945년 8월에 제대했다. 그는 우연한 기회에 아칸소주 뉴포트에 벤 프랭클린Ben Franklin 잡화점을 낼 수 있는 독점권을 구입할 수 있었고, 한 달 뒤 가게를 개업했다. 그런데 건물 소유주와 임대계약이 제대로 마무리되지 않아서 월튼은 1950년에 아칸소주 벤톤빌로 가게를 옮겨야 했다. 1950~1960년대 초까지 월튼은 벤 프랭클린 점포를 15개로 늘렸다. 1962년 겨울, 그는 벤 프랭클린 이사회에서 당시 소매업계에 새롭게 등장한 가격 할인 영업방식이 앞으로 성장 가능성이 크다고 주장했다. 따라서 벤 프랭클린에서도 이 정책을 공격적으로 시행할 필요가 있다고 제안했다. 그러나 회사에서 이러한 혁신적인 아이디어를 거절하자 벤과 그의 동생은 직접 이 계획을 추진해 보기로 마음먹었다. 그들은 1962년 아칸소주 로저스에 디스카운트 시티Discount City를 개업했고, 1964년에는 아칸소주 해리슨에 두 번째 점포를 열었다. 월튼과 동생은 1969년 10월 31일에 월마트 상점Wal-Mart Store이라는 주식회사를 설립했으며, 1년 후에 주식을 공모했다. 1970년, 월튼은 아칸소주 벤톤빌에 있는 7만2천 평방피트 면적의 복합건물에 물류센터와 본사 사무실도 열었다. 그리고 1972년 월마트는 뉴욕증권거래소에 상장되었다.

1976년 월튼은 월마트 사업을 확장하는 데 집중하기 위해서 벤 프랭클린과 거래를 끊었다. 그의 매장은 이제 아칸소주·미주리주·캔사스주·오클라호마주의 작은 마을까지 진출해 있었다. 이제 막 사업을 일구어 가던 이 시기에 월튼의 경영 철학은 옛날 경영자들이 가지고 있던 철학과 거의 똑같았다. 월튼은 항상 일반인들이 찾는 시장에서 매력적인 가격으로 매출을 극대화할 수 있는 새로운 아이디어를 찾아서 시간이 날 때마다 경쟁 업체 매장뿐 아니라 자신의 매장도 직접 돌아다녔다.

월튼은 주요 소매업자-백화점 페니와 시어즈 그리고 K마트 같은 강력한 할인점-를 만나는 대신에 오히려 다른 주요 소매업자들이 시장 가능성이 적다고 외면하는 작은 도시에 관심을 쏟았다. 그러나 그는 이 작은 시장이야말로 어떤 기업도 공격적으로 공략한 적이 없는 전략적인 기회의 창이라는 사실을 알고 있었다.

성장은 급물살을 탔다. 1975년 말까지 월마트의 매장은 104개에 직원은 거의 6천 명에 달했고, 연간 매출은 2억3천6백만 달러였으며, 순수익은 백만 달러였다. 다음 해에 매장은 125개로 늘었고 직원 수는 7천5백 명, 매출은 3억4천만 달러에 순수익은 1천150만 달러를 기록했다.

표 19.1에서는 1980~1990년까지 월마트와 주요 경쟁 업체인 K마트를 매출과 매장 수로 비교하고 있다. 이 기간 동안 월마트는 K마트를 따돌리고 미국 최대 소매업체 자리에 올랐다. 1990년 말, 월마트는 전국 36개

주에 1천573개의 매장을 보유하게 되었다.

새로 생겨난 매장 중 일부는 일반 월마트에 비해 규모가 훨씬 큰 월마트 슈퍼센터Wal-Mart Super Centers인데 이곳에는 할인점과 함께 창고형 식품 아울렛도 있었다. 이 식품 매장은 보통의 시내 슈퍼마켓 제품에 필적할 만한 품목을 갖추었으며, 구색과 서비스면에서는 경쟁 매장보다 더욱 더 뛰어났다. 일반 할인 식품매장을 추가함으로써 유리한 점은 내점 고객 수가 증가한다는 것이었다. 소비자들이 식품을 구입하러 일주일에 한 번씩 매장을 찾게 되자 매장 내 다른 제품들의 노출 횟수도 덩달아 증가하게 되었다.

표 19.1 1980년~1990년 월마트와 K마트의 매출 성장과 매장 수 비교

| 연도 | K마트 | | 월마트 | |
	매출 (백만)	매장 수	매출 (백만)	매장 수
1980	14,204	1,772	21,643	330
1981	16,527	2,055	2,445	491
1982	16,772	2,177	3,376	551
1983	18,597	2,160	4,667	642
1984	20,762	2,173	6,401	745
1985	22,035	2,332	8,451	859
1986	23,035	2,342	11,909	980
1987	25,627	2,273	15,959	1,114
1988	27,301	2,307	20,649	1,259
1989	29,533	2,361	25,810	1,402
1990	32,070	2,350	32,602	1,573

※출처 : 기업 연례보고서
※분석 : 이 통계 수치 중에서 일부 자료가 특히 관심을 끈다.
　　첫째, 10년이 조금 넘는 1980년부터 1990년까지 월마트와 K마트의 매출을 비교해 보면 월마트의 엄청난 성장율을 확인할 수 있다. 1980년에 월마트는 K마트 매출액의 10%를 조금 넘는 수치에서 시작해서 1990년에는 K마트를 앞질렀다. 그리고 이 기간 동안에 K마트의 매출도 좋았다.
　　둘째, 월마트는 총매장 수가 K마트에 비해서 800개 정도 작은데도 불구하고 총매출에서 앞섰다. 이는 K마트에 비해서 월마트 매장의 매출이 훨씬 더 좋았음을 나타낸다. 이 사실은 표 19.3의 통계 자료에서도 입증된다.

월마트는 이제 샘스 클럽Sam' s Clubs으로 알려져 있는 샘스 홀세일 Sam' s Wholesale이라는 또 다른 분야의 매장을 열었다. 이 매장은 1984년 처음 문을 열었고 1991년에는 매장이 148개로 늘어났다. 일부 지역

에서 일반적인 할인점이 어느 정도 개설되자 이 도매 클럽의 개념이 나타났다. 창고형 도매 매장은 할인점에서 한 걸음 더 발전한 형태의 매장이었다.

샘스 클럽은 규모가 13만5천 평방피트에 이를 정도로 거대했다. 각 매장은 회원제로만 운영했고 회원 자격은 상인·정부 직원·신용조합 회원처럼 특정 단체 회원으로 제한했다. 매장 규모는 컸지만 품목은 일반 할인점에서 취급하는 품목의 5% 미만으로 갖다 놓았다. 상품은 회전율이 빠른 가정용품과 의류로 제한했고, 할인점·백화점·전문점에 비해 8~10% 정도 낮은 가격으로 판매했다. 샘스 클럽은 월마트가 사업 초기에는 피해 왔던 거대 대도시 시장으로 처음 진입한 것이다.

1987년 12월, 월마트는 텍사스주 댈러스 외곽의 갈런드에 최신 컨셉의 하이퍼마트 USAHypermart USA를 개장했다. 하이퍼마트는 20만 평방피트 이상의 판매 공간에 식료품점과 일반적인 상품들이 함께 판매되는 장소였다. 이 매장에는 다양한 패스트푸드점과 미용실·신발가게·세탁소 같은 서비스 매장이 있었다. 따라서 이곳에서는 원스톱 쇼핑이 가능했다. 그러나 순조로운 출발에도 불구하고 하이퍼마켓은 성공하지 못했다. 이를 대신하여 좀더 규모가 작은 슈퍼센터SuperCenter가 들어서게 되었다.

표 19.2에서는 월마트와 K마트·시어즈·페니의 1980~1990년까지의 매출과 수익성을 비교해 놓았다. 수익성 비교에는 매출 대비 영업이익률과 수익성을 비교하는 데 좀더 유효한 방법인 자기자본이익률ROE 즉, 투자에 대한 이익률이 제시된 것에 주목해야 한다. 이 표를 살펴보면 월마트가 경쟁 업체에 비해서 매출과 수익성면에서 엄청난 성장을 이루었다는 사실을 알 수 있다.

표 19.3에서는 월마트와 K마트의 매장당 평균 매출 자료를 제시하고 있다. 그리고 이 비교 자료는 월마트가 뛰어난 성과를 거두었음을 다시 한 번 확인시켜 준다.

표 19.2 10년간의 월마트와 경쟁 업체들의 총매출·이익률·자기자본이익률 비교 (총수입 : 십억 달러)

연도	월마트 총수입	영업비율 이익률	자기자본이익률	K마트 총수입	영업비율 이익률	자기자본이익률	시어즈 총수입	영업비율 이익률	자기자본이익률	J.C. 페니 총수입	영업비율 이익률	자기자본이익률
1981	2,445.0	5.6	25.6	16,527.0	2.2	9.0	27,357	7.2	8.2	11,860	7.5	13.2
1982	3,376.3	7.8	25.4	17,040.0	4.3	10.1	30,020	8.8	10.1	11,414	8.3	13.3
1983	4,666.9	8.3	26.6	18,878.9	6.0	16.7	35,883	9.7	14.4	12,078	8.7	13.1
1984	6,400.9	8.5	27.5	21,095.9	6.7	15.4	38,828	10.5	14.1	13,451	7.8	11.4
1985	8,451.5	7.2	25.6	22,420.0	6.2	14.4	40,715	9.5	11.5	13,747	7.7	9.8
1986	11,909.1	7.1	26.6	23,812.1	5.7	14.5	44,282	9.1	10.4	15,151	8.6	11.0
1987	15,959.3	6.8	27.8	25,626.6	5.8	15.7	48,439	8.5	12.1	15,747	9.1	14.6
1988	20,649.0	6.4	27.8	27,301.4	6.5	16.0	50,251	9.2	3.0	15,296	8.3	20.4
1989	25,810.7	6.5	27.1	29,532.7	5.8	6.5	53,794	9.2	10.6	16,405	9.2	18.4
1990	32,601.6	6.0	24.1	32,070.0	5.4	14.0	55,971	7.4	7.0	16,365	2.4	15.6

※출처 : 기업 연례보고서

※분석 : 이 비교 자료를 보면 월마트가 수입 성장면에서 경쟁 업체들을 상당히 앞도하고 있다는 사실을 알 수 있다. 영업 이윤(%) 자료에서 월마트는 대부분의 기간 동안 K마트보다는 앞섰지만 시어즈와 페니를 이기지는 못했다. 그러나 수익성을 평가하는 가장 좋은 방법인 자기자본이익률에서는 월마트가 가장 높다는 것을 알 수 있다. 월마트는 소비자들의 관심을 끌 수 있는 저렴한 가격으로 물건을 제공하면서도 영업 수익성면에서 출중한 성과를 거두었다.

표 19.3 1980년~1990년 월마트와 K마트의 매장당 평균 매출

연도	K마트	월마트
1980	8,015,801	4,978,788
1981	8,042,338	4,979,633
1982	7,922,532	6,127,042
1983	8,609,722	7,269,470
1984	9,544,533	8,591,946
1985	9,448,970	9,838,184
1986	9,835,611	12,152,040
1987	11,274,527	14,325,852
1988	11,833,983	16,401,111
1989	12,508,682	18,409,415
1990	13,646,808	20,726,001

※출처 : 표 19.1에서 산출
※분석 : 월마트의 매장당 매출이 크게 증가했다는 사실이 특히 주목된다. 1980년 월마트의 매장당 평균 매출은 K마트의 거의 절반 수준이었다. 1990년 월마트 매장의 평균 매출액은 K마트보다 50% 이상 높았다.

샘 월튼이 없는 미래

1992년 3월 17일, 미국 부시 대통령은 샘 월튼에게 미국 최고의 시민상인 자유의 메달the Medal of Freedom을 수여했다. 이 상은 1984년 올해의 인물Man of the Year·호레이쇼 알저상Horatio Alger Award 그리고 1989년 수상한 '최근 10년 동안 최고의 소매상인Retailer of the Decade' 등 그가 받은 표창 중에서 최고로 영예로운 상이었다.

그런데 불행하게도 월튼은 이 기쁨을 그리 오래 누리지 못했다. 그는 상을 받은 지 9일이 지난 1992년 3월 26일 암으로 세상을 떠나고 말았다. 자신의 75세 생일을 불과 4일 앞두고 있었고, 월마트가 세계 최대 소매업체로 올라선 지 몇 달밖에 되지 않았을 때였다.

53세의 데이비드 글래스가 사장과 CEO 자리를 물려받았다. 그는 부하들을 혹사시키는 경영방식으로 유명했다. 그는 미주리주 스프링필드의 한 작은 슈퍼마켓 체인점으로 소매업계에 첫발을 들여놓게 되었고, 1976년에 재정담당 부사장 자격으로 월마트에 합류했다. 1984년, 샘 월튼이

CEO 자리에 있을 때 그는 사장과 최고운영책임자COO 자리를 맡았다. 최고 경영자의 교체에서 비롯된 회사의 변화에 대해서 글래스는 다음과 같이 말했다.

변하는 것은 아무것도 없다. 왜냐하면 이 기업을 세울 때 그(월튼)가 사용했던 원칙과 기본 가치들이 지금도 여전히 너무나 타당하고 보편적으로 받아들여지고 있기 때문이다. 우리가 소비자의 욕구에 잘 부응하는 한 앞으로도 잘할 수 있을 것이다.[1]

새로운 경영진은 이제 월마트가 미국 대도시 지역과 이후 세계 시장까지 무척 힘든 환경을 극복하고 무난히 진출했던 것처럼 성공적인 성장세를 계속해서 이어 나가야 한다는 사명을 위임받았다. 1995년 월마트 매출은 820억 달러였고, 경제 전문지 〈포춘〉이 선정한 500대 기업에서 월마트보다 매출이 많은 회사로는 제너럴 모터스·포드·엑슨 세 기업밖에 없었다.

새천년으로

2001년, 월마트는 매출 2,178억 달러로 연간 매출이 1,875억 달러인 엑슨을 이기고 연매출 1위 기업의 자리에 올랐다. 제너럴 모터스 매출은 1,773억 달러로 3위, 포드는 1,624억 달러로 매출 4위를 기록했다.[2]

표 19.4에서는 1992~2002년까지 10년간의 월마트 경영 실적에 대한 선별된 통계 자료가 제시되어 있다. 이 표에서 분명히 확인할 수 있듯이 2002년 월마트는 소매업계에서 치열하게 경쟁을 벌이고 있는 다른 업체들을 누르고 압도적인 승리를 거두었다.

업체	2002년 매출 (십억 달러)	2001년 대비 매출 변화 (%)
시어즈	41.1	0.3
타겟	39.9	8.1
K마트	36.9	1.1
페니	32.0	0.5
월마트	217.8	13.8

1990년까지 월마트의 최대 라이벌은 K마트였다. K마트는 월마트가 소매업계에 처음 등장했을 때부터 이쪽 분야를 장악하고 있던 기업이다. 그러나 K마트도 미연방 파산법 11장에 따라 파산보호를 신청했다.

새천년이 가까워지면서 세계 최대 기업의 꿈이 실현되려고 하자 월마트는 성장 가능성이 있는 다른 분야로 눈을 돌렸다. 월마트는 영국의 거대 슈퍼마켓 체인인 아스다 그룹 PLC^Asda Group PLC를 인수하면서 세계로 활동 영역을 넓힐 수 있게 되었다. 미국 내에서 월마트는 식품 할인점인 슈퍼센터의 건설을 서둘렀다. 그리고 편의점과 월마트의 대규모 슈퍼센터 사이의 틈새를 공략하기 위해 만든 소규모(4만 평방피트 규모) 네이버후드 마켓Neighborhood Markets의 매장 수를 점점 늘려 갔다. 또한 월마트는 오클라호마주에 있는 소규모 저축은행을 인수하여 저렴한 가격으로 현금 교환·신용 카드·대출 업무 등을 진행했다.

표 19.4 1993년~2002년 월마트의 성장 통계 자료

	2002년	1993년
순매출 (백만 달러)	217,799	55,484
순수입 (백만 달러)	6,671	1,995
직원 수	1,383,000	434,000
미국 월마트 매장 수	1,647	1,848
미국 슈퍼센터 매장 수	1,066	34
미국 샘스 클럽 매장 수	500	256
해외 매장	1,170	10

※출처 : 월마트 연례보고서

※분석 : 이 자료에서 10년 동안 매출이 무려 4배나 성장했다는 사실을 확인할 수 있다. 수입은 3배를 약간 넘었지만 이것역시 매우 고무적이다. 또한 미국 월마트 매장 수가 줄어들긴 했지만 슈퍼센터와 샘스 클럽의 매장 수가 급격하게 증가했고, 무엇보다도 해외 매장 수가 크게 늘었다.

월마트의 해외 시장 진출은 큰 파장을 불러일으켰다. 유럽 상인들과 노동조합에서는 안절부절못했지만 소비자들은 상당한 이익을 보았다. 한 신문기자는 "월마트의 저가 정책과 소비자들에게 친절하게 다가가는 태도는 비싼 가격과 불친절한 것으로 유명한 영국 소매업계를 바꿔 놓을 것이다"라고 분석하기도 했다.[3]

월마트의 등장으로 프랑스의 소매업체 두 군데가 서로 합병하기도 했다. 그러나 이 회사는 월마트의 규모에 비할 바가 못 되었다. 월마트와 다른 소매업체 사이의 대결이 가장 심각했던 곳은 독일이었다. 월마트는 독일에 95개의 매장을 보유하고 있었다. 독일의 경쟁 업체들은 월마트보다 영업 시간을 더 늘렸고 고객 서비스도 개선했다. 그러나 독일 단속기관들은 가격이 너무 낮은 것이 아닌지 세밀하게 감시하기 시작했고, 노동조합에서는 저가 정책 때문에 가게들이 문을 닫게 됨으로써 전체적인 일자리가 줄어들게 되는 것은 아닌지 걱정했다.

비용을 줄이기 위해서 월마트는 대규모로 물건을 매입하고 전세계 매장의 가격을 통일했다. 이렇게 함으로써 월마트는 구매·새로운 매장 계획·마케팅 측면에서 국내와 해외 영업을 결합시켜 나갔다.[4]

성공 요인

>>> 경영 스타일과 직원 오리엔테이션

샘 월튼은 개인의 주도권과 자율적인 행동을 강조하는 경영 스타일을 장려했다. 그는 직원들이야말로 지속적인 월마트 성공의 핵심이므로 기본적으로 '자신의 기업을 경영하고 있다'는 생각을 가져야 하며, 월마트의 '동료' 또는 '파트너'라는 점을 강조했다.

월튼의 직원에 대한 철학은 J. C. 페니의 창업자인 제임스 캐쉬 페니에게서 배운 것이며 1913년에 제정된 '페니의 이념Penny idea'에 나온 내용도 일부 덧붙여진 것이다. 페니의 이념에서 강조하는 바도 인적 요소를 지속적으로 개선하고, 기업 활동에 직원들이 참여할 기회를 제공하며, 모든 정책과 활동이 올바르고 공평하게 수행되고 있는지 평가하라는 것이었다.

월튼은 아래로부터의 커뮤니케이션을 강조하여 아이디어가 전사적으로 자유롭게 소통되어야 한다고 주장했다. 예를 들어 루이지애나주 매장의 한 직원의 제안에 따라 1983년에 '안내 도우미people greeter' 개념을 도입했다(Information Box의 '안내 도우미'를 참조해 보자). 이 시도는 무척 성공적이었고 이후 K마트와 다른 백화점 그리고 쇼핑몰에서도 안내 도우미 제도를 도입하게 되었다.

직원의 아이디어에 귀를 기울인 또 하나의 예가 있다. 앨라배마주 매장에서 근무하는 부지배인이 계산 착오로 문 파이Moon Pie라고 불리는 머시멜로 샌드위치를 너무 많이 주문하게 되었다. 매장 지배인은 그에게 문 파이를 판매할 수 있는 아이디어를 짜 보라고 말했다. 그래서 존 러브는 고심 끝에 제1회 문 파이 먹기 세계 챔피언 콘테스트World Championship Moon Pie Eating Contest를 개최하기로 했다. 이 대회는 매장의 주차장에서 열렸고 큰 성공을 거둠으로써 해마다 열리게 되었다. 그러자 이 대회를 보기 위해서 그 마을뿐만 아니라 앨라배마 전역 그리고 인근의 다른 주에서까지 관람객들이 모여들게 되었다.[5]

1972년, 월마트는 회사의 연간 수익을 모든 직원들과 나눠 가질 수 있도록 수익공유 계획을 세웠다. 이러한 수익공유 계획의 장점에 대해 한 가지 유명한 사례를 들어 보도록 하겠다. 셜리 콕스는 월마트 매장에서 계산원으로 일하면서 시간당 7.10달러를 받고 있었다. 그녀가 24년 후 퇴직하면서 받은 수익공유 금액은 22만127달러에 달했다.[6] 게다가 직원들은 종업원 주식 매입 제도a payroll stock purchase plan를 통해서 월마트의 자금 조달에도 기여할 수 있었다. 샘 월튼의 철학은 매장을 친근하고, 인정이 넘치고, 가족적인 분위기로 만드는 것이었다. 그는 이것을 '일하는 동안에 휘파람을 부는 철학'이라고 불렀다. 일도 스스로 즐기면서 할 때 더 능률이 나는 것처럼 근무하는 동안 즐겁게 지내는 것이 중요하다는 점을 강조한 것이다.

그는 이런 분위기가 사라질까 봐 걱정했다. "월마트가 더 커질수록 사소한 것이라고 생각하는 것에 더 집중해야 한다. 왜냐 하면 우리가 이처럼 큰 기업으로 성장할 수 있었던 것은 다른 기업을 따라했기 때문이 아니라 바로 새로운 작은 요소들을 도입했기 때문이다."[7]

Information Box

_ 안내 도우미

월마트를 방문하는 소비자들은 입구에 들어서자마자 자신에게 방문 환영 인사를 건네는 직원들을 만나게 된다. 이 직원들은 손님이 어디에서 원하는 물건을 찾을 수 있는지 그리고 물건을 교환하거나 환불하는 곳은 어디인지 알려 주기도 한다. 이 '안내 도우미' 들은 혹시라도 손님을 가장하여 절도행위를 하는 사람이 없는지 은밀히 관찰하는 한편 매장을 나서는 고객들에게 상냥한 미소를 지으며 감사 인사를 하기도 한다.

입구와 출구에 직원을 둔 소매업체들이 많다. 그러나 월마트의 안내 도우미가 특별한 이유는 그들의 친절함과 근면함 때문이다. 월마트는 연금을 받는 퇴직자들이 대개 안내 도우미로서 최적격이라는 점과 이들이 고객들로부터 가장 칭찬받는다는 사실을 알게 되었다. 앞서 말했듯이 안내 도우미에 대한 아이디어는 한 직원이 제안한 것이었다. 샘 월튼은 이 아이디어를 높이 평가했고 곧 전사적으로 실행하게 되었다.

_ 토의 주제

개인적으로 매장에 들어갈 때와 나올 때 직원들이 인사를 하는 것을 좋게 생각하는가? 모든 면을 고려할 때 안내 도우미 아이디어가 기업 경영에 도움이 되었는가? 아니면 피해가 되었는가? 설명해 보라.

월마트는 또 다른 인센티브 제도를 통해 물품 손실(즉 소비자 절도·부주의·직원 절도에서 파생된 제품의 손실)을 낮추었다. 이 제도는 직원이 물품 손실 기준을 달성하면 해마다 모든 직원에게 200달러씩을 보너스로 지급하는 것이었다. 따라서 직원들은 자발적으로 고객은 물론이고 서로를 주의 깊게 살피게 되었다. 1989년, 월마트의 물품 손실율은 매출의 1% 정도로 업계 평균에 비하면 한참 낮은 수치였다.[8]

직원들이 회사 경영에 참여하고 있다는 인상을 주기 위한 좀더 손쉬운 방법은 정기적으로 직원들에게 수익·매입액·매출·가격인하 자료를 포함해서 회사의 성과 자료에 대해 자세히 알려 주는 것이었다. 대부분의 직원들은 월마트를 자신의 회사라고 생각했다.

그런데 개방 지향, 즉 사람 중심이 월마트 경영의 전부는 아니었다. 월튼은 MBWA, 즉 현장순회경영Management by Walking Around이라는 경영방식을 강조했다. 월튼은 매장에서 본사에 이르기까지 모든 관리자들이 매장을 순회하며 업무가 어떻게 진행되고 있는지 살펴보고, 직원들과 직접 이야기를 나누며, 그들의 아이디어와 걱정하고 있는 문제점들을 공유할 수 있도록 했다. 이러한 상호작용을 통해서 다른 대기업에서는 찾아보기 어려운 인간적인 접촉이 가능하게 되었다.

그리 놀라운 일도 아니지만 월마트에서는 노조의 힘이 세지 않았다. 월튼은 평소에 '가족적인 환경'에서 직원들이 노동조합이 나서서 얻을 수 있는 것보다 더 많은 월급·혜택·보너스 등을 받아야 한다고 주장했다. 게다가 직원들은 노조가 협상으로 받아낼 수 있는 월급 인상분보다 보너스와 수익공유 프로그램이 훨씬 더 매력적으로 느껴졌다.

>>> 최첨단 기술

월마트는 자율적인 경영 스타일 때문에 팀 수준에서 의사 결정이 이루어지는 경우가 많았다. 또한 거대한 통신 시스템을 갖춰 본사와 매장 사사

이에 의사 전달이 손쉽게 이루어질 수 있었다. 게다가 회사 전용기로 이동하는 본사 관리팀이 매장을 직접 방문하여 매장의 운영 상황과 문제점들을 평가하고, 매장들 사이에 필요한 물품이 빠른 시간 안에 효과적으로 전달되도록 조정해 주기도 했다. 그리고 마스터 컴퓨터로 회사의 복잡한 물류 시스템을 효과적으로 관리했다.

>>> 작은 마을 침투 전략

월마트는 반세기 전쯤 J. C. 페니가 사용했던 것과 비슷한 전략을 채택하면서 대규모 도시는 피해 왔었다. 그 대신 월마트는 경생사라고는 시역의 상점이나 울워스Woolworth · 갬블Gamble · 페니 그리고 체인점이 몇개 안 되는 소규모 아울렛뿐인 작은 마을에 매장을 열었다.

이러한 소매점들은 보통 제품 구색이 다양하지 않았고, 일요일이나 저녁시간에는 영업을 하지 않았으며, 경쟁이 치열한 대도시 상점에 비해서 가격도 상당히 비쌌다. 대규모 업체들, 특히 할인점은 이와 같은 작은 마을에는 진출하지 않았다. 그 이유는 저가 전략을 유지하려면 매출 규모가 커야 하는데 이런 작은 마을에서는 매출 목표를 달성하기가 쉽지 않아 보였기 때문이다.

그러나 월마트는 작은 마을의 시장이 충분한 가능성을 가지고 있다고 보았다. 제품이 다양하고 가격이 저렴하다면 인근 마을 주민들과 시골 주민들까지도 몰려들 것이라고 판단했기 때문이었다. 그런데 월마트는 작은 마을과 시골 소비자들을 끌어들이는 과정에서 작은 마을에 있던 기존의 상점들을 파괴하고 말았다(Issue Box의 '월마트가 작은 마을에 끼친 영향'을 참조하여 월마트가 작은 마을 상점에 끼친 사회적 문제에 대해 토의해 보자). 월마트는 경쟁이 치열하지 않은 작은 마을에서 충분히 기술을 갈고 닦은 후에 대도시로 당당하게 진격해 들어갔고, 대도시 업체들은 이미 작은 마을에 수천 개의 매장을 가지고 있던 월마트를 두려워하고 있었다.

Issue Box

>>> **원가 관리**

샘 월튼은 소비자에게 최저 가격으로 제품을 제공하기 위해서 원가를 낮추는 데 깐깐한 태도를 보였다. 월마트는 요구사항을 만족시키기 어려운 업체로 유명했다. 월마트는 납품업체에게 지속적으로 가격을 낮추고 광고비를 내라고 압력을 넣었으며, 하루라도 빨리 납품하라고 압박했다. 월마트는 원가를 낮추기 위해서 중간 상인과 판매 대리점도 통하지 않고 모든 제품을 제조업체로부터 직접 구입했다. 따라서 제품을 생산하는 공장에서는 2~6%의 영업 커미션을 절약할 수 있었고 이 금액만큼 월마트도 이익을 볼 수 있었다. 당연한 일이겠지만 이 때문에 판매 대리점을 대표하는 단체에서는 과열된 논쟁이 벌어지기도 했다.

월마트는 정교한 물류 시스템과 자사 소유의 트럭으로 공급자로부터 물건을 대량으로 직접 구매하는 방법으로 원가를 상당히 절약할 수 있게 되었다. 대부분의 제품들은 월마트의 물류센터 중 한 곳에서 처리되었다. 예를 들어 앨라배마주 쿨먼에 있는 물류센터는 28에이커의 대지에 세워진 120만 평방피트의 건물이다. 약 1천42명의 직원들이 하루에 외부로 나가는 월마트 트레일러에 150대 분량의 짐을 싣고 180대 분량의 짐을 하역했다. 업무량이 많은 날에는 총 11마일 길이의 컨베이어 벨트를 통해서 19만 건의 물품이 발송되기도 했다.[9]

각 창고에서는 최신 광학 스캐닝 장비를 사용했고, 창고에서 재료를 다루는 장비는 전자동이었으며, 바코드 설비도 되어 있었고, 재고 목록은 모두 전산화로 처리되어 있었다. 위성 네트워크를 이용해서 매장과 물류센터 그리고 아칸소주 벤톤빌에 있는 회사 본사 사이에 메시지도 빠르게 전달될 수 있게 했다. 매장 직원들은 소형 컴퓨터를 손에 들고 다니면서 물품을 주문했다. 이러한 첨단 시스템 덕분에 월마트는 다른 체인점의 절반 수준으로 유통 비용을 줄일 수 있었다.

월마트는 다른 주요 경쟁 업체에 비해 광고비에서도 상당한 금액을 줄일 수 있었다. 일반적으로 할인점업계에서는 매출의 2~3% 정도를 광고비로 사용하는 반면 월마트는 매출의 1% 이하 수준으로 유지했다. 이처럼 광고비를 낮게 책정한 까닭은 시골 마을에서는 TV·신문·잡지 등의 매체 이용률이 낮기 때문이었다.

그러나 작은 시골 마을뿐 아니라 대규모 시장에서도 광고비를 낮게 책정했다. 지역방송 광고는 거의 하지 않고 주로 전국방송에 저렴한 가격을 내세우거나 월마트는 소비자를 배려하는 좋은 기업이라는 내용으로

TV 방송에 기업 PR 광고를 했다(Issue Box의 '기업 PR 광고는 필요한가?'에 대해 토의해 보자).

월마트의 영업 비용과 관리 비용이 낮은 이유는 무척 강제적이고 검소한 경영방식을 엄격하게 지켰기 때문이다. 다른 경쟁 업체들과는 달리 본사 조직과 임원 보조인력을 최소화하여 원가 절감 철학을 실천하고, 사업 초기부터 가졌던 샘 월튼의 절약 정신을 반영했다.

Issue Box

_기업 PR 광고는 필요한가?

기업 PR 광고란 즉각적으로 특정 제품의 매출을 올리기 위해서 하는 광고가 아니라 기업에 대한 좋은 이미지를 만들어내기 위해서 제작되는 비제품 광고이다. 그 의도는 훌륭하지만 좋은 이미지라는 게 측정하기 어렵고 매출에 어떤 영향을 나타낼지 알 수 없으므로 그 결과는 예측하기 어렵다.

특정 제품 광고에서는 그 효과를 쉽게 확인할 수 있다. 광고하기 이전 매출과 광고 이후 매출 성장율을 비교하면 되기 때문이다. 그러나 기업 PR 광고는 대부분 많은 사람들이 이 광고를 보고 회사에 대해 좋은 태도를 가지게 되면 결국 매출 증가로 이어질 것이라는 신뢰에 바탕을 둔다.

월마트의 TV 기업 PR 광고는 두 방향으로 제작되었다. 첫째, 월마트 직원들은 소비자들뿐만 아니라 좀더 크게는 지역사회에 우호적이며 도움이 되는 사람들이라는 점을 보여 주었다. 둘째, 가격이 저렴하다는 점을 강조했다. 월마트에 대한 홍보가 가장 잘 이루어졌던 것은 월마트가 앞부분에 나왔던 '바이 아메리칸' 캠페인과 환경보호에 앞장섰던 바로 그 시기였다. 이러한 기업 PR 광고는 월마트의 선한 시민으로서의 이미지를 강화하는 데 아주 큰 도움이 되었다.

_토의 주제

가능한 한 설득력 있게 월마트의 기업 광고가 회사의 긍정적인 이미지를 형성하는데는 도움이 되었을지 몰라도 결과적으로 매출 증대로까지는 이어지지 않았다는 주장을 펼쳐 보라.

>>> '미국 제품 우선구매 정책'과 환경 프로그램

외국 업체들의 미국 시장 잠식 비율이 점점 늘어가자—이 과정에서 일부 미국인들이 일자리를 잃었다—일자리를 보전하기 위해서 수입을 제한하라는 대중의 목소리가 거세어졌다. 1985년 3월, 월튼은 이것이 국가적인 문제라고 생각하고 몹시 걱정하기 시작했다. 그는 구매 담당자를 불러 외국 수입 제품과 경쟁할 수 없어서 미국 제조업체가 생산을 중단한 제품들을 찾아보라고 지시했다. 이때부터 월튼의 '바이 아메리칸(Buy American : 미국 제품 우선구매 정책)' 프로그램이 시작되었고, 이를 통해서 소매업체와 국내 제조업체가 공동 노력을 펼침으로써 미국산 제품이 가격과 품질 면에서 다시 제 위치를 찾을 수 있게 되었다. 이 프로그램은 바로 거대 소매업체의 힘을 보여 준 계기가 되었다. 월마트가 국내 생산업체를 지원하기 위하여 필름에서 전자레인지·플란넬 셔츠·기타 의류에 이르는 다양한 품목에 대해 미국산 제품을 이용할 것이라고 선언하자 매직 쉐프Magic Chef·3M·패리스 패션Farris Fashions 그리고 그 밖의 많은 제조업체들이 월튼이 벌이는 운동에 적극 참여했다.

또한 월마트는 환경을 보호하기 위해서 제조업체들이 제품과 포장을 개선하도록 권유하는 데도 앞장섰다. 결과적으로 제조업체들은 과도한 포장을 줄이고, 재활용이 가능한 재료로 바꾸었으며, 독성 잉크와 염색약을 사용하지 않는 등 많은 부분을 개선시켜 나갔다.

월마트는 환경보호를 위해 다른 활동도 펼쳤는데 지구의 날Earth Day 이벤트에 참가하여 나무도 심고, 정보 부스도 마련했으며, 소비자들에게 환경을 개선하는 방법을 알리기 위한 비디오도 상영했다. 월마트는 또한 지역 환경단체와 자선단체를 위해 기금 모금에 앞장서고, '고속도로 청소adopt-a-highway' 프로그램에 적극적으로 참여했다. 따라서 매장 직원들이 자발적으로 한 달에 한 번은 고속도로와 해변으로 가서 쓰레기를 줍고 청소를 하도록 지시했다.

부정적인 측면

월튼이 추구했던 선한 시민의 이미지에도 불구하고 월마트는 영업 초기부터 여러 가지 논란을 불러일으켰다. 월마트가 기술과 자원을 앞세워 작은 마을을 중심으로 매장 수를 점점 더 늘려 가자 이들 지역사회에 대한 월마트의 영향력 또한 커져 갔다. 앞의 Issue Box에서 살펴보았듯이 이 거대한 업체가 교외에 매장을 열자 경쟁할 능력이 없던 지역 상인들은 하나 둘 가게 문을 닫기 시작했고, 얼마 후 마을의 중심가는 쇠퇴하고 말았다.

그러나 대부분의 사람들은 월마트가 작은 마을에 들어서면서 단점보다는 장점이 더 많다고 생각하게 되었다. 비록 일부 마을에서는 월마트를 내쫓기 위해서 투표까지 진행되었지만 말이다. 오늘날 월마트 규모와 구매력면에서 살펴보면 세계에서 가장 영향력 있는 기업이다. 이 때문에 강자의 지위를 앞세워 불공정한 경쟁을 하고 있는 것 아닌가 하고 의심의 눈초리로 바라보는 사람도 많다. 납품업체들은 월마트가 거래 조건으로 무리한 가격과 서비스를 요구하는 데 상당한 압력을 느끼고 있다. 많은 납품업체들은 월마트와 거래가 끊기게 되면 생존을 위협당하게 되므로 월마트의 강압적인 요구 조건을 순순히 받아들이는 수밖에 없다.

월먀트는 소매업계에 납품업체들과의 '파트너링partnering'이라는 개념을 도입했다. 만약 이 제도를 통해 진정한 쌍방향 관계가 성립된다면 서로 이익을 볼 수 있고 양쪽 모두 성공을 거둘 수 있는 공생관계가 이루어지는 것이다. 그러나 월마트가 주장하는 파트너링 제도는 납품업체들이 월마트 매장에서 판매하는 자사 제품의 재고 관리와 판촉에 드는 비용을 부담해야 한다는 것이 주요 내용이다. 또한 월마트는 창고의 비축 재고 물량을 줄이기 위해서 납품업체에게 상당한 비용 부담을 안겨 주는 일인데도 불구하고 업체에 물품을 주문하는 즉시 공급하게 하는 방식을 강요하고 있었다. 납품업체에 비해서 훨씬 유리한 입장에 서 있는 월마트에서는 싫으면 그만두라는 식으로 배짱을 부리며 여러 가지 조건을 무리하게 강요했다. "우리가 요구하는 대로 못한다면 그만두어라. 다른 업체와 거래하면 된다."

월마트는 1998년 식품 소매업에 뛰어든 지 4년 만인 2002년 식료품 매출 530억 달러를 달성하며 미국 최대의 식품 판매업체가 되었다. 월마트는 비노조 정책과 뛰어난 효율성을 앞세워 진출하는 시장마다 놀라운 저가 정책을 실현할 수 있었다. 이러한 저가 정책은 소비자에게는 좋은 일이었지만 경쟁 업체들 입장에서는 괴로운 일이었다. 1990년대를 지나오는 동안 식료품 프랜차이즈 중에서 29개가 파산보호 신청을 하게 되었는데 이 가운데 25건은 바로 월마트 때문이었다.[10]

최근 월마트는 장난감이 고객을 유인하는 데 상당한 도움이 되며, 특히 크리스마스 시즌에는 아주 중요한 제품이라는 사실을 발견하게 되었다. 그래서 월마트는 토이즈러스Toys 'R' Us를 이기고 미국 최대 장난감 소매업체가 될 때까지 장난감 제품에 온 힘을 쏟아 부었다. 2003년 크리스마스 판매기간 동안 월마트는 시장 점유율을 상당히 높일 수 있었다. 월마트는 장난감 판매 성수기가 되기 훨씬 전인 9월 말 아주 인기 있는 장난감 제품들을 엄청나게 할인된 가격으로 판매했다. 인근의 소규모 경쟁 업체들은 무리해서라도 가격 할인을 같이 하거나 대부분의 고객들을 월마트에 빼앗길 수밖에 없는 어려운 상황에 처하게 되었다.

월마트의 가격 할인 경쟁 때문에 두 개의 유명한 장난감 프랜차이즈 업체가 무너졌다. 파오 슈워츠FAO Schwartz는 자신의 재니 브레이니Zany Brainy와 라이트 스타트Right Start 매장이 어려워지자 파산 신청을 했고, KB 토이즈KB Toys도 같은 절차를 밟았다. 월마트는 다른 제품의 구매를 유도하기 위해서 밑지고서라도 장난감들을 팔 수 있는 능력이 있었다. 그러나 더 작은 규모의 경쟁 업체들로서는 불가능한 일이었다. 월마트의 공격적 전략으로 미국에서 두 번째 규모의 장난감 프랜차이즈로 물러난 토이즈러스 또한 힘든 시기를 보냈다.[11]

월마트는 수익공유 프로그램과 보너스 지급에도 불구하고 직원과의 관계에서 독재적이고, 초과근무 수당을 제대로 지급하지 않는다는 소문에 시달렸다. 월마트는 시간직 근로자가 혜택을 받으려면 6개월이 지나야 한다는 조건을 내걸어 직원의 의료 혜택을 줄인 반면, 공제액은 기준치의 3배에 해당하는 1,000달러에 이르렀다. 월마트는 감기 예방 접종·눈 검사·아동 백신 접종과 다른 회사에서는 일반적으로 보장되는 여러 가지 진료에 대한 의료비 지급을 거부했다. 그리고 첫해에는 사전 병력에 대한 치료비 지급을 하지 않았다.

결과적으로 월마트는 직원 1인당 의료관리 비용이 국가 평균보다 40%나 낮았다. 월마트로서는 참 다행스럽게도 일부에서는 이러한 의료보험 처리방식에 대해 의료 관리 비용이 급등하고 있는 시기에 긍정적인 영향을 주는 행동이라고 평가해 주기도 했다.[12]

2003년 말, 월마트는 불법적인 이민자들을 매장에서 세탁소 잡일을 담당하는 직원으로 고용해서 초과근무 수당이나 의료보험 혜택도 없이 저임금으로 일을 시켰으며, 정부에 근로소득세를 내지 않았다는 심각한 혐의를 받게 되었다. 그런데 이와 같이 불법적인 방법으로 직원을 고용함으로써 회사는 수백만 달러의 비용을 절감하게 되었다. 기업 임원이 이 사실을 사전에 알고 있었다면 기소당할 수도 있었다. 월마트에서는 이 사태에 철저하게 대응했고, 사람들은 임원들이 정말로 이 사실을 몰랐는지 의문을 가졌다.[13]

>>> 논평

월마트는 하나의 성공 신화이다. 월마트는 소비자들과 국가에 분명 이익이 되었고 한 남자의 비전이 어떻게 이루어졌는가를 상징하고 있다. 그러나 몇 가지 의문점이 생긴다. 이 회사가 너무 비대해진 것은 아닐까? 소비자에게 최저 가격을 제공하는 과정에서 다른 사람을 착취하지는 않았는가? 납품업체들에게 무리한 일들을 강요하지는 않았는가? 회사 규모를 이용하여 아무 힘 없는 경쟁 업체들을 고의로 몰아내지는 않았는가? 월마트 임원들은 너무 극단적으로 원가절감 정책을 시행한 것은 아닌가?

최근 동향

2004년에 들어서면서 월마트에 대한 비난은 점차 커지고 법정 소송도 늘어만 갔다. 매사추세츠주·캘리포니아주·인디애나주·미네소타주에서 집단 소송이 진행되었고 이와 비슷한 36개의 소송이 진행중이었다. 월마트에 제기된 혐의는 매장에 직원이 부족한데 초과근무를 인정하지 않아 결과적으로 직원들이 휴식시간과 식사시간뿐만 아니라 교대 근무가 끝난 이후에도 돈을 받지 못한 채 작업을 계속했다는 것이었다. 그러나 월마트는 이 혐의를 극구 부인했다.

로스앤젤레스시 의회는 도시에 월마트가 들어서지 못하도록 하기 위해 애를 쓰고 있었다. 이와 비슷한 사건들이 애틀랜타에서 앨버커키의 마을뿐만 아니라 샌프란시스코 베이 지역에서도 발생했다. 도시의 지도자들은 다음과 같은 상황을 두려워했다. 월마트 매장이 들어서면 지역의 임금이 내려가고, 다른 경쟁 기업들은 살아남기 위해서 밤낮으로 애를 써야 하며, 새롭게 생긴 일자리보다 더 많은 일자리가 없어지게 될 것이고, 월마트 정책 때문에 의료보험 혜택을 받지 못하는 사람들이 점점 더 증가하면 공공 병원의 부담이 너무 커지게 된다는 것이었다.

월마트는 투표를 해서 결정하자며 적극적으로 대응하고 있다. 월마트 대변인은 심지어 이렇게 말했다. "사실 이것은 무슨 대규모 민중 봉기가 아니다. 대부분 지역에서는 정부가 거주민들의 쇼핑에 대한 선택의 자유를 제한할 것이라고는 생각지 않을 것이다."[14]

*무엇을 배울 것인가?

사람들에게 관심을 가져라. 샘 월튼은 자사 직원과 고객들에게 많은 관심을 쏟았다. 그는 직원들에게 동기를 부여하고 열정을 불어넣어야 고객들에게도 좋은 서비스를 제공할 수 있다고 믿었다. 그런데 기업이 다른 일에 신경을 쓰다 보면, 특히 대기업인 경우에 더욱더 사람에게 관심을 기울이는 일이 쉽지 않다. 월튼은 사람들을 챙기는 일을 하나의 원칙으로 삼았다. 그러나 이제 월튼의 경영 철학은 무너지고 말았는가?

월튼은 직원들의 이야기에 귀를 기울이고, 그들과 직접 호흡하며 격려를 아끼지 않았고, 기업의 이익을 실제로 직원들과 함께 공유하면서-내내 고객에 대한 친절과 관심을 강조했다-다른 대기업에서는 찾아보기 힘든 독특한 기업 문화를 형성했다. 월마트는 소비자에게 항상 친절하게 봉사했을 뿐만 아니라 좋은 품질의 제품을 다양하게 제공했으며, 미국 중산층을 위해서 환경과 실업문제에도 큰 관심을 보였다.

전략적 기회의 창을 발견하기 위해 노력하라. 전략적 기회의 창은 겉보기에 때때로 아주 이상하게 보일 수도 있다. 이러한 분야는 기존의 다른 기업들이 사업적 가능성을 간과했거나 실제로 접근하지 않은 분야들이다. 그러나 월마트가 초기에 작은 마을을 중심으로 영업을 시작했을 때 그처럼 큰 성공을 거둘 것이라고 생각한 사람은 많지 않았다. 미국 시골 지역의 작은 마을과 도시들은 인구는 줄어들고 경제적인 성장율도 둔화되고 있었다. 이는 부분적으로 농업 인구가 줄어들고 그에 따라 소규모 기업들의 경제적 기반이 취약해진 데 따른 현상이었다. 이러한 상황이다 보니 대규모 프랜차이즈 할인점들이 대도시 위주로 집중하는 것도 당연한 일이었다. 비록 이런 작은 도시에도 페니와 시어즈 그리고 울워스·갬블·코스트 투 코스트Coast to Coast 같은 매장들이 있기는 했지만 이곳은 대개 소규모 매장이었다. 주로 오래된 매장들이 많았고 매출도 많지 않았으며 본사의 관심 밖에 있었다. 갖추고 있는 물건 종류는 몇 가지 되지 않았고 상대적으로 가격도 비쌌다.

이러한 상황에서 샘 월튼은 기회를 잡았다. 그는 어느 누구도 발견하지 못했지만 이 시장에는 분명히 가능성이 있다고 생각한 것이다. 시장의 발전 가능성에 한계가 있었으므로 경쟁은 거의 없을 것이 확실했다. 그는 또한 소규모 마을이라 인구가 얼마 안 되었지만 인근 주민까지 끌어들이면 승산이 있을 것이라고 생각했다. 실제로 월마트 매장은 마을에서 좀 떨어진 곳에 위치해 있었기 때문에 주변 여러 지역의 고객들을 끌어들일 수 있었다.

오늘날에도 이러한 기회의 창이 존재할까? 나름대로 비전을 가지고 있으며 비범한 것을 볼 줄 아는 능력이 있고 자신이 가진 비전을 향해 전진하는 기업에게는 틀림없이 존재한다.

옛날 사고방식과 첨단기술을 접목시켜 보라. 월튼은 이 전략을 받아들여서 나중에 조직이 커졌을 때조차 조직 전체에 이를 전파시켰다. 월튼은 통신 기술과 전산화된 물류 시스템 등에는 첨단기술을 이용하였다. 그러나 월튼은 여전히 직원들에게는 다른 대규모 소매업체에서 이루지 못한 고객 중심의 친근한 서비스라는 다소 전통적인 태도를 강조했다.

다른 기업들도 월마트 사례를 통해 가족적인 분위기와 최첨단기술을 접목하기 위해 노력하고 있다. 일단 시도하는 것은 어렵지 않지만 이를 유지하는 일은 절대 만만치 않다.

환경에 대한 관심을 보이면 그 대가가 반드시 돌아온다. 오늘날 많은 사람들이 환경문제에 관심을 보인다. 지금이야말로 환경을 되살리고 보호하는 일에 관심을 가져야 할 때다. 환경보호 문제에 앞장서는 기업은 소비자들에게 좋은 인상을 줄 수 있으며 언론으로부터도 상당한 조명을 받을 수 있다. 많은 미국인들이 관심을 가지고 있는 또 하나의 주제는 외국 기업들의 진출이 증가함에 따라 자국의 생산업체와 일자리가 피해를 입고 있다는 점이다. 자유무역의 원리에 모순되는 행위라는 상당한 반론에도 불구하고 월마트가 미국 제품 우선구매 정책을 널리 주장하자 많은 미국 중산층들이 이에 환호했다.

기업이 지나치게 거대해졌는가? 이 질문에 대답하기는 어렵다. 그러나 공공의 이익과 신뢰관계에 관한 한 거대화의 위험을 경고할 수 있다. '권력의 오만함'이라는 말이 바로 규모에 대한 유혹을 설명해 주고 있다. 일부에서는 이를 규모가 커지면 당연히 나타나는 진화의 산물이라고 보기도 한다. 여러 해 전 제너럴 모터스와 스탠다드 오일 같은 주요 기업들도 도산했다. 왜냐하면 많은 사람들이 이 기업들이 너무 커졌다고 생각했기 때문이다.

월마트가 점차 소매업계를 장악해 가자 사람들은 이 기업이 너무 거대해졌다고 생각하게 되었는가? 월마트는 납품업체들을 폭군처럼 몰아치고, 식품과 장난감업계의 경쟁 업체들을 파산 위기로 몰고 가고, 다른 사람들을 두려움에 몰아넣었는가? 월마트는 인간성을 잃어버릴 위기에 놓였는가?

＊질문

1. 당신이 다음의 상황에 놓여 있다면 어떤 방법으로 월마트에 대항할 수 있겠는가? (a)소규모 철물상 (b)소규모 남성복점 주인 (c)슈퍼마켓 (d)장난감 가게
2. 당신 생각에 오늘날 월마트는 약해졌는가? 만약 그렇다면 어떤 점

에서 그렇다고 생각하는가? 만약 월마트가 약해지지 않았다고 생각한다면, 월마트 성장에 한계가 있다고 생각하는가?

3. 월마트에서 쇼핑을 할 때 당신은 월마트 직원들이 다른 업체 직원들보다 특히 더 친절하고 제품에 대한 지식도 많이 가지고 있다고 생각하는가? 그렇지 않다면 당신은 월마트 직원 프로그램들에 대해서는 어떻게 생각하는가?

4. 당신은 현재 또는 미래에 나타날 월마트의 약점은 무엇이라고 생각하는가? 월마트는 이를 어떻게 극복할 수 있을까?

5. 할인점은 앞으로도 계속될 수 있을까? 가격 경쟁에서 비롯되는 성장의 한계는 무엇일까?

6. 유통업계와 사회에 대한 윤리적인 기여도 측면에서 월마트의 사업방식(특히 노조와 소규모 마을의 지역 경제에 끼친 영향력과 납품업체와의 관계)에 대해 토의해 보라. 여러분은 이러한 사업방식을 배워야 한다고 생각하는가?

7. 오늘날 월마트는 인정 많은 인간적인 기업인가? 그 이유는 무엇인가? 또 월마트는 완벽하게 윤리적인 기업인가?

＊역할극 해 보기

1. 월마트는 하이퍼마켓을 철수할 것이라는 결정을 내렸다. 지금 철수하는 것은 너무 이르며 하이퍼마켓이라는 개념을 유지해야 한다는 내용으로 가능한 한 설득력 있게 주장을 펼쳐 보라. 필요하다면 상황을 약간 변경해도 좋다.

2. 당신은 야망에 가득 찬 월마트 매장 관리자이다. 월마트에서 임원 자리까지 오르려면 어떻게 해야 할지 앞으로의 진로에 대해 계획을 세워서 설명해 보라. 가능한 한 창의적으로 설계해 보라.

3. 당신은 샘 월튼의 뒤를 이어 CEO가 된 데이비드 글래스의 수석 자문 담당관이다. 월마트가 최근 해외에서 공격적으로 매장 수를 늘려 갔는데도 불구하고 글래스는 여전히 해외 시장에 엄청난 가능성이 있다고 생각하고 있다. 그는 당신에게 해외에서 사세를 좀더 확장할 수 있는 전략을 개발해 오라고 한다. 당신은 어떻게 조언할 것인가? 그리고 왜 그런 조언을 했는가?(힌트 : 현재 월마트의 해외 매장 수를 조사할 필요가 있다.)

*팀별 토론 연습

1. 월마트는 그곳 주민들이 반대하고 있는데도 불구하고 뉴잉글랜드 시골 지역 같은 작은 도시에 공격적으로 진출하려고 한다. 월마트는 주민들의 주장(회사 측에서는 대다수 의견이 아니라 주민 가운데 몇몇이 주동한 일이라고 생각하고 있다)에 따라 사업을 포기해야 할 것인가? 아니면 계획대로 강행해야 할 것인가?
2. 월마트의 엄청난 성장은 앞으로 무한하게 계속될 수 있을까? 이 문제에 대하여 찬반양론으로 토의해 보라.
3. 오늘날 월마트는 본래의 인간미를 상실할 위기에 처해 있는가?

20

나이키 : 값싼 해외 노동력 활용은 윤리적인가

나이키에 대한 공격은 1997년까지도 계속되었다. 시민단체에서 고발한 내용에 의하면 베트남의 나이키 공장 노동자들은 심각한 저임금에 시달렸을 뿐만 아니라 화장실에 가는 것조차 쉽지 않았다. 심지어 일을 하는 도중에 마시는 물의 양을 두 잔으로 제한하는 일도 있었다. 그리고 언어 폭력·성 희롱·뜨거운 태양 아래 여러 시간 서 있게 하는 등의 벌을 받기도 했다.

1996년 8월 27일, 스포츠업계는 얼마 전 US 아마추어 골프 선수권 대회를 3연패한 타이거 우즈에게 손을 내밀었다. 그는 스탠포드 대학을 중퇴하고 프로 선수로 전향하기로 결정했다.

타이거는 나이키Nike와 4천만 달러짜리 계약을 맺고 프로 선수 생활을 시작하게 되었다. 계약서에 서명한 후 타이거는 나이키 창업주인 필 나이트 소유의 걸프스트림 ⅣGulfstream Ⅳ를 타고 그레이터밀워키오픈 Greater Milwaukee Open 경기에 참가하러 갔다. 이전에 타이거는 이동할 때마다 가장 싼 좌석만 이용하고 한 끼 음식 값에도 벌벌 떨어야 했다. 타이거는 아마추어로서는 마지막 경기를 치렀다. 그 해가 가기 전에 그는 두 번을 더 우승했고 스포츠 잡지 〈일러스트레이티드〉에 '올해의 선수'로 이름이 실리기도 했다. 그러나 이것은 시작에 불과했다. 타이거는 다음 해 봄인 1997년 4월 13일 유명한 마스터즈Marsters 대회에서 우승하며 생애 최대 상금을 받았고, 이 결승전 경기는 TV 스포츠 중계 역사상 가장 높은 시청률을 기록했다.

2003년, 나이키는 이제 막 고등학교를 졸업한 10대 농구선수 르브론 제임스와 9천만 달러에 계약을 맺었는데 이는 농수선수 마이클 조던을 제외하고 최고 액수의 계약금이었다. 나이트는 르브론 제임스가 제2의 마이클 조던이 될 것이라고 확신했다. 나이키는 르브론과 계약을 맺기 위해서 2년 동안이나 노력했다. "우리는 르브론에게 아낌없이 투자할 것이다. 그렇지 않으면 평생 후회하게 될지도 모른다."[1]

상품에 대해 대부분의 사람들이 가지고 있던 생각은 브랜드 개성 brand uniqueness은 '거의 가질 수 없는 것'이며 그저 단기간에 유행하는 현상일 뿐이라는 점이었다. 그러나 필 나이트는 앞으로 나이키라는 브랜드가 기업 성장의 핵심이 될 것이라고 확신했고, 그의 예상대로 전세계에서 가장 유명한 브랜드 중의 하나가 되었다. 영&루비콤 Young & Rubicom이 1,200개 미국 브랜드를 대상으로 실시한 조사에서 나이키는 코카콜라

Coke · 디즈니Disney · 홀마크Hallmark와 함께 상위 10대 브랜드에 올랐다. 브랜드가 성장함에 따라 나이트는 1996년 미국에서 가장 부유한 사람들 중의 한 명이 되었고 재산은 53억 달러나 되었다. 나이트 앞에는 마이크로소프트의 빌 게이츠, 투자 전문가 워렌 버핏과 또 다른 세 명밖에 없었다.[2]

불행하게도 나이키는 신발 원가를 낮추기 위해서 가난한 국가에 일명 스웨트숍sweatshops이라 불리는 노동력 착취 공장을 세웠다는 비난에 시달리게 되었다. 많은 기업들이 아웃소싱outsourcing이라는 명목으로 후진국에서 노동력을 착취했지만, 그 중에서도 나이키가 중점적인 비판 대상이 되었다. 나이키는 진정 냉혹한 착취 기업인가? 비판 세력들이 주장하는 대로 나이키는 비윤리적인 행동을 했는가? 그들은 나이키가 가난한 슬럼가의 청소년들을 목표로 삼아 값비싼 유명 신발을 판매하려고 애쓴다며 비난하기도 했다.

필 나이트와 와플 모양 신발 밑창의 발명

필 나이트는 위대한 나이키 러닝화를 개발해냈지만 자신은 그저 1마일에 4분 13초 정도-세계 기록은 4분 미만이다-의 기록을 내는 평범한 육상선수였다. 그러나 그는 오리건대학에서 당시 유명한 코치였던 빌 보워먼의 지도를 받을 수 있었다. 1950년대 후반 보워먼은 장거리 경주에서 해마다 세계적인 선수들을 배출해내며 오리건주의 작은 마을 유진의 이름을 널리 알렸다. 경기용 신발에 관해 지속적인 연구를 해 온 보워먼은 마침내 신발의 무게가 가벼울수록 경기에 훨씬 더 유리하다는 이론을 세우게 되었다.

나이트는 스탠포드대학 MBA를 수료하는 과정에서 조사 보고서를 하나 작성했는데, 그 내용은 일본이 카메라 분야에서 큰 성공을 거두었듯이 운동화에서도 그럴 것이라는 자신의 이론을 바탕으로 작성한 것이었다. 1960년 학위를 마친 후 일본으로 건너간 나이트는 오니스카Onisuka Company를 찾아갔다. 타이거 신발에 대한 미국 내 배급권을 따내기 위해서였다. 미국으로 돌아온 그는 신발 샘플 몇 개를 보워먼에게 주었다.

1964년, 나이트와 보워먼은 함께 사업을 시작하기로 했다. 그들은 각각 500달러씩을 투자하여 미국 내 타이거 러닝화 독점 배급회사인 블루 리본 슈 컴퍼니the Blue Ribbon Shoe Company를 설립했다. 이들은 나이트의 장인 집 지하실에 매장을 열었는데 수입 첫해에 8천 달러어치를 판매했다. 나이트는 낮에는 쿠퍼&리브랜드Cooper & Lybrand에서 회계사로 근

Information Box

_ 나이키 스우시 로고

나이키의 스우시swoosh 로고는 전세계적으로 널리 알려진 로고 중의 하나다. 이 로고는 나이키가 사업을 시작하던 초창기에 포틀랜드주립대학교에서 디자인을 전공하던 학생이 35달러를 받고 디자인해 주었다고 한다. 속도감이 느껴지는 이 굽은 모양의 로고는 무척 독특한 느낌을 주었고, 로고가 개발된 이후 나이키는 모든 제품에 이 로고를 새겨 넣었다. 나이트는 심지어 이 로고를 왼쪽 종아리에 문신으로 새겨 넣기도 했다.

나이키란 이름이 너무나 유명하기 때문에 회사에서는 로고에 나이키라는 이름을 더 이상 넣지 않는다. 더욱이 로고 자체가 너무나 잘 알려져 있으므로 나이키가 후원하는 유명 선수들이 운동 경기에서 우승할 때 카메라가 그들의 신발이나 옷에서 나이키 로고만 살짝 비추어도 광고 효과는 어마어마하다.

_토의 주제

아주 독특하고 단순한 나이키 로고가 없었다면 나이키가 현재처럼 성공을 거둘 수 있었을까? 다시 말해 한 기업에게 훌륭한 로고는 얼마나 중요한 것일까?

무하고 밤과 주말에는 신발을 팔았다. 이들의 주요 고객은 고등학교 육상부 선수들이었다.

1972년 마침내 자신들의 신발을 개발한 나이트와 보워먼은 이 제품을 스스로 제작하기로 결정했다. 생산은 인건비가 저렴한 아시아의 공장에서 하기로 했다. 신발의 이름은 그리스 승리의 여신 이름을 따서 나이키라고 지었다. 현재 나이키가 생상한 제품마다 새겨져 있는, 나이키만의 독특한 상징인 스우시swoosh 로고는 이 당시에 개발되었다(여기에 대해서는 Information Box '나이키 스우시 로고'를 참조하여 토의해 보도록 하라). 나이키 신발이 공식적으로 첫선을 보인 것은 1972년 오리건주 유진에서 벌어진 올림픽 연습 경기에서였다. 마라톤 경기에서 나이키의 새로운 신발을 신고 달린 선수들은 4위에서 7위를 차지했고, 1위에서 3위를 차지한 선수들은 아디다스Adidas 신발을 신고 뛴 선수들이었다.

1975년 어느 일요일 아침, 보워먼은 시험 삼아 아내의 와플 틀에 우레탄 고무를 부어 보았다. 이 우연한 행동에서 그는 전혀 새로운 타입의 '와플' 모양 밑창을 개발해낼 수 있었다. 와플 모양의 울퉁불퉁한 고무 밑창은 시중에 나와 있는 다른 신발들에 비해서 탄력성이 훨씬 더 좋았다.

보기에는 그저 단순해 보이는 신발 밑창을 개발함으로써 나이트와 보워먼은 성장의 기틀을 마련할 수 있었고, 마침내 1976년 나이키는 1천4백만 달러의 매출을 이룩할 수 있었다. 이는 1972년 2백만 달러, 1975년 830만 달러의 매출을 기록했던 것에 비하면 엄청난 성공을 거둔 셈이다.

나이키의 주식 공개

현재 나이키는 순조로운 성장세를 이어 가고 있으며 끊임없는 연구개발을 통해 지속적으로 신제품을 선보임으로써 업계에서 선두적인 위치를 유지하고 있다. 1970년대 말, 나이키는 신제품 연구·개발 인력으로만 100여 명을 고용했다. 나이키는 140개 이상의 다른 모델을 출시했으며 대부분은 시장에서 기술적으로 가장 혁신적인 제품이라고 인정받았다. 나이키에서는 발 모양·체중·달리는 속도·훈련 스케줄·성별·기술 수준에 따라 다양한 모델을 출시했다.

1980년 나이트는 나이키 주식을 공개함으로써 백만장자 대열에 합류하게 되었다. 그의 순자산은 거의 3억 달러로 경제 전문지 〈포브스〉가 선정한 미국의 400대 부유한 인물에 선정되기도 했다.[3] 그러나 이와는 대조적으로 보워먼은 70세 되던 해에 나이키 주식의 대부분을 매각하고 당시에는 겨우 2%만 보유하고 있었으므로 자산은 겨우 950만 달러에 불과했다.

1981년, 나이키는 전체 시장에서 50%의 점유율을 기록하며 운동화 시장을 이끌었다. 수십 년간 최고의 자리를 지켜 왔던 아디다스는 나이키에게 1등 자리를 빼앗기고 말았다. 나이키 제품의 인기는 하늘 높은 줄 모르고 치솟았다. 8천여 개의 백화점·스포츠용품 전문점·나이키 신발 전문점 매장의 60%가 선주문을 받았으며, 물건을 수령하기까지 6개월 이상 기다려야 할 정도였다.

1982년 1월 4일 〈포브스〉는 미국산업에 대한 연례보고서에서 지난 5년간 수익성이 가장 좋은 기업으로 나이키를 1위에 선정했다.[4]

리복의 도전

1980년대 후반, 리복이 갑자기 나이키의 최대 경쟁자로 떠오르더니 나이키의 아성을 위협하기 시작했다. 그 이유는 바로 나이키가 에어로빅용 운동화라는 기회를 과소 평가했기 때문이다. 결과적으로 나이키는 전국을 강타하기 시작한 에어로빅 댄스 열풍에 제대로 대처하지 못했다. 리복은 업계 최초로 여성만을 위한 운동화를 디자인했다. 1986~1987년 사이에 나이키의 매출은 18% 하락했고 수익은 40% 이상 감소했다. 그림 20.1에서는 1995년부터 리복과 나이키의 매출 성장율을 보여 주고 있다. 특히 눈에 띄는 점은 1980년대 중반 단지 몇 년 동안이기는 하지만 리복이 나이키 매출을 능가하면서 눈부신 성장을 기록했다는 점이다. 이 당시 나이키는 새로운 시장 기회를 놓침으로써 매출이 침체 국면에 접어들었다. 이후 리복의 매출은 그래프에서 확인할 수 있듯이 다시 하강하기 시작했고, 나이키는 매출 성장세를 회복했다.

표 20.1에서는 두 회사의 순수입을 비교하고 있는데 수입이 모두 약간씩 들쭉날쭉한 경향을 보이고 있다. 표를 보면 초반에 리복이 수입면에서 나이키를 앞선 적이 있지만 그리 오래 지속되지는 않았다. 이 사실은 표 20.2의 1995~1998년 사이에 두 회사의 총수입과 순수입 수치를 통해서 확인할 수 있다.

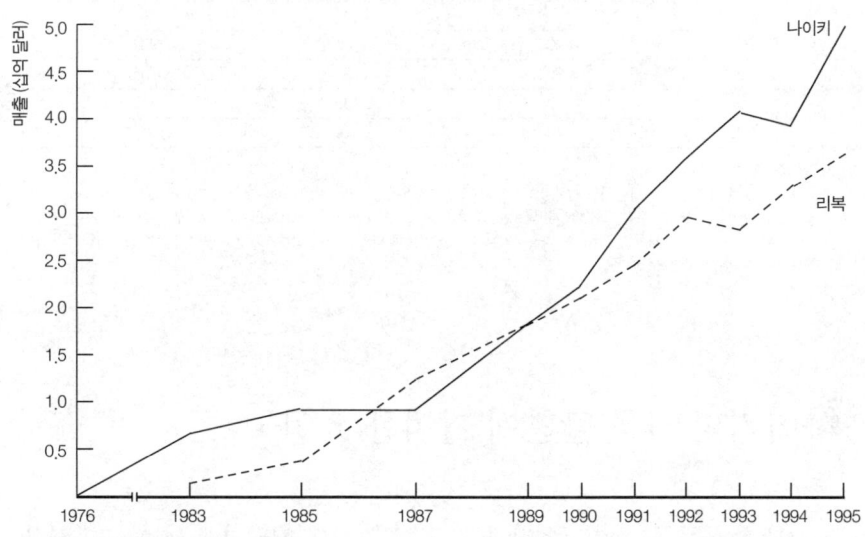

그림 20.1 운동화 전쟁 : 1976년~1995년 나이키와 리복 매출 (십억 달러)

※출처 : 기업 연례보고서
※분석 : 이 그래프를 통해서 1980년대 후반 리복이 몇 년 동안 나이키를 앞선 사실을 확인할 수 있다. 그러나 1990년 리복은 나이키에게 선두 자리를 빼앗겼고, 그 이후 나이키는 둘 사이의 격차를 더 벌렸다.

표 20.1 운동화 전쟁 : 1985년~1994년 나이키와 리복의 순수입 비교 (십억 달러)

연도	나이키	리복
1985	10.3	39.0
1986	59.2	132.1
1987	35.9	165.2
1988	101.7	137.0
1989	167.0	175.0
1990	243.0	176.6
1991	287.0	234.7
1992	329.2	114.8
1993	365.0	223.4
1994	298.8	254.5

※출처 : 기업 연례보고서
※분석 : 1980년대 후반 리복이 나이키에 비해 얼마나 더 많은 수익을 냈는지 주의해서 살펴보라. 1987년 리복은 나이키에 비해 거의 5배나 높은 수익을 기록했다. 그러나 1990년에 나이키가 다시 앞섰다. 표를 보면 이 기간 동안 리복에 비해 나이키의 수익률이 훨씬 더 안정적이라는 사실도 확인할 수 있다.

표 20.2 1995년~1998년 나이키와 리복의 경영실적 비교 (백만 달러)

	나이키	리복	나이키 시장 점유율
총수입			
1995	4,761	3,481	57.8
1996	6,471	3,478	65.0
1997	9,187	3,644	71.6
1998	9,553	3,225	74.8
순수입			
1995	400	165	70.8
1996	553	139	79.9
1997	796	135	85.5
1998	400	24	82.2

※출처 : 기업 보고서 자료에서 산출
※분석 : 이 분석 자료를 보면 나이키와 리복 간의 격차가 점점 더 벌어지고 있다는 사실을 알 수 있다. 4년 동안의 수입을 살펴보면 나이키 시장 점유율은 57.8%에서 74.8%까지 증가하며 시장을 확실하게 장악했다. 순수입 부분에서는 1998년 아시아 시장의 경제 상황 악화로 수익성이 나빠지기는 했지만 리복과 비교했을 때 상대적으로 나이키의 수익성이 상당히 높다고 할 수 있다.

나이키의 선두 탈환에 기여한 요인들

대개 선두를 지키고 있다가 일단 그 자리를 빼앗기게 되면 그 흐름을 되돌려 놓기가 쉽지 않다. 그러나 필 나이트와 나이키는 1위 자리를 쉽게 포기하지 않았다. 나이트는 리복의 최대 약점인 판매상들과의 관계를 집중적으로 공략하기 시작했다. 즉 나이키가 풋로커Foot Locker 같은 대규모 업자들과 좋은 관계를 유지한 반면 리복은 자사 물품을 취급하는 업자와의 관계에 무관심했을 뿐만 아니라 거만한 태도를 보이기까지 했다.

>>> 풋로커를 차지하기 위한 투쟁

울워스의 풋로커는 총 2,800개 매장을 가진 체인점으로 운동화 판매 부문에서는 최대 업체였다. 1995년 풋로커는 미국 내 전체 운동화 매출 65억 달러 중에서 15억 달러를 기록했다.

1993년 풋로커 매장에서 나이키 매출은 3억 달러였고, 리복은 여기에 조금 못 미치는 2억2천8백만 달러였다. 2년 후, 풋워크 매장 내의 나이키 매출은 7억5천만 달러로 상승했지만 리복은 오히려 1억2천2백만 달러로 하락하고 말았다.[5]

이러한 사태가 발생하게 된 원인은 대부분 리복에 있었다. 리복의 CEO 폴 파이어맨은 처음부터 풋로커가 내거는 요구 조건을 불쾌하게 생각했다. 예를 들어 1980년대 리복의 에어로빅 운동화가 공전의 히트를 기록하자 풋로커는 자신들의 매장에만 납품하는 독점 모델을 출시해 달라고 요구했다. 풋로커는 할인점에 대항해 판매를 높이려면 이 방법밖에 없다고 생각했다. 그리고 이미 다른 운동화업체들은 풋로커의 요구 조건을 승낙한 상황이었다. 그러나 리복은 풋로커 매장 근처에 있는 할인점을 포함해서 원하는 누구에게나 자사 제품을 판매할 것이라며 풋로커의 제안을 거절했다.

이와는 대조적으로 나이키는 몇 년 동안 풋로커에 적극적으로 협조해 왔으며, 1995년에는 풋로커 매장에서만 판매되는 제품을 12종이나 출시하기도 했다.

리복이 풋로커와의 관계에 큰 관심을 나타내지 않았다는 점을 보여 주는 또 다른 예가 있다. 바로 풋로커의 구매 담당자에게 제품 샘플을 제때 보내 주지 않았다는 점이다. 풋로커는 워낙 규모가 큰 체인이다 보니 시즌이 되기 전에 미리 구매 결정을 내려야 했다. 제품 샘플이 늦게 도착하거나 또는 아예 도착하지 않는 경우 풋로커가 실질적으로 그 신제품에 대해서 대량 주문을 할 수 없다는 것을 의미했다(Information Box의 '주요 거래처 관리의 중요성'을 참조해 보자).

Information Box

_ 주요 거래처 관리의 중요성

이전부터 주요 고객의 중요성에 대하여 제대로 인식하지 못하는 기업들이 있었다. 그런데 리복은 상황이 악화되고 나서도 한참 뒤에야 이들의 중요성을 겨우 깨닫게 되었다. 이들 주요 고객들은 대개 기업 매출에서 상당 부분을 차지한다. 따라서 점점 치열해지는 경쟁 환경 속에서 이들에게 특별한 서비스를 제공하는 것은 아주 당연하다고 할 수 있다.

주요 거래처 관리의 기본은 장기적인 관계를 구축해야 한다는 것이다. 이러한 관계를 공고히 하려면 주요 거래처에 대한 서비스가 뒷받침되어야 한다. 고객이 바라는 것을 이해하고 이를 충족시키기 위해 노력하는 것은 기본이다. 만약 이러한 주요 고객이 자기에게만 납품되는 제품을 원하고, 신제품과 샘플을 가장 먼저 보고 싶다고 요구한다면 주저하지 말고 따라야 한다.

주요 거래처를 관리하기 위해서 많은 기업들이 이런저런 노력을 기울이고 있다. 예를 들어 아주 특별한 소수의 고객을 관리하는 특별 영업 전담 부서를 따로 두는 것이다. 반면, 일반 영업팀에서는 상대적으로 규모가 작은 고객을 담당한다. 풋로커 정도의 대규모 고객이라면 고위 임원들 심지어 사장까지도 직접 나서서 관계를 구축해 나가야 할 필요가 있다.

_ 토의 주제

당신은 제조업체의 CEO이다. 그런데 주요 소매업체에서 너무 무리한 요구를 하고 있다. 당신은 어떻게 하겠는가?

1993년, 나이키는 리복에게서 선두 자리를 탈환하기는 했지만 아직까지 확실한 승리를 장담하기에는 이른 상황이었다. 2월에는 주가가 50달러 중반까지 폭락했다. 그 이유는 무엇이었을까? 한때 인기주였던 명성이 무색할 정도로 나이키 매출은 겨우 15% 상승했고 수입은 11% 상승에 그쳤다. 그러자 월 스트리트에서는 의구심을 갖기 시작했다. 전세계에서 필요로 하는 운동화는 몇 켤레나 될까?(비평가들은 이전에 맥도날드에 대해서도 같은 질문을 던졌다. 전세계에서 소비할 수 있는 햄버거는 과연 몇 개나 될까?)

이 질문에 대해 나이트는 "나이키의 경영 비법은 샌들에서 하이킹 부츠에 이르는 야외용 신발 제품들과 유명한 대학교 미식 축구팀과 야구팀의 유니폼 바지와 셔츠에서 방한용 재킷과 평상복, 나아가 골프용 의류와 장비에 이르기까지 여러 종류의 제품을 생산할 수 있다는 것"이라고 대답했다. 그리고 나이키가 생산하는 제품들을 일반 소비자들이 무척 좋아할 것이라는 말도 덧붙였다.

업계 최고 자리를 지키기 위해서 나이트는 오래 전 자신의 코치이자 나이키의 공동 창업자인 빌 보워먼에게서 배운 것을 떠올렸다. "규칙은 따르되 무자비하게 싸워라."[6]

>>> 이미지 창조하기

나이트는 신발이 곧 쉽게 쓰고 버리는 소비재가 될 것이며, 앞으로 신발의 품질과 스타일 면에서 제조업체들 간의 격차는 거의 사라질 것이라고 생각했다. 그는 성공하기 위해서 자주 모델을 교체하는 방법을 이용함으로써 나이키가 그저 단순한 운동화가 아니라 신분 상징처럼 비추어지도록 노력했다.

만약 운동화 제품에 대해서 '멋지다'라는 패션 이미지에 오락적인 분위기를 결합시킬 수만 있다면 이 제품은 감수성이 예민한, 특히 30세 이하의 소비자들에게 아주 강력하게 어필할 수 있게 된다. 이것이 바로 나이트가 생각하고 있는 사업 전략이었다.

나이키는 계절이 바뀔 때마다 신제품을 출시하기 시작했다. 봄에는 야구용 신발, 여름에는 테니스 신발, 가을에는 하이킹 신발을 출시했다. 야구와 육상용 운동화는 분기마다 새로운 제품을 출시했다. 나이키는 평균 하루에 한 가지 이상 새로운 스타일의 신발을 선보였다.

또한 나이키는 스포츠 스타를 후원하는 방법을 통해서 간접적으로 제품을 홍보했다. 나이트는 사람들이 유명한 팀이나 운동선수를 응원하는 것을 보고 나이키에서는 단순히 신발뿐만이 아니라 그 신발을 신고 있는 스포츠 스타의 보이지 않는 결단력·개성·헌신·승리의 이미지를 판매하기로 결심했다.7

나이키에서 늘 운동선수들을 후원해 오긴 했지만 이제는 운동선수들이 나이키 제품을 사용하고 홍보하게 만드는 데 필요한 연간 예산이 1억 달러 정도로 증가했다. 나이키는 이 제도를 1973년 처음 시작했는데, 당시 유명한 육상선수였던 스티브 프리폰테인에게 나이키 신발을 신도록 했다. 프리폰테인은 영리하고, 무서울 정도로 승부욕이 강했으며, 쓸데없는 관습에 저항하는 인물이었다. 그리고 무엇보다도 나이트가 찾고 있던 이상적인 운동선수였다. 그러나 불행하게도 프리폰테인은 1975년 자동차 사고로 사망했다. 그 뒤를 이어 농구선수 마이클 조던이 나이키의 후원을 받게 되었다. 시카고 불스Chicago Bulls 스타였던 그는 역사상 최고의 농구선수이자 미국에서 가장 유명한 운동선수로 인정받게 되었다.

나이키에 활력을 불어넣기 위해서 나이트는 또 다른 최고의 운동선수들을 영입했다. 바로 테니스의 존 메켄로와 안드레 아가시, 야구의 놀런 라이언, 미식축구의 디온 샌더스, 육상의 칼 루이스와 알베르토 살라자르, 축구·야구 스타인 보 잭슨, 농구 스타인 찰스 바클리와 스코티 피펜 등이었다. 이후 타이거 우즈와 르브론 제임스 그리고 여성 테니스 스타인 세레나 윌리엄스가 추가되었다. 오리건주 비버턴에 위치한 나이키 본사는 이

제 수백 개의 청동 명패가 보관되어 있고 곳곳에 거대한 현수막이 펄럭이는 운동선수들의 성지가 되었다.

서로 다른 스포츠 분야의 운동선수를 활용하는 홍보 정책 때문에 나이키는 시장에서 단일한 엄브렐러 브랜드umbrella brand 관리 아래 모든 분야에 진출하는 전술을 펼 수 있었다. 미국의 10대는 1년에 평균 10개의 운동화를 구매하는데 6개는 스포츠용으로, 나머지 4개는 패션을 위해서 구입한다고 한다. 결국 6백만 명의 십대들이 연간 10억 달러 이상의 나이키 신발을 구입한다는 결론이 나오게 된다.[8]

1996년 하계 올림픽 기간에는 애틀랜타 전역에서 '당신은 은메달을 딴 것이 아니라 금메달을 놓친 것이다'라는 나이키의 TV 광고와 게시판 광고를 볼 수 있었다. 나이키는 스폰서 기업이 되기 위해서 올림픽 위원회에 4천만 달러를 내는 대신 수백 명의 운동선수와 소속 팀에게 스우시 로고가 새겨진 유니폼과 운동화를 제공함으로써 일반인들에게 나이키 로고의 노출 횟수를 늘리는 방법을 선택했다.

나이트는 20세기 말까지 나이키의 매출을 120억 달러(1996년 5월 31일에 끝나는 회계연도에 매출이 65억 달러였다)까지 늘리기 위해서 새로운 목표 세 가지를 정했다. 바로 여성 스포츠·해외 시장·나이키 타운Nike Town 매장이다.

최고 수준의 여성 운동선수 수십 명이 계약서에 사인을 하고 판촉 지원을 받았다. 광고에서는 어린 소녀들이 부모에게 인형 대신 공을 달라고 조르는 모습을 그리기도 했다.

나이키는 해외 시장을 공략하기 위해서 노력하고 있었지만 그 결과는 기대에 한참 못 미치는 수준이었다. 예를 들어 미국에서는 소비자들이 나이키 제품을 구입하는 비용이 연평균 12달러 정도인데 반해 독일에서는 고작 2달러에 불과했다. 이러한 불균형을 해소하기 위해서 나이키는 각국의 최고 선수들과 계약을 맺었는데 바로 일본의 야구선수 노모 히데오, 아르헨티나 축구팀의 보카 주니어스, 독일의 포뮬러 1Formula 1 경주용 자동차 챔피언인 마이클 슈마허였다.

1993년, 나이키는 시카고에 나이키 타운 수퍼스토어Nike Town superstore를 개장했다. 이 매장은 곧 네이비 피어the Navy pier와 링컨공원 동물원과 함께 이 지역의 대표적인 관광 명소 중 한 곳이 되었다. 1996년 11월에는 뉴욕 57번 스트리트에 9만 평방피트 규모의 7번째 나이키 타운이 문을 열었다. 이 건물 주인은 도널드 트럼프였는데 임대료가 연간 약 1천만 달러에 달했다.[9]

이 거대한 스포츠용품 전문점에서는 인라인 스케이트·수영복·하키 장비·스포츠 선글라스에 이르기까지 다양한 종류의 나이키 제품이 진열되었다. 이곳에서는 유아들을 위한 운동복까지 판매했다. 물론 수백 가지 종류의 신발도 있었다. 매장에는 각각의 스포츠에 어울리는 방이 따로 마련되어 있었다. 나이키 타운에서는 제품을 직접 착용해 볼 수 있도록 해 놓았다. 예를 들어 소비자들은 농구 코트에서 직접 다양한 신발을 신어 볼 수도 있었다. 이곳에는 나이키가 후원하는 운동선수들을 기념하기 위한 공간이 마련되어 있었고, 그들이 직접 사인한 물건들도 전시되어 있었다. 멀티스크린 TV에서는 교묘한 (또는 직접적인) 광고가 방영되었다. 몇몇 고객들은 서너 켤레의 운동화와 다른 여러 가지 스포츠용품들을 한꺼번에 구입하기도 했다.

비윤리적 행위에 대한 혐의

1996년 여름, 미국 기업들이 후진국 특히 아시아의 나라들에서 노동력을 착취하는 공장, 일명 스웨트숍을 운영하고 있다는 보도가 흘러 나왔다. 실제로 나이키 운동화의 대부분은 주로 아시아에서 생산되고 있었다.

즉 이곳에 있는 독립적인 하청업자가 나이키가 정한 규정에 따라 제품을 생산하는 방식으로 운영되고 있었다.

이 사건에 대한 비난 여론이 거세지자 캐시 리 기포드는 자신의 TV 쇼에서 눈물을 흘리며 월마트에서 판매하고 있는 자신의 의류 제품을 시간당 31센트를 받는 온두라스 소녀들이 만들고 있는 줄 몰랐다고 고백했다. 수백 개 다국적기업들이 제조 원가를 낮추기 위해서 최근 몇 년 동안 해외로 아웃소싱을 주고 있었다. 이는 거의 모든 업계에 해당되는 일이었지만 신발과 의류업계 기업들이 가장 강력한 비난을 받았다. 나이키는 특히 해외로 빼앗긴 일자리를 되찾자는 취지로 활동하는 단체인 메이느 인 USA 파운데이션Made in the U.S.A. Foundation의 표적이 되었다. 이 단체는 나이키의 상징인 마이클 조던에게서 기포드와 같은 사과를 받아내려고 노력했지만 실패하고 말았다. 그러자 이 단체는 곧 필 나이트 쪽으로 관심을 돌리기 시작했다.

잡지에 아시아 아동들의 노동 실태에 대한 폭로 기사가 실리자 비난 여론은 더욱 심해졌고, 노동부 장관 로버트 라이히가 이끄는 '파울 볼 Foul Ball' 캠페인까지 일어나자 상황은 더욱 나빠졌다. 이 캠페인은 파키스탄의 소년·소녀들이 만드는 축구공-나이키 제품을 포함해서-을 구입하지 말자는 내용의 운동이었다. 일부 의회 의원들은 아동의 노동력으로 제작된 모든 제품에 대해서 수입을 금지하는 방법을 찾으려고 노력했다. 심지어 〈뉴욕 타임스〉 칼럼니스트인 아이라 버코우가 이 문제에 대해서 전혀 몰랐다는 마이클 조던의 발언을 비난하기도 했다.[10] 1996년 10월 17일에는 TV 황금 시간대인 댄 래더의 프로그램과 48시간에서 나이키를 비난하기도 했다.

나이키에 대한 공격은 1997년까지도 계속되었다. 시민단체에서 고발한 내용에 의하면 베트남의 나이키 공장 노동자들은 심각한 저임금에 시달렸을 뿐만 아니라 화장실에 가는 것조차 쉽지 않았다. 심지어 일을 하는 도중에 마시는 물의 양을 두 잔으로 제한하는 일도 있었다. 그리고 언어 폭력·성 희롱·뜨거운 태양 아래 여러 시간 서 있게 하는 등의 벌을 받기도 했다. 나이키 임원은 해외 공장의 열악한 노동 상황을 개선하겠다고 약속했다. "우리에게 정보를 달라. 그러면 잘못된 상황을 바로잡기 위해서 최선의 노력을 다할 것이다."[11]

1997년 4월 초, 나이키의 이미지를 훼손시키는 또 하나의 사건이 벌어졌다. 천국의 문the Heaven's Gate이라는 사이비 종교집단의 신자 37명이 캘리포니아의 한 주택에서 자살한 사건이 발생했다. 문제는 이들 모두 나이키의 검정 옷을 입고 있었으므로 전국의 TV와 신문 보도에 나이키를 상징하는 스우시 로고가 선명하게 드러났다는 사실이다. 사람들은 이 사건이 발생한 것은 '저스트 두 잇Just Do It(그냥 하라)'이라는 나이키의 슬로건 때문이라고 떠들어댔으며, 일부 사람들은 이제 나이키의 슬로건을 '저스트 디드 잇Just Did It(이미 했다)'으로 바꿔야 한다고 한껏 비아냥거리기도 했다.

>>> 결과

처음에 이러한 비판이 매출에는 거의 영향을 끼치지 않는 것처럼 보였고 대부분의 소비자들은 저 멀리 극동의 열악한 노동 상황에 대해서 별로 신경 쓰지도 않는 것 같았다. 추악한 자살 사건에 나이키가 관여되었다는 것은 사실 브랜드 충성도가 왜곡된 경향이 있기는 하지만, 그만큼 나이키의 로고와 슬로건이 세상에 깊이 침투해 있다는 것을 증명해 준 사건이었다.

1997년 4월 초, 대통령 직속 태스크포스 팀에서는 전세계 의류업계의 노동력 착취 공장을 근절하는 작업을 추진하기로 했다. 8개월 동안 운영될 백악관 태스크포스 팀은 노조와 인권단체 그리고 나이키·리복·리즈 클레이본 같은 의류와 신발을 주로 제조하는 업체와 이 운동에 참여하기를 종용받은 여러 미국 기업체들로 구성되었다.[12]

그나마 나이키 이미지를 회복시키는 데 가장 큰 역할을 한 것은 타이거 우즈였다. 그는 전세계 시청자들이 TV로 지켜보는 가운데 마스터즈 대회에서 우승했다. 이 경기를 치르며 그는 최연소 챔피언이자 골프 대회 중 가장 유서 깊은 대회에서 우승한 최초의 소수민족이라는 타이틀을 포함해 9개 분야에서 기록을 경신하거나 타이를 기록했다. 그는 경기 내내 스우시 로고가 새겨진 나이키 옷을 입고 있었으므로 나이키 제품을 충분히 홍보했다. 마스터즈 대회 다음 날, ABC 뉴스에서는 타이거 우즈와 계약을 체결한 이후 나이키 골프 의류 매출이 100% 상승했다고 보도했다.

>>> 먹구름은 걷히지 않았다

나이키를 에워싸고 있던 문제들은 아직까지 사라지지 않고 있었다. 아시아의 열악한 노동 조건에 대한 언론의 보도는 계속되었을 뿐만 아니라 다른 문제들까지 등장했다. 또 아시아의 심각한 경기 침체로 매출이 급격히 감소했다. 일본에서만 국내 경제 침체로 운동화 재고 물량이 약 2백만 켤레에 이르는 것으로 추정되었다.[13] 이러한 분위기가 몇 달간 지속될지 아니면 몇 년 동안 계속될지 그 누구도 알 수 없었다.

또 다른 문제점은 운동선수에 대한 일반 시민들의 불만이 커지기 시작했다는 사실이다. 1998년 가을, 위대한 홈런 영웅인 마크 맥과이어와 새미 소사도 자신들의 능력만큼 큰 광고 효과를 내지는 못한다는 사실이 밝혀졌다. 조사 결과에 의하면 기업들은 운동선수를 이용한 제품 홍보의 비용과 효과적인 측면에 대하여 회의적인 시각을 갖기 시작했다. 운동선수들에게 지불한 비용만큼 홍보 효과가 있는가? 프로 선수들에게 열광하던 팬들은 점점 줄어들었고, 시민들은 나이키가 수백만 달러를 투자한 운동선수들이 이기적이고 거만할 뿐만 아니라 퇴폐적이라며 하늘을 찌를 듯이 분노했다. 1998년 가을과 겨울, NBA와 수백만 달러를 버는 선수들 사이에 발생한 노조 파업으로 몇 주간 경기가 취소되는 사태가 발생하자 시민들이 직접적으로 비난하고 나서기도 했다.

나이키는 스타 홍보 예산을 거의 1억 달러 가량 줄였다. 심지어 타이거 우즈와의 계약조차 끝내고 말았다. 타이거 우즈의 신발과 의류 생산라인은 1998년 초 출시되었지만 반응이 시큰둥했는데, 그 이유는 너무 고가의 제품들이었기 때문이다.

이 밖에도 나이키를 힘들게 하는 문제들이 몇 가지 더 있었다. 스포츠용품 전문점 시장은 합병결과 수백 개 매장이 문을 닫았고 나이키 아울렛 매장의 수도 감소했다. 운동화업계는 단순히 육상용·야구·에어로빅 운동화에서 벗어나 팀버랜드Timberland 같은 아웃도어 브랜드로 확대되었고 곧이어 갈색 신발 열풍이 불어닥쳤다.

팀버랜드의 위협 외에 나이키의 주력 부문에서도 점점 더 경쟁이 심화되고 있었다. 유럽 시장의 마켓 리더인 아디다스는 미국 시장에서 수십년 전 나이키에 패배했었지만, 1998년 1분기에 북미 시장 매출이 92% 성장하면서 재도약의 기회를 마련하고 있었다. 리복과 뉴밸런스New Balance도 운동화 시장에서 나이키를 공격적으로 추격하고 있었다. 게다가 토미 힐피거Tommy Hilfiger 같은 패션 브랜드들도 운동화 시장에 진출하고 있었다. 예상치 못했던 여러 가지 문제들이 발생하고 있었다. 나이키가 너무 거대해진 것일까? 스우시 로고가 아주 흔해서 이제는 사람들이 싫어하게 된 것일까? 심지어 '저스트 두 잇'이라는 꼬리표가 오히려 판매에 역효과를 내고 있는 것은 아닐까?

이러한 여러 가지 문제점에 대해서 나이키는 다시 한 번 면밀하게 조사하고 분석하기 시작했다. 나이키는 골프·축구·여성 부문을 별도 사업부로 독립시킴으로써 조직을 축소했다. 새로운 광고 캠페인에서는 표현을 좀더 부드럽게 한 '아이 캔I can'이라는 슬로건을 사용했다. 나이키는 심지어 스우스 로고도 점차 줄여 나갔는데, 회사의 레터헤드와 대부분 광고에서 스우스 로고를 빼는 대신에 소문자로 'nike'라고 표기했다.

이러한 노력에도 불구하고 일부 사람들은 35억 달러의 재산가인 나이트와 나이키에서 광고비로 수백만 달러를 받는 마이클 조던을 나이키 해외 공장 노동자들의 수입과 비교하며 악의적인 비난을 퍼부었다.

1998년 5월 31일에 끝난 회계연도 실적에서 나이키의 순수입은 49.8% 하락하며 4년 만에 처음으로 감소했다. 이 실적은 1995년 이래 순수입으로는 가장 낮은 수치였다(표 20.2를 참조해 보자).

새천년에 접어들면서 상황은 조금씩 나아지기 시작했다. 점점 더 많은 기업들이 아웃소싱에 참여하게 되자 비난의 목소리도 차츰차츰 줄어들게 되었다. 심지어 은행이나 병원 같은 곳에서도 아웃소싱을 하고 있었다. 아시아의 경제 상황이 개선되었고, 스타급 운동선수들과 관련된 추문들이 계속 떠돌기는 했지만 이들을 이용한 홍보에 대한 소비자들의 비난 역시 수그러들고 있었다.

표 20.3에서는 1990~2003년까지 나이키와 리복의 경영 실적을 비교해 놓았다. 나이트가 목표했던 것처럼 2000년까지 120억 달러를 달성하지 못하고 95억 달러에 머물렀지만 나이키는 매출, 특히 순수입면에서 증가세를 보이며 리복을 압도했다.

표 20.3 1999년~2001년 나이키와 리복의 경영실적 비교 (백만 달러)

	나이키	리복	나이키 시장 점유율
총수입			
1999	89,951	2,872	75.8
2000	9,449	2,865	76.7
2001	9,893	2,993	76.8
순수입			
1999	579	11	98.1
2000	590	81	87.9
2001	663	103	86.6

※출처 : 기업 보고서에서 산출
※분석 : 이 분석 자료를 보면 나이키의 시장 지배력이 1995년~1998년(표 20.2 참조)보다 더 성장했음을 알 수 있다. 나이키와 리복을 합한 것을 100으로 봤을 때, 이 기간 동안 수입면에서 나이키의 시장 점유율은 평균 76.4%였고, 수익성면에서는 나이키가 90%를 넘었다는 사실을 확인할 수 있다.

분석

나이키가 처음 사업을 시작했던 1970년대에는 여러 가지로 나이키에게 유리한 상황이었다. 그러나 나이키가 성공한 이유가 공교롭게도 때마침 불어닥친 조깅 붐 때문이라고 할 수는 없다. 나이키는 그 당시 최고의 자리를 차지하고 있던 아디다스를 포함해서 모든 경쟁자들을 이겼다. 나이키는 아디다스·푸마Puma·타이거Tiger 같은 외국 업체들의 힘을 이겨낼 수 있는 능력을 가지고 있었다. 그리고 그 당시는 해외 브랜드-모든 종류의 제품들-들이 미국 브랜드에 비해서 스타일이나 품질 그리고 신뢰성면에서 우수하다는 평가가 팽배해 있던 시기였다. 성공을 향해 돌진하고 있던 나이키는 스타일 다양화 전략을 처음 실행했던 아디다스보다 더 광범위하게 제품 라인을 가동하고 있었다.

그러나 바로 여기에 문제가 있었다. 제품 라인이 지나치게 다양화되면 효율성을 해칠 수 있고, 소비자에게 혼란을 줄 수 있으며, 원가도 훨씬 많이 든다. 대개 기업들은 가능한 한 제품 라인을 줄이고, 잘 나가는 제품에 관심과 자원을 집중시키기 위해서 상대적으로 처지는 제품은 정리하는 방법을 택한다. 이러한 일반적인 원칙을 깨는 사례가 나이키였다. 나이키는 전형적인 제품 혼합 개념을 어기기는 했지만 많은 성과를 이루어냈다. 나이키는 스타일·가격·용도면에서 매우 다양한 제품을 출시하면서 거의 모든 종류의 소비자들에게 어필할 수 있었다. 이로써 나이키는 가장 많은 종류의 운동화를 생산하는 기업이라는 이미지도 전달할 수 있게 되었다. 즉 모든 종류의 스포츠용 신발이 다 있다는 점이 소비자들에게 무척 매력적으로 작용했다.

게다가 급격하게 시장이 팽창하고 있는 상황에서 나이키는 다양한 제품군을 가지고 있었으므로 진출할 수 있는 시장의 폭도 그만큼 넓었다. 나이키는 백화점과 신발 매장 같은 전통적인 소매업체에도 제품을 판매할 수 있었고, 운동화 전문 매장과도 지속적인 거래를 할 수 있었다. 나이키는 충분한 스타일을 확보하고 있었기 때문에 할인점 쪽에만 몇 가지 독점 모델을 제공하기도 했고, 소매 아울렛에는 또 다른 종류의 모델을 공급했다. 따라서 소비자들을 모두 만족시킬 수 있었다.

제품의 운영 기간이 짧고 다양한 종류를 생산하는 경우 대개는 생산비가 많이 든다. 그러나 나이키 사례에서는 이 문제가 큰 영향을 주지 않았다. 제품 생산의 대부분은 하청을 주었으므로 제품 운영 기간이 짧은 것이 경제적으로 큰 문제가 되지 않은 것이다. 나이키는 초창기부터 연구와 기술적인 혁신을 상당히 강조했다. 이 회사는 운동선수들—세계 최고의 선수들이나 아마추어—을 보호할 뿐만 아니라 기존 제품보다 속력을 내는 데 최대한 도움을 줄 수 있는 훨씬 더 유연하고 가벼운 운동화를 개발하기 위해 노력했다. 회사의 R&D 분야의 직원들 중에서 상당수가 생물 기계학·운동 생리학·공학·산업디자인·화학 그리고 그 밖의 관련 분야 학위를 보유하고 있었다. 또한 나이키는 연구위원회와 코치·운동선수·트레이너·장비 관리자·족병 전문의·정형외과 의사로 구성된 자문위원회를 두어 개선된 운동화의 디자인·재료·개념 등을 검토하도록 했다. 신발의 성능을 개선시키기 위해서 사람이 움직이는 모습을 고속 사진으로 찍어서 분석하고, 운동선수에게 직접 착용시켜 트레드밀(런닝머신)에서 뛰어 보게 했다. 지속적으로 새로운 디자인과 재료로 신제품을 만들어내거나 기존 제품을 개선하는 연구를 진행했다. 1981년 나이키의 연구 개발비 예산이 4백만 달러에 달했는데, 이는 신발이라는 단일 품목에 대한 연구 개발비로는 막대한 비용을 투자한 것이다.

나이키도 처음에는 아디다스가 수십 년 동안 확립해 놓은 업계의 기존 전략들에서 크게 벗어나지 않았다. 더 좋은 운동화를 개발하여 테스트하고, 모든 고객들에게 어필하기 위해서 제품 라인을 다양화했다. 자사의 모든 제품에 눈에 잘 띄는 트레이드 마크와 로고를 부착했고, 유명한 운동선수를 이용해서 제품을 홍보했다. 심지어 생산비가 저렴한 해외 국가에 아웃소싱함으로써 제품을 생산한 일도 나이키만 그렇게 한 것이 아니었다. 그러나 분명한 사실은 나이키가 다른 경쟁 업체들보다 이 기술들을 훨씬 더 잘 활용했다는 점이다. 나이키는 자신만의 대외적 이미지를 구축하는 데 성공했다. 사람들은 나이키와 함께 '저스트 두 잇'이라는 스포츠 정신을 떠올리고, 유명한 스포츠 스타들과의 관계를 떠올렸다. 이러한 나이키 제품은 특히 젊은 소비자들에게 상당한 인기를 끌었다. 스포츠 영역은 유지하면서 여러 제품으로 분야를 확대해 더 큰 성공의 가능성을 열게 되었고 이미지를 효과적으로 바꿀 수 있었다.

해외 아동 노동력에 대한 윤리 공방

나이키-다른 미국 제조업체들도-가 아동을 노동 인력으로 이용하는 해외 업체에 생산 하청을 준 일이 도덕적으로 잘못된 행위인가? 비판 세력들은 나이키가 수익을 최대화하기 위해서 형편없는 임금을 주고 노동자를 부린 것은 기업 윤리를 위반한 것이라고 주장했다. 그러나 나이키를 옹호하는 사람들은 그곳의 악취 나는 신발이나 의류공장 상황이 열악한 것은 사실이지만, 현지에서는 이보다 훨씬 더 나쁜 조건에서 일하는 사람들도 많다며 나이키 편을 들어주기도 했다.

나이트는 나이키가 아시아에서 긍정적인 변화를 일으켰다고 믿어 의심치 않았으므로 이렇게 말했다. "좋은 기업이란 이들 나라를 가난에서 구제해 주는 기업이다. 우리가 일본에서 사업을 시작했을 때 그곳 공장 노동자들은 하루에 기껏 4달러를 벌었다. 이는 기본적으로 현재 인도네시아 사람들이 받는 금액이자, 사람들이 강력하게 비난하는 금액이다. 그러나 오늘날 아무도 '가난한 일본인'이라고 말하지 않는다. 대만이나 한국에서도 이와 같은 일이 똑같이 반복되는 상황을 지켜보았고 이제는 동남 아시아에서도 같은 일이 일어날 것이다."[14]

나이키신발 공장에서 일하는 12만 인도네시아인들 중 대부분은 가난한 시골 출신들이다. 이들은 나이키 공장에서 번 돈으로 저축을 하고 남는 돈은 가족들에게 보낸다. 공장 노동자들은 시골 농부, 마을의 학교 선생님, 가게 점원의 딸들이다. 노동자들은 공장이 들어선 마을에 함께 살면서 한 방에서 12명이 지내는 기숙사 방에서 기거하고 2단 침대에서 잠을 잔다. 이들에게 이러한 일자리가 없다면 더 잘살 수 있을까? 공장이 폐쇄되면 이들 중 일부는 노숙자가 되거나 매춘부가 되는 것은 아닐까? 생각의 잣대를 다른 사회에 들이대는 것이 올바른 행동인가?

✽ 무엇을 배울 것인가?

적절한 이미지는 심리학적으로 크게 상품 차별화를 이끌 수 있다. 운동화의 기술적 차이가 브랜드들 사이에서 가시적 차별성을 드러내지 못한다면 나이키는 과연 어떻게 눈에 띌 수 있었을까? 나이키를 다른 브랜드와 차별화시킨 것은 바로 이미지와 '스우시' 로고였다. 많은 청소년들은 자신이 존경하는 유명한 운동선수가 이 브랜드가 새겨진 신발을 신고 운동하는 모습을 보면 그저 같은 브랜드를 사용하는 것에 불과할지라도 그것을 모방하고 싶어진다. 그리고 자신의 모습을 상상하게 된다. 이 심리는 준거집단 영향이라고 알려져 있으며 그 내용은 다음의 Information Box에서 자세히 설명하고 있다.

나이키는 다른 어떤 기업들보다 특히 이 부분에 신경을 썼다. 즉 나이키는 유명한 운동선수들 중에서도 최고라고 인정받은 선수들에게 막대한 재정적 지원을 하며 제품을 홍보했다. 많은 사람들—특히 청소년—

사이에서 브랜드가 인기를 끌게 되자 찾는 사람이 점점 늘어났다. 나이키 제품을 착용한다는 것은 '멋진' 것으로 비춰졌으며 어떤 집단에 '속하는' 기분이 들도록 만들어 주었다. 이처럼 운동선수와 운동을 이용한 홍보 방법은 언제까지 지속될 수 있을까? 영원히 계속될까? 아니면 점점 더 큰 금액을 요구하는 스포츠 스타들의 행태 그리고 스타들의 이기심과 거만한 모습에 결국 일반 시민들은 실망하고 돌아설 것인가?

Information Box

_준거집단의 영향력

준거집단은 한 개인이 자신과 동일시하는 개인이나 단체를 말한다. 준거집단은 어떤 사람의 생활방식과 목표를 형성하는 데 기준이 된다. 이 집단은 어떤 사람이 소속되어 있는 집단일 수도 있고, 소속되고 싶어 하지만 현재 소속되어 있지 않은 집단일 수도 있다. 또한 이러한 일과 상관없이 이 집단은 특정한 상황에서 제품이나 브랜드 구매에 영향을 줄 수 있고 상점의 단골이 되도록 만들 수도 있다. 나이키는 유명한 운동선수들을 후원함으로써 많은 청소년 고객들이 잠재적인 준거집단으로 삼도록 만들었다. 이때 또래가 나이키 제품을 착용하고 있는 경우 구매에 끼치는 영향력은 거의 2배로 강해진다.

제품이나 브랜드가 준거집단 효과를 얻기 위해서는 두 가지 요소가 갖추어져야 한다. 첫째, 다른 사람들이 그 제품이 입거나 사용되고 있다는 사실을 확인할 수 있도록 시각적으로 눈에 보이는 제품이어야 한다. 둘째, 이목을 끌어야 한다. 즉 다른 제품에 비해 특별한 요소가 있어야지 너도나도 다 가지고 있는 흔한 제품이어서는 안 된다. 물론 나이키 로고는 이 두 가지를 모두 충족시켰고 운동선수들과 동질감을 느낄 수 있도록 만드는 데도 성공했다.

_토의 주제

자동차도 준거집단의 영향을 받을 수 있는 제품인가? 맥주 브랜드와 TV 제품은 어떠한가? 그 이유는 무엇인가?

나이키가 이미지 구축에 성공한 방식을 제품 홍보에 유명인을 이용했지만 별다른 효과를 거두지 못했던 다른 기업에도 적용할 수 있을까? 이러한 기업들도 자사 브랜드에 대한 이미지를 강화할 수 있을까? 대답은 물론 가능하다.

나이키가 준거집단의 영향력을 이용한 방식은 그들의 뛰어난 능력에 대한 이미지를 이용한 것이다. 이미지를 구축하는 데는 매우 효과적인 다른 방법도 있다. 오랫동안 진행되고 있는 메이택Maytag의 외로운 수리공 광고를 생각해 보라. 메이택은 신뢰할 수 있는 확실한 품질에 대한 명성과 이미지를 구축하는 데 큰 성공을 거두었다. 이미지 구축에 성공하면서 메이택은 경쟁 업체에 비해서 가격적인 우위를 유지할 수 있었다. 다른 많은 기업들도 좋은 품질·신뢰·분명한 서비스·기술과 패션의 첨단이라는 이미지를 세심하게 구축한다면 해당 업계에서 큰 성공을 거둘 수 있을 것이다.

누구라도 실수를 할 수 있다. 한번 성공했다고 해서 지속적인 성공이 보장되는 것은 아니다. 그런데 임원들 대부분은 성공을 거두게 되면 그 성공이 계속될 것이라고 생각한다. 절대 그렇지 않다! 시장 리더든 아니든 어떤 기업이라도 변화하는 주변 환경과 작지만 적극적으로 치고 들어오는 경쟁자를 무시한다면 그 영광을 오래도록 지속하기 힘들 것이다.

한때 IBM이 컴퓨터업계에서 그랬듯이 1970년대 중반 아디다스는 신발업계의 리더 자리를 지키고 있었지만 새로 등장한 나이키에게 추월당하고 말았다. 그리고 변화에 제대로 대처하지 못했던 미국 기업들은 해외 브랜드들(맥주·시계·자동차·전기제품·카메라 등)이 미국 브랜드들과는 전혀 다른 새로운 비법과 매력으로 시장에 진출하자 무릎을 꿇고 말았다. 아디다스가 나이키에게 1위 자리를 빼앗긴 것도 결정적인 순간에 방심했기 때문이다. 10년 후, 나이키도 에어로빅 시장이 커져 가는 상황을 제대로 파악하지 못하고 그 가치를 무시하다가 리복에게 자리를 내주고 말았다.

시장이 포화된 상황이라도 성장 가능성은 존재한다. 사람들이 이제 시장에서 운동화가 몇 켤레나 팔리겠냐고 말하는 상황에서도 나이키는 분명히 성장했다. 그리고 이를 계속 유지하고 있으며 심지어 더욱 성장하고 있다. 나이키가 취한 방법은 육상용 운동화에서 모든 종류의 운동용 신발과 아웃도어용 신발·스포츠 의류와 유니폼·여성과 아동용 의류까지 품목을 확대한 것이다. 해외 시장에 주력한 것과 나이키 타운 슈퍼스토어를 개장한 것도 성장 가능성을 높이는 데 기여했다.

이 방법은 나이키에게만 해당되는 독특한 성장 전략으로 모든 기업에 적용될 수는 없다. 그러나 한편으로는 기존에 구축되어 있는 기업의 강력한 이미지를 활용해 성공 가능성이 높은 관련 분야로 확장하는 다양화 전략은 성장의 핵심 요소이다. 반면, 기업의 강점이나 이미지와 거의 관련이 없는 분야로 확대하는 것은 성공 가능성이 희박하다고 할 수 있다. 나이키의 경우 관련 분야에 대해서 다양화 전략을 시도했다.

대외적인 이미지에 흠이 가지 않도록 주의하라. 전부 심각한 영향을 끼치지는 않더라도 일부는 그럴 수 있다. 1996년 여름, 제3세계 국가의 나이키 공장에 대하여 비판의 목소리가 처음 시작되었을 때는 나이키 이미지에 거의 영향을 끼치지 않는 것처럼 보였다. 이와 같은 아웃소싱 방식으로 해외 공장에서 제품을 생산하는 기업들은 많았기 때문이다. 또한 일반적인 나이키 고객들은 나이키가 없다면 생계를 꾸려 가기 힘든 해외 노동자들이 열악한 환경에서 아주 낮은 임금을 받고 일한다는 사실에 무관심했다. 그들은 그저 자신이 지불한 돈에 맞는 최고 가치의 제품을 얻는 데만 관심을 쏟았다.

그러나 나이키에 대한 비난은 1998년까지 계속되었을 뿐만 아니라 반발마저 일어나기 시작했다. 나이키는 회사로 날아 온 부정적인 편지 중 몇 통을 1998년 연례보고서의 표지에 싣기도 했다. 편지 내용은 다음과 같았다. "더 이상 나이키 제품을 쓰지 않겠다!" "당신들의 행동이 너무 구역질난다. 나는 다시는 당신네 회사의 제품을 사지 않을 것이다. 다른 사람들도 모두 나와 같은 태도를 보여 주었으면 좋겠다." 연합통신은 세인트 존스 St. John's의 코치 이야기를 보도했다. 그는 나이키 홍보를 위해서 스우시 로고가 있는 옷을 입기로 했던 계약을 파기했다. "나는 이런 추악한 짓을 하는 회사를 더 이상 광고하고 싶지 않다."15

주요 고객의 요구를 들어주는 것은 중요하다. 기업은 자사의 모든 고객을 만족시키기 위해서 노력해야 한다. 그런데 고객 중에서도 특히 대규모 고객이 요구하는 바를 충족시켜 주는 것이 중요하다. 나이키와 리복이 거대한 고객인 풋로커 체인과의 관계를 어떻게 관리했는지 둘의 내용을 비교해 보면 그 차이를 극명하게 알 수 있다. 만약 강력한 힘을 지닌 소매업체에서 제시하는 요구 조건이 너무 무리한 것이라 화가 나더라도 제조업체에서 택할 수 있는 방법은 요구 조건을 들어주든지, 아니면 거래처를 잃든지 둘 중 하나이다. 그나마 더 좋은 방법은 대규모 고객과 권력 다툼을 벌이기보다는 상호 이익을 추구한다는 측면에서 협조하고 서로 긴밀하게 업무를 공조하는 것이 바람직하다.

스타 마케팅은 한계에 다다랐다. 스포츠 스타들은 많은 돈을 요구한다. 스타 마케팅은 그들이 받는 돈만큼 홍보 효과가 있는 것일까? 아마 어느 정도는 그리고 최고 중의 최고인 선수들에 한해서는 효과가 있을 것이다. 그러나 비록 타이거 우즈나 르브론 제임스처럼 재능 있는 선수라 할지라도 홍보 효과가 언제까지 이어질지는 짐작하기 어렵다. 갑자기 부상을 당해서 선수 생활을 중단해야 하는 일이 생길지도 모르고, 또는 이미지에 손상이 가는 불명예스러운 사건에 연루될 수도 있으며, 그저 평범한 선수로 전락할 수도 있다. 항상 위험은 존재하는 것이다. 그런데 나이키가 일부 스타급 선수들을 끌어들이기 위해서 경쟁사에 비해 너무 많은 돈을 준다는 비난도 있다. 소비자의 역할 모델이 되는 스타급 선수들이 사실은 엄청난 돈을 받고 일하고 있는 것이다. 아무튼 경쟁사에 비해 규모가 큰 나이키는 유명한 운동선수들을 스카우트하는 데 훨씬 유리한 입장에 서 있었다.

*질문

1. "나이키가 성공하게 된 것은 순전히 운 때문이며 훌륭한 의사 결정과는 거의 관계가 없다." 이 말을 평가해 보라.
2. 이 사례에서 우리는 나이키가 업계에서 무척 거대해져 '스우시'로 로고가 너무 많이 눈에 띌 수 있었다고 지적했다. 나이키의 슬로건 '저스트 두 잇'은 광고에 아주 많이 나오고 나이키라는 이름은 어디에서나 볼 수 있다. 나이키는 신발업계에서 지나치게 성공한 것인가?
3. "나이키의 큰 문제점은 너무 많은 수익을 챙긴다는 것이다. 원가는 얼마 되지도 않는 신발과 옷에 무척 비싼 가격을 매기는 것 같다. 나이트가 지금의 태도를 바꾸어 가격을 내리지 않는다면 나이키의 인기도 하락할 것이다." 이 주장을 평가해 보라.
4. "좋은 이미지란 아주 일시적인 것이다. 언제 사라질지 아무도 모른다." 이 말을 평가해 보라.
5. 당신 생각에 나이키의 주가가 앞으로도 상승할 것 같은가? 아니면 큰 상승은 없을 것 같은가? 당신의 의견을 말하고 그 근거를 제시해 보라.
6. 스타급 선수를 이용한 광고가 지나친 상황인가? 당신 제품을 광고하기 위해서 어떤 선수에게 수백만 달러를 지불해야 한다면 그만큼 광고효과가 있는지 없는지 어떻게 확인할 수 있을까?

7. 예를 들어 일부 빈민가 청소년들이 나이키 이미지에 너무 집착한 나머지 에어 조던^{Air Jordan} 신발을 차지하려고 폭력을 휘두르고 심지어 살인을 저지르기도 했다면, 나이키는 이 문제에 대하여 대책을 마련해야 하는가? 만약 그렇다면 나이키는 이 과열 현상을 해결할 수 있을까?

8. 당신은 미국의 가치 기준을 제3세계 국가에 적용하는 것이 잘못되었다고 생각하는가?

✽ 실전 연습

1. 필 나이트는 당신에게 여성용 신발과 운동장비 시장을 공략하기 위한 전략을 개발하라고 지시했다. 가능한 한 자세하게 당신의 전략을 설명하고 그 주장을 변호해 보라.

2. 나이키가 하청을 주는 아시아 공장의 열악한 상황을 알게 된 시민들의 비난이 점점 심해지고 있다. 이제는 나이키가 비난 여론에 대해서 반응을 보여야 할 시기가 온 것 같다. 당신은 대외적 이미지 문제에 대해서 나이트에게 어떻게 충고할 것인가? 당신의 충고가 어떤 결과를 불러일으킬 것인지 생각해 보라.

✽ 팀별 토론 연습

1. "나이키가 빈민가 청소년들을 대상으로 스타급 운동선수의 신발을 홍보하는 일은 비윤리적이고 위험한 행위이다. 이들에게는 비싼 제품을 살 만한 돈이 없기 때문에 원하는 물건을 갖기 위해서 범죄를 저지를지도 모른다." 이 주제에 대해서 토론해 보라.

2. 스타급 선수를 이용한 홍보활동에 대해서 토론해 보라. 액수가 어느

정도 되어야 많은 것인가? 그 기준 선은 어디인가? 스타 마케팅은 오직 소수의 유명한 선수들만 이용해야 하는가? 아니면 상대적으로 덜 유명한 선수라도 나중에 유명해질 수 있기 때문에 그들과 장기 계약을 체결해야 하는 것인가? 이 주제에 대해서 토론해 보라.

3. 나이키가 해외 노동착취 공장에서 제품을 생산함으로써 발생한 쟁점에 대해서 토론해 보라.

＊더 조사해 보기

노동착취 공장에 대한 논란은 잠잠해졌는가? 아니면 더욱 강화되었는가? 나이키 타운 슈퍼스토어는 예상만큼 성공을 거두었는가? 골프 의류와 운동장비사업은 어떻게 되었는가?

다임러크라이슬러 : 합병에 대한 명백한 허위 정보

슈렘프는 회사의 핵심 인사들이 떠나가도록 종용하거나 회유했는데, 어떤 사람들은 이러한 과정에 충격을 받은 나머지 크라이슬러가 심장과 영혼을 잃는 것이라고 지적했다. 슈렘프가 크라이슬러 최고 경영진과 주주들 앞에서 동등한 합병이라고 오도한 것은 그의 야망에서 나온 교활한 술책으로 볼 수 있었다.

몇몇 사람들은 처음에 이번 합병이 너무나 잘된 일이며 아주 자연스러운 결과라고 말했다. 크라이슬러Chrysler는 미국 내 자동차업체들 중에서 가장 작은 규모였지만 1994년부터 최고 수익률을 기록하며 가장 내실 있는 기업으로 자리잡았다. 이제 크라이슬러의 생산성과 혁신성은 독일의 전설적인 브랜드 메르세데스 벤츠Mercedes Benz로 유명한 다임러Daimler와 결합하게 되었다. 게다가 크라이슬러는 위기를 겪던 시기에 필요한 자금을 마련하려고 해외 사업부를 매각한 상태였으므로, 합병은 해외 진출의 기틀을 마련하고 역량 있는 파트너를 얻는 기회로 여겨졌다. 그리고 합병을 추진한 다임러 회장 위르겐 슈렘프는 세계적인 규모의 새로운 자동차회사를 설립했다는 사실 때문에 많은 칭송을 받기도 했다.

물론 여기에는 독일과 미국이라는 두 개의 문화가 관련되어 있었지만 중역실에서는 크라이슬러 CEO인 로버트 이튼과 공동 회장인 슈렘프가 의사 결정을 함께 내리기로 되어 있었다. 크라이슬러 임원들은 합병 파트너와 동등한 입장에서 일하게 될 것이라는 기대를 가졌지만 이는 곧 여지없이 무너지고 말았다. 이미 알려진 대로 슈렘프는 결코 동등한 합병을 의도하지 않았다. 그는 고의적으로 허위 정보를 발표했고 크라이슬러의 최고 경영진들을 몰아내기 시작했다. 이러한 속임수는 용납할 수 없는 비윤리적인 행위인가? 아니면 크라이슬러 경영진의 부주의로 미처 간파하지 못한 노련한 협상 전략인가? 어쨌든 1998년 11월 '동등한' 합병은 마무리되었고 위기 상황은 전개되기 시작했다.

합병 이전의 크라이슬러

지난 수십 년 동안 크라이슬러 경영은 기복이 심했다. 따라서 일부 사람들은 리 아이아코카가 크라이슬러에서 기적을 이루어냈다고 말하기도 한다. 그는 1978년 11월 거의 빈사 상태에 빠져 있던 이 회사의 회장직을 맡게 되었다. 상황이 너무 안 좋았기 때문에 아이아코카는 워싱턴으로 가서 회사에 대한 구제금융을 요청했고, 연방에서는 회사 생존을 위해서 15억 달러를 대출해 주었다. 아이아코카 덕분에 크라이슬러는 1983년에 수익을 낼 수 있었고 그 후 4년 동안 비교적 좋은 성과를 냈다. 그는 대출 상환 기간을 7년 남기고 연방에서 빌린 대출금을 모두 갚을 수 있었다. 휘청거리던 서열 3위의 자동차업체 크라이슬러는 불사조처럼 다시 살아나 새 생명과 명성을 얻게 되었다. 어떤 사람들은 아이아코카가 미국 대통령이 되어야 한다며 국정과 같은 큰일을 저리하려면 그의 뛰어난 능력이 반드시 필요하다고 말하기도 했다.

1980년대 후반 아이아코카는 다른 분야에 관심을 갖기 시작했고, 그 결과 크라이슬러는 1988년 다시 한 번 위기를 겪게 되었다. 새로 발생한 문제들은 바로 자본 부족에서 비롯된 것이었는데, 새로운 자동차와 트럭을 설계하는 데 충분한 돈을 투자하지 못했다. 이처럼 자금이 부족한 이유는 1987년 아메리칸 자동차회사American Motors Corporation : AMC를 인수했기 때문이다. 크라이슬러가 AMC를 인수한 것은 이 회사에서 보유하고 있는 지프라인의 SUV 차량 때문이다. 이 차종은 젊은 고객들에게 어필하고 있었고 이들은 크라이슬러의 주요 고객인 나이 든 연령층에 비해서 구매력이 더 높았으므로 크라이슬러로서는 상당히 구미가 당기는 조건이었다. 그러나 막상 인수를 하고 보니 AMC는 경영 상태가 너무 부실한 기업이었다.

연방에서 빌린 대출금을 모두 상환한 지 7년 후 아이아코카는 다시 자동차사업에 전력을 다하기 시작했다. 그는 성장 가능성이 높은 네 가지 자동차와 트럭, 즉 미니밴minivan·지프 그랜드 체로키the Jeep Grand Cherokee·LH 세단·대형 픽업에 총력을 기울이기로 결심했다. 아이아코카는 이 새로운 모델이 출시되기 전까지 기업이 생존하지 못할까 봐 두려워졌다. 특히 제품이 출시되기 전에 경기 불황이라도 닥칠까 봐 걱정하고 있었다. 아이아코카는 회사의 연간 운영비 260억 달러 가운데 30억 달러를 감축하는 광범위한 긴축 정책을 시행했다.

1992년 회사 상황은 회복되었다. 아이아코카는 1992년 12월 31일 자신의 임무를 무사히 마치고 회장 자리에서 물러났다. 그는 TV 프로그램에서 그동안 CEO로 활동한 소감을 "당신이 마지막 타석에 들어선 바로 그때가 홈런을 치기에 가장 좋은 때이다"라는 말로 표현했다.[1]

전에 제너럴 모터스의 유럽 자회사에서 근무했던 로버트 이튼이 아이아코카의 뒤를 이어 크라이슬러 회장이 되었다. 그리고 새천년으로 진입하던 즈음, 크라이슬러는 혁신적인 디자인·우수한 제품·자동차업계의 전반적인 매출 성장이 합쳐져서 번성기를 구가하고 있었다. 표 21.1에서는 이 같은 번성기를 누리는 동안 크라이슬러와 미국 내 두 개의 경쟁 업체인 제너럴 모터스와 포드의 매출과 순수익 자료를 비교해 놓았다.

합병 이후

합병 결과가 이렇게 나쁘고 또 이처럼 빨리 결과가 드러나는 경우도 드물다. 그 이유는 직원들의 사기 문제를 비롯해 크라이슬러가 디트로이트와 슈투트가르트 사이의 관계에 너무 지나치게 신경을 쓰다 보니 회사 상황이 악화된 것인지도 모른다. 또는 합병이 되면서 그동안 수면 아래 가라앉아 있던 크라이슬러 문제들이 불거져 나온 것인지도 모른다. 그것도 아니라면 회사의 독일 측 회장이 어리석게도 독재적인 운영을 함으로써 문제가 발생한 것은 아니었을까?

1998년 11월 16일, 다임러 벤츠는 크라이슬러를 인수하기 위해서 360억 달러의 주식을 추가로 발행했다. 따라서 여기에 기존 주가인 480억 달

표 21.1 1993년~1998년 미국 3대 자동차업체의 매출과 순수익 비교 (백만 달러)

	1993	1994	1995	1996	1997	1998
포드						
매출	108,521	128,439	137,137	146,991	153,637	144,416
순수익	2,529	5,308	4,139	4,371	6,920	6,579
	2.3%	4.1%	3.0%	3.0%	4.5%	4.5%
제너럴 모터스						
매출	138,220	154,951	168,829	164,069	173,168	161,315
순수익	2,466	5,659	6,933	4,668	5,972	3,662
	1.8%	3.7%	4.1%	2.8%	3.4%	2.3%
크라이슬러						
매출	43,600	52,235	53,195	61,397	61,147	NA
순수익	(2,551)	3,713	2,025	3,529	2,805	NA
	(5.9)%	7.1%	3.8%	5.7%	4.6%	

※출처 : 기업 공식 기록. NA=다임러의 합병으로 적용 불가

※분석 : 1993년 어려운 시기를 지낸 후 − 25억 달러 적자 − 크라이슬러는 37억 달러의 수익을 기록하며 다시 재기했다. 이는 매출의 7%를 넘는 수치이며 두 경쟁 업체보다도 훨씬 높다. 크라이슬러는 1994년에도 수백만 달러의 수익을 내며 강세를 이어 갔다. 1995년에는 3.8%의 수익을 기록했는데 이는 포드보다는 높지만 제너럴 모터스보다는 약간 낮은 수익이다. 1996년과 1997년 크라이슬러는 수익 마진에서 다시 한 번 가장 높은 실적을 기록했다. 1998년 자료를 확인할 수는 없지만 이 시기 또한 실적이 좋았을 것이다. 위기는 1999년에 찾아왔다.

※주의 : 이 실적은 총 기업 매출이며 자동차/트럭이 상당 부분을 차지하고 있다. 비차량 분야의 매출을 고려하면 자동차·트럭 분야 매출은 약간 과장된 것이다.

러가 더해져서 다임러크라이슬러의 총 시장 가치는 840억 달러가 되었다. 이로부터 거의 2년이 지난 후인 2000년 12월 초, 다임러크라이슬러의 주가는 폭락하여 시가 총액은 390억 달러에 불과했다. 이는 합병 이전의 다임러 수준만도 못한 액수였다.

크라이슬러는 상당한 적자를 기록하고 있었다. 2000년 하반기에 180억 달러 적자를 기록했고 이 중 50억 달러는 현금이었다. 그러나 이때에도 GM과 포드는 여전히 잘 운영되고 있었다.

2000년, 이튼은 유명한 디자이너인 토머스 게일을 포함한 9명의 크라이슬러 최고 임원들과 함께 해고당하고 말았다. 2000년 11월에는 캐나다인으로 마지막까지 남아 있던 비독일계 임원인 이튼의 후계자 제임스 홀든마저 해고되었다. 그의 자리를 차지한 사람은 46세의 다임러 임원인 디터 제체로서 그는 큰 키에 코밑 수염을 기른 독일인이었다. 제체는 회사의 COO로 당시 39세의 열정적인 젊은이인 볼프강 베른하르트를 데려 왔

다. 그는 컬럼비아에서 MBA를 수료한 엔지니어로서 경비 절감에 상당히 신경을 쓰는 사람이었다. 제체가 독일에서 베른하르트 대신 대규모 팀을 데려올 수도 있었으므로 크라이슬러 측으로서는 그나마 상황이 나은 것이라고 볼 수 있었다. 그러나 제2차 세계대전 때 독일을 물리치는 데 지대한 공을 세웠었던 미국-그것도 이 유서 깊은 회사-에 독일인 중역이 최고 임원 자리를 차지하자 분노의 목소리가 높아져 갔다.

이튼과 크라이슬러의 다른 중역들은 1998년에 슈렘프 회장이 크라이슬러 최고 경영진과 미국증권거래위원회 앞에서 선언을 했고, 회사 이름에 크라이슬러라는 이름이 포함되었음에도 불구하고 이 합병이 동등하지 않다는 사실을 깨닫고는 큰 혼란에 빠졌다.

그리고 실제로 크라이슬러는 다임러의 한 사업부에 불과했다. 언론과의 인터뷰에서 슈렘프는 항상 크라이슬러를 다임러 아래에 둘 생각을 가지고 있었다고 인정했다. 이러한 이중적인 태도는 처음부터 그가 의도한 바였다.[2]

이제부터는 왜 이 합병이 그렇게 빠른 시간 안에 잘못된 합병이라는 판결이 내려졌는지 분석해 보려고 한다. 장기적인 관점에서 과연 어떻게 될 것인지에 대해서도 살펴보자.

>>> 위르겐 슈렘프

다임러크라이슬러 회장인 위르겐 슈렘프는 56세로서 크라이슬러 합병을 추진하며 명성을 얻게 되었다. 그는 약 40년 전에 기계부 견습생으로 메르세데스와 처음 인연을 맺게 되었으며 그 후 꾸준히 승진을 거듭해 왔다. 이제 그는 크라이슬러에 닥친 '놀라운' 문제들을 알게 되었다. 그러나 그는 "지금으로부터 5년 전인 1995년에 다임러 벤츠는 60억 마르크(30억 달러)의 적자를 기록했지만 2년 만에 회복했다. 우리는 이러한 문제를 해결한 경험도 있고 나름대로 노하우도 가지고 있으므로 크라이슬러 문제도

잘 해결할 수 있다고 생각한다. 우리의 목표는 전세계 1위의 자동차회사가 되는 것이다"라고 밝혔다.[3]

그렇지만 여전히 그가 크라이슬러를 파괴시키고 있다고 믿는 사람들이 있었고 그들은 "그가 진정으로 중요한 것은 오래된 공장이나 돌고 도는 매출과 수익이 아니라 사람이라는 사실을 모르고 있다"며 비난했다.[4]

슈렘프는 회사의 핵심 인사들이 떠나가도록 종용하거나 회유했는데, 어떤 사람들은 이러한 과정에 충격을 받은 나머지 크라이슬러가 심장과 영혼을 잃는 것이라고 지적했다. 슈렘프가 크라이슬러 최고 경영진과 주주들 앞에서 동등한 합병이라고 오도한 것은 그의 야망에서 나온 교활한 술책으로 볼 수 있었다.

합병이 마무리되어 가는 동안 크라이슬러의 2000년 매출은 1998년도 수준인 50억 달러 이상의 수익을 달성할 것이라고 예측되었다. 그러나 1999년 말에 크라이슬러 사장인 제임스 홀든은 이 예상치를 25억 달러로 낮추어서 발표했다. 그 이유는 새로운 모델을 출시하려고 기계를 재정비하는 데 수십억 달러가 소요되었기 때문이라고 했다. 그런데 이 시기는 경제 침체의 기미가 서서히 나타나기 시작할 무렵이었다.

슈렘프는 합병이 완료되자마자 예상 수익이 줄어들게 되었다는 사실을 용납할 수 없었다. 그는 크라이슬러 측에 이미 판매된 물량 이외에 7만 5천 대의 자동차와 트럭을 추가로 딜러들에게 실어 보내는 방법으로 상반기 수익을 올리라고 압력을 넣었다(딜러가 판매한 시점이 아니라 딜러에게 제품이 도착하기만 하면 그 수량을 크라이슬러 자동차 매출로 잡는다). 결과적으로 크라이슬러는 2000년 상반기에 예상 목표인 25억 달러보다 약간 낮은 수익을 기록했다.

그리 놀라운 일도 아니지만 8월에 신모델 차종들이 도착했을 때, 쇼룸은 미처 판매되지 못한 구형 미니밴으로 넘쳐나고 있었다. 더욱이 경제 상황의 여파로 전반적인 자동차 판매는 감소하는 추세였다. 크라이슬러는 할 수 없이 인기 있는 미니밴 차종에 대해서 가격 할인을 실시하고 구형 모델에 대해서는 리베이트 금액을 3천 달러까지 높여야 했다. 1990년대 호황을 누리면서 크라이슬러는 가격을 올리기 위해 기존의 자동차와 트럭의 성능을 업그레이드한 상황이었다.

그런데 경기 악화로 가격을 할인해야 하는 상황이 닥치자 수익성은 점차 감소했다. 게다가 경쟁은 더욱 치열해지고 자동차 가격은 떨어졌다. 가격 인하와 리베이트로 3분기와 4분기 수익성은 심각하게 악화되었다 (Information Box의 '리베이트' 내용을 참조해 보자).

Information Box

_리베이트

리베이트란 제조업체가 구매 금액의 일부를 구매자에게 직접 돌려 주겠다고 약속한 것이다. 리베이트는 대개 소비자에게 주는 것이며, 딜러에게 주는 경우에도 이 가운데 일부 또는 전부를 고객에게 되돌려 주기를 바라면서 이들에게 전달하는 것이다.

리베이트의 분명한 목적은 구매자에게 더 낮은 가격으로 판매함으로써 매출을 높이는 것이다. 그렇다면 왜 단순히 가격을 할인해 주지 않는 것인가? 리베이트는 정규적인 가격 인하나 할인 대신 사용하는데 그 이유는 정가를 할인하는 것보다는 일시적인 느낌이 들기 때문이다.

이 제도를 활용하면 제한된 기간에 정규 가격보다 낮은 가격을 강조함으로써 판촉 효과를 좀더 기대할 수 있다. 리베이트는 단기간 수익을 올리는 데는 효과가 있을 수 있지만 일단 리베이트가 없어지면 매출에 부정적인 영향을 끼칠 수도 있다.

_토의 주제

제조업체 관점에서 리베이트의 위험한 점은 무엇인가? 당신은 소비자로서 가격 할인보다 리베이트를 더 좋아하는가? 두 가지는 어떤 차이가 있는가?

>>> 슈렘프가 행동을 취하다

2000년 하반기에 엄청난 적자를 기록하자 슈렘프는 간단한 지시와 함께 제체를 디트로이트에 보냈다. "지금의 어려움을 극복하기 위해서 앞으로 내 지시대로 하라."[5] 디트로이트에 온 첫날, 제체는 판매 마케팅 책임자를 해고했다. 두 달 후, 그는 3년 동안 진행할 위기 극복 계획을 세웠다. 이 계획에 따라 2만6천 개의 일자리를 줄이고(전체의 29%), 부품 원가비를 15% 절감했으며, 6개의 조립공장을 폐쇄했다. 제체는 이 계획에 따라 2002년에는 적자를 회복하고 2003년에는 20억 달러의 수익을 낼 수 있다는 예상을 하고 있었다.[6]

표 21.1에서 쉽게 확인할 수 있듯이 이 수치는 합병 이전인 1993~1997년 기간에 크라이슬러가 냈던 수익에도 못 미치는 수준이었다. 슈투트가르트에서 온 그의 동료인 볼프강 베른하르트는 부서별로 비용을 절약할 수 있는 방법을 찾아내기 위해서 엔지니어와 조달 전문가로 구성된 50개 팀을 조직했다. 납품업체들은 2001년 1월에 납품 가격을 5% 낮추고 향후 2년 동안에는 추가로 10%를 더 낮추라는 요구를 받게 되었다. 세계 제2위의 부품업체인 로버트 보쉬 GmbH^{Robert Bosch GmbH}와 페더럴 모굴^{Federal Mogul} 같은 일부 회사들은 비용을 인하하지 않겠다고 주장했다. 제체는 "만약 부품회사에서 가격을 15% 정도 인하하지 않으면 해당 업체와의 계약에 대해서 심각하게 고려해 보겠다"고 말했다.[7]

베른하르트도 비용 절감의 한 가지 방법으로 품질 개선에 집중했다. 품질 조사 결과 특히 사륜구동 트럭의 품질이 나쁜 것으로 나타났다. 회사에서는 신모델을 개발할 때 디자인 단계에서부터 철저하게 품질을 평가하기로 했다. 그래야 부품이나 제조 과정에 변화가 생기더라도 큰 비용이 드는 것을 예방할 수 있기 때문이다.

제체는 1990년대에 크라이슬러에서 아주 유명했던 디자인들을 다시 되살리는 데 관심을 갖기 시작했다. 이와 같은 시도로 탄생한 것이 2001

년 형 미니밴과 2002년 램Ram으로 이 제품들은 획기적이라기보다는 이전의 제품을 약간 개선시킨 정도이다. 제체의 이러한 노력에도 불구하고 매출은 하락하고 있었으며, 더욱이 일본의 도요타Toyota와 혼다Honda가 강력한 경쟁자로 떠올랐다.

경쟁이 치열해지고 있었지만 제체는 회사의 명성을 회복할 수 있는 나름대로의 독특한 자산을 가지고 있었다. 바로 유서 깊고 경쟁력 있는 메르세데스 벤츠의 기술이었다. 이전에는 크라이슬러와의 합병으로 메르세데스만의 고급 이미지가 희석될까 봐 두려워했지만 이제는 크라이슬러와 부품을 함께 사용하기로 결정을 내렸다. 2004년과 2005년에 출시될 새로운 후륜구동 자동차 크라이슬러 콩코드Concorde와 300M에는 메르세데스의 전자 장비·트랜스미션·시트 프레임 그리고 다른 부속품들이 사용될 예정이었다. "만약 제체가 메르세데스의 고급스러운 이미지를 손상시키지 않고 크라이슬러 브랜드에 메르세데스의 기술을 잘 접목시킨다면, 크라이슬러는 앞으로 크게 성공할 것이다."[8]

그리고 제체는 자신과 베른하르트가 도착할 때부터 줄곧 자기들을 따라다니고 있는 반독일 정서를 극복하기 위해서 무진 애를 썼다. 그는 유능한 인재가 외부로 유출되는 것을 막기 위해서 여러 크라이슬러 임원들에게 회사를 떠나지 말라고 설득하기도 했다. 그리고 오래지 않아 그가 노동자를 해고하고 공장을 폐쇄한 조치 등이 회사의 생존을 위한 필수적인 조치였다는 평가가 내려지게 된다. 심지어 미국자동차노조 회장인 스티브 요키시조차도 제체의 판단을 지지했다. "그렇게 하지 않았다면 크라이슬러는 없어졌을지도 모른다."[9]

>>> 슈렘프의 다른 문제들

슈렘프는 두 가지 문제를 더 해결해야 했다. 2000년 10월, 크라이슬러 임원들의 반대에도 불구하고 그는 3년 후에 완전히 소유한다는 조건으로 미쯔비시 자동차Mitsubishi Motors 전체 지분의 34%를 인수했다. 이 계약이 마무리되자마자 미쓰비시 측에서 지난 수십 년 동안 제품의 품질 관리를 제대로 하지 못했다는 사실을 인정했다. 또한 지난 6개월 사이에 적자가 거의 2배나 증가했다는 사실도 발표했다.

슈렘프는 당장 기업회생 전문가를 미쓰비시 COO에 임명하고, 일본어를 할 줄 아는 다임러 임원 12명을 그와 함께 미쓰비시에 보냈다. 한편, 미쓰비시의 새로운 CEO인 다카시 소노베는 앞으로도 독일팀이 아닌 자신이 회사 업무를 총괄할 것이며 회사에 큰 변화는 없을 것이라는 의견을 밝혔다. 이것은 일종의 저항을 의미했다.[10]

북미 지역의 선도적인 대형 트럭 제조업체인 다임러크라이슬러의 프라이트라이너Freightliner도 슬럼프를 이겨내려고 애를 쓰고 있었다. 프라이트라이너도 한때 다른 트럭 회사를 인수하고 중고 트럭의 보수를 위해서 대규모 설비 투자를 하는 등 공격적인 성장 정책을 폈다. 그러나 신형과 중고 대형 트럭에 대한 수요는 50% 정도 폭락했고 가격도 급격히 하락하고 있었다. 이처럼 어려운 상황이 계속되자 슈렘프가 이 사업부의 수장으로 독일인을 임명할 것이라는 소문이 떠돌았다.[11]

예상

2001년 중반, 사람들은 슈렘프가 크라이슬러를 단기간에 회복시키기는 힘들 것이라고 말했다. 장기적으로 봤을 때는 가능하겠지만, 과연 채권자들과 주주들이 크라이실러의 실적 부진과 다임러크라이슬러의 주가 폭락을 얼마나 두고 볼 것이냐 하는 점에 의문을 표현했다. 다임러크라이슬러의 최대 주주인 도이치뱅크Deutsche Bank가 슈렘프를 퇴진시키고 크라이슬러를 분할하여 매각 처분할 것이라는 소문이 퍼졌다.[12]

그러나 크라이슬러에 우호적인 독일 은행과 주주들은 월 스트리트보다는 인내심이 좀더 강했다. 다임러크라이슬러는 뉴욕증권거래소에 상장된 최초의 독일 기업이라는 이유 때문에 슈렘프는 크라이슬러가 분기 예상 수익을 거뜬하게 달성하는 모습을 국제적인 금융 시장에 더욱더 보여 주고 싶어 했다. 당시처럼 시장이 불안한 시기에 예상 수익을 달성하지 못한다는 것은 곧바로 주가 폭락을 의미했다. 이 점이 슈렘프를 괴롭혔다. "나는 분기 결과에 관심이 집중되는 것이 별로 좋은 일이라고 생각하지 않는다. 어쩔 수 없는 이유로 비용을 지출하고 돈을 투자하다 보면 그들(투자자들)이 기대하고 있는 예상 수익을 달성하지 못하는 경우도 생긴다."[13]

슈렘프는 크라이슬러 실적을 조만간 개선시키지 못하면 자리를 내놓아야 할지도 모르는 위험한 상황이었다. 다임러크라이슬러의 세 번째 대주주는 라스베이거스 인수 합병계의 거물인 커크 커코리언이었는데 그는 무자비하기로 소문난 인물이었다. 슈렘프가 커코리언과의 만남을 피하고 남아프리카에 있는 자신의 목장으로 도망갔다는 소문마저 떠돌았다.[14]

크라이슬러 임원들은 슈렘프를 싫어했지만 만약 그를 쫓아낸다면 상황은 더 악화될 것이 틀림없었다. 만약 슈렘프가 없다면 슈투트가르트에 있는 메르세데스 임원들이 더 이상 지원을 해 주지 않을 것이고, 그렇게 되면 크라이슬러는 어디에서 기업 회생에 필요한 자원을 충당해야 할지 막막한 상황이었다. 크라이슬러는 파산하거나 매각, 또는 다임러크라이슬러의 제국 안에서 서서히 시들어 갈 가능성도 있었다.[15]

분석

이 사례는 기업의 인수 합병에 나타나는 부정적인 면을 여실히 보여주고 있다.[16] 이러한 문제점이 발생하는 원인은 다양하지만 공통점도 찾아볼 수 있다. 크라이슬러가 합병한 지 얼마 되지 않아서 위기에 봉착하게 된 이유를 첫째, 다임러의 주요 과실 둘째, 크라이슬러의 과실 셋째, 상황을 악화시킨 외부 요인이라는 세 가지 관점을 바탕으로 분석해 보겠다. 그후 전체적인 개념인 '동등한 합병'에 대해서 살펴볼 것이다. 과연 동등한 합병이 실제로 존재할 수 있는 것인가?

>>> 다임러의 문제점

직원들의 사기

겉보기에 비슷해 보이는 회사라고 해도 합병이나 인수 후에는 서로 다른 문화에서 비롯되는 갈등이 생기기 마련이다. 예를 들어 한 기업의 사내 문화는 좀더 보수적이고, 다른 기업은 오히려 공격적이며 무모하기까지 하다. 한쪽은 형식을 중시하고, 다른 쪽은 그렇지 않다. 한쪽은 표준작업절차 SOP를 따르고, 다른 쪽은 작업 과정을 거의 규제하지 않는다. 한쪽은 회계나 관리 과정을 중시하며 회사를 운영하므로 비용 분석과 예산 관리를 엄격하게 하는 반면, 다른 쪽은 영업 마인드가 우선하므로 비용이 좀 들더라도 영업 생산성을 최대화하는 데 초점을 맞추고 유연하게 운영한다. 이러한 차이점 때문에 두 회사가 융화하는 일은 생각처럼 쉽지 않다.

그런데 합병되는 두 회사가 독일과 미국처럼 서로 국적이 다른 경우라면 문제는 훨씬 더 심각해진다. 국가적인 자존심, 심지어 편견까지 개입되어 상황은 무척 복잡해진다.

자존심 높은 독일 기업과 오랜 전통을 가진 미국 기업이 이루어낸 이 거대한 합병에서 사기土氣 문제가 발생한 것은 어쩌면 당연한 일이라고 할 수 있다. 특히 이번처럼 한쪽이 회사 운영의 주도권에 대해 거짓말을 한 경우에는 직원들의 분노가 언제 폭발할지 모르는 상황에 놓이게 된다. 일부 노동자들의 분노는 하늘을 찌를 듯해서 마치 제2차 세계대전 때로 돌아간 것 같은 급박한 상황을 연출하기도 했다.

그런데 이 두 기업 사이의 화해 분위기를 조성하는 데 방해가 되는 요인은 또 있었다. 다임러는 전통적인 독일 기업에서 벗어나 국제적인 대기업으로 변모하게 되면서 다양한 문화와 충돌하게 되었다. "독일 사람들은 본능적으로 계급·질서·계획을 중시한다. 다임러 임원들은 자신들의 명함에 박사나 교수라는 직함을 꼭 표시한다. 그리고 대부분 어두운 계열의 스리피스 정장을 입고 다닌다. 반대로 크라이슬러는 자유롭고 창의적인 분위기를 중시하는 것으로 유명하다."[17]

크라이슬러의 이러한 기업문화는 표 21.1과 표 21.2에서 알 수 있듯이 1990년대에 높은 시장 점유율을 기록하며 상당한 성공을 거두어 왔다. 이처럼 크게 규제하지 않고 자율에 맡기는 기업문화가 혁신적인 사고와 기술적인 리더십의 원동력이 되었던 것 같다. 그러나 합병된 이후 회사에서는 더 이상 이와 같은 자유로운 분위기를 권하지 않았다. 이 자리에 들어 온 독일인들은 소비자가 원하는 제품을 만들어낸 디자이너 밥 루츠의 공로를 인정하지 않았고, 공학기술이나 연구에 많은 돈을 투자하지도 않았다. "크라이슬러가 이전에 지니고 있었던 참신함과 상상력은 독일인 경영진들에게 묻히고 말았다."[18]

표 21.2 1991년~1998년 미국 3대 자동차회사 매출에서 크라이슬러가 차지하는 시장 점유율

연도	크라이슬러 매출 / 미국 자동차와 트럭 제조회사 (%)
1991	12.2
1992	13.7
1993	15.0
1994	15.6
1995	14.8
1996	16.5
1997	15.8
1998	NA

※출처 : 공식적으로 보고된 매출 수치에서 산출. 1998년 수치는 11월에 합병되었으므로 계산 불가.
※분석 : 1990년대 중후반에 크라이슬러가 큰 성공을 거둔 것은 분명하다. 경쟁이 치열한 상황에서는 시장 점유율 0.05%로 승패가 갈리기도 한다. 표를 보면 1991년에 비해 1996년에는 4.0%, 1997년에는 3.6% 더 성장했다. 이처럼 1990년대 하반기에 크라이슬러가 엄청난 성공을 거두자 다임러가 눈독을 들이게 된 것이다.

슈렘프의 큰 실수

합병한 지 1년도 채 지나지 않아 슈렘프의 계산 착오로 끔찍한 결과가 발생하고 말았다. 그가 수량을 잘못 계산하는 바람에 구형 모델 차량을 새 모델이 출시되기 전에 합리적으로 팔 수 있는 양보다 7만5천 대나 더 많이 생산하게 되었다. 따라서 2000년 상반기 매출과 수익은 증가했지만, 하반기에는 쌓인 재고를 소진하지 못하는 바람에 2001년 상반기까지 큰 어려움을 겪게 되었다. 이 사건으로 크라이슬러는 엄청난 적자를 겪게 되었을 뿐만 아니라 크라이슬러를 인수하겠다는 결정을 내린 슈렘프에 대한 비난의 목소리가 점차 높아졌다.

>>> 크라이슬러의 과실

크라이슬러는 1990년대 하반기 몇 년 동안 상승세를 구가하면서 점차 비대하고 비효율적인 조직으로 변해 갔고, 수익면에서도 하락의 기미가 보였다. 결국 다임러가 합병하기 전부터 문제를 안고 있었던 것이다. 1999년, 크라이슬러 쇼룸에는 출시된 지 5년째를 맞은 주력 상품인 미니밴을 비롯한 여러 구형 모델만 쌓여 있는 상황이었다. 미니밴은 여전히 잘 팔렸지만 크라이슬러는 혼다의 오디세이Odyssey를 포함한 경쟁사들의 신형 모델에 눌려 날이 갈수록 시장 점유율을 잃어 가고 있었다.

1990년대 중반에 크라이슬러가 성공을 거두게 된 것은 훌륭한 경영진 때문이라기보다는 여러 가지 운도 따랐다고 할 수 있었다. 혁신적인 디자인과 각 분야 최고 상품뿐만 아니라 전반적으로 자동차산업이 성장하고 수익성이 높은 미니밴과 픽업 트럭이 폭발적인 인기를 기록하게 된 것이었다. 그런데 이 기간 동안에는 계속해서 성장세를 누릴 수 있었지만 공교롭게도 다임러가 인수하자마자 위기가 찾아왔다. 당시 램 픽업 트럭·지프 그랜드 체로키·닷지 듀란고 제품이 아주 잘 팔리고 있었다. 따라서 크라이슬러 경영진은 이처럼 좋은 시기가 영원히 계속될 것이라고 생각했다.

게다가 이 성과에 고무된 경영진은 2005년까지 이전에는 한 번도 달성하지 못했던 시장 점유율을 20%까지 끌어올린다는 계획을 세웠다(표 21.2에서 1990년대에 들떠 있던 당시의 시장 점유율 성과를 확인할 수 있다. 이 당시 시장 점유율 자료를 보면 20% 달성까지는 어느 정도 거리가 있음을 알 수 있다). 그래서 크라이슬러는 이 목표를 달성하기 위해서 공장 시설을 확충하고 새로운 장비를 구입하는 데 막대한 비용을 쏟아 부었다. 크라이슬러는 1996~1999년까지 시장 점유율 대비 노동자 수가 가장 적은 회사였다. 비용 지출이 너무 많았고 원래의 기업문화는 점검되지 않았다. "크라이슬러는 목적도 잃었고 방향도 잃었다"라고 전 기술 책임자인 프란세스 캐스탱이 말했다.[19]

기업 운영 시 통제하는 부분이 너무 없다 보니 커뮤니케이션과 업무 협력이 제대로 이루어지지 않았다. 각 팀이 개별적으로 자기 부서가 담당하는 차량에 필요한 플랫폼과 부품을 구입하다 보니 비용 손실도 엄청났다. 듀란고와 지프는 각기 다른 와이퍼를 사용했고, 플라스틱 범퍼 표면을 강화하기 위해 사용되는 철강 부식 보호장비 종류도 세 가지나 되었다.[20]

이 밖의 과실로는 새 모델로 교체해야 하는 시점에 구 모델 미니밴을 계속해서 생산하는 바람에 시중에 물건이 넘쳐나게 된 것이다. 이 사건은 앞서 보았듯이 슈렘프의 계산 착오로 일어났고 그 결과 크라이슬러는 2000년에 심각한 위기를 겪게 되었다. 크라이슬러 임원들이 슈렘프를 좀 더 적극적으로 막을 수는 없었던 것일까? 경영진이 구형 모델을 생산하는 대신 새로운 모델을 출시했다면 몇 년간 축제 분위기가 이어졌을 것이다. 한순간의 잘못된 선택 때문에 상황은 완전히 뒤바뀌고 말았다.

>>> 외부 요인

합병이 이루어진 시점은 자동차업계를 비롯해 일반 경제가 이제 막 하락세로 접어들기 시작할 무렵이었다. 크라이슬러는 이 시점에서 장밋빛 미래만 예상하며 새로운 모델에 막대한 비용을 쏟아 부었다. 더욱이 크라이슬러는 신제품을 고가로 출시할 만큼 브랜드 파워가 강하지도 못했다. 2001년 초에 제품을 판매하기 위해서 크라이슬러는 리베이트와 기타 인센티브로 다른 경쟁사들에 비해 훨씬 많은 비용을 지불했다.

또한 크라이슬러는 황금기를 구가하던 시절에 경쟁자들의 위협에 대해 제대로 된 대비책을 갖추어 놓지 못했다. 결국 막대한 인센티브를 제공했음에도 불구하고 크라이슬러는 2001년 1분기 때 시장 점유율을 잃고 말았다. 즉 15.1%에서 14.2%로 하락했다.

실제로 동등한 합병이 가능한가

현실적으로 동등한 합병은 거의 찾아보기 힘들다. 두 기업이 실제로 자본을 공동 출자하여 새로운 주식을 구입하지 않는 한-거의 일어나기 어렵다-합병에는 항상 인수한 기업과 인수된 기업이 존재한다. 비록 합병 당사자인 양쪽 기업에서 각각 절반씩 이사를 추천해서 이사회를 구성하더라도 여전히 인수한 기업과 그 임원들이 지배적인 위치에 서게 된다.

합병한 기업에 완전히 새로운 이름을 붙이더라도 반드시 동등한 합병을 의미하는 것은 아니다. 예를 들어 '동등한' 합병으로 유명한 사례인 벨 아틀랜틱Bell Atlantic과 GTE는 합병 이후 2000년에 버라이존Verizon이라는 전혀 새로운 이름을 붙였다. 그렇다고 해서 실제로 달라지는 것은 없었다. 벨 아틀랜틱이 실질적인 주인이었다.

게다가 한 기업이 다른 기업보다 주식을 더 많이 보유하는 경우라면 동등한 합병이 될 수 없는데 대부분의 사례가 여기에 속한다. 다임러는 이 합병에서 분명히 더 큰 기업이었다. 크라이슬러를 위해 360억 달러를 지불했고, 합병 전 주식의 시장 가치는 480억 달러였다.

인수되는 기업의 임원 입장에서 동등한 합병이란 것은 어느 정도의 의미를 가지는 것일까? 분명한 사실은 합병 이후 그동안 유지되어 왔던 자신들의 이해관계가 계속되고 인수 기업에서 자신들의 중요성을 인정해 주는 것이 동등한 합병의 핵심이다. 가끔 합병을 협상하는 과정에서 누가 더 주도권을 쥘 것이냐를 놓고 다툼을 벌이다가 합병이 깨지는 경우가 발생하기도 한다. 대표적인 예로써 세계적인 규모의 통신장비업체인 프랑스의 루센트Lucent와 알카텔Alcatel의 경우를 들 수 있다. 2001년 5월 29일 루센트의 회장인 헨리 B. 샤흐트는 합병 회담을 취소했다. "이것은 합병이 아니라 인수라는 생각이 들었다"라고 루센트 측 참석자가 그 이유를 설명했다. 이들은 알카텔이 주도권을 쥐게 될지도 모른다고 생각하자 이를 받아들일 수 없었던 것이다.[21]

최신 동향

2002년 초, 크라이슬러는 지난 2001년 20억 달러라는 어마어마한 금액의 적자를 기록했다고 발표했다. 따라서 협상이 타결된 지 4년 만에 합병에 대한 비난의 목소리가 다시 높아지기 시작했다. 합병이 이루어진 직후에는 메르세데스가 혹시라도 자신들의 이미지에 손상을 입을까 봐 부품과 디자인을 철저하게 보호했다. 그러나 이제 독일 슈투트가르트에 있는 본사에서는 크라이슬러와 합작하기 위한 본격적인 노력을 기울이기 시작했다.

2003년 봄, 크라이슬러는 독일식 엔진을 장착한 두 개의 모델을 출시했는데, 스테이션 웨건과 SUV 차량을 결합한 퍼시피카Pacifica와 미끈한 스포츠카인 크로스파이어Crossfire였다. LX 세단과 매그넘Magnum이라는 이름의 SUV 차량도 출시를 기다리고 있었다. 본사에서는 소형 차량에 대한 아이디어를 통합하기 위해서 미쓰비시 자회사에 있는 엔지니어들을 슈투트가르트로 불러오기 시작했다.[22] 합병된 지 5년 만에 기업을 융화시키기 위한 노력이 시작되고 있었다.

2003년 12월 1일, 억만장자 투자자인 커크 커코리언은 자신이 1998년 다임러 벤츠와 크라이슬러의 합병에서 사기를 당했다며 회사를 상대로 소송을 제기했다. 커코리언은 피해금액이 30억 달러에 이른다고 밝혔다. 그는 회사가 자신과 다른 투자자들로 하여금 '동등한 합병'이라고 생각하도록 속였다고 주장했다. 동등한 합병이라고 한 것은 미국 정부의 독점 금지 담당자들과 크라이슬러의 주주들을 호의적으로 만들고, 또한 100억 달러의 기업 인수 프리미엄을 피할 수 있기 때문에 여러 가시 이익을 얻을 수 있었다. CEO 위르겐 슈렘프와 CFO 맨프레드 겐츠는 이에 대한 증언을 해야 했다.[23] 마침내 '동등한 합병' 문제는 법정에서 진실이 밝혀지게 되었다.

✻ 무엇을 배울 것인가?

동등한 합병이라고 허위 사실을 발표한 것은 비윤리적인 행동인가? 이때 비윤리적이고 불법적인 행동의 핵심은 명백한 사기와 거짓말이다. 이는 주로 소비자들을 기만하는 데 사용된다. 그러나 합병이라는 어려운 협상이 진행되는 상황에서는 진실과 신뢰의 태도가 일반 수준보다 낮은가? 운이 나쁜 소비자가 관련된 경우와는 다른 윤리적인 기준을 정의해야 하는가?

실제로 소비자는 기본적으로 상품 판매자들의 제품에 관한 풍부한 지식을 따라갈 수 없기 때문에 거짓말에도 쉽게 속아 넘어간다. 기업 vs 기업 상황에서, 만약 약간의 사기행위도 없다면 정보가 동등하게 공유된 것이라고 생각할 수 있다. 그리고 거래가 완료되기 전에 철저하게 감사를 하면 사기 사실은 금세 드러나게 된다.

그러나 말로 한 약속은 어떠한가? 설령 글로 쓰더라도 이러한 약속은 지켜지기 어렵다. 커크 커코리언이 다임러를 상대로 제기한 소송으로 동등한 합병이 의미하는 바가 실제로 무엇인가에 대해 논란이 벌어지게 되었다. 버지니아 다르덴 경영대학원의 로버 브루너 교수는 "진정한 비즈니스 모델인가? 아니면 그저 관계를 개선시키기 위한 입발림인가?"라고 가시 돋친 어조로 강력하게 지적했다.[24]

크라이슬러 임원들은 자신들의 자리가 계속 유지될 수 있을 것인지 한번쯤 의심할 필요가 있었다. 결국 이 거대한 '동등한 합병'이 성사된 이후 얼마 지나지 않아 크라이슬러 최고 경영진들은 해고되었다. 예를 들어 뱅크 오브 아메리카Bank of America의 데이비드 쿨터와 시티그룹Citygroup의 존 리드 경우에도 합병 이후 정치적 내분과 기대에 못 미치는 수익으로 여러 문제가 발생했다.

합병이 만병통치약은 아니다. 여러 해 동안 호황과 위기가 반복되면서 기업들은 인수와 합병을 통해서 성장의 문제점들을 효과적으로 해결하려고 했다. 왜 스스로 개발하는 것보다 다른 회사를 인수하는 것이 더 빠르고 좋다고 생각하는 것일까? 1980년대에 특히 이와 같은 인수 합병의 이점과 혜택을 부각시키기 위해 시너지synergy라는 말이 널리 사용되었다(다음의 Information Box에서 '시너지'라는 개념에 대하여 좀더 알아보자).

합병으로 이득을 보는 사람들은 월 스트리트 협상가·은행 투자자·변호사들이다. 그러나 합병한 기업들의 대부분은 기대한 만큼 큰 성과를 내지 못할 뿐 아니라 더 심각한 위기에 처하기도 한다.

다임러크라이슬러 합병을 통해 문화적인 대립에 대해서 살펴보았다. 그러나 이것은 여러 가지 문제점들 가운데 한 가지에 불과하다. 많은 기업들이 인수 합병에 적합한 목표를 찾아 헤매는 이유는 합병을 통해서 시장 점유율을 높일 수 있거나, 상대방이 가지고 있는 전략적인 기술을 얻을 수 있기 때문이다. 또는 합병으로 그 업계에서 규모를 더 키우면 월급을 훨씬 많이 받게 될 수도 있기 때문이다. 합병하는 데 드는 비용을 빌리는 일은 그리 어렵지 않다. 합병에 따르는 대규모 부채가 발생하더라도 세금 감면 혜택을 받을 수 있으므로 수익성은 올라가고 자기자본이익률ROE도 높아진다. 그러나 합병이 이루어진 후에 인수된 기업의 임원들은 대부분 해고되며, 두 기업 사이의 융화와 효과적인 공조체제는 요원해질 가능성이 높다. 게다가 대부분의 인수한 기업은 무리한 인수 합병으로 막대한 부채에 시달리게 되고, 수익을 실현하기도 전에 엄청난 비용 부담만 떠안게 된다.

인수 합병을 할 때는 문화적 차이를 고려해야 한다. 그런데 이러한 차이—인식·풍습·일하는 방식·편견—에 대해서 대개 충분한 주의를 기울이지 않는다. 인수한 기업에서는 상대편의 기업문화를(이 일이 그들의 자존심과 자발적인 태도에 어떤 영향을 끼칠 것이며 그 결과 앞으로의 공조체제는 어떻게 될지 고려하지 않고) 일방적으로 밀어 버리려고 한다. 다임러와 크라이슬러의 합병—실제로는 동등한 합병이라고 했지만—사례에서 살펴보았듯이 경영진의 거만한 태도와 직원들의 분노가 여실히 드러났다.

기업을 인수한 회사는 인수가 성사되자마자 바로 주도권을 행사해야 하는가? 아니면 가능한 한 반감을 진정시키려는 노력을 해야 하는가? 직원들을 달래는 경우 격렬한 비난은 피할 수 있겠지만 여기에도 심각한 문제가 발생할 수 있다. 또한 인수한 기업의 운영 상황에 대해 제대로 통제하지 않는 경우 큰 문제가 발생할 가능성이 높다. 특히 외국 기업을 인수했을 때 더욱 그러하다.

얼마나 믿을 수 있는가? 합병에 참여하는 두 기업 모두 동등한 합병이라는 데 합의할지도 모른다. 그러나 이러한 약속도 허울 좋은 말뿐

일 수 있다. 비록 양사 임원들의 지위가 동등하도록 균형을 맞춘다고 해도 한 사람이 다른 사람에 비해서 더 지배적인 성향을 가지게 될 수 있다. 대개는 주식을 더 많이 보유한 쪽이 그렇다. 결과적으로 동등한

Information Box

_ 시너지

시너지란 두 개를 합쳤을 때 각각의 합보다 더 큰 효과를 내는 것을 뜻한다. 기업 인수에서 만약 대상이 되는 두 기업이 합병 이전에 기록하던 개별적인 실적보다 합병된 이후에 더 효율적으로 운영되고 생산성과 수익성이 높아진다면 이것이 바로 시너지 효과가 된다. 때때로 이 말을 2+2=5 라는 말로 표현하기도 한다.

이러한 시너지는 어떻게 생겨나는가? 합병 이후에 중복되는 노력을 피하고, 생산 과정을 합리화하며, 원가절감을 실현하고, 자신 있는 분야에 집중할 경우 가능하다. 그리고 재정자원·기술자원·관리자원을 더 풍부하게 갖추고 새로운 시장을 개척한다면 시너지 효과를 거둘 수 있다. 시너지 효과가 나는 경우 이 기업의 경영 실적은 이전에 개별적인 회사로 운영되었을 때보다 시장에서 훨씬 더 강력한 힘을 가질 수 있게 된다.

시너지라는 개념이 인수 합병의 이론적 배경이 되기도 한다. 그러나 때때로 이러한 결합이 역효과를 낳기도 한다. 바로 각각을 합한 것보다 합쳐진 결과가 더 나쁜 상황을 뜻하는 부정적인 시너지이다. 두 조직 간에 불화가 생기고, 조직의 미션이 모순되며, 새로운 조직의 분위기가 직원들에게 두려움과 분노 그리고 좌절감을 안겨 주는 경우에는 적어도 단기간이나 중기간 사이에 시너지 효과가 나타나기 어렵다. 게다가 만약 무작정 낙관적인 기대를 가지고 실제 가치보다 더 많은 비용을 들여서 인수를 하게 되는 경우 심각한 위기를 초래할 수도 있다. 크라이슬러 인수 사건에서 문화적인 갈등 이외에 다른 문제는 없었는가?

_토의 주제

각자 혼자서 일하는 것보다 위원회나 단체를 구성하는 것이 더 시너지 효과가 있는가? 그 이유는 무엇인가?

합병은 이름뿐이고, 인수당한 쪽의 지위는 인수자의 마음먹기에 따라 어떻게 변하게 될지 모르는 일이다.

카니벌리즘의 위험을 경계하라. 카니벌라이제이션cannibalization 은 신제품이 같은 회사의 기존 제품 매출을 빼앗아 가는 경우를 말한다. 이 일은 대개 신제품이 출시되었을 때 많이 발생한다. 그렇지만 다임러가 크라이슬러에 강요했던 것처럼 신제품이 출시되기 직전 구형 제품을 시장에 과도하게 푸는 경우에도 발생한다. 그리고 이때 예기치 못한 여러 문제들이 생길 수 있다.

다임러크라이슬러는 이 상황에서 구형 모델을 서둘러 판매하려고 막대한 리베이트를 지급했을 뿐만 아니라 신제품 판매를 위해서 가격을 인하해야 했다. 이 두 가지 모두 수익성에 상당한 손실을 끼쳤다. 이 같은 일은 컴퓨터 회사와 최첨단 신기술을 다루는 다른 기업들에서도 발생했다. 신제품이 출시되는 상황에서 구형 제품의 판매를 언제 중단해야 매출에 피해가 가지 않을까?

신제품이 처음 출시되었을 때 구형 모델 생산을 중지해야 한다고 말하는 사람은 없을 것이다. 신제품이 출시된 지 몇 달이 지난 후에 생산을 점차로 줄여 나가야 한다는 말은 설득력이 있어 보인다. 그렇다면 기술적으로 향상된 신형 모델은 구형 모델보다 가격이 높게 책정되어야 하는가? 2000년 다임러크라이슬러가 겪고 있었던 어려움은 새롭게 출시된 신형 모델이 기술적으로 그리 뛰어나지 않았다는 점 때문이었다. 특별한 옵션이 없었으므로 구매자들은 이 제품에 더 비싼 돈을 지불해야 할 가치가 있다고 생각하지 않았다.

그렇다고 카니벌라이제이션의 장점을 너무 폄하하지는 말아야 한다. 어떤 제품이 개선되면 가능한 한 빨리 시장에 출시해야 한다. 그리고 이때 출시한 제품 때문에 카니벌라이제이션이 일어난다고 해서 도로 회수할 수는 없는 일이다. 그러나 때때로 제품을 회수하고 싶은 상황이 발생할 수도 있다. 특히 새롭게 출시한 제품의 수익성이 기존 제품보다 못할 경우가 그러한데, 그 이유는 경쟁이 치열하고 원가가 더 많이 들었기 때문일 것이다. 그러나 카니벌라이제이션이 두렵다고 해서 혁신을 제한하는 회사는 결국 경쟁자들에게 높은 수익을 올릴 수 있는 매력적인 시장을 내주는 꼴밖에 되지 않는다는 사실을 분명히 명심해야 한다. 즉 카니벌라이제이션이 두렵다고 해서 혁신을 포기해서는 안 된다.

*질문

1. 슈렘프가 크라이슬러의 최고 경영진을 교체한 것은 현명한 행동이었는가? 그 이유는 무엇인가?

2. 크라이슬러의 회장인 로버트 이튼은 어떻게 그렇게 순순히 자리에서 물러난 것인가? 합병 당시 그가 자신의 자리를 굳건하게 지킬 수 있는 방법은 없었던 것일까?

3. 기업이 카니벌라이제이션의 위험에서 스스로를 보호할 수 있는 방법은 무엇인지 구체적으로 설명하라.

4. 다임러와 크라이슬러의 합병에서 서로 다른 기업의 문화적 문제를 피할 수 있었다고 생각하는가?

5. 2000년에 크라이슬러가 심각한 위기를 겪은 후 슈투트가르트 본사에서는 미국인들로만 구성된 크라이슬러의 문제를 해결하기 위해 디터 제체를 보냈다. 디트로이트에 온 첫날 그는 영업 마케팅 책임자를 해고했다. 이 신속한 행동의 타당성과 행동의 근거에 대해서 가능한 한 자세하게 토의해 보라.

6. 정규적인 가격 할인보다 리베이트가 더 바람직한가? 토의해 보라.

7. 당신 생각에 메르세데스 부품을 크라이슬러 차량에 사용하면 메르

세데스 브랜드의 고급 이미지가 손상된다고 생각하는가? 이 시도가 크라이슬러에게 도움이 되었는가?

8. 자동차업계의 호황이 지속될 것이라고 생각하는가? 왜 그렇게 생각하는가? 아니면 왜 그렇게 생각하지 않는가?

✽실전 연습

1. 당신은 크라이슬러에 부품을 납품하는 업체 중 최대 규모의 회사를 경영하고 있다. 당신은 크라이슬러의 새로운 경영진이 당장 부품 가격을 5% 인하하고 향후 2년 내에 추가로 10% 더 인하하라는 말을 듣고 충격을 받은 상태이다. 당신은 이제 어떻게 할 것인가? 가능한 한 많은 행동 방침을 제시하고 이를 평가해 보라. 필요한 경우 몇 가지 가설을 세워도 좋지만 그 내용을 자세히 기술해 보라.

2. 당신은 로버트 이튼으로 합병 이전에는 크라이슬러의 CEO였고 현재는 위르겐 슈렘프와 함께 '공동 회장'이다. 당신은 지금 막 회사에서 나가 달라는 말을 들었다. 이때 당신은 어떻게 행동할 것인가? 가능한 한 자세히 설명해 보라.

3. 당신은 미국자동차노조의 회장인 스티브 요키시이다. 당신은 처음에 디터 제체가 2만6천 명의 노동자를 해고하고 6개의 공장을 폐쇄한 일이 경비절감을 위해서 잘한 일이라고 그를 지지했다. 당신은 이러한 구조조정이 크라이슬러를 살리기 위한 어쩔 수 없는 선택이었다고 믿고 있다. 그러나 지금 노조의 많은 회원들은 제체의 이러한 독단적인 해고 조치를 강력하게 비난하고 있다. 그들은 이제 비난의 화살을 당신에게로 돌려 당신이 제체의 계획을 지원했다고 주장하며 당신을 자리에서 몰아내려 하고 있다. 이때 당신은 어떻게 행동할 것인가?

✽팀별 토론 연습

1. 미국의 최고 경영진을 해고하고 그 자리에 독일인 경영진을 앉힌 일에 대해 큰 논란이 있었다. 독일 임원으로의 교체 vs 미국인 경영진 유지에 관해 토의해 보라. 가능하면 두 집단으로 나누어서 한쪽은 독일인 임원들이 취임하면서 기업 내에 새로운 피가 수혈되었다는 주장을 가능한 한 설득력 있게 펼치고, 다른 쪽은 이 주장에 대해 강력한 반대 입장을 취하도록 하라. 반대편 주장을 공격하기 위해 준비하고 자신의 입장을 잘 방어하라.

2. 다임러가 '동등한 합병'이라고 거짓말을 한 것에 대해 윤리적인 측면에서 토의해 보라.

Business Ethics 4

윤리적 행동의 모범 사례

존슨&존슨의 타이레놀 사건
: 책임감 있는 위기 관리의 전형적인 사례

처음에는 우선 타이레놀 제품에 대한 광고를 전면적으로 중단하고, 3천1백만 통의 타이레놀에 대하여 리콜을 시행함으로써 시중에 배포된 모든 타이레놀 제품을 수거했다. 이는 소매 가격으로 약 1억 달러 이상 되는 분량이었다. 광고를 통해서 타이레놀 캡슐을 알약으로 바꿔 준다는 내용을 홍보하고, 동시에 의사·병원·유통업자 등에게 50만 통이 넘는 전보를 보냈다. 또 언론을 통해서 성명을 발표함으로써 올바른 상황을 전달하기 위한 노력을 계속했다.

1982년 존슨&존슨Johnson&Johnson의 주력 상품 가운데 하나인 타이레놀Tylenol에 누군가가 악의적으로 독극물을 투여했다. 그 결과 이 제품을 복용한 소비자가 사망하는 엄청난 사건이 발생했다.

존슨&존슨의 CEO 제임스 버크는 전혀 예상치 못한 이 커다란 재앙을 해결하는 과정에서 뛰어난 위기 관리 능력을 보여 주었다. 이 회사는 비용이 얼마가 들더라도 기업이 고객에 대해 책임을 다하는 모습을 보여 준 훌륭한 사례가 되었다.

사건의 시작

1982년 9월 30일 아침, 뉴저지주뉴 브룬스위크에 위치한 존슨&존슨 본사 5층에서 CEO인 제임스 E. 버크는 사장인 데이비드 R. 클레어와 조용히 회의를 하고 있었다.

두 사람은 두 달에 한 번씩 이런 비공식적인 회의를 통해 일반 회의에서 공개하기 힘든 주요 안건들을 상의하곤 했다.

이날 두 사람은 기분이 아주 좋은 상태였다. 존슨&존슨의 매출과 수익은 급상승하고 있었다. 그리고 앞으로의 사업 전망 또한 더할 나위 없이 좋아 보였다.

이들은 경영과 상관없는 문제들까지도 화기애애한 분위기 속에 서로 상의하며 9월의 화창한 날씨를 만끽하고 있었다.

그러나 이 여유로운 시간도 이사 아서 퀼이 회의장에 들어서면서 끝나고 말았다. 그가 전한 말은 존슨&존슨의 최고 주력 상품이며 수익성이 높은 제품인 엑스트라 스트렝스 타이레놀Extra-Strength Tylenol 캡슐에 청산가리가 들어 있었고, 시카고에서 이 제품을 복용한 소비자가 사망하는 사고가 발생했다는 것이다.

기업

존슨&존슨은 전세계 여러 나라에서 여러 가지 건강 관련 상품을 제조하고 판매한다. 표 22.1에서는 이 회사가 생산하는 제품들과 전체 기업 매출에서 각 분야가 차지하는 비율을 제시하고 있다. 1981년도에 존슨&존슨은 〈포춘〉에서 선정한 500대 기업에서 68위에 올랐고 매출액은 54억 달러에 달했다. 이 회사가 전문적으로 다루는 분야는 전문 의약품·제조 의약품·산업용품·소비자용품 등 4개의 제품군으로 나눌 수 있다.

표 22.1 1983년 존슨&존슨의 분야별 매출액과 전체 매출에서 차지하는 비율

제품 분류	매출 (백만 달러)	매출 비율 (%)
외과 및 구급용품	1,268	21
제조 의약품	1,200	20
위생 냅킨 및 생리대	933	16
유아용품	555	9
진단 장비	518	9
타이레놀 및 관련 약품	460	8
기타 (병원 기자재·치과용품·피임용품)	1,039	17
합계	5,973	100

※출처 : "위기를 벗어난 타이레놀에 또다시 찾아온 위기" 비즈니스위크 (1984년 5월 14일), p. 137.

전문 의약품 제품군에는 봉합제·외과용 드레싱·기타 수술 관련 용품이 포함된다. 제조 의약품 제품군에 속하는 제품으로는 처방 약품이 있고 산업용품군에는 섬유제품·산업용 테이프·정제 화학제품 등이 속한다.

존슨&존슨에서 가장 큰 사업부는 소비자제품 사업부로 유아용품·구급용품·처방전이 필요 없는 의약품과 세면용품 및 위생용품들을 생산했다. 이 제품들은 주로 도매상을 통해 일반 소비자에게 판매되었고, 독립된 소매상이나 소매 체인점에 직접 공급되었다. 수년 동안 존슨&존슨은 책임감 있고 믿을 수 있는 회사라는 이미지를 구축하기 위해 세심한 노력을 기울였다. 존슨&존슨의 제품은 유아에서부터 노년층까지 모든 연령대의 소비자들이 편안하고 안전하게 사용할 수 있는 제품들이다. 존슨&존슨은 자

사 제품뿐만 아니라 합병을 통해 인수한 맥닐 연구소 같은 자회사 제품에 대해서도 책임감 있는 자세를 보여 주었다.

제품

해열 진통제인 타이레놀은 1970년대 후반과 1980년대 초기에 획기적인 성공을 거두었다. 1955년, 맥닐 연구소McNeil Laboratories는 아스피린 복용이 불러일으키는 부작용을 없앤 아스피린 대체 약품으로 이 제품을 개발해냈다. 존슨&존슨은 맥닐 연구소를 1959년에 합병했고 독립된 자회사로 운영해 왔다.

1974년 타이레놀의 소매 매출은 5천만 달러에 달했는데 그 이유는 의사들을 대상으로 엄청난 양의 광고를 시행했기 때문이다. 그리고 1976년에는 일반 소비자를 대상으로 전국적인 광고 캠페인을 펼침으로써 큰 효과를 거두었다. 타이레놀은 1979년 식품 의약품 판매에서 지난 8년 동안 수위를 지켜 온 프록터 앤 갬블Procter & Gamble의 크레스트 치약을 제치고 이 분야 1위로 올라섰다. 1982년에는 타이레놀이 비처방 해열 진통제 시장에서 35.3%의 시장 점유율을 기록했다. 타이레놀은 경쟁 상품인 바이엘Bayer · 부페린Bufferin · 애나신Anacin의 시장 점유율을 합친 것보다 더 큰 시장을 차지하고 있었다. 표 22.2에서는 타이레놀 및 주요 경쟁 상품의 시장 점유율을 보여 주고 있다.

1976년 1억1천5백만 달러를 기록했던 타이레놀 제품군의 전체 매출은 1982년 3억5천만 달러로 급상승했다. 경쟁이 치열한 시장 상황을 고려할 때 204%라는 성장율은 경이적인 수준이었다. 타이레놀은 존슨&존슨 전체 매출의 7%, 전체 순수익의 17%를 차지하는 주요 상품이었다. 그러나 그 후 뜻밖의 재앙이 발생했다.

표 22.2 1981년 비처방 진통제 시장에서의 주요 브랜드 시장 점유율

브랜드	시장 점유율
타이레놀	35.3
애나신	13.0
바이엘	11.0
엑세드린	10.1
부페린	9.0

※출처 : "타이레놀은 끝났는가?" 비즈니스위크 (1982년 10월 18일), p. 151.

위기

1982년 9월 말 수요일 아침, 아담 재너스는 가슴에 작은 통증을 느꼈다. 엑스트라 스트렝스 타이레놀 한 상자를 구입한 그는 타이레놀 한 알을 복용했고, 오후 3~4시경에 사망하고 말았다. 그 날 늦게 스탠리 재너스와 그의 부인도 같은 통에 든 타이레놀을 복용했고 두 사람 모두 금요일 오후에 사망했다. 주말까지 시카고 지역에서만 4명이 비슷한 상황을 겪고 사망했다. 사망 원인은 청산가리 때문이었다. 청산가리는 독극물로 혈액이 산소를 운반하지 못하도록 방해하므로 이를 복용한 사람은 심장·허파·두뇌가 산소 부족으로 제대로 활동하지 못하게 되어 결국 15분 안에 사망하게 된다. 그런데 엑스트라 스트렝스 타이레놀 캡슐에 이 청산가리가 들어 있었던 것이다. 일리노이주 알링턴 하이츠에 위치한 노스웨스트 커뮤니티 병원Northwest Community Hospital 중환자실의 실장인 토머스 김 Thomas Kim 박사는 환자들에게 미처 손을 쓸 겨를도 없었다고 밝혔다. "환자들은 복용 후 단 몇 분 안에 사망했던 것이다."[1]

의료 담당 조사관들이 희생자의 집에서 타이레놀 통을 찾았고, 희생자들이 복용한 것 외에도 청산가리가 들어 있는 캡슐 10개를 추가로 발견했다. 캡슐의 붉은색 부분이 변색되어 부풀어 있었고 캡슐 속에는 건조한 흰색 분말 대신 아몬드 향이 나는 회색 물질이 들어 있었다. 이 가운데 어

떤 캡슐에는 치사량인 50mg을 넘는 65mg의 청산가리가 들어 있었다.

맥닐 연구소의 임원들은 기자들의 전화를 받고 나서야 이 독극물 참사에 대하여 알게 되었다. 언론·약국·의사·병원·독극물 통제센터 그리고 공포에 질린 소비자들이 연구소에 빗발치듯이 문의전화를 걸어왔다. 맥닐 연구소는 사망자에 대한 정보·사망 원인·독극물이 담긴 타이레놀 통의 로트 번호·판매 장소·제조 일자·유통 경로 등에 대한 정보를 재빨리 수집하기 시작했다.

사망 원인이 타이레놀과 관련이 있었으므로 사상 유례 없는 대혼란이 발생했다. 존슨&존슨은 이미 유통된 타이레놀에 대해 리콜 조치를 시행했고, 소비자들에게는 이 사건이 해결되기 전까지 엑스트라 스트렝스 타이레놀을 복용하지 말 것을 당부했다. 전국에 있는 모든 약국과 슈퍼마켓 진열대에서 타이레놀을 치워 버렸으므로 이 사건이 해결되기 전까지 그 어디에서도 타이레놀을 구매할 수 없게 되었다.

독극물 주입에 대한 조사가 시작되면서 타이레놀을 제조하는 과정에서 독극물이 주입된 것은 아니라는 사실이 밝혀졌다. 독극물이 주입된 캡슐의 로트 번호를 추적한 결과 서로 다른 두 개의 공장에서 생산된 것이라는 사실이 확인되었다. 서로 다른 공장에서 독극물이 동시에 주입되는 것은 거의 불가능한 일이었으므로 독극물 주입은 시카고에서 시행된 것이 틀림없었다. 미국 식품의약국에서는 제조회사와 관련이 없는 누군가가 타이레놀을 가게에서 구매하여 청산가리를 주입한 다음 그 약통을 다시 가게에 가져다 놓았을 가능성에 대해 조사했다. 이 가설이 맞지 않는다면 사건은 시카고뿐 아니라 다른 많은 지역에서도 발생했어야 하기 때문이다.

그 당시 존슨&존슨은 사실상 어떠한 잘못도 저지르지 않았지만, 사회적으로 큰 파장을 불러일으킨 독극물 사망 사건에 자사의 주요 제품이 관련되어 있었으므로 모른 척할 수는 없는 노릇이었다. 만약 범인이 누구인지 서둘러 체포되기만 한다면, 존슨&존슨도 이 사건이 몰고 온 엄청난 충격에서 쉽게 빠져 나올 수 있었을 것이다. 100명의 FBI 요원들과 일리노이주 경찰로 이루어진 팀에서 2천 명이 넘는 용의자들을 추적하고 57권이넘는 보고서를 작성하며 노력했다. 그러나 범인을 추적하는 일은 생각만큼 쉽지 않았다.[2]

회사 측 대응

존슨&존슨은 전사적인 차원에서 회사의 위기를 관리하기로 결정하고기업 회생을 위한 계획을 마련했다. 이 계획은 3단계로 이루어져 있었다.제1단계는 실제로 무슨 일이 벌어졌는지 확인하고, 제2단계는 회사측의피해를 평가하며, 제3단계는 타이레놀을 다시 출시할 수 있는 방법을 모색하는 것이었다.

그동안 존슨&존슨은 가능하면 언론에 노출되는 것을 피해 왔다. 그러나 이제는 언론에 적극적으로 대처하며 가장 최신의 정확한 정보를 제공함으로써 더 이상 혼란이 계속되는 것을 막으려고 노력했다. 존슨&존슨의 전체 사업부에서 뽑힌 25명의 홍보 전문가들은 맥닐 연구소 소속의 15명의전문가들과 함께 작업을 진행했다. 처음에는 우선 타이레놀 제품에 대한광고를 전면적으로 중단하고, 3천1백만 통의 타이레놀에 대하여 리콜을 시행함으로써 시중에 배포된 모든 타이레놀 제품을 수거했다. 이는 소매 가격으로 약 1억 달러 이상 되는 분량이었다. 그리고 광고를 통해서 타이레놀캡슐을 알약으로 바꿔 준다는 내용을 홍보하고, 동시에 의사·병원·유통업자 등에게 50만 통이 넘는 전보를 보냈다. 또 언론을 통해서 성명을 발표함으로써 올바른 상황을 전달하기 위한 노력을 계속했다.

독극물 주입이 공장의 제조 과정에서 행해진 일이 아니라는 사실이 판명되자 회사는 제2단계 계획을 실시했다. 재정적인 면에서 이번 사건으로 발생한 존슨&존슨의 단기 손실액은 1억 달러 이상이었다. 이 비용 가운데 대부분은 판매점과 소비자들에게 남아 있는 타이레놀을 수거·운반·처리하는 데 들었다. 전보를 보내는 데만도 약 50만 달러가 지출되었고 제품 제조물 책임 소송에 관련된 비용도 수백만 달러가 필요할 것으로 예상되었다.

경영진이 심각하게 우려한 것은 독극물 주입 사건으로 그동안 쌓은 브랜드의 이미지가 손상되지는 않을까 하는 점이었다. 많은 이들이 타이레놀이라는 브랜드는 살아남을 수 없을 것이라고 말했다. 일부 사람들은 존슨&존슨이 타이레놀이라는 이름을 버리고 새로운 브랜드로 시작해야 한다고 주장하기도 했다.

독극물 주입 사건이 발생한 지 약 한 달 후 존슨&존슨이 자체 실시한 조사에 따르면 타이레놀이라는 브랜드는 다시는 회생할 수 없을 것처럼 보였다. 어떤 조사에서는 94%의 소비자들이 타이레놀이 독극물과 관계 있다고 인식한다는 결과가 나오기도 했다. 응답자 가운데 87%는 타이레놀 제조업체가 독극물 사망 사건에 책임이 없다는 사실을 알고 있었다. 그러나 그들 중 61%는 앞으로 타이레놀을 구매하지 않을 것이라고 대답했다. 더욱더 나쁜 사실은 50%의 소비자들은 타이레놀 알약 제품조차 구매하지 않을 것이라고 대답했다는 점이었다. 그나마 한 가지 희망적인 결과는 타이레놀을 상용하는 소비자 가운데 49%는 타이레놀을 다시 사용하게 될 것이라고 응답했다는 점이다.[3]

존슨&존슨은 깊은 회의에 빠졌다. 회사는 타이레놀이라는 브랜드를 절대로 버리고 싶지 않았다. 이 브랜드에 대한 인지도는 수년 동안의 광고를 통해서 열심히 노력한 결과 겨우 형성된 것이기 때문이다. 그동안 쌓은 노력이 단 며칠간의 사건으로 물거품처럼 사라질 수도 있는 위기의 순간이었다.

다른 한편으로는 재출시 시기에 대한 문제였다. 만약 존슨&존슨이 시장의 불안감이 가라앉기도 전에 너무 빨리 타이레놀을 내놓는다면 제품이 판매대에서 고사할 가능성이 있었다. 또한 만약 회사가 너무 오래 시간을 끌다가 제품을 다시 시장에 내놓는 경우에는 그 사이에 이미 자리를 굳힌 경쟁 제품에게 밀릴 가능성이 있었다. 존슨&존슨의 임원 입장에서는 시장 조사 결과를 모두 수용할 수 없었다. 어떤 임원은 회사의 고민을 다음과 같이 표현했다. "소비자 조사의 문제점은 이 조사가 소비자의 의견을 반영한 것이지 실제 행동을 반영한 것이 아니라는 사실이다. 소비자가 어떤 행동을 취할 것인가를 확인하는 가장 좋은 방법은 제품을 진열대에 다시 올려 놓고 소비자 스스로 결정하도록 하는 것이다."[4] 그러나 언제가 가장 좋은 시기인지 그 누구도 알 수 없었다.

마침내 존슨&존슨은 타이레놀을 자주 이용하는 고객에게 초점을 맞추어 브랜드를 재건하고 다른 소비자층은 나중에 공략하기로 결정했다. 회사로서는 이 충성도 높은 고객들이 알약뿐만 아니라 캡슐 제품까지도 사용하게 된다면 더할 나위 없이 좋을 것이었다. 존슨&존슨은 회사가 다시 신뢰를 회복할 수 있도록 모든 노력을 경주하겠다는 메시지를 담은 광고를 내보냄으로써 타이레놀을 자주 사용하는 고객의 신뢰를 얻으려고 애썼다. 이 같은 일련의 광고에는 맥닐 연구소의 의약품 사업부 이사인 토마스 게이츠 박사가 출연해서 소비자들에게 타이레놀은 믿고 사용할 수 있다고 홍보했다. "타이레놀은 과거 20년 동안 의료인들과 1억 명의 미국인들이 신뢰해 온 제품입니다. 저희는 이런 신뢰가 가장 중요하다고 생각하기 때문에 다시는 국민 여러분의 신뢰를 저버리는 사건이 발생하지 않도록 각별히 주의할 것입니다. 타이레놀에 대해 앞으로도 계속적인 신뢰를 보내 주실 것을 부탁드립니다."[5]

또한 존슨&존슨은 타이레놀 캡슐 사용자들에게 알약으로 바꿀 것을 권장했다. 이 회사는 광고 캠페인을 통해서 무료로 캡슐 제품을 알약으로 바꿔 주겠다고 제안했다. 또한 일요일 신문에 타이레놀 구매 시 2달러 50센트 정도 할인받을 수 있는 쿠폰 7천6백만 개를 넣기도 했다.

마지막으로 포장을 교체하여 이물질을 삽입하기 힘들게 함으로써 다시는 시카고에서 일어난 것 같은 비극이 벌어지지 않도록 했다. 엑스트라 스트렝스 타이레놀 캡슐은 이제 3중으로 봉합해 포장된 상태로 판매되었다. 포장 박스의 입구 부분을 접착해 놓았으므로 박스를 뜯었을 경우에는 뜯겨진 것이 확실히 보였다. 통의 덮개 및 포장은 회사 이름이 인쇄된 플라스틱으로 봉인되었고, 입구는 안쪽에서 호일을 사용해서 봉인했다.

박스와 통에는 '안전 포장이 벗겨져 있으면 사용하지 마십시오' 라는 문구도 적어 놓았다. 이렇게 삼중 포장을 하는 데에는 약 2.4센트의 비용이 들었지만 존슨&존슨은 회사 측의 이와 같은 노력을 통해서 소비자가 제품의 안전성에 대해서 신뢰를 회복하고 자연히 매출도 증가하기를 희망했다. 또한 존슨은 판매업자에게 일반적인 할인율보다 높은 최대 25%의 할인율을 적용해서 물건을 공급해 주었다.

비극적인 사건이 발생한 후 앞으로는 타이레놀을 절대 복용하지 않을 것이라고 응답한 소비자들을 위해서 수신자 부담 전화번호를 개설했다. 그리고 이들이 전화를 거는 경우 2달러 50센트짜리 쿠폰을 증정했다. 캡슐 24개 또는 알약 30개가 담긴 통이 약 2달러 50센트에 판매되고 있었으므로 이 쿠폰을 증정하는 것은 타이레놀 한 통을 무료로 나눠 주는 것이나 다름없었다.

또한 존슨&존슨의 가정용품을 판매하는 자회사에서 선발된 2천 명이 넘는 영업사원들이 거리에 나가서 의사와 약사 그리고 고객들에게 타이레놀 사용을 권했다. 이 전략은 25년 전 타이레놀이 시장에 처음 출시될 때 시행한 것과 비슷했다.

>>> 결과

이 비극적인 사건이 일어난 직후 진통제 시장에서 존슨&존슨의 시장 점유율은 35.3%에서 7% 이하로 급락했다. 경쟁사들은 재빠르게 이 상황

을 이용하기 시작했다. 업존 컴퍼니Upjohn Company와 아메리칸 홈 프로
덕츠 코퍼레이션American Home Products Corporation은 미국 식품의약국
에 병원 처방약으로 인기가 좋은 진통제 이부프로펜ibuprofen을 전국의 일
반 소비자들에게 판매하도록 허가해 달라는 신청서를 제출했다. 업존은
부페린·엑세드린Excedrin·다트릴Datril 등을 제조한 브리스틀 마이어스
Bristol-Myers Co.에게 자사에서 개발한 뉴프린Nuprin에 대한 판매권을 부
여했다. 업존의 처방약 브랜드인 모트린Motrin─뉴트린보다 더 강력한 진
통제─은 1982년 무려 2억 달러의 매출을 기록하며 이 회사의 최고 판매
상품으로 떠올랐다. 그리고 전세계적으로 가장 많은 광고를 하는 프록터
& 갬블도 이 기회를 적극적으로 이용했다. P&G는 자사의 노위치Norwich
아스피린에 대해 전국적으로 대대적인 광고를 하는 한편, 아스피린 성분
이 들어간 캡슐에 대한 테스트 마케팅을 실시했다.

　　그러나 존슨&존슨에게도 희망이 있었다. 의약업계 전문 잡지 〈사이콜
로지 투데이〉가 독자들을 대상으로 한 조사에서 '타이레놀이 하나의 브랜
드로서 살아남을 수 있을 것인가'라고 질문했다. 그 결과 응답자의 92%가
타이레놀이 위기를 무사히 넘기고 브랜드로 살아남을 수 있을 것이라고 대
답했다.

　　이 조사 결과는 사망 사고가 발생한 지 2주 후에 레오 샤피로Leo
Shapiro라는 시장조사 전문가가 실시한 조사 결과와도 아주 비슷했다. 또
한 더욱더 고무적인 사실은 샤피로의 조사에서는 응답자 가운데 91%가 다
시 타이레놀을 구입할 것이라는 반응을 보였다.

　　사이콜로지 투데이는 타이레놀 제품에 대한 소비자들의 충성도를 확
인할 수 있는 예로 아래의 답변 몇 가지를 기사와 함께 게재했다.

　　● 23세 여성은 타이레놀이 '전적으로 신뢰할 수 있는' 제품이기 때
　　　문에 계속 복용하겠다고 답했다.

- 61살의 한 여성은 존슨 & 존슨이 '정직하고 신뢰할 수 있는 회사'라고 대답했다.
- 한 젊은 남자는 타이레놀이 '부르기 쉬운 이름이라고 생각한다' 고 친근감을 표현했다.[6]

이러한 조사 결과는 존슨&존슨의 재기를 알리는 신호탄이었다. 존슨&존슨 측의 양심적인 신속한 대응으로 소비자들은 잃었던 신뢰를 회복해 가고 있었다. 1983년 5월, 타이레놀은 지난해 9월에 발생한 사건으로 잃어 버렸던 시장 점유율을 거의 회복했다. 존슨&존슨의 시장 점유율은 1986년에 35%까지 상승했지만 안타깝게도 또 다른 재난이 발생하고 말았다.

비처방약 제조업체들은 미국 식품의약국과 연계하여 약품 포장에 대한 새로운 안전 기준을 마련했다. 제약업체들은 법에 따라 "누가 제품을 변경하거나 포장을 열게 되는 경우 소비자들이 시각적으로 확인할 수 있는 표시 장치나 보호 장치가 장착된 포장을 사용해야 했다."[7] 이처럼 포장에 대한 안전 기준이 강화되었지만 1986년 2월 뉴욕의 웨체스터에 거주하는 한 여성이 청산가리가 투여된 엑스트라 스트렝스 타이레놀 캡슐을 복용한 후 사망했다. 3년 반 전의 비극이 되풀이되려고 했다. 존슨&존슨 측은 즉시 시장에서 타이레놀 캡슐을 회수했으며, 이미 구매한 소비자들에게는 전액 환불 조치했다.

존슨&존슨은 중대한 결정을 내려야 했다. 존슨&존슨은 캡슐 제품이 범죄행위로부터 안전하지 않다고 판단했으므로 이제 더 이상 비처방약 캡슐 형태의 타이레놀을 생산하지 않기로 했다. 그리하여 존슨&존슨은 일반 정제와 삼키기 쉽도록 만든 코팅 정제만 판매하겠다는 결정을 내렸다. 이 결과 존슨&존슨이 손해를 본 비용은 무려 1억5천만 달러나 되었다. 그러나 이 회사의 대표이사는 "소비자들은 존슨&존슨을 아주 믿을 수 있고 책임감이 강한 회사라고 생각하고 있다. 우리는 이러한 이미지를 손상시키

고 싶지 않다"며 이러한 결정을 내리게 된 배경을 설명했다.[8]

그 결과 1988년 8월 타이레놀은 같은 해 2월에 발생한 사건으로 잃었던 시장 점유율을 다시 회복하게 된 것은 물론이고 32%까지 판매율이 상승했다.

위기 관리의 요소

존슨&존슨은 타이레놀 문제를 해결하는 과정에서 진정한 위기 관리에 성공했다. 존슨&존슨은 자사 제품을 복용한 소비자가 사망하고, 게다가 그 제품이 회사 주력 상품이라는 사상 최악의 위기 상황을 두 번씩이나 경험했다. 그러나 존슨&존슨은 불과 몇 달 만에 잃었던 시장 점유율을 회복하고 믿을 수 있고 책임감 있는 기업이라는 대외적인 이미지를 더욱 다져 나갔다. 존슨&존슨이 최악의 위기 상황을 성공적으로 극복할 수 있었던 비결은 무엇이었을까? 여기에는 다섯 가지 중요한 요소가 존재한다.

- 언론과의 커뮤니케이션 창구를 개방해 놓았다.
- 신속하고 정확한 조치를 취했다.
- 자사 제품에 대한 신뢰를 버리지 않았다.
- 어떠한 희생을 감수하고서라도 그동안 쌓은 회사의 대외적인 이미지를 잃지 않으려고 노력했다.
- 브랜드를 회생시키기 위해서 적극적인 노력을 기울였다.

존슨&존슨이 위기 상황에서 취한 커뮤니케이션 방법은 더할 나위 없이 효과적이었다. 즉 중대한 위기 상황이 발생하는 경우 기업은 반드시 언론과 친밀한 관계를 유지하면서 그들의 지지와 공감까지도 얻어내야 한다. 그러나 안타깝게도 이 일은 말처럼 쉽지가 않다. 언론은 대기업에 이러한 위기가 닥치는 경우 대개 선정적으로 보도하고, 대기업의 실수를 비난할 뿐만 아니라 반대하는 입장에 서게 된다. 그러나 존슨&존슨은 개방적이고 언론에 협조적인 태도를 취함으로써 언론과 친밀한 관계를 만드는 데 성공했다. 이번 사고가 발생하자마자 존슨&존슨은 언론으로부터는 현장에서 얻은 정보를 제공받는 한편 내부 조사 자료나 시정 조치에 대해서 하나도 숨김없이 전체 자료를 공개하는 등 언론과 완벽한 쌍방향 커뮤니케이션 채널을 구성했다. 언론사는 필요한 때에 언제든지 기업 임원진을 만나서 상황을 취재할 수 있었다. 그러나 불행하게도 다른 기업 임원들은 대부분 이와 반대로 언론에 거의 협조하지 않기 때문에 이들에 대한 반감이 커져 가는 것이다.

제품의 안전에 문제가 있을 경우에는 비용에 관계없이 재빨리 시정 조치를 취해야 한다. 여기서 말하는 시정 조치란 대개 관련 제품에 대해서 즉각적인 리콜을 시행하는 것인데, 이 작업에는 보통 수백만 달러의 비용이 든다. 비록 문제가 되는 제품이 극히 일부분에 지나지 않는다고 할지라도 소비자들은 그 브랜드 제품 전체에 문제가 있을 것이라고 생각하므로 해당 브랜드 제품 전체에 대한 리콜 조치가 반드시 필요하다.

많은 전문가들이 소비자들에게 한번 잃은 신뢰를 다시 회복하기란 거의 불가능한 일이므로 타이레놀이라는 브랜드를 버려야 한다고 충고했다. 그러나 존슨&존슨은 타이레놀이라는 제품과 브랜드를 끝까지 포기하지 않았다. 물론 독극물 사건에 대해서 존슨&존슨은 전혀 책임이 없었다. 존슨&존슨은 죄를 저지르지 않았고 부주의하게 처리한 면도 없었다. 존슨&존슨은 끝까지 타이레놀에 대한 신뢰를 버리지 않았다. 만약 포기했다면 타이레놀은 절대로 부활할 수 없었을 것이고, 이전의 시장 점유율도 되찾지 못했을 것이다.

존슨&존슨은 사회적으로 책임감 있고 언제나 소비자들을 배려하는 기업이라는 대외적인 이미지를 지키기 위해서 모든 힘을 기울였다. 다음의 Information Box에서는 '사회적인 책임과 이에 대한 존슨&존슨의 신조'에 대해서 토의해 보자. 10년 후에도 이 신조가 존슨&존슨의 연례보고서에 적혀 있었다는 사실은 참으로 흥미롭다. 다시 한 번 강조하지만 위기가 발생하는 경우 아무리 힘든 상황이라도 회사의 대외적 이미지를 지키기 위해 노력해야 한다. 타이레놀의 경우 신속하고 완벽한 시정 조치를 취함으로써 많은 사람들이 이 제품이 다시 안전해졌다는 믿음을 갖게 되었다. 또 하나 기억해 두어야 할 사실은 대외적인 이미지를 한시라도 빨리 회복하려면 위기를 극복하기 위해 마련한 대책을 널리 알려야 한다는 것이다. 이를 위해서는 PR 노력의 강화뿐만 아니라 언론사와 친밀한 관계를 유지하는 것이 필수적이다. 그리고 기업이 위기 발생에 책임이 없는 경우라면 언론의 도움이 더욱더 필요하다.

존슨&존슨은 타이레놀 브랜드를 시장에 재출시하기 위해서 적극적으로 노력했고, 그 성과는 아주 훌륭했다. 이처럼 성공하려면 여러 가지 요소가 잘 어우러져야 한다. 우선 기업의 대외적인 이미지를 보호하기 위해 노력하고, 문제의 원인이 무엇인지 확실하게 밝혀야 하며, 앞으로는 이와 같은 사태가 절대로 발생하지 않을 것이라는 사실을 보장해야 한다. 그 후에 적극적인 홍보를 통해서 제품의 신뢰 회복을 더욱 앞당길 수 있다.

존슨&존슨은 재기하기 위해서 문제점을 개선하는 데 초점을 맞추었다. 우선은 시카고에서 일어났던 사태가 재발하지 않도록 하기 위해서 특수한 포장 방법을 디자인하여 3중으로 봉인된 포장 상태로 판매되고 있었다. 그러나 1986년 다시 사망 사고가 발생하자 존슨은 타이레놀 캡슐 제품을 시장에서 완전히 철수하고 정제 형태의 제품만 판매하고 있다.

존슨&존슨은 안전 문제에 대한 적극적인 판촉 전략을 사용했다. 소비자 광고를 통해서 제품의 안전성과 존슨의 사회적 책임이라는 주제를 효과적으로 전달했다. 또한 존슨&존슨은 무료로 캡슐로 된 타이레놀을

사회적 책임과 이에 대한 존슨&존슨의 신조

기업의 사회적 책임이라는 말의 의미는 기업이 이윤을 극대화하고 주주들의 이익을 신경 쓰기보다는 우선적으로 기업의 책임을 더 중요하게 생각해야 한다는 뜻이다. 다음에 나오는 존슨&존슨의 신조에는 기업의 사회적 책임이 잘 드러나 있으며, 점점 더 많은 기업들이 이 신조를 채택하고 있다.

존슨&존슨의 신조 [9]

우리는 의사·간호사·환자들·어머니들 그리고 이들 외에도 우리 제품과 서비스를 이용하는 모든 사람들에 대해 1차적인 책임을 다할 것이다. 이들의 요구를 충족시키기 위해 높은 품질의 제품과 서비스를 제공할 것을 약속한다. 합리적인 가격을 유지하고 제품의 원가를 인하하기 위해 지속적인 노력을 아끼지 않을 것이다. 고객의 주문과 요구사항은 신속하고 정확하게 처리되어야 한다. 또한 우리 회사에 제품을 공급하는 협력업체들과 유통업체들이 공정한 방법으로 이윤 획득의 기회를 누릴 수 있도록 노력해야 한다.

또한 전세계에서 우리를 위해 일하는 직원들에게도 책임을 다해야 한다. 그리고 모든 직원들은 개별적인 인격체로서 대접받아야 한다. 우리는 직원들의 인격을 존중하고 그들의 장점을 개발하려고 노력할 것이다. 직원들에게 평생 직장이라는 의식을 심어 주어야 하며, 이들에 대한 보상은 공정하고도 적절한 수준에서 이루어져야 한다.

작업장은 항상 청결하고 질서가 있어야 하며, 안전해야 한다. 직원들은 언제든지 자신의 의견을 표현할 수 있어야 하고, 불만 사항이 있으면 아무 때나 말할 수 있어야 한다. 또한 취업·자기계발·승진 등은 능력에 따라 공정하게 이루어져야 한다. 능력 있는 인물들로 경영진을 구성하되, 경영진의 행동은 항상 정의에 부합해야 하며 윤리적으로 아무 문제가 없어야 한다.

우리는 우리가 살고 있으며 일하고 있는 지역사회와 세계 공동체에도 책임을 다해야 한다. 우리는 바람직한 시민으로서의 역할을 다하기 위해 선행과 자선에 앞장서고 국가에 세금을 제대로 내야 한다. 우리는 시민사회의 향상과 더 나은 건강 및 교육을 위해서도 노력해야 한다. 또한 우리가 보유하고 누리는 특권을 선의로만 이용해야 하고, 환경 및 자연을 보호하기 위해서도 노력해야 한다. 우리가 책임져야 하는 또 다른 사람들은 바로 회사의 주주들이다. 기업체는 이윤을 발생시키되 건전한 방법으로 추구해야 한다.

정제 형태로 교환해 주었다. 그리고 수백만 장의 신문 쿠폰을 뿌려서 타이레놀 구매 시 2달러 50센트의 할인 혜택을 주기도 했다. 타이레놀은 시장에 다시 진입하기 위해 소매상에게도 가격 할인·광고 등의 혜택을 주고, 캡슐 리콜에 드는 비용을 전적으로 존슨&존슨 측에서 부담하기로 했다. 판매업자들은 존슨&존슨이 일반 소비자들뿐만 아니라 소매상들을 대상으로 노력하는 모습을 보면서 타이레놀이라는 브랜드가 회생할 수 있다는 믿음을 갖게 되었다.

최근 동향

존슨&존슨은 2003년에 360억 달러의 매출과 66억 달러의 순이익을 기록하며 매출 성장을 이어 가고 있다. 이 회사는 현재 헬스케어 제품 생산업체로는 전세계에서 가장 큰 회사로 가장 많은 제품을 생산한다. 존슨&존슨이 생산하는 제품으로는 다양한 처방약품에서부터 외과용 봉합실·수술 관련 제품 등 전문적인 제품과, 타이레놀·1회용 밴드·화장실 위생용품 같은 일반 소비자를 대상으로 하는 제품까지 아주 광범위하다.

이처럼 다양한 제품군을 보유하고 있는 존슨&존슨에서 타이레놀이 차지하는 비중은 얼마나 될까? 1997년 타이레놀은 매출 13억 달러를 기록해 존슨&존슨 전체 매출의 거의 6%를 차지했다(1982년에 사건이 터지기 전에는 존슨&존슨의 총매출 59억 달러 중에서 타이레놀은 8%를 차지했다). 존슨&존슨은 타이레놀의 매출을 유지하기 위해서 이 제품에 대한 광고를 집중적으로 내보냈다. 예를 들면 1997년 타이레놀의 미국 내 광고 예산은 코카콜라 광고보다도 많은 2억5천만 달러였다.[10]

＊무엇을 배울 것인가?

어떤 기업이나 자사가 생산한 제품으로 사망자나 부상자가 발생한다는 것은 치명타이다. 이러한 사건이 한번 발생하고 나면 소비자들은 이 회사(제품)에 대해 두려움을 느끼게 되고 더 이상 신뢰하지 않게 된다. 최악의 경우에는 이러한 사건으로 기업이 무너지게 될 수도 있다. 예를 들어 일부 캔 식품 제조업체들은 자사 제품이 치명적인 보툴리누스 독소에 오염되어 있다는 사실이 발표되자 곧 파산하고 말았다. 이보다 좀 나은 경우로는 기업이 특정 브랜드에 쏟아 부은 몇 년 동안의 시간과 돈을 잃게 되고 다시는 옛날의 명성을 회복하지 못하게 되는 수가 있다. 이와 비슷한 상황에서 존슨&존슨의 임원들은 인기 절정에 있던 이 브랜드를 포기할 것인가, 아니면 계속 밀고 나갈 것인가를 결정해야 하는 중대한 기로에 서게 되었다. 어느 쪽으로 결정이 내려질지 아무도 몰랐다. 존슨&존슨은 브랜드를 유지하는 쪽으로 결정을 내렸는데, 지금 생각해 보면 그것은 참으로 올바른 선택이었다. 그러나 그 당시 이 결정은 상당한 용기를 필요로 하는 행동이었다.

위기에 처했을 때 브랜드를 구하는 일이 가능하기는 하지만 지출되는 비용은 엄청나다. 존슨&존슨은 타이레놀을 시장에 복귀시키는 데 성공했지만 수억 달러의 비용을 지출했다. 그 당시 존슨&존슨은 다양한 제품 라인에서 총 50억 달러 이상의 매출을 벌어들이고 있는 대기업이었으므로 그 정도의 거액을 쏟아 붓고도 큰 위기를 겪지 않을 수 있었다. 만약 존슨&존슨에 비해서 상대적으로 작은 기업이고 특히 제품 라인이 다양하지 않은 기업이었다면 이런 일은 아예 불가능했을 것이다.

제품 안전에 관한 문제가 발생하는 경우에는 언제나 그에 따른 소송이 제기될 가능성이 있다. 존슨&존슨은 이번 사건이 발생한 후 회사 측에서 태만한 일도 없고, 올바르게 대처했고, 미친 사람이 사건을 일으킬 것이라고 전혀 예측할 수 없었기 때문에 제조물 책임 소송을 피할 수 있었다. 그럼에도 불구하고 존슨&존슨을 상대로 수많은 소송이 현재 진행중이다. 그들이 존슨&존슨을 고소한 이유는 존슨 측에서 포장을 허술하게 했기 때문에 범인이 독극물을 주입할 수 있었다는 것이다. 따라서 존슨&존슨 측이 결백을 입증하는 데 드는 비용도 상당했다. 어떤 기업이든 법률 소송은 가장 큰 골칫거리이다. 비록 회사 측은 아무런 잘못이 없다고 하더라도 법적인 소송 비용이 수백만 달러씩 들어가고, 배심원의 판결이 어떻게 나올지도 알 수 없다.

모방 범죄도 위험하다. 한 기업이 위기에 처하게 되면 같은 업계의 다른 기업들은 이 상황을 최대한 이용하려고 한다. 그러나 동종 업계나 관련 업계에 종사하는 기업들은 이 같은 기회를 적당히 이용할 생각에만 빠져 있을 것이 아니라 모방 범죄를 주의해야 한다. 타이레놀 독극물 사고가 발생한 지 한 달 뒤인 11월까지 미국 식품의약국에는 음식물에서 음료와 약물에 이르기까지 모든 제품에 화학약품·알약·독약·바늘·핀 그리고 심지어 면도날이 들어 있다는 신고가 270건

넘게 접수되었다. 다행스럽게도 이러한 사고 때문에 사망자가 발생하지는 않았다. 그러나 미국식품의약국 국장인 헤이즈는 우려를 표했다. "제일 걱정되는 점은 한 기업에 이런 사건이 발생할 경우 회사의 이미지에 큰 타격을 주고 경제적으로도 큰 피해를 입힐 수 있기 때문에 특정한 회사에 불만을 품은 사람이 이와 유사한 범죄를 저지를 수 있다는 것이다."[11] 실제로 제품에 고의적으로 독극물을 투여한 것이 타이레놀 사건이 처음은 아니었다. 안약·비염 스프레이·마그네슘 우유·음식물 그리고 화장품도 이러한 범죄의 대상이 되었다. 오리건주에 사는 한 남자는 진열대에 있는 식품에 청산가리를 집어 넣고 식료품 체인에 다이아몬드를 요구하다가 체포되어 20년 형을 선고받기도 했다.

극단적인 위기 상황이 닥치더라도 위기 관리만 제대로 이루어지면 기업은 살아날 수 있다. 우리가 존슨&존슨의 사례에서 배울 수 있는 가장 중요한 사실은 아무리 혹독한 위기가 닥쳐도 살아남을 수 있다는 것이다. 타이레놀 사태가 발생하기 전에 대부분의 경제 전문가들은 이러한 심각한 위기 상황에서 기업이 살아남을 수 있을 것이라고는 생각하지 못했다. 그 이유는 심각한 사고가 발생하면 우선 부정적인 소문이 돌고 자연히 대외적인 이미지가 이를 회복하는 데 몇 년은 걸리기 때문이다.

타이레놀 사건이 일어났을 때 그나마 가장 낙관적이었던 견해로는 혹시 기적적으로 브랜드 명성이 회복된다면 1년에 20~21% 정도의 시장 점유율을 되찾을 수 있을 것이라는 의견이었다. 비관적인 견해는 타이레놀이라는 브랜드는 다시는 회복하지 못할 것이므로 그만 버려야 한다는 것이었다.[12] 그러나 실제로 타이레놀은 8개월 만에 이전 실적에 육박하는 35%의 시장 점유율을 회복하는 데 성공했다.

평소에 비상 대책을 세워 놓으면 위기 관리에 유리하다. 어떤 위기가 발생할 것인지 예측하기란 상당히 어려운 일이지만 예측할 수 있는 일도 많다.

예를 들어 음식이나 약품에 독극물이 투입된다거나 회사 임원이 사고를 당한다거나 하는 상황을 설정해 놓고 이에 대한 비상 대비책을 마련할 수 있다. 때때로 이러한 사태에 대비하여 미리 계획을 세우거나 해결 방법을 수립해 놓은 경우에 위험이 발생할 가능성을 최소화할 수 있다.

윤리 및 사회적 책임에 대해서 관심을 가지면 그 대가가 반드시 돌아온다. 1999년 9월 21일 〈월스트리트 저널〉은 8월에 해리스사와 레퓨테이션 연구소Harris and the Reputation Institute가 전국의 1만830명을 대상으로 실시한 온라인 설문조사 결과를 발표했다. 이 조사는 미국 대기업의 기업 이미지 및 명성을 바탕으로 기업의 순위를 정하기 위해서 설계되었다.[13]

조사 결과 존슨&존슨이 1위, 코카콜라가 2위을 차지했다. 그러나 10여 년 전에 알래스카에서 엄청난 원유 유출 사건을 일으킨 엑슨(15장을 참조해 보자)은 아직까지도 부정적 이미지를 떨치지 못하고 있었다. 응답자들은 존슨&존슨을 유아용품 분야의 최고 기업이라고 인식하고 있었고, 1982년과 1986년 발생한 타이레놀 사태를 처리한 방법도 이들의 긍정적인 응답에 영향을 끼쳤다.

＊질 문

1. 존슨&존슨이 엑스트라 스트렝스 타이레놀 캡슐을 모두 리콜한 것은 지나친 대응이었는가? 그렇다면 사고가 발생한 시카고 지역에서만 제품을 리콜했다면 수백만 달러의 비용도 아끼고 사건 처리로도 충분한 것이었을까?

2. 타이레놀이라는 이름을 그대로 유지하는 데 마케팅 조사가 얼마나 도움이 되었다고 생각하는가?

3. "누군가 존슨&존슨에 엄청난 앙심을 품은 사람이 이 사건을 저질렀을 것이다"라는 주장에 대해 토의해 보라.

4. "존슨&존슨이 다시 '재기' 할 수 있었던 이유는 사고의 원인이 존슨&존슨에게 있었던 것이 아니라 어떤 사악한 사람이 그 일을 저질렀기 때문이다"라는 주장에 대해 토의해 보라.

5. 이 사건에서 존슨&존슨이 적절한 안전 대책을 세우지 않았기 때문에 회사 측에도 일부 책임이 있다고 가정하자. 예를 들어 회사의 위기 관리 계획을 수정했어야 하는 것 아닌가? 만약 수정한다면 어떻게 할 것인가?

*실전 연습

1. 다음의 상황을 가정해 보자. 독극물 투입이 존슨&존슨 공장에서 우연하게 일어난 일이라고 한다. 이제 당신이 존슨&존슨의 CEO라면 어떤 전략을 세우겠는가? 주장에 대한 근거를 제시하라.

2. 다음의 상황을 가정해 보자. 독극물 투입은 평소 회사에 불만을 가지고 있던 직원이 고의로 넣은 것이라고 한다. 이 직원은 평소 성희롱으로 고통받고 있었고 회사 측에 알렸지만 회사에서는 무시했다. 그리고 이 사실이 밖으로 알려졌다. 이제 CEO로서 당신은 어떻게 하겠는가?

*팀별 토론 연습

두 팀으로 나누어 타이레놀 브랜드를 버려야 한다는 쪽과 타이레놀 브랜드를 고수해야 한다는 쪽으로 토론해 보자. 실제로 발생한 상황은 고려하지 않도록 한다.

23

허먼 밀러
: 노사관계와 환경문제에 대한 훌륭한 역할 모델

1990년 대기오염 정화법에 따라 소각로를 설치한 것과 1천1백만 달러짜리 폐쓰레기 소각 에너지를 이용한 냉난방 시설을 만든 일도 투자한 금액만큼은 아니더라도 어느 정도 경비 절약에 도움이 되었다. 또한 들리는 바에 따르면 1회용 스티로폼 컵을 재활용이 가능한 머그 컵으로 대체한 결과 140만 달러의 경비가 절감되었다고 한다.

미시건주 지랜드에 기반을 둔 사무실용 가구 전문업체 허먼 밀러 Herman Miller는 톰 피터스의 베스트셀러인 『우수성에 대한 열정 A Passion for Excellence』, 로버트 레버링과 밀턴 모스코위츠의 공저 『일하기 좋은 미국 100대 기업 The 100 Best Companies to Work for in America』을 비롯한 수많은 경영 서적에서 찬사를 받은 유명한 기업이다. 허먼 밀러의 가구는 뉴욕현대미술관 New York's Museum of Modern Arts에 전시되어 있을 정도이다. 이 회사는 훌륭한 노사관계와 민감한 환경 정책에 항상 앞장서는 것으로 유명하다. 허먼 밀러는 거의 70년 동안이나 모범적인 기업으로서의 자리를 변함없이 지켜 왔다.

그러나 1990년대로 들어서면서 상황은 변하기 시작했고, 그것이 꼭 허먼 밀러에게 유리한 쪽으로 진행된 것만은 아니었다. 즉 매출은 어느 정도 늘어나는데 비해 수익은 심각하게 줄어들고 있었다. 시장의 경쟁 상황은 점점 치열해지는데 허먼 밀러는 소비자들이 부담스러워 하는 고가·고비용 제품만 판매하고 있었으며, 가구 시장도 거의 성장하지 않고 있었다. 기업이 이러한 어려움을 겪게 되면 사람들은 이제 경영방식을 바꿔야 하는 것이 아닌가 하는 걱정으로 골머리를 앓는다. 기존의 경영방식을 수정해야 하는가? 아니면 아예 버려야 하는 것인가?

배경

D. J. 디프리는 1923년 미시건주 중서부 지역의 작은 마을에 이 회사를 설립했다. 그는 사업을 시작할 수 있도록 자금을 대준 장인의 이름을 따서 회사 이름을 허먼 밀러라고 지었다. 거의 70년 동안 이 회사는 독실한 네덜란드 개신교 신자인 디프리 일가가 경영해 왔으며, 이들은 그동안 종업원들과 가족 같은 관계를 유지해 왔다.

_ 참여적 경영이 최선일까?

직원들이 어떠한 일을 하도록 만드는 방법에는 두 가지가 있다. 먼저 참여적인 방법에서는 관리자가 작업 책임자와 어떻게 하면 성과를 높일 수 있을지를 상의한다. 즉 직원들이 의사 결정에 참여한다. 권위적인 방법에서는 직원들과 상의하는 과정 없이 일방적으로 명령을 한다. 가끔은 독재적이고 민주적인 방법처럼 더 극단적인 상황이 발생하기도 한다. 아래의 그림은 관리 스타일을 제시하고 있다.

독재석	권위직	침허직	민주척
최소	계획 수립과 결정 과정에 부하 직원들이 참여하는 정도		최대

민주적인 스타일은 참여적인 스타일과 크게 다르지 않다. 그러나 한 가지 분명한 차이점은 민주적인 스타일에서는 대부분의 의사 결정이 투표로 이루어진다는 점이다. 참여적인 스타일에서는 관리자가 부하 직원들의 의견을 반영할 수도 있고, 그렇지 않을 수도 있다.

물론 참여적인 경영 스타일의 장점은 아주 많다. 우선 직원들이 계획을 수립하는 과정에 직접 참여하다 보니 모든 일에 협조적이며 적극적인 태도를 보인다. 그리고 현장 경험이 많다 보니 기발하고 창의적인 발상이 나올 수 있다. 물론 관리직 임원들은 이런 결정 과정에서 권위적인 '보스' 역할을 하기보다는 아이디어를 정리해 주는 코디네이터 역할을 하게 된다. 이러한 분위기에서 노사관계는 바람직한 방향으로 형성될 수밖에 없다.

참여 경영에서 문제가 되는 것은 시간이다. 협의하는 데 시간이 많이 걸린다는 것이 참여 경영의 단점이다. 사실 사안의 대부분은 많은 사람들이 토론할 필요가 없는 그저 단순한 문제들이다. 가끔씩 시간이 너무 촉박해서 다른 의견을 들을 시간도 없이 신속하게 결정을 내려야 할 때도 있다. 게다가 직원들이 경험이 없는 신입사원들이거나 아직 제대로 훈련이 되지 않았을 경우에는 이들이 결정과정에 관심이 없거나 능력이 없으므로 제대로 된 의견을 내지 못할 수도 있다. 그리고 무능하거나 미숙한 직원들의 의견에 귀를 기울이는 것이 시간 낭비가 될 가능성도 크다.

가장 유능한 관리자는 언제 참여를 유도해야 할지, 다시 말해 언제 직원들을 결정 과정에 참여시켜야 할지를 분별할 줄 아는 사람이다. 이때 참여하는 사람들 숫자도 잘 판단해서 정해야 한다. 때로는 한두 명의 의견만으로 충분할 수도 있고, 때로는 전체 팀원의 의견을 다 들어보는 것이 좋을 때도 있기 때문이다.

_토의 주제

참여 경영이 관리자의 권위를 실추시킨다는 의견에 대해 어떻게 생각하는가? 왜 그렇게 생각하는가? 아니면 왜 그렇게 생각하지 않는가?

>>> 노사관계

창사 초기부터 허먼 밀러는 직원들을 친절하고 온화한 태도로 대했으며, 수익 공유와 인센티브 제도가 유행하기 훨씬 전부터 이를 시행해 왔다. 그리고 이 같은 제도와 더불어 민주주의 원칙에 가깝게 참여적 경영을 실천했다(앞의 Information Box의 '참여적 경영이 최선일까?' 내용을 참조해 보자). 그 결과 회사에 대한 직원들의 충성도가 높아졌으며, 무엇보다도 노사 간의 신뢰를 바탕으로 질 좋은 제품을 생산할 수 있었다. 그리고 이 제품들은 고가로 판매되었다.

1960년대와 1970년대에 사무실용 가구업계가 성장하면서 허먼 밀러도 빠르게 발전했다. 창업주의 아들인 휴와 맥스는 기업을 공개했지만 안정된 노사관계를 지속시키기 위해서 끊임없는 노력을 기울였다. 그 사례는 다음과 같다.

- 1980년대, 적대적인 기업 인수가 많은 기업을 위협하고 있었다. 이 시기에 허먼 밀러는 해고당한 직원들에게 상당한 액수의 퇴직금을 지불하겠다는 '은 낙하산 silver parachutes' 제도를 시행한다.

- 미국 내에서 노동자 출신 부사장이 있는 회사로는 허먼 밀러가 거의 유일할 것이다.
- 1990년대 들어서 각 기업의 최고 경영자의 연봉이 상승하기 시작하면서 회사의 최저 임금자와 최대 100배까지 차이가 났다. 허먼 밀러는 최고 연봉은 공장 노동자 평균 임금의 20배를 넘어서는 안 된다고 제한했다.
- 직원들은 작업반으로 나누고, 6개월마다 노동자와 관리자가 서로를 평가하도록 했다.
- 1980년대 중반, 유능한 관리자를 육성하는 일에 관심을 가지고 있던 맥스 디프리는 자신이 사퇴한 이후 창업주 가족이 경영에 참여하는 일은 없을 것이라고 발표했다. 결과적으로 디프리의 후손은 허먼 밀러에서 근무할 수 없게 되었다.

물론 허먼 밀러는 노조 결성을 저지하기 위한 어떠한 시도도 하지 않았다.

제품 개발

1968년 이래 허먼 밀러는 소위 액션 오피스Action Office를 위한 제품 설계에 관심을 가지기 시작했다.

허먼 밀러는 데스크 콘솔·캐비닛·의자 그리고 움직일 수 있는 벽처럼 사무실에 유연성을 부여하고 어느 정도 사적인 공간을 보장해 줄 수 있는 가구를 개발하는 데 힘썼다.

허먼 밀러는 혁신적인 디자인에도 관심을 가졌는데 이 회사에는 '뛰어난 재능뿐 아니라 감수성이 예민한 디자이너들'이 많았다.[1] 이 같은 우수한 점들 때문에 허먼 밀러는 산업디자인 분야에서 최고 자리를 차지할 수 있었다.

허먼 밀러는 총 매출의 2~3%를 디자인 연구에 필요한 예산으로 배정했는데 이는 업계 평균치의 2배가 넘는 금액이었다. 가끔 허먼 밀러는 옳다고 생각하는 것(최고가 되는 것보다)을 실천하는 데 힘썼으므로 양심적인 기업인라고 칭찬받기도 했다.

예를 들면 다음과 같다.

● 1970년대, 허먼 밀러는 에르곤Ergon이라는 의자를 출시하여 엄청난 성공을 거두었다. 인체 공학적으로 편리하게 설계된 이 의자는 수백만 개가 팔려 나갔다. 그 후 에르곤보다 좀더 개선된 에쿠아Equa를 출시했는데 이 제품 가격은 에르곤의 가격대와 비슷했다. 일반적으로 대부분의 기업들은 기존 스타 상품의 매출이 감소하는 것을 피하기 위해서 새로운 제품을 출시하는 것을 달가워하지 않는다. 그러나 허먼 밀러는 신제품을 저렴한 가격에 출시했다.

● 1990년 3월, 허먼 밀러의 대표적 의자인 이메스Eames의 재료에 대한 일상적인 평가가 있었다. 이 제품은 장미나무로 외장을 마감한 독특한 의자로 가격은 2천277달러나 되었다. 제품 개발 연구 담당자인 빌 폴리는 우연히 이 의자에 사용되는 장미나무와 온두라스 마호가니가 멸종 위기에 처해 있는 열대우림의 나무라는 사실을 알게 되었다.

이 사실은 보고받은 CEO 리처드 H. 러치는 자신의 결정이 이메스 제품의 단종을 초래할 것임을 잘 알았다. 그러나 기존 재료를 다 사용하고 나면 더 이상 이 나무들을 사용하지 말라는 결정을 내렸다.[2]

환경에 대한 관심

허먼 밀러처럼 환경문제에 관심을 갖는 기업도 무척 드물다. 앞에서 살펴보았던 열대우림 나무에 관한 사례 외에도 이 회사가 환경보호를 위해 평소에 얼마나 여러 가지로 애쓰는지를 알 수 있는 몇 가지 적절한 사례가 있다.

● 1982년 이후 허먼 밀러는 매립장 쓰레기를 90% 줄였다.

● 허먼 밀러는 1천1백만 달러를 들여서 쓰레기를 이용한 냉난방 시설을 건설했다. 이후 해마다 연료비와 쓰레기 매립비에서 75만 달러를 절약하고 있다

● 허먼 밀러의 직원들은 환경에 심각한 해를 끼치는 1회용 스티로폼 컵을 연간 80만 개나 사용했었다.

허먼 밀러는 직원들에게 5,000개의 머그 컵을 나눠 주었고 마침내 스티로폼 컵은 회사에서 완전히 없어졌다. 회사에서 나눠 준 머그컵에는 '지구라는 우주선에는 승객이 없다. 오직 승무원뿐이다' 라고 쓰여 있다.[3]

● 허먼 밀러는 목재 가공에서 나오는 독성 솔벤트의 98%를 소각할 수 있는 소각로 2개를 80만 달러를 들여 설치했다. 이 소각로의 처리율은 미국 대기오염 정화법이 요구하는 수준보다 훨씬 높은 것이었다.

그러자 이사회에서는 막대한 비용을 들여 가면서 지나치게 공기 정화에 신경을 쓰는 것 아니냐고 최고 경영자 러치에게 질책하듯이 질문했다.

그는 이 결정이 '윤리적으로 올바른' 결정이었다고 조금도 망설이지 않고 답변했다."[4]

떠오르는 문제들

1995년, 허먼 밀러는 규모가 10억 달러나 되는 거대한 기업이었다. 그러나 1989년 매출이 8억 달러 규모였다는 점을 생각해 보면 최근 몇 년 동안 이 회사가 큰 발전을 이루지 못했다는 사실을 알 수 있다. 특히 수익 면에서 1980년대에는 연간 4천만 달러 이상이었지만 1995년에는 430만 달러까지 폭락하고 말았다. 1992년에는 창사 이래 처음으로 350만 달러의 적자를 기록하기도 했다.

표 23.1에서는 1985~1995년 사이에 허먼 밀러의 매출 변화를 보여 주고 있다. 그리고 표 23.2는 같은 기간 동안의 순수익 동향을 보여 주고 있다. 허먼 밀러의 1995년의 매출은 1980년대보다 훨씬 증가했지만 순수익은 무려 90%나 하락했다. 전체 매출 대비 순수익 비율은 1985년의 8.3%에서 지속적으로 하락하여 1995년에는 0.4% 수준까지 하락했다.

허먼 밀러의 수익 악화에 가장 큰 영향을 끼친 것은 가구업계의 '치열한 경쟁 상황'일 것이다. 허먼 밀러와 가장 치열하게 경쟁을 벌이고 있는 회사는 혼 인더스트리스Hon Industries로서 실제적인 규모도 비슷하고 목표로 하는 시장도 같았다.

표 23.3에서는 같은 기간 동안에 혼 인더스트리스의 매출 및 순수익 실적을 제시하고 있다. 허먼 밀러와 달리 혼의 수익은 지속적으로 상승하고 있으며, 1990년도 들어서 매출 대비 수익률도 3분의 2배 정도 상승했다.

그리고 그림 23.1과 23.2에서는 이 치열한 경쟁 상황을 그래프로 잘 보여 주고 있다. 최고 경영자라면 누구나 기업의 주가와 주주들의 만족도에 민감할 수밖에 없다. 혼 인더스트리스의 주가는 지난 10년간 4배나 상승했지만 허먼 밀러는 거의 제자리 걸음을 하고 있었다.

1985년 허먼 밀러의 장외시장 주가가 24달러였는데, 1995년에도 비

표 23.1 1985년~1995년 허먼 밀러의 매출

연도	매출 (백만 달러)	매출 변화율 (%)
1985	492	
1987	574	17.6
1989	793	38.2
1991	897	10.8
1993	856	(2.6)
1995	1,083	26.5

※출처 : 기업 공개 정보
※분석 : 약간 불규칙하긴 하지만 매출 변화만 살펴보면 허먼 밀러가 그리 위험한 상황에 처해 있는 것 같지는 않다. 그러나 이 자료만 보고 섣불리 판단하기는 어렵다. 다음의 표를 살펴보자.

표 23.2 1985년~1995년 허먼 밀러의 순수익과 매출 대비 수익률

연도	매출 (백만 달러)	매출 대비 수익률 (%)
1985	40.9	8.3
1987	33.3	5.8
1989	41.4	5.2
1991	14.1	1.6
1993	22.1	2.6
1995	4.3	0.4

※출처 : 기업 공개 정보
※분석 : 이 표에 나온 추이를 살펴보면 표 23.1보다는 심각한 상황이라는 것을 알 수 있다. 이 기간 동안 매출은 증가하고 있지만 총수익은 1980년대 이래 지속적으로 감소하고 있다. 1995년의 실적은 상당히 심각한 수준이며(이 때문에 결국 회장이 '사퇴' 했으나), 특히 우려되는 부분은 전체 매출에서 수익이 차지하는 비율 부분이 지나치게 낮다는 점이다. 그리고 이 문제가 1995년에만 해당되는 것이 아니라 1990년대 전반적인 경향이었다.

표 23.3 1985년~1994년 허먼 밀러의 주요 경쟁사인 혼 인더스트리스의 매출과 수익

연도	총매출 (백만 달러)	순수익 (백만 달러)	매출 대비 수익률 (%)
1985	473.3	26.0	
1987	555.4	24.8	5.5
1989	602.0	27.5	4.5
1991	607.7	32.9	5.4
1993	780.3	44.6	5.7
1994	846.0	54.4	6.4

※출처 : 기업 공개 정보
※분석 : 혼과 허먼 밀러의 총매출은 상당히 비슷하다. 차이가 있다면 허먼이 혼에 비해 더 빠른 매출 상승을 보이고 있다는 점이다. 그러나 수익을 살펴보면 이야기는 달라진다. 허먼의 수익은 상당히 악화되고 있는 반면, 혼은 꾸준히 증가세를 보이고 있다. 그리고 전체 매출 대비 수익률을 살펴보면 허먼은 심각한 상황인데 비해 혼은 놀랍게도 꾸준히 성장하고 있다.

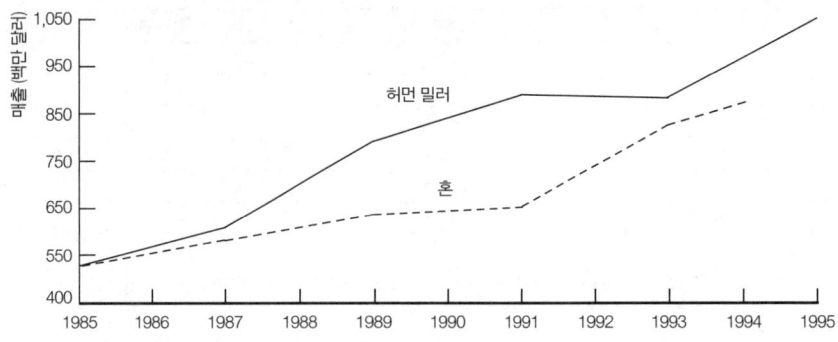

그림 23.1 치열한 경쟁 상황 : 1985년~1995년 허먼 밀러 vs 혼의 매출 비교

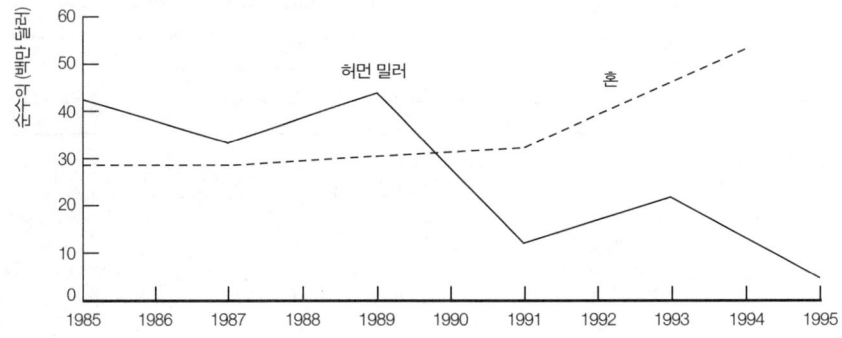

그림 23.2 치열한 경쟁 상황 : 1985년~1995년 허먼 밀러 vs 혼의 순수익 비교

숫한 수준이었다. 그런데 문제는 미국 주식 시장은 사상 최대의 호황을 누리는 상황이라는 것이다.

1992년, J. 커미트 캠벨이 외부 사람으로는 처음으로 허먼 밀러의 CEO가 되었다. 캠벨은 이전에 다우 코닝Dow Coning에서 32년간 근무한 경력이 있었다.

연례보고서에서 그는 디프리 가문의 최고 가치들을 존중하고 따르겠다는 뜻을 나타냈다. "나는 사람에게 천성적으로 비상하고 싶어하는 본능이 있다는 사실을 믿는다."5

1995년, 맥스 디프리가 퇴진하고 캠벨이 허먼 밀러의 회장이 되었다. 그는 회장이 되자마자 비용을 감축하기 시작했고 이 과정에서 회사의 최고 임원 몇 명이 해고되었다.

허먼 밀러의 최대 사업부인 현장 시스템을 담당하고 있는 20년 경력의 베테랑 임원이 해고되었다. 또한 이 회사의 CFO도 해고되었다. 캠벨의 최대 목표는 회사의 영업과 관리비를 현재의 30% 수준에서 25%까지 감축하는 것이었다.

캠벨은 조기 퇴직과 해고를 통해서 전체 6천 명 직원 중에서 200명을 감축하기로 했다. 그는 텍사스주와 뉴저지주에 있는 공장과 몇 개의 전시장을 폐쇄했다. 이 과정에서 허먼 밀러는 미국인들이 가장 동경하는 최고의 직장 중의 하나라는 명성을 급격히 잃어 가고 있었다. 그러나 캠벨은 가족적인 분위기의 노사관계를 유지하는 일보다는 위기상황인 회사를 생존시키는 것이 더 중요하다고 생각했다.

그러나 캠벨도 곧 회장직에서 물러나야 했다. 7월 중순, 그가 회장직을 수행한 지 두 달 정도 되었을 무렵 허먼 밀러의 실적 발표가 있었다. 결과는 처참하게도 수익면에서 전년 대비 90%나 하락했다는 것이다. 동시에 캠벨의 해고 사실도 공식적으로 발표되었다. 정확한 이유가 밝혀지지 않았으므로 캠벨의 해고 사유가 경비 절감을 너무 적게 해서인지, 아니면 너무 과도하게 진행해서인지는 그 누구도 알 수 없었다.

어쨌든 이사회는 캠벨의 후임자로 마이클 볼케마를 새로운 CEO 자리에 임명했다. 볼케마는 허먼 밀러가 1990년에 캐비닛 제조업체인 메리디언Meridian을 인수하게 되면서 허먼 밀러에 합류했다. 그는 추진력이 뛰어나고 카리스마 넘치는 인물이라는 평가를 받고 있었다. 게다가 당시 그의 나이는 겨우 39세였다. 볼케마는 허먼에 비해 상대적으로 소규모인 메리디언(매출 1억 달러 규모)을 경영하면서 경상 비용을 절감하기 위해 노력했고, 바로 이 점이 허먼 밀러 이사회의 큰 관심을 끌었다.

>>> 변화하는 시장에서 나타나는 여러 가지 문제들

1990년대 시장 상황은 허먼 밀러가 전성기를 구가하던 1960년대와 1970년대의 상황과는 완전히 달랐다. 사무실용 가구 시장에서는 수익성이 높다고 해도 매출에서는 5% 이상의 성장을 기대하기 힘들었다. 근본적으로 컴퓨터 기술이 발달하면서 회사에서 업무를 처리하는 단계가 간소화되면서 필요한 사무실 공간도 많이 축소되었기 때문이다.

또한 전통적으로 허먼 밀러가 강세를 보였던 고급 가구 시장 또한 기업들이 비용을 줄이기 위해 저가 가구로 대체하면서 시간이 흐를수록 그 규모가 점점 줄어들었다.

1994년, 허먼 밀러는 몸의 체온을 낮게 유지시켜 주는 망사 재질로 만든 신제품 에어론Aeron 의자를 출시했다. 에어론의 디자인이 독특하고 예술적이기는 했지만 이 제품의 가격은 1천150달러나 했다. 이 가격은 일반 사무용 의자보다 몇백 달러는 더 비싼 수준이었다. 에어론 의자의 매출은 실망스럽기 그지 없었다.

기업을 대상으로 한 사무실용 가구 시장에서 한계에 부딪치자 허먼 밀러는 홈 오피스home office 가구 쪽으로 방향을 틀었다. 캠벨 회장은 "우리는 4천만에서 5천만 명이나 되는 재택 근무자들을 표적으로 삼을 것"이라고 선언했다. 그는 허먼 밀러의 고급스러운 이미지를 이용하면 이 시장을 공략하는 데 큰 도움이 될 것이라고 믿었다.[6]

얼마 후 허먼 밀러는 자사 최초의 홈 오피스 가구 라인을 출시했다. 그런데 이 라인의 책상 가격은 1천799달러나 되었다. 출시 초기에 시장 반응은 그리 긍정적이지 않았다. 왜냐 하면 수백 개의 지점이 있는 오피스 맥스OfficeMax와 오피스 데포Office Depot에 가면 책상 하나에 약 700달러 정도만 지불하면 그럴듯한 제품을 구입할 수 있었기 때문이다.

허먼 밀러는 디자인이 뛰어난 고품질 가구를 생산하고 있었지만 제품에 대한 광고를 거의 하지 않았다는 것이 매출에 걸림돌이 되었다. 과거에는 크게 광고를 하지 않아도 판매에 큰 지장이 없었지만 1990년대에는 시장 상황이 무척 달라졌다.

분석

최근 허먼 밀러의 경영 실적이 악화된 것은 노사관계와 환경에 대한 허먼 밀러의 진보적인 경영 스타일과도 관계가 있다. 오랫동안 노사관계의 훌륭한 모범이 되었던 허먼 밀러는 드디어 심각한 문제를 안고 고민하게 되었다.

비인간적인 원가 절감과 조직 축소가 유행처럼 번져 가는 이 시대에 직원과 환경을 보호하는 이타적인 정책을 가진 회사가 과연 무시무시한 경쟁에서 살아남을 수 있는가? 허먼 밀러의 문제가 발생한 것은 오늘날 약간 비현실적으로 보이는 회사의 노사관계와 환경 정책 때문이었을까? 아니면 뭔가 다른 것이 잘못되어서일까? 또는 허먼 밀러의 저조한 실적과 노사관계 및 환경에 대한 태도는 관련이 없는 것일까?

이제 좀더 중요한 질문을 해 보자. 그동안 최고의 노사관계를 구축하기 위해 과다한 비용을 지출한 것은 아닌가? 일반적으로 말하는 바람직한 노사관계란 과연 어떤 상황을 뜻하는 것일까?

직원들이 의사 결정에 적극적으로 참여할 수 있는 권리를 주는 것인가? 직원들에게 수익공유 인센티브를 주는 것인가? 그들에게 능력만큼 승진할 기회를 주는 것인가? 그들이 팀의 일원으로서 필요하고 가치가 있는 사람이라는 확신을 주는 것인가? 많은 다른 기업들이 조직을 축소하고 조기 퇴직이나 강제 해고라는 방법으로 직원을 정리할 때도 우리 기업만큼은 그러지 않을 것이라는 확신을 주는 것인가? 자신들이 생산하는 제품에 자부심을 갖도록 하는 것인가? 이러한 모든 정책들 때문에 기를 쓰고 덤벼

드는 경쟁자들에 비해서 과다한 비용을 지출한 것은 아닐까?

앞서 여러 질문과 장점들에 대해 자세하게 살펴보기는 했지만, 기업이 비용을 확실히 절감할 수 있는 유일한 방법은 일자리 조정이라고 할 수 있다. 특히 요즘과 같은 컴퓨터 시대에는 일부 중간 관리직과 임원 자리는 필요에 따라 없앨 수도 있으므로 어느 정도는 비용절감이 가능하다.

안타깝게도 경영진이나 노동자 양쪽 모두 오늘날의 암울한 환경을 직시해야 한다. 이들이 가지고 있는 기술이나 경험이 오늘날에는 더 이상 필요하지 않을 수 있다. 아무리 직원들에게 호의적인 회사에 다니고 있어도 직원들은 일자리를 옮기고 새로운 기술을 익힐 준비를 하거나, 아니면 조기 퇴직을 준비하는 수밖에 없다. 기업이 경쟁적인 환경에서 살아남기 위해서는 어느 정도는 조직의 규모를 감축해야 한다. 직원들에게 조기 퇴직을 권하거나 해고를 하면서 인색하게 굴 수도 있고 인간적으로 대접해 줄 수도 있다.

그나마 인간적으로 처리하는 기업에서는 합리적인 수준의 조기 퇴직금을 지급하고, 다른 일자리를 찾아 주거나, 새로운 기술을 습득할 수 있도록 필요한 훈련 기회를 제공하기도 한다. 그런데 이때 상담 서비스를 제공하는 것이 무엇보다 중요하다. 그리고 시간도 중요하다. 직원들에게는 회사를 나가기 전에 냉혹한 현실에 적응할 시간과 새로운 일자리를 찾을 시간이 필요하다.

물론 이 일을 실행하는 데는 비용이 들어간다. 그러나 경쟁자를 이기고 싶다고 해서 반드시 비열한 기업이 될 필요는 없다. 어느 정도 비용이 들더라도 그동안 회사에 충성을 다해 일한 직원들에게 회사가 이 정도 대우는 해 주어야 하는 것 아닐까?

환경문제에 대해서도 생각해 보자. 허먼 밀러가 열대우림에서만 나는 특정 목재를 자사 의자의 재료로 이용하지 않겠다고 결정한 후 비용면에서 손해를 보았을까? 물론 손해를 입었을 것이다. 그러나 이 목재 대신에 다른 재료를 사용한 의자를 고객들은 큰 불평 없이 잘 받아들였다. 이 밖에 1990년 대기오염 정화법에 따라 소각로를 설치한 것과 1천1백만 달러짜리 페쓰레기 소각 에너지를 이용한 냉난방 시설을 만든 일도 투자한 금액만큼은 아니더라도 어느 정도 경비 절약에 도움이 되었다. 또한 들리는 바에 따르면 1회용 스티로폼 컵을 재활용이 가능한 머그 컵으로 대체한 결과 140만 달러의 경비가 절감되었다고 한다.[7]

이처럼 결국 환경에 대한 관심과 실천으로 막대한 추가 경비가 들기는커녕 오히려 경비절감 효과를 나타냈다는 사실을 확인할 수 있다.

그렇다면 최근 허먼 밀러의 경영 실적이 부진한 이유를 회사의 이타적인 정책 탓으로 돌리는 것은 일견 잘못된 주장처럼 보인다. 회사의 실적이 부진한 이유는 오히려 급변하는 시대 상황을 제대로 반영하지 못한 노후한 전략 때문일 것이다. 뛰어난 품질과 멋진 디자인의 최고가 제품을 판매하면서 광고는 전혀 신경 쓰지 않고 입소문에만 의존한 전략은 확실히 문제가 있다. 1980년대에는 이러한 전략을 사용해도 별 무리가 없었겠지만 1990년대에는 재평가되어야 한다.

지금은 허먼 밀러 제품의 절반 가격으로 품질 좋은 상품을 제공하는 오피스 데포 같은 카테고리 킬러category-killer가 넘쳐나는 힘든 시기이다. 특히 이런 점에서 볼 때 허먼 밀러는 중간 가격대의 시장을 공략해도 좋았을 것이다.

허먼 밀러가 자사의 고품질 최고급 가구 시장을 버릴 필요는 없다. 오히려 현재 가지고 있는 최고급 가구 시장에서 가격대를 좀더 낮추어 중가 시장까지 제품 라인을 확대시키는 전략이 필요했는지도 모른다.

또한 허먼 밀러가 자사의 고가 가구 제품으로 홈 오피스 시장을 공략하려고 했던 것은 잘못된 판단이었던 것 같다. 분명히 최고 품질에 최신 디자인의 책상과 가구를 구입하기 위하여 엄청난 가격을 기꺼이 지불하는 부유한 고객들이 존재하지만 이 시장은 그리 크지 않다.

최근 동향

1990년대 중반, 업계가 슬럼프를 겪고 있을 때 허먼 밀러가 추진했던 고통스러운 구조조정과 조직개편 이후 마이클 볼케마는 여러 가지 상황을 개선시켰다.

볼케마가 취임한 지 5년째인 2000년 말, 허먼 밀러의 총매출은 거의 2배나 증가하여 19억3천8백만 달러에 이르렀다. 그리고 경영 수입도 120만 달러에서 1억4천만 달러로 증가했으며, 전체 매출 대비 수익률도 7.2% 상승했다.

주요 경쟁사인 혼 인더스트리와 비교해 보면 매출은 거의 비슷한 수준이지만, 혼의 매출이 1억6백만 달러이고 매출 대비 수익률이 5.2%임을 감안하면 허먼 밀러의 순수입이 더 높다는 사실을 알 수 있다.

2000년 1월, 〈포브스〉는 허먼 밀러를 '장단기 성장과 수익면에서 평가했을 때 엄청난 위기를 극복해낸' 특별한 기업들의 리스트인 '플래티넘 리스트 Platinum List'에 올렸다.[8]

볼케마는 시장 규모가 작은 기존의 고가 가구에서 중간 가격대의 가구와 가정용 가구로 분야를 확장했다. 3년 후, 볼케마는 물류 처리 과정의 속도를 높이기 위해서 컴퓨터 시스템과 기타 기술을 구축하는 데 2억 달러 이상을 투자했다. 그리고 신상품 연구 개발비로 1억 달러를 추가로 투자했다. 소비자들에게 다가가기 위해서 웹사이트를 개설하고, 이 시장을 위해 특별히 디자인한 사무용 가구를 판매했다.

허먼 밀러의 직원들은 여전히 만족스러운 환경에서 근무하고 있다. 새로 건설된 밝고 명랑한 분위기의 미시건주 홀랜드 공장에서는 직원들이 U2·올맨 브라더스·스팅의 노래를 들으며 가구를 조립한다. 이 공장 정문 게시판에는 '75일째 주문 기한을 어기지 않았다'는 문구가 자랑스럽게 붙어 있다.[9]

*무엇을 배울 것인가?

기업은 변화하는 상황에 맞게 경쟁력을 키워야 한다. 수십 년 동안 기존의 정책과 전략을 바꾸지 않고도 최고 수준을 유지할 수 있는 기업은 얼마 되지 않는다. 대부분 기업들은 다양하게 변하고 있는 기업 환경에 맞도록 정책이나 전략을 수정해 나간다.

변화하는 환경에 맞추어 가는 일은 생각만큼 그리 어렵지 않으며, 지속적인 연구와 조사가 필요한 것도 아니다. 변화가 어느 순간 갑자기 예고 없이 발생하는 것은 아니므로 사실상 경제신문만 꾸준히 읽어도 혁신적인 내용이나 변화하는 상황을 어느 정도는 짐작할 수 있다.

예를 들어 오피스맥스·스테이플스·오피스 데포 같은 대형 사무기기 전문 체인의 출현도 진작부터 널리 알려지고 토의까지 됐던 상황이었고 그들의 급격한 성장세도 무척 눈에 띄었다. 혁신적인 조치를 취하기 전, 허먼 밀러는 사무용 가구 시장에 뚜렷한 변화가 시작되고 있었는데도 전혀 대처하지 않았다. 허먼 밀러는 변화의 심각성을 깨닫지 못하고 있었고, 자사의 고가 제품은 절대로 흔들리지 않을 것이라고 믿었던 것이다.

위기가 닥치면 기업의 이타적인 태도는 약해진다. 아무리 직원들에게 호의적이고 환경문제에 적극적인 관심을 보이던 기업이라 할지라도 경영상 위기와 마주치면 이 문제에 소홀해지거나 아예 이러한 정책들을 없애 버리기도 한다. 구조조정이 시행되는 경우 직원들, 특히 장기 근속자들에 대해서도 무자비한 결정을 내리는 경우가 종종 발생한다. '자발적인' 조기 퇴직은 강제성이 내포되어 있지만 퇴직금을 많이 주기도 한다.

그러나 기업의 생존이 걸린 상황에서는 비난을 받더라도 할 수 없이 정리해고를 추진해야 한다. 이 상황에서 널리 인용되고 있는 것으로 무자비한 정리해고로 유명한 알버트 던랩이 한 말이 있다. "나는 반드시 회사를 떠나야 하는 35%를 살리기 위해서 전체 직원을 희생시키는 일은 의미가 없다고 생각한다."[10] 객관적으로 볼 때 전체 직원의 3분의 1을 정리해고 해야 할 정도로 비대해진 기업이 과연 얼마나 될지 의문스럽기는 하다.

주주들이 불만을 가지면 경영진에게도 좋지 않다. 주주들은 특히 혼 인더스트리가 그랬던 것처럼 경쟁사의 실적은 좋아지는데 기업의 주가가 만족스럽지 못할 경우에는 자신들의 의사를 적극적으로 표현할 권리가 있다. 동종 업계의 기업들 모두 실적이 부진한 것이 아니라 자사만 그런 경우에는 업계 전체의 문제가 아니라 현재 또는 전 임원들의 과실을 반영하는 것이다.

그러므로 현재의 자리를 지키고 싶은 경영진은 주주들을 만족시켜야 한다. 물론 말은 쉬워도 실천하기는 어렵다. 때때로 기업의 문제가 너무 뿌리 깊이 박혀 있어서 당장 처방을 내린다고 하더라도 해결되지 않는다.

이때 임원들은 적대적인 기업 인수에 회사를 내맡기기도 한다. 인수자들은 회사 전체가 아니라 특정 부문이 수익성이 있다고 판단하여 회사를 인수하자마자 곧 산산조각 내어 매각해 버린다. 또는 외부 경영자를 영입하기도 하는데 이때는 과다한 비용 구조를 축소한다는 명목으로 직원들을 무자비하게 해고하기도 한다.

한편, 자기 만족에 빠진 경영진이 안일하게 기업을 운영하는 경우 기업은 별 희망이 없는 상태로 그냥 목숨만 연명하는 상태가 된다. 따라서 주주들은 주식을 매각하는 방법밖에 별다른 수가 없으므로 막대한 손실을 감수하고서라도 주식을 매각하고 기업을 떠나게 된다.

기업은 높은 윤리적 기준을 가지고도 성장할 수 있다. 허먼 밀러가 다시 부활할 수 있었듯이 한 기업이 높은 윤리적 기준을 유지하더라도 살아남을 수 있다. 회사를 경영하는 과정에서 가치가 없는 제품이나 직원들을 정리해야 하는 경우가 발생하기도 하지만 환경문제에 꾸준한 관심을 갖고 노사관계를 돈독히 한다고 해서 효율적이고 경쟁력 있는 기업을 만들 수 없는 것은 아니다.

＊질문

1. "직원을 배려하는 기업은 결국 경쟁에서 뒤처지게 된다. 노동 인건비를 제대로 통제할 수 없기 때문이다." 이 말에 대해 평가해 보라.
2. 허먼 밀러가 과거에 품질과 가격을 낮추는 정책을 시도했다면 별다른 위험이 없었을 거라고 생각하는가? 허먼 밀러는 그런 전략을 채택했어야 하는가?
3. 회사 내 유능한 인재들에게 기회를 주기 위해서 자신이 퇴진한 이후 디프리 가문 출신은 더 이상 경영에 관여하지 않도록 하겠다고 발표한 맥스 디프리의 정책을 어떻게 생각하는가? 이런 정책 변화가 기업의 장래에 어떤 변화를 가져올 것이라고 생각하는가?
4. "나는 반드시 회사를 떠나야 하는 35%를 살리기 위해서 전체 직원을 희생시키는 일은 의미가 없다고 생각한다"는 알버트 던랩의 발언에 대해서 평가해 보라.
5. 현재 인기를 끌고 있는 제품에 사용되는 목재지만 멸종 위기의 열대우림에서 나오는 나무이므로 더 이상 수입하지 않겠다는 결정에 대해서 어떻게 생각하는가?
6. 기업을 성공적으로 변화시키기 위해 경영자가 갖추어야 할 자질은 무엇인가? 필요하다면 알버트 던랩과 허먼 밀러에서 겨우 두 달 동안 회장으로 재직했던 캠벨과 비교하여 답변해도 좋다.

*실전 연습

1. 1987 회계연도의 경영실적이 발표되었다. 이 발표에 따르면 회사의 순수익이 전년도에 비해 11.9%나 하락했으며, 1985년에 비해서는 무려 19%나 하락했다고 한다. 매출 대비 순수익률도 1985년의 8.3%에서 5.8%로 떨어졌다. 이 시점에서 어떤 방법을 제안하겠는가?

2. 지금은 1995년 7월이다. 캠벨 회장이 얼마 전 이사회의 압력을 받고 '사퇴'하고 말았다. 그리고 당신이 캠벨 후임으로 임명되었다. 이 시점에서 어떤 정책 및 전략을 구사하겠는가?(몇 가지 가정을 해도 좋지만 그 내용은 합리적이어야 하며, 가능한 한 자세히 설명하도록 해야 한다.) 실제 상황에 신경 쓰지 말고, 더 성공적이었을지도 모를 전략을 찾아보자.

*팀별 토론 연습

노사관계에 있어서 항상 직원 입장에서 생각하는 기업이 공격적이고 무자비하게 직원을 감축하는 경쟁 업체와 싸워서 이길 수 있을까? 토론해 보자.

결론 : 과거에서 배우는 교훈

● ● ● 기업은 항상 최악의 시나리오에 대비하여 비상 대책을 준비함으로써 상황을 바로잡고, 과오를
시인하며, 이후 기업에 피해를 줄 수 있는 법적 분쟁의 요소가 있는 부분을 치밀하게 검토해야 한다.
이러한 조치를 취하는 것은 결코 쉬운 일이 아니다. 그러나 이 같은 일이 중요한 것은 위기가
닥쳤을 때 기업의 핵심 자원 및 이미지를 보존해서 기업이 다시 살아나도록 기반을 마련할 수
있기 때문이다.

이 책의 앞에서 언급했듯이 우리는 기업의 입장을 대변한다. 우리는 기업이 사회와 좀더 잘 연계되었으면 하는 바람을 가지고 있다. 사회의 요구 사항에 재빠르게 대응하지 않는 기업들은 소송·불매운동·정부 규제·기업의 대외적 이미지 손상 등 많은 문제를 겪게 되기 때문이다.

앞에서는 비록 기업 경영의 잘못된 사례에 대해서 논의했지만 그저 단순히 비판만 하는 것에 그치지 않고 좀더 건설적인 대안을 제시하고자 한다. 우리는 미래 기업 경영에 필요한 윤리적인 문제 및 기업 이미지에 관한 문제들을 처리할 수 있는 건설적인 방법을 찾으려고 한다.

기업 행위 전반에 걸친 고찰

>>> 최고 경영자의 윤리적 성향이 끼치는 영향력

옳든 그르든 간에 최고 경영진의 성향과 행동은 조직 전체에 스며들게 된다. CEO는 하나의 역할 모델이다. CEO가 방향을 정하고 바로 밑에 있는 임원들에게 영향을 끼치면 어느새 말단 사원들에게까지 계속 전파된다. 가끔 예외적인 경우도 있고 내부고발자가 생길 수도 있지만 대부분 거의 무시할 만한 수준이다.

PIT, 유니온 카바이드의 오하이오 계곡 오염 사건, 제너럴 다이내믹스 등의 예는 최고 경영자가 윤리적으로 행동하기보다는 단기적 성장에 더 관심을 기울였기 때문에 발생한 사건들이다.

최고 경영자의 비윤리적 성향이 이사회의 기계적인 마인드와 결합되어 기업이 고객과 직원들의 안전·존엄성·환경보호 등에 신경을 쓰기보다는 회사의 단기적 이익에만 중점을 두는 경우가 종종 발생한다.

이 사실을 코르베어 사건에서 확인할 수 있는데, 제너럴 모터스 최고 경영진은 극한 상황에서 코르베어를 좀더 안정시킬 수 있는 부속품 설치에 드는 단지 몇 달러의 비용을 아끼려다가 고객의 안전—때로는 임원들 본인이나 가족들의 안전까지—을 희생시켰다. 제너럴 모터스의 임원들도 개인적으로는 그와 같은 위험한 결정을 내리지 않았을 것이다.

그러나 집단으로 결정을 내리는 상황이 되자 소비자의 안전보다는 회사의 수익에 더 집중하게 되었다. 결국 제너럴 모터스의 임원들은 집단적인 사고를 하면서도 이러한 결정이 장기적으로 경영에 어떠한 부정적인 영향을 끼칠지 제대로 인식하지 못했다.

>>> 단기 수익을 강조할 때 생기는 문제점

최고 경영진이 평소에 단기 수익의 극대화 및 목표 실적 달성을 너무 강하게 몰아붙이면 어떻게 될까? 지금 당장 직접적으로 잘못된 결정을 내리지는 않더라도 잘못을 저지르게 될 가능성이 높아진다. 이처럼 최고 경영진이 목표 달성을 강요하는 분위기에서 만약 직원들이 설정한 목표를 달성하기 어려운 상황에 부닥치면 이들은 할 수 없이 허위 광고·물품 강매는 물론이고 뇌물 공여와 가격 조작 등 불법적인 행동까지도 서슴없이 저지르게 된다.

그렇다고 기업의 목표를 없애거나 낮추고 성과급 제도를 없애라는것은 아니다. 그러나 최고 경영진이 목표 달성을 위해 지나친 압력을 넣고, 만약 그것을 달성하지 못했을 때 이유를 막론하고 부하 직원들에게 불이익을 준다면 그들이 비윤리적인 행위를 하게 될 가능성은 그만큼 높아진다. 더욱이 이런 일은 윤리적 기준이 낮고 고객을 무시하는 기업에서 발생할 가능성이 높다. 우리가 이 책에서 살펴본 제너럴 다이내믹스·메트라이프·저축대부조합 등이 바로 이 같은 사례에 속한다.

평소에 잘 알아차리기는 어렵지만 윤리적으로 바람직하지 못한 분위기라는 것을 알려 주는 미묘한 신호들이 존재한다. 다음에 나오는 Issue Box에서 참고가 될 만한 몇 가지 증상을 제시해 놓았다.

_ 비윤리적 분위기를 감지할 수 있는 신호

어떤 기업에 새로 입사한 신입사원이나 다른 부서에서 옮겨 온 직원들은 일정 시간 적응 기간을 거치면서 해당 부서의 보편적 관습과 그 부서가 사원에게 원하는 것이 무엇인가를 배우게 된다. 당신이 일하는 부서에서 다음과 같은 말들이 들려온다면, 그 조직은 비윤리적인 조직이 틀림없다.

> "그냥 한 번만 이렇게 하지…."
> "아무도 모를 텐데 뭘."
> "목표를 성취하기만 하면 어떤 수단을 사용해도 된다."
> "정말이야? 대단한데!"
> "다른 사람들도 전부 이렇게 하고 있어."
> "문서를 폐기해 버려."
> "이 정도는 충분히 숨길 수 있어."
> "아무에게도 해가 되지 않는 일이야."
> "이게 왜 나한테 도움이 되는데?"
> "이렇게 하면 경쟁사들을 이길 수 있어."
> "우린 절대로 이런 말한 적 없어. 알았지?"

_ 토의 사항

당신이 새로 들어온 나이 어린 신입사원이라고 가정하고, 해당 조직에 비윤리적인 행위가 보편화되어 있을 때에는 어떻게 행동할 것이지 논의해 보라. 또한 당신이 중간 간부급이라면 어떠한 행동을 취할 것인지 논의해 보라.

※출처 : 록히드 마틴 그룹(Lockheed Martin Corp.) "윤리적 · 법적 행동 지침" 제니퍼 스콧 심퍼만, 클리블랜드 플레인 딜러 (2004년 5월 28일), pp. C1 과 C3.

>>> 최고 경영진의 무한 책임

예외적인 경우가 있기는 하지만 큰 사고가 발생하거나 기업이 비윤리적인 행위를 했을 때 최고 경영진은 이에 대한 책임에서 자유로울 수 없다. 제너럴 모터스가 랄프 네이더를 폄하하려고 했던 노력, 메트라이프의 기만적 행위, 또는 ITT가 칠레에서 벌였던 내정 간섭 등은 최고 경영진이 기업의 비윤리적 행위에 대한 책임에서 벗어난 몇 안 되는 예이다.

최고 경영진의 책임 전가는 그들의 책임을 부인하려는 것이다. 그러나 모든 관리자는 부하들의 행동에 끝까지 책임을 져야 한다. 보팔 사건과 알래스카 원유 유출 사건 등과 같은 재앙이 벌어지면 최고 경영진이 좀더 눈에 띄도록 적극적으로 나서서 최선을 다해 사태를 해결해야 한다.

인도의 관리들이 유니온 카바이드 CEO를 연행했던 것처럼—모욕적인 일을 당하는 한이 있더라도—최고 경영진은 이 모든 것을 감수하고 최고 경영자로서의 책임을 완수해야 한다.

만약 엑슨의 최고 경영자인 로렌스 라울이 대규모 환경 재앙이 벌어진 현장에 직접 나타났더라면 엑슨의 이미지도 좋아졌을 것이고, 회사의 무관심한 태도와 냉정한 해결 방법에 대한 비난의 소리도 많이 수그러들었을 것이다.

최고 경영자가 자신이 가진 권력을 남용하고 회사를 자신의 부를 축적하는 수단으로 생각한다면 주주·채권자·종업원 그리고 지역사회에 손해를 입힐 수 있다. 일반적으로 최고 경영진의 이러한 행동은 회계부정을 통한 실적 부풀리기로 나타난다. 최근에는 엔론Enron과 타이코Tyco 그리고 제9장에서 언급한 월드컴을 비롯해 이탈리아의 파르말라트Parmalat 등이 이런 식의 부정행위로 망가져서 언론에 오르내렸다. 월드컴은 회계 조작을 통해서 수익을 수백억 달러나 부풀렸다.

이 회사들의 최고 경영자들이 한결같이 나타낸 공통점은 자신들은 부하들의 불법행위를 전혀 몰랐다고 주장하며 책임을 회피하려고 했다는 것이다. 이처럼 책임을 부하 직원에게 돌림으로써 위기를 모면하려는 행위는 절대로 용납될 수 없다.

이 글을 쓰고 있는 지금도 몇몇 최고 경영자들이 기소되어 있는 상태이다. 엔론의 최고 CEO였던 케네스 레이는 비록 몇 달 동안은 법적인 책임에서 벗어난 것처럼 보였지만 결국은 기소되었다.

>>> 윤리적 행위와 비윤리적 행위 사이의 불분명한 영역

아주 극단적인 비윤리적 경영 사례도 많이 있지만 이러한 경우를 제외하고는 해당행위가 비윤리적인지 아닌지를 단정적으로 말하기 어려운 경우가 많다. Ⅲ부에서는 기업의 행위가 윤리적이었는지 아닌지 의심스러운 유명한 기업들에 대하여 설명했다.

전세계에서 규모가 가장 크고 아주 효율적인 경영을 펼치는 기업에 속하는 월마트는 항상 최저 가격으로 물건을 팔기 때문에 소비자들은 무척 좋아한다. 하지만 이 기업은 납품업자나 경쟁 회사·지역 경제 그리고 자사 종업원들에게는 상대하기 싫은 불량배 같은 존재일 수도 있다. 그렇다면 월마트가 한걸음 양보하여 다른 이들을 배려하면서 영업하는 것이 옳은가?

나이키는 생산비를 줄이기 위해서 제3세계 국가의 기업들에게 하청을 주고 있고, 하청받은 기업들은 현지에서 어린 아이들을 고용해서 일을 시키기 때문에 비난의 대상이 되고 있다. 하지만 이런 식으로 경영하는 것은 나이키뿐만이 아니다. 점점 더 많은 기업들이 아웃소싱을 통해서 제품을 생산하고 있다.

이런 추세는 더 값싼 생산 노동력을 얻기 위해서 시작되었지만 이제는 고등 기술을 갖춘 인력을 더 싸게 고용하기 위해서 사용되기도 한다. 여기서 중요한 점은 이러한 외부 용역이 상식적인 선에서 통제할 수 있는 범위를 벗어나느냐 아니냐 하는 것이다. 이 점은 대통령 선거 등에서도 중요한 사안이 될 것이다.

다임러가 크라이슬러를 합병할 때에 '동등한 합병'을 하겠다고 주장했지만 이것은 말뿐이었다는 사실이 곧 드러났다. 이 같은 행위는 비윤리적 행위인데 법원이 이 문제의 옳고 그름을 법적으로 판단할 것이다. 하지만 이러한 행위가 기업 협상이라는 전쟁터와 권력을 얻기 위한 투쟁에서 전혀 용인될 수 없는 부분이냐 하는 것은 여전히 논란의 여지가 있다.

>>> 선두 따라 하기 증후군의 허위

경쟁사를 따라 하다가 동종 업계의 대부분의 업체들이 비윤리적 행위에 발을 담그는 경우를 많이 보아 왔다. 저축대부조합 산업과 1980년대와 그 이전의 방위산업체들이 바로 이런 범주에 속한다.

이처럼 무리를 지어 행동하는 데는 크게 두 가지 이유가 있다. 첫째, 다른 모든 기업들이 이렇게 하므로 무작정 따라 해야 할 때가 있고 둘째, 그렇게 하지 않으면 경쟁에서 뒤처지거나 자사의 생존이 보장되지 않기 때문이다.

그러나 다시 생각해 보면 이런 생각이 잘못됐다는 것을 알 수 있다. 이런 일을 벌이는 무리나 집단이 올바르게 그리고 신중하게 행동하는 경우는 거의 없다. 이런 집단은 오히려 무모하고 방종해지기 쉽다. 단기적으로는 비윤리적인 행위나 불법적인 행위가 발견되지 않고 또한 외부의 강력한 반대에 부딪치지 않을 수 있다. 그러나 언젠가 반드시 처벌을 받게 된다.

>>> 은폐하려는 문제는 반드시 발견된다

기업이 비윤리적인 행위를 은폐하는 경우 나중에 진실이 밝혀졌을 때는 사건이 발생한 처음부터 진실하게 대응했을 때보다 훨씬 더 심각한 결과를 불러일으킨다.

달콘 실드가 아주 좋은 예이다. 달콘 실드는 자사 제품을 사용한 고객의 부상 그리고 심지어 사망 사고까지 계속해서 부인하고 은폐하려 했으므로 소송에 휘말리고 결국 망하게 되었다. 또한 제너럴 모터스도 코르베어에 대한 안전 보고서를 무시하고 강력한 비판 세력을 제외시키는 방법으로 사실을 은폐하려 했던 전과가 있다. 엑슨도 밸디즈호로 때문에 큰 사고가 발생했을 때 책임을 다른 쪽으로 전가하려는 시도를 한 적이 있다.

다른 이들을 비난하거나 비난에서 벗어나려고 하는 것은 인간의 본성이다. 그러나 오늘날에는 언론의 추적과 일반 대중의 감시 때문에 예전처럼 쉽게 책임을 회피할 수 없다.

>>> 극단적인 비용 감축의 위험

기업들은 회사 사정이 좋을 때는 쉽게 비용을 지출하고 직원의 수를 늘리지만, 상황이 안 좋아지면 비용을 감축하는 데 주력한다. 그런데 이처럼 극단적인 방식으로 기업을 운영하는 것은 위험천만한 일이다. 과도한 비용 지출이나 방대한 조직은 수익을 엄청나게 떨어뜨린다. 특히 경기가 좋지 않을 때 수익 저하가 더 두드러진다. 그러나 오히려 비용을 지출하는 것보다 과도하게 비용을 삭감하는 것이 더 위험할 수 있다.

인도 보팔에서 벌어진 사태와 알래스카 원유 유출 사태는 과도한 비용 삭감 때문에 벌어진 재앙으로 안전 대책에 심각한 손상을 가져왔다. 뿐만 아니라 환경에 발생한 여러 문제와 사고를 처리하는 과정에도 큰 영향을 끼쳤다.

알 던롭이 선빔과 스콧 페이퍼에서 시행했던 몇몇 정책들은 지나친 구조조정의 문제점을 단적으로 보여 주는 예이다.

>>> 대외적인 이미지의 중요성

일반인들이 기업을 어떻게 생각하느냐 하는 것을 기업의 대외적 이미지라고 한다. 제너럴 모터스·유니온 카바이드·네슬레·달콘 실드·유나이티드 웨이·저축대부조합·제너럴 다이내믹스·록히드와 방위산업계·엑슨 등은 기업 이미지가 훼손당한 대표적인 사례들이다. 이들 기업은 명백하게 잘못했으므로 언론의 공격을 받았다.

비록 이런 이미지 하락이 매출과 수익에 얼마나 해를 끼쳤는지를 정확하게 추산할 수는 없다. 그러나 무척 심각한 손상을 입었다는 것만은 분명한 사실이다. 아직도 많은 기업들이 기업 이미지의 중요성을 깨닫지 못하고 오히려 해치는 행위를 하고 있다. 또한 기업 이미지가 악화되었을 때 당하는 불이익과 좋은 이미지를 가진 기업이 누릴 수 있는 장점들을 간과하고 있다.

대외적인 이미지가 나쁜 기업은 부정적인 이미지에서 좀처럼 벗어나기 어렵다. 이는 소비자들의 신뢰, 종업원과 경영진의 능력, 채권자 또는 다른 업체와의 협소 등에도 영향을 준다. 소사기관의 감시 대상이 될 수 있을 뿐 아니라 언론의 주목을 받게 된다. 언론은 기업 이미지에 영향을 받기도 하고, 때로는 새로운 이미지를 만들어내기도 한다.

>>> 언론의 힘

제너럴 모터스·유니온 카바이드·네슬레·달콘 실드·유나이티드 웨이·저축대부조합·제너럴 다이내믹스·록히드와 방위산업계·엑슨·존슨&존슨 사건 등은 언론의 힘을 직접적으로 보여 준 예이다.

이들 언론은 기업의 대외적 이미지를 손상시킬 수도 있으므로 경영에 치명적일 수 있다. 언론은 문제를 확대시키거나 기업이 숨기고 싶어 하는 무분별한 행위를 더 과장해서 보도할 수도 있다. 보통 부정적인 측면을 강조하면 더 많은 인기를 끌게 되므로 언론은 애써 그와 같은 측면을 강조하는 경향이 있다.

특히 유명한 기업이 관련된 사건에서는 언론이 대중의 집단 행동에 불을 지르고 시위대와 비판자들의 수를 늘리는 데 일조하기도 한다. 그러나 존슨&존슨의 타이레놀 사건의 예에서 볼 수 있듯이 언론을 긍정적으로 이용하면 눈앞의 위기를 지혜롭게 극복할 수도 있다. 기업의 대외적 이미지 또는 명성에 대해서는 다음과 같이 일반화시킬 수 있다.

- 기업이 고객을 만족시키기 위한 노력을 게을리하거나 사회와 환경보호 분야에서 긍정적인 이미지를 잃게 된다면 그 기업의 좋은 이미지는 금방 퇴색할 수 있다.
- 널리 알려진 대기업들은 대중의 감시를 벗어나기 힘들기 때문에 회사의 명성을 지키기 위해 주의 깊게 행동해야 한다.
- 기업의 이미지를 향상시키는 것은 무척 어렵고 시간이 많이 걸리는 일이다.
- 광고·판매·제품의 품질과 안전도 그리고 가격 책정 등 마케팅 노력이 대외적 이미지에 가장 큰 영향을 끼친다. 이러한 요소들은 가장 잘 드러나며 따라서 비난의 대상이 되기 쉽다.
- 환경보호단체와 에이즈 관련 단체 등 특수 이익집단은 언론의 집중 보도를 통해 세력을 확보하기도 한다.
- PR을 통해서 대외적 이미지의 문제를 해결할 수 있는 경우는 거의 없다. 예를 들면 네슬레·엑슨 또는 방위산업체의 이미지는 PR을 통해서 해결할 수 있는 간단한 사안이 아니었다. 기업은 입으로만 떠들거나 언론에 홍보하는 것에 그치지 않고 기업 전체의 역량을 쏟아 대외적 이미지를 더욱 향상시키기 위한 노력을 기울여야 한다.

세부적 기업운영 측면에 대한 고찰

>>> 제품 안전

제품 및 공장의 안전에 대한 몇 가지 사안이 있다. 오늘날처럼 소송이 난무하는 환경에서 기업들은 여러 가지 법률 소송에 휘말리기 쉽다. 경영자들은 소송이 제기될 가능성에 대비하여 문제가 될 수 있는 부분에 대해서는 사전에 충분히 검토해 놓아야 한다. 제너럴 모터스·네슬레·파이어스톤·포드·A. H. 로빈슨 등은 이러한 문제를 간과한 결과 문제를 더욱 크게 만들었다.

기업은 항상 최악의 시나리오에 대비하여 비상 대책을 준비함으로써 상황을 바로잡고, 과오를 시인하며, 이후 기업에 피해를 줄 수 있는 법적 분쟁의 요소가 있는 부분을 치밀하게 검토해야 한다. 이러한 조치를 취하는 것은 결코 쉬운 일은 아니다. 그러나 이 같은 일이 중요한 것은 위기가 닥쳤을 때 기업의 핵심 자원 및 이미지를 보존해서 기업이 다시 살아나도록 기반을 마련할 수 있기 때문이다. A. H. 로빈슨과 많은 저축대부조합들은 이러한 조치를 취하지 않아 무너지게 되었고, 반대로 조치를 마련해 두었던 다른 기업들은 어느 정도 시간이 흐른 후 회생할 수 있었다.

기업이 중대한 법적 책임과 관련된 소송에 휩싸이게 되면 완전히 파산할 수도 있다. 물론 기업은 자사의 행위에 대해 관심을 갖고 부주의한 부분이 있을 경우 바로잡아야 한다. 또한 문제가 될 수 있는 사안에 대해서는 수시로 철저하게 조사하고(기업이 직원들과의 커뮤니케이션 통로를 활짝 열어 놓는 것도 도움이 된다), 언론을 비롯한 기타 조사기관과 원만하게 협력하여 소송이 제기되는 상황은 피하도록 노력해야 한다.

>>> 취약한 가격 결정

가격 담합은 불법적인 행위이고 기소될 가능성이 높다. 가격 담합은 1890년에 제정된 첫 번째 연방독점금지법인 셔먼법에 의해 불법으로 규정되어 있다. 이 법에 의하면 가격 담합 또는 입찰가 담합이 입찰 경쟁 자체에 손상을 주었느냐에 상관없이 이런 시도가 있었다는 것만 밝혀지면 처벌이 가능하다. ADM이 외국 협력사와 가격을 담합했던 사건은 절대 용서받을 수 없는 어리석은 짓이었다.

1970년대와 1980년대에 제너럴 다이내믹스를 비롯한 여러 방위산업 체들이 정부에 원가보다 과도한 비용을 청구하기 위해서 가격을 담합했던 사건은 사회의 감시 시스템과 통제력이 느슨해 납세자들이 피해를 보았던 대표적 사례이다.

이 기업들이 저지른 죄의 질은 너무 나빴다. 그러나 경쟁자가 별로 없는 국방산업의 현실과 국방이라는 업무 자체의 중요성 때문에 정부가 상대적으로 관대한 처벌을 내릴 수밖에 없었다. 따라서 죄를 저지른 최고 경영자들은 기업이 제공하는 온갖 특전을 그대로 받으면서 오로지 자리에서 물러나기만 했다.

>>> 환경에 대한 관심

우리는 기업이 심각한 환경문제에 당면했던 몇 가지 사건을 이미 살펴본 바 있다. 예를 들어 유니온 카바이드의 오하이오 계곡 및 인도 보팔에서의 엄청난 사건과, 엑슨의 알래스카 원유 유출 오염이 바로 그것이다. 이와 같은 재앙에서 배울 점은 기업의 장기적인 전략에서 환경 대책을 반드시 수립해야 한다는 것과, 기업은 전혀 예상치 못했던 최악의 사태에 대비하여 비상시 계획을 마련해 놓아야 한다는 것이다.

제품과 관련된 최악의 사태에 대한 비상 계획도 수립되어야 한다. 예를 들어 존슨&존슨의 타이레놀 사건은 일반적으로 예상하기 힘든 일이었다. 그런데 만약 이 기업이 최악의 사태에 대비하여 비상 대책을 가지고 있었다면 사태를 해결하는 데 훨씬 더 많은 도움이 되었을 것이다. 비슷한 사례이지만 만약 A. H. 로빈슨이 비상 대책을 가지고 있었다면 달콘 실드 사건을 무조건 덮어 버리려는, 결과적으로 악의적이고 무리한 시도는 하지 않았을 것이다.

오늘날 기업들은 환경에 대하여 관심을 갖지 않을 경우 환경보호주의자들과 이들의 우군인 언론이 힘과 영향력을 기업에 적대적인 방향으로 행사할 수도 있다는 사실을 잊지 말아야 한다. 기업은 환경친화적인 정책을 펼침으로써 이들과 우호적인 관계를 유지해야 한다. 결국 우리는 지구라는 별에서 함께 살고 있지 않은가? 기업은 수익면에서 약간의 손해를 보더라도 우리 자신은 물론이고 우리 아이들이 살고 있는 환경을 보존해야 할 책임을 갖고 있다.

>>> 외국에서 기업 활동을 할 때 주의할 점

오늘날 많은 회사들은 전세계를 대상으로 영업을 하고 있다. 기업이 세계화되는 것은 엄청난 기회를 보장하기도 하지만 여러 가지 문제나 윤리적 고민, 또는 비난거리를 만들기도 한다.

ITT가 칠레 정치에 관여한 사건은 기업이 비난의 대상이 될 수 있음을 가장 확실하게 보여 주는 예이다. ITT는 거대한 영향력을 행사함으로써 칠레 대통령 아옌데를 죽음으로 내몰았다. ITT가 아옌데 죽음에 직접적인 원인을 제공했는지 여부와는 상관없이 이 기업이 자사 이익을 위해서 외국 정부의 내정에 관여했다는 것은 너무나 분명한 사실이다. 이런 종류의 기업활동은 외국에서 미국에 대한 이미지에 치명적인 타격을 준다.

록히드와 방위산업체들이 관련된 해외 공무원에 대한 뇌물 비리 사건은 1977년 미국 기업들이 외국에서 뇌물을 제공하는 것을 금지한 해외부패방지법을 제정하는 계기가 되었다. 유니온 카바이드는 해외 자회사의 관리자들과 기술자들을 일종의 자유방임주의식으로 느슨하게 관리했다. 그러다가 결국은 보팔 사태라는 크나큰 재앙을 맞이하게 되었다.

이들 사례에서 배울 수 있는 교훈은 세계적인 기업들은 선진국에서 기업 활동을 할 때보다 교육 수준과 경쟁력이 낮은 후진국에서 기업 활동을 할 때 더 엄격한 활동 기준과 감시 시스템을 적용해야 한다는 것이다.

네슬레 사건은 안전하지 않은 제품을 해외 시장에서 판촉하는 행위에 대하여 문제를 제기한다. 네슬레는 전반적으로 위생 상태가 좋지 않고 어머니들의 위생 관념도 부족한 국가에서 자사 이유식 제품에 대해 막대한 판촉행위를 시도하여 오랫동안 엄청난 비난의 대상이 되었다. 이러한 환경에서 마케팅 이점을 누리려고 한 네슬레에게 윤리적으로 문제가 있는 것인가? 비록 네슬레가 한 행동에 대해서는 여러 가지 사회적 논란이 있었지만 비난이 점차 강해지자 네슬레도 마침내 비판 세력들의 주장을 수용할 수밖에 없었다.

미국 내에서 건강에 해가 된다는 이유로 담배 제조업체들이 박해받고 있다. 또한 대부분의 언론에서는 담배 관련 광고를 싣는 것을 금지하고 있는 상황에서 미국의 담배 제조업체들이 해외에서 담배를 판매하는 것도 윤리적으로 문제가 될 수 있다. 좀더 쉽게 다가갈 수 있는 외국 소비자들에게 건강에 좋지 않은 상품을 판매하는 것이 윤리적인가?

의문스러운 기업 활동에 올가미 조이기

>>> 벼랑 끝에 내몰린 담배회사

담배 제조업계는 100년 이상 비난의 대상이 되어 왔다. 담배업계는 건강에 관련된 비난 내용을 모두 부인하거나, 흡연자들이 담배를 피우는 행위가 더 문제라는 식으로 자신들의 이익을 보호해 왔다. 수십 년 동안 정부 내에 있는 막강한 세력들이 담배업계의 이러한 주장을 지지해 주고 자신들의 이익을 챙겨 왔다. 담배 제조업체의 아성이 무너지기 시작한 것은 최근의 일이다.

오늘날 담배 제조 산업은 비용이 수조 달러에 이르는 각종 소송과 규제 정책에 신음하고 있다. 심지어 업계에서 가장 규모가 큰 필립 모리스는 흡연의 위험성을 홍보하는 광고를 하고 있는 형편이다. 이 얼마나 놀라운 변화인가!

>>> 잘못된 기업 활동은 판매자를 큰 위험에 빠뜨린다

주 법무장관은 메트라이프 영업 사원들이 잘못된 판매행위를 함으로써 소비자를 우롱했다며 메트라이프를 상대로 대규모 소송을 제기했다. 오늘날에는 법무부와 집단 소송 담당 변호사들이 금융회사에서부터 증권 중개인·뮤추얼펀드·증권 거래소·의료 기관·소매상 그리고 제조업체까지 모든 산업 및 기업을 감시하고 있으며, 혹시라도 어떤 잘못이 발견되면 달려들 준비를 하고 있다(예 : 로버트 렌즈너와 에밀리 램버트의 "미스터 집단 소송", 포브스, 2004년 2월 16일 p. 82~90). 또한 여러 조사 기관과 소비자 관련 기자들은 소비자가 지적하는 문제점들을 집중 취재하여 보도하려고 기회만 노리고 있다.

>>> 무고한 회사들도 비난받을 수 있다

오늘날의 기업은 생각지도 못한 이유 때문에 무고하게 희생될 수도 있다. R. J 레이놀드의 조 카멜 만화 광고는 어느 누구도 예상치 못했을 정도로 성공적이었지만, 동시에 엄청난 비난의 대상이 되었다. 나이키도 생산비를 줄이기 위해서 외부 용역을 준 일로 비난의 대상이 되리라고는 생각하지 못했다. 심지어 월마트마저도 지역사회와 일부 사람들의 비난을 받게 되는 등 위기를 겪기도 했다. 하지만 파이어스톤과 포드의 경우에는 포드의 익스플로어 밴에 파이어스톤 타이어를 장착하면 위험하다는 것을 양쪽 모두 인지하고 있었으면서도 무시했기 때문에 비난을 자초한 예이다.

그렇다면 기업이 해야 할 일은 과연 무엇인가? 어떻게 하면 기업이 판단하기에 합법적이고 통상적인 마케팅 활동이라고 생각하는 것에서 부정적인 결과가 발생하는 일을 막을 수 있을까?

자칫하면 일어날 수 있는 비난의 소지를 없애려면 경영진들은 현장 전문가들의 조언을 바탕으로 문제가 될 수 있는 사안을 신중하게 검토해야 한다. 기업이 다른 쪽 말을 듣지 않고 일방적인 태도로 업무를 처리하는 경우 초기에는 시장에서 경쟁 우위에 설 수 있지만 결과적으로는 기업의 이미지와 명성에 해가 될 수도 있다. 따라서 기업이 문제의 원인이 되는 부분을 찾아낼 수 있는 능력을 갖출 필요가 있다. 이런 능력을 갖춘 기업은 문제가 심각해지기 전에 찾아내 이를 해결하는 데 총력을 기울일 수 있다. 이러한 문제를 해결하기 위한 방법으로는 브랜드의 다양화·대상 고객층 차별화를 비롯해 덜 공격적인 판촉활동 등이 포함된다. 어떤 경우에는 공공의 비난을 감수하기보다는 프로젝트 전체를 포기하는 것이 좋을 수도 있다. 그리고 과거에 시행했던 기업 활동과 전략을 다시 검토해 보는 것도 필요하다. 과거의 기업 활동도 조사나 비난의 대상이 될 수 있기 때문이다.

오늘날에는 꼭 이렇듯 조심스럽게 기업 활동을 해야만 하는 것인가? 이것은 각 기업이 결정할 문제이다. 수익을 위험보다 우선시켜야 하는가? 과연 이런 비난에서 벗어날 수 있는가? 아니면 비난의 대상이 될 것인가? 모든 잘못된 행위들이 반드시 정부나 언론에 의해 밝혀지는 것은 아니다. 그러나 이러한 비난의 대상이 되는 것을 막는 일은 단순히 단기적인 이익 극대화보다 더 중요하다는 점을 알아야 한다. 최고 경영진은 더욱 책임감 있게 행동해야 그들의 자리를 오래 보존할 수 있다.

>>> 논쟁의 요소

이 책에서 언급되었던 논란의 소지가 있는 내용은 다음과 같다.

- 깨끗한 환경을 얻기 위해서 얼마나 많은 일자리와 경제적 이득을 희생해야 하는가? 유니온 카바이드의 오하이오 계곡 오염 사태에서 이 사안이 논의되었다. 그렇지만 명쾌한 정답도 모든 사람이 동의할 수 있는 답도 없다. 심지어 비용-편익 분석을 통해서도 정답은 얻을 수 없다.

- 비용편익 분석에 얼마나 중점을 두어야 하는가? 비용–편익 분석은 합리적인 분석법이지만 동의하지 않는 사람도 많이 있다. 예를 들면 조금 더 맑은 공기를 마시기 위해서 많은 비용이 들어가는 공장 오염 방지 시스템을 세우거나, 공장 자체를 폐쇄하여 지역 경제에 피해를 주는 것이 타당한가?

- '조금 더 맑은 공기'를 어떻게 화폐 단위로 환산할 것인가? 공기가 얼마나 더 맑아져야 하는가? 우리는 비슷한 비용–편익 분석에 대한 논쟁을 선체가 두 겹으로 된 유조선의 예에서 살펴보았다. 선체가 두 겹으로 된 유조선이 석유 오염의 위험성을 낮춰주는 효과는 있지만 더 많은 비용이 들어가고 선체 운항에도 문제를 발생시킨다. 과연 이것이 그만한 가치가 있는 일인가?

- 다국적 기업들이 외국에서 기업 활동을 할 때 미국 내 활동 기준에 맞춰야 하는가? 유니온 카바이드의 보팔 사태와 ITT의 칠레 사건이 이 논쟁과 관련이 있다. 비록 많은 이들이 다국적 기업들은 외국에서 미국 내의 기준에 맞춰 활동해야 한다고 주장하지만 이에 강하게 반대하는 이들도 있다.

- 기업 고위직에 있는 범죄자들이 처벌을 쉽게 면하는 것을 용인해야만 하는가? 이들은 대부분 징역을 살거나 벌금형을 받지 않는다. 심지어 가격 담합을 조장한 이들도 기껏해야 소매치기들이 받는 형량보다 낮은 형량을 선고받는다. 최고 경영진 대부분이 법적 책임에서 쉽게 벗어나기 때문에 우리는 이 문제에 대해서 고민하지 않을 수 없다.

- 미국의 윤리적 기준을 외국에서도 적용해야 하는가? 심지어 법률과 규정까지도 비판의 대상이 된다. 특히 외국 관리들에게 제품 및 시스템을 판매하기 위해서 뇌물을 제공하는 행위를 금지시킨 해외부패행위방지법은 비난의 집중 포화를 맞고 있다. 미국의

기업들이 과연 특별한 법률적 규제를 받지 않는 외국 기업들과 경쟁할 수 있을까? 로마에 가면 로마의 법을 따라야 하는 것 아닐까?

- 결과가 수단을 정당화할 수 있는가? ITT 사례의 경우 이런 질문을 하지 않을 수 없다. ITT는 자사의 재산을 사회주의 칠레 정부에 빼앗기지 않았다. 이런 결과가 칠레 정권의 전복이라는 극단적인 수단을 정당화할 수 있는가? 어떤 이들은 결과가 절대로 수단을 정당화할 수 없다고 생각할 것이다. 수단을 정당화하는 것이 어느 정도까지 용인되어야 하는가? 테러리스트들은 그들의 범죄가 무고한 목숨을 빼앗아가지만 자유라는 결과를 얻기 위한 것이라고 정당화한다. 과연 이것을 받아들일 수 있는가?

- 국가 안보에 핵심적 역할을 하고 있는 방위산업체들의 비윤리적 행동을 어느 정도까지 용인해 주어야 하는가? 방위산업체들의 범죄행위가 해당 기업의 중요성 때문에 용서되어야 하는가? 일부 기업에 대해서는 다른 기업에 적용하는 윤리적 기준이 아닌 특별한 기준을 적용해야 하는가? 불법행위를 엄중하게 처단하거나, 아니면 어영부영 넘어가는 것 외에 또 다른 방법이 있는가? 방위산업체들을 좀더 치밀하고 엄중하게 감시·감독해야 한다고 제안한 바 있지만 이의 실행은 요원하다. 그리고 이런 방법을 선택하는 것이 과연 적절한가?

이 책에서 우리는 사회적 이슈가 될 수 있는 사례들을 어느 한쪽에 치우치지 않고 다루었다. 모두가 동의할 수 있는 방법은 없다. 환경주의자들이 특정 지역의 고용 환경에 영향을 끼칠 수 있는 주장을 할 때처럼 대다수 사람들이 동의함에도 불구하고 각 개인의 입장은 달라질 수 있다. 여러 가지 다른 주장의 상대적 이점을 평가하는 것은 아주 중요한 일이다.

마지막으로 생각해 볼 점

>>> 한 사람이 조직을 변화시킬 수 있다

랄프 네이더처럼 용기 있고 헌신적인 사람이 한 기업 또는 한 나라를 변화시키는 경우도 있다. 랄프 네이더의 행동으로 소비자와 환경을 우습게 아는 기업은 사회적으로 용인받지 못하는 분위기가 형성되었다. 어떤 경우에는 평범한 시민들이 스스로 조직을 만들어서 시위를 벌이고 언론을 이용하기도 한다. 유니온 카바이드에 오하이오 계곡의 대기오염 문제를 해결하도록 압력을 가한 웨스트 버지니아주의 해저든 부부가 바로 그런 예이다. 때로는 유나이티드 웨이의 일레인 차오처럼 새로운 최고 경영자 또는 경영진이 기업의 활동 방향을 바꾸기도 한다. 하지만 때로는 한 사람이 기업을 부정적인 방향으로 이끌기도 한다. ITT의 해럴드 제닌, 링컨 저축대부조합의 찰스 키팅, 선빔과 스콧 페이퍼의 알 던롭 그리고 유나이티드 웨이의 윌리엄 아라모니의 경우가 바로 그런 예들이다.

>>> 판매자 위험 부담 시대이다

랄프 네이더와 다른 소비자 운동가들 때문에 '판매자 위험 부담'이라는 새로운 사회적 움직임이 생겨났다. 이 같은 '판매자 위험 부담'이라는 새로운 조류는 수 세기 동안 시장을 지배해 온 '소비자 위험 부담'이라는 낡은 철학의 자리를 대체하고 있다. '소비자 위험 부담' 시대라고 정의한 사람들은 바로 미국의 말 중개상들이었다. 이때는 똑똑한 고객은 거래를 통해 이익을 많이 취하고, 잘 모르는 고객은 희생양이 되는 시대였다. 그리고 일상 생활에서 말에 대한 의존도가 높았으므로 사람들은 말에 대해서 잘 알고 거래해야만 했다.

오늘날 대부분의 기업들은 경쟁적인 환경에서 살아남기 위해서 고객들을 공정하게 대하려고 한다. 정부와 언론의 활동 그리고 법적 분쟁의 위협 등이 기업이 시장에서 비윤리적 행위를 더 이상 하지 못하게 하는 방지책 역할을 하기도 한다. 비록 요즘도 비윤리적 행위가 발생하곤 하지만 얼마 지나지 않아 적발되곤 한다.

>>> 고난이 영원히 지속되는 것은 아니다

대부분의 기업들은 난관을 이겨냈다. 심지어 유니온 카바이드도 보팔 사태 영향으로 약화되긴 했지만 완전히 쓰러지지는 않았다. 네슬레는 오랜 기간 동안 전세계에 걸쳐서 비난과 불매운동의 대상이 되었지만 결국 이겨냈다. 그러나 이제 기업들은 대중의 의견이나 정부의 감시활동에 예전보다 훨씬 더 많이 신경을 쓴다. 메트라이프·ITT 그리고 방위산업체들도 파멸하지 않았다. 비록 경영진 일부가 사퇴했고 일부는 이보다 더 심한 처벌을 받았지만 기업만은 살아남았다. 엑슨의 원유 오염 사태는 언론과 환경주의자들의 지탄을 받았지만 기업에는 별다른 타격을 주지 않고 금방 잊혀졌다.

그러나 더 극적이고 영원히 치유될 수 없는 결과를 만들어낸 경우도 있다. A.H. 로빈슨은 달콘 실드 사태를 잘못 처리했기 때문에 제품 사용으로 부작용을 겪고 상해를 입은 피해자들의 소송이 줄을 이었다. 그리고 마침내 기업이 문을 닫아야만 했다.

많은 수의 저축대부조합들은 투기적인 자금 운영으로 도산했고, 경영자들은 감옥에 수감되었다. 따라서 기업이 자사의 부주의함이나 기회주의 또는 불운으로부터 되살아날 수 있느냐 없느냐 하는 것은 불확실하다. 그렇지만 대부분의 기업들은 다시 회생한다.

불운이 행운으로 둔갑할 수도 있다. 존슨&존슨은 타이레놀 사태를 양심적으로 처리했기 때문에 기업 이미지가 더 좋아졌다. 또한 저축대부조합 사태는 더 강하고 신중한 저축대부조합들에게는 기회의 장을 만들어주기도 했다.

>>> 바람직한 신뢰관계

이 책에서 배운 가장 중요한 교훈은 바람직한 기업은 고객과 돈독한 신뢰관계를 구축하고 싶어 한다는 것이다. 이런 기업들은 고객뿐 아니라 하청업체·직원 그리고 일반 대중과도 신뢰관계를 구축하고 싶어 한다. 이는 기업이 공정한 거래를 추구하고 고객 만족을 위해서 노력한다는 사실을 의미한다. 신뢰관계란 단기적인 이익 극대화나 목표 달성을 강요하지 않고, 강압적인 노사와 하청의 관계를 벗어나 장기적으로 지속할 수 있는 기반을 마련하는 등 기업과 소비자 양쪽에 이익이 되는 바람직한 관계라고 할 수 있다.

그리고 이와 같은 철학과 업무 태도가 조직 전체에 스며들어 있어야 한다. 최고 경영자가 아무리 훌륭한 성명서를 발표한다 하더라도 기업 전체에 기회주의적인 사고방식이 퍼져 있고, 성과에 대해 지나치게 압력을 가하는 분위기라면 아무 소용이 없게 된다. 최고 경영진이 기업의 태도를 결정한다는 사실을 다시 한 번 명심하라. 제너럴 모터스가 랄프 네이더와의 논쟁을 통해 변화하기 전까지 자동차업계는 제품의 안전 문제를 거의 고려하지 않았다. 오히려 '안전하다고 많이 팔리는 것은 아니다' 라는 무책임한 인식이 팽배해 있었다. 랄프 네이더의 소비자운동은 자동차 안전에 대한 대중들의 인식은 물론이고 마침내 정부의 인식까지 바꾸었다. 자동차업계의 이사회에서도 자동차 안전에 더욱 관심을 기울이게 되었다.

신뢰관계라는 말이 꼭 들어맞는 기업은 아마도 허먼 밀러일 것이다. 허먼 밀러는 고품질의 사무용 가구를 만드는 회사이다. 이 기업은 70년 동안 자사 종업원들과 지역사회에서 이타주의와 인간애 그리고 환경에 대한 관심을 실천해 왔다. 그러나 90년대에는 경쟁사들의 등장과 주가문제로 그동안 구축해 온 신뢰관계가 상당 부분 훼손당해야만 했다.

이 회사는 사상 처음으로 종원업을 해고하고 자사 정책을 포기해야만 했다. 그러나 어쩔 수 없이 종업원을 해고할 때조차 회사는 인정을 베풀었다. 그러자 기업 분석가들은 이 회사의 문제는 너무 인간적이고 남을 배려하는 데 있다고 진단했다. 허먼 밀러의 오랜 철학은 더 이상 유지되기 힘들었고 주주들의 이익을 위해서 직원들을 냉혹하게 해고해야만 했다.

그런데 이 회사의 진짜 문제는 직원들을 배려하는 문화에 있었던 것이 아니라 다른 회사들과 마찬가지로 시대 조류에 발맞추지 못하고 고객이 진정으로 원하는 것이 무엇인가를 알지 못했다는 데 있었다. 이 기업은 변화에 대응하기 위해서 경영 전략을 다시 짰고, 결과적으로 2000년 1월에 〈포브스〉의 '플래티늄 리스트'에 등재되기도 했다. 이 목록은 '장단기 성장과 수익성에 있어서 험한 난관을 극복한'[1] 기업들을 소개한다. 이 기업은 지금도 여전히 종업원과 환경문제에 많은 관심을 쏟고 있다.

*질문

1. 당신의 회사가 비윤리적인 기업 활동이 보편화되어 있는 산업에 속해 있다면 다른 기업을 따라 하는 풍조에 대해서 어떻게 맞서 싸울 것인가? 이런 행동이 당신 직급과 관련이 있는가?
2. 만약 당신이 중고차 판매업·가옥수리산업·유원지산업 등 반복 판매가 거의 이루어지지 않는 산업에 종사한다면 고객과의 신뢰관계를 구축하는 것이 중요한 일일까? 이론적 근거를 들어 설명해 보라.
3. 당신은 모든 대중과 상징적이고 신뢰할 수 있는 관계를 구축하려고 한다. 과연 모든 대중을 만족시키는 것이 가능한 일인가?
4. 우리가 20년 전, 50년 전, 또는 100년 전보다 윤리적으로 행동하고 있다고 생각하는가?
5. "하청업자들과 종업원들에게 인간적이고 양심적으로 대하면 그들이 당신을 우습게 볼 수 있다." 이 발언에 대해서 토론해 보라.

＊실전 연습

1. 당신의 회사는 언론과의 관계가 좋지 않다. 이런 상황을 개선하려면 어떤 행동을 취해야 하는가?

2. 당신의 공장은 공기를 오염시키고 있고, 당신은 공기오염을 줄이고 싶어 한다. 그런데 공기오염을 줄이는 데는 최소한 2억 달러가 들어간다. 공기오염에 대한 업계의 기준조차 없고 당신은 이런 일방적인 투자 때문에 경쟁에서 뒤처질 수도 있다는 점을 걱정하고 있다. 이와 같은 문제를 어떻게 해결할 것인가?

＊팀별 토론 연습

'미국의 윤리와 가치를 해외의 다른 나라에까지 적용해서는 안 된다' 라는 생각에 대해서 토론해 보라.

각주

1장 도입과 관점

1. 존 H. 웨스팅, "마케팅에서의 윤리의 본질에 대한 몇 가지 생각", 마케팅 시스템 바꾸기, 리드 메이어 편저, 1967년 겨울 회의 회의록, 시카고: 미국 마케팅 협회, 1968년, p.162

2. 로버트 J. 홀로웨이와 로버트 S. 행콕, 변화하는 환경 속에서의 마케팅(뉴욕: 와일리, 1968), p.212.

2장 메트라이프 : 고객을 기만하는 판매 전술

1. 수잔 올리와 게일 드조지, "사기의 보험?" 비즈니스 위크(1994년 1월 17일자), p.24.

2. 웰드 F. 로열, "희생양 혹은 악당", 판매와 마케팅 관리(1995년 1월), p.64.

3. 제인 브라이언트 퀸, "그래, 그들이 지금 당신을 잡으려고 나섰다", 뉴스위크(1994년 1월 24일) p.51.

4. 션 암스트롱, "선과 악, 그리고 산업", 베스트 리뷰, P/C(1994년 1월), p.36.

5. 메트라이프 1994년 연례 보고서, p.16.

6. 로열, p.65.

7. "고객을 속이는 방법에 대한 훈련", 판매 & 마케팅 관리(1995년 1월), p.66.

8. 암스트롱, p.35.

9. 데보라 로스, "메트라이프가 보험 계약자와의 법정 소송을 마무리짓기 위해 17억 달러 이상을 지불하는 데 동의하다", 월 스트리트 저널(1999년 8월 19일), p.14.

10. 캐리 쿨리지, "스누피의 새로운 트릭," 포브스(2002년 4월 15일), pp.100~102.

3장 파이어스톤 타이어를 장착한 포드 익스플로러 : 킬러 시나리오

1. "타이어 소송에서 파이어스톤이 7백50만 달러를 지불하는데 동의하다," 클리블랜드 플레인 딜러(2001년 8월 25일), pp.A1, A13; 마일로 게예런과 티모시 애펠, "파이어스톤에게 타이어 소송은 승리이기도 하고 그렇지 않기도 하다," 월 스트리트 저널(2001년 8월 27일), pp. A3, A4.

2. 에드 가스텐, 연합통신, "포드 타이어 계산서 21억 달러" 기사, 클리블랜드 플레인 딜러(2001년 5월 23일), pp. 1C, 4C.

3. 티모시 애펠, 조셉 B. 화이트, 스테판 파워, "파이어스톤이 포드에 타이어 공급을 중단하다," 월 스트리트 저널(2001년 5월 22일), pp. A3, A12.

4. 토마스 W. 게르델, "굿이어, 미쉐린이 타이어 가격을 올리다," 클리블랜드 플레인 딜러(2001년 5월 23일), pp. 1C, 4C.

5. 에드 가스텐, 연합통신, "포드 타이어 청구서 21억 달러" 기사, 클리블랜드 플레인 딜러(2001년 5월 23일), pp. 1C, 4C; 앨리슨 그랜트, "브리지스톤·파이어스톤의 생존 투쟁," 클리블랜드 플레인 딜러(2001년 8월 5

일), pp. H1, H5.

6. "SUV 전복, 법정 부집행관(24세) 사망," 클리블랜드 플레인 딜러(2001년 9월 15일), p. B5.

7. 앨리슨 그랜트, "정부, 굿이어는 여전히 울퉁불퉁한 길을 달리고 있다," 클리블랜드 플레인 딜러(2001년 8월 5일), p. H5.

8. 아키코 카시와기, "브리지스톤 리콜로 인해 큰 대가를 치르다; 파이어스톤 모회사의 이익 80% 하락," 워싱턴 포스트(2001년 2월 23일), p. E3.

9. 그랜트, "브리지스톤·파이어스톤의 생존 투쟁," p. H5.

10. 위의 책

11. 키스 브래드셔, "96년에 SUV 타이어 결함이 알려졌지만 보고되지는 않았다; 그 후 4년간 191명 사망," 뉴욕 타임즈(2001년 6월 24일), p. 1N.

12. J. 패트릭 라이트, 화창한 날에는 GM을 볼 수 있다(그로스 포인트, 미시건.: 라이트 엔터프라이즈, 1979), pp. 5~6.

13. 체스디 I. 비니드, 중역의 역할(캠브리지, 메사추세츠: 히버드 대학 출판사, 1938), p. 263.

14. 크리스토퍼 젠슨, 클리블랜드 플레인 데일리(2001년 12월 12일), pp. C1, C4.

15. 토드 존, "모두의 예상을 깨고 브리지스톤이 회생의 길을 열었다," 월 스트리트 저널(2002년 3월 12일), p. A 21; 조나단 패이, "펑크 난 타이어 수리되다," 포브스(2002년 5월 27일), pp. 40~41.

4장 ADM : 가격 조작, 지역적 연고주의 그리고 내부고발자

1. "ADM의 내부고발자에 대한 혐의가 커져 가자 자살 기도," 월 스트리트 저널(1995년 8월 14일), p. A4.

2. 위의 자료.

3. 랄프 네이더, 피터 펫카스, 네이트 블랙웰, 내부고발행위(뉴욕: 밴텀 북스), 1972.

4. 로널드 헨코프, "수표, 거짓말 그리고 비디오테이프," 포춘(1995년 10월 30일), p. 110.

5. "ADM 내부고발자에게 닥친 일…" 위의 자료, p. A1.

6. "ADM과 FBI '저질들'," 포춘(1995년 10월 30일), p. 116.

7. "조사원들은 아처 다니엘스 사건에 대해 전세계적인 공동 모의행위 혐의를 두고 있다", 월 스트리트 저널(1995년 7월 28일), pp. A1과 A5.

8. 드웨인 안드레아스가 양다리를 걸치는 방법으로 ADM을 어떻게 경영하는가," 월 스트리트 저널(1995년 10월 27일), p. A8.

9. 위의 책과 동일

10. 위의 책과 동일

11. 조앤 S. 루블린, "ADM은 몇몇 기관투자자들로부터 비난을 받고 있다," 월 스트리트 저널(1995년 10월 11일), p. A8.

12. 헨코프, p. 110.

13. 스콧 킬먼, "ADM 측은 전 회장 드웨인 안드레아스가 이사회를 떠날 것이라고 발표했다," 월 스트리트 저널(2001년 8월 13일), p. A6.

14. "ADM의 비밀의 베일을 벗기다," 클리블랜드 플레인 딜러(1995년 10월 18일), p. 3-C.

15. "드웨인 안드레아스가 회사를 경영하는 방법" p. A1.

5장 알 던랩 : 스콧 페이퍼와 선빔을 초토화시키다

1. 새로운 스콧 1994 연례 보고서, p. 5.
2. 위의 책, p. 6.
3. 조셉 웨버와 폴라 드와이어, "스콧은 위험한 전략을 펼치고 있다," 비즈니스 위크(1995년 5월 22일), p. 45.
4. 조앤 S. 루블린과 스티븐 리핀, "줄무늬 정장을 입은 스콧 페이퍼의 람보가 자신을 고용해 줄 다른 기업을 찾아 어슬렁거리고 있다," 월 스트리트 저널(1995년 7월 18일), p. B1. 1C, 2C.)
5. 홀먼 W. 젠킨스 2세, "무능한 알 던랩? 한 가지 재주밖에 부릴 줄 모르는 조랑말의 비애," 월 스트리트 저널 (1998년 6월 24일), p. A19.
6. 매튜 쉬프린, "무자비한 비용 삭감," 포브스(1998년 5월 4일), p.45.
7. 제임스 R. 해거티와 마사 브래니건, "선빔의 CEO는 최악의 분기에서 재기하기 위해 직원 5,100명을 해고 할 계획이다," 월 스트리트 저널(1998년 5월 12일), pp. A3, A4.
9. 마사 브래니건과 제임스 해거티, "최악의 위기에 처한 선빔이 CEO 던랩을 해고하다," 월 스트리트 저널 (1998년 6월 15일), pp. A1, A14.
10. 마사 브래니건과 조앤 S. 루블린, "던랩이 자신의 퇴직금을 둘러싼 전투를 시작하다," 월 스트리트 저널 (1998년 6월 16일), p. B3.
11. 마사 브래니건, "선빔이 1997년도 수입을 대폭 줄여서 재발표하다," 월 스트리트 저널(1998년 10월 21일), p. B23.
12. 질 바튼, 연합통신, "선빔의 '전기톱 알' 판결에 따라 50만 달러를 지불하다," 클리블랜드 플레인 딜러 (2002년 9월 5일), p. C1.
13. 플로이드 노리스, 뉴욕 타임즈, "사기 사건으로 둘러싸인 '전기톱 알', 그러나 마무리된 것은 거의 없다," 클리블랜드 플레인 딜러(2002년 9월 8일), p. G3.
14. 조앤 S. 루블린, "조사 회사들이 던랩의 경력조사 실패에 대해 겸연쩍어하다," 월 스트리트 저널(2001년 7 월 17일), pp. B1, B4; 플로이드 노리스, "선빔에서 해고된 경영자의 잃어버린 과거가 드러나다," 뉴욕 타임즈, 클리블랜드 플레인 딜러에 보고(2001년 7월 17일), pp. C1, C4.

6장 유나이티드 웨이 : 거대한 비영리 조직을 붕괴시킨 CEO

1. 수전 갈런드, "기부금을 모금하는 사람들을 좀더 날카로운 눈으로 지켜보기," 비즈니스 위크(1992년 3월 16 일), p. 39.
2. 찰스 E. 셰퍼드, "비영리 제국의 수입, 특권, 권력," 워싱턴 포스트(1992년 2월 16일), p. A38.
3. 조셉 파인더, "자선 사건," 뉴 리퍼블릭(1992년 5월 4일), p.11.
4. 셰퍼드, "수입, 특권, 권력"; 캐슬린 텔치, "유나이티드 웨이는 회장의 행위에 대한 심문을 기다리고 있다," 뉴욕 타임즈(1992년 2월 24일, p. A12(L).
5. 셰퍼드, "수입, 특권, 권력," p. A38.
6. 수전 갈란드, p. 39; 팰리시티 배린저, "유나이티드 웨이의 회장, 사치스러운 생활 논란으로 회사를 떠나 다," 뉴욕 타임즈(1992년 2월 28일), p. A1.
7. 존 A. 바이런, "경영자의 연봉: 파티는 아직 끝나지 않았다," 비즈니스 위크(1993년 4월 26일), pp. 56~64.
8. 펠리시티 배린저, "유나이티드 웨이 회장이 신뢰 회복을 위해 노력하다," 뉴욕 타임즈(1992년 3월 7일), p. 8L.
9. 셰퍼드, "수입, 특권, 권력"; 찰스 E. 셰퍼드, "유나이티드 웨이 회장이 퇴진 의사를 밝히다," 워싱턴 포스트

(1992년 2월 28일), p. A38.

10. "헌신적인 유나이티드 웨이 회장," 클리블랜드 플레인 딜러(1993년 3월 28일), p. 24A.

11. 위의 자료.

12. 카렌 헨더슨, "로레인 지부가 유나이티드 웨이를 탈퇴하다," 클리블랜드 플레인 딜러(1993년 4월 16일), p. 7C.

13. 레스터 B. 콘과 리처드 M. 페리,

14. 클리블랜드 플레인 딜러에 보도(1998년 10월 25일), p. 24A.

7장 담배 : 국민 건강에 대한 오랜 무관심

1. "담배 사업: 엘도라도를 찾아서," 이코노미스트(1992년 5월 16일), p. 21.

2. 벤 윌더프스키, "광고에 대한 비난," 뉴 리퍼블릭(1990년 8월 20일), p. 19.

3. 폴 고튼, "담배 반대 세력들이 여성, 소수기, 십대, 거슴두층을 대상으로 한 담배광고를 공격하다," 저널 오브 아메리칸 메디컬 어소시에이션(1990년 9월 26일), p. 1505.

4. 위의 책, p. 1506.

5. "선진국: 지금보다 더 많은 국민들이 목숨을 위협하는 치명적인 습관을 가지기 전에 정부는 담배에 대해 조치를 취해야 한다," 뉴 사이언티스트(1983년 12월 1일), p. 42.

6. "담배사업: 엘도라도를 찾아서," 이코노미스트(1992년 5월 16일), p. 23.

7. "올드 조는 계속되어야 한다," 애드버타이징 에이지(1992년 1월 13일).

8. 크레이그 스톨츠, "RJR이 올드 조를 끝까지 지키겠다는 의사를 표명하다," 애드워크 이스턴 에디션(1992년 3월 23일), p. 18.

9. 알릭스 M. 프리드먼, "담배 회사는 암모니아가 어떤 방식으로 니코틴의 전달을 자극하는지 보여주고 있다," 월 스트리트 저널(1995년 10월 18일), pp. A1과 A6.

10. 위의 자료, p. A6.

11. 알릭스 M. 프리드먼, "필립 모리스는 그 동안 담배 관련 자료를 숨겨 왔던 것으로 알려졌다," 월 스트리트 저널(1996년 9월 18일), p. B11.

12. 로리 맥긴리와 티모시 노아, "오랜 FDA의 캠페인과 약간의 행운이 담배 반대 운동을 이끌어냈다," 월 스트리트 저널(1995년 8월 22일), p. A4.

13. 마틴 드 브아과 타라 파커 – 포프, "필립 모리스 캠페인으로 인해 유럽에서 큰 소동이 발생하고 있다," 월 스트리트 저널(1996년 7월 1일), p. B1.

14. 조나단 프리들랜드, "미국에서 포위 공격을 받았던 조 카멜이 아르헨티나에서 부활하다," 월 스트리트 저널 (1996년 9월 10일), p. B1.

15. "담배 로비스트들이 수백만 달러를 사용하고 있다," 클리블랜드 플레인 딜러(1996년 9월 9일), p. 8A.

16. 머린 스미스, "종신 재직권," 미네소타 대학 최근 소식(1995년 11월), p. 4.

17. 수엔 L. 황, "필립 모리스의 담배 시장에 대한 열정이 RJR보다 좋은 실적을 올리는 원동력이다," 월 스트리트 저널(1995년 10월 30일), p. A1.

18. H. 웨슬러 등, "대학생 흡연율 증가: 국가적인 관심 필요," 미국의학협회저널, Vol. 280, No. 19(1998년 11월 18일), pp. 1673~1678.

19. 이 부분의 정보는 여러 가지 자료를 종합하여 인용한 것이다. 출처는 다음과 같다. 유미코 오노, "필립 모리스에게는 모든 상점이 다 전쟁터이다," 월 스트리트 저널(1998년 6월 29일), B1, B4; 수엔 L. 황, "필립

모리스는 어떻게 터키가 미국 담배에 중독되게 만들었나," 월 스트리트 저널(1998년 9월 11일), pp. A1, A8; 스테파니 스테이플턴, "담배업계가 제3세계 여성들을 목표로 삼다," 클리블랜드 플레인 딜러(1998년 11월 10일), p. 3F.

20. 여러 가지 자료를 종합하여 인용한 것이다. 출처는 다음과 같다. 고든 페어클로, "필립 모리스가 TV 광고 캠페인을 통해서 담배회사의 이미지를 회복하려 하고 있다," 월 스트리트 저널(1999년 10월 13일), p. B 16; 데이비드 S. 클라우드와 고든 페어클로, "미국은 담배회사에 대해 대규모 소송을 제기하다," 월 스트리트 저널(1999년 9월 23일), pp. A3, A8; 세스 러버브, "브랜드 파워," 포브스(1999년 8월 9일), pp. 98?104; 앤드류 탄저, "담배가 있는 곳에…," 포브스(1999년 3월 22일), pp. 84~86.

21. 연합통신 자료를 종합한 것이다. 출처는 "고군분투하는 담배업계 거인들이 합병을 결정하다," 클리블랜드 플레인 딜러(2003년 10월 28일), p. D3; 조지 페어클로, "저가 담배가 거대한 담배 거물들을 압박하고 있다," 월 스트리트 저널(2002년 11월 14일), pp. C1, C3; 바네사 오코넬, "필립 모리스가 FDA와 친해지기로 결심한 이유는 무엇인가," 월 스트리트 저널(2003년 9월 25일), pp. A1, A12; 고든 페어클로와 바네사 오코넬, "알트리아의 CEO 일단의 문제에 봉착하다," 월 스트리트 저널(2003년 4월 14일), pp. B1, B9.

8장 저축대부조합 사태 : 경영진의 책임 회피

1. 하워드 루딘스키와 존 R. 헤이즈, "건벨트 저축대부조합," 포브스(1998년 9월 19일), p. 120.

2. 상세한 내용은 "왜 우리 저축대부조합들은 어려움에 처해 있는가," 리더스 다이제스트(1989년 7월), pp. 70~74 참조. "작은 마을의 꿈이 사라지다," 클리블랜드 플레인 딜러(1989년 8월 13일), p. 3C를 각색.

3. 마가렛 칼슨, "10억 달러 가치의 영향," 타임(1989년 11월 6일), pp. 27~28.

4. 데니스 칼레트, "시민들은 저축대부조합의 사기꾼들이 처벌받기를 원하고 있다," USA 투데이(1989년 2월 15일), p. 13.

5. 존 폴 뉴포트 주니어, "우리는 왜 저축대부조합을 구해야 하는가," 포춘(1988년 4월 11일), p. 81.

6. 로버트 E. 노튼, "텍사스 주의 엄청난 적자 사태," 포춘(1987년 5월 11일), p. 61.

7. 큐란, p. 188.

8. 위의 책.

9. 벤자민 I. 스타인, "세기의 횡재?" 배런스(1989년 2월 20일), p. 7.

10. S. C. 권, "조국과 너 자신을 도우라," 타임(1989년 2월 20일), p. 72.

11. 로버트 쇼, "저축대부조합의 모범 사례: 다섯 가지 성공 스토리," 뱅커스 매거진(1989년 7월~8월), pp. 35와 38.

12. 위의 자료.

13. 할런 바이런, "중서부 지역의 저축대부조합들이 엄격한 경영방식으로 효과를 보다," 배런스(1987년 9월 21일), p. 15.

14. 데이비드 엘버트와 해리엇 존슨 브래커리, "저속 성장이 생존의 핵심이었다," USA 투데이(1989년 2월 15일), pp. B1과 B2.

9장 월드컴·MCI : 대규모 회계부정

1. 수전 풀리엄, 데보라 솔로몬과 랜달 스미스, "월드컴이 의회 심리에서 비난받다," 월 스트리트 저널(2002년

588

7월 9일), p. A3

2. 스테파니 N. 메타, "버니는 재기할 수 있을까?" 포춘(2001년 1월 22일),
   http://www.fortune.com/fortune/subs/print/0,15935,36996,00.html.

3. 스테파니 N. 메타, "텔레콤: 한패거리," 포춘(2002년 10월 2일),
   http://www.fortune.com/fortune/subs/print/0,15935,372075,00.html.

4. 위의 자료, 메타, "텔레콤: 한패거리," 그리고 루이스, 마크, "월드컴: 버니는 아직도 천하무적인가?" 포브스. 컴(2002년 2월 6일), http://www.forbes.com/2002/02/06/0206ebberstrike.html.

5. 메타, "버니는 재기할 수 있을까?"

6. 메타, "텔레콤: 한패거리."

7. 앤드류 쿠퍼, "MCI 월드컴," 포춘(1998년 4월 27일),
   http://www.fortune.com/fortune/subs/print/0,15935,379117,00.html.

8. 앤드류 쿠퍼, "포춘 500: 버니의 큰 도박," 포춘(2000년 4월 17일),
   http://www.fortune.com/fortune/subs/print/0,15935,370882,00.html., 앤드류 쿠퍼,
   "왜 버니 에버스는 인터넷 사업에서 실력자가 되고 싶었을까?" 포춘(1997년 12월8일),
   http://www.fortune.com/fortune/subs/print/0,15935,376902,00.html.

9. 넬슨 슈바르츠, "에버스는 어떻게 MCI 월드컴을 정상화시킬 것인가," 포춘(1999년2월1일),
   http://www.fortune.com/fortune/subs/print/0,15935,378233,00.html.

10. 쿠퍼, "포춘 500: 버니의 큰 도박."

11. 메타, "버니는 재기할 수 있을까?"

12. 쿠퍼, "포춘 500: 버니의 큰 도박."

13. 메타, "버니는 재기할 수 있을까?"

14. 위의 자료; "에버스가 월드컴을 떠나다," CNN 머니(2002년 4월 30일):
    http://money.cnn.com/2002/04/03/echnolofy/ebbers.

15. 수전 풀리엄과 자레드 샌드버그, "사기 혐의가 확대되자 월드컴은 증권거래위원회의 동의를 구하고 있다," 월스트리트 저널(2002년 11월 5일), A1; 앤드류 백코버, "혹평을 받는 월드컴 문화," USA 투데이(2002년 11월 4일), http://www.usatoday.com/money/industries/telecom/2002년11-04-worldcom-report_x.htm.

16. 데보라 솔로몬과 자레드 샌드버그, "월드컴은 수익 상승은 거짓," 월 스트리트 저널(2002년 11월 6일), A3.

17. 위의 자료, 풀리엄과 샌드버그, "사기 혐의가 확대되자 월드컴은 증권거래위원회의 동의를 구하고 있다."

18. 크리스토퍼 스턴, "월드컴이 설립자와 연금을 두고 다투다," 워싱턴 포스트(2003년 10월 17일), E01.

19. 스테파니 N. 메타, "특집: 월드컴의 위기," 포춘(2002년 2월 19일),
    http://www.fortune.com/fortune/subs/print/0,15935,374157,00.html.

20. 자레드 샌드버그, 레베카 블루먼스타인, 숀 영, "월드컴이 38억 달러의 회계 오류가 있음을 인정하다," 월 스트리트 저널 (2002년 6월 26일), A1.

21. 수전 풀리엄, 자레드 샌드버그, 댄 모스, "검찰이 월드컴의 범죄 조사에서 중요한 증인을 확보하게 되었다," 월 스트리트 저널(2002년 7월 3일), A1.

22. 스테파니 N. 메타, "텔레콤: 텔레콤 사태에서 벗어날 방법은 없는가?," 포춘(2002년 7월 8일),
    http://www.fortune.com/fortune/subs/print/0,15935,367241,00.html.

23. 자레드 샌드버그, 데보라 솔로몬, 레베카 블루먼스타인, "단절: 월드컴 내부에서 거대한 회계 스캔들 폭로," 월 스트리트 저널(2002년 6월 27일), A1.

24. 수전 풀리엄, 자레드 샌드버그, 데보라 솔로몬, "월드컴 이사회는 웨버스의 분할 폐지를 고려할 것이다,"

월 스트리트 저널(2002년 9월 10일), A1; 자레드 샌드버그와 데보라 솔로몬, "월드컴 이사회가 새로운 CEO를 찾아 나서다," 월 스트리트 저널(2002년 9월 11일), A3.

25. 수전 풀리엄, 자레드 샌드버그, "월드컴 전 직원 2명이 사기 혐의에 대해 유죄를 인정하다," 월 스트리트 저널(2002년 10월 11일), A3, 데보라 솔로몬, "월드컴의 전 회계 책임자가 사기 혐의를 인정하다," 월 스트리트 저널(2002년 9월 27일), A3.

26. 데보라 솔로몬과 수전 풀리엄, "월드컴 사건을 강력하게 밀어붙이고 있는 미국이 전 CFO와 그 조력자를 기소하다," 월 스트리트 저널(2002년 8월 29일), A1.

27. 카라 스캔넬, "월드컴의 전 CFO 새로운 은행 사기 혐의를 받다," 월 스트리트 저널(2003년 4월 17일), B2.

28. 알마 라투어, 요치 J. 드리젠, 로리 헤이즈, "파산 위기를 벗어나려고 애쓰고 있는 MCI가 새로운 사기 혐의로 조사를 받고 있다," 월 스트리트 저널(2003년 6월 28일), http://news.bbc.co.uk/l/hi/business/3100975.stm.

29. 닉 베이커, "리처드 손버그가 월드컴에 대한 세 번째 보고서를 발표하다," 월 스트리트 저널 온라인 (2004년 1월 26일), http://online.wsj.com/article_print/O,BT_CO_20040126_003 920,00.htm.

30. 스테파니 N. 메타, "MCI: 잘 되어 가고 있는가?" 포춘 148(9) (2003년 10월 27일), p. 117~124.

31. 메타, "버니는 재기할 수 있을까?"

32. 샌드버그, 솔로몬, 블루먼스타인, "단절: 월드컴 내부에서 거대한 회계 스캔들 폭로"

33. 메타, "특집: 월드컴의 위기."

34. 메타, "텔레콤: 텔레콤 사태에서 벗어날 방법은 없는가?"

35. 헨리 센더, "월드컴 내부는 숫자 공장," 월 스트리트 저널(2002년 8월 21일), C1.

36. 로리 P. 코헨, 수전 풀리엄, 데보라 솔로몬, "월드컴 보고서에 의하면 에버스는 회계부정 사실을 알고 있었다," 월 스트리트 저널(2003년 3월 12일), A3; 요치 J. 드리젠, 숀 영, 캐릭 몰렌캠프, "설리번은 에버스가 월드컴의 방법을 알고 있었다고 주장하다," 월 스트리트 저널(2002년 7월 12일), A3.

37. 자레드 샌드버그, "에버스는 자신의 월드컴에서 벌어지고 있는 회계부정을 알고 있었을까?" 월 스트리트 저널(2002년 7월 1일), A3.

38. 로리 P. 코헨, 데보라 솔로몬, "전 월드컴 CFO가 대화 내용을 개략적으로 공개하다," 월 스트리트 저널 (2002년 12월 20일), A3.

39. 코헨, 풀리엄, 솔로몬, "월드컴 보고서에 의하면 에버스는 회계부정 사실을 알고 있었다."

40. 닉 베이커, "최신 소식: 월드컴 보고서에서 시티그룹, KPMG 계획을 비판하다," 월 스트리트 저널(2004년 1월 26일), http://online.wsj.com/article_print/0,BT_CO_20040126_006195,00.htm.

41. 메타, "버니는 재기할 수 있을까?"

42. 요치 J. 드리즌, 데보라 솔로몬, "회계부정에 대한 월드컴 내의 경보가 무시되었다," 월 스트리트 저널 (2002년 7월 15일), A3.

43. 풀리엄과 샌드버그, "사기 혐의가 확대되자 월드컴은 증권거래위원회의 동의를 구하고 있다."

44. 레베카 블루먼스타인과 제스 드러커, "MCI의 회계 담당자, 법률고문이 사건 폭로 이후에 퇴진하다," 월 스트리트 저널(2003년 6월 11일), A3, A12.

45. 크리스토퍼 스턴, "보고서를 통해 더 많은 월드컴의 문제들이 드러나다," 워싱턴 포스트(2004년 1월 26일), http://washingtonpost.com/ac2/wp-dyn/A49019-2004Jan26-language=printer., 크리스토퍼 스턴, "월드컴은 주 세금으로 수백만 달러를 납부해야 할지도 모른다," 워싱턴 포스트(2004년 1월 27일), E01.

46. 메타, "MCI: 잘 되어 가고 있는가?"; 데보라 솔로몬과 숀 영, "MCI가 투자자들에게 5억 달러를 지급하

다," 월 스트리트 저널(2003년 5월 20일), A3, A13; 손 영, "MCI의 주주에 대한 지급 계획이 빠르게 진행되다," 월 스트리트 저널(2003년 7월 3일), A3, A5; 크리스토퍼 스턴, "판사가 월드컴의 파산 조직 개편 계획을 지지하다," 워싱턴 포스트(2003년 10월 31일), http://www.washingtonpost.com/ac2/wp-dyn/A48350-2003Oct3-language=printer.

47. 영, "MCI의 주주에 대한 지급 계획이 빠르게 진행되다,"; 스턴, "판사가 월드컴의 파산 조직 개편 계획을 지지하다,"; 레베카 블루먼스타인과 그레고리 주커만, "월드컴: 대기업을 위한 진혼곡을 연주하다," 월 스트리트 저널 (2003년 4월 15일), C1, C3; 그랜트 그로스, "사람들이 월드컴의 파산 계획을 혹평하다," 네트워크 월드 퓨전 (2003년 7월 22일, http://www.nwfusion.com/cgi-bin/mailto/x.cgi.

48. 콜린 드바이즈, "판사가 월드컴 CEO의 새로운 연봉 제도를 허가하다," 월 스트리트 저널 (2002년 12월 17일), B7, 기술.

49. 스테파니 N. 메타, "월드컴: 마이크는 월드컴을 구할 수 있을 것인가?" 포춘(2002년 12월 3일): http://www.fortune.com/subs/print/0,15935,395214,00.html; 손 영, "월드컴은 한층 더 심화된 비용 절감 계획을 세우고 있다," 월 스트리트 저널(2003년 1월 15일), B5, 기술; 닐 와이버그, "대담한 시합," 포브스.com(2003년 10월 13일), http://www.forbes.com/forbes/2003/1013/062_print.html.

50. "월드컴의 에버스가 무죄를 주장하다," 위치토 이글(2004년 3월 4일), 4B, 비즈니스&머니; 오드 라고스, "전 월드컴 CEO 버니 에버스가 기소당하다," 포브스(2004년 3월 2일), http://www.forbes.com/commerce/2004/03/02/cx_al_0302ebbers.html.; 마이클 래포포트와 자넷 휘트먼, "전 월드컴 CEO 에버스가 3가지 죄목으로 기소당하다," 월 스트리트 저널(2004년 3월 2일), http://online.wsj.com/article_print/O,BT_CO_20040302_004483,00.html.

51. 데이비드 커크패트릭, "급격한 성장: 영리한 텔레콤 경영자들이 의욕이 부족한 감사원들을 앞질렀다," 포춘(2002년 7월 11일), http://www.fortune.com/fortune/subs/print/0,15935,372759,00.html.

52. 위의 자료.

58. 메타, "텔레콤: 한패거리."

59. 크리스토퍼 스턴, "판사가 월드컴이 파산에서 벗어날 수 있는 길을 제시하다," 워싱턴 포스트(2003년 11월 1일), A01.

10장 제너럴 모터스 vs 랄프 네이더 : 소비자 중심주의 시대의 시작

1. 이 내용은 랄프 네이더의 어떤 속도에서도 안전하지 않은(뉴욕: 그로스먼 1965년),p. 5.에 설명되어 있다.

2. J. 패트릭 라이트, 맑은 날에는 제너럴 모터스를 볼 수 있다(미시건주 그로스 포인트: 라이트 엔터프라이즈, 1979년), p. 54.

3. "코르베어의 두 번째 사건," 타임(1965년 9월 10일), p. 37.

4. 라이트, p.55.

5. 위의 책, p. 56.

6. "이윤 VS 공학 : 코르베어 이야기," 네이션(1965년 11월 1일), p. 295.

7. 토마스 화이트사이드, 랄프 네이더의 조사(뉴욕: 아버 하우스, 1972년).

8. 랄프 네이더, 어떤 속도에서도 안전하지 않은(뉴욕: 그로스먼, 1972년), p. 4.

9. 위의 책.

10. "자동차 안전성: 네이더가 다시 한 번," 뉴스위크(1967년 2월 20일), pp. 85~86.

11. 사례, 제임스 리드웨이와 데이비드 샌포드, "네이더 사건", 뉴 리퍼블릭(1967년 2월 18일), p.9; 엘리노어 랭어, "자동차 안전성: 네이더 vs GM," 사이언스(1965년 4월 1일), p. 48; "사설탐정 vs 공청회," 뉴스위크 (1966년 4월 4일), pp. 77~78.

12. 에드 크레이, 크롬 콜로수스: GM과 GM의 시대(샌프란시스코: 맥 그로-힐, 1980년), p. 427.

13. 랄프 네이더, 피터 펫커스, 네이트 블랙웰, 내부고발행위(뉴욕: 밴텀 북스, 1972년)

14. 스테판 파워, "네이더에 대한 반발로 위기를 겪다," 월 스트리트 저널(2004년 1월 14일), p. A10.

15. 화창한 날에, pp. 5~6.

16. 체스터 I. 버나드, 중역의 역할(캠브리지, 매사추세츠: 하버드 대학 출판사, 1938), p. 263.

11장 유니온 카바이드 : 오하이오 계곡 공습

1. 존 C. 에스포지토와 래리 J. 실버맨, 사라져 가는 공기(뉴욕: 그로스먼, 1970년), p. 123.

2. "유니온 카바이드의 거대한 청소 작업," 비즈니스 위크(1974년 11월 9일), p. 184.

3. 뉴욕 타임즈(1970년 7월 6일), p. 26에 기재된 내용.

4. "오하이오 주를 따라서: 의지를 시험하다," 클리블랜드 위크(1971년 2월 10일), p. 47.

5. 뉴욕 타임즈(1971년 1월 9일), p. 11에 보도된 내용.

6. 위의 자료

7. 프레드 C. 프라이스 스티븐 로스와 로버트 L. 데이비슨, 비즈니스 앤 인바이런먼트(뉴욕: 맥그로-힐, 1972년), p. 49.

8. "환경오염 기업이 쓰라린 경험을 하고 있다," 비즈니스 위크(1971년 2월 6일), p. 53.

9. "환경오염 논쟁으로 인해 유니온 카바이드가 발전소 일부를 폐쇄하다," 월 스트리트 저널(1971년 1월 20일), p. 1.

12장 유니온 카바이드 : 보팔 대참사

1. 리처드 J. 커크랜드 주니어, "유니온 카바이드: 대참사를 처리하고 있다," 포춘 111(1985년 1월 7일), p. 50.

2. 주디스 H. 도브진스키 등, "보팔, 1년 후: 유니온 카바이드가 더 강경한 노선을 취하다," 비즈니스 위크 (1985년 11월 25일), 96.

3. (1983년 3월 25일), p. 4.

4. 윌 레프코우스키, "유니온 카바이드는 보팔 사고에 대해 사보타주 이론을 주장하고 있다," 케미컬&엔지니어링 뉴스(1988년 7월 4일), p. 8.

5. 도브진스키 등, p. 97.

6. 스튜어트 잭슨, "유니온 카바이드가 그동안의 명성에 치명타를 입다," 비즈니스 위크(1984년 12월 31일), p. 40.

7. "보팔 : 끝없는 사건 후폭풍," 케미컬 위크(1984년 12월 19일), p. 42.

8. 워드 모어하우스와 M 아룸 수브라마니안, 보팔의 비극(국제문제와 공익사업 협회, 1986년), p. 112.

9. 래리 에베레스트, 유독 가스 구름 뒤에는(시카고 : 배너 프레스, 1985년), pp. 107~117.

10. "카바이드의 앤더슨 회장이 보팔 사태 이후의 전략에 대해 설명하다," 케미컬&엔지니어링 뉴스(1985년 1월 21일), p. 15.

11. 피터 새처, "보팔의 교훈 : 환경에 대한 걱정보다는 외국 자본에 대한 유혹이 더 강렬하다," 아틀랜틱(1987년 3월), pp. 30~33.

12. 에베레스트, pp. 33~40.

13장 네슬레 이유식 : 제3세계 국가에 안전하지 않은 제품 판매하기

1. "이유식 반대 운동을 통해 네슬레가 전술 훈련을 배우고 있다," 마케팅 뉴스(1983년 6월 10일), p. 1.

2. 커트 앤더슨, "병들의 전쟁," 타임(1981년 6월 1일), 26.

3. 시슬리 D. 윌리엄스, "영양 실조의 마케팅," 비즈니스 앤드 소사이어티 리뷰(봄 1980~1981), 66.

4. 미국 상원, 인권위원회, 건강과 과학적인 조사분과위원회, 개발도상국에서 이유식 마케팅과 판촉, 심리, 95회 의회, 두 번째 세션, 1978년 5월 23일(워싱턴 D.C.: 정부출판국, 1978년), p.6.

5. 프라카시 세티와 제임스 E. 포스트, "개인석인 행동으로 인한 일반직인 결과: 저개빌 국가에서의 이유식 마케팅," 캘리포니아 매니지먼트 리뷰(1979년 여름), 35~48.

6. 더 많은 통계 자료는 레아 마르굴리스, "분유를 먹는 아이들: 사망률도 사업도 성장하다," 비즈니스 앤드 소사이어티 리뷰(1978년 봄), 43~49 참조.

7. 더글라스 클레멘트, "분유 시장에서 최근 네슬레의 살인 행각," 비즈니스 앤드 소사이어티 리뷰(1978년 여름), 60~64.

8. 존 스파크스, 네슬레 논쟁 – 불매운동에 대한 해부, 공공 정치 교육 기금(1981년 6월).

9. "이유식 제품 불매운동," 비즈니스 위크(1979년 4월 23일), 137~140.

10. "병 속의 살인자," 이코노미스트(1981년 5월 9일) 50; "최근 네슬레의 살인 행각," pp. 60~64.

11. "세계보건기구가 광고 제한 규정을 마련하다," 에디터 & 퍼블리셔(1981년 4월 11일), p. 8.

12. "세계보건기구가 광고 제한 규정을 마련하다," 에디터 & 퍼블리셔(1981년 4월 11일), p. 8.

13. "네슬레가 동의를 얻어내다: 제품 불매운동이 중지되다," 마케팅 뉴스(1984년 2월 7일), p. 5.

14. "불매운동에 대한 투쟁," p. 55.

14장 달콘 실드 : 사용자의 안전을 무시하는 행위

1. 마일즈 W. 로드, "기업의 양심에 대한 탄원." 하퍼스(1984년 6월), pp. 13~14에 실린 연설.

2. 모톤 민츠, 어떤 희생을 치르더라도: 회사의 탐욕, 여성, 그리고 달콘 실드(뉴욕: 팬던 북스, 1985년), 75.

3. 마이클 월드홀츠, "아메리칸 홈은 A. H. 로빈스 때문에 드는 비용 중 대부분을 세금에서 공제받기를 바라고 있다," 월 스트리트 저널 (1988년 1월 21일), A1.

4. 민츠, 어떠한 희생을 치르더라도, 51~52.

15장 엑슨 알래스카 원유 유출 사건 : 엄청남 규모의 환경 파괴행위

1. 윌리엄 C. 렘펠, "밸디즈호의 참사: 지켜지지 않은 약속," 로스 앤젤레스 타임즈(1989년 4월 2일), 1~20.

2. 아트 데이비슨, 엑슨 밸디즈호 사건 이후(샌프란시스코: 시에라 클럽 북스, 1990년), x iv.

3. 파일에 보관된 사실들(1990년 10월 10일), p. 602.

4. 제임스 E. 루카츠스키, "당신은 얼마나 취약한가? 밸디즈에서 얻는 교훈," PR 분기 보고서 34(1989년 가을), pp. 5~6.

5. 리처드 베하, "엑슨이 반격하다," 타임(1990년 3월 26일), p. 62.

6. 윌리엄 I. 스몰, "엑슨 밸디즈: 수십억 달러를 쓰고도 여전히 평판이 나쁜 이유," PR 리뷰 17(1991년 봄), p.9.

7. 베하, p. 63.

8. 케네스 R. 시트, "암벽을 청소하는 데 시간당 16.67달러라는 게 믿어지는가?" 뉴스&월드 리포트(1989년 4월 17일), p. 48.

9. 태디어스 헤릭, "판사가 엑슨에게 45억 달러를 지급하라고 판결하다," 월 스트리트 저널(2004년 1월 29일), p. B3.

16장 ITT : 심각한 외국 내정 간섭

1. 앤서니 샘슨, ITT 독립국(브리어클리프 매너, 뉴욕: 스타인 앤드 데이, 1974년), p. 253.

2. 미국 상원외교위원회, 다국적 기업 분과위원회, ITT와 칠레: 1970~1971(워싱턴 D.C.,: 미국 정부 출판소, 1973년), p. 811.

3. "ITT에 대한 조사가 다시 진행되고 있다," 비즈니스 위크(1973년 6월 23일), p. 29.

4. 위의 자료.

5. 위의 자료.

6. ITT와 칠레, p. 520.

7. 태드 슐츠, "위기의 ITT," 뉴 리퍼블릭(1977년 8월 6일), p. 20.

8. 마이클 C. 젠센, "미국과 해외에서 ITT가 행사한 영향력에 대해 주주들이 이의를 제기하고 있다," 뉴욕 타임즈(1973년 5월 10일), p. 65:3.

9. 슐츠, p.21.

10. 노먼 번바움, "ITT, 평등한 정의와 칠레," 더 네이션(1978년 4월 1일), p.356.

11. "ITT 사건이 던진 의문점," 비즈니스 위크(1973년 3월 31일), p.42.

12. 위의 자료.

17장 록히드 : 해외에서 자행되는 뇌물 제공

1. 예라크미엘 쿠겔과 글래디스 W. 그륀베르크, 국제적인 뇌물(렉싱턴, MA: 렉싱턴 북스, 1977년), pp. 59~60.

2. "록히드가 계약을 성사시키기 위해서 2천2백만 달러를 제공했다고 말하다," 월 스트리트 저널(1975년 8월 9일).

3. "뇌물: 커져 가는 스캔들," 뉴스위크 특별 기사(1976년 2월 23일), pp. 26~33.

4. "록히드의 도전: 뇌물을 제공할 수 있는 권리?" 타임(1975년 8월 18일), p. 128.

5. "뇌물: 커져 가는 스캔들," p. 26.

6. 미국증권거래위원회, 의심스럽고 불법적인 뇌물 수수와 사건들, 1976년 5월 12일, 미국 국회, 상원, 금융위

원회, 주택과 도시문제 위원회에 증거서류 A와 B로 제출. 불법 지급액수에 대한 일부 추정금액은 실제보다 상당히 낮다. 이 차이는 영업 커미션을 불법 지급액으로 봐야 할지 아니면 뇌물 은폐로 봐야 할지 애매하기 때문으로 보인다.

7. "연방 단속기관이 워싱턴이 더 이상 관여하지 못하는 분야에 덤비다," 비즈니스 위크(1983년 9월 19일),

8. "록히드 뇌물 혐의로 유죄를 선고받다," 샌 프란시스코 크로니클(1979년 6월 2일).

9. 1982년 록히드 연례보고서.

10. 위의 자료.

11. 윌리엄 A. 슈만, "록히드가 해외에서 더 이상 금품을 제공하지 않는다는 데 동의하다," 에이비에이션 위크 & 스페이스 테크놀러지(1975년 9월 1일), p. 19.

12. A. 칼 코치언, "뇌물: 일본에서 록히드의 70일간의 미션," 새터데이 리뷰(1977년 7월 9일), p.12.

13. 쿠겔과 그륀베르크, p. 13.

14. 피터 드러커, "거의 차이가 없다," 경영자의 변화하는 세계(트루먼 탤리/타임즈 북스, 1982년), p. 237.

15. "고통스러운 사건이 폭로," 포춘(1976년 3월), p 27

18장 제너럴 다이내믹스 : 미국 납세자들을 대상으로 한 사기행위

1. 에릭 겔먼, "맹비난을 받고 있는 거인: 제너럴 다이내믹스는 수많은 사기 혐의를 받고 있다," 뉴스위크 (1985년 2월 11일), pp. 24~25.

2. 탐 모건소, "낭비, 사기, 남용? 해군이 주요 방위산업체를 엄중히 단속하다," 뉴스위크(1986년 6월 3일), pp. 22~23.

3. 겔먼, pp. 24~25.

4. 모건소, pp. 22~23.

5. 자넷 픽스, "부정부패 저지자," 포브스(1986년 2월 10일), p. 140.

6. 수전 덴처, "국방부는 어디에 수십억 달러를 사용했는가," 뉴스위크(1985년 2월 11일), p. 26.

7. 위의 자료, pp. 26~28.

8. 겔먼, pp. 24~25.

9. O. 켈리, "트라이던트 사태의 뒷 이야기," U.S.뉴스&월드 리포트(1981년 3월 30일), p. 21.

10. 위의 자료.

11. 폴라 드와이어, "법무부는 방위산업 비리를 제대로 단속하지 못하고 있는가?" 비즈니스 위크(1986년 4월 21일), p. 75.

12. 재니스 카스트로, "조사가 중단되다 – 3년간의 수사 종결," 타임(1987년 6월 1일), p. 51.

13. 로버트 루블, "사격법," 파이낸셜 월드(1988년 3월 8일), p. 25.

14. 그렉 이스터브룩, "와인버거 장관을 해고하고, 제너럴 다이내믹스를 파산시키고, 또 다른 조달 과정을 개혁하라," 워싱턴 먼슬리(1987년 1월), pp. 33~46.

15. 위의 자료.

16. 토니 케이, "국방부에서는 낭비와 사기가 일상적으로 일어난다," 네이션(1985년 6월 15일), pp. 734~738.

17. 덴처, p. 27.

18. 잭 로버트슨, "편법: 긴장 상태의 방위산업체들," 일렉트로닉 뉴스(1989년 7월), p. 35.

19. 찰스 P. 알렉산더, "비난을 받고 있는 제너럴 다이내믹스," 타임(1985년 4월), p. 57.

19장 월마트 : 덩치만 큰 불량배인가

1. 수전 카미니티, "소매업계를 괴롭히는 것," 포춘(1989년 1월 30일), p. 61.

2. "매출 최대 500대 기업," 포브스(2002년 4월 15일), p. 168.

3. 어니스트 벡, "월마트가 온다! 영국의 쇼핑 문화도 달라질 것이다," 월 스트리트 저널(1999년 6월 16일), p. A23.

4. 에밀리 넬슨, "월마트는 비용절감을 위해서 해외 매장에 변화를 시도하고 있다," 월 스트리트 저널(1999년 8월 10일), p. A6; 데이비드 우드러프와 존 캐리로우, "프랑스 소매업계에 월마트의 새로운 라이벌이 등장하다," 월 스트리트 저널(1999년 8월 31일), p. A14; 어니스트 벡과 에밀리 넬슨, "월마트가 유럽으로 진격하자 라이벌들이 대응하기 시작하다," 월 스트리트 저널(1999년 8월 6일), pp. A1, A6; "유럽 소매업체들이 월마트에 대비할 태세를 갖추고 있다," 클리블랜드 플레인 딜러(1999년 8월 31일), pp. 1-C, 3-C.

5. 돈 룽고, "직원 참여로 인한 영업 성과," 할인점 뉴스(1989년 12월 18일), p. 83.

6. 사례는 밴스 H. 트림블, 샘 월튼: 미국에서 가장 부유한 사람의 뒷 이야기(뉴욕: 더튼, 1990년), p. 233에서 인용.

7. 위의 책, pp. 104, 105.

8. 찰스 버스타인, "직원과 소비자의 마음을 사로잡는 법," 네이션스 레스토랑 뉴스(1989년 1월 30일), p. F3.

9. 존 휴이, "미국에서 가장 성공한 상인," 포춘(1991년 9월 23일), p. 54.

10. 패트리샤 캘러핸과 앤 짐머만, "3번 진열대의 가격 전쟁," 월 스트리트 저널(2003년 5월 27일), pp. B1, B16.

11. 라이어스 배넌, "우상의 지난 크리스마스?" 월 스트리트 저널(2003년 12월 12일), pp. B1, B2.

12. 버나드 와이소키 주니어와 앤 짐머만, "월마트가 원가절감 정책을 의료 혜택에 시행하다," 월 스트리트 저널(2003년 9월 30일), pp. A1, A16.

13. 댄 K. 토머슨, "가격 할인과 과다 성장," 클리블랜드 플레인 딜러(2003년 11월 15일, P. B7)

14. "매사추세츠에서 월마트에 대해 집단 소송이 제기되다," 월 스트리트 저널(2004년 1월 19일), p. A2; 르네 산체스, "LA는 월마트를 거부하고 있다," 워싱턴 포스트. 클리블랜드 플레인 딜러(2004년 2월 4일), p. C2에 보도.

20장 나이키 : 해외의 값싼 노동력 활용은 윤리적인가

1. 커트 베이뎀하우저, "슬램 덩크," 포브스(2004년 2월 16일), p. 68.

2. 랜딜 레인, "입고 있는 옷으로 당신의 수준이 결정된다," 포브스(1996년 10월 14일),p. 42.

3. "미국에서 가장 부유한 인물 – 포브스 선정 400," 포브스(1983년 가을), p. 104.

4. 포브스 (1982년 1월 4일), p. 246.

5. 조셉 페레이라, "리복 – 나이키 전쟁, 거대한 울워스 체인점에서 격전이 벌어지다," 월 스트리트 저널(1995년 9월 22일), p. A1.

6. 플레밍 믹스, "무자비하게 싸워라," 포브스(1993년 8월 2일), p. 41. "입고 있는 옷으로 당신의 수준이 결정된다," p. 44.

7. 위의 자료, p. 45.

8. 위의 자료, p. 46.

9. 마크 오키프와 제프 매닝, "기업들이 죄를 공유할 수 있는 방법을 찾아 헤매고 있다," 클리블랜드 플레인 딜

러(1996년 7월 28일), pp. 1-I, 3-I.

10. "시민단체의 말에 의하면 베트남 나이키 공장 노동자들이 학대로 고통받고 있다," 월 스트리트저널(1997년 3월 28일), B 15.

11. 웬디 바운즈와 힐러리 스타우트, "노동착취공장 계약: 적절한가? 아니면 엉망인가?" 월 스트리트 저널(1997년 4월 10일), p. A2.

12. 빌 사포리토, "나이키는 실패할 것인가?"(1998년 3월 30일)

13. "나이키의 인도네시아 공장에 대해 조사가 진행 중이고 이에 대한 비난도 계속되고 있다," 클리블랜드 플레인 딜러(1996년 8월 27일), p. 10-C.

14. 윌리엄 맥콜, "나이키가 옛날의 이미지를 되찾기 위해서 악평에 저항하고 있다," 클리블랜드 플레인 딜러(1998년 10월 11일), p. 1-H.

21장 다임러크라이슬러 : 합병에 대한 명백한 허위 정보

1. 알렉스 테일러 3세, "미국 자동차들이 돌아오고 있다," 포춘(1992년 11월 16일), p. 85.

2. 사례는 "역사에 남을 거래: 자동차업계 인수 과정에서의 거짓말," 뉴스위크(2000년 12월 11일),p. 57.

3. 윌리엄스 J. 홀스타인, "크라이슬러 정복," U.S. 뉴스 & 월드 리포트(2000년 11월 27일), p. 54.

4. 제리 플린트, "크라이슬러에게 자유를!" 포브스(2000년 10월 30일), p. 132.

5. 알렉스 테일러 3세, "독일인들이 크라이슬러를 구할 수 있을까?" 포춘(2001년 4월 30일), p. 109.

6. 위의 자료.

7. "다임러가 일부 납품업체에게 가격 인하를 강권하고 있다," 클리블랜드 플레인 딜러에 보도된 블룸버그 뉴스(2001년 2월 28일), p. 6C.

8. 디트로이트 제조업체 컨설턴트 론 하버, 포춘(2001년 4월 30일), p. 110.

9. 테일러, p. 107.

10. 홀스타인, "크라이슬러 정복,"

11. 조셉 B. 화이트, "트럭업체 프라이트라이너의 수장이 교체될 것이다," 월 스트리트 저널 (2001년 5월 25일), p. A4.

12. "독일인들이 크라이슬러를 구할 수 있을까?," pp. 106~107.

13. 홀스타인, p. 69.

14. "역사에 남을 거래," p. 57에 보도.

15. 로빈 메레디스, "배트맨과 로빈," 포브스(2001년 3월 5일), pp. 67, 68; 제리 플린트 "크라이슬러에게 자유를," 포브스(2000년 10월 30일), p. 132.

16. 우리는 합병(merger)과 인수(acquisition)를 거의 유사한 개념으로 사용하고 있는데, 합병은 두 회사가 동등하게 결합한다는 의미에 가깝다. 반면 인수는 더 큰 기업이 작은 기업을 흡수한다는 의미에 가깝다.

17. 홀스타인, p.56.

18. 플린트, p. 132. "독일인들이 크라이슬러를 구할 수 있을까?" p. 109.

19. 위의 자료.

20. 세스 쉬젤, 뉴욕 타임즈 참조. 클리블랜드 플레인 딜러(2001년 6월 3일), p. 1H.

21. 닐 E. 보데트, "다임러 크라이슬러의 회사간 통합을 위한 새로운 시도," 월 스트리트 저널(2003년 3월 12일), pp. A1과 A15.

22. "다임러크라이슬러 CEO가 법정에서 증언하게 될 것이다," 블룸버그 뉴스, 클리블랜드 플레인 딜러(2003년 11월 25일), p. C2.
23. 로버 F. 브루너, "동등한 합병?" 월 스트리트 저널(2004년 1월 20일), p. B2.

22장 존슨&존슨의 타이레놀 사건 : 책임감 있는 위기 관리의 전형적인 사례

1. 수전 시프트, "중서부 지역의 독극물 사건" 타임(1982년 10월 11일), p. 18.
2. "사태가 진정되고 타이레놀이 살아나고 있다," 뉴스위크(1983년 4월 25일), p.16.
3. 토머스 모어, "타이레놀을 살리기 위한 투쟁" 포춘(1982년 11월 29일), p. 48.
4. 위의 자료, p. 49.
5. 주디스 B. 가드너, "악재에 의해 브랜드 명이 훼손되었을 때" U.S. 뉴스 & 월드 리포트(1982년 1월 8일), p. 71.
6. 카인 루벤스테인 "타이레놀의 전통" 사이콜로지 투데이(1983년 4월), p. 16.
7. "포장 지침에 대한 연구" 애드버타이징 에이지(1982년 10월 18일), p. 82.
8. 리처드 W. 스티븐스, "존슨 & 존슨의 회생" 뉴욕 타임즈(1986년 7월 5일), p. 33~34.
9. 기업 구인 브로슈어 및 연례 보고서에서 인용
10. 토머스 이스톤과 스테판 헤레라, "존슨 & 존슨의 추악한 비밀" 포브스(1998년 1월 12일), p. 44.
11. "타이레놀 사태에서 얻은 교훈," U.S. 뉴스 앤 월드 리포트(1982년 10월 18일), p. 68.
12. "존슨&존슨은 타이레놀 사태로 인해 막대한 손실을 각오해야 한다." 비즈니스 위크(1982년 11월 20일), p. 37.
13. 로날드 알솝, "미국의 최고 명성 기업들" 월 스트리트 저널(September 23, 1999년 9월 23일), 페이지.B1 및 B6.

23장 허먼 밀러 : 노사관계와 환경문제에 대한 훌륭한 역할 모델

1. 케네스 라비히, "열정적인 회사, 온화한 문화," 포춘(1989년 2월 27일), p. 75.
2. D. 우드러프, "허먼 밀러: 우리 공장이 얼마나 푸른가?" 포춘(1989년 2월 27일), p. 75.
3. 위의 자료.
4. 위의 자료.
5. 저스틴 마르틴, "허먼 밀러의 부서진 가구," 포춘(1995년 8월 7일). p. 32
6. 마르시아 버스, "퇴락한 우상," 포브스(1995년 7월 31일), p.45.
7. 우드러프, p. 55.
8. 브라이언 자작, "대기업 중 최고의 기업" 포브스(2000년 1월 10일), pp. 84, 85.
9. "허먼 밀러의 재발견," 비즈니스 위크(2000년 4월 3일), p. EB88; 애쉴라 이벨링, "허먼 밀러: 미래를 준비하다," 포브스(2000년 1월 10일), pp. 94~96.
10. 케네스 라비히, "기업들은 왜 파산하는가," 포춘(1994년 11월 14일), p. 53.

24장 결론 : 과거에서 배우는 교훈

1. 에슬리 이벨링,"허먼 밀러: 미래의 가구업체" 포브스(2000년 1월 10일) p. 94~96

e매니지먼트㈜ 윤리경영연구소는 모든 기업이 경제적, 법적, 윤리적 의무를 다함으로써 존경받는 기업, 사회적 리더십을 갖춘 기업으로 거듭날 수 있도록 지원하기 위하여 출범한 윤리경영시스템 연구 · 개발 센터입니다.

VISION

Total Solution & Consulting Service Center for Ethics Management

가치창출 지원역량	가치창출 지원역량	정보공유 네트워크
최적의 윤리경영 이론 / 방법론 구축을 위한 연구 / 조사	윤리경영 체제 정착을 위한 효율적 지원 시스템 확보	윤리적 기업문화 풍토 조성을 위한 윤리경영 사례 발굴 / 홍보

MISSION

기업의 지속 가능성과 이해관계자와의 상생을 추구하는 윤리경영 확산

이제는 대기업, 중소기업 가릴 것 없이 모든 조직이 윤리경영 시스템으로 전환하지 못하면 윤리적 표준화가 이루어지는 기업환경 속에서 생존할 수 없습니다. 윤리경영연구소는 지속가능 경영(sustainability management)을 위한 혁신 파트너가 될 것입니다.

e매니지먼트㈜ 윤리경영연구소는 윤리경영 컨설팅, On & Off 교육, 캠페인 & 홍보지원 등의 영역에서 선도적인 역할을 수행해 왔으며, 주요한 고객기업은 다음과 같습니다.

국민은행, 국방홍보원, 금호타이어, 농업기반공사, 대림산업, 대교, 대웅제약, 대한주택공사, 동부제강, 삼양사, 우리은행, 외환은행, 코오롱그룹, 태평양, 포스코, 포스코건설, 하이닉스 반도체, 한국가스안전공사, 한국관광공사, 한국남부발전, 한국도로공사, 한국서부발전, 한국석유공사, 한국수자원공사, 한국전기안전공사, 한국전력공사, 한국지역난방공사, 한국화장품, 한화그룹, 현대오일뱅크, 현대자동차, 현대캐피탈, KOTRA, KTF, LG화재 외 다수(가나다순)

연락처 e매니지먼트㈜ 윤리경영연구소
TEL (02)856-5242, **E-mail** ethics@emanagement.co.kr

KI 804
고객이 존경하는
기업 만들기

윤리경영

지은이   로버트 F. 하틀리
옮긴이   e매니지먼트(주)

1판 1쇄 인쇄 2006년 5월 10일
1판 1쇄 발행 2006년 5월 15일

펴낸이   김영곤
펴낸곳   ㈜북이십일 21세기북스
기획 · 편집   박종운 · 김성수 · 이성용 · 배근덕
영업마케팅   정성진 · 이종률 · 최창규 · 한경일 · 김용환

등록번호   제10-1965호
등록일자   2000년 5월 6일

주소   경기도 파주시 교하읍 문발리
            파주출판문화정보산업단지 518-3(413-756)
전화   (031)955-2100
팩시밀리   (031)955-2151
이메일   book21@book21.co.kr
홈페이지   http://www.book21.co.kr

값 38,000원
ISBN 89-509-0872-7 13320